헨리 8세의 후예들

지은이 : 엘리슨 위어
옮긴이 : 박미영

1판 1쇄 발행일 : 2008. 10. 22.
1판 2쇄 발행일 : 2012. 10. 22.

펴낸이 : 원형준
펴낸곳 : 루비박스
기획 · 편집 : 허문선
마케팅 : 홍수아
등 록 : 2002. 3. 28. (22-2136)
주 소 : (137-860) 서울시 서초구 서초 2동 1338-21 코리아비즈니스센터 601
전 화 : 02-6677-9593(마케팅) 02-6447-9593(편집)
팩 스 : 02-6677-9594
이메일 : rubybox@rubybox.co.kr
블로그 : www.rubybox.kr 또는 '루비박스'
트위터 : @rubybox_books

헨리 8세의 후예들

헨리 8세의 후예들
Children of England

메리 1세 · 에드워드 6세 · 엘리자베스 1세 · 레이디 제인 그레이

앨리슨 위어 지음 | 박미영 옮김

루비박스

⟨16세기 튜더 왕가 가계도⟩

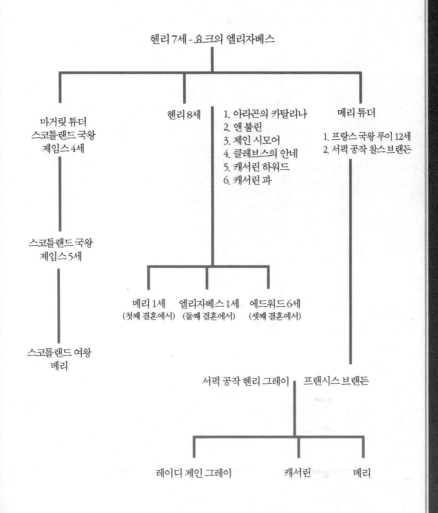

헨리 7세 - 요크의 엘리자베스

마거릿 튜더
스코틀랜드 국왕
제임스 4세

헨리 8세

1. 아라곤의 카탈리나
2. 앤 불린
3. 제인 시모어
4. 클레브스의 안네
5. 캐서린 하워드
6. 캐서린 파

메리 튜더

1. 프랑스 국왕 루이 12세
2. 서퍽 공작 찰스 브랜든

스코틀랜드 국왕
제임스 5세

메리 1세
(첫째 결혼에서)

엘리자베스 1세
(둘째 결혼에서)

에드워드 6세
(셋째 결혼에서)

스코틀랜드 여왕
메리

서퍽 공작 헨리 그레이

프랜시스 브랜든

레이디 제인 그레이

캐서린

메리

에드워드 6세 잉글랜드 통치자 가운데 최고로 독실하고 덕성스러운 왕은 자신의 약속을 채 실현하기도 전에 열다섯 꽃다운 나이에 삶을 마감했다.

(아래 왼쪽)서머싯 공작, 에드워드 시모어 급진적 사고를 지닌 냉담하고 까다롭고 완고한 사내

(아래 오른쪽)존 체크 저명한 인문주의자로서 에드워드 6세의 스승으로 일했다.

서들리 경, 토머스 시모어 엘리자베스 공주는 그를 재기는 뛰어나나 판단력이 빈약한 사내로 평했다. **엘리자베스 공주** 시모어 제독과 연애에 돌입하기 직전의 모습

캐서린 애슐리 엘리자베스의 가정교사로서 학식은 높지만 분별력이 부족했다. 공주에게 헌신을 다했으며 공주의 학식과 인격을 배양시키는 데 노고를 아끼지 않았다.

토머스 패리 캐서린 애슐리와 더불어 엘리자베스에 대한 가없는 충정으로 인해 런던탑에 투옥되었다.

해트필드 궁 엘리자베스가 애호하던 거처로 이곳에서 자신의 즉위 소식을 전해 들었다.

신성로마제국 황제 카를 5세 메리 튜더는 제 이익을 중시하는 그에게 평생 조언을 구했다. 그림은 그가 퇴위할 즈음에 둘로 양분된 제국의 모습을 상징적으로 묘사하고 있다.

섬벌랜드 공작, 존 더들리 늘 사전에 서너 가
포석을 깔고 행동에 돌입했다.

제인 그레이 빛나는 지성의 열혈 신교도인
그녀는 열여섯 나이에 비참한 생을 기꺼이
마감했다.

메리 1세 세상사에 미숙하며 남의 말에 쉽게 흔들리는 숙맥이었지만 이후 세대는 그녀를 살벌하게도 '블러디 메리'라고 불렀다.

에스파냐의 펠리페 여왕을 능숙하게 다룰 줄 아는 사내로서 아내의 부족한 성적 매력을 영악하게 눈감아주었다.

원체스터 주교, 스티브 가디너 냉엄한 성격임에도 불구하고 최고의 시종으로서 메리 여왕의 무분별한 처형 결정을 자제시키고자 애썼다.

데번 백작, 에드워드 코트니 기백도 경륜도 달렸지만 두 공주의 남편감으로 진지하게 거론되었다.

벨타워 엘리자베스와 에드워드 코트니가 수감되었던 장소

우드스탁 궁 엘리자베스가 1554~5년
까지 가택연금 당한 장소

공주 시절의 엘리자베스 1세 예민하고
총명한 그녀는 사람을 홀리는 재주가
있어서 제국대사인 르나르는 그녀를 두
려움의 대상으로 보았다.

캔터베리 대주교, 레지널드 폴 이상은
높았지만 그가 20년간 자리를 비운 사
이 잉글랜드에서 일어난 종교개혁에 대
해서는 진정한 이해가 부족했다.

윌리엄 패짓 변절을 일삼는 비상한 재주 덕에 4명의 튜더 군주 밑에서 요직을 차지했다.

(아래 왼쪽)**윈체스터 후작, 윌리엄 폴릿** 메리 여왕의 결혼식에서 그녀를 인도한 4명의 위원 가운데 하나였다. 엘리자베스를 런던탑으로 호송한 사람이기도 하다.

(아래 오른쪽)**윌리엄 페트르** 헨리 8세와 에드워드 6세, 메리 1세의 비서관으로 일했으며, 제인 그레이를 지지했다가 간신히 재앙을 모면했다.

막이 오르며

튜더왕조는 결코 씨앗을 풍성히 내려 자손을 거둔 왕조가 아니었다. 헨리 8세가 무려 여섯 차례나 아내를 갈아치웠지만 초기 아내 셋만이 자녀를 출산했고, 열한 차례 임신에서 겨우 세 자녀만이 무탈하게 살아남았다. 왕가의 자녀들이 각기 다른 어머니의 배 속에게 태어났다는 사실은 이후 수십 년 동안 도도한 역사의 물줄기에 거친 파동을 일으켰다. 죽음을 통해서만 해결할 수 있는 해묵은 원한과 시기심, 그리고 종교적 불화가 배다른 형제자매들 사이를 갈가리 찢어놓았던 것이다.

1509년에 왕위를 물려받은 헨리 8세는 진정한 르네상스의 군주였다. 지혜로운 학자이자 뛰어난 스포츠맨인 것은 물론 잘생긴 외모와 듬직한 체구, 제왕다운 면모는 기독교계의 독보적인 화젯거리였다. 예술의 향기가 흘러넘치는 그의 왕궁에는 내로라하는 석학들이 구름 떼처럼 몰려들었고 집권 전반기에는 화려하고 성대한 의식과 행사가 연일 이어졌다. 젊은 왕은 특히 전투적인 마상창시합과 고전적이고 상징적인 주제를 다룬 호화로운 야외극에 심취했다. 의상과 볼거리에 돈을 아끼지 않아서 값비싼 금사 원단으로 제작한 예복을 즐겨 입었다. 집권 후반기에는 극적인 성격이 가미된 가면극과 이탈리아 창작물이 대중적으로 인기를 끌었다. 이러한 여흥거리 외에도 학자나 예술가, 음악가들과의 교류를 즐겨서 그의 궁정은 당대 최고의 문화 중심지로 탈바꿈했다. 바야흐로 잉글랜드는 영광과 번영의 황금기에 접어든 것이다. 헨리 왕은 그 명성이나 화려함에서 1485년에 선친이 왕통을 끊어버린 플랜태저넷 왕가를 능가하는 위대한 왕조를 설립했다.

왕위를 물려받은 뒤 헨리 8세는 1501년에 웨일스 공인 형 아서의 신붓감으로 에스파냐에서 건너온 아라곤 왕국의 공주 카탈리나와 서둘러 백년가약을 맺었다. 그녀는 원래 아서와 혼례를 치렀지만 신혼 6개월 만에 새신랑이 요절하는 바람에 졸지에 과부 신세가 되고 말았다. 1509년에 헨리는 그토록 벼르던 교황의 관면을 손에 넣어 중세 왕비에게 필요한 자질과 덕목을 두루 갖춘 형수를 제 사람으로 만들었다. 애석하게도 카탈리나는 헨리가 최고로 갈망하는 한 가지를 줄 수 없었으니 그것은 바로 사내아이였다. 세 아들은 출산 중에 또는 출산 직후에 모두 사망했고 딸들 중 하나도 그렇게 북망산으로 가버렸다. 나머지 딸은 사산아였다. 유일한 생존자는 1516년 2월 18일에 그리니치 궁에서 태어난 메리 공주였다.

카탈리나가 살아 있는 떡두꺼비 같은 아들을 덥석 안겨 주지 못하자 헨리 8세는 실망감을 감출 수가 없었다. 이때 약삭빠르게 생각해낸 것이 형제의 아내와의 혼인을 금한다는 성서구절이었다. 그는 즉각 교황에게 혼인을 무효화해줄 것을 청했다. 교황은 신성로마제국 황제인 카를 5세의 압력에 못 이겨 장장 6년간이나 혼인무효 판결을 질질 끌었다. 에스파냐와 인도제국, 그리고 저지대국가들(오늘날의 네덜란드, 벨기에, 룩셈부르크를 통칭함.─옮긴이)을 통치하는 황제를 조카로 두었으니 언감생심 카탈리나를 건드릴 수 있겠는가! 더불어 이 시기에 헨리가 카탈리나의 시녀인 앤 불린과 불륜에 빠졌다는 소문도 들렸다. 교황청의 판결을 눈 빠지게 기다리던 헨리는 드디어 영국 국교회를 로마 교황청에서 분리한다고 선언하고 스스로를 최고 수장으로 선언했다. 교황 칙서가 더 이상 잉글랜드에서 효력을 미치지 못

15

한다고 당당히 천명하고는 토머스 크랜머를 캔터베리 대주교에 임명했다. 대주교는 왕명에 따라 1533년에 아라곤의 카탈리나와의 혼인은 무효이며 앤 불린과의 혼인이 적법하다고 선언했다.

이런 일련의 비극적 사건들은 어린 메리 공주에게도 치명적인 여파를 미쳤다. 불면 꺼질까 쥐면 터질까 금지옥엽으로 자라던 공주는 이제 냉정하고 무시무시한 폭군으로 돌변한 아버지와 맞서 아귀다툼을 벌이게 되었다. 메리는 사랑하는 어머니가 받는 부당한 처우에 분개하며 자신의 명분을 위해 아버지에게 앙칼지게 내들었다. 졸지에 소박맞은 카탈리나는 자신이 왕의 적법한 아내이며 딸의 후계자 승계를 위협할 그 어떤 말이나 행동도 한 적이 없노라고 핏대 세워 주장했다. 이런 몽니 때문에 그녀는 1531년 궁에서 추방되어 비루한 거주지들을 옮겨 다니며 가택연금 상태로 지내야만 했다. 딸과도 가슴 찢기는 생이별을 겪어야 했다. 메리는 1533년에 사생아이기에 왕위계승자로 부적합하다는 판결을 받은 것도 모자라 앤 불린이 9월 7일에 그리니치 궁에서 낳은 이복 자매인 엘리자베스의 시중을 들어야만 했다. 앤은 어린 메리를 의도적으로 잔혹하게 대했다. 굴욕적인 모욕을 가한 것이 다반사이며, 왕에게 딸을 죽이라고 곁에서 쏘삭거리기도 했다. 비천한 출신의 사내와 적당히 짝을 맺어주어 눈앞에서 아예 치워버릴 얄팍한 수작까지 부렸다. 메리는 양모의 갖은 모함과 계략에도 불구하고 그녀를 단 한 번도 적법한 여왕으로 인정하지 않았다.

1536년 카탈리나가 병으로 유명을 달리한 데 이어 그로부터 몇 개월 뒤에는 앤이 간통죄와 왕의 암살을 모의했다는 죄목으로 죽음을 맞았다. 새어머니인 제인 시모어는 메리를 궁으로 불러들여 부녀 사이를 화해시키고자 중간에서 애를 썼다. 하지만 왕은 카탈리니와의 혼인이 적법치 않은 혼인이자 근친상간이라는 사실을 인정하는 서류에 메리가 서명하지 않는 한 아니 될 말이라고 거부했다. 사촌인 카를 5세까지 제 실속을 차리고자 이 협박에 가세했다. 결국 그녀는 살아갈 날 동안 믿고 의존하게 되는 사촌의 조언에 따라 서명을 하긴 했으나 평생 어머니의 신념을 뒤엎은 사실을 자책하며 살아야 했다.

비록 공주 신분이긴 하나 메리의 삶은 그야말로 허수아비 같은 삶이었다. 물론 제인 왕비가 헨리 8세가 그토록 염원해 온 아들인 에드워드를 안겨준 뒤 1537년에 죽으면서 잠시 왕국의 퍼스트레이디가 되긴 했다. 적어도 네 번째 아내인 클레브스의 안네가 도착하기 전까지는 말이다. 안네는 왕의 입맛에 맞는 아내가 아니어서 6개월 뒤에 이 혼인은 무효화되었다. 안네에 이어 경박한 젊은 여인네인 캐서린 하워드가 등장했는데, 그녀와 메리는 통하는 바가 별로 없었다. 그녀 역시 1542년에 간통죄로 단두대에서 비참하게 삶을 마감했다.

1543년에 헨리 8세는 인문주의자들의 후원자로서 빛나는 지성이 돋보이며 은밀한 신교 신자였던 캐서린 파와 재혼했다. 점잖고 다정다감하고 모성애가 넘치는 그녀는 왕실 자녀들에게 이상적인 어머니 역할을 해주었다. 메리와는 둘도 없는 친구가 되었다. 그녀의 입김 덕분에 두 공주는 1543년에 통과된 의회법에 의거해서 비록 사생아이긴 하나 왕위계승자로 다시 복위되었다. 제인 시모어가 낳은 아들(에드워드)이 후사를 남기지 않고 죽을 경우 다른 대안이 없었던 것이다.

에스파냐 대사인 에우스타체 차푸이스에 따르면, 고분고분하지는 않지만 믿음이 강건한 메리는 아버지의 백성들로부터 큰 지지와 사랑을 받았다고 한다. 그들은 메리를 급격히 뒤안길로 사라지고 있는 구질서의 이상적인 본보기로 삼으면서 유럽 전역에 그녀가 지닌 뛰어난 미덕과 학식을 자랑했다.

진보적인 어머니 덕에 메리는 어려서부터 양질의 교육을 받고 자랄 수 있었다. 첫 스승은 아서 왕자를 가르쳤던 토머스 리니커였다. 그는 공주를 위해 교육 커리큘럼을 짠 것은 물론 라틴어 교재를 직접 저술했는데《초급 라틴문법 Rudimenta Grammatices》은 당시 선풍적인 인기를 끌었다. 불행히도 그가 얼마 안 있어 죽으면서 1523년에 왕비는 에스파냐 교육가인 후안 루이스 비베스를 딸의 스승으로 임명했다. 토머스 모어는 명망 높은 학자인 그를 유럽 최고의 스승으로 치켜세웠다. 그는 메리를 지도하기 위해《여성 신앙인의 예법 The Education of a Christian Woman》이란 책을 손수 저술했다. 이 책에서 그는 엄격한 교육방식에 따른 성서와 고전 공부를 소리 높여 주창했다. 내용은 이러했다. '남자든 여자든 공부를 게을리 한 학생은 회초리 세례를 받는다. 특히 여자는 더욱 혹독히 대해야 한다. 맹목적인 애정은 아들을 망치지만 딸을 더 지독하게 망가뜨리기 때문이다.'

메리는 5년 동안 엄격한 지도를 받으면서 틈틈이 웨일스 국경지대에 위치한 루들로 성에서 지냈다. 비베스가 본국으로 돌아간 뒤에는 이튼학교 교장인 니컬러스 유돌이 바통을 이어받았다.

이즈음 메리는 라틴어와 불어를 말하고 쓰는 데 능통했으며, 에스파냐어와 헬라어를 읽을 줄 알았고 신학과 역사에 정통했다. 열한 살 때는 라틴어로 된 토머스 아퀴나스 성인의 기도문을 모국어로 번역할 실력을 갖추었다. 후일 그녀는 캐서린 파의 후원 아래 에라스무스의《요한복음 의역 Paraphrases of the Gospel of St John》을 번역하기도 했다. 저명한 스승들을 두었음에도 불구하고 신교육을 접할 기회가 없었던 탓에 그녀의 사고는 앤 불린의 개혁적 시각과는 크게 대별되었다.

무엇보다 메리가 특출한 재능을 보인 분야는 음악이었다. 그녀는 류트와 버지널(15세기에 등장한 소형 건반악기로 탁상이나 무릎 위에 놓고 연주함.—옮긴이) 연주의 고수로서 아주 어려서부터 악기 연주에 비상한 재주를 보였다. 그녀는 평생에 걸쳐 악기를 연습하고 연주했으며 그녀의 회계장부는 새로 구입한 류트 줄 비용 내역으로 빼곡했다. 여성의 목소리로는 특이하게도 탁한 저음이었지만 아버지를 닮아 노래 실력이 빼어났다.

메리는 인간의 머리라고 생각하기 힘들만치 길고 아름다운 붉은 머리칼을 지닌 아이였다. 1531년에 베네치아 대사는 그녀를 이렇게 묘사했다.

'예쁘장한 얼굴, 뽀얀 피부, 균형 잡힌 몸매.'

2년 뒤 또 다른 베네치아 대사는 발그스레한 홍조기가 있는 뽀얀 피부의 마르고 작은 몸집이라고 평했다. 눈동자는 큼지막하고 연한 빛인데 눈빛이 어찌나 강렬한지 존경과 동시에 두려움조차 일게 했다고 한다. 그녀가 강렬한 눈빛을 갖게 된 데는 그만한 연유가 있었다. 책을 코 밑까지 가져가 읽어야 할 만큼 시력이 무척 약했기 때문이다. 그녀의 얼굴에서 눈에 띄는 부분은 앙다문 얇디얇은 입술과 납작한 주먹코였다. 나이가 들면서는 당대 사람들이 그러하듯 치아 대부분을 소실했다.

메리의 삶에 불어 닥친 비극들은 그녀의 얼굴에 고스란히 투영되었다. 혹독한 사춘기 시절을 보낸 뒤에는 누구도 더 이상 그녀를 예쁘다거나 매력적이라고 추켜세우지 않았다. 이즈음 그녀는 앙상한 몸매와 가느다란 팔다리를 지닌 섬약한 외모로 변했다. 스무 살 때는 사시사철 병을 달고 살았다. 애석하게도 사춘기가 막 시작될 무렵이 부모님과 이별하는 시기와 절묘하게 맞아 떨어져서 심각한 정신적 질환까지 떠안고 말았다. 십대 시절부터 죽기 전까지 끈질기게 따라붙은 생리 문제는 또 어떻고! 미친년 널뛰듯 생리주기가 들쭉날쭉한 것은 다반사고 중 생리에는 허리가 끊어질 듯한 생리통으로 거의 초죽음이 되었다. 그럴 때면 오랫동안 산책을 하면서 부질없이 통증을 줄여보고자 애썼다. 어디 그뿐이랴! 치통, 가슴 두근거림,

우울증, 두통 그리고 '나쁜 공기'로 인한 후유증(실은 우울증 탓이 크다)……
성년기에는 가을만 되면 어김없이 찾아오는 오만 가지 증세로 앓아눕곤 했
다. 현대 의사라면 이를 계절성 정서장애로 진단 내렸을 것이다.

그럼에도 불구하고 그녀는 뛰어난 재능과 용기, 인내심, 연민의 정이 돋
보이는 여성이었다. 자신의 원칙과 믿음에 그리고 자신이 아끼고 사랑하는
것들에 한결같은 헌신을 보여주어서 그 수혜자들로부터 감동적인 보답을
이끌어냈다. 후일 의복 시녀가 되어서 25년간 메리를 섬긴 수전 클래런수
처럼 시종들 대부분이 그녀 곁에서 평생을 동고동락했다. 친구들은 너나
할 것 없이 제 자식의 대모가 되어달라고 끊임없이 부탁했다. 그녀는 부탁
받은 대모 일을 철저히 그리고 너그럽게 수행했다. 아이들이라면 죽고 못
살았으며 제 자식을 한번 품에 안아보는 것이 평생의 소원이었다.

덕망 있고 자상하고 정이 넘치고 성실하고 위엄 있고 우아하고……그녀
의 장점은 이루 셀 수 없을 정도였다. 아쉬운 것은 이런 자질들이 여왕보다
는 기혼여성이나 수녀에게 더 어울린다는 것이었다. 그녀는 가난한 이들을
가엾이 여겨 집 안에 불러들이고 가든한 옷차림을 즐기고 자선사업에 몰두
하고 시녀들과 자식 문제에 대해 흉허물 없이 대화했다. 행사에서 입을 멋
들어진 드레스와 보석을 고르는 등 가정사의 테두리 안에서 최고의 만족감
을 느꼈다. 반면 학문적인 수업을 받았음에도 불구하고 책에는 별반 흥미
가 없었다. 튜더 왕실의 여타 군주들과 달리 합리적 사고가 부족했으며, 감
성적이고 정서가 불안정하고 쉽게 타협할 줄을 몰랐다. 더불어 세계적 시
각이나 미래에 대한 안목, 정치적 판단력이 미흡했다. 자신과 반대되는 시
각을 받아들이길 거부하면서 늘 자신만이 옳다고 몽니를 부렸다. 모친만큼
이나 자존심이 세고 황소고집인 그녀는 왕가 후손답게 위엄을 무엇보다 중
시했다. 충분한 자극이 오면 부르르 성을 내기도 했지만 그럼에도 불구하

고 노기는 오래가지 않고 쉽게 가라앉았다. 잔혹하지도 않았고 악한 천성도 발견하기 힘들었다. 주로 카드놀이나 볼링게임에 심취해서 어떤 때는 큰돈을 잃기도 했다.

재미난 사실은 그녀가 맹하리만치 순진해서 왕궁 내에서 종종 놀림거리로 도마에 올려졌다는 점이다. 시녀인 제인 도머는 그녀가 워낙 반듯한 교육을 받고 자란 탓에 거칠고 불경스런 말이라곤 한마디도 모른다고 애써 해명했다. 슬프게도 그녀의 어리벙벙함에 부친인 왕까지도 고개를 절레절레 흔들 지경이었다고 한다. 한번은 장난기가 발동한 왕이 궁에서 열린 가면극에서 야한 음담패설을 사용토록 해서 메리를 시험하려 들었다. 참석자들은 비어져 나오는 웃음을 억지로 참느라 진땀 꽤나 흘렸고 시녀들은 볼을 발그레 붉혔지만, 메리는 우스갯소리를 알아먹지 못하고 멍한 표정을 지었다. 이런 순진함은 평생 고치지 못한 고질병이었다. 서른 후반의 메리 앞에서 시종장인 윌리엄 하워드 경과 시녀인 프랜시스 네빌이 곁방에서 서로를 희롱하고 있을 때 메리는 둘의 대화를 듣고도 당최 무슨 말인지 알아먹지 못했다. 당시 프랜시스의 턱 밑을 살살 간질이면서 윌리엄 경은 놀리듯 속삭였다. "안녕, 내 예쁜이 창녀!" 메리는 이 말을 듣고도 '창녀'가 무슨 뜻인지 감도 잡지 못했다.

얼마 후 프랜시스가 옷 갈아입는 일을 돕고 있을 때 메리가 불쑥 말했다. "고맙네, 내 예쁜이 창녀!" 식겁한 시녀는 여왕에게 다시는 그런 단어를 쓰지 말아주기를 청했다.

"시종장이 이 단어를 쓰는 것을 들었네."

프랜시스는 답했다. "그분은 저질이에요. 그분 말이나 행동은 본받을 게 하나 없죠. 여왕마마로부터 상스런 단어를 들어본 적이 없는데 지금 그런 소리를 들으니 놀랍기만 하네요. 창녀는 사악하고 음탕한 여자를 뜻합니다.”

"나도 처음 들어본 말이네. 모욕할 뜻은 없었으니 이해하게." 메리가 대꾸했다.

헨리 8세 통치기간에 메리를 유럽 왕실의 왕자들과 혼인시키려는 시도가 있었지만 모두 허사로 끝났다. 메리가 적법한 후계자가 아니기 때문이었다. 스물다섯에 이르렀을 때 그녀는 자신을 '기독교계에서 최고로 불행한 여인'으로 묘사하면서 독신으로 살 작정을 했다. 마땅한 신랑감이 없어서이기도 하거니와 시간이 갈수록 임신할 확률이 떨어졌기 때문이다. 메리가 열렬히 바라마지 않는 한 가지는 바로 아이를 갖는 것이었다. 이 모성본능이 채워지지 않자 그녀는 갖가지 질병에 시달리면서 아이들, 종교에 관심을 돌려 대리만족을 느꼈다.

그녀의 삶에서 최고로 중요한 부분은 종교였다. 어머니로부터 독실한 신앙심을 물려받은 그녀는 어머니가 몸 바쳤던 그 종교, 바로 가톨릭을 복원시키기 위해 평생 헌신했다. 신교를 도저히 받아들일 수 없었을뿐더러 다른 종교에 눈 돌릴 시간도 없었다. 유년시절에는 로마 가톨릭 예배의식에서 크나큰 위안을 찾았는데, 그녀가 말을 시작하며 처음 내뱉은 그럴싸한 단어는 '사제님!'이었다. 신교가 균형 잡힌 세상의 전통적 믿음을 위협하며 들불처럼 급속히 번져가자 그녀는 이를 중차대한 위협으로 간주했다. 그녀 눈에 이단자들은 가차 없이 처단되고 뿌리 뽑혀야 할 암적인 존재였다. 그것이 신께서 원하는 바라고 믿었다. 그녀는 자신의 이런 믿음을 굳건히 지켜갔다. 베네치아 대사인 프란체스코 소란초는 그녀가 산책할 때면 혼자 이렇게 중얼거리곤 했다고 한다. "신이 우리를 위해 존재한다면 과연 우리의 적은 누구일까?"

엘리자베스가 1533년에 태어나면서 아들을 바라마지 않던 부모는 무척이나 실망했다. 하지만 그럼에도 불구하고 그녀가 채 한 살이 되기도 전에 왕은 그녀를 후계자로 인정하는 왕위계승법을 통과시켰다. 이로써 메리 대신 배다른 동생이 후계자 자리를 꿰차게 되었다. 그러나 1536년에 앤 불린이 처형되면서 엘리자베스 역시 사생아로 낙인 찍혀 왕위계승에서 밀려났다.

엘리자베스가 언제 이 끔찍한 사실을 알게 되었는지, 또는 누가 그녀에게 모친에게 일어난 불행을 얘기해주었는지는 모른다. 기록에 따르면 그녀는 평생 단 두 번만 모친에 관해 공식적으로 언급했다고 한다. 한 번은 1553년 스무 살 나이 때 에스파냐 대사에게, 자기 어머니가 메리와 그 모친에게 박해를 가한 것 때문에 원한이 사무쳐서 메리가 자신에게 적대감을 보인다고 고백했다. 다른 한 번은 베네치아 대사에게, 캔터베리 대주교가 혼인을 합법적으로 인정해주었기에 모친인 앤 불린은 헨리 왕과 혼외 동거한 것이 아니라고 주장했다. 자신이 혼외로 태어난 사생아임이 분명함에도 불구하고 그녀는 이를 극구 부인했다. 이처럼 어머니에 대해 일절 함구하면서도 불린가 사람들(캐리가, 하워드가, 노리스가, 놀리스가)에게는 대단한 충정을 바쳤다.

엘리자베스는 왕의 호의를 잃고 나서 가정교사 손에 맡겨졌는데, 첫 가정교사는 심성이 무척 고운 마거릿 브라이언 부인이었다. 당시 그녀는 크롬웰 경에게 비루하게 애걸해서 엘리자베스를 위한 잠옷과 속옷가지 같은 생필품을 얻어내야 했다. 어린 소녀가 모친이 남겨준 호화로운 옷가지를 입기에는 몸집이 너무 커버렸기 때문이었다. 엘리자베스가 네 살이 되었을 때 마거릿 부인이 갓 태어난 에드워드 왕자를 돌보기 위해 떠나면서 어린 소녀는 캐서린 체임퍼논 손에 넘어가게 되었다.

캐서린은 데본셔 출신의 명문가 자손으로 1545년에는 사촌이자 앤 불린의 고참 시종인 존 애슐리의 아내가 되었다. 이후 캣 애슐리로 불리게 된 그녀는 성장기의 엘리자베스에게 지대한 영향을 미쳤으며 공주에게 몸을 불살라 헌신했다. 아쉽게도 그녀는 자상하고 충성스러웠음에도 불구하고 현명하거나 신중치는 못했으며 공주를 적절히 통제하지도 못했다. 엘리자베스는 이러한 단점들을 의식하지 못한 채 그녀를 친어머니로 여기며 애정을 쏟아 부었다. 후일 공주는 부인이 자신의 학식과 인격을 배양시키는 데 노고를 아끼지 않았다고 고마워했다.

당대 여성들과 달리 진보적인 교육을 받은 애슐리 부인은 엘리자베스에게 수학과 역사, 지리, 점성학, 건축, 바느질, 춤, 승마, 품행을 두루 가르쳤다. 더불어 불어, 이태리어, 에스파냐어, 플랑드르어 교육을 전수했다. 워낙 높은 수준의 교육을 받아서 엘리자베스가 여섯 살 때 그녀를 본 윌리엄 라이어슬리 경은 감동해서 이렇게 외쳤다. "지금보다 열악한 교육을 받았다면 군주의 자녀에 걸맞은 여성이 되지 못했겠지!" 애슐리는 소녀의 빼어난 지적 능력을 인정하고 키워주면서 그 빠른 발전을 뿌듯한 마음으로 지켜보았다.

엘리자베스는 유년기 대부분을 런던 북부에 위치한 왕실 행궁들을 옮겨 다니며 지냈다. 그녀가 처음 묵은 거처는 해트필드 궁으로 붉은 벽돌의 웅장한 왕궁은 1480년과 1497년 사이에 존 모턴 추기경이 건축한 것이다. 오늘날에는 대형 홀이 들어선 서쪽 동만 남았다. 그녀가 죽은 뒤에 로버트 세실이란 사람이 제임스 1세 시대의 웅장한 저택인 해트필드 하우스를 짓기 위해 이 오래된 왕궁을 허물었기 때문이다. 현재의 유적은 1830년에 대대적으로 개조한 것이다. 엘리자베스 여왕 시대에 왕궁은 멋들어진 교목과 꽃이 어우러진 정원과 시원한 그늘이 드리워진 산책길, 아름드리 수목이 빼곡히 들어찬 넓디넓은 사슴 사냥터에 둘러싸여 있었다. 저 멀리 사냥터를 가로질러서는 리 강이 유유히 흘러갔다. 엘리자베스는 1550년에 해트필드 궁을 물려받아 이후 즐겨 걸음을 했다.

엘리자베스가 즐겨 찾던 유년기 거처 가운데 하나는 1283년에 보놈므 교단(푸른색 수사복을 입는다 해서 '청靑 수사단'으로도 불리는, 1276년에 에드워드 1세의 사촌이자 콘월 백작인 에드먼드가 설립한 교단-옮긴이)이 세운 수도원인 애슈리지 하우스였다. 버크햄스테드가 한눈에 내려다보이는 칠턴 언덕에 근사하게 자리한 이 저택은 왕실 자녀들의 휴양지로 즐겨 애용되었다. 헨리 8세가 1539년에 수도자들을 깡그리 몰아내고 왕실에 귀속시킨 뒤부터 엘리자베스와 에드워드는 자주 이곳에 머물렀다. 1550년에는 엘리자베스 소유가 되었는데 1564년경 이곳은 수리가 필요할 지경으로 상태가 엉망이었다. 후일 1808년에는 제임스 와이엇이 고딕 풍의 저택으로 개축했으며 현재는 경영대학으로 변모했다.

1550년에 엘리자베스가 물려받은 또 다른 유산은 전에도 여러 차례 묵은 바 있는 엔필드 궁이었다. 1540년대에는 헨리 왕의 자녀 셋 모두가 이곳에서 지낸 바 있었다. 객실 17개와 대형 홀 하나가 딸린 소박한 구조지만 실내장식이 매우 호화롭고 으리으리했다. 저택 한 면에는 아기자기한 정원이 여러 개 자리해 있으며 사냥터까지 갖추었다. 현재 이 터에는 피어슨 백화점이 자리해 있다. 1920년대에는 높다란 튜더풍의 굴뚝들을 볼 수 있었지만 현재는 석재 벽난로와 원목 패널, 미장 마감된 천장 외에 당시 흔적을 찾아보기 힘들다. 이 유물들은 현재 엔필드에 소재한 개인 저택인 리틀 파크에 보관 중이다.

엔필드 근방에는 엘싱 궁이 자리해 있는데, 엔필드 궁보다는 훨씬 규모가 컸다. 원래 15세기에 지어진 것이지만 1540년에 헨리 8세가 이곳을 손에 넣은 뒤에 확장·보수 공사를 거쳤다. 드넓은 사슴사냥터 안에 자리한 왕궁은 널따란 호수를 한눈에 내려다보고 있어 풍광이 아주 그만이었다. 시원스런 가로수 길과 메이든스브룩 강이 주변과 경계를 지어주며, 웅장한 게이트하우스들이 자리한 2개의 정원이 저택을 다소곳이 싸안고 있었다. 해자(성벽으로 기어오르는 병사들을 막기 위해 파둔 성벽 주변의 도랑이나 못-옮긴이) 위에 걸린 도개교(런던 브리지처럼 위로 열리도록 설계된 다리-옮긴이)를 지나 궁 안에 들어선 뒤 헨리가 종종 머물곤 했던 '왕의 문'을 통해 궁방으로 접근할 수 있었다. 자녀들의 여가활동을 위해 근방에는 볼링 경기장, 궁술장, 과수원, 정원이 마련되어 있었다. 이곳은 내전 당시 파괴되었고 제임스 1세 시대풍의 저택인 포티 홀은 현재 호수 건너편에 자리해 있다.

어려서 엘리자베스는 공적인 삶과 거리를 둔 채 주로 이 왕궁 네 곳을 옮겨가며 호젓하게 지냈다. 가끔은 에드워드나 메리와 더불어 지내기도 했다. 왕은 딸을 소홀히 방치해서 한동안 발길을 끊기도 했다. 다행히 제인 시모어, 클레브스의 안네, 캐서린 하워드가 중간에서 손을 써서 드물기는 하나 간혹 궁에 들라는 소환을 받았다. 무정한 왕은 주로 사자를 대신 보내서 딸의 건강과 교육 상태를 점검하도록 했다. 그런 만큼 그녀는 아버지가 사윗감을 찾기 위해 어떤 돌발적인 계획을 세우고 있는지 전혀 알아채지 못했다. 비록 사생아라는 오점과 생모의 악명 높은 평판 탓에 모든 계획이 비꾸러지긴 했지만 말이다.

엘리자베스가 여덟 살이 되었을 때 캐서린 하워드가 간통 혐의로 단두대에서 처형되었다. 이 비극적 사건은 사춘기 소녀에게 비운의 운명을 산 생모의 기억을 생생히 떠올려주었다. 엘리자베스는 어머니의 사촌인 캐서린 하워드를 유난히 좋아하고 따랐다. 1562년에 레스터 백작인 로버트 더들리가 프랑스 대사에게 말하길, 엘리자베스가 여덟 살 때부터 알고 지냈

는데 당시 그녀는 입버릇처럼 말했다고 한다. "난 절대 결혼 안 해요." 그녀
의 마음속에 결혼이란 곧 죽음이란 등식이 성립되어 있었던 듯하다.

1543년 이후에 엘리자베스는 캐서린 파 왕비로부터 크나큰 은혜를 입었
다. 왕비 덕에 그녀의 집에 에드워드와 메리가 자유롭게 드나들었으며, 엘
리자베스와 메리는 여왕 시녀들 사이에 단연 중심인물로 부각되었다. 캐서
린은 엘리자베스의 교육을 담당하는 것은 물론, 1546년 그녀가 미운 털이
박혀 아버지와 불화를 겪을 때 자청해서 중재자 역할을 맡기도 했다. 당시
그녀는 1년 가까이 아버지 눈앞에서 사라져주어야 했는데, 여왕이 앵돌아
진 왕을 인내심 있게 설득해서 딸을 용서하도록 이끈 것이다. 엘리자베스
는 무한한 감사의 마음을 표하기 위해 《죄지은 영혼의 거울 The Mirror or
Glass of a Sinful Soul》이라는 제목의, 불어 운문을 영어 산문으로 번역한 명
상록을 양어머니에게 선사했다.

엘리자베스가 에드워드와 더불어 리처드 콕스 밑에서 교육받게 되면서
1542년에 애슐리 부인은 정식으로 그녀의 교육에서 손을 떼었다. 1544년
에 캐서린 파는 본인의 스승이었던 그리스 학자 윌리엄 그린달을 딸의 스
승으로 임명했다. 그린달은 존 체크와 로저 애스컴과 더불어 에드워드 왕
자의 교육을 책임졌었다. 이중 애스컴은 엘리자베스의 학문적 발전에 지대
한 관심을 가져서 1545년부터 공주와 애슐리 부인과 정기적으로 서신을 교
환했다. 편지를 통해 애스컴은 엘리자베스에게 가일층 학업에 박차를 가하
도록 독려했다. 요크셔 출신으로 케임브리지 세인트 존 대학 평의원인 그
는 후일 이렇게 기술했다. '여러 학식 있는 여성을 상대해보았지만 그중 엘
리자베스가 최고로 명민하다.' 그는 엘리자베스의 학업을 성실하게 지도 ·
감독해준 애슐리의 노고를 치하하며, 나이가 어리고 여린 탓에 쉽게 망쳐
질 수 있으니 이 보기 드문 천재를 잘 보필하도록 조언했다. 더불어 그린달

에게 어떤 교재가 좋은지, 또 어떻게 그 교재에 접근해야 하는지 조언을 아끼지 않았다.

헨리 8세는 원래 엘리자베스에게 장차 여왕으로서 왕국을 통치하는 데 필요한 지식을 가르칠 작정이 아니었다. 그저 딸을 튜더 왕실을 빛내줄, 어디 내놓아도 손색없는 박식한 여성으로 키울 마음뿐이었다. 이런 의도와 달리 엘리자베스는 그린달로부터 헬라어와 라틴어를 배워 이 두 언어를 유창하게 말하고 읽고 쓸 줄 알았다. 여기에는 데시데리우스 에라스무스, 존 체크 같은 명사들의 힘이 컸다. 그녀는 고전 공부 덕에 철학, 웅변술까지 완벽하게 깨치게 되었고, 성서와 교부신학까지 두루 섭렵했다. 더불어 바티스타 카스틸리오네로부터 이태리어를 사사받았는데, 1544년에 그녀가 캐서린 파에게 최초로 보낸, 현존하는 편지는 이태리어로 쓴 것이다. 후일 그녀는 유창한 이태리어 실력을 뽐내며 외교사절들과 대화를 나누어 주위를 놀라게 했다. 당시 이태리어는 라틴어를 대신해서 외교언어로 급부상하고 있었다.

엘리자베스는 프랑스 대사를 따라한 탓에 '파아르 듀, 파아르 마아 푸아! Paar dieu, paar maa foi'(불어로는 Par dieu, par ma foi, 영어로는 By god, by my faith—옮긴이)처럼 문장 내에서 'A' 소리를 길게 빼어 부정확하게 발음하긴 했지만 언어의 달인으로 손꼽혔다. 그녀가 태어났을 때부터 시녀로 일한 블란체 패리는 공주에게 튜더 선조들의 언어인 웨일스어를 가르쳐주었다. 여기에 20대에 접어들면서 스페인어까지 통달했다. 서른 즈음에는 캐서린 파에게 신앙 수양서 번역본을 선물하기까지 했다. 《죄지은 영혼의 거울》(불어에서 영어로), 본인 작품인 《기도와 명상 Prayers and Meditations》(영어에서 라틴어, 불어, 이태리어로), 《신앙의 대화 The Dialogue of Faith》(라틴어에서 불어로)가 그것이다.

그녀는 개혁주의 성향의 학자들로부터 교육을 받아서 양어머니가 은밀한 신교도임을 쉽사리 알아챌 수 있었다. 1547년에 그녀는 저명한 프랑스 신교학자이자 개혁가인 장 칼뱅의 작품인 《기독교 강요 Institution de la Vie Chrestienne》을 번역해서 그녀에게 선물해 주었다. 이때는 종교 문제에 있어서 앙큼하게 오리발을 내미는 법을 이미 터득한 뒤였다. 아버지가 생존하는 동안 신교를 추종하는 것은 지뢰밭길을 걷는 무모한 짓이었다.

어려서 엘리자베스는 샤를마뉴 대제 치세 이후부터 유럽 서체를 주도해온 초서체(13세기에 이탈리아 공증인들이 즐겨 쓰던 흘려쓰기 서체로 프랑스와의 전쟁을 통해 잉글랜드로 유입됨.—옮긴이)로 쓰는 법을 익혔다. 당시 카스틸리오네는 이탈리아 서체를 우아하게 쓰는 법을 가르쳤는데 후일 애스컴의 지도 아래 그녀의 서체는 나날이 진보했다. 그 결과 그녀의 서체는 예술적 경지에 오르게 되었고 유려한 곡선이 돋보이는 아름다운 서명이 탄생했다. 개인적인 서신이나 메모를 쓸 때는 빠르게 휘갈겨 쓰는 흘림체를 사용했다.

눈부신 학문적 성과를 이루면서 그녀의 몸에는 평생토록 이어갈 학업습관이 절로 배게 되었다. 엄격한 커리큘럼 탓에 때로 지치고 버겁기도 했지만 그녀는 배움에서 큰 위안과 즐거움을 찾았다. 그녀의 전기작가인 윌리엄 캠든의 글을 살짝 들여다보자. '그녀는 하루라도 뭔가를 읽거나 쓰는 일을 게을리 한 적이 없었다.'

그녀는 눈에 띄는 개성 있는 외모이긴 했으나 객관적으로 보았을 때 그리 미인은 아니었다. 아버지의 붉은 머리칼과 구부러진 코, 어머니의 길쭉하고 마르고 창백한 얼굴과 뾰족한 턱, 똘망똘망한 눈동자를 물려받았다. 눈썹과 속눈썹이 어찌나 희미한지 그 자리에 없는 듯 보일 지경이었다. 왕실컬렉션에는 열세 살 무렵의 엘리자베스를 그린 초상화가 전시되어 있는

데, 자주색 드레스 차림에 손에 책을 든 진지한 표정의 사춘기 소녀 모습이다. 얼굴은 후일 초상화들에서 보는 것보다 더 통통하고 눈동자는 짙고 신중하다. 그 웅숭깊은 분위기가 자칫 노숙해 보이기까지 한다. 그녀는 생전에 길고 쪽 곧은 손가락을 섬섬옥수라고 즐겨 자랑하곤 했다. 이 못 말릴 자뻑 증세는 늙어서까지 고치지 못한 고질병이었다.

1552년에 베네치아 대사는 엘리자베스를 '지극히 아름답다'고 묘사하면서 당당하고 위엄 있는 분위기를 칭송했다. 또 다른 베네치아 대사인 조반니 미키엘리는 1557년에 다음과 같이 썼다. '얼굴은 예쁘다기보다는 보통 수준이다. 키가 크고 몸매가 좋으며 피부가 가무잡잡하긴 해도 혈색이 좋다. 눈이 아주 매력적이다. 날씬하고 꼿꼿하다.' 뭐니뭐니해도 그녀에게 최고의 찬사는 아버지인 헨리 8세를 꼭 빼다 박았다고 말해주는 것이었다. 생부를 의심하는 시중의 루머와 헨리 왕에 대한 그녀의 가없는 존경심을 생각할 때 쉽게 이해될 수 있는 부분이다.

어린 엘리자베스는 태도가 방정하고 진중한 구석이 있었다. 윌리엄 토머스는 그녀를 '재치 있고 점잖은 어린 숙녀'로 불렀다. 로저 애스컴은 1549년에 이렇게 기술했다. '그녀의 정신은 여성 특유의 나약함이 없으며 그녀의 인내심은 남자의 그것에 비견될 만하다. 빠르게 기억하고 오래 기억한다.' 미키엘리는 1557년에 그녀의 지성과 이해력이 돋보이게 뛰어나다고 칭찬했다.

반면 메리의 측근인 제인 도머는 열세 살의 엘리자베스가 오만 방자하기 그지없어서 고아한 인격을 크게 퇴색시켰다고 혹평했다. 1558년에 페리아 백작은 그녀가 영특하기는 하나 허영심이 강하다고 평했다. 그녀가 모친인 앤 불린에게서 터무니없는 허영기를 물려받아서 궁정 사람들의 관심과 사랑을 독차지하려고 기를 쓴 것은 사실이었다. 일부에서는 누가 더할 것도 없이 모녀가 똑같이 경박하다고 욕했다. 그녀는 다혈질이라서 사소한 자극에도 쉽사리 분노를 터뜨렸는데 그 불길은 불붙자마자 곧바로 푸시시 꺼지곤 했다. 분노를 폭발시킬 때의 모습은 서릿발처럼 매섭고 신랄했으며 변덕스러웠다. 앤 불린은 제 성질대로 되지 않으면 히스테리를 부리곤 했는데 딸 역시 오십보백보였다. 어려서 모진 경험을 겪은 탓에 남들을 쉬이 믿지 못하고 늘 경계하며 불안해했다. 사춘기 시절 그녀의 바자운 마음은 기절로, 불안 상태로, 급기야 공황발작으로 표출되었다. 알 수 없는 두려움에 겁을 바짝 집어먹어서 졸도 직전에 이르곤 했다.

어떤 때는 언제 그랬냐 싶게 아버지처럼 지나치리만치 생기발랄하고 자신감이 충만했다. 사람들은 그녀의 방정한 행동거지와 기민함, 타고난 지성, 분별력, 실용주의적 사고, 놀라운 기억력에 깊은 인상을 받았다. 후일에는 무엇보다 여왕으로서 보인 능수능란한 통치술에 후한 점수를 주었다.

종교문제에 있어서는 개흙 속에 숨은 낙지처럼 속마음을 꽁꽁 감추었다. 어려서 어떤 교육을 받았는지 구체적으로는 알 수 없으나, 개혁주의 성향의 케임브리지 대학 학자들과 신교도인 캐서린 파에게서 지대한 영향을 받았다는 사실만은 분명하다. 그녀는 그네들의 개혁주의 시각을 포용하긴 했지만 상황이 상황인지라 늘 조심하고 신중해야만 했다. 이렇듯 종교문제에서 신중한 태도를 지켜서 누구처럼 괴팍한 광신자가 되지는 않았다. 언니처럼 신앙심이 뼈에 사무치도록 깊지도 않았다. 성인이 된 그녀는 왕족들이 사탄의 유혹에 빠져 무지의 늪에서 허우적대는 것과 달리, 올바름의 빛으로 무지와 사악한 미신에서 벗어나 생명과 구원에 이르게 해주신 신에게 무한히 감사했다. 또, 어떤 때는 진보적이고 개혁주의적인 시각을 드러내기도 했다. '세상에는 단 하나의 믿음, 한 명의 예수 그리스도밖에 없다. 나머지는 다 하찮은 논쟁이다.'

당연하게도 엘리자베스와 메리의 관계는 삐거덕거렸다. 생모들이 그 얼마나 치열하게 경쟁을 벌였던가! 메리는 앤 불린에 대한 적개심이 활활 타올랐음에도 불구하고 그녀가 죽은 뒤 어느 정도 동생에게 어머니 역할을 해주었다. 좌절된 모성애를 어린 동생에게 쏟아 부었다고나 할까. 그녀는 엘리자베스에게 드레스에 쓰일 노란 새틴 옷감이나 용돈, 목걸이, 브로치, 은장식 상자, 자수 장식이 들어간 향수 담는 황금 공 같은 선물을 아낌없이 안겨 주었다. 나이보다 야무진 동생을 무척이나 뿌듯해하며 한번은 아버지에게 다음과 같이 써서 보냈다. '엘리자베스는 아주 잘 지냅니다. 신의 가호 덕에 머지않아 그 아이가 큰 자랑거리가 되리라 믿어 의심치 않습니다.'

하지만 막상 그때가 닥치자 메리는 그리 기쁜 마음이 들지 않았다. 엘리자베스가 마음결이나 외모에서 생모를 닮아가면서 자매간의 경쟁의식과 불신감은 커지기만 했다. 외교사절들은 앤 불린의 딸이라는 사실 때문에 메리가 동생을 미워한다고 쉽게 보아 넘겼지만 사실은 그 이상이었다. 메리는 돌아가신 선친이 엘리자베스의 생부일리가 없다고 확신했다. 친구들과 시종들에게는 동생이 앤 불린과 정분나서 처형당한 사내 가운데 하나인 궁중악사 마크 스미턴을 닮았다고 말하곤 했다. 사실 메리보다는 엘리자베스 쪽이 더 헨리 8세를 닮았는데도 말이다. 엘리자베스만 보면 아버지를 살살 후려내서 자기 모녀를 지옥에 빠뜨린 앤 불린의 얼굴이 떠올라 절로 치가 떨렸다. 하지만 자세히 들여다보면 메리의 적대감은 종교에 뿌리를 두고 있었다. 신실한 가톨릭 신자인 메리는 동생이 신교에 물드는 것을 보고 움찔 놀라 그녀를 위험한 정적으로 보았다.

헨리 8세는 건강하고 살아 있는 아들을 달라는 기도에 신이 응답하기까지 길고도 지난한 28년의 부지하세월을 보냈다. 그렇게 해서 1537년 10월

12일에 햄프턴 궁에서 태어난 존귀하신 에드워드 왕자에게 '부족함'이란 낯설기 만한 단어였다. 왕은 어린 아들을 위험에서 건져내고자 피나는 노력을 기울였다. 왕자는 철저한 사전 예방책으로 감염이나 질병의 위험에서 철저히 보호되었다. 보육실의 벽과 바닥은 하루에 세 차례씩 깨끗이 청소해야 했으며, 청결한 최상급의 음식만이 제공되었다. 시종들은 왕자에게 필요한 모든 것을 부족함 없이 채워 주어야 했다. 과잉보호가 도가 지나쳐 숨이 막힐 지경이었다.

외아들에 대한 넘치는 애정에도 불구하고 왕은 아들을 그리 자주 찾지는 않았다. 아기의 발육 상태를 알리는 정기보고 역시 왕 본인이 아닌 수석 비서관인 크롬웰이 받았다. 에드워드는 여섯 살 때까지 여인네들 틈바구니에서 자랐는데, 이들을 감독하는 우두머리 보모는 마더 잭이었다. 자라면서는 막중한 위치 때문에 절로 어깨가 무거워지면서 어떻게든 세계 최고의 군주이신 아버지를 따라잡아야 한다는 각오를 늘 가슴에 새겼다. 두 살에 접어들었을 때는 화가 한스 홀바인이 왕자의 초상화를 그려서 신년 선물로 왕에게 바쳤다. 치렁치렁한 예복에 깃털 장식의 금사원단 보닛을 쓰고 보석이 박힌 딸랑이를 손에 쥔 앙증맞은 모습이었다. 초상화에는 라틴어 글귀가 새겨져 있었다. '어린 왕자여, 부디 부친을 닮으소서. 그분의 미덕을 본받으소서. 위대함에 있어 그분에 필적할 만한 이는 없도다. 부디 부친의 업적을 능가하소서!' 어린 아이에게 그리도 빨리 조숙한 임무를 강요했다는 사실이 그저 놀라울 따름이다.

에드워드에게 절박하게 필요한 것은 어머니의 따뜻한 사랑이었다. 생모가 누구인지 모르는데다가 양어머니인 클레브스의 안네와 캐서린 하워드는 어린 자식을 거의 방치하다시피 했다. 1543년에 왕이 캐서린 파와 혼인하면서 드디어 에드워드는 정상적인 가족의 삶을 맛보게 되었다. 모정이 그리웠던 아이는 이내 양어머니를 따르면서 붙임성 있게 "어머니", "어머니"라고 불러댔다.

여섯 살에 접어들면서부터 왕자로서 필요한 훈련과 정규 교육을 받기 시작했다. 첫 스승은 후일 엘리 주교에 부임하는 리처드 콕스였는데, 이 개혁주의 교육가는 왕이 손수 천거한 인물이었다. 콕스는 배움이란 체벌에 의한 주입식 교육에 의해서가 아니라 즐거이 참여하는 데서 이루어진다는 진보적 시각을 갖고 있었다. 은밀한 신교도인 그는 얼마 뒤 에드워드에게 큰 영향을 미치게 되었다.

콕스에 이어 세인트 존 대학의 평의원으로서 헬라어 교수이자 저명한 인문주의자인 존 체크가 왕자의 교육에 합류했다. 에드워드의 교육에 지대한 관심을 가진 캐서린 파가 왕자를 위해 체크에게 교육을 맡겼던 것이다. 1545년에는 윌리엄 그린달이 이에 가세했다. 에드워드는 하루에 몇 시간씩 그리스-로마 고전과 성서, 역사, 지리학을 공부했다. 존 벨메인이 불어를, 마스터 랜돌프가 독일어를, 필리프 폰 빌더가 류트 연주법을 가르쳤다. 윌리엄 토머스는 왕자에게 정치와 통치술을, 로저 애스컴은 서예를 사사했다. 왕자는 이 밖에도 매너와 펜싱, 승마, 사냥까지 두루 배웠다.

왕은 아들이 또래 집단과 어울려야 한다는 생각에 14명의 명문가 자제들을 선별해서 왕자와 함께 교육을 받도록 했다. 이 궁정학교 동기 중에는 서퍽 공작인 사촌 헨리 브랜든, 헤이스팅스 경인 헨리, 존 더들리의 아들이자 릴 자작인 로버트 더들리, 에드워드의 사촌으로 추정되는 제인 그레이가 있었다. 왕자와 가장 마음에 맞는 친구는 오먼드 백작의 사촌인 바너비 피츠패트릭이었다. 에드워드가 어린 나이에 왕위에 올랐을 때 바너비는 휘핑보이에 선정되었다. 가정교사들이 감히 지엄하신 왕을 때릴 수가 없기에 왕 대신 벌을 받는 탐탁지 않은 자리였다.

엄격한 스승들의 교육을 받으며 에드워드는 빠른 학문적 발전을 보였다. 그는 배우고 익히는 즐거움을 아는 진지하고 총명한 아이였다. 스승들이 비록 제자의 능력을 다소 부풀리긴 했어도 그가 보통 이상의 실력자임은 분명하다. 1545년에 리처드 콕스는 일곱 살의 왕자가 엄청난 수의 '무지의 적함'을 무찔렀으며, 특히 라틴어 동사변화에 능통하다고 보고했다. '이미 사오십 편의 라틴어 시를 자작하셨으며 카토(마르쿠스 카토, 로마 시대 교육 사상가로 스토아 철학의 신봉자-옮긴이)와 이솝 우화를 접할 준비가 되셨습니다. 매일 〈솔로몬의 잠언〉을 즐겨 탐독하시면서 음탕한 요부들을 경계하고 자신의 단점을 일깨워주는 솔로몬 왕에게 감사하는 법을 배우고 계십니다.'

왕자는 부친과 달리 몸을 쓰는 스포츠 활동보다는 머리를 쓰는 지적인 여가활동에 더 탐닉했다. 잠깐, 여기서 그의 몸이 부실하다고 서둘러 단정 짓지는 말자. 그는 어머니의 창백한 피부와 아버지의 붉은 머리칼을 물려받은 호리호리한 체격이었다. 당대 사람들은 그를 매력적인 사내아이로 평했는데 이런 의견들은 현존하는 초기 초상화들에 잘 드러나 있다. 유일한 단점이라면 한쪽 어깨가 다른 쪽보다 약간 치켜 올라갔다는 점이다. 아기 적에는 무척이나 건강해서 첫돌이 지나기도 전에 이미 아장아장 걸음마를 시작했다. 심각한 열병에 시달렸다가 곧 완쾌한 네 살 전까지는 누구도 왕자의 건강을 염려하지 않았다. 또래들과 겨루어 절대 지지 않을 만한 실력을 갖추었지만 힘겨루기나 마상창시합을 보는 것에 만족할 뿐 직접 참여하지는 않았다.

에드워드는 1550년부터 하루도 빼놓지 않고 일기를 썼는데 그의 필체는 그의 마음결을 고스란히 닮아 있었다. 어려서부터 그는 감정을 속으로 삭이고 밖으로 드러내지 않는 법을 배웠다. 그런 탓에 자라면서 지나치게 엄숙해져서 평생 딱 한 번밖에 호탕하게 웃어본 적이 없다는 얘기가 있다. 바늘로 찔러도 피 한 방울 나오지 않을 만큼 냉정하고 거리감이 있었으며 깐깐하고 용의주도하고 경계심이 많아서 남을 쉬 믿지 않았다. 그가 살아 있었다면 아버지에 버금가는 냉혹한 군주가 되었을 거라는 주장도 있다. 존경하는 스승인 체크가 중병에 걸렸을 때만 보기 드물게 온정을 발휘했다. "오늘 아침 신에게 그분이 살아나도록 기도했습니다. 기도 응답을 받았으니 절대 죽지 않을 겁니다." 천상천하 유아독존식의 태도는 친구 바너비 피츠패트릭에게 보낸 편지들에 잘 드러나 있다. 어린 왕은 프랑스에서 지내고 있는 바너비에게 다음과 같은 편지를 썼다.

이제부터 내가 불어로 편지를 쓸 테니 친구의 불어실력이 곧 백일하에 드러나겠군. 가능한 한 여자를 멀리하게. 프랑스 왕의 청이라면 종종 춤을 추는 건 괜찮지. 승마와 사냥, 테니스 같은 정직한 게임에 몰두하게나. 틈틈이 성서 공부, 특히 낭독하는 것도 잊지 말고.

바너비는 심기가 불편해져서 저 혼자 투덜거렸다. "체, 꼭 아버지처럼 훈수를 두는군."

한번은 에드워드가 여덟 살 때의 일이었다. 당시 그는 캐서린 파에게 편지를 보내서 뭔가를 당부했는데 그 내용이 참으로 흥미로웠다. '누이 메리에게 유일한 사랑은 오직 신의 사랑뿐임을 일깨워주세요. 춤과 들뜬 향락에 빠져서 평판을 무너뜨리지 말라고 당부하세요. 이국의 춤과 여흥은 신앙인으로서 어울리지 않으니 가급적 피하라 하세요.' 이때 메리의 나이는 스물아홉이었다!

에드워드의 스승 누구도 즉위하기 이전의 그에게 신교를 주입시키려 했다는 증거는 없다. 그럼에도 불구하고 그네들의 사상 일부가 자연스럽게 어린 에드워드에게 스며들고 말았으니, 이는 그가 왕위에 오른 뒤에 신교를 기꺼이 포용했다는 사실에서 입증된다. 그는 열혈신자가 될 기미를 내보이면서 가톨릭 신자인 누이 메리만큼이나 그렇게 열렬히 신교 추종자가 되었다.

에드워드는 더불어 잔인하기까지 했다. 후일 메리 집권기에 캔터베리 대주교에 오르는 레지널드 폴은 믿을 만한 소식통으로부터 소름 끼치는 얘기를 전해 들었다. 어느 날 어린 왕은 무슨 일인지 스승들 앞에서 분노로 몸을 바들바들 떨었다. 그때 침실에 있던 매 한 마리가 그의 눈에 들어왔다. 그는 매를 잡아채서 한 손에 움켜쥐고는 잔인하리만치 느릿하게 깃털을 한 올 한 올 뽑아냈다. 새의 깃털을 홀라당 뽑아낸 다음에는 몸통을 사정없이 네 조각으로 찢어발겼다. "난 이 매와도 같아. 모두가 날 홀딱 벗겨내려고 들지. 이제부터는 짐이 손수 털을 뽑아내고 사지를 찢어놓을 테다!" 그가 악다구니를 썼다.

때론 바라지고 잔인했음에도 불구하고 그 역시 장난질 좋아하는 어린아이에 불과했다. 한번은 친구 하나가 왕에게 충동질을 했다. "헨리 왕께서 그랬듯이 한번 아랫사람들에게 서릿발 같은 명을 내려보세요." 애석하게도 스승들에게 씨가 먹혀들지 않아서 에드워드는 호된 꾸지람을 듣고 곁에서 사주한 친구는 모진 회초리 세례를 받았다.

어려서부터 에드워드는 누이들의 사랑을 듬뿍 받고 자랐다. 메리는 워낙 아이를 좋아하는데다가 왕자를 적통으로 여긴 탓에 어린 동생에게 철철이 선물을 안겨 주었다. 대다수는 그녀가 손수 만든 것이었다. 남동생의 교육과 성장발육에도 대단한 관심을 보여서 그는 맏누이를 믿고 따르면서 선물과 라틴어로 쓴 편지들로 보답했다. 편지에서 그는 자신이 누구보다 누이를 사랑한다고 수줍게 고백했다. 메리의 헌신적인 시녀인 제인 도머는 회고록에서 왕자가 메리와 맞갖아서 같이 어울리는 것을 좋아했으며 그녀가 털어놓는 비밀을 절대 누설하지 않겠노라고 약속했다고 적고 있다. 두 사람 사이가 심각하게 틀어진 것은 후일 그가 신교를 포용하면서 열혈 가톨릭 신자인 메리와 정면으로 충돌했을 때뿐이었다. 두 사람은 드물게 만나는 자리에서 가능한 한 종교 문제는 피하고자 했는데, 그는 누이가 자신이 언젠가 실수를 깨닫고 옛 믿음을 되찾으리란 희망을 품고 있다고 절로 느끼게 되었다. 그 때문에 누이와 사이가 비틀어지면서 오누이는 갈등의 골이 깊어지게 되었다.

엘리자베스는 그보다 나이가 네 살 위인지라 자연히 메리보다는 가깝게 지냈다. 그가 그녀에게 보낸 편지들에는 누이에 대한 정이 철철 흘러넘쳤다. 자주 만나지 못해 마음이 애잔하고 구슬프다고 했다. 그가 1546년에 보낸 편지다.

친애하는 누이, 누이가 곁에 없는 상황에서 왕궁을 옮기는 게 무에 그리 힘겠습니까. 이제 누이의 편지보다 더 기분 좋은 일은 없을 겁니다. 시종장 말이 우리 둘에게 아무 문제도 없으면 곧 누이를 방문할 수 있다 하니 슬픈 와중에 그나마 위로가 되는군요. 건강하세요, 누이.

오누이가 이처럼 살갑게 지내는 데는 그만한 까닭이 있었다. 둘 다 잔혹한 운명에 휘말려 어려서 어머니를 여의었으며, 두 사람의 삶 속에 깊숙이 자리한 아버지에게 대단한 경외심을 품고 있었다.

여섯 살의 나이에 엘리자베스는 동생에게 신년 선물로 흰 삼베 셔츠를 손수 만들어 주었다. 자라면서 두 사람은 자주 서신 교환을 했는데, 라틴어로 쓴 편지들에서는 학업 면에서 서로를 자극하고 격려하고 있었다. 자연스럽게 바라진 두 사람 사이에는 건강한 경쟁의식이 싹텄다. 에드워드가 왕위에 등극한 뒤에는 편지 왕래도 뜸해지고 둘 사이에 격식이 추가되었다. 드물게 만나는 자리에서 엄격한 궁중예법 때문에 이전만큼의 친밀감을 느끼기는 어려웠지만 끈끈한 유대감만은 여전했다.

헨리 8세는 숨을 거두면서 마지막 유언으로 왕위계승 서열을 정했다. 그 첫째가 에드워드이고, 다음으로 메리, 엘리자베스, 마지막으로 손아래 누이인 메리 튜더의 자녀들이었다. 손위 누이인 스코틀랜드 섭정여왕 마거릿 튜더의 후손들은 명단에서 누락시켰다. 당시 스코틀랜드와 전쟁을 치르던 중이었던 만큼 스코틀랜드 출신 후계자를 왕으로 받아들일 수 없었던 것이다. 스코트랜드인들 역시 잉글랜드에 대한 반감이 어찌나 큰지 갓난아기인 스코틀랜드 메리 여왕을 에드워드 왕자와 혼인시켜서 잉글랜드와 스코틀랜드를 튜더 통치 아래 두는 것을 무척이나 반대했다. 헨리 8세는 지난 1542년에 솔웨이 모스에서 스코틀랜드 군대를 격퇴시킨 뒤 동맹을 강요했지만 스코틀랜드인들은 이 적극적 구애에 굴복할 의사가 전혀 없었다.(1542년에 스코틀랜드 정계가 친 프랑스파인 비튼 추기경에 의해 장악되자 이를 불안하게 여긴 헨리 8세가 스코틀랜드를 침공함. 솔웨이 모스 전투에서 잉글랜드군이 승리한 뒤 스코틀랜드의 제임스 5세가 사망하면서 왕위는 그가 죽기 6일 전에 태어난 메리 스튜어트에게 넘어감. 이에 헨리 8세는 그리니치 조약을 맺어 장차 자신의 아들 에드워드가 메리와 혼인해서 잉글랜드와 스코틀랜드를 합병토록 함. 후일 비튼 추기경에 의해 이 조약은 파기됨. – 옮긴이) 헨리 왕이 죽은 뒤에 그들은 어린 메리를 프랑스 궁정에 들여보내서 몇 년 뒤 앙리 2세의 아들과 혼인시키도록 밀어붙였다.

헨리 왕은 유언장을 통해 딸들에게 풍족한 유산을 남겨 주었다. 결혼 전까지 당시 고위급 귀족의 그것에 맞먹는 액수인 연 수입 3천 파운드를 각각 지급했다. 결혼을 하면 1만 파운드를 지급받게 되는데 현금이나 식기, 보석, 가사용품으로 대신 받을 수 있었다. 물론 추밀원에서 남편감을 승인한다는 전제하에 가능한 것이다. 승인 없이 혼인을 하면 마치 죽어 없는 존재인 듯 후계자 승계에서 자동으로 탈락된다.

메리와 엘리자베스는, 특히 메리는 이른 나이에 결혼하는 사회 관습 탓에 미혼여성으로서 사회적 불이익을 받았다. 어린 왕이 통치하는 왕궁에 그네들이 설 자리는 없었으며, 비록 맏이와 둘째였지만 누구도 공주로서 마땅한 대접을 받지 못했다. 사생아라는 어두운 그림자가 그네들을 무겁게 내리눌렀기 때문이다. 더불어 그들이 과연 누구와 혼인할지에 대한 의구심도 대단했다. 후계자인 그들은 야망에 눈먼 기회주의자들의 먹잇감이 되기 십상이었다. 외국 왕자와 결혼하게 되면 유럽 대륙의 불안한 정세에, 나아가 불필요한 전쟁에 잉글랜드를 끌어들이게 될 공산이 컸다. 심지어 까딱 잘못하다가는 외국 왕에게 왕위를 빼앗길 위험이 컸다. 섬나라 잉글랜드인들로서는 가슴이 철렁해서 손사래를 칠 만한 일이었다. 그렇다고 잉글랜드 귀족과 결혼시키자니 장미전쟁 같은 피비린내 나는 당파 싸움이 문제였다.

메리는 엘리자베스보다는 그나마 형편이 나았다. 성인인데다가 강력한 유럽왕실의 인맥을 갖고 있었고 아버지가 물려준 이스트 앵글리아(잉글랜드 동부에 위치한 반도-옮긴이)에 위치한 네 채의 행궁을 가져 대지주로서도 손색이 없었다. 후계자로서 왕실에서 중요한 존재로 각인되는 것도 중요하지만 무엇보다 기분 좋은 것은 이제부터 어느 정도 자유를 만끽할 수 있다는 사실이었다.

메리는 유산으로 물려받은 행궁 중에서 헌스던과 뉴홀을 가장 좋아했다. 헌스던 궁은 헌스던과 이스트윅 사이에 위치한, 에식스와 경계지역인 하트퍼드셔에 자리해 있었다. 15세기에 건축된 이 궁은 헨리 8세가 1525년과 1534년 사이에 새롭게 손을 보았다. 해자를 건너 대형 회랑을 지나면 붉은 벽돌로 지은 어마어마한 대저택을 만날 수 있었다. 1548년에 에드워드 6세는 누이 메리에게 전에도 몇 번 기거한 적이 있는 이 왕궁을 아예 넘겨주었다. 19세기에 있은 소규모 재건축 사업으로 인해 지금은 더 이상 옛 모습을 찾아볼 수가 없다.

무엇보다 최고로 화려한 유산은 에식스에 소재한, 볼리유로 알려진 뉴홀 궁이었다. 첼름스퍼드 근방에 자리한 이 저택은 원래 불린 가문 소유로 헨리 8세가 1516년에 직접 구입한 것이었다. 왕은 이곳을 최고급 저택으로 탈바꿈시키기 위해 6년이란 긴 시간과 1만 7천 파운드라는 어마어마한 자금을 투입했다. 공사가 완료되었을 때는 멋들어진 수직 퇴창이 달린 웅장하고 아름다운 대저택으로 탈바꿈했다. 8개에 달하는 안뜰, 왕실문장이 새겨진 으리으리한 출입구, 대형 홀, 층계, 테니스 코트, 넓디넓은 주방, 회랑을 자랑했다. 3층 구조의 뉴홀 궁이 1548년에 메리에게 양도될 당시에는 말끔히 손질되어 있는 상태였다. 16세기 말에는 북쪽 동을 추가로 건축했다. 아쉽게도 저택 대부분은 빅토리아 여왕 시대에 파손되었고, 대신 들어선 건물도 제2차 세계대전 중에 폭격을 당해 심하게 훼손되었다. 튜더 시대의 영광을 재현하는 유적으로는 엘리자베스 여왕 시대의 건축물뿐이다. 곧 있어 다가온 고난의 시기에 메리는 평소 유달리 좋아했던 이곳을 은신처 삼아 위안을 찾았다.

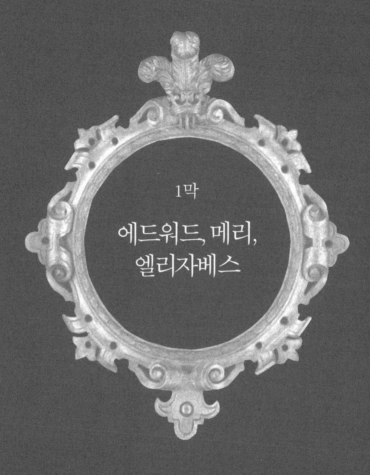

1막

에드워드, 메리,
엘리자베스

1장 1547년 1월 28일

헨리 8세는 화이트홀 궁 침실에서 마지막 밭은 숨을 힘겹게 몰아쉬고 있었다. 그는 38년 동안 특유의 카리스마로 천하를 호령해서 잉글랜드 역사에 황금기를 선사해 주었다. 여섯 아내와 결혼했고 그중 두 명을 단두대로 보냈으며, 국교회를 창설해서 스스로 수장이 되었다. 그랬던 그가 지금은 병환으로 폭삭 삭은 모습으로 신을 만나 죄를 참회할 준비를 하고 있었다.

그의 죄상에는 국정을 잘못 관리하고 무절제하게 유산을 탕진한 죄가 포함되어 있었다. 1530년대에 그는 돈이 절실히 궁해져서 부질없이 종교개혁을 통해 이를 메우고자 애썼다. 백년전쟁(14세기 중엽에 영국과 프랑스 왕가가 1백 년 동안 싸운 전쟁으로 당시 헨리 5세는 프랑스 샤를 6세에게 노르망디를 요구하는 최후통첩을 보내면서 전쟁을 선포함. 치열한 싸움 끝에 헨리 5세와 샤를 6세는 사망하고 헨리 왕과 프랑스 왕녀 카트린 사이에서 난 헨리 6세가 영국과 프랑스를 다스리면서 영·프 연합 왕가가 탄생됨. 1437년에는 샤를 7세가 파리를 탈환하고 노르망디와 아키텐에서 영국군을 이겼으며 1453년 10월에는 아키텐의 수도 보르도 전투에서 영국군을 물리치면서 백년전쟁은 막을 내림.-옮긴이)의 치욕적인 결과에서 얻은 교훈을 말짱 잊은 채 집권 초기에 헛되이 헨리 5세의 선례를 좇아 프랑스에서 그 영광과 명성을 구하려 들었다. 집권 말기에 다시금 프랑스와 스코틀랜드에 맞서 전쟁을 치렀지만 막대한 전비가 소요되어 그가 죽었을 때 왕국은 거의 파탄지경이었다. 전쟁을 치르기 전에도 화폐

평가절하 정책을 어쩔 수 없이 단행해야만 했었다. 1530년대의 종교개혁 과정에서 강제 폐쇄시킨 수도원들에서 빼앗은 방대한 전리품들은 왕 본인의 호주머니로 고스란히 들어가 흐지부지 사라졌고, 일부는 종교개혁에 회의를 품은 관료들을 매수하는 데 전용되었다.

헨리 왕의 종교개혁 정책은 극단으로 흐르지 않고 돌다리도 두들겨보고 건너듯 마냥 조심스러웠다. 그는 죽음이 가까워지면서 독실한 가톨릭신자로 돌아와 백성들 역시 자신을 따르도록 했다. 로마 교회와 모든 연결고리를 끊고 교황을 로마 주교로 낮추어 불렀던 그가 말이다. 그가 도입시킨 개혁들은 교황청의 해묵은 간섭과 고질적인 비리를 못마땅하게 여긴 이들에게는 대환영이었지만 대부분은 아직 새로운 믿음을 받아들일 준비가 되어있지 않았다. 그는 통치 말기에 몇몇 신교도를 화형에 처하기도 했다.

그의 종교정책은 모두에게 만족스러운 것은 아니어서 통치 후반기에는 가톨릭파와 급진적 개혁파로 나뉘어 첨예하게 대립했다. 모두 자신들의 목적을 이루기 위해 늙고 노쇠한 왕을 뒤에서 조종하려 들었다. 그가 죽은 뒤에는 후계자가 아직 어리다는 점을 이용해서 왕을 종교정책의 진흙탕 속에 끌어들여 이전투구를 벌인 결과 왕국을 멸망의 끝에 이르게 했다.

종교개혁을 상징하는 수도원 강제 폐쇄는 결국 심각한 사회 문제로 이어졌다. 그동안 병자를 보살피고 교육을 담당하고 빈민들에게 잠자리와 음식물을 제공했던 수천에 이르는 수도사들과 수녀들이 떠돌이 신세로 전락해 구걸에 나서면서 지방 행정관서에 골칫거리가 되었다. 헨리 8세의 통치말기에 몇몇 수도원들은 병원과 학교로 탈바꿈되었는데 이런 정책은 에드워드 왕에게까지 이어졌다. 세기 말에 이르러 빈민구제법이 사회악인 가난과 빈민 문제를 효과적으로 해결하면서 비로소 이 문제는 종지부를 찍었다.

수도원 폐쇄 외에 사회적 문제를 야기시킨 또 다른 정책은 공유지 폐쇄였다. 대지주들 소유의 이 땅은 원래 양 떼를 먹이는 목초지로 활용되었다. 지역공동체가 함께 사용하던 공유지에서 가축을 기르거나 농사를 짓던 소농들은 이제 먹고 살 길이 막막해져 궁핍을 겪게 되었다. 가진 것 없는 빈 몸뚱이의 농부들은 이 정책에 반감을 품었지만 지주들에게는 별반 타격이 가해지지 않았다.

1547년에 종교적, 재정적, 사회적 문제들로 인해 시국은 뒤숭숭해지고 사회는 불안정했다. 그 모든 영화와 대단한 평판, 국교회 창시자라는 타이틀에도 불구하고 헨리 8세의 통치는 성공보다는 실패의 전시장으로 전락했다.

1547년 1월 28일, 냉기가 스민 어둑어둑한 새벽녘에 캔터베리 대주교인 토머스 크랜머는 왕의 침상 옆에 서서 왕에게 예수 그리스도를 통해 신을 믿는다는 증표를 보여 달라고 주문했다.

침대 주위에는 추밀원 위원들과 왕실 고관대작들이 빙 둘러서 있었다. 그들 중 가장 눈에 띄는 이는 죽은 제인 왕비의 오라버니로서 하트퍼드 백작인 에드워드 시모어였다. 왕의 여러 아내 가운데 유일하게 듬직한 아들을 선사해 준 사람이 제인 왕비였다. 현재 왕비인 캐서린 파는 이미 몇 시간 전에 남편에게 작별인사를 고해서 자리에 없었다. 하트퍼드 곁에는 사복시(왕이 타는 말이나 수레, 마구, 목축과 관련된 일을 하던 관청-옮긴이) 장관인 앤터니 브라운 경과 백작의 충실한 벗인 윌리엄 패짓 경이 함께 자리했다. 왕의 숨소리가 나부작 나부작 밭아지는 가운데 세 사람은 자그마한 소리로 후계자가 아홉 살의 어린 소년이란 사실을 걱정했다. 헨리 8세가 어린 왕을 보위할 섭정위원회 위원들을 이미 지명해놓았지만 사실 왕이 죽으면 어찌

될지 아무도 모르는 일이었다. 예상했듯이 그들은 죽어가는 왕의 바람을 어기고 어린 왕의 외숙인 하트퍼드 백작이 호국경 역할을 맡는 것에 동의했다.

왕의 유언을 안전하게 지키는 임무는 패짓이 맡았다. 그 덕에 호국경인 하트퍼드가 어린 왕을 떠맡기 전까지, 또 그를 런던으로 데려오기 전까지 유언 내용이 철저히 비밀에 부쳐졌다. 그는 일부 위원들이 유언 내용과 다르다며 이의를 제기할지도 모를 사태에 철저히 대비했다. 하트퍼드는 이런 훌륭한 도움을 준 데 대해 수석자문관 자리를 약속했는데, 이 자리는 명예나 금전적으로 큰 보상이 따르는 직위였다.

그 시각 죽음의 그림자가 서서히 왕의 숨통을 죄어오고 있었다. 새벽 2시에 왕은 가늘게 떨리는 손으로 대주교의 손을 움켜쥐고 참회의 기도를 올렸다. 주교는 이를 왕이 신을 믿는다는 증거로 해석하고, 이후 왕이 영혼을 전지전능한 신에게 맡겼다고 공표했다.

신임 국왕인 에드워드 왕자는 아버지가 돌아가실 당시 하트퍼드셔의 애슈리지 궁에 머물고 있었다. 왕자가 나이나 친밀감 면에서 엘리자베스와 더 가까웠기에 하트퍼드를 비롯한 관료들은 손위 누이 곁에서 아버지의 사망소식을 들을 수 있도록 왕자를 엔필드로 데려가기로 결정했다.

하트퍼드는 지체 없이 작고한 국왕의 유언장이 담긴 궤의 열쇠를 들고서 앤터니 브라운 경과 함께 말을 몰아 화이트홀을 떠나 북쪽 하트퍼드셔로 향했다. 왕의 건강을 묻던 외교사절들은 그가 다소 몸이 찌뿌드드하지만 개인적인 일을 보고 있다는 소리를 들었다. 이 능갈친 거짓말을 믿게끔 하기 위해 왕의 처소에는 트럼펫 소리에 맞추어 끼니때마다 식사를 들여보냈다.

그날 오전 느지막이 하트퍼드 백작과 일행은 애슈리지 궁 안으로 부산스럽게 들이닥쳤다. 그들은 왕자에게 엔필드에 있는 엘리자베스 누이에게 갈 채비를 차리라고 아뢰었을 뿐 더 이상의 언급은 하지 않았다. 그들은 에드워드와 함께 말을 타고 하트퍼드 성으로 가서는 그곳에서 하룻밤을 보냈다. 하트퍼드 백작은 밤새 잠을 이루지 못하고 자반뒤집기를 했다. 그는 헨리 8세의 유언이 담긴 궤의 열쇠를 가져온 것이 못내 후회스러웠다. 물론 패짓을 믿었다. 새벽 서너 시쯤에 그는 사자를 통해 간단한 쪽지와 함께 열쇠를 되돌려 보냈다. 스물네 시간 안에 어린 왕을 모시고 득달같이 런던으로 돌아갈 작정이었다. 반대자들이 불미스러운 역모를 획책할 틈을 절대 주고 싶지 않았다.

　동이 터오자 백작은 어린 조카를 엔필드로 데리고 갔다. 도착해서는 그를 알현실로 데려가 엘리자베스를 불러오도록 했다. 이어 왕의 사망 소식을 전하고는 에드워드 앞에 무릎을 꿇고 앉아서 왕에 대한 공식적인 예를 표했다. 두 아이는 울음을 참지 못하고 쉴 새 없이 흑흑거렸는데 어찌나 비통해하던지 시종들도 이내 따라서 눈물을 훔쳤다. 비탄에 잠긴 울음이 그칠 줄 모른 채 이어지자 백작과 일행은 내심 걱정이 들었지만 결국 에드워드와 엘리자베스는 마음을 차분하게 진정시켰다. 이미 변화는 일어났고 결국 두 사람은 자신의 변화된 삶을 의식하게 되었다. 다시는 이처럼 가깝게 지내지 못하리라.

　슬퍼 눈물 흘릴 겨를이 없었다. 하트퍼드 백작이 이제는 에드워드 6세가 된 어린 왕을 권좌에 올려놓기 위해 급히 런던으로 떠나야 했기 때문이다.

　런던으로 돌아온 에드워드는 곧장 누이에게 편지를 보냈다.

　'친애하는 누이, 누이는 잘 배워서 이럴 때 어찌해야 할지 잘 알고 있고, 분별 있고 신실해서 배워 알게 된 것을 잘 수행할 것이기에 제가 누이를 애써 위로할 필요는 없겠지요. 누이가 아버지의 죽음을 침착하게 받아들이리라 믿습니다.'

엘리자베스는 그 말 그대로 이내 평정심을 되찾고 또래에서 보기 드문 자제심을 보였다. 그녀는 갖가지 단점과 잔혹함에도 불구하고 그녀 눈에는 이상적인 왕의 모습으로 각인된 아버지를 평생 존경했다. 그녀 나이 스물넷이 되었을 때 베네치아 대사는 다음과 같이 기술했다. '그녀는 아버지를 자랑스러워하고 우러러 찬미한다.' 다른 이들은 그녀의 태생에 의문을 던질지 모르나 그녀는 자신이 아버지의 딸임을 한시도 잊지 않았다.

아버지의 죽음에 대해 화이트홀에 머물고 있던 메리가 어떤 반응을 보였는지는 기록에 나와 있지 않다. 알려진 사실은 그녀가 이후 한동안 하트퍼드가 자신에게 예를 표하러 오지 않은 것을 두고 역정을 냈다고 한다. 얼마 안 있어 그녀는 궁을 나가 자신 소유의 저택 가운데 한 곳에 기거했다. 이후 찾아오는 손님이 뜸했는데, 그녀가 간간하게 선별해서 손님을 받았기에 더욱 그러했다.

2장 큰 외숙부 · 작은 외숙부

생존하던 마지막 몇 달 동안에 헨리 왕은 개혁주의자 내지는 신교 동조자들 손에 휘둘리게 되었다. 이들은 가톨릭 세도가인 하워드가家가 몰락하도록 뒤에서 조종함으로써 가톨릭 파를 효과적으로 괴멸시켰다. 유언장을 작성하던 1546년 12월 26일에 왕은 섭정위원회에 모든 통치를 위임했다. 천하무적의 힘을 지닌 16명의 정치가들로 구성된 섭정위원회는 어린 왕이 성년이 될 때까지 왕의 대리자로서 왕국을 통치할 예정이었다. 에드워드 왕은 그들을 절대 바꾸지도, 훼방 놓지도, 또 힘들게 하거나 걱정 시키지도 말라는 부친의 부탁을 받았다. 이들은 모두 근자에 고위직에 오른 신흥귀족들로 핵심 실세는 하트퍼드 백작과 존 더들리, 릴 자작(모두 스코틀랜드와의 전쟁에서 전과를 올려 명성을 쌓았다는 공통점이 있다), 크랜머 대주교였다. 모두 왕권신수설과 신교를 신봉했다.

헨리 8세는 이단을 배척하고 국교회를 수호한 당당한 승리자이긴 했지만 그런 그조차도 심상치 않은 정황을 쉽사리 감지할 수 있었다. 1540년에 이미 여러 교회에서 라틴어 성서 대신 영어 성서를 채택했고, 수도원들은 강제 폐쇄되고 그녀들의 재산은 몰수되고 토지는 개혁 지지자들 주머니 속으로 돌아갔다. 왕은 어린 자녀들을 교육시키기 위해 저명한 종교 개혁가들을 뽑았다. 그럼에도 불구하고 잉글랜드 종교는 공식적으로 여전히 가톨릭이었고 미사는 라틴어로 집전되었으며 성직자에게는 독신이 강요되고 화체설化體說(미사에 사용되는 재료가 실제로 예수의 몸과 피가 된다는 로마 가톨릭이 신봉하는 교리-옮긴이)을 거부한 자들은 반역죄로 화형을 당했다. 이런 상황에서 왕의 유언은 잉글랜드가 신교로 돌아서는 물꼬를 터줄 것인 반면 그의 죽음으로 인해서 종파 싸움을 견제했던 마지막 브레이크가 풀려버린 셈이 되었다. 그만이 뿌리 깊은 정치적, 종교적 갈등에도 불구하고 모두를 하나로 결집시킬 수 있는 강력한 카리스마를 지녔기 때문이다.

크랜머 대주교는 작고한 왕이 신교도 왕국이 건설되길 염원했다고 믿었다. 종교개혁을 통해 어느 정도 수혜를 입었던 터라 그를 비롯한 동료 위원들 역시 행여 떡고물이라도 떨어질까 학수고대하며 왕의 바람을 착실히 수행코자 했다.

물론 하트퍼드는 왕국을 동료들과 나누어 가질 마음이 추호도 없었다. 왕의 외숙인 그는 응당 자신이 호국경 자리를 맡아야 한다고 생각했으며 패짓 경과 그 무리가 이를 적극 지지했다. 이들은 개인적인 이권도 이권이지만 무엇보다 추밀원이 지나치게 비대해진 탓에 강력한 지도자 없이는 효과적으로 자신들의 세를 과시할 수 없다고 느꼈다. 하트퍼드가 가진 거미줄 같이 촘촘한 인맥과 전쟁에서 쌓은 무공, 그리고 개혁 명분을 지지한다는 점이 자연스럽게 그를 호국경 자리에 올려놓았다.

헨리 8세의 죽음은 사흘간 극비에 부쳐졌다. 하트퍼드가 에드워드 6세를 모시고 런던으로 떠나는 동안 런던탑에서는 추밀원 회의가 열렸다. 1월 31일에 패짓은 동료 위원들을 포섭해서 작고한 왕의 유언을 무시한 채 하트퍼드 백작을 호국경에 임명하자고 했다. 만장일치로 통과된 가운데 뒤이어 헨리 왕의 죽음을 공식 발표하면서 즉각적으로 에드워드 6세를 왕으로 선포했다. 에드워드는 그날 오후 하트퍼드 백작과 더불어 런던에 도착해서는 요란한 축포 소리와 함께 크랜머를 필두로 추밀원 위원들이 신하의 예를 표하기 위해 기다리고 있는 런던탑에 들어섰다. 그날 저녁 늦게 어린 왕은 하트퍼드 백작을 호국경에 임명하는 서류에 서명했다.

호국경인 에드워드 시모어는 당시 마흔 즈음으로 금발에 훤칠한 키, 덥수룩한 턱수염이 제법 위엄 있는 분위기를 풍겼다. 그는 헨리 8세가 1537년에 누이인 제인과 결혼하면서 제일 먼저 특혜를 업고 진급했다가 이후 빠르게 고속 승진했다. 야망에 불탄 그는 반드시 성공해야겠다는 집념이 대단한데다가 자신만이 옳다는 아집마저 엄청났다. 그 때문에 타인의 의견이나 감정 따위는 배려하지 않고 일을 처리함에 있어 고압적인 자세로 일관했다. 신성로마제국 대사인 반 데르 델프트는 그를 '얼음장처럼 쌀쌀맞고 신랄한 혀를 가진 고집불통'으로 묘사했다. 뻣뻣하고 오만불손한 태도 때문에 주위 사람들은 눈살을 찌푸리긴 했지만 그럼에도 불구하고 그는 지적이고 바지런하고 관대하고 호의적인 사람이었다. 정치가이자 군인으로서도 단연 군계일학이라서 뭇사람들로부터 두터운 신망을 얻었다. 비록 재임 기간에 쌓은 공적이 게걸스런 탐욕과 이기심 때문에 대폭 깎여나가긴 했지만 말이다.

무엇보다 그가 지닌 최고의 장점은 깊은 신앙심과 가난한 백성들에 대한 진심 어린 연민이었다. 이런 자질들은 동료들 눈에 비친 오만 방자함과는 거리가 한참 먼 것이었다. 그들은 그가 천한 아랫것들에게 호의를 베푸는 것을 못내 눈꼴시어 했다. 무엇보다 그는 어린 왕이 무절제한 사치나 향락에 빠져들지 않도록 경계하며 늘 쌈짓돈을 빠듯하게 채워 주었다.

그는 두 번 결혼한 전력이 있는데 첫 부인인 캐서린 필롤은 불경스럽게도 시아버지와 눈이 맞는 바람에 비참하게 수녀원으로 쫓겨났다. 그녀가 죽고 나서 재혼한 앤 스탠호프는 그에게 무려 아홉 자녀나 안겨 주었다. 에드워드 6세의 전기작가인 존 헤이워드 경에 따르면, 앤은 표독스럽고 앙칼지며 불뚝하는 성미가 웬만한 사내 못지않았다고 한다. 늘 목에 빳빳이 힘을 주면서 호국경의 아내라는 자리를 남 앞에서 으스대기를 좋아했다. 메리는 그녀에게 호의를 품어서 그녀를 '내 선한 유모' 내지는 '내 선한 친구'로 부르며 빈번히 서신 왕래를 했다.

1547년 2월 16일에 헨리 8세는 신임 호국경과 추밀원 위원들이 참석한 가운데 윈저의 세인트 조지 성당에 안장되었다. 보수 성향의 윈체스터 주교인 스티브 가디너가 장례미사를 집전하는 동안 왕비인 캐서린 파는 모습을 보이지 않은 채 성당 회랑에 자리한 아라곤의 카탈리나의 사실에 머물렀다.

이튿날 에드워드 6세는 하트퍼드를 서머싯공작에 임명했다. 서머싯 공작이란 자리는 그에게 명예는 물론 연 수입 7천4백 파운드라는 어마어마한 돈방석까지 안겨 주었다. 내친김에 그는 자신을 문장원紋章院(귀족 가문의 문장을 보관하고 각 가문의 지위와 계통을 관리하던 관청으로 노퍽 가문의 세습직-옮긴이) 총재에 임명했는데, 노퍽 공작이 헨리 왕의 명에 따라 런던탑에 투옥되어 그동안 공석으로 비어 있던 자리였다. 존 더들리는 워윅 백작이란 자리와 시종장관이란 직위에 동시에 임명되었다. 이어진 한 달 동안 새로운 호국경 체제를 찬성하는 지지자 몇몇이 줄타기를 잘한 덕에 승진했다. 서머싯 공작의 아우인 토머스 시모어는 존 더들리 대신에 해군제독에 앉는 동시에 시모어 남작에 임명되었다. 더불어 추밀원 위원에 추대되면서 명예스러운 가터 기사단에 입단했다. 패짓은 수석비서관에, 윌리엄 페트르 경은 비서관에, 앤터니 브라운 경은 사복시 장관에 그대로 유임되었다. 토머스 라이어슬리는 사우샘프턴 백작에 추대되었지만 대법관 자리는 빼앗겼다. 이 자리는 뒤이은 10월에 리처드 리치 경에게 넘어갔다. 캐서린 파의 오라버니인 윌리엄 파는 노샘프턴 후작에 임명되었다.

이러한 나누어먹기식 관직 분배에도 불구하고 추밀원 내부에는 여전히 긴장이 팽배해 있었다. 서머싯 공작의 동지였던 존 더들리는 호국경 자리를 호시탐탐 노리고 있었고 토머스 시모어는 형 때문에 권좌의 핵심부에서 밀려난 사실을 못내 유감스러워했다. 서머싯 공작은 아우가 정사에 관여하는 것을 허락지 않을 작정이며, 그가 추밀원 내의 책임 있는 자리에 오르도록 손 쓸 의도가 전혀 없다고 약삭빨리 천명했던 것이다.

더불어 그는 왕위계승자인 메리도 신경 써야 했다. 선왕이 맏딸의 시종단을 잘 보살펴주라고 특별히 당부했기에 곧 사제 하나를 보내 메리가 자신의 처소에서 자유롭게 미사를 볼 수 있도록 배려했다. 메리의 사제는 간혹 종소리를 신호로 지역민들을 불러 미사를 같이 보기도 했다. 시종단은 별다른 사유가 없는 한 미사에 반드시 참석해야 했다. 그들은 안주인인 메리에게 충성을 서약해야 하며 퇴직할 때는 6개월 전에 미리 통보해주어야 했다. 상급 시종은 18세 이상의 젊은 남성으로만 뽑았는데, 이들은 성탄연휴를 제외하고는 질펀하게 놀거나 말다툼을 벌이거나 욕지거리를 내뱉거나 도박을 하는 것이 금지되었다. 메리는 이 밖에도 자신에게 유리한 여러 가지 규칙을 적용시켰다. 추밀원은 에드워드 집권 초기 몇 달 동안 별다른 제재 없이 그녀를 자유롭게 풀어주었다.

솔직히 그녀가 조용히 살도록 내버려 두는 것이 그들로서도 득이었다. 워낙 대중적 인기가 높고 정치적으로도 중요한 거물이기에 그녀가 추밀원에서 도입하려는 개혁정책에 반대하는 저항세력의 중심인물로 부상할까봐 내심 두려웠던 것이다. 벌써부터 프랑스에서는 샤를 5세가 에드워드를 무너뜨리고 가톨릭 신봉자인 메리를 왕좌에 앉히기 위해 잉글랜드와 전쟁을 선포할 계획이라는 소문이 나돌고 있었다. 여기에 교황까지 합세해서 잉글랜드에서 이단으로 의심되는 것들을 척결하기 위해 부지런히 손쓰고 있었다. 잉글랜드에는 메리를 지지하는 반대세력이 분명 존재했고, 그녀는 막강한 카를 대제와 로마 교황청에 마음만 먹으면 언제든 기댈 수 있었다. 그런 탓에 새 정부는 그녀를 잠재적 위험인물로 점찍었다. 그녀에게 왕궁에서 멀찍이 떨어져서 찍소리 없이 지내도록 누군가가 조언한 게 분명했다. 패짓은 현명하게도 호국경에게 메리에게 유화적인 태도를 취하라고 조언했는데, 지금까지 둘의 관계가 비교적 순탄했기에 그리 어려운 주문은 아니었다. 나중에 그녀를 모질게 박해할 상황이 올 수도 있지만 지금으로서는 원만했다.

메리는 추밀원의 두려움 따윈 전혀 모른 채 1547년 초반기를 뉴홀과 서픅에 자리한 프램링엄 성, 에식스에 있는 원스테드와 헤이버링 앳 바우어 영지에서 다소곳하게 지냈다. 반 데르 델프트 대사는 그녀를 배알하려는 시도가 번번이 좌절되자 추밀원이 메리를 지나치게 꽁꽁 싸매어 놓고 있다고 불평했다.

2월 19일에 에드워드 6세는 대관식을 치르기 위해 호화로운 예복에 루비와 진주, 다이아몬드로 장식한 휘황찬란한 벨트를 차고 모자를 쓴 채 런던으로 당당히 입성했다. 자주색 새틴 마의를 입힌 말을 타고 군중들로 북적이는 거리를 행진하는 동안 백성들은 그를 향해 열렬히 환호했다. "어린 솔로몬 왕께서 옛 믿음을 부활시키고 이교도 의식과 혐오스런 우상숭배를 척결하기 위해 오셨다!" 대관식에서 으레 그러하듯 호화로운 야외극(역사적 장면을 담은 짧은 극으로 바퀴 달린 이동무대에서 상연되는 것이 일반적-옮긴이)이 런던 시내를 관통하는 행렬 곳곳을 장식했다. 한 야외극에서는 제인 시모어의 상징인 불사조가 하늘에서 내려와 헨리 8세를 상징하는 왕관 쓴 사자와 만나 하나가 되는 모습을 연출했다. 이윽고 불사조와 나이 든 사자가 눈앞에서 사라지면서 천사들이 새끼 사자의 머리에 왕관을 씌워 주었다. 에드워드가 눈을 반짝거리며 몰입한 공연은 세인트 폴 성당 뜰에서 벌어진 아라곤 왕국 출신 곡예사의 줄타기 곡예였다. 곡예사는 성벽 위쪽에서부터 땅바닥까지 연결한 줄을 한쪽 가슴팍을 이용해서 타고 쭈르르 내려왔다. 왕은 박장대소하면서 자리를 뜨기 싫어 미적거리다가 겨우 마음을 접고 하룻밤을 보낼 요량으로 화이트홀 궁으로 갔다.

다음 날 그는 화려한 태피스트리들이 치렁치렁 걸려 있고 향긋한 냄새를 풍기는 골풀이 바닥에 흩뿌려져 있는 웨스트민스터 사원에서 성대하게 대관식을 치렀다. 아홉 살배기 왕은 루비와 다이아몬드가 박혀 있고 흰 벨벳과 베네치아 실크로 테두리 장식을 한 망토를 걸쳤는데, 망토 위쪽에는 베네치아 은사로 마감한 흰 벨벳 모자가 달려 있었다. 발에는 흰 벨벳으로 만든 버스킨(종아리 반까지 오는 장화-옮긴이)을 신었다. 전통에 따라 에드워드 성인의 의자에 앉아 왕관을 수여받은 뒤에 그는 잉글랜드, 아일랜드, 프랑스 이렇게 세 왕국을 상징하는 검 3개를 건네받았다. 에드워드 왕의 최초 전기작가인 존 헤이워드에 따르면, 왕은 네 번째 검인 성서, 즉 '영혼의 검'을 요구했고 이를 가장 좋아했다고 한다. 크랜머 대주교의 집전 아래 왕관 3개가 차례로 왕의 머리에 씌워지고 금반지가 왼손 약손가락에 끼어지면서 축하 팡파르가 우렁차게 울려 퍼졌다. 의식이 진행되는 긴 시간 동안 어린 왕은 놀랄 만큼 침착하고 진지한 태도를 보였다. 찬미가가 끝난 뒤에는 위엄 있는 자세로 사원을 나와 진주와 금장식의 자주색 마의를 걸친 말이 기다리는 곳으로 걸어 나왔다. 군중들은 열렬하면서도 엄숙하게 환호를 보냈다. 대관식이 끝난 뒤에는 연회와 마상창시합이 벌어졌는데 거기서 발군의 실력을 뽐낸 이는 토머스 시모어였다.

에드워드 6세는 벌써부터 군왕으로서 최고 점수를 받았다. 추밀원 위원들은 그를 제2의 다윗 내지는 사무엘, 심지어 '어린 요시야'라 부르며 호들갑스럽게 비나리를 쳤다. 요시야는 우상숭배를 몰아내고 진정한 예식의 전례를 만든 이스라엘의 소년 왕이었다. 에드워드의 외모와 지성에 대한 찬사는 하늘 높은 줄 몰랐으며, 치세에 채 들어가기도 전에 돌아가신 선왕을 빼다 박았다고 칭송했다. 사실 그는 그 뒤를 좇고 싶은, 아니 그를 훌쩍 뛰어넘고 싶은 바람직한 이상형인 선왕을 닮고자 의식적으로 노력했다. 초상화를 그릴 때도 선친을 좇아 양 다리를 벌리고 엉덩이에 손을 올린 채 뚫어질 듯 강렬한 눈빛을 쏘아 보내는 자세를 취했다. 한 번도 왕으로서의 위엄을 망각한 적이 없으며 아랫사람들과는 늘 일정한 거리를 두었다. 남들 앞에서 한 번도 인간적인 감정이나 살가운 애정을 드러낸 적이 없었다. 일기에서 그는 자신과 가까운 사람들에게 일어난 불행한 사건들에 대해 속마음을 드러내지 않은 채 담담히 기술하고 있었다.

니컬러스 유돌은 글 속에서 입에 침이 마르도록 어린 왕을 찬미했다. '그 어린 나이에 최고로 성숙한 나이의 군왕들에게서나 볼 수 있는 우아함과 미덕과 독실함과 문학적 열정과 진중함과 분별력과 공정함과 넓은 도량을 지닌 왕을 둔 우린 그 얼마나 행복한가!' 이것은 단순히 입에 발린 찬사가 아니었다. 에드워드는 놀라우리만치 똑똑한데다가 양질의 교육까지 받아 그만큼 사고가 여물었다. 더불어 그 나이에 비해 조숙한 정치 감각까지 지니고 있었다. 모든 일을 완벽하게 꿰뚫지는 못할지라도 최소한 왕국에서 어떤 일이 벌어지고 있는지는 소상히 파악했다.

그가 아주 빠르게 감지한 한 가지 첨예한 사안은 바로 종교문제였다. 런던 국립초상화미술관에는 헨리 왕이 임종자리에서 왕위에 오른 에드워드 6

세를 신료들에게 인사시키는 그림이 한 점 걸려 있다. 에드워드 곁에는 추밀원 내의 저명한 개혁주의자들이 앉아 있고 발치에는 '신의 말씀은 영원하다'라고 적힌 책이 한 권 펼쳐져 있다. 옥좌 아래에는 교황을 닮은 화상畫像들 외에 '우상숭배'와 '거짓 신성'이라는 이름을 가진 수사 둘이 내팽개쳐져 있다. 백성들에게 에드워드 왕은 신교의 수호자였다. 스코틀랜드 개혁가인 존 녹스는 그를 잉글랜드를 통치한 역대 군왕 가운데 최고로 독실하고 덕성스런 왕으로 치켜세웠다.

왕이 된 에드워드는 곧 있어 외골수적인 열혈 신교도로 변모했다. 로마 가톨릭 교회라면 손사래를 쳤으며, 수장령과 교회 내부의 비리를 척결하는 정책을 옹호하면서 이를 글로 남기기도 했다. 길고 복잡한 설교문을 유난히 좋아해서 그걸 들으면서 헬라어로 메모하곤 했다. 한번은 높은 선반에서 뭔가를 꺼내야 하는데 도저히 성서를 밟고 올라갈 수가 없어서 포기했다고 한다. 집권기 동안에 몇몇만이 이단자라는 죄목으로 화형당했지만 어린 왕은 필요하다면 사형집행 영장에 서명하는 것을 마다하지 않았다. 1550년에 그리스도가 인간이란 사실을 부정한다는 이유로 처형당한 조앤 보처가 그 좋은 예다. 에드워드 왕의 명성이 널리 퍼지면서 유럽에서 박해받던 신교도들은 너도나도 잉글랜드에서 안식을 구했다.

그렇다고 에드워드 왕의 궁정이 경건하거나 신실했을까? 결단코 아니었다. 그의 궁을 찾은 개혁가들은 낙망해서 한숨이 터져 나올 지경이었다. 왕과 달리 신료 대부분은 신교 목사들이 즐겨하는 길고 지루한 설교보다는 도박이나 음주, 간음 같은 지상의 쾌락에 빠져 국사를 소홀히 했다. 주위에서 선왕이 그러했듯이 마상창시합을 비롯한 스포츠 활동에 참가하길 권했지만 왕은 뜨뜻미지근한 반응을 보였다. 어쩌다 참석했다 해도 왕의 안전을 염려한 대신들이 직접 경기에 참가하는 것은 막았다. 햄프턴, 그리니치,

리치몬드, 화이트홀, 윈저 같은 웅장하고 고색창연한 왕궁을 물려받긴 했으나 그의 궁은 선친의 그것보다 화려함이 덜했다.

간혹 가다 수상 야외극이나 곡예와 저글링 같은 서커스 묘기가 왕의 기분을 북돋워주었다. 그는 가면극과 연극을 무척 좋아했는데, 1549년 슈로브타이드(재의 수요일 전 3일간—옮긴이)와 성탄 행사에서처럼 교황을 악당으로 묘사하는 것을 특히 통쾌해했다. 다만 아버지와 달리 음악적 소양이 부족해서인지 고작 5명의 음악가만 정식으로 채용했다. 일상적인 잔심부름은 21명의 시종이 도맡아 처리했다. 자라면서 그가 보인 깊은 신앙심과 문학적 관심은 왕궁 분위기를 쇄신하는 데 큰 역할을 했다. 존 베일에 따르면, 존 더들리 경의 자제들 같은 귀족층 자제들은 신교도로 개종했으며 관료들은 문학과 우아한 예술에 심취하는 것이 하나의 유행처럼 되어버렸다고 한다.

많은 이들이 캐서린 파가 왕궁에 계속 남아 자애롭고 신실한 삶의 본보기를 보여주길 바랐으나, 1547년 3월 초순에 그녀는 엘리자베스와 더불어 첼시 집에 머물고 있었다. 헨리 8세는 유언을 통해 캐서린에게 첼시 저택과 영지 그리고 윔블던과 한워스의 저택을 물려주었다. 비록 섭정위원회 위원이나 어린 왕을 통제할 권한을 주지는 않았으나 3천 파운드에 달하는 식기와 보석, 가구집기, 의복을, 1천 파운드의 현금을, 그리고 미망인 급여를 지급받도록 했다. 더불어 왕국의 안주인 대접을 받도록 각별히 배려해서 호국경 아내로부터 시기 어린 질투를 받았다.

당시의 첼시 궁은 현재 체인 산책로 자리에 위치해 있었다. 헨리 8세가 지은 이 궁은 1540년경에 완공되었는데, 켄싱턴 수원지에서 관을 이용해서 물을 끌어들인 것을 포함해서 각종 쾌적한 설비를 자랑했다. 매혹적인 붉은 벽돌집에는 템스 강을 지그시 내려다볼 수 있는 커다란 창문들이 달려 있었다. 캐서린 파가 처음 이곳에 들어올 때는 1백20명의 제복 입은 향사를 포함해서 총 인원 2백 명의 시종단을 거느리고 왔다. 그동안 자애롭고 책임감 있게 엘리자베스를 대했기에 자연스럽게 그녀가 어린 소녀를 도맡게 되었다. 엘리자베스는 제국대사에게 언제나 왕비 곁에 남을 거라고 버릇처럼 말하곤 했다. 캐서린이 그녀의 교육을 책임지면서 애슐리 부인과 윌리엄 그린달을 필두로 한 엘리자베스의 시종단이 첼시로 건너왔다. 왕비는 그녀 외에 헨리 왕의 종손녀인 아홉 살짜리 제인 그레이를 책임졌는데, 이 소녀에 대한 애틋한 마음은 현존하는 서신들에서 쉽사리 엿볼 수 있다.

1547년 3월 21일에 서머싯 공작은 호국경에 정식 임명되면서 왕이 성년인 열여덟 살에 이를 때까지 왕을 대신해서 통치할 수 있는 전권을 위임받았다. 애석하게도 서머싯은 헨리 8세가 지닌 강한 카리스마와 장악력이 부족했다. 더불어 많은 이들이 그의 지나치게 개방적인 정책과 값싼 동정과 연민을 탐탁지 않아 했다. 그는 가난한 백성들(이들은 그를 '착한 공작'으로 불렀다)의 송사를 두 팔 걷어붙이고 해결해주고자 집 안에 민사법정까지 만들었다. 추밀원 위원 몇몇은 그가 지나치게 물러터져서 모두가 그를 밥으로 여긴다고 비꼬았다. 또, 한쪽에서는 그가 주제넘게 왕 노릇을 하고 있다고 비난했다. 안타깝게도 서머싯은 추밀원 위원들 사이에서 주도권을 잡는 데 실패했으며, 개인적으로도 나랏일에 간여하기를 꺼려했다. 언젠가는 호국경이 길길이 날뛰며 위원들을 혼쭐내는 바람에 결국 위원 하나가 눈물을 쏙 빼고 말았다고 패깃이 불평했다. 다른 때는 봄 햇살처럼 노글노글하고 관대했다. 당시는 이단문제로 고문하거나 사형에 처하는 것을 반대하는 그의 태도가 유약하다는 증거일 수 있었다. 그와 대척관계인 사람들, 특히 가디너 주교와 보너 주교는 런던탑에 감금된 신세지만 죄수인지 분간이 안

갈 정도로 안락하게 지냈다. 헨리 8세라면 절대 이 꼴을 보아 넘기지 않았으리라. 서머싯만큼 정치적 실용주의 감각이 떨어진 사람이 또 있을까! 그는 못 말리는 이상주의자였다. 그가 추진한 임대료를 동결하고 수도원 폐쇄를 철폐하는 등의 진보적 정책들은 이내 귀족층의 비웃음과 반발에 부닥치고 말았다.

호국경은 평소 게걸스러운 탐욕주의자들을 비난하고 경멸했지만 그 자신의 탐욕과 사치 또한 못지않아서 빈축을 샀다. 1549년에 그는 1만 파운드라는 거금을 들여 서머싯 하우스라는 런던 저택을 새로 지었다. 미들섹스에 위치한 사이언 수녀원을 자신의 별장으로 개조했으며, 조상 대대로 살아온 울프홀 근처 윌트셔에 있는 베드윈 브레일에 대저택을 건축했다. 심지어 런던 저택을 또 한 채 짓기 위해 웨스트민스터 사원을 해체시킬 계획까지 세웠다. 그의 회계장부는 그가 자신의 정치적 지위와 우월성을 뽐내기 위해 아낌없이 돈을 쏟아 부었음을 여실히 증명해 보인다.

그는 신교도 왕국을 세우는 데 열성적이었다. 헨리 8세가 로마 교황청과 결별하고 제 스스로 국교회 수장이 되었건만 잉글랜드는 여전히 가톨릭 국가에 머물렀다. 특히 선왕이 돌아가시면서 남긴 유언은 그가 심정적으로 가톨릭을 계속해서 신봉해 왔다는 뚜렷한 증거가 되었다. 서머싯과 크랜머 모두 그럴싸한 이유로 개혁정책을 쌍수를 들어 환영했다. 이들은 과거 수도원 폐쇄로 몰수한 토지를 하사받아 배를 불린 귀족들 가운데 하나였다. 이제 이 게걸스런 아귀들은 더 많은 것을 탐하려 달려들었다. 런던을 비롯한 일부 지역과 지성의 전당인 대학들, 그리고 남동부 지역의 젠트리(귀족과 향사 사이의 계급—옮긴이)들은 신교로 전향한 지 오래였다. 호국경과 대주교는 가디너와 라이어슬리 같은 보수파의 반대는 무시한 채 런던에 퍼진 개혁적 분위기만 믿고서 통치 초반기에 신교를 공식 종교로 채택하는 조치를 취했다. 또, 왕이 이러한 정책을 적극 지지한다는 사실을 만천하에 알리기 위해 부활절에 왕실부속 예배당에서 종과(끝기도)를 영어로 보도록 했다.

에드워드 집권 초반 몇 달 동안에 호국경에게 눈엣가시라면 단연 아우인 토머스 시모어였다. 그는 추밀원 위원으로 추대됨과 동시에 서들리 남작에 오르면서 윌트셔와 웨일스 국경지대에 있는 방대한 양의 토지를 거머쥐었다. 야망에 눈이 먼 시모어는 이것만으로는 성에 차지 않았다. 그의 가장 큰 바람은 형을 호국경 자리에서 몰아내고 자신이 그 자리를 차지하거나, 그도 안 되면 호국경 자리를 나누어먹는 것이었다.

서른 후반의 토머스 시모어는 카리스마가 넘치는데다가 반드레한 얼굴값을 하느라 바람둥이로 평판이 자자했다. 훤칠한 키에 몸매가 좋았으며 매력적인 붉은 턱수염을 기르고 수컷 공작처럼 잘 차려입고 다녔다. 늘 활기차고 정력이 넘쳤으며 목소리는 사내답고 쩌렁쩌렁했다. 마상창시합에서 발군의 실력을 보인 만능 스포츠맨이었다. 그는 엄숙하고 진지한 형과 달리 사근사근하고 친숙한 이미지를 심어주고자 동료들을 스스럼없이 곁에 끌어들여 후하게 대접해주었다. 당대 정치가인 니컬러스 스록모턴의 글을 따라가보자. '그는 배짱이 두둑하고 머리가 좋고 개방적이다……. 기백이 넘치고 옷차림에서, 당당한 자태에서, 또 걸걸한 목소리에서 위엄이 배어나지만 머리가 다소 비었다.'

속내를 들여다보면 그만큼 천박하고 위험스러우리만치 나부대는 인사도 없었다. 오로지 제 잇속만 챙겼으며 그걸 손에 넣는 과정에서 파렴치하고 난폭한 짓거리를 마다하지 않았다. 형인 서머싯보다는 정치적 판단력이 떨어졌다. 그는 이러한 단점 때문에 형을 미친 듯이 질시했다. 그러면서 헨리 8세가 한 사람만이 왕과 왕국을 다스려야 한다고 정해놓지 않았다고 주장했다. 스록모턴에 따르면 그가 결국 결딴이 난 것은 이런 잘못된 생각 때문이었다고 한다.

실질적 통제권을 쥐지 못한 시모어는 그 절절한 한이 뼈에 사무쳐서 갖가지 사특한 역모를 꾀했다. 맨 먼저 호국경이 이래저래 구속하고 제재를 가하는 것에 신물이 난 어린 왕을 매수하고자 했다. 곰살궂은 외숙부의 얼굴을 하고서 왕의 시종인 존 파울러에게 뇌물을 먹여 은밀히 에드워드에게 돈을 쥐어 준 것이다. 시모어에게 홀딱 넘어간 파울러는 왕 앞에서 그를 되도록 좋은 말로 매끈하게 포장해주었다. 그런 탓에 나중에 때가 왔을 때 에드워드는 자신이 사랑하는 작은 외숙부를 적극 밀어주었다. 시모어는 어린 왕을 교묘히 손아귀에 거머쥐면서 동시에 과거 공동 호국경 체제가 있었는지 부지런히 그 전례를 찾아보았다.

나아가 왕실 결혼을 통해 신분상승을 꾀하고자 했다. 확실한 증거는 없지만 헨리 8세가 서거하자마자 곧바로 추밀원에 엘리자베스 공주와의 결혼을 허락해줄 것을 청했다가 거절당한 듯하다. 애슐리 부인은 이 소식을 듣고 크게 낙망했는데, 두 사람이 천생연분이라면서 그를 쏘삭거린 장본인이 그녀였기 때문이다. 17세기에 엘리자베스를 폄훼하는 전기를 쓴 이탈리아 대사인 그레고리오 레티는 1547년 2월에 그녀와 제독 사이에 오간 열정적인 연애편지들을 소개했다. 편지 속에서 시모어는 그녀에게 청혼을 했고, 그녀는 추밀원에서 허락지 않을 것을 알고 비통해하면서 이를 거절했다. 레티의 전기에 나오는 다른 이야기들이 거의 그러하듯 이 편지들 또한 지어낸 것으로 추정된다.

바다에 물고기는 많다고 했던가! 한 번의 타격에 기죽지 않은 시모어는 파울러를 통해 왕에게 자신의 결혼 상대로 누가 좋은지 살짝 타진해보도록 했다. 에드워드는 그의 배필로 누구를 추천할 것인가?

더 생각할 것도 없었다. 외숙인 토머스는 마땅히 클레브스의 안네 아니면 종교적 신념을 돌려놓고자 누이인 메리와 혼인해야 했다. 시모어는 이 말에 용기백배해서 다시금 추밀원에 메리와 혼인하겠다고 허락을 청했지만 서머싯 공작은 형제 누구도 왕이 되거나 공주와 혼인해서는 안 된다며 아우를 힐난했다. 그저 지금 가진 것에 대해 신께 감사하고 만족해야 하며 더 높은 곳으로 오르려고 욕심내서는 안 된다고 했다. 메리 역시 이 결혼에 결사반대하리라. 시모어는 볼이 잔뜩 부은 채 자신이 원하는 것은 메리와 결혼하는 데 필요한 추밀원의 승인이며 자신만의 방식으로 그녀를 설득할 거라고 큰소리를 땅땅 쳤다. 서머싯 공작은 이 말에 분통을 터뜨리며 한동안 아우와 입씨름을 벌였는데, 결국 시모어는 일을 크게 벌이지 말라는 경고를 듣고 깨갱 하며 꼬리를 내렸다. 이때부터 남남처럼 등을 돌리게 된 형제는 이후 시간이 갈수록 반목의 도를 더해갔다.

시모어는 더 이상 일을 진행시키는 것은 괜한 삽질이라 판단했다. 그렇다고 그가 이대로 포기했을까? 아니, 그에게는 남은 대안이 있었다. 옛 연인인 미망인 왕비 캐서린 파가 그의 야망의 낚시에 걸려들었다. 1512년에 태어난 캐서린은 헨리 8세와 혼인하기 전에 두 차례나 결혼한 전력이 있었다. 1542~3년경에 헨리 왕이 청혼하기 전에 그녀는 토머스 시모어와 낭만적인 연애에 한껏 도취해 있었다. 그녀의 후일 기록을 보면 두 사람이 비록 정혼을 약속하긴 했어도 그녀는 더 높은 권력에 굴복했다고 한다. 4년이란 세월이 흐른 지금 그녀는 서른다섯의 그래도 아직은 보아줄 만한 미모를 갖춘 부자로 탈바꿈했다. 무엇보다 만백성의 존경을 한 몸에 받는 대단한 자리에 올라 있었다. 캐서린과 결혼만 하면 높은 지위를 보장받는 것은 물론 맘껏 권력의 칼날을 휘두를 수 있으리라. 기대에 찬 그는 옛 연인에게 구애의 뻐꾸기를 날리기 위해 도둑고양이처럼 은밀히 첼시를 드나들기 시작했다.

옛 사랑인 제독을 오매불망 잊지 못했던 것일까, 얼마 지나지 않아 그녀는 그가 던진 떡밥을 덥석 베어 물었다. 그의 남성적 매력을 눈앞에서 대하자 가슴에 품은 신심과 학습을 통해 배운 자제력, 그리고 타고난 분별력이 한순간에 와르르 무너졌다. 1547년 5월에 연인은 결혼을 전제로 사귀면서 애정 넘치는 서신을 주고받았다. 한 편지에서 캐서린은 다음과 같이 썼다. '당신을 향한 내 마음을 어느 한순간의 갑작스런 열정으로 보진 마세요. 진실로 제 마음은 그 누구보다도 당신과 결혼할 날을 학수고대하고 있답니다.' 헤어진 연인에게 다시 한 번 따스한 봄기운이 찾아든 지금, 그녀는 신은 참으로 위대하다고 절로 탄복했다.

그녀는 왕이 붕어하자마자 곧바로 재혼하는 것을 추밀원에서 반대할 것을 알고 부질없이 그네들을 설득하기보다는 2년 정도 기다렸다가 결혼하자고 제의했다. 시모어는 그녀의 망설임을 한 방에 깨부수었다. 결국 둘은 4월 말 내지는 5월 초에 비밀리에 결혼식을 올렸다. 그때부터 시모어는 한밤중에 첼시를 방문하곤 했는데, 그녀는 밤도둑처럼 찾아오는 연인을 위해 늘 문을 빠끔 열어 두었다.

캐서린은 왕의 축복을 받을 기회가 올 때까지 결혼 소식을 감추자고 고집했지만 시종들 사이에 소문이 돌면서 일파만파로 번져 나갔다. 그해 초여름에 세인트 제임스 공원에서 우연히 시모어를 만난 애슐리 부인은 엘리자베스에게 청혼했다가 거절당한 사실을 두고 놀려댔다.

"공주님한테 청혼했단 소리 들었어요." 그녀가 짓궂게 딴지를 걸었다.

"그럴 리가요." 그가 유들유들하게 대답했다. "아내를 얻는 데 목숨까지 내걸 순 없지요. 물론 그럴 수도 있겠지만 제겐 불가능한 얘깁니다. 다만 왕비님께 청혼할 예정이란 약속은 하죠."

"좀 늦은 약속 아닌가요? 두 사람이 벌써 혼인했단 소리를 들었으니까요." 애슐리 부인이 반박했다. 제독은 아무런 대답 없이 입가에 의미심장한 미소를 띤 채 자리를 피했다.

캐서린 파는 선왕의 시신이 채 식기도 전에 재혼하면 혹 왕이 아버지를 능멸한다고 진노하지 않을까 싶어 전전긍긍했다. 시모어와 벌인 행각에 대해 들으면 어떤 반응을 보일까? 5월에 궁을 방문한 그녀가 멈칫멈칫 망설이면서 이실직고했을 때 왕은 예상과 달리 좋게 받아들였다. 5월 30일에는 양어머니에게 다음과 같은 편지를 보내기도 했다. '어머니께서 돌아가신 선왕을 사랑하시기에 저 또한 당신을 존경하지 않을 수 없습니다. 당신께서 저를 사랑하시기에 전 당신을 사랑하지 않을 수 없답니다. 당신께서는 신의 말씀을 귀히 여기시기에 저 또한 온 마음으로 당신을 사랑하고 존경합니다. 당신에게 제 호의를 베풀 수 있는 일이라면 무엇이든 기꺼이 말이나 행동으로 보일 것입니다.'

시모어는 형과의 틀어진 관계가 다소나마 회복될 때까지 호국경에게 결혼 사실을 알리지 않기로 했다. 두 공주에게 청혼했을 때 형이 보인 반응을 생각하면 더 이상 형의 심기를 건드리지 않는 게 상책이었다. 캐서린 파 역시 서머싯에게 치사하게 구걸하고 싶지 않아서 남편에게 말했다. "당신이 구걸하는 건 싫어요. 왕의 지지가 담긴 서신과 추밀원의 보증만 있다면 좋을 텐데."

이것은 당시 시모어가 쥐도 새도 모르게 진행하던 일이었다. 그는 이와 더불어 왕의 누이들의 지지를 얻고자 안간힘을 썼다. 6월 초순에 그는 메리에게 편지를 보내어 캐서린 왕비에게 청혼했다는 사실만을 밝히면서 그간의 둘의 정리를 보아서라도 자신과 왕비를 도와달라고 했다. 메리는 양모가 왕이 서거한 지 얼마 되지도 않아 다른 사내를 받아들였다는 사실에 경악하며 다음과 같이 회답했다.

당신이 왕비에게 청혼했다는 기묘한 소식이 담긴 편지를 받아보았습니다. 제 편지가 당신이 청혼을 승낙 받는 데 도움이 될 거라 믿는 모양이신데, 이 보세요, 한번 생각해보세요. 세상 누구보다 가까운 친족이자 사랑하는 친구가 작고한 제 아비의 아내란 사실을 고려할 때, 제가 중재자 역할을 맡는다는 건 제 빈약한 명예에도 걸맞지 않는 일입니다. 게다가 그녀가 당신의 구애를 마다하지 않는 걸 보면 제 편지는 그저 작은 위안만 될 뿐입니다. 폐하에 대한 기억이 그녀가 구애를 허락하는 데 아무 장애가 되지 않는데 제 기억에 생생히 살아 있는 그분을 잊으라고 굳이 설득할 필요가 무에 있을까요? 진심으로 부탁하는데 제가 중재자 역할을 거부한다 해도 절 불친절하다 여기지는 마십시오. (처녀인 저로서는 아무것도 모르는 구애 문제 말고) 제 미약한 힘이라도 기쁨이 된다면 기꺼이 도와드리겠습니다.

편지는 한껏 공손했지만 메리는 캐서린 파와 제독에게 발끈해서 그녀와 양모의 관계는 이때부터 정중하지만 지극히 서먹서먹해졌다. 두 여자는 이전에 맛보던 친밀감을 다시는 회복하지 못했다. 메리는 동생이 양모 곁에서 지내면 도덕적으로 타락할 것 같아서 제 곁에 와서 살도록 청하는 편지를 보냈다. 왜 그런 조치가 필요한지 강조하면서 부친의 시신의 온기가 채 식기도 전에 치욕을 당하는 것에 분노한다고 썼다. 오점을 남긴 자들이 그 똥물을 뒤집어써야지 왜 지엄하신 아비의 기억이 더럽혀져야 하냐고 되물었다. 그럼에도 불구하고 늘 자신에게 관대했던 왕비를 심하게 벼랑 끝으로 내몰고 싶지는 않았다. 양어머니로부터 많은 도움을 받아 온 엘리자베스는 배은망덕한 인간처럼 보이기 싫어서 한참 머리를 굴렸다. 결국 그녀가 택한 자세는? 바로 시치미를 뚝 떼고 몽따는 것이었다. 첼시 생활이 만족스러운지라 집을 떠나고 싶지 않아서 사태가 어떻게 진척될지 가만히 지켜보겠노라는 답을 보낸 것이다. 엘리자베스를 그 어미만큼이나 헤픈 여자로 낮추어 보는 메리는 이 답장을 받고서 불만으로 투덜거렸다.

한편 제독은 존 파울러를 통해 왕과 꾸준히 물밑 접촉을 벌였다. 파울러는 매일 밤 왕의 침소를 지켜서 개인적으로 허물없이 대화를 나눌 수 있었다. 에드워드는 아래 시종에게 자신이 처한 불행한 입장을 흉허물 없이 터놓았다. 외숙인 서머싯은 과하게 엄격해서 왕이 특별한 즐거움을 누리는 것을 절대 허락지 않았다. 스승들 역시 엄격함에 있어서는 둘째가라면 서러울 정도여서 여가시간 따윈 꿈도 꾸지 못했다. 자신에게 소소한 도움을 주는 사람들에게 감사한 마음을 전할 변변한 자금마저 없어서 왕으로서는 체면이 말이 아니었다.

지난 몇 달을 보내며 큰 외숙부가 점점 야속해지는 것과 동시에 작은 외숙부에게서 위안을 얻고 기대려는 마음은 커져갔다. 간혹 40파운드가 넘는 후한 용돈을 기꺼이 보내주고 은밀히 서신 교환까지 나누는 그런 자상한 외숙이었다. 한번은 제독이 소년의 기분을 풀어주고자 서머싯이 나이가 들어 오래 살지 못할 거라고 하자 에드워드가 대답했다. "그분은 차라리 돌아가시는 게 낫습니다. 그런 상황이 닥치면 제독께서 제 보호자가 되어주세요." 시모어의 귀에는 달콤하기 그지없는 소리였다. 오래지 않아 왕은 체면 불구하고 파울러를 통해 먼저 손을 내미는 지경에 이르렀다. 제독은 어린 왕이 때가 되면 자신의 야망을 이루어줄 거라 믿으며 그 청을 흔쾌히 받아주었다.

그의 말은 곧 사실로 증명되었다. 제독이 왕비와 혼인했다는 소식이 6월 말에 흘러나왔을 때 왕은 두 사람에게 편지로써 축복을 내려주었다.

'제가 든든한 버팀목이 되겠습니다. 그동안 두 분이 충분히 감사할 만한 일들을 해주셨으니까요. 앞으로 어떠한 일이 닥쳐도 기꺼이 도와드리겠습니다.' 왕이 공공연히 지지를 표하자 서머싯은 속에서 천불이 났지만 달리 어찌해볼 도리가 없었다. 그렇다고 두 사람이 죄를 저지른 것도 아니지 않은가! 다행인 것은 캐서린이 작고한 왕의 아이를 임신하거나 생부가 의심스러운 아이가 태어나서 왕위 승계를 어지럽게 엉클어뜨릴 위험은 사라졌다는 것이다. 그럼에도 불구하고 배알이 꼴려 죽겠는 이가 있으니 바로 호국경의 아내였다. 얄망궂은 손아랫동서를 존대해야 하다니! 분한 마음에 그녀는 남편을 꼬드겨서 왕비가 가진 보석을 모조리 몰수하도록 했다. 그 보석들은 엄연히 나라 재산인지라 왕실 보고에 안전히 보관해야 마땅했고 미망인인 왕비에게 절대 상속될 수 없는 것이었다. 현 왕비에게서 다음 왕비로 전해져 내려온 이 보석들은 역사적 가치가 큰 유물이었다. 헨리 8세는 유언을 통해 어린 왕이 결혼하기 전까지 캐서린 파에게 보석을 지니고 있으라고 명했다. 서머싯 공작부인인 앤은 이 귀하디 귀한 보석을 제 손아귀에 넣을 작정이었다. 제독과 그의 아내는 패악스런 앤을 지나치게 만만히 보았던 것일까?

3장 의붓딸을 탐하다!

그해 여름 빈 수레가 요란하다고, 늘 뻐기길 좋아하고 겉포장만 화려한 제독은 첼시로 거처를 옮겨와 시종단을 한껏 매혹시켰다. '그분을 모시는 것은 늘 즐거웠다'고 당시 그를 섬긴 시종 하나가 기록하고 있다. 그는 비슷한 계층이나 그보다 못한 사회적 약자들을 철저히 계산된 친절로써 대했다. 그가 있음으로 해서 침체된 분위기의 캐서린의 시종단은 활력과 생기를 되찾고 한결 여유로워졌다. 매일매일이 색다른 즐거움의 연속이었다. 남편이 같이 예배당에 가서 신교 예배를 보았으면 싶을 때마다 긴급한 용무가 있다며 미꾸라지처럼 요리조리 빠져나가도 그녀는 별반 불평하지 않았다.

열네 살의 감수성 예민한 나이에 접어든 엘리자베스는 자신의 유명무실한 후견인인 양부의 반반한 외모에 폭 빠져들었다. 왕비의 저택인 첼시와 한워스나 제독의 런던 자택인 시모어 궁 어디에서나 치명적인 매력으로 다가오는 그를 어느덧 한 남자로 바라보게 되었다. 그 또한 어린 의붓딸이 보이는 머뭇하는 관심을 모르지는 않았다. 아직 어리고 미숙해서 그녀가 속마음을 요령 있게 감추지 못했던 탓이다. 캐서린 파는 그녀를 철부지 어린애로 볼지 모르나 시모어는 소녀가 꽃망울을 서서히 터뜨려가면서 생모의 독보적 재능인 유혹의 기술을 나날이 발전시켜가고 있음을 뚜렷이 의식했다. 사실 그는 매력적인 외모보다는 왕위계승 서열 2위라는 점이 훨씬 구미가 당겼다. 그동안 첼시는 어지러운 세상에서 평온과 행복이 감도는 오아시스와도 같은 곳이었다. 불행하게도 왕비의 시종단은 곧 있어 평화가 와르르 무너지고 모두에게 비극으로 끝날 한 편의 극적인 드라마를 목격하게 되었다.

　메리는 엘리자베스에게 닥쳐올 시련은 까맣게 모른 채 이스트 앵글리아에 있는 영지를 둘러보고 시종단 주축 세력들을 임명하면서 분주한 나날을 보냈다. 그동안 회계를 담당했던 에식스 출신의 로버트 로체스터가 감사관으로 임명되었고, 그 지역 출신인 헨리 저닝엄과 프랜시스 잉글필드, 에드워드 월드그레이브 역시 책임 있는 중책을 맡았다. 잉글필드는 시종장에, 월드그레이브는 집사장 자리에 올랐다. 메리 밑에서 일하는 32명의 남자 시종 가운데 유일하게 리처드 윌브럼과 랜들 도드만이 오랫동안 그녀 밑에서 일한 것으로 기록되어 있다. 사제는 넷이고, 여자 시종으로는 수전 클래런수, 엘리너 켐프, 프리데스위드 스트렐리, 그리고 다른 이들과 달리 나이대가 어리고 1530년대부터 메리 곁을 떠났던 제인 도머가 있다. 시종단을 전부 합하면 1백여 명이 훌쩍 넘었다.

　이스트 앵글리아에서 메리는 가는 곳 어디에서나 따뜻한 환대를 받았다. 이는 그해 6월에 그녀의 인기가 곤두박질치고 있으며 그녀가 북부지방의 한 저택에 유폐되었다는 제국 대사의 주장과 크게 모순되는 것이었다. 그는 당시 잉글랜드에서 벌어지고 있던 종교개혁에 거부감을 표하면서 메리가 이전의 믿음을 굳건히 지켜갈 거라고 주장했다. 메리가 하루에 네 번씩이나 미사에 참석한다는 소리를 들었기 때문이다.

　7월에 어렵게 만난 자리에서 그녀는 대사에게 아버지의 죽음에 애도를 표하기 위해 은둔한 채 지내고 있다고 했다. 아버지가 돌아가신 뒤 공식적인 만찬 자리에 참석한 적이 없는데 함께 식사를 하고 싶어 대사를 불렀노라고 했다. 대사는 그녀가 자신을 전적으로 신뢰하는 듯하다고 보고서에 썼다. 그는 추밀원이 헨리 8세가 물려준 그녀의 지참금 내역을 알리지 않기로 결정했다는 사실을 듣고 괘씸한 생각에 그녀의 생활비가 공주 신분에 턱없이 부족하다고 역정을 냈다.

"캐서린 왕비의 재혼에 대해 어찌 생각하세요?" 메리가 뜬금없이 물었다.

"쌍수를 들어 환영할 일이지요. 처음에 다들 제독이 메리 공주님에게 눈독을 들였다고 떠들어댔잖습니까? 참으로 근거 없는 헛소문이지요."

"그와는 얘기를 나눠본 적도 없어요. 딱 한 번 만난 걸요." 메리는 유쾌하게 웃으며 말했다.

이어진 2년 동안 그녀는 혼인 협상에서 몇 차례 신붓감으로 거론되곤 했다. 그때마다 카를 5세는 에드워드 왕자가 결혼해서 자식을 생산할 나이가 될 때까지는 추밀원에서 메리가 외국 왕자와 혼인하는 것을 허락지 않을 거라는 의견을 고수했다. 가톨릭 신자인 아내를 위해 남편이 반역을 꾀할 위험이 컸기 때문이었다.

첼시에서 애슐리 부인의 남편인 존 애슐리는 제독의 이름이 언급될 때마다 엘리자베스가 유난히 귀를 쫑긋 세우는 것을 눈여겨보게 되었다. 그를 칭찬하는 말이 나올라 치면 과하게 기뻐했으며, 그의 이름을 말하면서 수줍게 두 볼을 붉히는 것이었다. 불길한 생각이 든 그는 아내에게 이를 경고했다.

"조심하구려. 공주가 제독에게 연정을 품을까 걱정이군." 애슐리 부인은 시모어를 무조건적으로 편애해서 그에 대한 험담을 새겨듣지 않으려 했다. 사실 그녀는 그가 결혼하고 싶어한 여자가 공주였다고 얘기해서 열정을 부추긴 장본인이었다. 이런 상황에서 남편의 지적이 먹혀들 리 만무했다. 엘리자베스와 제독이 부적절한 연정을 품었다면 둘 다 대역죄를 저지르는 셈이었다. 엘리자베스의 죄는 목이 베이는 참수형 아니면 불에 타 죽는 화형에 해당되었다. 그럼에도 불구하고 애슐리 부인은 순진하게도 시모어에 대한 공주의 관심이 그저 순수한 열정이라고 믿었다. 자신 역시 그의 매력에 맥없이 녹아난 적이 있던 터라 과히 잘못된 반응은 아니라고 여겼다. 그녀가 조금만 더 주의를 기울였더라면 엘리자베스의 불행을 거뜬히 막아줄 수도 있었으리라.

1549년 초반에 있은 교차심문 그리고 당대 정부 문서를 통해 애슐리 부인과 공주의 재무관인 토머스 패리, 그리고 엘리자베스가 비참하게 쫓겨난 사건을 한번 추적해보자.

당시 제독은 아내의 침실 위층에 위치한 엘리자베스의 침실을 비롯해서 첼시 궁의 모든 방문을 열 수 있는 열쇠를 소지하고 다녔다.

혼인한 지 얼마 되지 않았음에도 불구하고 그는 아침마다 엘리자베스가 아침단장을 채 끝내기도 전에, 때로는 잠자리에서 일어나기도 전에 그녀의 침실에 들이닥쳤다. 그녀가 일어나 있으면 잘 잤느냐는 아침인사를 건네면서 그녀의 등이나 엉덩이를 다정하게 토닥거리곤 했다. 결혼한 시녀들에게, 때로는 처녀들에게도 가서 시시덕거리며 장난치곤 했다. [엘리자베스가] 침대에 누워 있으면 커튼을 휙 젖히고 인사를 건네면서 덮치듯 다가가 그녀는 이를 피하고자 침대 안으로 파고 들어갔다.

캐서린 파와 애슐리 부인에게는 사심 없는 장난질로 비쳤을지 모르나 어린 소녀에게는 돌이킬 수 없는 파장을 일으켰다. 시모어가 침실에 들이 닥쳐 과하다 싶게 친밀하게 굴면서 사춘기 소녀의 잠자던 성적 욕망을 들 쑤셔놓은 것이다. 솔직히 고의로 벌집을 쑤셔댄 것처럼 보인다. 문제는 두 남녀의 농탕질이 벌어지는 동안 애슐리 부인이 예의 바르게 곁을 지켰음에 도 불구하고 소녀의 반응이 어린아이의 그것이 아니라는 사실을 전혀 눈치 채지 못했다는 점이다.

결국 제독은 엘리자베스와 부인에게 능글맞은 쪽지를 보내는 지경에까지 이르게 되었다. '부인의 근사한 엉덩이가 작아졌는지 커졌는지 궁금하오.' 시모어 궁으로 옮겨 갔을 때는 매일 아침 맨다리를 흉하게 드러낸 채 잠옷과 슬리퍼 차림으로 그녀의 방을 찾았다. 부쩍 수줍음이 많아진 엘리자베스는 그 때문에 전보다 일찍 일어나는 버릇이 생겨 그가 찾아갔을 때는 말끔히 옷을 차려입고 공부하는 중이었다. 그럴 때면 그는 방안을 슬쩍 들여다보면서 아침인사를 건네는 것으로 만족했다. 애슐리 부인은 더 이상 묵과할 수가 없어서 부실한 차림으로 숙녀 방을 불쑥 찾아오는 것은 남들 눈에 보기 좋지 않다고 지적했다. 시모어는 참 성가신 여자라고 짜증을 부리면서 자리를 떴지만 다시는 부실한 옷차림으로 나타나지 않았다.

다시 첼시로 돌아와서는 제 버릇 개 못 준다고 옛날의 해괴한 짓거리를 다시 시작했다. 엘리자베스는 방문이 삐걱하는 소리가 나면 스프링처럼 침대를 박차고 일어나 시녀들과 함께 커튼 뒤로 달아나 몸을 숨겼다. 그럴 때면 주책바가지 시모어는 여자들이 나타날 때까지 미련퉁이처럼 기다렸다. 한번은 침대에 누워 있는 엘리자베스에게 키스를 하려고 와락 덤벼들었다. 마침 해괴한 소문이 돌던 차라 부인은 당장 방에서 나가달라고 싸늘하게 경고했다. "남들이 이상하게 봅니다. 공주님에 대한 해괴한 소문이 떠돈다고요!"

"맹세코 다른 뜻은 없으니 내 하고픈 대로 맘껏 하겠소! 엘리자베스는 내겐 딸이란 말이오. 형님이신 호국경에게 내가 얼마나 부당한 대우를 받는지 다 이를 테요. 내 하고픈 대로 할 거란 말이오!" 그가 열을 내며 소리쳤다.

도저히 손 쓸 방법이 없던 애슐리 부인은 마지막 비책으로 왕비에게 달려가 그간 제독이 벌인 행위와 집 안 전체에 퍼진 안 좋은 소문에 대해 우려 섞인 목소리로 전했다. 실망스럽게도 캐서린 파는 그 일을 대수롭지 않게 보아 넘기면서 아침마다 엘리자베스의 침실에 갈 때는 자신도 동행하겠노라고 약속했다. 심지어 한워스에 머물 때는 두 번이나 장난질에 동참하기도 했다. 한 번은 부부가 함께 침대에 누워 있는 엘리자베스를 간지럼 태우면서 놀았다. 다른 한 번은 정원에서 남편이 양녀와 '나 잡아봐라' 놀이에 빠져 있는 모습을 재미나라 지켜보았다. 심지어 남편이 가위를 들고 딸애의 검은 드레스를 갈가리 찢는 동안 그녀의 몸뚱이를 꽉 붙잡아주기까지 했다. 애슐리 부인은 속에서 천불이 나서 소리쳤다. "2층에 가니까 공주님께서 그러더군요. 어머니한테 붙들려서 빠져나올 수 없었다고요." 부인은 사태가 걷잡을 수 없이 커졌다고 속을 끓였으나 왕비는 그녀의 불편한 심사 따윈 아랑곳없이 태연자약했다.

들뜬 하루하루를 보내면서도 엘리자베스는 윌리엄 그린달 밑에서 수학하며 장족의 발전을 보였다. 로저 애스컴 역시 그녀의 교육에 지대한 관심을 보이면서 공주의 스승으로 임명되길 간절히 바랐다. 애슐리 부인에게 보낸 편지에서 그는 부인과 공주, 그리고 그린달을 입에 침이 마르도록 칭찬했다. 제자의 명석한 두뇌를 칭찬해야 할지, 가르침을 주는 스승의 성실함을 칭찬해야 할지 모르겠다고 했다. 더불어 이태리어로 된 교재를 한 권 보내 주고 필기구를 수선해주었으며, 계속해서 첼시의 독실한 숙녀 분들과 교제하도록 징검다리 역할을 했다.

　이 독실한 숙녀 분들 중에는 엘리자베스의 사촌인 제인 그레이가 있었다. 1537년 10월에 태어난 그녀는 딸 셋 중에 맏이였다. 아버지는 도싯 후작인 헨리 그레이요, 어머니는 헨리 8세의 누이 메리 튜더와 서퍽 공작인 두 번째 남편 찰스 브랜든과의 사이에서 낳은 딸 프랜시스 브랜든이었다. 주근깨가 점점이 박힌 하얀 피부에 연갈색 머리칼을 가진 자그마한 체구의 제인은 머리가 아주 비상했다. 에드워드 왕과는 비슷한 또래였는데 야망에 눈먼 그녀의 부모는 언젠가 딸애가 잉글랜드 왕비 자리에 오를 거라는 야무진 꿈을 꾸었다. 어려서부터 꿀릴 것 없는 왕빗감으로 키우기 위해 부친은 그녀 나이 겨우 네 살 때 자신의 지도신부이자 케임브리지 대학의 젊은 교수인 존 에일머를 첫 스승으로 삼았다. 에일머는 어린 소녀를 팔에 안고서 어법 공부를 시켰다. 짧은 생을 사는 동안 그녀의 부모는 딸을 제 마음대로 쥐락펴락할 수 있는 인질로 보고 육체적, 정신적으로 학대했기에 어린 소녀는 이런 자상함이 한없이 낯설기만 했다.

　천성적으로 방종하고 나태한 도싯은 오로지 사냥에만 미쳐 지냈다. 1533년 결혼할 당시에 그는 정치적 경륜이 거의, 아니 전무한 젊고 가난한 호색한이었다. 그는 아내의 왕족 친척들과 그녀의 노골적인 야심을 등에 업고서 신분상승을 꾀했다. 충동적이고 쾌락적이며, 결단이 필요한 상황에서 그 결정을 아내에게 맡기는 우유부단한 노름꾼이자 욕쟁이였다. 반 데르 델프트 대사는 그를 제 이득을 취하기 위해 즐겨 음모를 꾸미지만 그걸 실천할 줏대마저 없는 멍청한 인사라고 폄훼했다. 그는 집안 살림을 효율적으로 꾸려나가지 못해서 자주 파산 위기까지 몰아가곤 했다. 반면 학대당하는 불행한 딸 제인 이외의 다른 이들에게는 더없이 관대한 얼굴을 보이기도 했다. 그녀의 타고난 학구열을 뿌듯해하곤 했지만 딸내미를 그녀가 태어나기 전에 죽은 아들의 빈약한 대체용품으로 취급했다.

어머니인 프랜시스 브랜든은 사내다운 기질을 지녀 독단적이고 권세욕과 물욕이 대단했다. 남편과 딸들을 손에 쥐고 흔들었으며, 특히 딸들에게는 잔인할 정도로 막 대했다. 타인에 대한 배려 따위는 씨알만큼도 없었다. 외모로는 헨리 8세를 닮아 말년에는 외숙을 따라 몸집이 비대해졌다. 타고난 강골이라 건강만큼은 어디 내놓아도 빠지지 않았고 승마에서 최고의 즐거움을 찾았다. 남편처럼 야외에서 즐기는 스포츠에 흠뻑 빠졌다. 천성적으로 명석하고 좋은 교육을 받긴 했으나 친구인 리처드 모리슨에 따르면, 안타깝게도 그 뛰어난 총기를 그릇된 욕심에 써먹었다고 한다.

도싯 부부는 런던 웨스트민스터에 집을 한 채 가졌지만 대부분은 붉은 벽돌로 지은, 레스터셔에 위치한 브래드게이트 영지에서 지냈다. 제인은 고색창연한 이곳에서 태어났다. 브래드게이트는 15세기부터 그레이 가문의 소유였는데, 도싯의 부친이 건축한 지금의 저택은 자그마한 탑들과 게이트하우스를 자랑하며 사슴 사냥터 안에 아담하게 자리해 있었다.

제인 밑으로는 1540년에 태어난, 미모가 빼어난 캐서린과 1545년생인 곱사등이 난쟁이 메리가 있었다. 그녀의 부모는 메리를 부끄러워하며 감추지 않고 캐서린과 마찬가지로 존 에일머 밑에서 수학하도록 배려했다. 캐서린이나 메리 누구도 제인처럼 지적인 능력을 발휘하지는 못했다. 캐서린은 붉은 기가 도는 금발에 아름다운 눈동자와 날렵한 코를 지닌 아담한 여성으로, 대부분의 시간을 호젓한 시골에서 학업을 연마하거나 소녀다운 취미를 즐기면서 보냈다. 그녀는 수줍음이 많고 차분하고 애완용 새나 개, 원숭이들과 노는 것을 무엇보다 좋아했다. 동시에 신교 교리를 받아들여서 평생 신교에 헌신했다.

제인 그레이가 여섯 살이 되었을 때 하딩 박사가 새로운 스승으로 배정되어 그녀에게 불어와 헬라어, 에스파냐어, 이태리어를 가르쳤다. 더불어 서예와 춤과 품행을 가르쳤다. 그녀는 음악을 좋아했지만 부모는 류트와 하프, 시턴(기타 비슷한 현악기—옮긴이)을 연습하는 시간을 엄격히 제한시켰다.

제인과 자매들에게 부과된 일과는 상당히 빡빡했다. 아침 6시에 빵과 고기와 맥주로 가볍게 요기를 한 뒤에 부모님을 찾아뵙고 문안인사를 드렸다. 도싯 가문은 사소한 실수에도 매질을 가하거나 호되게 혼쭐을 냈기 때문에 매일매일이 고행과도 같았다. 아침이면 소녀들은 라틴어와 헬라어를 배우고 제인은 덤으로 히브리어 수업까지 받았다. 점심을 마친 뒤에는 현대어와 음악을 배우거나 성서와 고전을 읽었다. 저녁식사가 끝나면 숨 돌릴 새 없이 춤이나 바느질 연습을 하고난 뒤에 9시에 잠자리에 들었다. 이런 지경이니 자연히 소녀들은 자신에게 투자할 시간이 별반 없었다. 특히 제인은 부모님과 억지로 짐승 사냥이나 매사냥에 따라나서는 것이 하품 나올 정도로 지루하기만 했다. 부모는 자신들이 좋아하는 스포츠를 혐오하는 딸애가, 또 마냥 신경쇠약을 달고 사는 허약한 딸애가 못마땅하기만 했다.

딸에 대한 욕심이 어찌나 과한지 도싯 부부는 제인이 공주대접을 받도록, 고급 실크와 능직과 벨벳 드레스로 화려하게 치장하도록 고집했다. 물론 모친은 딸애가 외모로 승부를 낼 만한 미모는 아니라고 한탄해댔지만 말이다. 제인은 겉치장을 혐오할 뿐 아니라 신교에 대한 열정이 커지면서 신교도 처녀다운 수수한 무채색을 선호해서 장차 열혈신자가 될 것을 암시했다.

혼란스런 유년기를 겪는 그녀에게 유일한 위안이 된 사람은 보모인 엘렌 부인과 존 에일머였다. 아담한 키의 에일머는 늘 생기가 넘치고 유머가 풍부하며 가르침에 대한 열정이 남달랐다. 애국심 또한 대단해서 '신은 잉글랜드 사람이다' 라는 명문을 짓기도 했다. 그는 조숙한 제자를 살뜰히 보살피고 열정적으로 가르쳐서 애쓴 만큼의 보람을 느꼈다. 지적인 면에서 제인은 엘리자베스 공주나 에드워드 왕을 능가하는 실력을 뽐냈던 것이다. 뭐니 뭐니 해도 그가 가장 내세우는 업적은 제자에게 굳건한 신교의 믿음과 원칙을 주입시킨 것이다.

제인의 삶은 아홉 살 때 캐서린 파에게 보내져 정규교육과 더불어 매너와 교양을 익히면서 극적으로 변했다. 도싯 부부는 이 미망인 왕비를 포섭하면 딸에게 품은 야망을 더 멀리 펼칠 수 있으리라 기대했다. 캐서린 파가 정치 문제에 있어 그 어떤 발언권도 없고 왕을 만날 기회도 거의 없었음에도 말이다. 그녀가 한 일이라고는 제인을 따뜻하게 맞이하면서 그동안 부족했던 모성애를 한껏 채워 준 것뿐이다. 첼시에서 곧 제인은 전도유망한 여성으로 극찬을 받았다. 왕비 시녀들은 대놓고 그녀가 언젠가 왕비 자리에 오를 인물이라 예견하면서 제인에게 그 말을 전했다. 이처럼 그녀는 사람들의 관심과 존경을 한 몸에 받으며 자랐다.

제독은 왕비 집으로 이사 오자마자 곧바로 제인을 자신의 야망을 촉진시켜줄 방편으로 찜했다. 후계자 서열에서 네 번째인데다가 여러 모로 왕의 배필로 손색없었던 것이다. 두 사람은 출신과 나이와 지성에서 꼭 들어맞는 천생연분이었다. 호국경이 왕을 에스파냐 공주와 혼인시키고 제인을 제 아들인 하트퍼드 경과 결혼시키려는 계획을 세우든 말든 상관없었다. 왕과의 친분을 이용해서 야망을 실현시키고 형의 계획을 무참히 망가뜨려서 쾌감도 맛보고……그야말로 도랑 치고 가재 잡는 격이었다. 에드워드는 적절한 혼처를 찾아준 작은 외숙부에게 감사할 터이고 시모어는 형이 궁지에 몰리는 꼴을 보며 즐거움을 맛보리라.

시모어가 보기에 제인은 종교나 지성 면에서 왕의 최고 배필감이었다. 문제는 두 사람이 만날 기회가 극히 드물고 엄격한 궁중예법 탓에 서로 친해지거나 감정을 표현하기가 힘들다는 점이었다. 무엇보다도 큰 걸림돌은 둘 다 내성적이란 점이었다. 제인은 왕을 알현할 때 세 번씩 절하고 무릎을 꿇은 채로 대화를 나누었다. 그가 방석이나 야트막한 스툴에 앉도록 너그러이 윤허하면 둘은 카드놀이를 시작했다. 이윽고 자리에서 물러날 때는 그의 한 손에 입을 맞추고는 등을 보이지 않은 채 뒷걸음질로 방을 나갔다. 시녀 둘이 알현 내내 곁을 지켜서 단둘이 있는 것도 아니었다. 전기작가로서 에드워드 6세와 친분이 있던 존 베일 주교는 왕이 결혼하고 싶어한 사람은 제인이었다고 확신했다.

제독과 베일이 알지 못한 사실이 있었으니, 그것은 에드워드가 일기에 털어놓았듯이 그가 아버지의 유지를 받들기 위해 스코틀랜드 여왕인 어린 메리와 결혼하기로 작심했다는 것이다. 그것이 불가능하면 자신의 안위를 지켜줄 유럽의 부자 신부와 혼인동맹을 맺고자 했다. 그에게 부富나 정치적 이득을 안겨 줄 수 없는 제인은 그의 계획에서 열외였다.

이 사실을 까맣게 모르던 시모어는 시종인 존 해링턴을 보내 그럴듯한 언약으로 도싯을 안심시키도록 했다. 해링턴이 말했다. "따님께서는 반드시 혼인하시게 될 겁니다."

"신랑감이 누구요?"

"국왕폐하십니다. 염려마세요. 제독님께서 반드시 이 일을 이뤄내실 테니." 해링턴이 확신했다.

도싯 경은 제인이 당분간 첼시에서 지내는 것을 허락했지만 제독에게서 다른 기별이 오지 않은 채 몇 주가 흘러가자 첼시로 득달같이 달려와 자초지종을 따졌다.

시모어가 대답했다. "따님이 왕과 혼인하는 걸 보고 싶으면 절 따님의 후견인으로 삼으십시오." 얼마간 이런저런 얘기가 오간 뒤에 도싯 경은 제인의 후견권과 혼인권을 2천 파운드를 받고 파는 데 동의했다. 시모어는 그에게 선불로 5백 파운드를 지불했다. 나중에 그가 해링턴에게 에드워드 왕이 성년이 되면 제인과 결혼하고 싶어한다고 넌지시 말하긴 했지만 사실 그는 혼인협상을 진전시킬 만한 군번이 아니었다. 형인 서머싯 공작은 분명 이 계획을 반대하며 걸고넘어지리라. 하지만 도싯이 참을성 있게 기다린 결과 제인은 왕비의 저택에 계속해서 머물게 되었다.

제독은 파울러를 징검다리 삼아 왕에게 어린 꼬맹이에 불과한 스코틀랜드 여왕보다는 제인과 결혼하라고 제안했지만 왕은 마뜩잖은 반응을 보였다. 이즈음 스승인 존 체크는 왕이 생각보다 많은 돈을 수중에 지닌 사실을 발견하고 시모어를 미심쩍은 눈으로 바라보았다. 에드워드는 제독이 돈을 보내주었노라고 솔직히 고백하면서 그가 제안한 혼사에 대해서도 털어놓았다. 체크는 뜨악해서 곧바로 서머싯 공작에게 부리나케 달려갔다. 호국경은 아우의 행태에 분개하면서 궁으로 불러들여 엄히 꾸짖었다. 이어 간신히 마음을 진정시키고는 최선을 다해 앵돌아진 아우와 화해하고자 했다. 그 결과 표면적으로는 평화를 되찾은 듯 보였으나 제독의 마음에는 앙심과 질시가 여전히 똬리를 틀고 있었다.

1547년 가을에도 종교개혁은 흔들림 없이 착착 진행되고 있었다. 교회에서는 라틴어 대신 영어를 사용했고 화상과 성상 숭배는 근절되었으며, 설교와 사적인 성서 낭독을 금하는 조치는 완화되었다. 예배당은 폐쇄되거나 매각시켰고 학교는 다른 곳에 기증했다. 에드워드 6세 시대의 중등학교 몇 곳은 현재까지 존재하고 있다. 종교 박해 시대를 예고하던 헨리 8세 시

대의 숱한 반역법과 이단법, 6개 신조(1539년에 헨리 8세가 의회를 통해 반포
한 법. 화체설 교리를 신조로 확정하기, 성직자의 결혼을 금지하기, 성만찬에서 빵
만 분급하기, 순결 서약을 엄격히 지키기, 개별 미사 허용하기, 비밀 고해 권장하기
이렇게 6개 항으로 구성됨.-옮긴이)가 모조리 철폐되었다. 성직자 대부분은 별
다른 저항 없이 개혁조치에 수긍했다. 윈체스터 주교인 스티브 가디너나
런던 주교인 에드먼드 보너 같은 일부 가톨릭 주교만이 공공연히 개혁을
비판했지만 동조 세력은 별반 없었다.

메리 공주는 예외였다. 그녀는 서머싯가에서 미사를 올리지 않는다는
소문을 듣고 호국경에게 편지를 보내 이를 지적했다. '선왕께서 왕국을 경
건하고 질서 있게 틀 잡아놓았거늘 현 정부가 새 예배 방식을 도입해서 이
단과 무질서를 장려하다니 참으로 개탄스럽습니다.' 그녀는 어린애에 불과
해서 종교 문제에서 성숙한 판단을 내릴 수 없는 왕이 혹 주변의 사특한 무
리에게 물들까봐 적이 염려되었다.

서머싯은 그녀의 우려에 놀라움을 표하면서 백성 대부분이 왕의 조치를
지지하며 외려 그녀 같은 사람들이 분란의 주범이라고 지적하는 '공손한'
답장을 보냈다. 그녀를 괴롭히고 싶지도 않고 또 그녀가 맘껏 종교생활을
향유할 수 있게 내버려둘 참이었지만 언감생심 왕권과 그가 만든 법에 도
전하다니, 참으로 안 될 말이었다. 그는 에드워드 왕이 로마 가톨릭을 뿌리
뽑는 데 주력하고 있다고 쐐기를 박았다. 메리는 최후통첩이 주어진 것을
깨닫고는 더 이상 왕의 비위를 거슬러 긁어 부스럼을 만들지 않았다.

11월에 제독이 형에게 품은 미움과 질시는 그야말로 극에 달했다. 그동
안 왕에게 돈을 쥐어 주며 떡밥을 던져 왔다면 이제는 대어를 낚을 차례였
다. 에드워드에게 개원한 의회에 제출한 서류에 서명하도록 촉구할 참이었

다. 두 외숙이 왕을 보위하는 공동 호국경 체제를 요청하는 서류였다. 에드
워드는 대뜸 서명하길 꺼려하면서 스승인 체크에게 먼저 조언을 구했다.
체크는 간악한 제독의 술수에 말려들지 말라고 준엄하게 경고했다. 에드워
드는 스승의 조언에 따라 서명을 거부했다. 이에 앙심을 품은 시모어는 잉
글랜드 역사상 최고로 암담한 의회로 만들겠다고 한바탕 으름장을 놓았다.
주변 친구들이 진정하라고 뜯어말렸지만 자신이 빠진 호국경 체제를 보느
니 차라리 호국경이 없는 체제를 만들겠다고 악다구니를 썼다.

　"누구라도 아내인 왕비를 건드려보시오. 그땐 지위고하를 막론하고 귀
싸대기를 한 대 올릴 테니까!" 그는 길길이 날뛰며 소리쳤다. 얼마 후에는
그가 왕이 거주하는 세인트 제임스 궁에서 쥐 죽은 듯 지내면서 왕을 제 집
에 초대하고자 애쓴다는 소문이 들렸다. 어린 왕을 호국경의 손아귀에서
빼내오는 것은 식은 죽 먹기라며 큰소리를 땅땅 쳤다고 한다.

　제독이 의붓딸에게 유혹의 마수를 뻗치는 가운데 캐서린 파가 점차 의
심의 눈초리를 던지면서 한워스 집 안에는 팽팽한 긴장감이 흘렀다. 그녀
가 솔직히 심경을 털어놓자 잔머리의 대가인 제독은 엘리자베스가 웬 낯선
사내와 정분이 났다고 얼렁뚱땅 꾸며댔다. 왕비는 득달같이 애슐리 부인에
게 달려가 이 말을 전했다. "남편이 그러던데, 회랑 창문을 통해 엘리자베
스가 웬 사내를 껴안고 있는 모습을 보았다더군." 기겁한 부인이 엘리자베
스를 조심스럽게 추궁하자 그녀는 훌쩍거리면서 그런 일은 결단코 없다고
극구 부인했다. 정 못 미더우면 시녀들에게 물어보라고 항의했다. 애슐리
부인은 그녀에게 아무 잘못이 없고 모두가 제독이 능청스럽게 꾸며댄 거짓
말임을 알고 안도감으로 가슴팍을 쓸어내렸다. 사실 그 말이 거짓인 것이,
엘리자베스의 스승인 그린달 외에 그간 집 안을 들락거린 사내가 없었기
때문이다. 더욱이 점잖은 그린달이 그런 낯 뜨거운 애정행각을 벌일 리 만

무했다. 애석하게도 그는 이듬해인 1548년 1월에 역병에 걸려 생을 마감했다. 이 거짓된 이야기를 꾸며낸 장본인이 왕비라는 것이 애슐리 부인의 짐작이었다. 평소의 왕비답지 않은 행동이었지만 그녀는 이것을 보다 경계해서 공주와 제독을 감시하라는 뜻으로 풀이했다.

엘리자베스는 성탄연휴에 햄프턴 궁에 초대를 받아 숨 막히게 조여 오는 위기상황에서 잠시나마 벗어날 수 있었다. 애석하게도 전보다 더 공식적이고 딱딱한 동생의 태도에서 이전의 친밀감은 눈을 씻고 보아도 찾아볼 수가 없었다. 이탈리아 사절인 페트루치오 우발디니는 눈앞에서 본 모습들이 지나치다고 비판했다. '엘리자베스는 닫집이나 의자도 없이 방석이 깔린 누추한 나무의자에 앉았다. 왕이 앉은 상석에서 아주 먼 자리인지라 닫집이 드리워지지도 않았다. 테이블에 앉기 전에 행해진 의식들은 또 얼마나 우스꽝스러운지. 공주는 남동생 앞에 한쪽 무릎을 꿇고 다섯 번 절을 하고나서 자리에 앉았다.' 메리 역시 궁에 초대되었는데 왕과의 관계가 전만큼이나 화기애애했을지라도 찬밥신세는 자매 모두 매한가지였다.

엘리자베스는 신년 1월에 집으로 돌아와 그린달이 사망했다는 비보를 접했다. 곧 스승이 없어진 그 자리에 로저 애스컴을 대신 앉힐 예정이라는 소리가 들렸다. 1548년 2월 12일에 그는 존 체크에게 다음의 편지를 보냈다.

엘리자베스 공주님은 절 그린달을 대신해서 스승으로 삼고자 하십니다. 덕분에 말년에 전 최고로 똑똑하신 여성과 지내게 되었습니다. 그녀는 흔쾌히 받아들였으며, 전 이 자리를 사욕을 채우기 위한 기회로 삼지 않겠습니다.

하지만 당시 런던에 기거하고 있던 왕비와 제독은 그린달을 대신할 스승으로 골드스미스를 내정했다. 애스컴은 애써 실망감을 감춘 채 엘리자베스에게 그네들의 판단을 따르라고 권했다. 하지만 공주는 가만히 앉아 던져 주는 떡을 받아먹고 싶지 않았다. 런던으로 부리나케 찾아가서는 제발 마음을 바꾸어달라고 애걸복걸했다. 결국 캐서린은 포기하고 애스컴을 스승으로 확정했으며 그 결과 그는 왕비 집에 기거하기 위해 정든 케임브리지 대학을 떠나야 했다.

요크셔 출신인 애스컴은 30대의 젊은 나이지만 박식한 스승으로서, 또 학자로서 주변 나라들에서도 이미 평판이 자자했다. 서유럽을 여행한 적이 있으며 정기적으로 외국의 지성들과 서신을 주고받았다. 1545년에는 자신이 애호하는 스포츠인 궁술을 주제로 한 《궁술 Toxophilus》을 출간하기도 했다. 더불어 이탈리아식 서체 사용을 권장한 서예의 명장이었다. 엘리자베스의 아름다운 필체는 바로 그에게서 영향을 받은 것이다. 애스컴은 당대 최고로 교양 있는 라틴어 작가 중 하나로 인정받았는데 그가 가장 좋아하는 작가는 키케로(로마시대의 뛰어난 정치가이자 문장가로서, 고전 라틴 산문의 창시자이자 완성가로서 이름을 드높임.-옮긴이)였다. 안 좋은 버릇이라면 도박으로 하릴없이 늘 잃기만 했다.

애스컴은 《교육자 The Schoolmaster》란 저서를 통해 자신의 진보적인 교육관을 주창했다. 그는 작금에 만연해 있는 체벌을 개탄했다. 체벌을 통해 아이들은 배움의 가치를 채 깨닫기도 전에 배우는 것을 극도로 싫어하게 된다고 주장했다. 오늘날 기준과 비교해서 지나치게 빡빡하게 커리큘럼을 짜긴 했어도 애슐리 부인에게 밝혔듯 그는 물을 너무 많이 물병에 담으면 흘러넘쳐버린다는 지론을 가졌다. 애스컴이 생각하는 가장 이상적인 교육법은 채찍이 아닌 당근이었다.

그가 짠 커리큘럼은 주로 고전과 성서에 집중되어 있었다. 고전 공부는 라틴어와 헬라어를 먼저 이해해야 가능한데, 엘리자베스는 이미 그 분야에 능통해 있었다. 이 단계에서 애스컴은 이중 번역이란 독특한 기법을 도입했다. 이를 통해 수제자는 키케로나 데모스테네스의 작품을 영어로 번역한 뒤에 그것을 다시 라틴어나 헬라어로 옮겼다. 그는 공주가 매일같이 성직자들이 일주일 내내 읽는 것보다 더 많은 분량의 그리스 고전을 탐독한다고 뿌듯해하며 자랑했다. 매일 아침 두 사람은 소포클레스의 비극이나 이소크라테스의 연설문 같은 그리스 고전을 파고들었다. 매일의 일과는 그리스 성서를 읽는 것으로 시작되었다. 이 작품들을 통해 엘리자베스가 자신만의 독창적인 스타일을 계발하고, 삶의 다양한 측면을 접해보는 것이 얼마나 소중한지를 깨닫게 될 거라고 애스컴은 굳게 믿었다.

오후에는 키케로나 리비의 작품 내지는 신학을 기반으로 하는 라틴어 공부를 했다. 애스컴은 종교의 기본 교리를 가르치기 위해 성서 외에 언어적 우아함이나 음성적 원리를 동시에 갖춘 최상의 작품인 성 키프리아누스(카르타고 감독관으로서 교황청에 대항해서 감독 자치권을 수호함. 《가톨릭교회의 일치에 대하여》가 대표 저서-옮긴이)나 독일 개혁가인 필리프 멜란히톤(루터를 계승한 독일 종교 개혁가이자 인문주의자로서 《로치 코뮤네스(신학 총론)》이 대표작-옮긴이)의 작품들을 교재로 삼았다.

애스컴이 거둔 성과가 이것이 다일까? 아니었다. 수업이 끝난 뒤에 제자와 더불어 승마와 사냥 같은 여가활동을 즐겨서 그녀가 평생에 걸쳐 스포츠를 애호하도록 힘써주었다. 물론 스승이 좋아하는 분야인 음악수업도 게을리 하지 않았다. 그녀는 류트와 버지널은 물론 이탈리아식으로 춤추는 법을 빼놓지 않고 연습했다.

애스컴의 지도 아래 엘리자베스는 하루가 다르게 발전하는 모습을 보였다. 그녀는 그가 아는 학식 높은 젊은 여성들 가운데 최고로 빛나는 보석이었다. 유럽 왕실의 학자들과 서신 교환을 하면서 그는 뿌듯한 마음을 감추지 못해 연신 그녀가 이루어낸 기적 같은 성과들을 자랑했다. 그녀처럼 이해가 빠르고 기억력이 뛰어난 사람은 본 적이 없노라고 감탄했다. 친구인 존 에일머에게는 다음과 같이 말했다. "그녀에게 외국어를 가르치고 있다네. 겸허하고 정숙한 외모를 보면 절로 가르치고 싶은 마음이 들거든. 그녀는 유럽에서 최고로 인기 높은 여성이니까." 그는 독실한 신교도 여성에게 걸맞은 그녀의 우아한 매너와 깔끔한 옷차림에 매료되었다. "그녀는 머리를 모숨모숨 땋거나 장식물로 치장하는 식의 화려한 겉치장보다는 소박한 우아함을 더 좋아한다네."

이런 힘겨운 가르침의 결과 그녀는 상당히 어려운 논제에 관해서도 막힘없이 제 의견을 피력할 수 있었다. 또, 배움에 대한 욕심이 어찌나 큰지, 평생 매일같이 배우는 일을 게을리 하지 않았다. 하루에 세 시간씩은 그녀가 가장 좋아하는 분야인 역사분야 서적을 탐독했다. 나아가 고전과 언어 공부는 르네상스 시대의 통치자에게 필요한 최고의 준비과정이 되었다.

애석하게도 이런 대스승도 토머스 시모어가 엘리자베스의 삶에 드리운 어두운 그늘까지 막아주지는 못했다. 1548년 초반에 그녀는 재무관인 토머스 패리에게 다음과 같이 토로했다. "제독이 지나치게 살갑게 구는 게 겁나요. 어머니가 질투하시거든요." 말은 이렇게 하면서도 그녀는 제독에 대한 절절한 연모의 정과 욕망에 그만 압도당하고 말았다.

그동안 캐서린 파의 의심은 도를 더해갔다. 1548년 초봄에 그녀는 서른 여섯이란 늦은 나이에 첫아이를 가진 터라 몸이 쇠약해질 대로 쇠약해져 있었다. 또, 남편이 즐기는 이른 아침의 장난질에 동참할 마음도 내키지 않았다. 곧 엄마가 된다는 막중한 책임감이 들면서 제독의 장난질이 그저 시시껄렁한 짓거리 내지는 위험천만한 불장난으로 보였던 것이다.

　제독이 엘리자베스에게 지나치리만치 치근덕대는 모습을 보고 심히 경계하는 가운데 어느 날 기어이 일은 터지고 말았다. 두 사람이 홀연 눈앞에서 사라지자 그녀는 둘을 찾으러 이리저리 돌아다니다가 그만 경악스러운 장면에 얼음처럼 굳어버렸다. 눈앞에서 남편이 어린 딸을 부둥켜안고 있는 게 아닌가! 이후부터 왕비는 제독과 딸 모두와 사이가 틀어지게 되었다.

　충격에 휩싸인 캐서린은 애슐리 부인을 불러서는 극도의 불쾌감과 경계심을 드러냈다. 엘리자베스는 왕위계승 서열 2위이자 자신의 보호를 받는 미성년자였다. 함부로 분노를 표했다가는 추문이 뒤따라 모두를 망가뜨리리라. 어쩌랴, 지금으로서는 불운한 애슐리 부인에게 분노를 쏟아 붓는 것으로 만족할 수밖에. 엘리자베스는 자상한 양어머니의 은혜를 무참히 저버린 배은망덕한 짓을 저질렀다. 애슐리는 엘리자베스와 왕비에 대한 임무를 소홀히 했고, 제독의 행실은 도저히 용서받을 수 없는 악질적인 것이었다. 엘리자베스는 고작 열네 살의 철부지인 반면 그는 경험 많은 성인 아닌가!

　분노를 표하다 결국 심신이 지치고 피로해진 왕비는 어서 빨리 엘리자베스를 위험스런 환경, 즉 제독의 눈앞에서 치워버려야겠다고 결심했다. 그녀는 서둘러 앤터니 경과 데니 부인에게 편지를 보내 소녀가 하트퍼드셔 체스헌트에 있는 그들 집에서 지낼 수 있는지 물어보았다. 조앤 데니는 애슐리 부인과 친자매 사이인지라 공주를 보살펴줄 사람으로는 안성맞춤이었다. 왕비는 데니 부부에게 공주를 보내려는 진짜 이유를 밝혔을까? 혹 임신을 핑곗거리로 삼지는 않았을까? 우리로서는 모르는 일이다. 아무튼 부부는 주저 없이 청을 들어주었고 왕비는 확답을 듣자마자 엘리자베스에게 집을 떠나라고 일렀다. 물론 흔한 말다툼이나 불화 따위는 없었다. 그저 양녀에게 그녀가 추문을 자초할 만큼 어리석은 짓을 저질렀으니 멀리 떠나서

신변을 보호하라고 했다. 자신이 극악한 짓을 저질렀음을 뒤늦게 깨닫고 충격으로 정신이 아뜩해진 엘리자베스는 결과에 잔뜩 겁을 집어먹은 채 안 좋은 소문이 떠도느냐고 물었다. 왕비는 일을 은밀히 처리했으니 추문은 없을 거라 생각했지만 딸에게는 안 좋은 소문이 돌면 바로 알려주겠노라고 짧게 대답했다.

엘리자베스는 성령강림주일이 끝난 다음 날에 첼시를 떠났다. 잔뜩 주눅이 든 모습이었지만 양부모와는 좋게 헤어졌다. 제독은 아내의 기분을 풀어주고자, 특히 배 속에 든 미래의 왕을 생각해서 최대한 몸을 낮추었다. 존과 애슐리 부인, 그리고 데니 부부 외에 누구도 엘리자베스가 왜 갑자기 집을 떠나는지 자세한 내막을 알지 못했다. 추문이 돌 위험은 사라진 듯 보였다.

앤터니 데니 경 부부는 엘리자베스를 따뜻하게 맞이해주었다. 체스헌트는 목재 천장이 인상적인 12미터 가량의 긴 대형 홀을 자랑하는, 둘레에 해자를 두른 대저택이었다. 엘리자베스는 이곳에서 죄를 회개하면서 전보다 더 차분해진 모습으로 로저 애스컴에게서 수업을 받았다. '아, 날 이곳에 보낸 것은 참으로 현명한 선택이구나!' 그녀는 속으로 생각했다.

엘리자베스는 봄과 여름 동안에 양부모와 계속 좋은 관계를 유지하면서 정기적으로 서신 왕래를 했다. 캐서린 파에게 그녀가 보낸 편지 두 통은 지금도 전해지고 있다. 6월에 왕비가 행여 자신을 미워하지나 않을까 저어하며 그녀는 아부성 짙은 편지를 보냈다.

떠나면서 어머니께 받은 친절에 대해 뭐라 감사해야 할지 모르겠지만 마음이 참 편치 않았습니다. 어머니 곁을 떠나는, 특히 건강이 염려되는 가운데 곁을 떠나는 슬픔에 목이 메었습니다. 당시 비록 말은 안 했지만 저에 관한 안 좋은 소문을 접하고 주의를 주셨을 때 곰곰이 곱씹어보고 반성했어요. 제게 악감정을 품으셨다면 모두가 달리 생각하는 가운데 그런 친절을 보이진 않으셨겠죠. 저로선 신께서 제게 양부모님 같은 분들을 보내 주신 것에 감사하고 제가 흡족하게도 신이 그들을 장수케 하시길 바랄 뿐, 또 지금 제가 글로써 표현하듯 그 은혜에 깊이 감사할 뿐 달리 뭐라 말할 수 있을까요? 쓸 말은 많지만 이만 붓을 놓겠습니다. 편지를 읽으실 정신이 없다는 걸 잘 아니까요.

체스턴에서, 토요일

왕비님의 비천한 딸, 엘리자베스가

6월 13일 수요일에 왕비와 제독은 최근 에드워드왕으로부터 하사받은 글로스터셔에 위치한 서들리 성으로 거처를 옮겼다. 왕비의 출산예정일인 8월 말까지 그곳에서 머물 작정이었다. 두 사람은 엘리자베스가 보낸 편지에 적잖이 감동을 받았다. 그녀는 제독에게 딸에게 작은 도움이나마 주도록 권했지만 그는 별반 내키지 않아 그저 사과의 편지 몇 줄로 대신했다. 편지에 대한 엘리자베스의 답장은 이러했다.

제독님, 제게 사과하실 필요는 없으세요. 호의를 베풀고픈 마음이 없어서 약속을 안 지키시는 것은 아니라고 보니까요. 단지 기회가 없어서 그런 거겠죠. 이보다 더 큰일이 닥친다 해도 결코 불친절하다 비난하진 않을 거라는 점, 알아주세요. 그깟 장난질 때문에 친구가 되었다 안 되었다 하진 않으니까요.

엘리자베스는 속마음은 모르겠으나 적어도 겉으로는 그동안의 일은 잊고 가능한 한 평소대로 행동하려고 무던히 애썼다. 임신한 왕비가 진심으로 걱정이 되어서 행여 몸이 허약해지지는 않았는지 제독을 통해 조금이나마 듣고자 했다. 그러다가 왕비의 건강이 좋아지고 있으며 자신을 무척 보고 싶어한다는 소리를 듣고 뛸 듯이 기뻐했다. 7월 31일에 그녀는 다시 양모에게 편지를 보냈다.

어머니의 편지가 비록 제게 최고의 기쁨이긴 해도 아이로 인해 몸이 허약하신 어머니를 생각하면 제독님의 편지에 담긴 당신의 따뜻한 말만으로도 전 충분합니다. 어머니가 건강하시고 그곳 모두 무탈하며 제가 그 생활에 물릴 때까지 같이 있고 싶어하신다는 사실에 기쁘기 한량없습니다. 제가 물릴 때까지 옆에 찰거머리처럼 붙어 있으면 분명 귀찮으실 걸요. 그곳은 최악의 장소지만 어머니가 계시기에 행복했을 겁니다.

왕비의 태중 아이가 건강하다는 소식을 듣고는 다음과 같은 소망을 피력했다.

제독님, 가능한 한 자주 번잡스런 아기의 상태에 대해 알려주시면 안 될까요? 아기가 태어날 때 제가 곁에 있다면 엄마를 왜 그리 고생시켰냐며 볼기를 찰싹 때려줄 거예요.
데니 부부께서는 주님께서 최고로 행복한 분만이 되도록 도와주시길 어머니를 위해 겸허히 기도하고 계십니다.
7월 마지막 날에 급히 몇 자 적어 보냅니다.

당신의 비천한 딸, 엘리자베스가

제인 그레이는 왕비와 더불어 서들리 성으로 옮겨 갔다. 그녀의 부모는 도대체 딸이 왕과 결혼할 기미라곤 눈곱만큼도 보이지 않자 제독에게 후견인 노릇을 당장 집어치우라고 윽박질렀다. 시모어는 이에 대해 최고로 성실한 설득과 함께 재정적 위기에서 벗어날 수 있도록 거금을 무이자로 빌려 주어서 조바심치는 그들을 겨우 달랬다.

그해 여름 엘리자베스는 봄에 일어난 일련의 고통스런 사건으로 인해 후유증을 겪었다. 지금까지는 젖니 외에 건강상 별 이상이 없었는데, 사춘기가 찾아오고 간통으로 인한 감정적 스트레스까지 겹쳐서 곧 10대 시절을 괴롭힐 만성적인 질병들을 떠안게 되었다. 편두통과 안구통증, 생리불순, 불안 상태, 공황발작 같은 증세가 그것이었다. 20대가 되면서는 생리 문제로 끔찍스런 고통을 겪었다. 그 도가 어찌나 심했는지 외교사절들은 그녀를 자기네 주인들과 짝지어주고자 할 때 이 점을 심각하게 고려할 정도였다.

엘리자베스는 1548년 여름 내내 그리고 가을까지 시름시름 앓았다. 7월에 애스컴은 케임브리지의 친구들을 방문할 계획이었지만 엘리자베스가 하도 만류하는 바람에 발목이 붙잡히고 말았다. 그는 동료들에게 그녀가 아무 데도 못 가게 잡는다고 투덜거렸다. 더 이상 가르칠 게 없어 하산시킬 정도인지라 그해 9월에 케임브리지로 돌아가고 싶었지만 이는 공주의 허락이 있어야만 가능한 일이었다. 그녀의 지나친 애착 때문에 그럴 가망이 희박하다는 예상은 딱 맞아떨어졌다. 그에게 전적으로 의존하는 엘리자베스는 스승이자 친구로 계속 남아주길 고집해서 결국 그는 외통수에 몰리게 되었다.

사료에는 엘리자베스가 그해 여름에 어떤 병을 앓았는지 알려져 있지 않다. 당대사람 그리고 현대사람 몇몇의 주장에 따르면, 그 병이 유산에 따른 후유증이라고 한다. 그녀는 체스헌트에 도착하고 나서 한 달 뒤인 여름 중반에 처음으로 병을 앓았다. 해서 그녀가 봄에 제독의 아이를 임신했을 가능성이 크다. 그녀의 증세에 대해 이처럼 정보가 희박한 것은 그녀를 모시는 시종들, 즉 당연하게도 추문을 막고픈 사람들이 쉬쉬했기 때문이다. 하지만 유산했다는 증거가 없고 그 추론은 순전히 가정에 의존한다는 사실을 유념하자. 병은 가을이 저물어갈 무렵까지 쉬이 떨어질 줄을 몰랐다. 애슐리 부인은 후일 말하길, 이 기간에 엘리자베스는 집 밖으로 2킬로미터 이상 나서지 못했다고 한다.

그녀가 체스헌트에 칩거하고 있는 와중에도 개혁의 시계는 똑딱똑딱 잘도 돌아갔다. 왕실 예배당과 세인트 폴 성당에서는 라틴어 예배가 전면 금지되었다. 전국 교회에서 성인들의 화상을 제거하도록 명했으며, 예배 시에 손에 촛불이나 종려나무 가지를 드는 것을, 부활절 금요일에 무릎을 꿇고 십자가까지 기어가는 행위를 금했다. 공공연히 개혁에 반대해 온 가디너 주교는 런던탑에 갇히는 신세가 되었다.

8월 30일에 서들리에서 캐서린 파는 남편에게는 더없이 실망스럽고 서머싯 공작부부에게는 은밀한 쾌감이 되게도 어여쁜 공주님을 낳았다. 아기에게는 메리라는 이름을 붙여주었다. 왕비는 힘겨운 출산을 마친 뒤에 잠시 기력을 회복한 듯 보였으나 하루나 이틀 뒤에 산욕열로 인해 의식불명 상태에 빠지고 말았다. 그리고 9월 5일, 그녀는 살아 있는 동안 자신에게 치욕감만 안겨준 남편을 모질게 원망하며 저세상으로 떠났다.

열 살의 제인 그레이는 까만색과 자주색 상복을 입은 채 예배당에서 있은 장례식에서 상주 노릇을 했다. 예법상 사별한 남편이 장례식에 참석하는 것을 금했던 것이다. 제독은 자신이 크나큰 잘못을 저지른 여인의 죽음

앞에서 진심으로 슬퍼하는 듯 보였다. 도싯에게 보낸 편지에서 '나 자신이나 내 행동을 어찌하지 못할 만큼 너무 놀랍고 혼란스럽다'고 고백했다. 그는 이내 정신을 추스르고 체스헌트에 사자를 보내 엘리자베스에게 비보를 전했다. 사자는 애슐리 부인을 먼저 찾아가서는 제독이 왕비 때문에 비탄에 잠겨 있다고 알렸다. 이 소식을 접한 부인은 제독이 홀몸이 된 사실을 깨닫고 모종의 음모를 꾸미기 시작했다. 평소 제독에게 턱없이 후한 점수를 안겨주던 그녀였다. 누가 뭐래도 그의 이상적인 신붓감은 다른 누구도 아닌 엘리자베스였다. 분명 엘리자베스도 같은 마음이리라.

엘리자베스는 당시 병석에 누워 있었다. 정부 문서에 따르면, 엘리자베스가 그토록 좋아하던 캐서린 왕비의 비극적인 죽음 따윈 아랑곳 않고 부인은 다음과 같이 알렸다고 한다. "왕께서 돌아가시면서 공주님 짝으로 점지해준 그분이 다시 자유의 몸으로 풀려났습니다. 원한다면 그를 취하실 수 있습니다."

엘리자베스는 볼을 붉힌 채 한동안 가만히 있었다. 그러다 결국 입을 열었다.

"아니, 안 돼요."

"돼요!" 부인이 흥분해서 소리쳤다. "호국경과 추밀원에서 동의하면 가능합니다." 엘리자베스는 예상과 달리 별반 기뻐하는 기색이 아니었다. 애슐리 부인은 제독이 흥미를 보인다면 엘리자베스도 분명 다르게 반응할 거라 판단하고 다른 식으로 접근했다.

"지금 세상에서 가장 슬퍼할 사람이 누구겠습니까? 위로편지를 보내는 게 마땅하지요."

"어머니가 돌아가셨다고 그리 애통해할 것 같진 않군요. 제 위로가 필요 없을 듯한데 괜히 편지까지 보낼 필요는 없지요." 엘리자베스가 대답했다.

그가 자기 꽁무니를 쫓아다닌다고 괜히 착각하게 만들고 싶지가 않았다.

이즈음 제독은 제인 그레이의 일에 더 관심을 쏟고 있었다. 왕비가 죽어 보호자가 없어진 마당에 더 이상 그의 집에 머물 까닭이 없다고 판단해서 부모가 제인을 도싯으로 돌아오도록 명했던 것이다. '제인은 아직 어려서 주위 도움 없이는 스스로 통제하기 힘들며 제재가 없으면 말썽만 피우고 왕비가 가르쳐준 매너와 품행을 곧 잊어버릴 거요. 집으로 돌아와 제 어미의 보살핌을 통해 미덕과 절제와 복종 안에서 살게 할 겁니다.' 제인은 이 말의 의미를 깨닫고 소름이 오싹 돋았다.

사실 이것은 도싯이 딸을 불러들인 진짜 속내가 아니었다. 왕비가 죽음으로써 시모어는 허수아비 신세로 전락할 것이 뻔했고 제인을 왕비로 만들겠다는 계획 역시 물 건너 간 것처럼 보였던 것이다. 딸의 가치를 잘 아는 도싯은 다른 혼처자리, 아마도 서머싯 공작의 후계자인 하트퍼드 경과 결혼시키는 게 낫다고 판단했다.

제독은 이대로 제인을 보낼 수가 없었다. 제인 때문에 아내의 시녀들을 고용했고 노모인 시모어 부인을 서들리로 불러들여 시종단을 관리하도록 맡기지 않았던가! 그는 도싯 경에게 딸을 친딸인 양 노모 밑에서 살뜰히 보살펴주겠노라고 약속했다. 왕을 서머싯 공작의 족쇄에서 풀어내면 곧바로 제인과 결혼시키겠노라고 큰소리를 쳤다. 그러면서 제인의 후견권으로 약조했던 2천 파운드 중에서 5백 파운드를 슬며시 손에 쥐어 주었다. 도싯은 제독이 자기 부부를 지극 정성으로 돌보아주어서 하는 수 없이 기꺼운 허락하에 딸애가 돌아가는 데 동의한다고 했다. 1548년 10월 말에 코가 꿰어 잠시 고향집으로 돌아갔던 제인은 다시 제독의 집으로 돌아왔다가 이내 한워스로 갔다. 시모어는 그녀를 데려온 해링턴에게 그녀가 아이를 임신할 수 있고, 또 그녀의 남편이 아이를 임신시킬 나이가 될 때까지 절대 결혼시켜서는 안 된다고 못 박았다. 그는 때를 기다리고 있었다. 자신에게 높은 지위와 큰돈을 안겨 줄 이 어린 거물을 인질로 붙잡아 둔 채 왕실결혼 이상의 것을 빼낼 궁리를 했다.

어느 날 제독은 엘리자베스의 재무관인 토머스 패리에게 제인 얘기를 불쑥 꺼냈다.

"근자에 해괴한 소문이 돌더군. 내가 제인과 혼인할 거라나 뭐라나. 정말 재미난 얘기지 않나? 정말 우스워!" 그는 더 큰 물고기에 눈독을 들이며 강조해서 말했다.

1548년 가을에 시모어의 추한 권력욕은 노골적으로 수면 위로 드러나기 시작했다. 캐서린 파도 없겠다, 본격적으로 형을 쓰러뜨릴 작정으로 서머싯이 이끄는 섭정위원회를 맹비난하는 동시에 은밀히 자신의 명분을 지지하도록 일을 도모했다. 호국경은 동생이 불만을 품은 사실을 알고 화해의 손길을 내밀었지만 그야말로 헛짓이었다. 오로지 서머싯을 무너뜨리는 데 혈안이 된 제독의 눈에 형제의 우애 따위가 눈에 들어올 리 만무했다. 제 욕심을 차리는 데만 급급할 뿐이었다. 호국경, 바로 그 자리만이 그의 갈증을 해갈시켜줄 수 있었다.

다음 순서로 그는 지지자들을 하나로 규합시키는 일에 착수했다. 도싯에게 과연 누가 자신이 계획한 모반을 지지할 것인지 묻고는, 포도주 한두 병과 사슴고기 파이 한 조각으로 연명하는 가난한 소작인들을 친분을 이용해서 매수하라고 했다. 그들의 환심을 사면 마음대로 조종할 수 있기 때문이었다. 이어 노샘프턴 후작인 처남 윌리엄 파와 러틀랜드 백작인 헨리 매너스에게도 비슷한 제안을 했다. 후자에게는 이렇게 에둘러댔다. "왕께서 왕답게 통치하는 모습을 보고 싶다네." 왕비가 죽고 나서 제독의 지위가 상당히 약화되었다고 판단한 그이기에 러틀랜드는 순간 미심쩍은 생각이 들었다. 제독은 이러한 반응에 길길이 날뛰며 추밀원이 지금처럼 자신을 두려워한 적은 없노라고 소리쳤다. 러틀랜드를 비롯한 다수는 제독의 큰소리에 한껏 콧방귀를 뀌었다.

해군제독으로서 그동안 무소불위의 권력을 누려 온 시모어는 만약에 있을 모반에 대비해서 해군의 적극적인 충정을 이끌어내고자 서부 항구들을 시찰했다. 이어 서부지역 관료들을 세 치 혀로 설득하거나 뇌물을 먹여서 자기편으로 끌어들이려 했다. 런던으로 돌아와서는 잉글랜드 해도海圖를 기회가 있을 때마다 사람들에게 내보이면서 자신의 세를 과시했다. 자신의 관할지가 얼마나 크고 넓은지, 또 어떤 지역을 관리하는지 즐겨 뽐내었다. 자신이 품은 의도를 애써 감추지 않았다.

짝 잃은 기러기 신세가 된 만큼 자연적으로 그의 관심은 재혼에 쏠렸다. 나는 새도 떨어뜨릴 만큼 세도가 당당한 만큼 얼마든지 왕족 여성들 중에서 마음 가는 이를 고를 수 있었다. 맨 먼저 머릿속에 떠오른 상대는 메리였다. '아니, 안 돼. 종교문제가 걸려. (쏙쏙) 다음은 제인 그레이. 어려도 너무 어리잖아. (다시 쏙쏙) 남은 사람은 엘리자베스……?!' 둘 사이를 둘러싼 소문이 이즈음 쫙 퍼져 있었는데, 첼시를 비롯한 여러 곳에서 일어났던 불미스런 사건들을 알아챈 누군가 퍼뜨린 것이 분명했다. 더불어 하루속히 엘리자베스와 결혼할 욕심에 죽은 아내의 시종단을 그대로 고용한 것이 사단이라면 사단이었다. 결국 그는 공주들 중에서 최고로 똑똑하고 종교 면에서도 무리가 없는 엘리자베스로 낙찰을 보았다.

10월에 엘리자베스는 체스헌트에서 해트필드로 거처를 옮겼다. 제독은 친족인 존 시모어에게 호위를 맡겼는데 예의 호색한다운 기질을 버리지 못해 그에게 공주의 근사한 엉덩이가 커졌는지 작아졌는지 확인하도록 했다. 엘리자베스가 이 물음에 답했을까, 안 했을까? 기록으로 남아 있지 않으니 그저 궁금할 따름이다.

드디어 해트필드에 도착한 엘리자베스는 시종단 사이에 시모어와 관련된 악성루머가 퍼져 있는 것을 알아챘다. 누군가 벌통을 건드린 듯 시끌시끌했다. 무엇보다 최악은 애슐리 부인이었다. 제독이라면 대책 없이 헤벌쭉거리는 부인은 앞으로의 결과를 예상하며 저 혼자 북 치고 장구 치고 했다. 제독의 매력을 한껏 치켜세우고 엘리자베스 앞에 펼쳐진 밝은 앞날을 축복해주면서 곧 그가 구혼할 거라며 들떠 있었다. 선왕인 헨리 8세가 이 결합을 원했다, 제독이 양모에게 얼마나 잘 대해주었는지 생각해보라고 했다. 엘리자베스가 왜 이 결혼을 망설이겠는가, 더없이 훌륭한 결합인데. 왕비가 죽은 만큼 든든한 보호자가 필요한 처지 아니던가! 시모어라면 그 역할을 충분히 해주리라.

엘리자베스는 처음에는 애슐리 부인의 제안에 "노."라고 대답했다. 하지만 시종단 가운데는 그녀를 보호해주거나 조언해줄 이가 없어서 점차 부인의 꾐에 넘어가기 시작했다. 그녀가 곧 백기를 들 것임을 눈치 챈 부인은 제독이 그녀를 무척 좋아한다며 마지막 일격을 날렸다. "그분은 왕국에서 최고로 멋진 신랑감이지요."

엘리자베스는 한동안 숙고하다가 무겁게 입을 열었다. "추밀원에서 허락지 않을 거예요." 추밀원에서 헨리 왕이 돌아가신 뒤에 한 번 거부한 전력이 있었으니 또다시 거부권을 행사하리라. 부인으로서도 거기에 대해서는 달리 해줄 말이 없었다. 그러다 퍼뜩 왕이 성년이 되어 본인 권한으로 결혼을 승인해줄 때까지 기다리자는 어리석지만 나름대로 기발한 제안을 내놓았다. 문제는 그러자면 적어도 6년을 기다려야 하는데 제독이 그리 오래 기다릴 것 같지는 않았다.

여러 난제가 앞을 가로막지만 적어도 엘리자베스가 시모어와의 결혼에 관심을 갖도록 하는 데는 성공했다. 그녀는 제독의 이름이 언급될 때마다 두 볼을 살포시 붉히면서 해사한 표정을 지었고 머지않아 듣는 사람 누구에게나 제독 애기를 입에 올렸다. 물론 추문거리가 되지 않을까 싶어 집 밖에서는 허투루 감정을 드러내 보이지 않았다. 오로지 집 안에서만 애슐리 부인이 그려내는 장밋빛 낭만적 환상에 도취되어 뜨거운 사랑의 열병을 앓았다. 한번은 포커 게임을 펼치면서 제독을 경쟁자 삼아 그에게 베팅을 걸어 끝까지 추격했다. 애슐리는 이를 보고 호국경과 추밀원이 승낙하면 사랑하는 연인을 거절하지 않을 거라며 짓궂게 놀려댔다. "그래요."라는 공주의 대답은 그녀가 결혼을 진지하게 생각하고 있다는 증거가 되었다.

존 애슐리는 공주가 제독에게 어떤 감정을 느끼는지 그 확실한 증거를 보고는 이를 쏘삭거린 아내에게 불같이 역정을 냈다. 시모어는 아직 그녀에게 청혼을 하거나 가까이 다가서지도 않았다. 설령 그랬다 해도 추밀원에서 이 결혼을 반대할 것이 뻔했다. 존 애슐리는 아내에게 여러 차례에 걸쳐 엘리자베스 공주가 제독에게 연정을 품을까 두려우니 조심하라고 준엄하게 경고했다. 아내가 무슨 낙에 빠져 살든 그의 눈에는 시모어의 계획이 한낱 부질없는 백일몽처럼 보였기에 아내에게 그와 관계된 어떤 일에도 끼어들지 말라고 당부했다. 하지만 이미 버스는 떠났다. 타격의 상흔이 아로새겨진 뒤였다.

늦가을에 추밀원은 제독과 엘리자베스를 둘러싼 추문을 접하게 되었다. 호국경은 이를 단순한 헛소문으로 치부하며 다른 중요한 문제에 몰두했다. 11월 24일에는 보다 강도 높은 종교개혁 추진안을 승인하기 위해 의회가 소집되었다. 법안이 통과되면 독신을 선서한 성직자에게는 혼인이 허락되고 기존의 기도서가 크랜머 대주교가 집필한 공동기도서(공도문)로 전국 교회에서 대체될 예정이었다.

의회 개원에 맞추어 서머싯 경을 필두로 국새상서인 러셀 경과 함께 의회로 가고 있을 때 엘리자베스와 관련된 소문을 들은 러셀 경이 보다 비관적인 전망을 내놓았다.

"제독, 지극히 유감스런 소문이 떠돌더군요." 그는 에둘러 표현하지 않고 직격탄을 날렸다. "왕의 누이들과 혼인키 위해 잔꾀를 쓴다면 당신은 물론 당신과 관련된 모든 것을 부셔버리겠소."

시모어는 흠칫 놀라 극구 부인했다. "전 그런 시도를 한 적이 없습니다. 언감생심 그런 일을 꾀하다니요." 하지만 러셀의 비난에 앙심을 품고는 며칠 뒤 다시 만난 자리에서는 공격적으로 돌변했다.

"러셀 신부님, 절 의심하시나본데 사실 공주님이 결혼하는 게 낫지 않습니까? 외국으로 시집가기보다 본토에서 결혼하는 게 한결 낫지요. 왜 저나 선왕이 지정해준 이가 공주님들과 혼인해서는 안 되는 거죠?"

"공주님들과 혼인하려는 자는 파멸을 맞볼 거요. 특히 그대는 폐하와 가까이 지내는 터라 필경 사형죄를 면치 못할 게요. 다른 튜더 왕들처럼 폐하 역시 의심 많은 성격 아니오. 자주 접하다보면 자신을 해할지 모른다는 의심이 들어서 엄중히 추국할 거요. 설령 혼인 승낙을 받았다 칩시다. 어떻게 1만 파운드에 달하는 결혼 지참금을 마련할 거요?"

"연 3천 파운드면 족합니다." 시모어가 정정했다.

"절대 안 될 말이오." 러셀이 소리쳤다.

"됩니다!" 제독이 흥분해서 소리쳤다. "누구도 감히 반대 못합니다."

"맹세코, 난 반대표를 던질 거요. 그건 왕의 뜻에도 정면으로 위배되는 거요." 러셀이 대꾸했다.

이보다 더 명확한 경고가 있을까? 허나 제독은 그 어떤 반대도 허용치 않을 작정이었다. 그 일환으로 그는 자신의 의도를 은밀히 드러내는 편지를 엘리자베스에게 보냈다. 당연하게도 머리 좋은 엘리자베스는 이에 대해 답장을 거부했다.

한편 의회는 가일층 개혁 작업에 박차를 가했다. 12월에 크랜머 대주교를 비롯한 일군의 주교들은 화체설에 반대한다는 입장을 공식 표명했다. 이어 가톨릭 미사를 금하는 새로운 통일령(예배통일법이라도 불리며 국교회의 예배와 기도, 의식 등을 통일시키기 위해 의회가 1549~62년까지 4차에 걸쳐 제정, 공포한 법률—옮긴이)이 입안되어 대중에게 적용되었다. 추밀원은 메리 공주가 개인 예배당에서 가톨릭 미사를 보는 것에 대해 심각한 우려를 표했다. 메리는 노퍽을 방문한 뒤에 지금은 뉴홀에 새 보금자리를 틀었다. 제국 대사의 비서관인 장 뒤부아는 다음과 같이 썼다. '그녀는 북부지역에서 열렬한 지지를 받았는데 지지 세력이 우세한 지역에서는 가톨릭 미사를 거행하도록 했다.' 추밀원은 더 이상 이런 행태를 좌시할 수만은 없어서 12월에 대표단을 파견하여 미사를 보는 데 좀더 신중할 것을 주문했다. 서머싯은 그녀의 영향력과 높은 인기가 눈에 거슬렸지만 그녀의 막강한 사촌인 신성로마제국 카를 5세의 심기를 건드릴까봐 대놓고 비난하지는 못했다.

비록 추밀원의 요구를 거부하긴 했어도 그녀의 위치는 더없이 불안했다. 1월에 카를 5세는 통일령에 대해 전해 듣고는 대사를 불러서 메리가 억지로 그 법을 따르도록 강요하면 묵과하지 않겠노라고 추밀원에 엄중 경고하도록 지시했다. 이로써 메리는 당분간 안전하게 예배를 볼 수 있었다.

이 무렵 엘리자베스는 위태로운 외줄타기를 감행하고 있었다. 성탄 2주 전에 그녀는 런던에 있는 왕을 방문코자 유산으로 물려받은 스트랜드에 위치한 더럼 저택에서 머물 작정이었다. 하지만 호국경이 유언 내용을 깜빡 잊고 이곳을 조폐국으로 전용하는 바람에 그녀는 부랴부랴 토머스 패리를 시모어 궁으로 보내서 제독에게 방문 기간 지낼 만한 거처를 알아보아달라고 부탁했다.

패리는 참견을 좋아하고 알랑방귀를 잘 뀌며 욱하는 기질이 있는 인사였다. 웨일스 출신의 사내는 제독이 필요 이상으로 친절히 반기자 다소 황망한 표정을 지었다. 시모어가 자신을 징검다리로 써먹을 요량이라는 것을 까맣게 몰랐던 것이다. 제독은 엘리자베스가 원한다면 시모어 궁이든 어디든 마음대로 써도 좋다고 대범하게 말했다. 패리는 그의 마음 씀씀이에 크게 감동했다. 시모어는 엘리자베스가 무척 보고 싶다면서 다음에 그녀가 애슈리지로 옮겨 가면 자신의 영지가 근처이니 일간 들르겠다고 했다. 이번에 런던에 도착하면 새 집을 구할 때 서머싯 공작부인에게 도움을 청하라고 했다.

패리에게 엘리자베스를 위해 최선을 다하겠다는 확신을 준 다음에 제독은 그녀의 재정 상태에 관해 꼬치꼬치 캐물었다. 시종은 몇이나 되는지? 어떤 집과 토지를 물려받았는지? 그 재산이 그녀 소유라는 데 대해 왕의 확약을 받았는지? 마지막 질문에 대해 패리는 아직 왕의 칙허장이 발급되지 않았다고 대답했다. 그러자 제독은 공작부인에게 부탁해서 물려받은 토지를 좀더 좋은 곳, 즉 서부지역이나 웨일스 지방의 자신의 영지 근처 땅으로 바꾸라고 조언했다. 원한다면 기꺼이 도와주겠노라고 약속했다. 결혼만 하면 자신의 재산과 서부지역의 그녀의 재산을 합해 대부호로 떵떵거리며 큰소리칠 수 있으리라.

그는 공주가 얼마의 생활비를 지출하는지 물었다. 답을 듣고는 절약 방법을 몇 가지 일러주면서 제 집의 생활비가 얼마나 드는지 속속들이 알려주었다. 패리는 제독의 신임을 얻게 된 것이 더없이 기뻐서 신중함 따윈 잊고 얼떨결에 주저리주저리 정보를 흘렸다. 그는 속으로 생각했다. '이것저

것 캐묻는 걸 보니 공주에게 청혼하려는 게 분명해. 내가 도움이 될 수 있다니 참 다행이야.'

12월 11일에 패리가 해트필드로 돌아와 공주에게 런던 저택과 관련해서 시모어의 자상한 제안을 전해주자 그녀는 아주 기뻐하며 감사한 마음으로 수락했다. 그러다가 추밀원에서 허락해주면 시모어와 결혼하시는 것이 어떠냐고 넌지시 제의했을 때는 언짢은 기색을 보였다.

"허락받는다 해도 신께서 이끄시는 대로 따를 거예요." 그녀는 왜 패리가 이런 제안을 하는지 궁금해졌다. "누가 이런 말 하라고 시켰어요?" 그는 그런 사람 없다고 딱 잡아뗐다. 그러면서도 속으로는 제독이 날 세뇌시켰구나 하는 생각이 퍼뜩 들었다.

엘리자베스는 시모어가 자신이 물려받은 토지를 그의 근방 토지와 바꾸라는 제의를 했다는 소리를 전해 듣고는 치미는 분을 삭이지 못했다. "대체 무슨 속셈으로 그런 제의를 한대요?" 패리는 자기로서는 모르는 일이라고 답했다. '공주와 결혼하려는 거지, 뭐.' 이것이 사실 그의 솔직한 속마음이었다. 그녀는 호국경 아내에게 호의를 구걸하고픈 마음이 추호도 없는지라 패리에게 명해서 그런 꼴 보기 싫은 여자와는 얽히고 싶지 않다고 제독에게 전하라 일렀다.

더불어 애슐리 부인에게 가서 런던에서 있었던 일에 대해 소상히 알리도록 명했다. "내가 아는 사실은 그녀도 마땅히 알아야 하니까요. 그녀에게 알려줘야 내 마음이 편할 거예요." 이런 식으로 해서 그녀는 패리를 통해 제독과 은밀히 내통했다는 비난에서 비껴갈 수 있었다. 제독과 결혼하려면 추밀원의 동의가 있어야만 가능했다. 그녀는 추밀원에 도전하지도, 또 제독이 자신의 재정문제에 간여하도록 허락지도 않을 것이다. 대신 젊은 신교도로서 케임브리지 대학에서 수학한 법관이자 의회 의원이며 얼마 전 호국경의 비서관으로 임명된 윌리엄 세실의 현명한 조언을 따를 작정이었다. 그와는 8월부터 계속해서 접촉했는데 그의 탁월한 지성과 정치적 통찰력은 가히 존경할 만했다. 이로써 반세기 동안 지속될 두 사람의 역사적인 파트너십이 개막되었다.

패리가 돌아간 뒤에 곧바로 애슐리 부인은 런던에 갔다가 입이 떡 벌어질 만한 소문을 접했다. 일부는 제독의 정치적 행동에 관련된 것이요, 또 일부는 엘리자베스에 대한 그의 관심에 관한 것이었다. 체크 부인과 캐서린 파의 친척인 터윗 부인은 애슐리 부인에게 제독이 엘리자베스 때문에 작고한 왕비의 시녀들을 아직 그대로 두고 있다고, 또 그가 곧 공주에게 청혼할 거라는 소문이 떠돌고 있다고 전했다.

호국경의 아내는 애슐리 부인을 궁으로 불러 제독과 지나치게 친밀하게 지내는 것을 호되게 꾸짖었다. 오래전 두 사람이 왕비 시녀로 일할 때 애슐리 부인이 엘리자베스가 왕비도 없이 시모어와 단둘이 배를 타고 템스 강으로 밤 여행을 떠나도록 허락했다는 말을 들었던 터라 그녀에게 문제가 많다고 보았다.

"당신은 공주의 가정교사 자격이 없어요. 다른 사람으로 대체시킬 겁니다." 그녀가 새된 목소리로 소리쳤다.

오금이 저릴 만큼 된통 당한데다가 자신을 실제 내쫓을지도 모른다는 두려움까지 겹쳐서 그녀는 꽁지가 빠져라 해트필드로 도망쳤다. 런던에서 매운 맛을 보고 난 뒤라 지금은 섣불리 제독과 엘리자베스의 결혼을 부추길 때가 아니라고 판단했다. 그 결과 엘리자베스에게 왕이 성년이 되기 전까지 결혼은 불가능한 일이라고 간곡히 만류했다. 호국경이나 추밀원 누구도 이 결혼을 승낙하지 않을 것이 뻔했기 때문이다. "불가능한 일이다 생각하시고 그만 마음을 접으세요. 차라리 추밀원 위원들을 설득하세요." 다행스럽게도 엘리자베스가 이미 속으로 마음먹고 있던 일이었다. 그녀로서는 한 번의 위협만으로도 충분했다. 지금 무엇이 시급한 일인지 그녀는 누구보다 잘 알고 있었다. 하지만 애슐리 부인도 과연 그러할까?

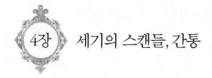

4장 세기의 스캔들, 간통

12월에 제독이 꾸민 불미스러운 역모는 점점 정점을 향해 치닫고 있었다. 이즈음 그는 브리스틀의 조폐국 부장관인 윌리엄 셰링턴 경이 윌트셔의 레이콕 사원을 호화스럽게 개축할 요량으로 동전 가장자리를 깎아내고 (경제가 어려울 때 자금을 마련하기 위해 흔히 동전의 가장자리를 깎아 내거나 금화나 은화를 만들 때 구리를 섞어 넣곤 했음.—옮긴이) 화폐를 평가절하하고 회계 장부를 조작해서 거액을 빼돌린 사실을 감지했다. 꼬투리를 잡은 제독은 그를 을러서 장차 있을 모반에서 용병에게 지급할 자금을 빼앗고자 했다. 셰링턴은 결국 울며 겨자 먹기로 1만 파운드를 토해내고 말았다.

"이것만으론 아직 부족해!" 제독이 개탄했다.

해군제독의 임무 가운데는 해상 해적질을 막아내서 왕국을 안전하게 지키는 것이 포함되었건만 시모어는 도리어 해적들을 쏘삭거려서 잉글랜드 선박을 습격하게 했다. 나아가 그들에게 시칠리아 섬에 있는 제 땅을 은신처로 삼게 하는 대신 막대한 액수의 전리품을 챙겼다. 더불어 아일랜드와 교역하는 선박의 선주들에게서 안전한 통행을 보장해준다는 명목으로 뇌물을 요구했다.

다른 한편으로는 어린 왕이 호국경에게 매몰차게 등을 돌리도록 이간질시키면서 납치를 해서라도 왕을 서머싯 손에서 빼내올 궁리를 세웠다. 파울러의 묵인 아래 그는 왕실 정원으로 통하는 문의 열쇠와 위조된 왕의 승인 인장을 손에 넣었다. 애석하게도 이즈음 왕은 감 놔라 배 놔라 사사건건 간섭하는 큰 외숙에게 진저리를 치고 있었다. "날 가만 놔뒀으면 좋겠어요." 왕이 후일 말했다. 시모어는 에드워드가 서머싯 공작에게 염증이 난 것이 분명하다고 확신하면서 에드워드가 성년이 되는 즉시 제인 그레이와 혼인시키겠다는 전략을 고수하기로 했다. 그는 셰링턴에게 말했다. "그녀가 지닌 자질이나 미덕으로 볼 때 왕의 배필로 손색이 없소. 호국경의 딸보다는 백번 낫지." 물론 당사자인 에드워드는 둘 중 어느 누구도 짝으로 삼을 마음이 전혀 없었다.

제독은 부주의하게도 제 말에 귀 기울여주는 누구에게나 자신의 계획이 얼마나 착착 잘 진행되고 있는지 뽐내고 싶어했다. "호국경보다 날 지지하는 사람들이 더 많아." 그는 이렇게 자랑하고 다녔다. 그 결과 1548년 12월 초에 호국경과 추밀원은 제독이 뭔가 꿍꿍이가 있다는 사실을 감지하고 말았다. 그의 집에 심어 놓은 밀정들이 그가 서들리에 무기를 대량 비축해 두었다고 제보한 것이다. 아쉽게도 귀족 친구들 사이에서 시모어를 지지하는 층은 그리 두텁지 못했다. 도싯 경은 모반을 실행에 옮길 비용을 댈 수 없다고 딱 잘라 거부했고, 노샘프턴 경은 결국 계획이 수포로 돌아갈 거라고 경고했다. 시모어는 자신에게 주의를 준 사우샘프턴 백작인 토머스 라이어슬리에게 그러했듯이 그의 경고도 깡그리 무시했다. "조심하게나. 불에 타 일찍 생을 마감할 수도 있으니. 죽고 싶지 않으면 일찌감치 포기하게나." 백작의 경고였다.

성탄연휴는 조용히 지나갔다. 마치 마법의 주문이 풀려나기 직전의 폭풍 전야의 고요함과도 같았다. 성탄연휴에 엘리자베스는 신중하게도 런던에 가지 않기로 결심했고 메리 역시 입궐하지 않았다. 사실 에드워드의 통치기 동안 메리는 남동생을 보러 런던에 들른 적이 거의 없었다. 애스컴은 케임브리지로 가서 옛 동료들을 만나 즐거운 한때를 보내고 1월에 돌아왔다. 성탄연휴에 해트필드에서는 여느 때처럼 갖가지 축하 행사를 벌였다.

12일절 전야제인 1월 5일 저녁에 애슐리 부인과 토머스 패리는 불가에 앉아 도란도란 담소를 나누었다. 자연스럽게 대화는 시모어가 엘리자베스에게 관심을 보인다는 쪽으로 흘러갔다. "제독님과 공주님이 서로 호감을 느끼시는 게 분명합니다. 두 분을 통해 확인했습니다." 패리가 말했다.

"저도 알아요. 다만 호국경 부인이 엄히 경고했던 터라 그동안 모른 척했을 뿐이죠." 애슐리 부인은 조심스럽게 답하면서 이내 제독을 칭찬하기 시작했다. 항간의 소문을 통해 패리는 시모어가 공주의 짝으로 걸맞지 않다고 지적했지만, 부인은 낭만적인 기대를 버리지 못한 채 제독이 청혼하면 뜰 듯이 기쁠 거라고 했다.

"꼭 그분과 결혼했으면 좋겠어요. 제독님은 하려고만 든다면 추밀원 정도는 너끈히 해넘길 수 있어요." 그녀가 자신 있게 말했다.

패리는 실망스럽다는 반응을 보였다. 그의 판단에 제독은 결코 공주에게 바람직한 짝이 아니었다. 시모어에 대해 안 좋은 소문을 수없이 들은 터였다. "소문으론 제독이 지독히도 탐욕스럽고 포악하고 시기심이 많은 사내라더군요. 과거 왕비에겐 잔인하고 얌통머리 없이 굴었고요. 질투심도 엄청났다더군요."

"쳇!" 부인이 몹시 당혹해하면서 콧방귀를 뀌었다. "난 당신이나 헛소문을 떠벌이는 자들보다 그분을 더 잘 알아요. 그는 공주님을 무척 아끼고 공주님 또한 그걸 잘 알아요. 사랑하는 여인에게 얼마나 잘 대해주셨는지!" 이어 작고한 왕비가 제독이 엘리자베스에게 관심을 쏟는 것을 시기했다고, 왕비가 두 사람이 포옹하는 장면을 목격하고 공주를 체스헌트로 쫓아버렸다고 구구절절 설명했다.

패리는 놀라 아연실색했다.

"정말 둘이 그 정도로 가까웠습니까?"

그제야 애슐리 부인은 주책없이 떠벌렸다는 생각에 부주의한 자신의 혀를 깨물고만 싶었다.

"나중에 더 자세히 얘기해줄게요." 그러면서 몇 번씩이고 아무에게도 지금 한 얘기를 하지 말아달라고 신신당부했다. "공주님은 영원히 불명예를 안고 사시게 될 거예요."

"제 사지가 찢겨나가더라도 입에 단추를 채우겠습니다." 패리가 그녀를 안심시켜주었다.

이틀 뒤 패리는 런던으로 와서 제독을 만났다. 시모어의 모습은 전과 많이 달라져 있었다. 마치 물가에 아이를 내놓은 사람처럼 안절부절못하고 내내 경계하는 눈초리였다. 그가 뭐 마려운 강아지처럼 종종거리는 데는 그만한 연유가 있었다. 그가 애슈리지에 있는 엘리자베스를 방문할 예정이라는 말을 듣고 호국경이 그녀 가까이에 접근하기만 하면 즉시 감방에 처넣겠다고 엄포를 놓았던 것이다.

그렇지 않아도 런던탑의 그림자가 시시각각으로 그의 목줄을 죄어오고 있었다. 패리가 제독을 만나기 하루 전, 관료들이 셰링턴의 저택을 급습해서 위폐와 시모어와의 공모 증거를 찾아냈던 것이다. 셰링턴은 죄상을 자백하면서 오직 4천 파운드를 착복한 사실만 인정했다. 그러다 결국 제독을 연루시켜 그에게 죄를 뒤집어씌움으로써 나중에 사면을 받아 저택과 영지를 되돌려 받고 월트셔 주장관에 임명되었다.

서머싯은 출두해서 죄상을 해명하라고 소환장을 보냈지만 시모어는 아직은 때가 적절치 않다는 무성의한 답을 보냈다. 달리 대안이 없자 호국경은 멈칫멈칫 아우의 불충한 죄상을 추밀원에 공개했다. 추밀원은 즉각 연루된 자들을 모두 잡아들여 엄히 문초하라는 명을 내렸다. 바야흐로 튜더시대 반역죄 심문 가운데 최고로 광범위한 심문이 시작되었다.

파울러는 아주 상세히 죄상을 자백했다. 비공개로 진행되긴 했으나 지엄하신 왕까지 시모어의 역모 행위에 대해 심문을 받아야 했다. 왕의 심문은 시모어에게 결정적인 타격으로 작용했다. 거기에는 역모의 결정적 단서가 담겨 있었기 때문이다. 욱하는 성질이 둘째가라면 서러운 제독은 결국 자신의 사형집행 영장에 서명을 했다.

1월 16일 밤, 시모어는 무장한 병사들을 이끌고 위조한 열쇠를 이용해서 햄프턴 궁의 왕실 정원을 통과해서는 왕의 침소로 들어가 에드워드 6세를 납치하고자 했다. 곁방을 지나 침실 안으로 막 들어서려는 찰라 갑자기 왕의 애완견인 스패니얼이 달려들어 사납게 짖어댔다. 당황한 시모어는 권총을 빼어들어 그 자리에서 개를 쏘아 죽였다. 총 소리에 놀란 왕실 근위병 하나가 득달같이 달려 들어와서는 왜 왕의 침소 밖에서 총을 들고 서 있느냐고 물었다.

어린 왕이 잠옷만 걸친 채 하얗게 질린 얼굴로 처참하게 죽어있는 개 옆에 서 있는 가운데 제독은 서둘러 말을 지어냈다. 왕의 처소를 제대로 호위하고 있는지 확인차 들렀는데 별안간 개가 달려드는 바람에 방어차원에서 쏘아 죽였다고 했다. 근위병은 그럴듯한 얘기에 속아 넘어가 시모어를 그대로 돌려보냈지만 즉시 이 사실을 추밀원에 보고했다.

다음 날 아침 추밀원 회의가 긴급 소집되어 판결이 나올 때까지 제독을 당분간 런던탑에 수감시키자고 결의했다. 그날 느지막이 만찬이 끝난 뒤에 시모어는 회랑에서 도싯 경과 대화를 나누었다.

"추밀원에 출석하기가 참으로 두렵기만 합니다." 시모어가 말했다.

"본인이 결백한 것을 알고, 또 형이 자비로운 사람인 것을 아는데 왜 두려워하십니까?" 도싯 경이 물었다.

그래, 겁먹지 않으리라. 서머싯 경이 체포 명령을 내리면 맹세코 나를 체포하려는 자 누구든 단검 세례를 받으리라. 하지만 이것은 흰소리에 그치고 말았다. 문제의 밤에 왕을 살해하고자 했다는 사실이 들통 나자 그는 기가 팍 꺾여 슬슬 기면서 자신보다 더 왕에게 진실된 죄인은 없을 거라면서 무죄를 주장했다.

다음 날 1월 18일에 추밀원은 시모어와 연루된 자는 모두 잡아들여 엄중히 문책하도록 명했다. 그날 공모자로 지목된 애슐리 부인과 토머스 패리를 잡으러 관료들이 급파되었다. 1월 20일에는 파울러와 셰링턴, 존 해링턴이 시모어와 더불어 런던탑에 감금되었다. 진술서가 쌓여갈수록 제독이 역성혁명을 꾀했다는 증거는 유리알처럼 더욱 투명하게 드러났다. 호국경은 아우가 왕과 메리 공주의 직위를 손아귀에 넣기 위해 그리고 추밀원을 떡 주무르듯 주무르기 위해 엘리자베스와 은밀히 결혼하려 했고, 또 거의 성공할 뻔했다는 사실을 낱낱이 밝혀냈다.

제독이 체포되었다는 소식은 삽시간에 해트필드까지 전해졌다. 1월 20일에 토머스 패리는 호화로운 복장을 한 관료들이 요란한 말발굽 소리와 함께 정문을 통과해서 내처 달려 들어오는 모습을 보았다. 경악한 그는 부랴부랴 아내를 찾아 나섰다.

"오, 모두 끝났어!" 그는 새파랗게 질린 얼굴로 덜덜 떨면서 한탄했다. 이어 두 손으로 신분을 표시하는 목걸이를 목덜미에서 그리고 반지들을 손가락에서 벗겨내서 저만치 내던져버렸다. 잠시 후 추밀원 대표단인 앤터니 데니 경과 로버트 터윗 경이 윌리엄 폴릿의 진두지휘 아래 다짜고짜 저택

안으로 밀고 들어와서 엘리자베스 공주를 알현할 것을 청했다.

그녀에게 제독과 내통했느냐고 질문을 던진 사람은 공주의 오랜 지기인 앤터니 경이었다. 그녀는 조심스런 태도로 둘의 관계를 순전히 플라토닉한 관계로 묘사했다. 결국 앤터니 경은 그 문제는 접고 그녀에게 알리지 않은 채 애슐리와 패리를 체포해서 런던으로 압송해 갔다. 두 사람은 다음 날 런던탑에 구금되어 시모어 사건에 연루되었는지에 관해 추국을 기다리게 되었다. 비교적 느긋해하는 애슐리 부인과는 달리 패리는 다가올 추국에 간이 콩알 만해졌다. 추밀원에서 엘리자베스가 시모어의 아내가 되는 것에 동의했다는 증거를 확보하고 있다면 공주의 목숨은 그야말로 파리 목숨이기 때문이었다.

해트필드로 돌아온 터윗 경은 시종단을 모아놓고 제독이 대역죄를 저질러 런던탑에 감금되었다고 알렸다. 제독은 형인 호국경을 무너뜨리고, 제인 그레이를 왕과 결혼시키고, 엘리자베스를 자신의 신부로 취해서 왕국을 직접 통치하고자 음모를 꾸몄다고 했다.

터윗은 추밀원으로부터 엘리자베스의 시종단을 관리하면서 제독을 단두대로 보낼 만한 대역죄의 단서를 확보하라는 지시를 받았다. 엘리자베스가 죄인으로 판명나면 터윗은 그 죄를 시종인 애슐리 부인과 패리에게 뒤집어씌우도록 구슬릴 작정이었다. 물론 제독의 역모에 깊이 연루되었다면 추밀원으로서는 앞뒤 잴 것 없이 법대로 처단할 것이다. 단두대 행이나 화형으로.

시종단에게 각자 제자리로 돌아가도록 명한 뒤에 터윗은 엘리자베스를 단독으로 만나 가정교사와 재무관이 런던탑에 감금되었다는 사실을 알렸다. 그녀는 무척이나 당황해하고 오랫동안 훌쩍거리면서 그들을 풀어달라고 부질없이 호소했다. 두 사람이 뭔가를 자백했는지 물었지만 터윗은 아무 답도 해주지 않았다. 지금으로서는 그녀를 혼자 내버려두는 것이 상책이었다. 그녀가 안정을 되찾으면 그때 다시 얘기를 나누어볼 참이었다.

1월 22일에 엘리자베스는 그를 불러서는 앤터니 경에게 깜빡 잊고 밝히지 않은 사실이 있는데 지금 와서 생각났으니 자백하겠노라고 했다. 터윗은 옳다구나 하고 반색했지만 런던의 더럼 저택을 구하는 것 같은 일상사가 담긴 편지를 제독에게 몇 통 보냈다는 사실 외에 별달리 눈길을 끄는 내용은 없었다. 소문과 관련해서는, 애슐리 부인이 의심받을지 모르니 공주를 찾아오지 말라는 편지를 시모어에게 보냈는데 자기로서는 부인이 제멋대로 추측하고 행동하는 것이 거슬렸다고 했다.

공주의 청산유수 같은 화술에 터윗은 점점 애가 닳았다. 고작 어린애에 불과해서 심문을 하면 손쉽게 원하던 결과를 얻어낼 거라 예상했는데 자꾸 공주가 자신을 갖고 논다는 불쾌한 기분이 들었다. 내숭 떨고 음전해 보이는 겉모습 아래 무서운 지략이 숨어 있는 듯했다. 그는 호국경에게 다음과 같이 보고했다.

그녀에게 명예를 생각하라고, 또 뒤따라올 위험을 고려해보라고 조언했습니다. 나아가 애슐리 부인이 어떤 여자인지 알려주면서 솔직히 자백하면 모든 죄를 그자들[애슐리 부인과 패리] 몫으로 돌리고 폐하와 호국경과 추밀원에서 사면해줄 거라고 달랬습니다. 하지만 제독과 관련해서 애슐리 부인이나 재무관이 저지른 죄를 전혀 자백하지 않을 눈치입니다. 죄를 저질렀음이 분명한데도 죽어도 애슐리 부인의 죄상을 밝히려들지 않을 겁니다.

엘리자베스는 자신이 명예와 평판을 지키기 위해 싸우고 있다는 사실을 깨달았다. 그녀는 특히 제독의 죄에 연루되면 자신은 물론 무슨 일이 있어도 지켜주기로 약속한 시종들의 명줄 또한 위태롭다는 사실을 염려했다. 이제 믿을 만한 친구나 조언자 없이 홀로 단수 높은 정치인을 상대해야 했다. 터윗은 나이나 경륜에서 그녀보다 월등히 앞서 있었다. 그녀는 터윗 앞에서 제독과 은밀한 언약을 주고받은 적도 없으며 애슐리 부인이 그런 제안을 한 적도 없다고 강하게 쐐기를 박았다. 왕과 추밀원의 동의 없이 누군가와 혼인한다는 생각은 꿈도 꾸지 않았다고 했다. 애슐리나 패리 누구도 그러한 동의 없이 그녀를 제독과 혼인시키려는 계획을 짜지 않았다고 했다.

심문 과정에서 엘리자베스는 내내 흔들림 없이 침착한 태도를 보였다. 터윗은 비록 하나도 건진 것은 없지만 그런 그녀에게서 절로 감동을 받았다. 하지만 조급할 것은 없었다. 애슐리 부인과 패리가 지금 런던탑에서 심문을 받고 있으니 좀더 기다리면 결정적 진술을 끄집어낼 수 있으리라. 그러는 한편 그는 패리의 회계장부를 꼼꼼히 조사했는데 절로 욕이 튀어나올 만큼 엉망진창이었다. 패리의 업무 수행능력은 그야말로 꽝이었다.

1월 23일에 가진 2차 심문에서 터윗은 부드럽게 접근해서 그녀로 하여금 시모어와의 혼인에 동의했다고 자백하게 하려 했다.

"패리가 제독을 방문했을 때는 혼인이 가능한지를 논의했습니다. 시모어가 당분간 제게 자신의 런던 저택을 빌려주겠다는 제안을 한 게 다예요." 그녀가 대답했다.

터윗은 그녀 말에 믿음이 가기 시작했다고 흡족해하며 보고했다. "출발부터 분위기가 좋습니다. 곧 더 많은 자백이 흘러나올 것입니다. 워낙 머리가 비상한지라 궁지에 몰아넣으려면 치밀하게 접근해야 합니다."

강도 높은 취조와 뒤이은 치밀한 설득이 이루어지는 그 주 동안에 그녀가 좀체 백기를 들지 않자 터윗은 그만 심사가 뒤틀리고 울화통이 치밀었다. 시모어를 골로 가게 할 결정적 단서를 감추고 있다고 의심되는 이 영악한 소녀보다는 한 수 위라 자신했었는데! 엘리자베스는 그 어떤 협박이나 설득에도 흔들리지 않고 대쪽 같은 자세를 견지했다. 시종들을 죄인으로 엮을 만한 그 어떤 자백도 토해내지 않았다.

"세 사람 사이에 죽어도 자백하지 말자는 모종의 약속이 있었나 봅니다. 폐하나 호국경께서 직접 나서는 것밖에 다른 도리가 없습니다." 터윗은 이렇게 보고했다.

터윗이 엘리자베스가 이미 런던탑에 감금되었으며 그녀의 배 속에 시모어의 아이가 자라고 있다는 시중의 소문을 전하자 그제야 그녀는 그간에 지켜온 평정심을 잃었다. 무엇보다 명예를 지키고 백성들로부터 좋은 평판을 듣고자 피땀 흘려 노력한 그녀기에 그러했다.

"이런 되지못한 거짓말쟁이들 같으니라고!" 그녀가 분연히 소리쳤다.

이 시점에서 터윗은 서머싯 공작이 그녀에게 보낸 편지 한 통을 꺼냈다. 최고로 진실된 친구인 그녀가 자신이 아는 모든 사실을 솔직히 자백하도록 권유하는 편지였다. 편지를 읽고 난 그녀는 어느 때보다 친절하게 터윗을 대했다. 항간에 퍼진 무시무시한 소문이 곪을 대로 곪자 1월 28일에 그녀는 더 이상 버티지 못하고 호국경에게 다음의 편지를 보냈다. '소문이 얼마나 거짓된 것인지 밝혀주세요. 비록 전 그럴 가치가 못 되지만 폐하의 누이들과 관련된 그 어떤 추문도 퍼져선 안 됩니다. 참으로 수치스럽기 짝이 없는 비방꾼들입니다. 청하건대 궁에 들어가 제 본모습을 보일 수 있도록 해주세요.' 그녀는 터윗에게 밝힌 바 있는 제독과의 일에 대해서 다시금 되풀이했다.

제독과 결혼할 계획이었다는 사실에 대해서, 애슐리 부인은 한 번도 그런 권유를 한 적이 없습니다. 제 혼사가 거론될 때마다 폐하와 호국경과 추밀원의 동의 없이는 나라 안이나 나라 밖의 그 누구와도 혼인시키지 않을 거라고 입버릇처럼 되뇌곤 했죠. [애슐리 부인과 패리는] 한 번도 그런 암시를 내비친 적이 없습니다. 제 양심이 그 증인입니다. 제 욕심을 챙기고자 이들을 해할 수는 없습니다. 다른 사람들이 그러하듯 저 또한 구원받을 영혼이니까요.

그녀는 뭔가 다른 중요한 내용이 떠오르면 터윗을 통해 알려주겠노라고 약속하는 것으로 편지를 끝맺었다.

그녀의 편지가 약발이 먹혔을까? 아쉽게도 기대 이하였다. 호국경은 그녀를 도와줄 생각조차 하지 않았으며 터윗은 한 주 더 기간을 연장해서 심문을 벌였다. 그녀가 감추고 있다고 확신하는 내용을 끄집어내기 위해 그는 갖은 수단과 방법을 동원했다. 그럼에도 불구하고 그녀는 요지부동이었다. 적반하장 격으로 자기 앞에서 애슐리 부인을 험담하는 자들은 가만두지 않겠노라고 도리어 엄포를 놓았다. 속이 터진 터윗은 추밀원에서 애슐리 부인을 보다 강도 높게 취조할 것을 촉구했다. 그녀의 죄상을 열거한 진술서만 손에 넣으면 엘리자베스가 모든 사실을 토해내리라 장담했다.

애슐리 부인과 패리는 감금 초기에 비교적 안락하게 지냈다. 그렇다고 그네들이 느끼는 공포감이 줄어든 것은 아니었다. 한 주 넘게 두 사람은 최고로 강도 높은 심문을 당했는데, 시모어와 엘리자베스에 대한 결정적 증언이 나오지 않자 애슐리를 지하 감옥에 처넣어버렸다. 어찌나 춥고 어두컴컴한지 온전히 잠을 잘 수도 없었고 대낮인지 한밤중인지 구분조차 하기 힘들었다. 무엇보다 괴로운 것은 비슷한 처지로 전락할 듯하자 잽싸게 태도를 바꾸어 죄를 소상히 자백한 패리와 대면하는 일이었다. 엘리자베스가 제독과 포옹했다가 들킨 사실을 상세히 묘사한 그의 진술서는 가히 믿는 도끼에 발등을 찍히는 격이었다.

추밀원은 애슐리 부인이 패리와 대면하고 그의 서면진술서를 보면 조가 비처럼 꾹 다물었던 입을 열 거라 확신했는데 그네들의 예상이 딱 맞아떨어졌다. 패리가 그녀 앞에서 자신의 죄를 다시 한 번 고백하자 그녀는 흥분해서 소리쳤다. "이런 막돼먹은 비열한 자식!" 그녀로서도 달리 도망칠 구멍이 없었다. 그저 공주의 혼인을 둘러싼 소문에 대해 자신이 어리석게 굴었다며 뒤늦게 가슴 치며 후회할 뿐이었다. 곧이어 제독의 낯 두꺼운 행동과 자신이 공주에게 구애하도록 그를 부추긴 사실 등등 갖가지 지저분한 얘기들이 줄줄이 새어나왔다. 엘리자베스와 둘이서 시모어라는 이름을 자주 언급했으며 공공연히 그리고 은밀히 둘의 결혼을 바랐다고 자백했다. 하지만 그녀나 패리 누구도 왕이나 추밀원의 승인 없이 실행에 옮길 생각을 한 적은 없었노라고 항변했다. 추밀원은 이만하면 제독을 기소할 만한 증거는 충분히 확보했다고 생각해서 흡족해했다.

애슐리 부인은 1549년 2월 4일에 서면진술서에 서명했다. 2월 5일에 터윗은 의기양양해하며 진술서 두 장을 엘리자베스의 손에 건네주었다. 이를 본 엘리자베스는 모욕감으로 숨이 넘어갈 지경이었다. 다행히 진술서는 평판에 흠집을 낼 수는 있었으나 반역죄로 몰아갈 만한 정도는 아니었다. 그녀가 시모어의 아내가 되는 데 동의했다거나 그럴 계획이었다는 증거가 없었기 때문이다. 엘리자베스는 애슐리 부인이 어리석고 신중치 못하지만 죄를 저지르지는 않았다는 점을 터윗에게 분명히 지적했다. 터윗은 애슐리 부인이나 세 혐의자가 뭔가를 뒤에 감추고 있다고 의심했다. 반면 패리는 자신의 맹세를 헌신짝 버리듯 내던져버렸다. 주인을 배신하느니 말에 묶여 사지가 찢기는 벌을 받겠노라고 맹세했던 그가 아니던가! 엘리자베스는 배신한 자를 애써 두둔하고 싶지는 않았다.

"굳은 맹세를 그처럼 하루아침에 깨버리다니!" 그녀가 한숨 쉬며 한탄했다.

터윗은 짜고 치는 고스톱에 어수룩하게 속아 넘어가지 않았다. 그는 2월 6일 서머싯 공작에게 다음과 같이 보고했다. '모두들 같은 노래만 읊조리고 있습니다. 사전에 짜지 않은 이상 불가능한 일이죠.'

다음 날 엘리자베스는 애슐리 부인과 패리의 진술 내용을 그대로 자신의 진술서에 옮겨 적는 데 동의했다. 단 제독이 자신과 혼인하고 싶어하고, 두 사람에 관한 소문을 다른 사람 입을 통해 전해 들었다는 사실만 인정했다. 자신이 임신했다는 추악한 소문은 잘못된 것이며 공개적으로 해명해야 한다고 주장했다. 이어 진술서가 누구에게도 불리하게 작용하지 않을 것임을 확인하고는 서명했다. 이로써 터윗의 기고만장하던 자신감은 무참히 꺾이고 말았다. 추밀원 역시 그녀의 서면진술서를 받아보고 그것이 엘리자베스와 시종들의 죄를 단죄하는 데 아무 도움이 되지 못한다는 사실을 깨닫고 그러했다. "그녀는 애슐리 부인이나 패리가 자신을 조종해서 제독과 음모를 꾸미게 했다고 절대 자백하지 않을 겁니다." 터윗은 이렇게 한탄하는 보고를 했다.

엘리자베스는 자신의 추락한 평판을 되살리기 위해 결연한 태도로 호국경에게 네 통의 편지를 보냈다. 민심이 차갑게 등 돌릴까 겁이 난 그녀는 계속해서 그에게 자신의 무죄를 공개적으로 선포하고 소문을 해명하도록 촉구했다.

터윗은 다른 식으로 편지를 쓰라고 충고하고 싶었지만 엘리자베스는 미욱스럽게 제 의지대로 밀고 나갔다. 결국 그는 호국경이 그녀의 편지를 달리 이용하고 있다고 조언하기에 이르렀다. 그러자 그녀는 호국경이 솔직하게 고백하라고 해서 자신은 진실만을 썼다고 주장했다. 그러나 그녀가 자못 불만스러워하는 음탕한 행실과 관련한 소문에 관해 호국경이 아무 대꾸도 하지 않자 적이 실망했다. 2월 21일에 그녀는 다시 편지를 보냈다. "제가 자백을 하면 당신과 추밀원은 절 무죄로 처리해줄 거라 하셨죠. 물론 할 수는 있죠. 하지만 하기 싫어요. 제 양심을 저버릴 순 없으니까요.

"그럼에도 불구하고 사람들에게 그건 모두 거짓이니 입단속 하라고 주의를 준다면 당신과 추밀원에도 이득이고, 사람들 또한 경과 추밀원이 그런 소문이 퍼지지 않도록 신경 쓴다고 생각해서 조심할 겁니다. 아, 그래도 더 이상 구걸하긴 싫군요. 별로 관심 없어 하시니까요."

인정하기는 싫지만 호국경은 엘리자베스의 능숙한 일처리 솜씨와 빈틈없는 수완에 혀를 내두르게 되었다. 결국 그는 그녀가 제독의 역모에 가담하지 않았다고 믿고 이를 널리 선언하겠노라고 약속했다. 물론 진짜 그럴 의도는 없었다.

이즈음 터윗은 해트필드로 달려가고 있었다. 엘리자베스가 반대했음에도 불구하고 그는 애슐리 부인이나 패리 누구도 그녀의 시종으로 적합지 않다고 판단했다. 대신 이제부터 그의 아내가 공주의 가정교사로 일하게 될 것이다. 터윗 부인은 엘리자베스가 보일 반응을 예상하고는 별반 내키지 않았지만 남편 말에 별수 없이 따르게 되었다. 터윗은 공주에게 추밀원에서 애슐리 부인이 그녀의 가정교사로서 부적격하다고 선언했으니 대신 터윗 부인을 감사히 받아주길 바란다고 했다. 친어머니 같았던 애슐리 부인을 하루아침에 잃게 된 엘리자베스는 비탄에 잠겼다. "애슐리 부인이 제 가정교사입니다. 그녀는 흠잡을 데 없는 사람이니 추밀원에서 굳이 다른 사람을 보낼 필요는 없습니다."

그 자리에 있던 터윗 부인은 애슐리 부인을 가정교사로 인정하는 걸 보면 비슷한 자격을 갖춘 여성을 대신 받아들이는 게 그리 수치스러운 일은 아니라고 지적했다. 하지만 엘리자베스는 갑작스런 교체를 받아들일 수가 없어서 밤새 훌쩍거리다가 다음 날에야 겨우 진정했다. 터윗 부인은 다음의 편지를 서머싯에게 보냈다.

다른 것은 필요 없습니다. 그녀는 오로지 옛 가정교사만 찾고 있습니다. 그녀가 품은 애정이란, 실로 놀라울 따름입니다. 제 견해로는 [가정교사를] 2명 두는 게 합당하다고 봅니다.

엘리자베스 역시 호국경에게 편지를 보내 가정교사로 터윗 부인을 새로 임명한 것에 대해 실망감을 표했다. '사람들이 제 못된 행실을 고려할 때 그런 분을 가정교사로 두는 게 부당하다고 여길 게 뻔하니까요.' 이어 시모어를 둘러싼 소문이 가라앉지 않는 것에 대해 우려를 표하면서 소문을 퍼뜨리는 자들을 알고 있다고 주장했다. 하지만 그자들을 처벌하고 싶어 안달 난 사람처럼 보이기 싫어서 주범이 누구인지는 밝히지 않을 작정이었다. 동시에 백성들이 자신을 나쁘게 보는 게 죽기보다 싫어서 반복해서 자신의 결백을 세상에 공표하도록 청했다.
서머싯의 반응은 싸늘하기가 얼음장 같았다. 답장에서 그는 그녀의 오만 방자함과 미욱함을 엄히 질책하고 있었다. 결국 엘리자베스는 제때 자리를 꿰찬 터윗 부인을 참고 견뎌낼 수밖에 다른 도리가 없었다.

제독이 체포되면서 엘리자베스 못지않게 고초를 겪은 이는 제인 그레이였다. 그녀의 부모는 사건이 터지자마자 냉큼 딸내미를 브래드게이트 영지로 끌고 왔다. 딸이 왕과 맺어지지 못한 데 실망한 그들은 시모어의 계획이 수포로 돌아간 책임이 그녀에게 있는 듯 애꿎은 딸만 들들 볶았다. 더불어 약삭빠르게 제독의 미심쩍은 행적에 대해 추밀원에 증거를 제시했는데 이는 자신들이 그 일에 아무런 관련이 없음을 명백히 하기 위함이었다.

제인은 이어진 세 달 동안 브래드게이트에 머물면서 부모의 모진 학대를 참고 견뎌냈다. 유일한 위안은 존경하는 스승 존 에일머와 보내는 시간뿐이었다. 그의 가르침 덕분에 그녀는 문학과 철학, 신학이란 매혹적인 세계로 잠시나마 도피할 수 있었다.

한편 제독은 자신에게 씌워진 죄목들을 해명하기 위해 추밀원에 출석하라는 소환을 받았다. 그는 소환을 완강히 거부했고 그 어떤 설득으로도 그의 어깃장을 꺾을 수가 없었다. 그는 공개재판을 열어서 자신의 무죄를 온 천하에 증명할 작정이었다.

2월 22일에 추밀원은 그의 죄상을 낱낱이 열거한 기소문을 작성하기 위해 모였다. 기소문에는 33가지 반역죄가 열거되었는데 주요 죄목은 다음과 같았다. 리처드 3세(에드워드 4세의 아우로 형이 죽은 뒤 어린 조카인 에드워드 5세의 섭정을 맡음. 후일 조카를 런던탑에 유폐시키고 왕위를 찬탈함.-옮긴이)의 전례를 좇아 은밀하고 교활한 수단으로 엘리자베스 공주와 결혼해서 왕위를 찬탈하려 든 죄, 왕을 손아귀에 쥐고서 호국경과 대척하게 만들려 한 죄, 의회를 구슬려 명백한 폭동을 일으키려 한 죄, 무력으로 왕위를 전복시키기 위해 서들리 성에서 거병한 죄, 어리석게도 캐서린 파를 살해하려던 죄……나머지 죄목들 역시 그럴싸해서 추밀원은 제독이 왕에 반해서 대역죄와 극악무도한 범죄를 저질렀다고 단호히 결론지었다.

2월 23일에 대법관은 런던탑으로 가서 제독에게 기소문을 낭독해준 뒤에 소명 기회를 통해 무죄를 증명해 보일 것인지 물었다. 그는 기소인들을 눈앞에 불러오지 않는 한 해명하지 않을 거고, 또 공개재판을 통해 만천하에 자신의 무죄를 밝힐 거라고 항변했다. 이처럼 나대는 지경이니 대법관으로서는 그대로 감금해두는 것 외에 달리 뾰족한 방도가 없었다. 서머싯은 자신이 직접 나서 아우를 한번 설득해보겠다고 했지만 위윅 백작인 존 더들리가 이를 한사코 만류했다.

다음 날 추밀원은 정식으로 소송 절차에 착수하는 데 동의했다. 이 과정에서 재판 절차는 없을 것이다. 의회는 시모어에 대한 사권박탈私權剝奪(반역죄 기소에 따른 직위, 재산 몰수 등의 법적 조치—옮긴이) 법안을 통과시켰다. 제독을 벌하기 위해 필요한 것은 오로지 왕의 서명이었다. 추밀원 위원들은 의회의 결정에 만장일치로 찬성했다. 형인 서머싯마저 참으로 유감스러운 일이라면서 혈육보다는 왕에 대한 신종의무가 우선이라고 밝혔다.

정찬이 끝난 뒤에 방문한 추밀원 위원들 앞에서 왕은 외숙에게 취해질 사권박탈법안을 승인하면서 기소문에 열거된 죄목들이 능히 반역죄에 해당될 만하다고 밝혔다. "모두들 정의가 행해지길 바라신다는 거 압니다. 지극히 온당한 처사지요. 그대들의 청에 따라 소송을 진행하십시오." 왕의 입에서 흘러나온 말을 듣고서 위원들은 크게 기뻐하며 왕에게 최고로 진심 어린 칭찬과 감사인사를 전했다.

재판이 없을 거란 소리에 흥분한 제독은 이성을 잃고 자신은 형의 자리를 빼앗거나 왕을 납치하려한 적이 한 번도 없다고 목에 핏대를 세워가며 소리쳤다. 물론 파울러를 통해 왕에게 간간이 용돈을 보내주기는 했다. 미성년자 왕을 둔 외숙으로서 형과 권력을 공정하게 나누어먹고자 법적 전례를 찾아보기는 했으나 제 행동이 부끄러워 그 일을 접었다. 이것은 더 이상 권력 나누어먹기에 욕심이 없다는 의미였다.

3월 4일에 시모어를 대역죄인으로 선고하는, 의회에서 부랴부랴 통과시킨 사권박탈법안에 왕이 서명하면서 제독은 사형과 재산과 직위 몰수라는 중형을 선고받았다. 호국경은 몹쓸 형제애 때문에 잠시 주저했지만 이내 마음을 독하게 먹고 왕을 대신해서 법안에 서명했다. 이제 아우에게 어떤 처벌을 내려야 할지 정하기만 하면 되었다. 다른 것은 몰라도 사형집행 영장에 서명하는 것은 못내 주저되었다. 다만 토지를 몰수하는 것에는 단박에 서명해서 자신의 지지자들에게 골고루 나누어 주었고 서들리에 있는 제독의 시종단은 즉각 해체되었다.

제독의 사권박탈 소식은 해트필드로도 잽싸게 날아들었다. 이때는 터윗이 엘리자베스가 제독의 시종단이 뿔뿔이 흩어진다는 소식에 무척이나 의기소침해 있다고 호국경에게 보고하기 전이었다. '안사람 말로는, 제독이 처벌받는 게 싫지만 이제 심문에 응할 준비가 되었다고 합니다. 애슐리 부인을 개입시키지만 않는다면 전과 달리 적극적으로 심문에 응하겠다고 합니다.'

엘리자베스는 제독의 불운한 운명에 더없이 우울해하면서도 한편으로 애슐리 부인이 하루빨리 열악한 감옥에서 풀려날 수 있도록 동분서주했다. 시모어가 반역자로 판명된 만큼 애슐리 부인과 패리가 공범자로 엮여 곤란에 처할 수 있기에 그러했다. 더욱이 그네들이 자신 때문에 투옥당한 것을 생각하면 죄책감에 잠 못 이룰 지경이었다. 3월 7일에 서머싯에게 보낸 편지에서 그녀는 애슐리 부인은 죄가 없다고 힘주어 말했다. 그녀의 잘못된 행동을 감쌀 의도는 눈곱만치도 없으며 다만 다음의 이유들로 해서 애슐리 부인을 변호하고자 한다고 했다.

먼저, 오랫동안 곁을 지키며 제가 학문적으로나 인격적으로 성장할 수 있도록 애써주신 분이기에 저로서는 충분히 그녀의 대변자로 나설 의무가 있습니다. 두 번째는 제 결혼 문제 같은 제독이 저지른 죄상과 관련해서 어떤 짓을 했건 간에 그것은 추밀원 위원인 그가 감히 추밀원의 동의 없이 그런 일을 저지르진 않을 거라 판단해서 한 일입니다. 왕과 추밀원의 동의 없이는 절 누구하고도 혼인시킬 마음이 없다고 늘 얘기했으니까요. 세 번째는 그녀가 갇혀 있으면 사람들이 제게 죄가 있다고 곡해하기 때문입니다. 하지만 전 아직 젊기에, 또 제가 너무나 사랑하는 그분이 감옥에 갇혀 있기에 저에게 뭐라 하든 상관없습니다.

이번의 간청은 제대로 먹혀들었다. 얼마 지나지 않아 호국경은 애슐리 부인과 패리를 런던탑에서 석방하라고 명했다. 물론 두 사람 모두 엘리자베스 곁으로 돌아가지는 못했다.

이즈음 서머싯은 다른 심각한 문제들로 골머리를 싸안고 있었다. 아우가 사권박탈 당하고 또 사형집행 영장이 작성된 지 한 주가 흘렀건만 도저히 서류에 서명할 엄두가 나지 않았다. 시모어 형제애 때문에 무참히 야욕이 좌절된 더들리는 이를 꼬투리 삼아 호국경이 명백한 의무를 다하도록 압력을 가하라고 위원들을 선동했다. 3월 10일에 그들은 왕을 알현하는 자리에서 왕이나 호국경이 더 이상 힘들지 않도록 중죄인에게 선고된 판결을 즉각 실행하도록 해달라고 주청했다.

서머싯이 감히 끼어들 엄두를 내지 못한 채 안절부절못하고 서 있자 에드워드가 말했다. "그처럼 엄청난 관심을 기울여주시니 고맙기 그지없소. 법에 따라 사형을 집행하시오."

그로부터 닷새 뒤 제독은 3월 20일에 있을 처형에 대비하라는 폭탄선언을 들었다. 왕은 고상한 태생답게 교수형 시킨 뒤에 내장을 적출하고 사지를 찢는 극형 대신 이보다 덜 잔인한 참수형으로 감해주었다. 시모어는 지상에서의 마지막 밤에 신고 있던 호스(스타킹 모양의 남성복 하의―옮긴이)에서 뽑아낸 쇠바늘로 만든 뭉툭한 펜을 이용해서 메리와 엘리자베스에게 절망에 찬 편지를 써내려갔다. 왕권을 넘보는 서머싯의 지나친 권력욕을 경계하라고 호소하면서 두 공주가 호국경을 질시하도록 가능한 한 부정적인 얘기들만 적었다. 이어 시종을 시켜 벨벳 신발의 한쪽 바닥에 편지를 몰래 숨긴 뒤에 바늘땀을 뜨도록 했다. 자신이 죽고 나면 그것을 공주들에게 보낼 참이었다.

드디어 20일 새벽에 시모어는 처형식이 있을 타워힐로 끌려갔다. 그는 짚이 깔린 층계를 오르면서 시종에게 귓속말로 자신이 부탁한 것을 속히 처리해달라고 부탁했다. 주변에 서 있던 근위병들이 이 소리를 엿듣게 되면서 시종은 곧 붙잡혀 지시 내용을 토설했고, 신발에 감추었던 편지는 발각되어 파기되었다.

우스터 주교인 휴 래티머는 처형식이 끝나고 얼마 되지 않아 다음과 같이 설교했다. "제독은 진저리쳐질 만큼 끔찍하게 죽었습니다. 신은 명백히 그를 버리셨었습니다. 이제 그가 구원받을지 아닐지는 온전히 신의 몫이지만, 사악한 자가 분명하기에 그자를 제거한 것은 잘한 일입니다."

신빙성이 떨어지는 자료이긴 하나 레티에 따르면 시모어가 죽었다는 소식을 듣고 엘리자베스는 침착하게 한마디만 했다고 한다. "오늘 명석하지만 분별력이 미흡한 한 사내가 죽었도다."

후세의 사가들은 제독을 열렬히 사랑했다가 그를 잃게 된 쓸쓸한 경험이 엘리자베스의 감성과 성적인 부분에 치명타를 입혔다고 진단했다. 한창 예민한 사춘기 시절에 그러한 일을 겪은 때문이라고 했다. 일부는 한 발 더 나아가 그로 인해 엘리자베스가 평생 독신으로 살았으며, 앤 불린과 캐서린 하워드, 토머스 시모어가 처형되면서 그녀는 결혼을 죽음과 동일시하게 되었다고 평했다. 이것은 사내를 유혹하는 천성적인 요부 기질에 영향을 끼치지는 못했으나 감정적인 연애관계에 얽히지 못하도록 가로막는 방벽이 되기는 했다. 그럴듯해 보이는 흥미로운 이론이다. 비록 확실한 자료도 없이 그저 정신분석적 추론에 근거한 것이긴 하지만 말이다. 최소한 시모어의 불운한 운명은 그녀에게 속마음을 감추는 것이 이득이라는 유익한 교훈을 남기기는 했다. 그녀는 이 교훈을 내내 마음에 깊이 새기고 살았다. 남동생의 통치기간 동안 되도록 자세를 낮추고 조용하면서도 모범적인 삶을 살았다. 시모어와의 연애로 인해 금이 간 평판을 되살리려 애쓰며 살았다.

엘리자베스만이 제독의 죽음으로 인해 고통을 겪은 게 아니었다. 서머싯 또한 아우를 구하려 애쓰지 않았다는 죄책감에 시달리며 런던탑에 갇혀 있던 동생을 만나지 못하게 막은 더들리를 한없이 원망했다. 1554년에 엘리자베스는 메리를 만나 호국경이 다음과 같이 한탄하는 소리를 들었다고 전해주었다. "그때 만류를 무릅쓰고서라도 아우를 만났더라면 살릴 수도 있었을 텐데. 주위 꼬드김에 넘어가서 아우가 살아 있는 한 내 안위는 불안할 거라고 믿게 되었지. 그래서 동생을 사형시키는 데 동의하고 말았어."

시모어의 죽음으로 인해 어린 메리 시모어는 졸지에 죄 없는 희생양이 되고 말았다. 사권박탈로 인해 왕비의 딸인 그녀에게 남겨진 것은 오직 가난뿐이었다. 7개월 된 갓난아기는 서퍽 공작부인인 젊은 캐서린 월로우비에게 맡겨졌는데, 그녀는 찬밥덩이인 공주와 그 무리를 데리고 있느라 돈이 이만저만 드는 게 아니라고 불평해댔다. 서머싯에게 편지로 볼멘소리를 하면서 아기에게 정기적으로 양육수당을 보내줄 것을 요구했다. 그가 허가했는지에 대한 기록은 없으며, 메리가 첫돌을 넘길 때까지 살았다는 증거 또한 없다.

1549년 봄에서 초여름 사이에 제독과 엘리자베스를 둘러싼 소문이 꼬리에 꼬리를 물고 이어졌다. 제인 도머가 풍문으로 전해 들은 소문은 이러했다. 한밤중에 웬 낯선 신사가 산파에게 찾아와 눈가리개를 씌운 채 말에 태워 으리으리한 대저택으로 데려가서는 어여쁜 숙녀의 아기를 받도록 했다. 남자는 아기가 태어나자마자 끔찍하게 처리하도록 시켰다. 당시에도 그리고 이후에도 사람들은 그 젊은 엄마가 엘리자베스라고 생각했다. 확실한 증거도 없고, 산파가 산모가 누구인지 확신하지도 못하는 상황임에도 말이다.

엘리자베스는 차츰차츰 터윗 부인에게 익숙해져갔다. 터윗 경이 패리가 재정 상태를 엉망으로 만들어놓았기 때문에 절약해야 한다고 말할 때도 별반 불평하지 않았다. 다만 패리의 자리가 아직도 공석이냐고 물었다. 그에 대해 터윗 경은 자신의 서기가 임시로 대신할 거라고, 그래서 연간 1백 파운드는 너끈히 절약할 수 있을 거라고 답했다. 그녀는 온몸의 기운이 쏙 빠져나간 듯 했다. 가만히 있어도 몸은 녹초 상태이고 신경쇠약 징후까지 보였다. 가끔씩 몇 날 며칠 동안 침대에 묶여 지내기도 했다. 최근 몇 달 사이에 일어난 일들이 그 원인이었다.

터윗 부인은 격언과 금언을 수집해서 그것들을 매 상황에 적용시키는 것을 좋아했다. '늘 그대로!' 어느 날 그녀는 자신이 특별히 좋아하는 이 격언을 엘리자베스 앞에서 인용했다. 그녀의 최초 전기작가인 캠든에 따르면, 이 격언이 소녀의 마음을 홀딱 사로잡아서 제 것으로 삼고 심지어 라틴어로 옮겨 적기까지 했다고 한다. 'Semper eadem!' 이것이 그녀의 좌우명이었다.

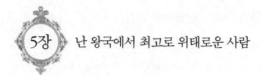

5장 난 왕국에서 최고로 위태로운 사람

1549년 3월에 의회는 통일령 개정안을 통과시켰다. 이로써 교회는 크랜머 대주교의 공동기도서에 나오는 예배의식을 따라야만 했다. 앞으로 다른 식의 의식은 위법이며 로마 가톨릭 전례에 따라 미사를 올리는 성직자는 죄인으로 처벌받게 되었다. 처음에는 단순한 벌금형에 처해지고 그래도 미욱스럽게 고집을 피우면 좀더 중한 무기징역형이 내릴 것이다.

나라에서 메리 공주에게 새로운 예배의식을 따르도록 강요하면서 그녀는 피할 수 없는 시련의 가시밭길을 걸어야만 했다. 그녀는 굴복당하느니 차라리 가톨릭 순교자로서 생을 마감할 각오까지 서 있었다. 법안이 통과되었다는 소식을 들은 날, 그녀는 노픽의 케닝홀 성당에서 사제들에게 특별한 가톨릭 미사를 보게 함으로써 자신의 결연한 의지를 몸소 보여주었다. 매일 두 번씩 미사를 보아오다가 이제는 세 번으로 횟수를 늘렸다. 지역민들의 참석을 유도하는 한편으로 카를 5세에게 편지를 보내 다음과 같이 호소했다. '가톨릭 신앙 속에, 제 양심의 안식 속에 머물 수 있게 도와주세요. 어떠한 위협과 폭력이 닥칠지라도 살아서나 죽어서나 어머니 교회인 가톨릭을 절대 포기하지 않겠습니다.'

카를 황제의 답신은 다소 실망스러웠다. 그녀가 뭘 하든 서머싯의 적이 되는 것만은 피하라고 일렀기 때문이다. 미사를 보지 말라고 하면 그것은 억지로 강요당하는 것이기에 그를 따르는 것이 결코 양심에 어긋나는 일이 아니라고 했다.

오래지 않아 메리는 추밀원으로부터 예상했던 편지를 받았다. 성령강림절에 통일령이 시행되면 여타 백성들처럼 그녀도 새 법을 따라야 한다고 경고하는 편지였다. 그녀는 호기롭게 서머싯 공작에게 답장을 보냈다.

신께서 영혼을 구원해주신 선왕께서 높은 관직에 올려주시고, 또 임종 시에 자신의 유언을 잘 수행해주리라 믿고 맡겼던 자들이, 모두 성서에 걸고 맹세했었죠. 유언을 무시한 채 그분의 법과 유언, 기독교의 전통, 그리고 다른 모든 것을 뛰어넘는 신과 교회법에 정면으로 위배되는 법을 반역적으로 제정하다니, 참으로 슬프기 짝이 없군요. 그대들 중 일부가 선왕을 잊었다 할지라도 신의 율법은 제가 늘 그분을 기억하도록 도와줄 겁니다. 신의 도움 아래 전 그분이 만든 법을 따르며 살 테니까요. 지금의 왕이 신이 주신 능력을 발휘하고 종교 문제에서 스스로 판단 내릴 나이가 될 때까지 말입니다. 그때가 오면 왕께서는 누구보다 제 행동을 지지하실 겁니다. 미성년인 왕에게 빌붙어 권력의 부스러기를 취해 온 자들보다는 말이죠.

뒤이어진 논쟁에서도 메리는 이런 시각을 굳건히 유지했다. 에드워드 왕이 아직 너무 어려서 종교 문제에서 스스로 판단 내릴 수 없으니 성년이 되길 기다렸다가 개정된 법률을 받아들일 참이었다. 불운하게도 왕이 미숙해서 스스로 판단 내리지 못한다는 그녀의 주장은 신교도인 에드워드 왕의 심사를 긁어놓고 말았다. 그 결과 왕은 누이의 방식이 잘못되었음을 깨닫게 해주겠다고 단단히 결심했다.

그해 3월에 메리는 존 더들리의 막내의 세례식에 초대되어 황제가 파견한 반 데르 델프트 대사 옆에 서 있었다. 그녀는 기회를 틈타 다른 손님들이 대화 내용을 알아듣지 못하도록 다양한 언어를 구사해서 자신의 고충을 털어놓았다. 안쓰러운 마음이 든 대사는 그 후 그녀로부터 몇 통의 편지를 받고는 그녀의 고충을 황제에게 전해주어서 도움을 주고자 했다.

3월 30일에 추밀원의 허락하에 대사는 카를 5세의 편지를 전해주기 위해 메리를 만났다. 공식 접견이 끝난 뒤에 그녀는 곧장 대사를 사실로 데려가 한동안 밀담을 나누었다. 그녀는 왕국에서 일어난 여러 변화에 대해 설명한 다음 종교를 포기하느니 차라리 목숨을 포기하겠다고 격정적으로 토로했다. 자신이 현재 겪고 있는 고통에 대해서도 절절히 털어놓았다. 추밀원과의 피할 수 없는 대척상황을 두려워하고 그 결과에 대해 끔찍스러워했다.

"황제께서 도와주실 수 있겠어요?"

"황제 폐하께서는 공주님을 적극 지지하십니다." 대사가 대답했다.

메리는 벅찬 감동으로 한동안 말을 잃었다가 겨우 정신을 차리고는 말했다.

"황제께서는 제 유일한 위로자이자 지지자이십니다. 감사한 마음 늘 잊지 않고 있어요. 언젠가 이 은혜는 꼭 갚겠습니다." 이어 그녀는 손때 묻은 누르스름한 편지를 주머니에서 꺼내서는 황제가 1537년에 자신에게 보낸 편지라고 소개했다. 그녀가 가장 아끼는 소장품이라 늘 품에 소지하고 다녔던 것이다.

'그녀의 목숨은 온전히 폐하의 손에 달려 있습니다.' 대사는 면담이 끝난 뒤에 황제에게 보고했다. 메리는 며칠 뒤 황제에게 보낸 편지에서 이와 비슷한 말을 했다. 추밀원 위원들이 자신을 좋게 보도록 징검다리 역할을 해달라고 사촌에게 간절히 호소했다. 이에 황제는 5월 10일에 대사에게 다음과 같이 명했다. '모든 신법과 조례는 종교에 바탕을 두어야 한다. 그녀가 구교를 신봉하며 살아갈 수 있도록 확실하고도 적절하며 영구적인 서면 확인서를 호국경으로부터 받아 오라. 왕이나 의회 누구도 어떤 식으로든 훼방 놓지 못하도록 하라.'

대사가 호국경에게 황제의 요구를 전달하자 호국경은 처음에는 펄펄 뛰며 반대했다. 황제의 독단적인 태도가 잔뜩 신경에 거슬려서 의회가 정한 법을 함부로 무시할 수 없다고 항변했다. "온 왕국이 후계자로 섬기는 왕의 누이가 종교 문제에서 입장 차이를 보인다면 반드시 분열이 생기고 말 겁니다." 하지만 대사와 오랜 논의 끝에 호국경은 메리가 신중하게 처신하면 일일이 행동을 감시하지 않을 것이며, 또 집에서 미사를 보는 것은 허락하겠다는 구두 확약을 해주고 말았다. "왕이 성년이 되기 전까지는 종교 문제에서 자유로울 수 있습니다." 물론 호국경은 이런 약속을 해줄 권한이 없었다. 후일 그는 자신이 이런 언약을 해준 적이 없노라고 발뺌했지만 현재 메리에게는 이것만으로도 충분했다.

사실 이즈음 서머싯 공작은 더 골치 아픈 문제로 시달리고 있었다. 사람들은 형제 살해 죄에 해당될 만한 그의 몰염치한 행각을 두고 피도 눈물도 없는 살인자, 흡혈귀라고 상스럽게 욕해댔다. 일부는 대놓고 그가 아우를 구하려 애쓰지 않고 단두대에서 처참하게 죽어가도록 내몰았다고 수군댔다. 더들리와 그 지지자들은 이것이 호국경이 유약하다는 증거라면서 그가 반역죄로 기소될 경우 어떻게 될지 자못 궁금해했다. 지나치리만치 침착하게 작은 외숙부의 죽음을 받아들인 왕은 애정이 별반 없는 큰 외숙부를 어떻게 대할 것인가? 1549년 봄에 대사의 눈에는 마치 한 형제의 몰락이 다른 형제의 몰락을 예고하는 것처럼 보였다.

위원들 다수는 서머싯의 독불장군식의 태도와 그가 추진하는 정책들을 못마땅해했다. 여기에 치솟는 물가, 공유지 폐쇄 같은 사회적 병폐들을 뿌리 뽑겠다는 약속을 지키지 못하면서 지지자들도 하나 둘 떨어져나갔다. 일부는 종교개혁에 있어 그가 지나치게 급진적이라고, 또 다수는 충분히 적극적이지 못하다고 불만스러워했다. 동료들은 오만 방자한 태도에 비위 상해했고, 패짓은 그의 성마른 성격이 사람들 눈 밖에 나 있다고 경고했다.

성령강림 주일에 통일령 법안이 발효되면서 일대 파란이 일어났다. 다수는 그것이 장엄한 로마 가톨릭 예배를 변질시켜 성탄놀이처럼 희화시킨다는 점을 들어 단순화된 예배의식에 반대했다. 서부지역에서는 가톨릭 의식을 위법화시킨 데 반대하는 소요가 발발했다.

반 데르 델프트 대사는 추밀원이 서머싯이 해준 구두확약에 대해 아는 바가 없다는 사실도 모른 채 메리가 자유롭게 예배를 보도록 허락하라고 압박했다. 위원들은 그런 약속에 대해 들은 바가 없다면서 거부했다. 메리는 여느 종복들처럼 새 법에 따라야 한다고 했다. 대사는 즉시 메리에게 편지를 써서 추밀원 대표단이 곧 그녀를 만나러 갈 예정이라고 알렸다. 그러면서 심기를 거스르지 않으려면 그네들의 요청을 부드럽게 거부하는 것이 바람직하다고 조언했다. 황제가 뒤에 있음을 늘 기억하라면서, 그녀의 사제들이 협박에 겁먹어 미사를 볼 수 없다면 자신의 사제들을 손수 보내주겠다고 약속했다.

얼마 후 비서관인 윌리엄 페트르 경과 대법관인 리치는 메리 공주를 케닝홀로 찾아와 그녀와 시종단은 새 법을 따라야 한다고 알렸다. 그네들은 새로 도입된 예배의식의 지침을 일러주기 위해 찾아왔다고 했다. 메리는 최대한 부드러운 목소리로 자신은 새 법을 따르지도, 또 공동기도서를 사용하지도 않을 거라고 답했다. 억지로 강요당하지 않겠다고 했다. 위원들이 법을 위반하면 시종들을 엄히 벌할 거라 협박해도 부질없었다.

"제 시종들은 제가 책임집니다. 책임을 회피하진 않을 겁니다." 그녀는 면담이 끝났음을 넌지시 비치면서 완강히 대답했다.

추밀원은 메리의 몽니를 대하고서 기분이 심히 언짢아졌다. 그녀야말로 개혁의 최대 걸림돌이었다. 이미 가톨릭교도들이 후계자인 그녀를 그네들의 우두머리로 여기고 있다는 징조들이 여기저기서 보였다. 6월 16일에 위원들은 그녀에게 국왕의 법을 준수하고 복종할 것이며 미사를 개별적으로 올려서는 안 된다는 명령을 전하면서 성찬식을 치르도록 조언했다.

그로부터 엿새 뒤에 분노한 메리의 답장이 날아들었다. '그대들이 종교 예식을 바꾸기 위해 최근에 마련한 법이 법으로써 인정받을 만한 가치가 있다면 기꺼이 따르겠습니다. 폐하가 성년에 이르면 다른 문제에서처럼 이 문제에서도 고분고분 복종하는 제 모습을 보시게 될 겁니다. 그때까지는 제 양심이 명하는 바를 어길 생각이 전혀 없습니다.'

그녀는 몸이 아파 오래 못 살 수도 있지만 살아 있는 동안 선친이 정하신 법을 따를 작정이라고 했다. 그 법은 온 왕국이 동의한 합법적인 법이라고 했다. 그녀가 보기에 최근의 개혁은 그저 신의 심기를 건드리고 왕국을 시끄럽게 만드는 결과만 초래할 것이었다.

추밀원은 메리의 편지를 두고 그녀가 불순한 태도를 보이는 증거라고 치부했다. 위원들은 편지에 답하는 대신 그녀의 시종들을 위협해서 몽니쟁이 안주인을 꺾고자 했다. 6월 27일에 그녀의 감사관인 로버트 로체스터 경과 대표 사제인 존 홉턴 박사, 그리고 프랜시스 잉글필드는 추밀원에 출두하라는 소환장을 받았다.

메리는 이 같은 처사에 분통을 터뜨리면서 다시금 살날이 얼마 남지 않았음을 언급하면서 항전 의지를 불사르는 편지를 보냈다. '전에 보낸 편지들이 문제를 원만히 해결했을 거라 믿었습니다. 헛되이 아랫사람들을 이용하지 않으리라 믿었습니다.' 그녀는 당장 시종들이 필요했기에 다음과 같이 힘주어 주장했다.

집안의 주요 대사는 감사관이 맡고 있습니다. 그가 온종일 곁에서 성실하게 일해주었기에 제 보잘 것 없는 재산이 이처럼 불어났습니다. 사제는 몸이 아픈 관계로 오랫동안 쉬어 왔는데 아직은 말을 탈 형편이 못 됩니다. 감사관과 마찬가지로 제 사제는 먼 길을 갈 수가 없습니다. 종교 문제 말고 제게 뭔가 명할 게 있다면 서면으로 보내든가 아니면 믿을 만한 사람을 보내십시오. 그와 기꺼이 얘기 나누겠습니다. 분명히 말하는데 제 시종(남녀 불문하고)이나 사제를 이용해서 제 양심을 돌리고자 한다 해도 그들 말에 절대 귀기울이지 않을 것입니다. 눈에 흙이 들어가도 제 집에서 그 같은 일은 허용치 않을 겁니다.

달리 말해 아무리 시종들을 어르고 달래고 이용해보았자 헛수고라는 뜻이었다.

추밀원에서는 편지에 대해 일언반구도 없었는데 머지않아 메리는 그 까닭을 알게 되었다. 옥스퍼드셔와 런던 외곽 여러 곳에서 통일령에 반대하는 폭동이 일어났던 것이다. 앞의 폭동은 도싯 경이 간단히 진압했지만 7월 초에 런던 근방에서 일어난 일련의 폭동은 추밀원 위원들을 식겁하게 만들었다. 비슷한 시기에 노퍽에서는 지주인 로버트 켓이 이끄는 대규모 폭동이 발발했다. 켓의 반군들은 치솟는 식료품 가격과 임대료에 불만을 품고 폭동을 일으켰는데, 선하신 서머싯이 자신들의 분노에 찬 함성을 듣고 달래줄 거라고 낙관했다. 1만 2천 명가량의 반군이 노리치 근처 마우스홀드 히스에 집결했다는 소식에 추밀원은 바짝 긴장했다.

서머싯은 위원들의 압력에 못 이겨 반군을 제압하는 데 스코틀랜드 전쟁 때 고용한 독일 용병을 쓰자는 데 머뭇거리며 동의했다. 하지만 민심을 잃고 싶지가 않아서 평판 좋은 부대를 거느린 더들리와 노샘프턴으로 하여금 군대를 이끌라고 지시했다. 더불어 허버트 경과 러셀 경을 역모의 불길한 기운이 감돌고 있는 서부지역에 파견하여 반란을 진압하도록 했다.

메리가 역모를 부추기고 있을지도 모른다는 우려감이 추밀원 내에서 제기되었다. 당시 그녀는 케닝홀에서 지냈는데 그곳이 반란의 중심지이면서 노리치에서도 겨우 20마일밖에 떨어져 있지 않았기 때문이다. 위원들은 그녀가 반란을 돕기 위해 밀정들을 파견했다고 믿었다. 사실 메리는 반군 우두머리인 켓의 추종자들을 반역자로 보면서 개입하기를 거부했다. 반군은 종교를 수호하기 위해서가 아니라 경제적인 이유로 반란을 일으킨 것이기에 대지주인 그녀로서는 동조할 까닭이 없었다. 추밀원으로부터 반군과 내통하지 말라는 경고를 받자 그녀는 자신을 몰아세우는 자들에게 눈을 크게 뜨고 한번 살펴보라고 했다. 그러면 그 밀정들이 반역자들과 공모한 사특한 자들이 아니라 자기 집안의 평범한 시종들일 뿐임을 알게 될 거라고 했다. 추밀원은 그럼에도 불구하고 의심을 거두지 못했다. 시종인 토머스 폴리를 악질적인 반군들과 공모했다는 이유로 체포했지만 그는 이내 석방되어 메리 곁으로 돌아왔다. 한편 메리는 추밀원과 자신 사이에서 있었던 일들에 대해 상세히 제국 대사에게 전했고, 그는 이를 곧장 황제에게 전달해주었다.

1549년 7월 30일에 노샘프턴 백작은 노리치를 점거해서 반군들의 씨를 깡그리 말렸다. 그로부터 이레 뒤 러셀은 6주 동안이나 포위공격에 시달리던 엑서터를 너끈히 손에 거머쥐었다. 8월 17일에는 반군 대부분이 해체되어 오직 항전을 불사르는 잔류병들만이 노리치 외곽에 잔류해 있었다. 8월 23일에 더들리가 그곳을 불시에 덮쳐 나흘 뒤에 잔류병들(3천여 명으로 보고된)은 더신데일에서 무참히 학살당했다. 켓은 생포되어 노리치 성벽에서 교수형을 당했다. 왕국에 대한 심각한 위협이 제거되면서 더들리는 영웅으로 급부상했고, 그의 영웅적 행동과 능수능란한 전투 경험, 죄수에 대한 자비로운 처리는 백성들로부터 칭송을 받았다. 당시 반군 9명만이 교수형을 당했을 뿐이다. 부관들이 잔류병들에게 본때를 보여주라고 쏘삭거리자 이렇게만 대답했다. "부관들, 너그러이 용서할 여유는 없는 게요? 앞으로 어쩌려고 그러오. 직접 쟁기질 하고 짐마차를 부릴 거요?" 그는 자비를 베푸는 데 인색하지 않았다. 반군 때문에 막심한 손해를 입었던 지주 계층은 원래 제자리로 돌아올 수 있었다.

시중에 메리가 반군에 연루되었다는 소문이 떠돌면서 그녀는 가톨릭파로부터 일약 반군 지도자로 부상했다. 토머스 스미스 경은 윌리엄 세실에게 편지를 보내면서 '메리 당파'라고 언급했다. 스미스는 메리와 그 지지자들을 다음과 같이 보았다. '반군보다 위험한 위협거리다. 그 문제로 골치가 지끈거리고, 아니 죽을 맛이다. 부디 신의 자비로 이 악귀를 물리쳐주시길.'

켓이 이끄는 반란이 정점에 이르자 호국경은 제국 대사를 불러 메리 문제에 관해 논의하면서 그녀가 미사를 공식적인 행사로 변질시키고 있다고 불평했다. "메리 공주가 개별적으로 미사를 보도록 허락했습니다. 전에는 두 번만 보더니 이젠 세 번씩이나, 그것도 더 공식적으로 보더군요." 그는 그녀가 앞으로는 좀더 신중하길 바랐고, 특히 그녀의 사제 하나가 반군에 개입되었다는 소문을 들은 터라 더욱 그러했다. 명백한 위협이었지만 메리는 그것을 귓등으로 흘려들었다.

추밀원은 다시금 로체스터와 잉글필드와 홉턴을 소환하는 것으로 반응했다. 메리에게는 그들이 출두하도록 허락함으로써 왕에 대한 의무를 다하라고 명했다. 그녀는 달리 뾰족한 수가 없다는 것을 알지만 그럼에도 불구하고 항전 의지를 불살랐다. 추밀원에 보낸 서한에서는 가련한 병든 사제에게 보인 비인간적인 처우와 공주에 대한 존중 부족을 꾸짖었다. '누구든 아랫사람들이 이용당하는 것을 좋아하지 않을 겁니다. 영문도 모른 채 그대들의 부하나 시종이 억지로 소환된다면 좋겠습니까? 좋아할 이유가 없긴 해도 여전히 당신들의 친구인 메리가.'

로체스터와 잉글필드, 홉턴은 추밀원에서 가혹한 추국을 받았다. 로체스터는 안주인의 종교를 간섭하기 싫다고 거부했지만 홉턴은 쉽사리 위협에 굴복해서 새 법을 준수함에 있어 필요한 의무와 지침이 담긴 서류를 들고 케닝홀로 돌아갔다. 메리는 런던에서의 일을 전해 듣고 행여 홉턴이 추밀원의 명을 따르지 않으면 큰 벌이 내려질까 두려워 그가 시종들에게 지침을 하달하도록 허락했다.

한편 대사는 황제로부터 더욱 상세한 지침을 받았다. 추밀원이 메리가 자유롭게 예배를 보게 해주겠다는 호국경의 구두약속을 무시한다는 소리를 듣고 호국경으로부터 다시 서면약속을 받아오도록 지시한 것이다. 대사는 호국경을 만나 과거 약속을 상기시키면서 추밀원이 메리의 시종들을 심악스레 다루도록 허락함으로써 종전의 약속을 깨뜨렸다고 힐난했다. 이어 약속을 지키지 않으면 황제가 구두명령 대신 특단의 조치를 취할 수밖에 없노라고 위협했다. 호국경은 이런저런 문제로 골치가 아픈 터에 황제와의 전쟁까지 덧붙이고 싶지 않아서 뒤로 한 발 물러나 메리가 원하는 대로 해주겠다고 약속했다.

황제는 호국경의 약속을 믿지 못해서 다시 대사를 보내 서면약속을 받아오도록 채근했다. 그로부터 얼마 되지 않아 대사는 윌리엄 패짓 경과 윌리엄 폴릿의 방문을 받았다. 그들은 최고로 공손한 태도로 공주에 대해 언급했다. 그처럼 현명하고 사리 분별 뛰어난 서열 2위의 여성이 미웁스럽게 제 의견만 내세워 왕국의 법을 따르지 않는 것을 개탄했다. 대사에게 황제가 요구한 서면약속까지는 아니나 구두약속은 해줄 수 있다고 했다. 메리 공주는 그 어떤 가탈이나 훼방 없이 자유롭게 본인의 처소에서 예배를 볼 것이며, 그녀의 사제들과 시종단은 그 어떤 위해도 당하지 않을 거라는 내용이었다.

대사는 입이 댓 발이 나와서 구시렁거리며 떠났지만 메리는 추밀원의 구두약속에 흡족해했다. 왕의 승인을 보증하는 칙허장이 있으면 추밀원에서도 그녀가 배척하는 신교에 반하는 법들을 승인할지도 모르리라. 왜냐면 지금의 개혁법들은 법도 아니고 법적 구속력도 갖지 못하기 때문이었다. 그것들은 신에게도, 돌아가신 부친의 유지에도, 또 왕국의 안녕에도 어긋나는 것이기 때문이었다. 그녀는 종교법이 선친이 남겨둔 그대로 유지되길 매일같이 기도로써 빌고 또 빌었다. 그리고 모든 문제를 황제의 판단에 맡겼다.

잉글랜드가 약속을 지키지 않을 거라 판단한 황제는 호국경의 약속이 왕의 서명이 기재된 칙허장 형식으로 꾸며지도록 계속해서 압박을 가했다. 결국 가을에 호국경은 메리가 사제들이 집전하는 미사를 보고, 또 시종 20명까지 미사에 참석하는 것을 허락하는 칙허장을 작성했다. 왕에게 서류를 제출하자 왕은 주저 없이 서명은 했지만 다음 내용을 조건으로 달았다. '고집 센 누이가 적대감을 홀홀 털어버려서 누이에 대한 호의와 오누이 간의 정을 지켜갈 수 있도록 독실하고 학식 있는 남자들로부터 지시를 받는다.' 메리가 칙허장을 받았다는 증거는 없지만, 받았든 아니든 간에 당분간 누구의 가탈도 없이 평화롭게 자신의 믿음을 지켜갈 수 있었다.

여름 중반부터 엘리자베스는 주야장천 병을 달고 살았다. 생리통, 위장

장애, 편두통, 황달……그야말로 걸어 다니는 종합병원이었다. 간소한 영양식단에 맞추어 섭생하고 음주를 금했음에도 불구하고 몸은 골골했고 수시로 침대생활을 했다.

다행히 제독과 관계된 추문은 잠잠해지고 호국경의 호의는 점차 커졌다. 심지어 그는 공주가 아프다는 소리를 듣고 왕실 주치의인 바르톨로뮤 병원의 토머스 빌 박사를 보내 치료하도록 배려했다. 몇 주 후에 그녀는 상태가 호전되어 자리를 훌훌 털고 일어섰다. 빌 박사가 궁으로 돌아가자 그녀는 박사에게 최고로 감사한 마음으로 그간의 노고에 대해 치하하는 편지를 보냈다.

그녀가 무엇보다 원하는 것은 바닥까지 추락한 자신의 명예를 다시 회복시키는 것이었다. 그녀는 죄를 저지른 것도 아니요, 제독의 역모에 가담한 죄상이 백일하에 드러난 것도 아니었다. 잘못이라면 그저 어린 나이에 노련한 불한당의 매력에 빠져서 희생양으로 전락한 것뿐이다. 그 결과 얻은 것은 추문으로 지저분하게 얼룩진 이름이었다. 그녀는 왕과 백성들로부터 좋은 평판을 얻고자 세속적인 천박함과 육적인 쾌락에 관심 두지 않는 음전하고 덕성스런 신교도 처녀의 이미지를 심어주려 애썼다. 엘리자베스 여왕 시대의 순교학 학자인 존 폭스는 다음과 같이 회고했다. '그녀는 육욕에 끌리지 않았으며, 세상의 이목이나 화려한 치장, 호화로운 옷차림, 값비싼 보석에 즐거움을 느끼지 못해서 아버지가 남겨준 유산에 별반 관심을 두지 않았다.'

호국경과 추밀원은 메리의 혜살에 날이 잔뜩 곤두선 만큼 엘리자베스에게는 보다 호의적이고 곰살궂은 눈길은 보냈다. 일거수일투족을 낱낱이 고하고, 자신의 행동이 적절한지 아닌지 늘 조언과 허락을 구하는 그녀가 어찌 예뻐 보이지 않겠는가! 그녀가 해트필드나 애슈리지에서 조신하고 모범적인 삶을 살면서 그간 그녀를 둘러싼 상스런 추문들은 시나브로 사그라지고 말았다.

애슐리 부인이 다시 엘리자베스를 보필할 수 있도록 손써준 사람은 빌 박사였다. 추문과 반역의 중심에 서 있었던 것은 물론이고 몇 달 사이에 사랑하는 양모와 가정교사를 동시에 잃은 그녀이기에 건강이 악화된 것은 당연했다. 애슐리 부인만 돌아오면 예전처럼 건강을 되찾을 수 있으리라. 부인은 8월에 추밀원에 나아가 다시는 결혼에 개입해서 세상을 시끄럽게 만들지 않겠다는 맹세를 하고 나서 공주 곁으로 돌아왔다. 토머스 패리 역시 돌아와 9월부터 예의 감사관 업무를 계속 수행했다. 이후 몇 년 동안 엘리자베스는 회계를 배워서 직접 회계업무를 감사하고 검토한 뒤에 일일이 서명하곤 했다.

그녀의 삶은 조금씩 정상을 되찾아갔다. 9월 7일에는 열여섯 번째 생일을 맞았고, 그로부터 얼마 뒤에는 해트필드를 방문한 베네치아 대사와 더불어 사냥을 즐기고 정담을 나누었다. 이때도 추밀원에서 그와 내통한다고 의심할까봐 패리에게 명해서 윌리엄 세실에게 편지를 보내 호국경에게 다음 사실을 알리도록 했다. '이날 중요한 대화가 오가지는 않았습니다. 호국경 몰래 중요한 듯 보이는 일은 알지도, 행하지도 않을 것입니다.'

그녀는 수면 시에 발생하는 군발성 두통이나 편두통에서 쉽사리 벗어나지 못했다. 한번은 어찌나 골을 콕콕 쑤셔대는지 책을 읽거나 왕에게 편지를 쓸 수조차 없었다. 그 결과 왕에게 편지 쓰는 것을 게을리 한 잘못에 대해 용서를 구하면서 그것이 게으른 손 때문이 아니라 깨질 듯한 머리 때문이라고 해명해야만 했다. 이 기간 중에 보낸 편지들은 '끔찍한 두통', '머리 통증', '머리와 눈의 병'이란 단어로 온통 도배가 되어 있었다. 설상가상으로 애스컴의 교육 커리큘럼에는 방대한 양의 책 읽기가 포함되어 있어서 눈의 피로감을 가중시켰다. 물론 엘리자베스가 이전 세기에 도입된 안경을 썼다는 기록은 없다. 두통과 함께 비염도 그녀를 애먹였다. 두통이 어느 정도 해결된 뒤에는 더 빈번히 왕에게 편지를 보내서 사랑과 존경을 확인시켜주었다. 그를 자주 뵐 수 없다는 사실을 애석해하면서 그의 초상화라도 얻고 싶다고 했다. 또, 스스로를 '폐하가 어려서부터 가장 따르던 누이'로 언급했다. 에드워드가 그 편지들에 무척이나 흡족해하는 답장을 보냄으로써 잃었던 왕의 호의를 곧 되찾을 수 있을 것처럼 보였다.

엘리자베스의 샛별이 점점 초롱초롱 빛을 발하는 반면 호국경의 별은 흐릿하게 사그라져갔다. 그가 어린 왕 대신 대리청정에 나서면서 도리어 분란만 일으켰다. 종교정책에서 중도노선을 걷다보니 열혈 구교도와 신교도 모두에게 반감을 샀다. 경제정책, 특히 인클로저(공유지에 울타리를 둘러쳐서 사유지로 전환시키는 토지 경영 정책으로 중·소농의 몰락, 빈곤 증대라는 사회문제를 초래함.-옮긴이)를 반대하는 정책은 친구이자 동지였던 특권층들이 싸늘하게 등을 돌리게끔 만들었다. 심사가 뒤틀린 그들은 호국경의 개방적인 정책 때문에 근자에 폭동이 일어나고 왕국이 파국으로 치닫고 있다고 비난을 퍼부었다. 법과 질서는 와르르 무너지고 왕실은 파탄 직전이며, 식료품 가격은 헨리 8세 집권기 때보다 2배나 뛰어올랐고 전국적으로 종교분쟁이 활활 불타올랐다. 가진 것 없는 영세농들이 이러한 사회악들이 빚어낸 참담한 결과에 불만을 품고 곧 또다시 무장봉기를 일으킬 거라는 불안감이 팽배했다.

천상천하 유아독존인 호국경은 마땅히 추밀원에서 의결해야 할 사안들을 독단적으로 결정 내리고 위원들의 조언 따윈 한 귀로 흘려들었다. 보다 못한 패짓이 다음과 같이 고언을 했다. "다른 이들과 논의하고 그들의 견해를 경청하지 않는 한 유감스러운 결과가 초래될 것입니다. 분명 땅을 치고 후회하시게 될 겁니다. 노련한 정치 고문들의 입을 틀어막음으로써 왕국에 돌이킬 수 없는 피해와 파국이 닥쳐올 겁니다. 지금처럼 무소불위의 권력을 휘두르신다면 개인적으로도 중대한 위기에 봉착하시게 될 겁니다."

호국경은 그러거나 말거나 신경 쓰지 않았다. 스코틀랜드와의 극한적인 대립과 개혁정책으로 인한 황제와의 갈등, 프랑스 앙리 2세가 불로뉴(1544년에 헨리 8세가 점령한)를 탈환하는 것을 막지 못한 실책, 프랑스와의 임박한 전쟁……이 모든 것이 사태를 최악으로 몰아갔다. 게다가 형제 살해 죄를 비난하는 목소리로 인해 호국경의 평판은 돌이킬 수 없이 손상되었다. 죽어가는 아우에게 매정하게 굴어서 마치 그 처형을 반기는 것처럼 비쳐졌던 것이다. 이런 가운데 어린 왕은 큰 외숙에 대한 반감을 노골적으로 드러내면서 그가 가하는 숨 막힐 듯한 구속에 진저리를 쳤다.

바야흐로 모든 사회악을 초래한 주범을 처단하고 사태를 옳게 바로잡을 수 있는 새 통치자가 필요한 시점이었다. 그리고 그 기회를 운 좋게 잡은 사내가 바로 존 더들리였다.

1501년에 태어난 존 더들리는 헨리 7세 시대에 법관으로서 최고로 인기 없던 중신 가운데 하나인 에드먼드 더들리의 아들이었다. 헨리 8세는 집권하면서 아버지와는 다른 식으로 통치하겠다는 강한 신념을 보여주기 위해 에드먼드 더들리를 사권박탈 시키고 참수형에 처했다. 이로써 왕의 인기는 하늘 높은 줄 모르고 치솟았겠지만 어린 존의 가족은 빈곤의 나락에 빠져들게 되었다. 명망 높은 리처드 길퍼드 경은 가련한 소년을 어여삐 여겨 제 품에 거두어들인 것은 물론 1520년에는 자신의 딸이자 상속녀인 제인과 혼인시켰다. 일이 잘 풀리려는지 때맞추어 에드먼드 더들리에게 가해졌던 사권박탈 판결도 취소되었다. 1523년에 존은 프랑스와 전쟁을 벌이던 중에 기사작위를 수여받았고, 그때부터 꾸준히 신분상승을 꾀했다. 처음에는 울시 추기경이 그리고 나중에는 토머스 크롬웰이 후견인을 맡아 그의 특별한 재능을 인정해주고 독려해주었다. 헨리 8세 밑에서 추밀원 위원, 사복시 장관, 해군제독이란 여러 직함을 갖고 봉사했으며 나중에는 릴 자작에 추대되었다. 군인으로서 화려한 무공을 인정받아 부장군에 임명된 1546년경에는 추밀원 내의 최고 실세 가운데 하나로 자리 잡고 있었다.

이즈음 그는 웨스트 미들랜드에 있는 더들리 성을 사촌에게서 빼앗아 고전적 장식을 곁들인 르네상스 스타일로 호화롭게 개조했다. 이곳과 런던 저택, 그리고 홀본에 위치한 엘리 궁을 번갈아 사용하면서 아내와 더불어 호위 호식하며 살았다. 그의 아내는 무려 13명의 자녀를 생산했는데 그중 일곱만이 살아남았다. 아들 다섯으로는 존과 앰브로즈, 헨리, 로버트, 길퍼드가 있었다. 어려서부터 더들리 형제들은 왕족인 에드워드와 엘리자베스와 어울려 놀 수 있는 특권을 누렸고, 특히 엘리자베스와 로버트는 막역한 친구 사이가 되었다. 더들리에게 추문이란 꼬리표는 감히 상상할 수조차 없었다. 그는 술과 도박, 여자를 되도록 멀리했다. 아내와 아이들은 공통된 이해로 똘똘 뭉쳐 서로 믿고 의지했으며, 시종단의 식솔들은 별다른 부대낌 없이 어우렁더우렁 잘 지냈다.

그럼에도 불구하고 존 더들리는 16세기에 잉글랜드를 통치하는 데 있어 최고로 악랄한 정치가였다. 탐욕스럽고 부패했으며 잔인하고 후안무치했다. 가무잡잡하고 잘생긴 외모와 카리스마 넘치는 태도는 차갑고 오만한 태도로 인해 제 가치를 인정받지 못했다. 물론 필요한 곳에서는 적시에 그 매력을 발산하긴 했다. 어린 왕 역시 그의 감언이설에 녹아든 사람 중 하나였다.

권력욕에 불탄 더들리는 헤살꾼들이 뭐라 뭇방치기하든 상관 않고 갖가지 수단과 방법을 동원해서 욕심껏 권력을 휘두를 작정이었다. 헨리의 종교개혁 정책을 통해 분에 넘치는 수혜를 받은 몸이건만 그럼에도 불구하고 욕망의 허기는 좀체 채워질 줄을 몰랐다. 그는 머리가 비상하고 협박을 가하는 데는 일가견이 있었다. 리처드 모리슨 경에 따르면 그는 지략가답게 늘 사전에 서너 가지 포석을 깔고서 행동에 돌입했다고 한다.

가족들 앞에서도 정치가다운 면모를 유감없이 발휘했다. 일곱 살배기 딸인 템퍼런스가 죽었을 때 그는 이를 비극이라기보다는 성가신 일로 치부했다. 심지어 동료인 윌리엄 세실에게 병균에 전염되면 며칠간 추밀원 회의에 참석치 못하게 될 거라며 마냥 투덜거렸다. 어찌 이리도 매정할 수 있을까! 편지에서는 아이의 시신을 묘사하면서 '가슴팍이 아주 새까맣다'고 남 얘기하듯 야멸치게 말했다. 슬픔의 흔적 따윈 찾아보려야 찾을 수가 없었다. 그럼에도 불구하고 아버지로서 맡은 바 임무를 충실히 수행해서 아들들이 저명한 점성가이자 연금술사인 존 디 박사 밑에서 양질의 교육을 받을 수 있도록 주선했다. 박사는 아이들에게 치세술과 정치를 사사해서 이들이 장차 후계자로 커나갈 수 있도록 훈련시켰다.

워윅 백작으로 올라선 뒤에 더들리는 추밀원 내에서 자신의 위치를 공고히 다져 나가는 데 주력했다. 동료들은 그의 타고난 일처리 감각과 열심히 노력하는 자세를 높이 샀다. 추밀원 회의실을 나가면 그는 탁월한 운동 실력으로, 특히 마상창시합 종목에서 큰 박수갈채를 받았다. 에드워드 앞에서는 비록 어린 왕이지만 왕으로서 각별히 예를 표했다. 그는 이런 품위의 가면을 쓴 채 조용하지만 꾸준히 호국경의 세력을 갉아먹고 있었다. 프랑스 대사에게는 3년 내에 그의 비참한 종말을 보게 될 거라고 큰소리쳤다. 호국경 자리를 꿰차고 앉아 대리 청정하는 게 그의 궁극적 목표였다.

다행히 모든 정황이 그에게 유리하게 돌아갔다. 켓이 일으킨 반란을 능숙하게 저지시킴으로써 그는 백성들의 신망은 물론 동료들의 존경까지 한 몸에 받았다. 서머싯의 인기가 날로 뚝뚝 떨어지고 있는 만큼 갖가지 치밀한 방법으로 그를 코너로 몰아넣는 것은 식은 죽 먹기였다. 1549년 9월에 추밀원 위원들은 크랜머, 사우샘프턴, 아룬델, 폴릿, 세실을 필두로 더들리라는 깃발 아래 하나로 뭉쳐 서머싯을 무너뜨릴 계획을 세웠다.

더들리는 모반을 일으키기 전에 차기 후계자의 지지를 확보하고자 9월에 메리에게 밀서를 보내 의회에 서머싯의 탄핵을 요청할 테니 지지해달라고 부탁했다. 메리는 더들리가 영 미덥지가 않았다. 몇 년 전에 이미 신교로 돌아서버린 사내였기 때문이었다. 하지만 프랑스 대사에게 개혁 종교가 영 마음에 안 든다고 투덜거린 것으로 보아 그의 종교관은 때에 따라 언제든 변할 수 있는 것이었다. 그러기에 사람들이 이 위험한 초대를 그녀가 정치적 일인자로 도약할 수 있는 발판으로 보았음에도 불구하고 그녀는 왠지 말려들기가 싫었다.

이즈음 더들리는 다른 어느 계층보다 서머싯에게 적대적인 종교적 보수주의자들을 어르고 매수하는 데 주력했다. 여기에 호국경의 정책이 자신들의 이해에 위배된다고 불평하는 대지주들을 끌어들이는 것은 그야말로 손대지 않고 코 푸는 격이었다. 영악한 더들리는 얼마 후 성년이 될 왕이 열렬한 신교 지지자임을 알기에 구교 왕국을 건설할 생각은 전혀 없었다. 그가 권좌에 오르는 날 잉글랜드는 에드워드가 그토록 바라 마지않는 신교도 왕국이 되리라. 그리하면 왕은 죽는 날까지 그에게 감사하고 또 감사할 것이며 그의 앞길은 탄탄대로이리라.

더들리는 9월 중순에 노퍽에서 돌아왔다. 그는 근자에 잉글랜드에서 벌어지고 있는 개혁 작업에 대해 불만을 토로하면서 다가올 모반을 예고하는 서한을 은밀히 황제에게 보내고자 했다. 불행히도 편지가 호국경에게 발각되는 바람에 더들리와 동조자들은 대역죄로 기소를 당했다. 하지만 호국경은 반격을 가하기에 이미 늦었음을 깨닫고 절박하게 자신의 안위를 보호하고자 병력 5백을 이끌고 왕이 기거하는 햄프턴 궁으로 도망쳤다. 왕을 곁에 든든히 두고 있으니 무엇이든 명을 내릴 수 있었다. 그는 우선 런던 시내 곳곳에 대형 유인물을 살포해서 백성들에게 지지를 호소했다.

더들리는 이에 대해 동료 귀족들의 소작인들로 구성된 무장군과 켓의 반군과 싸웠던 병력을 엘리 궁에 집결시켰다. 런던 시민들은 유혈사태를 예상해서 너도나도 무장에 들어갔다. 곧 일어날 일에 대한 소문이 햄프턴 궁에서 가슴이 두 근 반 세 근 반 한 채 떨고 있는 서머싯의 귀에 흘러들어 갔다. 10월 6일에 그는 더들리에게 사자를 파견해서 당장 모든 것을 중지하도록 요구했다. 애석하게도 파견된 사자는 돌아오지 못했다. 서머싯은 온종일 복도를 초조하게 오가며 눈이 빠지게 사자를 기다리다가 문득 햄프턴 궁이 적의 포위공격에 취약하다는 사실을 불길하게 깨닫게 되었다.

그날 저녁 외부 소식통으로부터 반군이 햄프턴 궁을 향해 물 밀듯 진격해 들어온다는 소식이 전해졌다. 왕은 이미 침소에 든 뒤였다. 호국경은 더 이상 지체할 수가 없어서 밤에 왕을 흔들어 깨워 의복을 갈아입히고는 왕궁 뜰로 모시고 나갔다. 횃불들이 훤히 불 밝히고 있는 그곳에는 호국경의 부대가 뜰을 가득 메운 채 사열해 있었다. 왕은 외숙이 일러준 대로 선왕이 물려주신 보석 장식의 단검을 빼들고 병사들에게 자신을 따라 반역자들에 맞서 용감히 싸우라고 소리쳤다. 이에 병사들이 일제히 지축을 흔드는 함성을 내질렀다. "국왕 폐하 만세! 폐하를 위해 이 한 몸 바치겠나이다!" 그날 밤 에드워드는 일기에 다음과 같이 기록했다. '9시에서 10시경에 병사들을 이끌고 윈저로 향했다.' 윈저 성은 적의 공격에 대비해서 튼튼한 방어벽을 갖추었지만 그곳에 당도하기까지는 수 시간이 걸렸다.

호기롭게 큰소리는 쳤지만 어린 왕은 외숙에게 불만이 이만저만이 아니었다. 자신은 도망자가 아닌데 왜 그런 취급을 받아야 하는가! 윈저 성도 마음에 차지 않았다. 그는 그곳에 도착해서 일기에 다음과 같이 썼다. '이곳은 감옥과도 같다. 너른 회랑도, 산책할 만한 정원도 없다.' 왕을 맞이할 준비는 허술하기 짝이 없었다. 윈저 성은 근자에 왕실 거주지로 별반 애용하지 않아서 소홀히 방치된 상태였다. 빈약한 가구가 들어선 방안은 썰렁했고 장식은 구닥다리였다. 에드워드에게 익숙한 그런 화려함은 눈을 씻고 찾아보아도 없었다. 엎친 데 덮친 격으로 그는 도착한 바로 다음 날 오전에 덜컥 고뿔에 걸려버리고 말았다.

조카가 중병에 걸려 골골대는 모습에 호국경은 몹시 당황했다. 혹 자신의 충동적인 결정 때문에 귀하신 왕이 덜컥 죽기라도 한다면? 내가 대책 없이 몰아댄 건 것일까? 런던 시민들이 더들리 쪽에 붙었다는 소식을 듣고 그의 충만했던 자신감은 어디론가 사라지고 말았다. 결국 추밀원으로부터 호국경 자리를 순순히 내놓으라는 요구를 들었을 때 자신이 완강히 버티면 왕국이 내전에 빠져들 것임을 알고 그는 순순히 따랐다. 목숨만 보존해준다면 추밀원의 요구에 흔쾌히 동의한다는 밀서를 보냈던 것이다.

얼마 안 있어 호국경은 동료 위원들의 명줄을 끊어놓을 음모를 꾀했다는 혐의로 체포되었다. 후일 더들리에게 사면과 후한 보상을 받은 공모자들의 그릇된 진술에 의해서, 또는 고문을 통해서 그 증거를 찾아냈다는 설이 유력하다. 에드워드 6세는 일기장에서 호국경이 '권좌에서 쫓겨나면 런던 시내를 "자유를!", "자유를!" 하고 외치고 돌아다니면서 폭동을 부추길 거라고 위협했다'고 기록했다. 호국경은 그런 말을 한 적이 없다고 극구 부인했지만 감히 어느 안전이라고 왕의 말을 반박하겠는가! 그가 런던탑에 수감되어 있는 동안 이전의 동료였던 위원들은 그의 운명을 결정하고 있었다.

모반이 진행되는 그 주 동안 두 공주는 호국경이나 더들리 어느 한 편에 서지 않은 채 시골에 박혀 죽은 듯 엎드려 지냈다. 호국경을 체포한 뒤 추밀원은 두 공주와 황제에게 호국경의 죄상을 낱낱이 밝히고 그자가 관직에서 물러나게 될 것임을 알리는 서한을 보냈다. 호국경은 이듬해 1월에 정식으로 실각했다. 메리는 그녀가 왕의 섭정자리에 앉기 위해 더들리와 짜고 모반을 획책했다고 호국경이 자백하지 못하게 막았다는 소문을 들었다. 외교가에서는 더들리가 거사를 치르기 전에 가톨릭 실세들에게 호의를 보인 것으로 보아 그가 집권하게 되면 구교를 복원시키고 메리 공주를 섭정자리에 앉힐 거라고 확신했다. 메리는 이러한 항간의 소문을 한 귀로 듣고 한 귀로 흘려버렸다. 더들리와 그 지지자들이 그저 질시와 야욕에 눈이 멀어 그런 거라고 제국 대사에게 말했다. "워윅 백작은 왕국에서 최고로 위태위태한 남자입니다. 결국 모반은 아무런 득도 가져다주지 못할 겁니다. 그저 불행의 시작일 뿐이죠."

그해 10월에 더들리는 추밀원 의장이자 왕국의 실질적인 통치자 자리인 호국경에 추대되었다. 충정이 의심되는 아룬델이나 사우샘프턴 같은 자들은 관직을 박탈당하고 가택연금에 처해졌다.

더들리는 어린 왕을 돈으로 매수해서 손 안에 넣고 쥐락펴락하는 동시에 서머싯이 가한 엄격한 통제를 느슨하게 풀어줌으로써 후한 점수를 땄다. 에드워드에게 넉넉한 돈을 쥐어 주면서 나랏일에 보다 활발히 참여할 수 있도록 배려한 것이다. 더들리에게 폭 빠진 왕은 그의 말이라면 팥으로 메주를 쑨다 해도 믿었다. 그 결과 1549년 11월 말에 더들리는 통치 위임자라는 구실 아래 왕을 등에 업고서 의회나 추밀원 따위는 무시한 채 독단적으로 왕국을 쥐고 흔들었다.

초기에 그는 일부 가톨릭교도를 추밀원에 복직시키고 이전처럼 교회에서 가톨릭 미사를 올리도록 허락했다. 그런 한편으로 자신의 미래가 존 녹스와 글로스터 주교인 존 후퍼 같은 골수분자들이 이끄는 신교 급진파와 동맹하는 데 달려 있음을 뼛속 깊이 자각했다. 더들리는 신교를 포용해서 어린 왕의 호의를 얻었을 뿐 아니라 재산까지 축재하는 일거양득의 효과를 보았다. 급진파에서 예배당과 사당을 강제 폐쇄할 것을 주장했는데 그 결과 꽤 쏠쏠한 재미를 보았던 것이다. 기록에 따르면 더들리와 그 동료들은 환수한 교회 재산을 매각해서 양껏 제 배를 불렸다고 한다.

누구보다 먼저 바람이 어느 방향으로 부는지 눈치 빠르게 간파한 이들은 가톨릭 실세들이었다. 시간이 갈수록 더들리의 의중이 투명하게 드러나고 있었기 때문이다. 크랜머 대주교조차 자신이 계획한 개혁 작업이 더들리를 만족시킬 만큼 충분히 저돌적이지 못하다고 자체 평가했다. 반면 래티머 주교는 부자들은 가난한 자들에게 노블레스 오블리주의 의무가 있다고 설교해서 더들리의 심기를 긁어놓았다. 주교들은 더들리가 주교직을 없애고 그녀들의 재산을 빼앗을까봐 몸을 사리며 그가 추진하는 정책에 맥없이 따랐다. 곧 신교도들은 더들리를 '용감무쌍한 그리스도의 병사이자 무시무시한 가톨릭교도 파괴자'로 부르게 되었다.

노샘프턴 후작인 윌리엄 파와 도싯 백작인 헨리 그레이, 개혁을 통해 벼락부자로 출세한 신흥귀족들, 그리고 열혈 신교도들이 그의 핵심 지지 세력이었다. 그는 천부적 재능에서 비롯된 교묘한 공작정치와, 위압적이고 권위적인 성격에 맞는 위협을 번갈아 구사하며 통치했다. 결국 그는 사방에 적을 만들게 되어 오래지 않아 인기 없는 통치자로 전락하고 말았다. 윗대가리들은 썩어 문드러질 대로 문드러졌고 위법과 불법이 판을 쳤으며,

한동안 공개적으로 드러나지는 않았지만 그의 실책을 비판하는 목소리가 꽤 높았다.

메리는 처음에 더들리를 호의적인 눈길로 바라보았지만 이내 그의 음흉한 꿍꿍이속을 간파했다. 온건한 서머싯 아래서 사는 삶이 고달팠다면 더들리 아래서는 더더욱 고되었다. 메리는 추밀원과 우호적이지만 일정한 거리를 유지하면서, 이 땅에서 하루빨리 벗어나고자 황제에게 자신의 불행을 알리는 증표로 반지를 보내 주었다. 황제는 메리가 본국을 떠나게 되면 여왕 자리는 영영 물 건너가는 것임을 잘 알았다. 그것은 합스부르크 왕가에도 전혀 도움이 되지 않는 일이었다. 망명할 경우 그녀가 거느린 대규모 시종단을 부양할 비용도 짐스럽기만 했다. 결국 그는 대사에게 일러 몰래 나라를 빠져나가는 것은 위험천만한 일이니 탈출 계획을 그만 접도록 설득하라고 했다.

메리는 황제의 반응에 실망스럽기 짝이 없었다. 그녀는 대사에게 더들리가 어떻게 나올지 두렵기만 하다고 고백했다. 추밀원에서 그녀가 가톨릭 당파를 규합시키고 있다고 의심한다는 소리를 들은 터라 그러했다. 위원들은 그녀를 쥐구멍으로 이용해서 제국 대사의 쥐새끼들이 자신들의 본거지로 몰래 기어 들어올지 모른다고 불안해했다. 그녀는 이를 자신을 제거키 위한 그럴듯한 방편으로 삼지 않을까 지레 겁을 먹었다. 서머싯이 런던탑에 투옥된 이상 그녀가 개인적으로 미사를 보아도 좋다는 이전의 약속은 물거품처럼 흩어지고 말았다.

유일하게 남은 탈출구는 가톨릭 신자인 왕자와 결혼하는 것이었다. 1536년부터 쭉 메리를 포르투갈의 돔 루이스와 혼인시키자는 논의가 있어 왔는데, 최근 들어 그가 다시 청혼을 했다. 메리는 제국 대사에게 말하길,

황제가 이 결혼을 허락한다면 받아들이겠지만 솔직히 결혼이 아닌 다른 탈출구를 찾고 싶다고 했다. 당장 결혼식을 거행하도록 주선할 수 없다면 플랑드르 지방에 안전한 은신처를 마련해달라고 했다. 잉글랜드에 발을 딛고 사는 이상 안전이 적이 염려되었기 때문이다.

대사는 탈출 시도에는 과도한 위험이 따른다는 사실에서 황제와 의견이 일치했다. 행여 탈출이 실패하기라도 하면 그 파장은 상상을 초월하리라. 용케 성공한다 해도 제국과 잉글랜드 사이에 전쟁이 벌어지거나 외교관계가 삐거덕거리게 될 것이다. 그럼에도 불구하고 메리는 삶의 무게가 너무 무거워 한시라도 빨리 탈출하고만 싶었다. 왕이 죽으면 신교 과격파들이 가톨릭 공주에게 얼씨구 좋아라하며 왕위를 건네줄까? 극형에 처할 게 뻔했다. 그녀에게 왕위 따위는 문제가 아니었다. 그저 마음 편히 신앙생활을 즐기며 평화롭게 살 수 있는 곳으로 도망치고만 싶었다. 대사는 주저하면서 황제에게 다시 한 번 그녀가 느끼는 우려를 전해주겠노라고 약속했다.

11월 4일에 의회가 소집되었다. 후퍼 주교에 따르면, 그달 내내 가톨릭 교도들은 왕국을 수호하기 위해 고군분투한 반면 개혁주의자들은 앞으로 종교개혁이 어떻게 될 것인지 시름에 싸여 지냈다고 한다. 대사는 가톨릭 주도 세력인 가디너 주교와 보너 주교가 곧 런던탑에서 풀려날 거라는 소문을 들었지만 그나 메리 누구도 온 왕국이 신교에 물들어 있는 이상 구교가 쉽사리 복원될 거라 장담하지 못했다.

두 사람의 판단이 옳았다. 그달 말에 더들리는 추밀원 내에서 가톨릭 당파를 송두리째 뿌리 뽑았다. 이에 발맞추어 의회에서는 통일령을 발동해서 교회 안에서 우상숭배적인 화상과 미신적인 서적을 몰아내도록 조치했다. 종교 자유라는 꿀맛을 맛본 지 고작 한 주 만에 교회에서는 더 이상 미사를 올릴 수 없었고, 전국 주교들에게는 왕이 서명한 통지서가 날아들었다. 왕은 통지서에서 전 호국경이 한 일이란 그저 공동기도서 채택뿐 사악한 자들은 헛되고 미신적인 의식을 생각 없이 허락하고 말았다고 통탄스러워했다.

에드워드는 성탄연휴에 두 누이를 궁으로 초대했지만 메리는 아프다는 핑계로 친구들과 시종들과 더불어 뉴홀에서 지냈다. 당시 그녀는 대사에게 말했다. "날 궁으로 불러들여 미사를 못 보게 하려는 속셈이죠. 곁에 붙잡아 두고 자기네 예식을 따르게 하려는 거죠. 그런 곳엔 죽어도 가지 않을 겁니다."

일련의 호된 시련을 거치면서 메리는 신께서 반드시 이 왕국에 저주를 내릴 거라는 믿음을 가졌다. "그분은 파라오에게 그러했듯이 추밀원 위원들에게 이미 재앙을 예고해 왔습니다." 그녀는 애굽에 불어 닥친 재앙을 떠올리면서 경고했다. "다가올 재앙에서 달아나고만 싶어요." 대사는 그녀의 염려하는 마음을 황제에게 그대로 전하면서 이를 진지하게 여길 만한 이유가 충분히 있노라고 덧붙였다.

메리는 대신 신년에 런던 자택에 너댓새 정도 머물면서 왕을 방문할 예정이었다. 그녀는 에드워드가 스스로를 교회의 수장으로 여기도록 주위에서 부추긴다는 사실에, 또 그가 구교에 적대감을 보인다는 사실에 두려움이 엄습했다. 더들리에게 그 책임이 있음은 두말할 나위가 없었다. 그녀의 머릿속에 이미 더들리는 곧 위험한 적이라는 공식이 입력되어 있었다.

이와 달리 엘리자베스는 왕의 초대를 쌍수를 들어 환영했다. 시모어와 얽힌 해괴한 소문 이후에 완벽하게 달라진 자신의 모습을 드러내 보이고 싶던 차였다. 어디 그뿐이랴. 더들리로부터 이미 명백한 지지 의사를 전해

받아 더없이 든든하기만 했다. 그는 집권하자마자 그녀가 유언으로 물려받은 토지를 소유주에게 증여하는 칙허장을 발급해 주었던 것이다. 그녀는 신교 안에서 성장한 자신을 새 행정부에서 계속해서 든든히 밀어줄 거라 내심 기대했다.

제국 대사의 기록에 따르면 12월 19일에 엘리자베스 공주는 열렬한 환대 속에 궁에 도착해서는 내내 왕의 곁에서 지냈다고 한다. 이제 누이 중 누가 왕의 성은을 받고 있는지 명백해졌다.

열여섯 살의 엘리자베스가 나이상 정규교육을 끝낼 시점인지라 성탄연휴가 지나면 로저 애스컴은 그 자리에서 물러날 예정이었다. 그는 존 체크에게 고백하길 이제 불명예스러운 퇴임만 남았다고 했다.

솔직히 애스컴은 계속해서 공주 곁에 남아 있고 싶을 만큼 현재의 생활이 그리 흡족한 것은 아니었다. 그녀와 동행해서 입궁할 때도 그리 썩 내키지는 않았다. 허세와 겉치레로 포장된 궁중 예법이 케임브리지 대학 학자에게는 지나치게 비속하다고 한껏 경멸했다. 이것 말고도 공주와의 사이에 생겨난 거리감도 한몫 톡톡히 했다. 한번은 공주에 대한 영향력을 질시한 토머스 패리가 그녀에게 스승의 험담을 주저리주저리 늘어놓아서 그 작자와 한바탕 붙었다. 애석하게도 그녀는 패리의 이간질에 놀아나 스승을 무참히 저버리고 그의 편에 붙었다. 이에 크게 발등을 찍힌 기분이 들어서 애스컴은 그녀 곁을 떠나는 것이 그리 애석하지 않았다. 체크에게 보낸 편지에서 그는 '정신이 황폐해졌다. 왕궁의 폭력과 부정에 진절머리가 난다'고 썼다.

1550년 1월에 애스컴은 케임브리지로 돌아와 다시금 학문을 연마하는 일에 몰두했다. 하지만 얼마 지나지 않아 플랑드르에 거주하던 신성로마제국 주재 잉글랜드 대사인 리처드 모리슨 경의 비서관에 임명되었다. 왕국을 떠나기 전에 그는 도싯 부부의 초대를 받아들여 브래드게이트 영지에서 한동안 머물기로 했다.

한겨울 찬바람을 온몸으로 맞으며 말을 달려 사냥터를 가로지르고 있을 때 저 멀리 후작 부부가 속해 있는 사냥꾼 한 무리가 눈에 들어왔다. 곧 있어 후작 집에 도착하니 제인 그레이만이 그를 반가이 맞아주었다. 그녀는 때마침 응접실에서 책을 읽고 있었다. 두 사람은 그곳에서 한동안 심도 깊은 대화를 나누었다. 그의 절친한 친구이자 자신의 스승인 존 에일머로부터 그에 대해 익히 들어 알고 있던 터라 제인은 곧 믿는 마음이 생겨 툭 터놓고 자신의 불행한 처지를 얘기했다. 이때 두 사람이 나눈 대화는 1570년에 발간된 그의 저서 《교육자 The Schoolmaster》에 등장한다. 당시 애스컴은 제인이 플라톤의 《파이돈 Phaedo》을 마치 보카치오 소설을 읽듯 재미나게 읽는 모습에 깊은 인상을 받았다.

"왜 같이 사냥하러 나가지 않았습니까?" 그가 호기심에 차서 물었다.

"플라톤에게 느끼는 즐거움에 비하면 그건 새 발의 피입니다. 그분들은 무엇이 진정한 기쁨인지 모르고 계시죠." 제인이 야무지게 대답했다.

"이 진정한 기쁨을 어떻게 발견하셨습니까?" 흥미를 느낀 애스컴이 물었다. 상대는 고작 열두 살에 불과한 소녀 아니던가! "극소수의 여자들과 몇몇 남자들만이 그러한데, 무엇에 그리 끌리게 되었나요?"

"솔직히 말할게요. 신이 주신 최고의 선물 가운데 하나는 제게 쌀쌀맞고 엄한 부모님과 자애로운 스승님을 보내주신 거예요. 부모님 앞에서는 신이 세상을 창조하셨듯 그렇게 완벽하게 행동해야 해요. 말을 하거나 침묵을 지키거나 자리에 앉아 있거나 서 있거나 어딜 가거나 먹거나 마시거나 할 때 말이죠. 또, 슬플 때나 기쁠 때나 바느질을 하거나 놀이를 하거나 춤을 출 때도 꼭 자로 잰 듯 행동해야 합니다. 안 그러면 욕설을 퍼붓거나 으름장을 놓으시죠. 네, 간혹 꼬집거나 뺨을 때리거나 다른 식으로……그분들 얼굴을 보아서 자세히 말 안 할래요. 암튼 생지옥이 따로 없었죠. 그러다 에일머 선생님을 만나 그분의 자상하고 유쾌한 가르침 덕에 배우는 걸 좋아하게 되었어요. 그분 곁에 있는 동안은 딴 생각은 들지 않았어요. 그분의 부름을 받고 얼마나 기뻐 울었는지 몰라요. 배우는 것 외에 다른 건 괴로움과 고통이니까요. 책은 제 최고의 기쁨입니다. 다른 즐길 거리는 그저 하찮거나 성가실 뿐이죠."

애스컴은 제인의 재능 앞에서 입이 절로 떡 벌어졌다. 그녀는 도저히 믿기 힘들 만큼 능숙하게 헬라어를 말하고 썼다. 방문 기간 중에 대놓고 지적하지는 않았으나 그는 이런 딸을 학대하는 부모가 한없이 원망스러웠다. 그러면서도 튜더 시대 여느 부모들 마냥 부모는 자식을 자신들이 원하는 방식으로 교육시킬 권리가 있다는 사실을 인정했다. 도싯 부부와 존 에일머 사이의 팽팽한 적의감도 감지했는데, 에일머가 부부의 심각한 도박 중독을 대놓고 비판한 탓에 그러했다. 고래 싸움에 새우 등 터진다고, 제인은 그 와중에 괜히 스승 편을 들어서 부모로부터 독한 미움만 사게 되었다.

제인은 애스컴에게 작별인사를 건네면서 편지를 보내겠노라고 단단히 약조했다. 이것이 그 유명한 제인과 개혁파 학자 모임 사이의 서신 교환이 이루어진 발단이었다. 그의 제인에 대한 기억은 이렇게 정리된다. '그것이 고상하고 다정다감한 숙녀를 본 마지막이었다.' 더불어 개혁파학자인 애스컴은 당시 메리의 급박했던 상황을 후일 이렇게 기술했다.

런던에서 반 데르 델프트 대사는 황제에게 메리가 낙담과 절망감으로 안절부절못한 채 지낸다고 알렸다. 그는 메리가 곧 처형당할 위기에 직면하지나 않을까 극도로 우려했다. '권력을 쥔 자들이 그녀를 배척하고 있습니다.'

광신적인 신교도 사제들은 드러내놓고 그녀를 통렬히 비판해댔다. 그는 탈출만이 유일한 선택이라고 주청했다. 하지만 황제는 그런 암시를 의뭉스럽게 못 들은 척했다. 가톨릭을 잉글랜드 땅에서 복원시키려면 마땅히 메리는 그 땅에 머물러 있어야 했다. 그녀를 위해 얼마든지 추밀원에 압박을 가할 수는 있지만 망명자 메리는 받아들이지는 않을 작정이었다.

2월에 자신의 유죄를 인정한 서머싯은 런던탑에서 풀려나 곧 추밀원 위원에 복귀했다. 이 정치 백 단의 능구렁이는 속으로는 배알이 꼴렸지만 꾹 참고 더들리의 정책을 지지하면서 그와 불안정한 동맹을 맺었다. 왕은 외숙을 공손히 대우하긴 했어도 싫어하는 감정만은 어찌해도 감출 수가 없었다. 그럼에도 불구하고 서머싯에게서 몰수했던 서머싯 하우스를 되돌려 주는 것에는 동의했다. 더들리는 아들 존 더들리를 서머싯의 딸인 앤과 혼인시킴으로써 불안정한 연맹을 공고히 다졌다. 속으로야 정적을 단칼에 제거하고픈 마음이 굴뚝같았지만 아직 그럴 만한 처지가 아닌지라 이 보 전진을 위해 과감히 일 보 후퇴했다.

한편 더들리에 대한 왕의 애정은 날이 가도 식을 줄을 몰랐다. 더들리는 소년 왕을 즐겁게 해주기 위해 마상창시합을 개최하고 왕을 빈번히 정사에 개입시킴으로써 자신을 사랑할 만한 명분을 계속 제공했다. 에드워드는 더들리가 자신을 꼭두각시처럼 이용한다는 사실도 모른 채 왕으로서 제대로 세를 떨치고 있다고 착각했다.

실상 더들리는 밖으로 드러나는 것을 별반 좋아하지 않았다. 공적인 자리에 거의 모습을 드러내지 않았으며 몸이 아프다는 구실로 주로 집에서 집무를 보아서 추밀원 위원들이 직접 찾아가 의중을 들어야만 했다. 그럼에도 불구하고 누가 칼자루를 쥐었는지는 한눈에 가늠할 수 있었다. 대사는 황제에게 다음과 같이 보고했다. '누가 뭐래도 주인은 그입니다. 그의 명령 없이 행해지는 일은 아무것도 없습니다.' 대사는 더들리의 종교정책이 어떤 방향으로 흐를지 확실히 맥을 짚을 수 있었는데 그것은 메리에게는 재앙과도 같았다. 이제부터 잉글랜드에서 저지를 수 있는 최악의 범죄는 신실한 가톨릭 신자로 살아가는 것이었다.

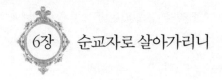 **6장** 순교자로 살아가리니

성탄 연휴가 끝나고 엘리자베스는 왕의 호의로 충만한 채 룰루랄라 콧노래를 부르며 해트필드로 돌아왔다. 며칠 뒤 왕에게서 초상화를 보내 달라는 한 통의 편지가 날아들었을 때는 한껏 품위 있는 답장을 보내 주었다.

제 얼굴을 보여주자니 민망하기 그지없지만 왕께 선물을 보내는 것은 결단코 부끄럽지 않습니다. 색채가 다소 빛바래졌으나 민첩한 날개를 가진 시간도 그림을 훼손치는 못할 겁니다. 겸허히 청하노니 부디 그림을 보실 때 제 외양이 아닌 폐하 곁에 더 자주 가 있길 바라는 제 마음을 보시길 바랍니다.

3월에 그녀는 대규모 수행단을 이끌고 또다시 왕을 방문했다. 그해 봄에 선왕이 물려주신 유산에다 해트필드 궁과 애슈리지 궁, 엔필드 궁까지 손에 넣으면서 그녀는 단숨에 메리에 버금가는 대지주의 반열에 올랐다. 그녀는 자산을 효율적으로 관리하기 위해 윌리엄 세실을 연봉 20파운드의 감독관 자리에 임명했다. 그는 능숙하고 뛰어난 솜씨로 맡은 바 임무를 충실히 수행했기에 탁월한 선택이었다. 엘리자베스가 불안정한 미래를 대비해서 재산을 알뜰히 모으기 시작한 것도 모두 그의 살뜰한 조언 덕이었다.

4월에 로저 애스컴은 본국으로 돌아와 그 옛날 제자와 지적인 관심사를 도란도란 나누었다. 아쉽게도 이번에는 스승이 아닌 단순한 친구로서였다.

그달에 그는 신교도로서 스트라스부르 대학 총장인 요한 슈투름에게 보내는 편지에서 그녀를 한껏 우러러 칭송했다.

내 저명한 안주인인 엘리자베스 공주님은 빛나는 하늘의 별과도 같다네. 어찌나 이해력이 빠르고 위엄 있고 예의 바른지! 그처럼 어린 나이에 참으로 보기 힘든 모습이라네. 참된 종교와 숭고한 문학에 대한 열정 또한 아주 남다르지. 그녀보다 이해력이 뛰어나고 기억력이 비상한 이는 세상에 없을 듯싶네. 그녀의 필체보다 더 아름다운 필체는 없을 걸세. 그녀는 예술에 능통하듯 음악에서도 큰 즐거움을 느낀다네.

그는 공주의 뛰어난 언어 구사력을 치켜세운 뒤에 다음의 찬사로 갈무리했다. '친애하는 슈투름, 이건 절대 꾸며낸 얘기가 아니네. 모두가 사실이지. 자네한테는 그녀의 탁월함을 대충만 알려주는 것뿐일세.'

왕의 성은을 담뿍 받았겠다, 유산을 물려받아 주머니도 두둑해졌겠다, 거기다 스승 애스컴과도 재회했겠다……엘리자베스로서는 더 이상 바랄 게 없었다. 그녀는 매일 하는 고전공부에서 더 큰 낙을 찾았다.

반면 메리의 처지는 동생의 그것과 달라도 너무 달랐다. 그녀는 옥죄어 오는 갑갑한 현실 속에서 벗어나고자 헛되이 발버둥치고 있었다. 포르투갈의 돔 루이스와 혼인하겠다는 희망은 그해 봄 더들리가 지참금 문제로 한참 뜸을 들이면서 물 건너가고 말았다.

그녀는 여느 때처럼 제 집에서 신실하게 미사를 올리면서 어느 경우에는 6명의 사제까지 고용했다. 그녀가 굳건한 신앙 지킴이란 사실을 모르는 이는 아무도 없었다. 귀족층의 가톨릭교도들은 그녀를 자신들의 신앙을 지

커줄 영웅으로 보아서 너도나도 딸내미를 그녀의 시종단에 들여보내고자 했다. 제인 도머가 회고하는 당시 모습을 한번 살며시 엿보자. '당시 공주의 집은 신앙에 몸 바친 젊은 귀족 처자들에게 유일한 안식처였다. 그곳은 덕성스런 품행의 학교였다. 고위층 인사들은 딸을 그 집의 시녀로 들이고자 안간힘을 썼다.'

에스파냐와 신성로마제국에서 공동기도서 사용을 금했던 황제는 메리가 제 믿음을 지켜갈 수 있도록 허락하라고 추밀원에 요구했다. 제국 대사는 이는 과거에 서머싯이 그녀에게 약조해준 내용이라는 점을 상기시켰다. 기대와 달리 서머싯의 약속은 메리와 미사에 참석하는 두세 명의 시녀에게만 해당된다는 답만 돌아왔다. 시종 모두가 미사에 참석하도록 허락해서 문제를 키우지는 않겠다는 조건이 붙었다는 것이다. 제한적으로만 인정한 것이며 그녀가 신교로 돌아서기만 하면 곧바로 취소될 허락이었다고 했다.

"그녀는 양심을 저버리고 구교를 포기하진 않을 겁니다." 대사가 기백 있게 대답했다.

"그 놈에 양심, 양심……! 정말 넌더리가 나는군." 더들리가 흥분해서 소리쳤다. "왕께서 그녀가 잘못된 길로 가도록 내버려 둔다면 분명 그분의 양심 또한 크게 훼손될 거요." 그는 분노에 차서 자리를 박차고 일어섰는데 동료들이 제지하지 않았다면 자칫 대사에게 심각한 위해를 가할 뻔했다. 그는 한시적으로라도 메리가 자유롭게 미사를 볼 수 있도록 약속하는 칙허장을 내릴 마음이 조금도 없었다. 위원들은 한목소리로 대사에게 내정에 간섭할 권한이 없다고 매몰차게 지적했다.

메리의 미래는 어둡고 암울하기만 했다. 3월 29일에 불로뉴 조약으로 인해 잉글랜드와 프랑스 사이에 화해 무드가 조성되었다. 더들리는 이에 황제와 그와 유사한 연맹을 맺을 의사가 눈곱만치도 없음을 분명히 못 박았다. 서머싯이 동맹을 적극 주장해서이기도 했거니와 카를 5세가 메리를 밀어주고 있기 때문에 그러했다. 가톨릭계에서는 잉글랜드의 평판이 날이 갈수록 낮아지고 있었는데 이는 메리에게 가해진 박해 때문이었다. 더들리가 욱일승천의 기세로 버티고 있는 한 그녀는 영원히 3인자 신세를 면치 못할 것이다. 그는 자신이 어느 순간 무너질지 모를 모래성을 쌓고 있다는 사실을 알았지만 그래도 수단과 방법을 가리지 않고 권력을 유지하는 데 몰두했다. 그해 봄에 그는 프랑스와의 전쟁에 대비해서 징집한 병사들이 더이상 쓸모가 없어진 사실을 알고 이들을 재빨리 개인사병으로 전환시켰다. 열혈 지지자들에게 부대 통수권을 맡기고 왕실 보고에서 착복한 돈으로 녹봉을 지급하고 나서야 그는 다리 뻗고 편히 잘 수 있었다.

4월에 메리는 대사를 통해 추밀원의 강경한 태도를 전해 들었지만 그네들의 경고를 그냥 한 귀로 흘려들었다. 비록 추밀원과 맞장 뜨는 상황이 올지라도 가톨릭교도들이 제 집에서 자유롭게 미사를 보도록 안전지대를 마련해주는 게 자신의 마땅한 의무라 생각했다. 이에 대해 여기저기서 볼멘소리가 터져 나오자 더들리는 보다 강력한 조치를 취하고자 했다. 메리는 대사를 통해 그가 서머싯이 한 약조를 무람없이 어기고 있다고 반발했지만 이는 소귀에 경 읽기 격이었다.

그녀는 자신이 느끼는 두려움을 대사에게 호소했다. "왕께서 돌아가시면 이 나라를 뜨는 게 상책이에요. 그자들이 날 쫓아낼 게 뻔하니까요. 제게 적의를 품지 않은 위원은 한 명도 없습니다."

이즈음 메리는 신교 왕자인 브란덴부르크 후작으로부터 청혼을 받았다. 그녀는 행여 추밀원에서 반대할까 두려워 황제를 친아버지로 여기고 있으며 그의 동의 없이는 아무것도 하지 않을 거라는 편지를 보냈다. 이것으로도 추밀원을 돌려세우지 못할까 걱정이 들고, 또 절실히 이 나라를 벗어나고자 싶어서 그녀는 4월 말에 에식스 몰던에서 2마일 떨어진 우덤 월터에 위치한 집으로 대사를 불러 조언을 구했다. 그는 사태 추이를 신중히 관망하다가 여유롭게 대처하라고 일렀다. 대답이 시원치 않자 메리는 추밀원의 불경한 태도를 상기시키면서 그네들이 자신을 기어코 순교자로 만들 거라고 지적했다.

"신을 두려워하거나 왕가를 존중하지 않고 오로지 제 이익만 좇는 자들이니까요." 그녀는 분연히 소리쳤다. "신이 보시기에 제 명분은 너무나 정당하기에 황제께서 절 아끼신다면 더 이상 지체해서는 안 됩니다."

그녀는 '좋은 친구들'이 곧 통일령을 따르라는 압력이 올 거라고 경고해주었다고 전했다. 그녀는 씨도 안 먹히는 소리라며 단호히 거부할 결심을 했다. "미사를 금하는 명을 내리면 난 부친이 살아계셨을 때처럼 또다시 고초를 겪게 되겠죠." 그녀가 이것저것 잴 것 없이 지체 없이 이 땅을 떠야 하는 까닭은 이러했다.

그자들은 제가 건널 수 있는 강이나 항구에 접근하지 못하도록 막을 것이며 제가 신임하는 시종들을 빼앗아갈 거예요. 결국 최악의 곤궁으로 몰아가 자기네들 마음대로 휘두르겠죠. 양심을 더럽히느니 차라리 죽음을 택하겠어요. 부디 도와주세요. 은혜는 절대 잊지 않겠습니다.

전 여리고 무지한 소녀일 뿐입니다. 권세나 재물 따윈 관심 없어요. 오로지 신에 대한 봉사와 제 온건한 양심만이 중요합니다. 떠나도 위험하고 가만있어도 위험하다면 둘 중 덜 위험한 쪽을 택할래요.

대사는 현명하고 신중한 발언에 속으로 감탄하면서도 그녀의 외고집을 꺾고자 황제가 반대한다는 뜻을 전달했다. 그럼에도 불구하고 그는 그래보았자 부질없음을, 그녀가 가만히 앉아 당하지는 않겠다는 결심을 굳혔음을 이내 깨달았다. 황제를 설득해서 포르투갈 왕자와 혼인협상을 재개하도록 손써볼까? 아니, 황제가 넘어올 리 만무했다. 결국 그는 공주가 잉글랜드 땅에서 하루속히 은밀하게 떠야 한다는 데 동의하고 말았다. 그녀가 황제의 땅에 안착하는 즉시 황제의 수하들이 역성혁명을 부추기면 '정의로운' 잉글랜드 가톨릭 신자들은 더들리와 그 사악한 동조자들을 한 쾌에 무너뜨리리라. 대사는 메리의 딱한 처지에 마음 한 구석이 짠했다. 황제에게 보고했듯이 그녀가 절박하게 매달리자 잠자던 기사도적 본능이 불끈 되살아났다. 두 사람은 결국 2가지 탈출계획을 세운 뒤에 그날의 면담을 마쳤다.

하늘이 도우려는지 때마침 대사는 건강 악화·때문에 곧 브뤼셀로 영구 귀국할 예정이었다. 이 시기를 이용해서 그들이 세운 계획은 이러했다. 하나는 메리가 템스 강 어귀에 대기 중인 그의 배에 몰래 올라타는 것이다. 다른 하나는 그가 교역선으로 위장한 배를 몰던에 보내주면 메리가 적절한 시기에 그 배에 타는 것이다. 메리가 시녀들을 데려가겠다고 벋댔지만 대사는 가뜩이나 위험한데 혹까지 달고 가면 더 위험할 거라며 간신히 만류했다.

다음 날 대사는 비서관인 장 뒤부아를 우덤 월터에 보내서 메리가 탈출할 생각에 변함이 없는지 확인해보도록 했다. 뒤부아로부터 확고한 결심이 서 있다는 보고를 전해 듣고 대사는 즉시 황제에게 전언을 보내 메리가 처형당할 위험 내지는 그보다 더 심각한 위험에 처해 있다고 강조했다. 며칠 뒤 그는 다시 메리로부터 애타는 전갈을 전해 들었다. 그가 보낼 배가 도착하기만을 손꼽아 기다리고 있다고 했다.

결국 황제는 집요한 설득에 넘어가 썩 내키지는 않지만 그녀의 탈출에 동의했다. 더불어 누이이자 네덜란드 섭정인 헝가리의 마리아에게 이 계획에 관해 조언을 구했다. 그녀와 상의한 끝에 두 번째 계획을 실행키로 결정

163

했는데, 이는 제국 대사에게 조금이라도 불똥이 튀어서는 안 되었기 때문이다.

대사는 공식적으로 1550년 5월 중순에 소환장을 받았다. 모두들 그가 건강 때문에 그리고 잉글랜드에서 임무를 수행하기 까다롭다는 특성 탓에 본국으로 돌아가는 거라고 생각했다. 1550년에 그는 황제에게 다음과 같이 보고했다. '에드워드 왕은 비록 천성이 선하긴 하나 신교 골수주의자들에게 조금씩 물들어 왔습니다. 제 이익만 추구하는 위원들과 더들리와 그 앞잡이들에게 무기력하게 조종당한 채 위험하리만치 그네들의 시각을 좇고 있습니다. 앵무새처럼 남들이 하라는 말만 따라 하며, 간혹 명백히 거부하고 싶은 상황에서도 그저 따라 하고만 있습니다.'

반면 이즈음 에드워드 왕을 만난 로저 애스컴은 그의 빛나는 지성에 크게 감동했다.

그분의 능력은 그분이 가진 지위에 버금가고 그분의 덕성은 이 둘을 훨씬 능가한다. 문학에 대한 열정에서, 최고로 엄격한 종교생활에서, 기꺼운 의지에서, 판단력에서, 인내심에서 그분은 시대를 한참 앞서 있다. 그분이 존 체크를 어려 스승으로 삼은 것은 참으로 행운이다. 그분은 라틴어를 정확하면서도 적절하고 유창하게 이해하고, 말하고, 쓸 줄 안다. 아리스토텔레스의 《변증법 Dialectic》을 배웠으며 지금은 《윤리학 Ethics》를 익히고 있다. 헬라어에서 탁월한 재능을 보여 라틴어로 된 키케로의 철학서를 능숙하게 헬라어로 번역한다.

사실 왕은 학구적인 세계에만 맴돌지 않았다. 1550년 4월에 그는 일기에 다음과 같이 적었다. '일제사격에서는 패했지만 조준사격에서는 승리했다.' 다음 달에는 경마장에서 마상창시합을 벌였지만 불공정한 심판 때문에 불만이 가득했다. '창끝으로 이따금씩 상대방을 찔렀는데도 이상하게 점수에 가산되지 않았다. 결국 난 패하고 말았다.' 더들리는 왕을 즐겁게 해주기 위해 세심하게 신경을 썼다. 6월 19일에는 왕에게 전쟁터에서 무공을 세우고픈 열망을 부추기기 위해 군 사열식을 준비했고, 템스 강에서는 수상 마상창시합을 벌였다. 당시 강에서는 수컷 새끼돼지를 사냥하고 배에서 연소재(적의 배를 불 지르기 위해 사용하던 불—옮긴이)가 펑펑 터져 나오는 멋진 볼거리들이 연출되었다.

5월 30일에 제국 대사는 6월 초에 플랑드르로 돌아가기 전에 앞서 에드워드 왕을 만나 작별인사를 전했다. 지금은 탈출을 시도할 적당한 때가 아니었다. 폭동이 임박했다는 소식에 에식스의 모든 해안 마을과 도시들은 비상체제에 돌입했으며 주민들에게는 조용한 샛골목에서, 특히 한밤중에 수상한 자를 발견하는 즉시 붙잡으라는 명이 떨어졌다. 최근의 반란과 더불어 황제가 메리를 지키고자 침공할지도 모른다는 불안감 때문에 시국이 벌집 쑤셔놓은 듯 뒤숭숭했다. 그 결과 남동부지역인 이스트 앵글리아에 대규모 부대를 파견시키고 치안관들을 대폭 증강시켜 진출로를 철저히 봉쇄토록 했다. 대사는 안전조치에 대해 전해 듣고는 탈출 계획이 만만치 않을 거라고 우려했다. '도로나 교차로, 항구, 샛강, 통행로, 강 하구 어느 것 하나 경계를 게을리 하지 않았다.'고 그는 보고했다. 메리는 변장한 채 작은 짐 꾸러미와 동행자 한둘만 데리고서 몰던까지 걸어갈 수밖에 없다고 판단했다. 언제 어디서 발각될지 모를 일촉즉발의 상황이었다. 그럼에도 불구하고 그녀는 결코 기죽지 않았다.

대사는 떠나기 전에 마지막으로 메리와 면담을 가졌다. 그는 플랑드르

출신의 신임 대사 예한 셰이프브가 탈출 계획에 대해 모르는지라 혹여 추밀원의 심문을 받더라도 끝까지 무죄를 주장할 수 있을 거라 안심시켰다. 메리는 떠나고 싶은 마음이 간절해서 바다로 나가게 해줄 배, 그것도 안 되면 허름한 고깃배라도 보내 달라고 통사정을 했다. 대사는 그녀를 꼭 데리러 오겠다고 약조하고는 홀연히 본국으로 떠났다.

불행히도 메리는 다시는 그를 만나지 못했다. 그가 플랑드르에 당도하자마자 건강이 치명적으로 악화되어 6월 21일에 비몽사몽 사경을 헤매는 가운데 탈출 계획의 전모를 소상히 밝히면서 사망했기 때문이다. 같은 날 황제는 탈출을 감행해도 좋다고 하명했다. 대사의 사망소식을 듣고는 예한 대사의 비서관 자격으로 잉글랜드로 떠날 예정인 뒤부아에게 지시해서 전임 대사가 구상했던 계획을 실행토록 했다. 뒤부아는 메리도 익히 알고 있는, 황제로부터 전폭적인 신임을 받고 있는 인물이었다. 7월에 뒤부아는 당시 사건에 대해 상세히 보고했는데 이 자료는 현재까지 전해지고 있다.

6월 말에 대형 전함과 중형 전함 각각 네 척으로 구성된 함단이 코르니예 스케페루스 제독과 반 메케렌 부제독의 지휘 아래 폭우가 거세게 몰아치는 가운데 해협을 건너 하리치를 향해 진군했다. 북해의 해적을 소탕한다는 것이 표면적인 명목이었다. 6월 30일 저녁에 네 척의 중형 전함은 몰던에 정박했고 대형 전함은 반 메케렌의 지휘 아래 그대로 하리치로 향했다.

뒤부아는 옥수수를 내다 파는 상선 주인으로 가장한 채 몰던으로 향했다. 스코틀랜드 해적들이 불시에 공격할 것에 대비해서 무장군인들이 그의 배를 철통같이 호위했다. 계획은 이러했다. 뒤부아는 옥수수를 실은 선박을 타고 블랙워터 강을 거슬러 올라가 몰던으로 간다. 그곳에서 옥수수를 판 뒤에 메리를 몰래 배에 태워 대기 중인 함선으로 돌아온다. 공주는 함선에 무사히 승선해서 앤트워프 내지는 브뤼셀로 옮겨간다…….

7월 1일 늦은 오후에 드디어 뒤부아의 배가 사돈인 피터 머천트가 이끄는 소형 선박을 앞세운 채 블랙워터 강을 따라 몰던으로 향했다. 피터가 맡은 임무는 우덤 월터로 가서 메리 공주에게 곧 있어 구출하겠다는 소식을 알리는 것이었다.

7월 2일 새벽 2시에 뒤부아는 몰던 항에 도착했다. 배를 정박시키자마자 그는 메리의 감사관인 로버트 로체스터 경에게 모든 준비가 완료되었다는 쪽지를 보냈다.

메리 역시 준비완료 상태일까? 아니었다. 그녀는 짐에는 손도 대지 않은 채 앞으로 닥칠 일을 걱정하며 바짝 얼어 있었다. 지금 감행하려는 일이 과연 잘하는 짓인지 회의감도 들었다. 이러지도 저러지도 못한 채 노심초사하다가 결국 그녀는 옥수수를 구입한다는 미명하에 시종인 헨리를 뒤부아에게 보내서 떠날 뜻이 없음을 알리도록 했다.

뒤부아는 이 전갈을 받고 질겁해서 로체스터에게 긴급하게 쪽지를 보냈다. '더 이상 지체하면 위험합니다. 다음 밀물을 이용해서 반드시 떠나야 합니다. 더 지체했다가는 발각될 위험이 큽니다. 지금보다 더한 기회는 없습니다. 이 임무에 많은 인력이 동원된지라 시간이 지체되면 될수록 임무 완수는 어려워집니다. 발각되지 않을까 심히 걱정됩니다.'

저 멀리 지평선에서 뿌옇게 동이 터올 무렵 헨리는 로체스터의 답장을 들고 부랴부랴 달려왔다. 뒤부아와 상의하고 싶어서 변복한 채 그를 만나러 온 것이다. 뒤부아는 그를 보고 기겁했다. 변장했다지만 사람들이 행여 알아채기라도 한다면……자신이 로체스터와 접촉하는 것을 누군가 목격하기라도 한다면……종국에 붙들려 메리의 탈출 계획이 드러나기라도 한다면……둘 다 사형을 면치 못하리라. 로체스터는 반역죄로, 뒤부아는 밀정

으로……. 헨리가 하도 앙버티는 통에 뒤부아는 결국 몰던에 있는 세인트
메리 교회에서 그를 만나는 데 동의했다. 그곳에서 만난 두 남자는 로체스
터가 신임하는 슈르츠의 집으로 갔다. 슈르츠는 그들을 정원으로 안내해서
둘이 방해받지 않고 대화를 나눌 수 있도록 했다.

로체스터는 메리가 본국을 떠나는 것에 반대해서 일을 배배 꼬이게 만
들었다. 그가 제기한 이유들은 이러했다. 감시의 눈길이 많아져서 탈출 계
획이 2배로 어려워졌다. 시종단 안에 심어 둔 밀정들이 계획을 낌새챘을지
모른다. 심지어 그네들이 불침번까지 선다. 공주가 당장 위험에 빠진 것이
아니니 탈출할 필요는 없다. 나아가 메리가 잉글랜드를 떠나면 후계자 지
위를 영원히 박탈당할 거라는 케케묵은 얘기까지 꺼냈다. 왕실을 상대로
점을 치거나 공개적으로 점술 내용을 언급하는 것이 반역행위이긴 해도 그
가 최근 본 점술에서는 왕이 얼마 안 있어 죽을 것으로 예언했었다. 뒤부아
는 메리 역시 같은 마음이냐고 물었다. 로체스터는 그렇다고 대답은 하면
서도, 반 데르 델프트 대사가 떠나기 전 메리를 만났을 때 그녀가 절실히
떠나고 싶어했기에 사실은 긴가민가했다. 로체스터는 다음의 말로 자신이
느끼는 복잡한 심경을 대신했다. "절 그리 보지 마십시오. 처음으로 탈출
계획을 제안한 것이 저이기에 공주님이 안전하게 이 나라를 뜨는 데 기꺼
이 도울 것입니다. 제 말은 공주님이 가기 싫어하신다는 게 아니라 가능할
때 가고 싶어하신다는 겁니다."

뒤부아는 이리저리 재고 따질 겨를이 없다고 재촉했다. 메리는 이제 갈
것인지 말 것인지 결정을 내려야만 했다. 보다 못한 그는 시종 하나를 로체
스터에게 딸려 보내서 가급적 빨리 결정하도록 재촉하라고 했다. 공주가
계획을 접으라고 명하기 전까지는 무조건 계획을 밀고나갈 작정이었다. 로
체스터는 그녀의 의중을 파악하는 대로 시종을 통해 알리겠노라고 뒤부아

에게 말했다. 곧이어 뒤부아는 옥수수를 처분하는 문제를 놓고 세관들과 한 시간여 동안 격론을 벌였다. 그가 자신의 물건은 메리 공주 댁에서 소비할 옥수수로 이미 로체스터에게 팔아넘겨졌다고 둘러대면서 일은 원만히 해결되었다. 세관들은 그 말을 듣고 태도가 나긋나긋해져서 공주를 여왕으로서 우러르고 존경한다고 알랑거렸다. 뒤부아는 이어 옥수수 가격에 대해 행정관과 기나긴 논의에 들어갔다. 그를 상대하는 데 몇 시간씩이나 걸리는 바람에 그는 점점 조수가 바뀌는 것을 보고 조급증이 일었다.

우덤 월터에서 메리는 이윽고 짐 꾸리기에 착수해서 간소한 소지품 몇 가지를 보자기에 매동그리도록 했다. 그렇다고 떠날 결심을 완전히 굳혔다는 뜻은 아니었다. 지금 내리는 결정이 운명을 결정지을 만큼 중차대한지라 누군가의 조언이 절실히 필요했다. 결국 그녀는 로체스터를 보내 뒤부아를 데려오도록 했다. 그라면 걱정을 한시름 덜어주리라.

해 질 무렵 로체스터는 비밀통로를 이용해서 뒤부아를 우덤 월터로 데려왔다. 오는 길에 로체스터가 어찌나 유별나게 굴던지 보는 사람마저 불길한 기운에 오금이 저릴 정도였다. "공주님이나 당신 누구도 제가 무엇을 보았고, 또 알고 있는지 모를 겁니다. 앞길에 엄청난 위험이 도사리고 있어요." 그는 불길하게 경고했지만 더 이상 이러쿵저러쿵 토를 달지는 않았다.

집에 도착한 뒤부아는 메리가 짐 꾸리기는 제쳐놓은 채 그저 안달복달하는 모습을 발견했다. 의정서를 읽어본 뒤에 그녀는 황제와 섭정여왕 마리아가 무병장수하길 빈다면서 그와 스케페루스 장군이 자신을 위해 애써준 노고에 감사한다는 인사를 전했다. 하지만 탈출 계획을 실행할 것인지 아닌지 아직 결정하지는 못했다.

"아직 채비가 덜 끝났어요." 그녀는 한구석에 놓인 보자기를 가리키면서 말했다. "그동안 이 문제로 황제를 자주 괴롭혔으니 지금 떠나지 않겠다고 하면 뭐라 하시겠지요?"

뒤부아는 혹 로체스터가 그럴싸한 이유들을 내세워 메리의 탈출을 막는 것은 아닌지 의심이 갔지만 그저 황제께서는 떠나지 않겠다 해도 동의해 줄 거라고만 답했다. 그녀가 같이 가지 않겠다면 그로서는 조심해서 이 땅을 떠나는 일만 남았다. 만약 같이 가겠다면 더 이상 시간을 끌어서는 안 되었다.

"떠나지 않으면 내가 소지한 반지와 보석을 안전하게 보관해주겠어요?" 그녀가 물었다.

"직접 소지하시는 게 나을 겁니다." 그가 대답했다.

이때 로체스터가 앞으로 나서서 점성가들이 예언한 내용, 즉 왕이 곧 운명을 달리할 것이며 그녀가 그때 잉글랜드에 남아 있다면 여왕에 추대될 거라고 밝혔다. 결정을 내리지 못해 고민하던 메리는 더욱 갈팡질팡했다.

그녀는 로체스터와 문가를 지키던 수전 클래런수와 한동안 뭐라 숙덕거리다가 이내 돌아왔다. "이 나라를 뜨고픈 마음이 굴뚝같지만 아직 준비가 되어 있지 않네요." 뒤부아는 과연 7월 4일 금요일까지 이틀을 더 참고 기다릴 수 있을까? 그녀가 시녀들을 데리고 새벽 4시에 해변에서 기다리고 있을 그때, 불침번이 쉬러 가서 쥐새끼 한 마리도 보이지 않을 그때까지……. 이것은 극도로 위험한 일인지라 속이 탄 뒤부아는 모든 것을 포기하고 당장 떠나자고 채근했다. 황제가 필요한 모든 것을 제공해 줄 거라고 했다. 뒤부아는 가져온 옥수수를 매각했으니 더 이상 몰던에 남아 있을 핑곗거리가 없었다. 이대로 남아 있다가는 의심만 사게 되리라. 탈출하려면 지금이 적기였다.

메리는 고민스럽게 말했다. "지금은 때가 아니에요. 상황이 날로 악화되고 있어요. 얼마 전 왕궁의 제단이 해체되었어요."

그때 누군가 방문을 똑똑 두드렸다. 로체스터는 급히 방을 나갔다가 이내 근심스런 낯빛으로 돌아왔다.

"일이 왜 이렇게 틀어지는지! 당분간 손 놓을 수밖에 없습니다. 몰던에서 급히 달려온 친구 슈르츠 말로는, 행정관과 지역주민들이 당신 배를 억류하려 한답니다. 전함과 은밀히 내통하는 게 아닌가 의심되어서요." 당시 전함은 스탠스게이트 근방에 정박해 있었다.

뒤부아는 메리만큼이나 적이 당황했다.

"이제 어떻게 하죠? 이제 난 어떻게 되는 거죠?" 메리가 허둥지둥 소리쳤다.

"친구 말이 분위기가 심상치 않으니 속히 떠나시는 게 좋을 거라 합니다. 이곳 사람들이 그리 호의적이진 않으니까요." 로체스터가 대답했다. 그는 슈르츠에게 부탁해서 뒤부아를 숲길을 이용해서 선박까지 데려가달라고 했다. 지금으로서는 탈출 시도가 불가능하다는 것이 명백해졌다.

"오늘 밤 경계를 2배로 강화할 예정이랍니다. 교회 탑에 병력을 배치시켜 전 지역을 샅샅이 살핀답니다. 전에 없던 이례적인 일이죠. 비상사태인지라 봉화신호를 보내 인근 주민들에게 경고할 거라고 합니다." 로체스터가 말했다.

"이제 난 어떻게 되는 거죠?" 메리가 또다시 울부짖었다. 뒤부아는 목숨 바쳐 그녀를 도와주었노라고, 이제 자기로서는 즉시 이곳을 뜨는 일 밖에 없다고 말했다. 없는 놈이 찬밥 더운밥 가리지 않는다고, 절망에 빠진 메리는 며칠 뒤 뉴홀에서 다시 탈출 계획을 시도하자고 속절없이 그에게 매달렸다. 그때 사자를 보내 전함이 정박해 있는 스탠스게이트에서 그와 만날 약속을 잡겠다고 했다. 위험천만하고 불가능한 계획이었지만 뒤부아는 역시 수완이 능한 사내였다. 그녀를 절대 버리지 않겠노라고 약조하고서 서둘러 자리를 떴던 것이다. 그녀는 눈물을 철철 흘리면서 했던 말을 하고 또 했다. "이제 난 어떻게 되는 거죠?"

뒤부아는 슈르츠와 함께 숲길을 이용해서 몰던으로 돌아오면서 무려 20명의 경비병에게 뇌물을 먹여 간신히 길을 통과할 수 있었다. 당혹스럽게도 천신만고 끝에 도착한 몰던에서는 위기감이나 적대감 따윈 눈 씻고 보아도 찾아볼 수가 없었다. 마을은 쥐 죽은 듯 조용했고 모든 것이 정상으로 보였다. 블랙워터 강을 따라 배를 타고 나아가면서 문득 뒤를 돌아보니 경비병이 지킨다던 교회 탑에는 개미 한 마리 보이지 않았다. 로체스터가 슈르츠와 짜고서 메리가 탈출하지 못하도록 거짓말을 꾸며낸 게 틀림없었다.

하지만 돌아가기에는 너무 늦어버렸다. 새벽녘에 그는 함선에 올라타 반 메케렌과 조우했다.

제국 함대는 닷새 동안 거친 폭우에도 끄떡 않고 해협에 머물면서 공주를 기다렸었다. 7월 7일에 기다림에 지친 함선들이 드디어 네덜란드를 향해 돌아가고 있을 때 추밀원은 몰던을 방문했던 사람들로부터 중대한 보고를 받았다. 공주가 탈출 계획을 시도했다가 실패한 것이 분명했다. 위원들은 메리가 잉글랜드 땅을 떠나지 못하도록 더욱 경계태세를 강화하라고 지시했다. 사건 전모를 전해 들은 카를 5세는 탈출 계획은 지극히 무모한 짓이라고 보고 제2의 탈출 계획에 난색을 표했다. 섭정여왕 마리아 역시 메리가 탈출 계획을 다시 시도하지 않을 만큼 이성적이길 바란다고 비꼬듯이 말했다.

7월 중순경에 메리의 탈출 계획에 대한 소문이 꼬리에 꼬리를 물고 이어졌다. 추밀원은 백성들의 동요를 막고자 급히 성명서를 발표했다. '황제가 공주를 아들 펠리페와 결혼시켜서 잉글랜드를 합스부르크 왕가에 귀속시키고자 그녀를 납치하려다 실패했다. 카를 황제가 그런 끔찍한 일을 모의

하다니 참으로 충격적이고 믿을 수가 없다.' 유럽 주재 대사들 역시 추밀원의 명에 따라 그런 낯 두꺼운 행각에 대해 왕국을 대신해서 분노를 표했다.

7월 13일에 존 게이츠는 메리가 도주하는 것을 막고자 무장병력을 이끌고 에식스로 내처 달려갔다. 그로부터 한 주 뒤에는 페트르 경과 리치 대법관이 메리를 심문하는 막중한 책임을 맡았다. 이후 그들 사이에는 편지를 통한 기나긴 대화가 오갔다. 리치는 계속해서 궁으로 나와 최근의 행위에 대해 해명하라고 압박을 가했고 메리는 더들리의 덫에 걸려들고 싶지 않아서 이에 질 새라 몽니를 부렸다. 그즈음 그녀가 우덤 월터에서 뉴홀로 거처를 옮겼을 때 추밀원이 그녀에게 반격을 가할 기회를 노리고 있음을 증명하는 사건이 발생했다.

이사하던 날 메리는 지도신부인 프랜시스 맬릿을 앞서 보내서 자신이 도착했을 때 미사를 볼 수 있도록 채비를 갖추라고 했다. 그녀의 출발이 지연되는 바람에 사제는 그녀가 도착하지도 않았음에도 불구하고 시종단을 이끌고 독단적으로 미사를 올려버렸다. 메리 주변에 밀정들이 심어져 있었기에 곧 위법 사실이 추밀원의 귀에 가닿았다. 노샘프턴 후작인 윌리엄 파는 에식스 백작이란 직위도 가졌는데, 그는 직권을 이용해서 에식스 주장관에게 맬릿과 또 다른 사제인 알렉산더 바클레이를 국왕의 명을 어긴 범죄자로 선언하도록 압박했다.

바클레이는 추밀원 따위는 무시하고 계속해서 메리 곁에 남아 평소처럼 미사를 집전했지만 맬릿은 삼십육계 줄행랑을 놓았다. 추밀원은 이대로 두어서는 안 되겠다 싶어서 8월에 공주의 사제들에게 불법적인 미사를 금하는 명을 내렸다. 더불어 뉴홀 근방에 부대를 배치시키고 이스트 앵글리아의 각 항구에 경계를 더욱 강화시켰다. 프랑스 왕은 메리가 벌인 최근의 행각에 비추어 추밀원에서 본때를 보이기 위해 전보다 더 삼엄하게 감시할 거라는 소리를 듣고 이렇게 말했다. "그녀는 왕이 도입한 새 종교를 받아들여야 할 것이다. 어깃장을 놓았다가는 후회로 가슴 칠 것이다."

메리는 두려움과 분노를 신임 대사인 예한에게 토로했지만 그는 영어구사 능력이 현저히 떨어져서 그녀를 돕는 데 한계가 있었다. '사람들은 전쟁이 터질까봐 두려워합니다. 모두 우왕좌왕 갈피를 못 잡고 있습니다.' 그가 황제에게 보고했다. 섭정여왕 마리아는 전쟁 소문은 추밀원에서 메리에게 어떤 반격을 가하든 백성들이 이를 지지하도록 하기 위해 일부러 퍼뜨린 거라고 일갈했다. 9월 4일에 황제는 대사에게 명해서 추밀원으로부터 메리가 원하는 대로 종교 활동을 벌일 수 있도록 무조건적으로 허락하는 약속을 받아내라고 했다. '무슨 수를 써서라도 원하는 것을 손에 넣으시오. 달리 나오면 우린 이를 간과하지 않을 것이며 단단히 대가를 치르게 할 거라고 분명히 못 박으시오.' 애석하게도 대사는 추밀원 앞에서는 고양이 앞의 쥐 격이었다.

한편 메리는 자신의 뜻을 조금도 굽히지 않은 채 더들리에게 서신을 보내 원하는 종교를 믿을 수 있도록 허락해달라고 요구했다. 그러면서 이미 공식적으로 허락받은 내용이라고 지적했다. 기대와 달리 더들리로부터 그 어떤 약조도 한 적이 없노라는 답이 날아오자 그녀는 분기탱천했다. 그때 눈치 없는 대사가 좀더 공손한 어조로 편지를 쓰라는 주의를 주어서 불난 집에 부채질을 해댔다. 더들리에게 공격적인 언사를 쓰던 버릇이 있어서 좀더 노글노글하게 접근하면 분명 그것을 항복의 표시로 착각할 거라 판단했다.

1550년 8월에 그즈음 교묘하게 세를 불리고 있던 더들리는 추밀원을 재정비하고 앞으로 왕이 직접 추밀원 회의에 참석할 계획이라고 선언했다. 에드워드는 더들리가 자신의 미숙한 판단력을 중히 여기고 자신의 이해를 위해 발로 뛰며 돕는다는 사실에 뛸 듯이 기뻤다. 서머싯은 한번도 시간을 쪼개서 조카와 궁술 연습을 한 적이 없었지만 더들리는 달랐다. 에드워드 는 더들리의 스포츠 실력에 폭 빠져서 그를 영웅으로 떠받들었다.

더들리가 추밀원을 재정비하면서 윌리엄 세실을 자신의 비서관에 임명 했다. 세실은 엘리자베스를 돕고 싶어 몸이 근질근질했기에 그녀로서도 경 사스런 일이었다. 중요한 자리에서 그녀의 입장을 대변해서 발언할 수 있 기에 참으로 잘된 일이었다. 기쁨과 슬픔은 같이 온다고 했던가, 갖가지 병 으로 고생하던 그녀는 그해 가을 병이 악화되면서 펜을 들 힘조차 없었다.

더들리에게 왕을 알현하게 해달라는 편지를 쓸 때 그녀의 필체는 삐뚤 빼뚤 엉망이었다. 심지어 세실에게 주는 짧은 쪽지조차 글씨가 지렁이 기 어가듯 구불구불했다.

"세실에게 편지 보낼 때 내 말을 곁들여 써주세요. 매일같이 보내지는 못해도 날 잊진 말아달라고요." 그녀가 패리에게 부탁했다.

도싯 부부는 그해 10월에 왕이 옥스퍼드에서 머무는 동안 그를 알현했 다. 부부는 친구들 집에서 돌아가며 묵었는데, 그중 에식스 틸티에 있는 윌 로우비 집에서는 시종단과 더불어 두 달이나 기식했다. 그곳에서 지내는 동안 메리가 찾아와 함께 식사를 즐기고 옥스퍼드 백작이 고용한 배우들의 가면극을 감상했다. 메리는 보답 차원에서 도싯 부부를 자기 집에 초대했 다. 아쉽게도 제인 그레이가 몸이 아파서 곧바로 초대에 응할 수는 없었다.

부부는 딸의 건강이 회복되자마자 메리가 있는 뉴홀을 방문했다. 신교 도인 제인은 예배당에서 거행되는 미사를 보고 깜짝 놀랐다. 미사는 우상 숭배 아닌가! 어느 날 예배당 앞을 지나다가 제인은 메리의 시녀가 제단 위 의 성체에 절하는 모습을 발견하고 물었다.

"뭐하는 거예요? 메리 공주님이 그 안에 계세요?"

시녀는 무지몽매한 질문에 순간 당황했다. "창조주인 그분께 예를 표하는 거예요."

다른 시녀는 제인의 무례하기 짝이 없는 태도에 기가 차서 즉시 메리에게 보고했다. 메리는 이때까지 제인을 좋게 보아서 후한 친절을 베풀었었다. 하지만 소녀를 향한 마음이 점차 식어가면서 호의도 줄어들었다. 제인이 가톨릭 신을 '교황들과 교활한 추기경 일당이 만들어낸 끔찍스런 우상'이라 불렀다는 소리를 듣고 두 사람의 관계는 막다른 골목에 다다랐다.

추밀원은 메리의 실패한 탈출 계획이나 황제와 내통한 사실에 대해 언급하지는 않았지만 궁으로 출두하라는 압박은 멈추지 않았다. 그녀는 건강 악화를 구실로 계속해서 출두를 거부했다. 다행인지 가을만 되면 찾아오는 그녀의 계절병은 익히 악명이 자자했다. 수많은 협박과 회유성 편지 중 하나에서 리치 대법관은 메리에게 에식스 주장관에게 협조해서 맬릿과 바클레이 사제가 법을 어긴 데 대해 심판받도록 하라고 촉구했다. 이에 대해 그녀는 자신과 사제들은 자유롭게 신을 경배하라는 추밀원의 허락을 받았다고 답변했다. 리치 대법관은 그런 약조를 한 적이 없으니 당장 궁에 출두하라는 말만 되풀이했다.

결국 메리는 레이 온 시 수도원에서 대법관과 페트르 경을 만나는 것에 동의했다. 두 남자는 메리에게 왕과 추밀원의 서명이 든 칙허장을 내보이면서 왕궁에서 지내면 안전을 보장하겠노라고 했다. 추밀원은 또다시 탈출을 감행할 경우를 대비해서 그녀를 해안에서 멀찍이 떼어내는 게 급선무라 생각했지만 그녀는 건강을 핑계로 뉴홀에 남겠다고 고집했다.

두 남자는 별다른 수확 없이 궁으로 터덜터덜 돌아왔다. 대법관은 얼마 후 메리에게 다시 편지를 보내 달라진 공기를 쐬면 건강에 도움이 될지도 모른다고 은근슬쩍 떠보았다. 11월 말에 그녀는 답장을 보냈다. '거처를 바

꾸든 달라진 공기를 쐬든 변할 것은 아무것도 없습니다. 잎이 지는 이맘때면 늘 지병으로 고생하거든요.'

이도저도 먹히지 않자 리치는 다급히 전략을 바꾸어 다정하게 접근하기로 마음먹고 아내와 함께 뉴홀을 찾아가 사냥을 즐겼다. 하지만 메리를 집으로 초대하자 그녀는 또다시 병을 핑계로 거절했다. 추밀원과 왕은 이제 인내심의 꼭대기에 다다랐다. 12월 1일에 모든 교회에서 제단이 철거되고 이단자를 사형시키는 판결이 다시 도입되면서 맬릿과 바클레이는 추밀원에 불려 나갔다.

더들리는 그동안 비판의 목소리를 한껏 무시한 채 급진적인 종교개혁을 추진해 왔는데, 비판자 가운데 최고로 목소리를 높인 이는 서머싯이었다. 그해 더들리는 왕이 당혹스러워하게도 재세례파 교도인 조앤 보처를 불태워 죽였다. "죄지은 저 여자를 어떻게 하면 악마에게 보낸다지?" 크랜머가 사형집행 영장에 서명하도록 서류를 가져왔을 때 그가 소리쳤다. 에드워드가 걱정한 것은 그녀가 받을 뜨거운 불길의 고통이 아니라 그녀가 천국에 들어가지 못한다는 사실이었다.

메리는 사제들을 살려야겠다고 모질게 다짐했다. 12월 4일에 그녀는 자신에게 해준 약속이 시종들에게도 해당된다고 추밀원에 이의를 제기했다.

위원들이 약속을 기억하지 못한다면 그것은 거짓말이라고 몰아붙였다. "양심 있는 이라면 분명 알 거요!" 그녀가 사제들이 추밀원에 출두하도록 가만 놓아둘 리는 만무했다. 현재 그들은 누가 뭐래도 그녀의 시종들이었다.

성탄절에 추밀원은 그녀에게 장문의 편지를 보냈다. 개인적인 예배에 대해 일부 약속을 받았지만 그것은 그녀와 미사에 참석하는 일부 시종들에게만 적용된다고 쐐기를 박았다. 그 외 나머지 시종들이나 그녀가 없을 때

보는 미사는 적용되지 않는다고 했다. 누군가 그 규율을 하찮게 여기면 응분의 처벌을 받아 마땅하다고 했다. 편지는 그리니치 궁으로 출두하라는 말로 끝났는데, 사제들이 처형당하는 것을 막기 위해서는 이에 복종할 수밖에 없었다.

성탄연휴가 끝나자마자 엘리자베스는 대규모 수행단을 이끌고 왕이 제공한 1백 명의 말 탄 병사가 호위하는 가운데 런던에 도착했다. 제국 대사는 다음과 같이 보고했다. '그녀는 추밀원으로부터 최고로 깍듯한 대접을 받았습니다. 백성들에게 신교를 받아들이고 매우 중요한 인물이 된 그녀에게 얼마나 큰 영광이 따르는지 보여주기 위해서입니다.'

대사는 최근 믿을 만한 소식통으로부터 더들리에 관한 소문을 접했다. 그가 조강지처를 버리고 엘리자베스와 결혼할 것이다. 이미 공주와 몇 번 은밀하게 내통한 적이 있으며 혼인 후 그는 왕위에 오를 작정이다……. 다른 소식통으로부터는 그에 관한 말을 듣지 못했기에 대사는 헛소문을 들었거나 사실을 잘못 알고 있는 것이 분명했다. 하지만 그 소문은 엘리자베스가 얼마나 막강한 실세로 부상했는지 그리고 그녀의 행동 하나하나가 얼마나 중히 여겨지고 있는지 잘 보여주었다. 그녀가 사람들 앞에 거의 모습을 드러내지 않았기에 사람들은 그녀를 보기 위해 벌 떼처럼 몰려들었다.

열일곱 살의 엘리자베스는 고상하고 창백한 얼굴에 여느 궁정 여인네들과 달리 별다른 장식물이나 곱슬기 없는 생머리를 길게 늘어뜨렸다. 존 에일머는 무엇보다 그녀의 수수한 스타일을 높이 샀다. 그녀는 몸에서 희미한 박하 향을 풍기는 것 외에 진한 화장이나 호사스런 옷차림으로 애써 치장하지 않았다. 그보다는 극도로 수수한 무채색 드레스를 입어 정숙한 신교도 여성의 전형을 보였다. 유일한 사치라면 그녀의 길고 가느다란 손가락이었다. 다행인지 시모어와의 추문을 가라앉히기 위해 백방으로 노력하는 와중에 사람들은 이미 그 소문을 까맣게 잊고 그녀를 덕성스러운 신교도 공주로만 보았다. 스승인 에일머는 다음과 같이 평했다. '본의 아니게 엮이는 것 외에 단 한 번도 돈 문제에 개입하지 않았다. 돈을 만지는 것은 양서의 책장을 넘기는 데, 신에게 기도하는 데, 그리고 빈자들에게 구제의 연금을 나누어 주는 데 쓰는 순수한 손을 더럽히는 것으로 여겼다.'

그럼에도 불구하고 엘리자베스는 시종들의 녹봉으로 연간 4백 파운드라는 거액을 지출하고 부유한 대지주로서 자신의 즐거움을 맘껏 누리며 살았다. 그녀의 회계장부를 들추어 보면 드럼 연주자와 파이프 연주자, 음유시인, 류트 연주자, 하프 연주자, 아역 배우와 가수들에게 빈번히 비용을 지불했음을 알 수 있다. 그간 그녀를 외국 왕자와 혼인시키려는 시도는 많았지만 그녀는 남자 보기를 돌같이 했다. 신교도들이 그녀를 희망의 등불로 추앙하고 있음에도 불구하고 그 역할에 대해 적어도 겉으로는 무관심해했다. 또, 왕의 총애를 받고 있고 정기적으로 서신 왕래를 한다지만 공석에서 둘은 더없이 격식을 차렸다. 그가 '내 다정한 누이, 템퍼런스(그리스 신화 속의 무지개의 신, 전령 신인 이리스를 뜻함. 절제, 온화한 성품, 자비 등을 의미함.-옮긴이)'라고 살갑게 부르긴 해도 그 앞에서는 무릎을 꿇고 허리를 곧추세운 채 앉아야 했던 것이다. 그녀는 늘 스스로를 '폐하의 최고로 보잘것없는 누이이자 시종'으로 편지 말미를 장식했다. 후일 신교 작가들은 종교가 같다는 구실로 오누이 사이를 가깝고도 정이 넘치는 관계로 보았지만 그것은 이상화된 그림일 뿐이었다. 군신 간의 골은 왕실 형제자매의 그것보다 더 깊었던 것이다.

엘리자베스는 에드워드와 메리의 분쟁에 휘말려들고 싶지 않아서 신년 행사가 끝나자마자 쏜살같이 집으로 돌아왔다. 왕이 지난 몇 달간 서신을 통해 메리에게 구교를 버리고 신교를 따르라고 끈질기게 압박을 가했다는 사실을 전해 들은 터였다. 메리는 도저히 남동생이 그런 편지를 직접 썼다고 믿을 수 없어서 더들리와 그 일당이 작당하고 한 짓이라고 단정하기에 이르렀다. 하지만 왕의 일기를 보면 실제 편지를 쓰지는 않았지만 자기 이름으로 쓰인 편지 내용에 전적으로 동의했음을 알 수 있다.

메리가 보인 그간의 행태는 왕을 분노케 하기에 충분했다. 열세 살이 된 왕은 이제 스스로 판단할 만큼 충분히 성숙했다고 자신했다. 체크에겐 기쁘게도 최근에는 새 기도서를 집필하라고 직접 하명하지 않았던가! 해서 일부 위원들이 황제를 보아서라도 메리를 건드리지 않는 게 상책이라고 권고했을 때 그는 불같이 화를 냈다. "우상숭배를 허락하는 게 성서에 적법하기나 한가?"

"제단을 허락했지만 그럼에도 불구하고 성군으로 불리는 분들이 계시지요." 주교가 이에 대답했다.

"우린 모범적인 사례를 본받아야 합니다. 사악한 본보기를 따라서는 절대 안 됩니다. 다윗왕은 비록 선량하나 밧세바를 유혹하고 우리아를 죽였지요.(우리아의 아름다운 아내 밧세바를 보고 한눈에 반한 다윗 왕은 그녀를 차지할 욕심으로 우리아를 전쟁터로 내보내 죽게 함.—옮긴이) 우린 그런 죄를 저지른 다윗을 본받아서는 안 됩니다. 이보다 더 유익한 성서가 있을까요?" 소년 왕이 한껏 거들먹거리며 말했다.

주교는 잠시 멍한 표정을 지었다.

"왕국이 걱정이고, 앞으로 파생될 결과가 심히 우려됩니다. 내 눈에 흙이 들어가도 악은 절대 허락지 않을 겁니다." 왕이 굳건히 주장했다.

왕은 추밀원이 메리의 천방지축인 행태를 엄히 질책하는 서한을 보낼 때 임의로 몇 문장을 더 보탰다. 그녀를 '어린 시절에 가장 큰 위안이었던 최고로 가까운 누이'로 부르면서 미사를 공식적으로 허락받았다는 사실을 극구 부인했다. 그녀가 백성들에게 부정적인 본보기를 보이고 있기에 그 행동이 더욱 극악하다고 불평했다. 편지는 다음과 같이 이어졌다.

너무도 존귀한 분이 통치를 부정하는 것은 참으로 큰 불행입니다. 누이가 다른 종복들에 미치지 못한다는 것은 기이한 일이지요. 왕국에서 우리의 법이 아닌 존귀하신 누이를 우선시한다는 것이 통탄스러울 따름입니다. 핏줄로서 가깝고 지위로써 높은 당신이기에 그 죄가 더욱 커 보이기만 합니다. 우린 누이에게 명을 내리고 가르침을 주어서 기꺼이 제 의무를 다하도록 만들 겁니다. 딸이자 학자이자 누이로서 명령하는 데만 익숙해서 가르침을 받고 설득당하는 것이 익숙지 않으리라 봅니다. 누이는 여러 면에서 중대한 과오를 저지르고 있습니다. 그분이 남겨주신 것들을 지켜감에 있어 누이 생각이 어떻든 간에 우리의 아버지와 그쪽의 아버지는 똑같이 용서치 않을 겁니다. 더 거칠고 험악한 말이 나올 듯하니 여기서 말을 줄이겠습니다. 확실히 단언컨대 전 제 법이 철저히 준수되도록 할 것이며, 이를 어긴 자들은 감시받고 쫓겨나게 될 것입니다.

메리는 이 통렬한 충고를 받고서 좌절감에 빠졌다. 이 통보는 에드워드가 성년이 되면 사태를 바로잡을 것이라는 희망을 무참히 꺾었기 때문이다.

그녀는 남동생의 단호하면서도 냉담한 어투에 걷잡을 수 없는 비통함과 상실감을 맛보았다는 답장을 보냈다. 그의 편지는 그 어떤 병마보다 더한 고통, 심지어 죽음에 이르게 하는 고통까지 안겨주었다고 실토했다. '저는 폐하에게 한 번도 위해를 가한 적이 없으며 절대 폐하나 왕국에 해를 끼치지 않을 것입니다. 그러나 저의 최우선 임무는 신께 복종하는 것입니다. 그분이나 제 양심을 어기기보다는 차라리 제가 이 세상에서 가진 모든 것, 제 생명까지도 기꺼이 포기하겠습니다.' 그녀는 금방이라도 저세상으로 갈 사람처럼 건강이 위태했다. 어찌나 몸이 쇠약한지 제대로 펜대를 쥘 수조차 없을 지경이었다. 편지는 계속 이어졌다. '폐하는 지금 사악하고 악질적인 무리의 사주를 받고 계십니다. 비록 누구보다 학식이 높으시고 재주가 비상하시지만 아직 종교문제에 있어 판단력이 미숙하십니다. 보다 성숙하고 농익은 나이가 되시면 현명한 판단을 내리실 수 있으리라 사료되옵니다.' 그녀는 추밀원에 억지로 코가 꿰어 양심을 더럽힐 마음이 추호도 없었다.

메리는 왕권에 도전하지 말라는 제국 대사의 조언을 한 귀로 흘려듣고서 황제와 헝가리의 마리아에게 다시금 도움의 손길을 청했다. 결국 1551년 2월 16일에 대사는 카를 5세의 지시를 받아 메리를 그만 자유롭게 놓아주어서 마음껏 미사를 볼 수 있도록 허락하라고 추밀원에 요구했다. 추밀원 위원들은 허락은 공주와 궁방 시녀들에게만 한정된 거라고 딱 잘라 말했다. 끝도 없이 설전을 벌인 끝에 결국 대사는 패배를 인정하고 치욕스럽게 물러나야만 했다. 그는 이후 섭정여왕 마리아에게 보낸 편지에서 이제부터 더들리가 메리를 더 강하게 옥죄일 거라며 걱정했다.

메리는 은신처인 시골에 파묻혀 지내면서도 왕궁에서 벌어지고 있는 일들에 대해 소상히 전해 들었다. 그중 일부 소식을 듣고는 안절부절 어쩔 바를 몰랐다. 믿을 만한 소식통을 통해 엘리자베스가 궁에 머무는 동안 더들리로부터 후한 환대를 받았다고 들었다. 두 사람은 프랑스 대사와 함께 곰 놀리기 놀이(쇠사슬에 묶어 놓은 곰을 개가 덤벼 집적거리게 하는 놀이-옮긴이)를 즐겼는데 어찌나 대화에 심취했는지 놀이 따위는 아예 뒷전이었다고 했다. 이즈음 더들리는 안전이 염려된 나머지 왕실 근위대를 1천 명 넘는 대규모 인력으로 증강시켰다. 사실은 왕의 안전 때문이 아니라 자신의 권력을 유지시키기 위해서였다. 더비 백작과 슈루즈버리 백작, 그리고 서머 싯 공작이 이끄는 반대세력이 모반을 일으킬까봐 두려웠기 때문이다. 메리 는 더들리와 엘리자베스가 손잡으면 왕위계승 서열에서 내침을 당하지 않 을까 걱정되어서, 또 믿음을 수호하겠다는 절체절명의 위기감으로 마침내 소환을 받아들이기로 작정했다.

드디어 3월 15일 메리는 런던에서 거주할 주거지인 클러큰웰에 위치한 세인트 존 병원에 도착했다. 그녀 앞쪽에는 벨벳 코트와 금 사슬로 치장한 50명의 기사와 신사들이, 뒤쪽에는 검은 묵주를 든 80명의 시종과 시녀들 이 대동했다. 그녀는 왕국의 실력자일 뿐 아니라 공개적으로 시종들에게 묵주를 들라고 명함으로써 스스로 가톨릭 신자임을 드러냈다. 시내에 점차 가까워지고 있을 때 일군의 시민들이 반갑게 달려 나와 그녀를 맞이했다. '사람들이 시내에서 8, 9킬로미터 밖까지 마중을 나왔다. 공주를 보고 환호 해서 그녀를 얼마나 흠모하는지 분명히 보여주었다.' 제국 대사의 기록이 다. 그날 4백 명의 시민들이 그녀를 뒤따라 시내까지 줄줄이 행군했다.

이틀 뒤 그녀는 수행단을 이끌고 국왕이 거주하는 화이트홀로 갔다. 사 람들이 너도나도 그녀를 보겠다고 난리법석을 떠는 통에 앞으로 한 발짝 나아가기가 힘들었다. 그녀의 높은 인기에 심통이 난 더들리는 그녀의 공 식접견은 간소해야 한다고 주장하며 드러내놓고 반발했다. 화이트홀에서 는 왕실 감사관인 앤터니 윙필드 경이 그녀를 맞이해서 에드워드와 추밀원 위원들이 기다리고 있는 회랑으로 안내했다. 왕 앞에 도착한 메리는 무릎 을 꿇고 공손히 예를 표하며 건강이 악화되어 일찍 뵙지 못했노라고 해명 했다. 에드워드는 그녀를 일으켜 세우고 입맞춤을 해주면서 묘한 여운이 담긴 말을 건넸다. "신께서 제게 건강을 허락한 반면 누이에게는 병을 내렸 군요." 이어 그는 위원들이 뒤따르는 가운데 그녀를 근처 방으로 데려갔다.

메리의 시녀들 눈앞에서 문이 닫히면서 그녀는 바야흐로 낙동강 오리 알 신세가 되었다.

이어진 두 시간 동안 그녀는 열띤 논쟁을 벌이며 자신의 입장을 열렬히 옹호했다. 제국 대사에 따르면 에드워드는 다음과 같이 말했다고 한다. "누이가 정기적으로 미사를 올린다는 소리가 있습니다." 그녀는 누구보다 사랑하고 존경하는 왕이 자신을 음해하는 목소리에 귀 기울였다는 사실에 가슴이 미어져 그만 격정적으로 슬픔을 토해내고 말았다. 그녀가 우는 모습에 가슴이 짠해진 왕은 함께 눈물을 흘리며 위로했다. "누이를 아프게 할 마음은 없습니다." 그러나 둘 사이의 종교적 골이 너무 깊어서 그 어떤 합의점도 찾지 못했다. 추밀원이 가장 원치 않는 것은 오누이가 화해하는 것이기에 위원들은 번갈아가며 그녀가 구교를 고집해서 왕의 법을 어기고 있다고 비난해댔다. 왕의 권위에 도전해서 선친의 유지를 어기고 있다고 혹독하게 책했다.

메리는 간간이 훌쩍거리면서 서머싯이 반 데르 델프트 대사에게 종교생활을 계속해도 된다고 허락해주었다고 주장했다. 애석하게도 그녀의 주장은 맹렬한 반발에 부딪쳤다. 메리는 자신보다 더 겸허하고 순종적인 종복은 없을 거라 말했지만 위원들은 지금으로서는 그녀의 마음을 돌릴 가능성이 희박하다고 확신했다. 그녀는 왕에게 눈길을 돌리면서 서머싯의 약속에 대해 뭔가 알고 있느냐고 물었다.

"작년에는 국사에 일부분만 참여해서 알지 못합니다." 왕이 대답했다.

"그렇다면 왕께서 신법을 제정하신 게 아니로군요. 그럼 저도 그에 따를 의무가 없습니다." 메리가 논리 정연하게 반박했다. 더구나 그녀는 결혼하기 전까지는 추밀원과 상의하라는 선친의 유언을 어기지도 않았다. 선왕의 유지를 어긴 자들은 바로 그분 밑에서 일했던 정치가들이었다. 그자들은 왕의 영혼을 달래기 위해 매일 두 번의 미사와 매년 네 번의 추모제를 지내라는 명을 선왕으로부터 받았음에도 불구하고 이를 지키지 않았다. 이윽고 그녀는 왕에게 읍소했다. "종교 문제에서 성숙한 판단력을 지닐 나이가 되실 때까지 부디 이 문제를 유보해주십시오."

에드워드는 메리가 모르는 게 있다고 날카롭게 지적했다. "그 문제에서 나이 따위는 상관없습니다! 비단 종교 문제만은 아닙니다. 누이의 행실도 문제입니다. 더 이상 부정적인 본보기가 되어 민폐를 끼치지 않도록 제 뜻에 따르십시오. 그리고 누이, 사복시 장관인 앤터니 브라운 경은 플릿 감옥에 감금시켰습니다. 두 번씩이나 미사에 참석했더군요. 이제부터 달라진 태도를 보이지 않으면 저도 더 이상은 못 참습니다."

"제 믿음은 변치 않을 것이며, 거짓되게 마음과 달리 행동하지도 않을 겁니다."

분위기가 더욱 험악해져가고 있었다. 메리는 신법은 왕이 만든 것이 아니라고 계속해서 주장했다. "선왕께서는 추밀원 위원들보다 더 왕국의 안위를 걱정하셨어요!"

더들리는 더 이상 가만두고 볼 수가 없었다. "지금 뭣 하시는 겁니까?" 그가 으르렁거렸다. "왜 이유 없이 왕께서 저희를 부정적으로 보시도록 모함하시는 겁니까?"

메리는 그럴 의도는 아니라고 극구 반박했지만 계속해서 몰아치자 결국 두 손 들고 말았다.

"육신과 영혼, 2가지가 있죠. 비록 제 영혼은 신께 속해 있지만 제 육신은 온전히 폐하 것입니다. 폐하를 위해서라면 이 목숨 기꺼이 바치겠습니다."

에드워드는 부드러운 어투로 그런 희생은 원치 않는다고 서둘러 입막음을 했다.

"추밀원과 이 문제를 논의할 동안 누이는 클러큰웰로 돌아가 계세요."

"부디 절 음해하는 말은 믿지 마세요. 소신은 폐하의 미천하고 순종적이며 보잘것없는 누이로 남을 겁니다." 그녀는 이 말과 함께 자리에서 물러났다.

그녀가 사라지고 왕 또한 자리에서 물러나자 위원들은 열띤 논쟁에 들어갔다. 그녀를 런던탑에 가두자는 의견이 대다수였지만 왕이 어떻게 반응할지가 문제였다. 일부에서는 지금으로서는 그녀를 가만 내버려 두는 것이 상책이라고 주장했다. 결국 위원들은 아무런 결론도 내리지 못한 채 논쟁을 끝마쳤다.

다음 날 제국 대사는 메리에게 미사 참석을 금지시키면 잉글랜드에 전쟁을 선포하겠노라고 알리는 무시무시한 통지를 황제로부터 받았다. 그는 득달같이 이 최후통첩을 추밀원에 제출했다. 대사는 황제가 독일에서 이단자를 박멸하기 위해 눈코 뜰 새가 없어서 당장 잉글랜드와 전쟁을 시작할 처지가 아님을 잘 알았다. 잉글랜드 역시 전쟁을 치르고픈 의사가 없어 보였다. 전에 황제가 사적으로 말하길, 메리의 양심은 외부 폭력에 굴복될 수 없기에 제 집에서 마음대로 미사를 올려도 좋지만 그 외 부분에서는 기꺼이 법을 따라야 한다고 했다.

믿을 만한 소식통은 추밀원 위원 다수가 메리에게 가혹한 처분을 내리는 데 동의했다고 전했다. 계속 신교를 좇길 거부하면 런던에 묶어 두고 그녀가 신뢰하는 시종들을 모조리 내쫓고 그 자리에 신교도들을 앉힐 계획이라고 했다. 하지만 메리는 추밀원이 하려고만 든다면 벌써 미사를 박탈시켰을 거라고 자위했다. 그녀로 인해 전쟁 위기까지 닥친 지금 상황은 메리에게 유리하게 흘러가고 있었다. 대사는 하루해가 채 넘어가기도 전에 곧 추밀원의 태도가 바뀔 거라고 장담했다.

　제국과 전쟁을 벌이면 당시 잉글랜드 측이 플랑드르에 비축 중인 대규모 군수물자에 접근할 수가 없기에 위원들은 당분간 메리를 압박하지 않기로 결의했다. 내친김에 화해의 제스처로 니컬러스 워튼 경을 황제에게 급파했다.

　유일하게 반대 목소리를 낸 사람은 왕이었다. 그는 추밀원에서 말하길, 스승들로부터 죄악을 허락하는 것은 죄라고 배웠기에 누이가 계속 미사를 보도록 허락한다면 결국 자신은 죄를 짓는 꼴이라고 했다. 이에 크랜머 대주교와 런던 주교인 니컬러스 리들리, 로체스터 주교인 존 포넷이 일제히 나서 왕국의 최우선적인 이해가 그것을 요구한다면 미사 참석의 죄는 능히 눈감아줄 수 있다고 주장했다. 도덕적으로 죄책감을 느낄지라도 감수해야 한다고 했다.

　다음 날 오전 페트르 비서관은 클러큰웰에서 메리를 만나 그녀가 원한다면 자유로이 궁을 떠날 수 있다면서 국왕과 추밀원의 극진한 애정을 확인해주었다. 당시 메리는 워낙 몸이 좋지 않은데다가 격론을 벌이느라 얻은 극심한 두통으로 인해 침대에 꼼짝없이 갇혀 있는 상태였다. 페트르는 왕이 그녀의 건강상태를 알면 크게 염려해서 더 이상 옥죄지 않을 거라고 안심시켰다. 그럼에도 불구하고 다시금 이틀 전의 논쟁을 반복하면서 지금의 믿음을 버릴 것을 종용했다.

　"제 간결한 답을 용서해주십시오." 메리는 베개로 몸을 받치면서 힘겹게 대답했다. "제 영혼은 누가 뭐래도 신의 것입니다. 제 육신만이 왕의 것이고요." 다행히 페트르는 더 이상 압박을 가하지 않고 정중하게 자리에서 물러났다. 며칠 후 메리는 런던을 떠나 뉴홀로 향했다.

메리는 당장의 처형 위험에서 벗어나 몇 달의 유예기간을 벌었지만 자신에게 고초를 안겨준 자들에 대한 반감은 날로 커져만 갔다. 집으로 돌아오자마자 그녀는 추밀원에 서한을 보냈다. '폐하에게 미천한 누이이자 종복이 되겠지만 전 폐하에게 친교와 선의 외에 다른 어떤 것도 빚지지 않았습니다. 제가 폐하 안에서 그것들을 찾게 된다면 폐하 또한 제 안에서 그것들을 발견하시게 될 겁니다.'

이후에도 그녀는 왕을 방문하긴 했지만 가뭄에 콩 나듯 했다. 메리가 제인 도머에게 말하길, 둘이 만날 때면 에드워드는 눈물을 하염없이 흘리면서 일이 그녀 뜻대로 되지 않는 것을 무척 애석해했다고 한다. 그러면서 나이가 더 들면 모든 것을 바로잡겠다고 단단히 약속했다고 한다. 사실 이것은 메리가 왕의 말을 제멋대로 자신에게 유리하게 해석한 것이었다. 그녀는 왕이 자신을 걱정해서 하는 말에, 주저하며 작별인사를 고하는 것에, 그리고 작은 보석 같은 작별 선물을 주겠다고 고집 피우는 것에 깊이 감동했다. 그녀에게 보다 값진 뭔가를 해줄 수 없는 것에 동생이 서글퍼한다고 생각했다. 추밀원에서 둘이 더 자주 만나지 못하게 막는다는 것이 메리의 확고한 생각이었다. 자신이 왕의 동정심을 자극해서 호의를 베풀도록 만든다고 착각했다.

메리는 요행히 처형에서 면제되었지만 그녀의 사제들은 처지가 달랐다. 3월 말에 로버트 로체스터는 추밀원에 2차 소환되어 안주인의 지도신부로서 행한 행적과 관련하여 심문을 받아야 했다. 맬릿 박사가 메리가 없는 동안에 미사를 집전했다는 사실 역시 중대한 과실이었다. 얼마 뒤 웨어의 베넷이란 사람이 추밀원에서 슈루즈버리 백작이 주도하는 가톨릭 당파의 역모에 대해 들었다고 밀고했다. 메리가 그 일에 가담한 것이 분명하다고 호언장담했다. 물론 이 일에 메리가 개입한 것은 아니지만 위원들은 그녀의 집이 모반심을 품은 가톨릭 무리들의 근거지가 되지나 않을까 우려했다. 이런 연유로 그들은 외부인들이 미사에 참석하는 것을 철저히 금했다.

1551년 4월 말에 결국 맬릿 박사는 붙잡혀서 런던탑에 갇혔다. 메리는 즉시 추밀원에 편지를 보내 그의 석방을 호소했지만 다음의 답만 돌아왔다. '공주님이 왕의 법을 어겨 형을 선고받은 자를 그처럼 옹호하시니 참으로 유감입니다.'

그녀는 이에 기죽지 않고 끈질기게 탄원서를 보냈지만 아무런 소득이 없었다. 도저히 맬릿을 무시무시한 런던탑에서 꺼내 올 수가 없었다.

에드워드 왕은 하루가 다르게 듬직한 청년으로 자라나고 있었다. 비록 시력은 떨어지고 있었지만 승마와 달리기, 사냥에서 단연 두각을 나타냈다. 그토록 고집스레 헨리 8세를 닮고자 애쓰더니 기대에 맞게 아버지를 점점 닮아가고 있었다. 헨리 왕처럼 두 다리를 벌린 채 엉덩이에 양손을 얹는 당당한 자세를 취했으며 선왕처럼 군주다운 우렁찬 목소리로 선서를 했다.

때론 더없이 냉정하고 카리스마 넘치는 모습을 보여 신료들이 선왕에게 그러했듯이 자신에게 극도의 외경심을 품도록 했다. 특히 열혈 신교도인 그는 주위 어른들에게 그 믿음을 가르치고 전파하고자 열성이었는데, 어린 나이에 참말로 어울리지 않는 역할이었다. 그렇지 않아도 추밀원 위원들은 이미 왕에게 두려움 반 존경 반의 마음을 품고 있었다. 그해에 후퍼 주교는 그가 살아 있다면 최고로 무시무시한 독재자가 될 것이라고 예언했다.

물론 에드워드가 튜더 왕조를 이어갈 후사를 볼 만큼 그리 오래 살지는 못할 거라고 추측할 근거는 없었다. 하지만 잉글랜드는 16세기 동안에 예고 없이 몇 번 찾아온 발한병이라는 역병으로 그해 여름 몸살을 앓았다. 마지막 발병이 1520년대에 있었는데, 이번의 발병은 더욱 악질적이었다. 무려 5만 명이 죽어나갔으며, 뉴홀에 있는 메리의 시종들도 그 틈에 끼어 있었다. 이런 불상사로 인해 메리는 급히 다른 거처로 옮겨 가야만 했다.

그해 여름에 혼사문제 또한 엉킨 실타래처럼 좀처럼 풀리지 않았다. 7월 19일에 왕은 스코틀랜드의 메리 여왕을 포기하고 대신 프랑스와 혼인협약을 맺었다. 앙리 2세의 딸인 엘리자베트 공주와 혼인하기로 약조한 것이다. 엘리자베트는 가톨릭 신자였지만 에드워드는 결혼하면 아내의 종교를 바꿀 수 있으리라 장담했다.

잉글랜드의 엘리자베스를 혼인시키는 문제 또한 논의가 한창이었다. 프랑스의 기즈 공작이 제 아우를 신랑감으로 추천해서 그녀는 자신의 초상화를 보내주기로 약속했다. 기즈는 더불어 페라라 공작과 플로랑스 공작의 아들들을 천거했는데, 한 명은 고작 열한 살에 불과했다. 추밀원 위원들은 두 왕자 모두 가톨릭교도라는 이유로 극력 반대했다. 그해 후반에 신교도인 덴마크 왕의 장자와 혼인협상을 추진할 때는 누구보다 흔쾌히 받아들였다. 11월에 협상이 개시되었지만 누구도 협상이 신속하게 마무리되리라 기대하지는 않았다.

프랑스와의 연맹은 곧바로 프랑스와 제국 사이에 전쟁이 벌어질 것이며 카를 대제가 곧 잉글랜드에 전쟁을 선포할 거라는 의미였다. 6월에 황제는 워튼에게 메리가 부당하게 대접받는 것을 절대 묵과하지 않을 거라 공언하긴 했지만 사실 뾰족한 대책은 없었다. 7월에 그는 독일 아우크스부르크에서 잉글랜드 대사에게 위협적인 단어를 써가며 경고했다. "이 문제로 인해 공주가 죽게 되면 그녀는 우리의 신성한 믿음을 위해 죽은 첫번째 왕실 순교자가 될 거요. 그녀가 미사를 박탈당하도록 가만 놔두지 않을 거요."

한편으로 자국 대사에게는 메리가 추밀원을 지나치게 자극하지 말도록 말리라고 명했다. 비록 그녀의 사제들이 미사를 올리지 못하고 그녀가 신법을 따르긴 하지만 그것은 타의에 의해 강요된 일이기에 결코 죄가 아니라고 했다. 헝가리의 마리아가 보내온 편지를 통해 이런 시각은 더욱 굳어졌다. 그녀는 공주에게 강압에 의한 희생자는 비난에서 비껴갈 수 있다고 지적했다. 하지만 메리는 이미 순교를 준비하고 있었다.

1551년 8월에 에드워드 6세는 정기적으로 추밀원 회의에 참석하기 시작했다. 이미 그는 정치적 감각을 유연하게 가다듬고 국사에 대해 견해를 피력하고 의사결정에 도움을 주는 식으로 어느 정도 정치적 영향력을 발휘하기 시작했다. 그가 내린 첫 어명 가운데 하나는 선왕의 선박인 '그레이트 해리'를 '그레이트 에드워드'로 명칭을 변경하는 것이었다. 그달에 그의 스승 전원이 직위 해제되었는데, 이는 왕의 정규 교육이 끝났다는 의미였다. 이제부터 그는 오롯이 치세술을 익히는 데만 시간을 투자할 계획이었다. 정치와 행정에 관심이 많아서 그는 이내 추밀원을 효율적으로 운영하는 방안을 구상하기 시작했다.

외교사절들은 젊은 왕의 라틴어와 불어, 헬라어 구사 능력은 물론 국정에 대한 높은 이해와 빼어난 운동신경에 깊은 인상을 받았다. 다만 에드워드는 아버지만큼 마상창시합에서 발군의 실력을 보이지 못했고, 그런 연유로 궁에서 마상창시합은 가뭄에 콩 나듯 열렸다. 왕의 마르고 연약한 체격도 문제였다. 그러나 무엇보다 큰 문제는 래티머 주교의 지적대로, 왕이 손바닥이 닳도록 아부를 일삼는 타락한 중신들에게 위험천만하게 노출되어 있는 것이었다.

8월 초에 왕의 입김이 작용했는지 추밀원은 더 이상 죄를 눈감아줄 수 없다고 결정했다. 8월 9일에 위원들은 메리가 미사를 올리는 것을 금한다는 판결을 내렸다. 그 일환으로 공주가 믿음을 지켜갈 수 있는 수단인 사제들, 즉 로체스터와 잉글필드, 월드그레이브를 즉각 소환했다.

추밀원은 출두한 세 사제에게 에식스 콥트홀에 있는 메리에게 왕명을 하달하도록 명했다. 이제부터 사제들은 미사를 집전할 수 없고 다른 이들도 미사 참석이 금지되었다. 사제들이 맡은 임무는 그녀에게 왕의 법을 따르도록 설득하는 것이었다. 로체스터 주교는 메리는 종교문제에 있어 그 누구의 조언도 듣지 않으니 그들로서도 감히 이 문제를 꺼낼 수 없다고 반박했다. 아랫사람인 그들은 안주인에게 이래라저래라 가르칠 수가 없다고 했다. 위원들은 왕에게 신종의무를 다하도록 명받은 만큼 그에 합당한 일을 해야 한다고 반박했다. 메리에 대한 충정이 이를 결코 방해해서는 안 된다고 강력 주장했다.

8월 16일에 세 사제는 콥트홀로 돌아와 안주인부터 찾았다. 메리는 무슨 일이 있었는지 대장 눈치 채고는 추밀원에서 명한 내용을 말하지 말라고, 말한다 해도 듣지 않겠노라고 막았다. 이어 왕에게 편지를 써서 이 새로운 규제가 왕으로부터가 아닌 제 이익만 챙기는 자들의 입에서 나온 거라고 불평했다. 사제들에게 내린 명에 관해서는 다음과 같이 말했다. "제 사제들이 그런 명을 받아야 한다는 게 참으로 부당합니다." 이어 편지를 밀봉해서 사제들 손에 쥐어 주며 당장 추밀원에 전달하라고 지시했다.

대변인 격인 로체스터 주교는 추밀원에서 공주가 도통 귀담아들으려 하지 않은 관계로 두 번씩이나 하명받은 내용을 전달할 수 없었노라고 해명했다. 명받은 대로 따를 것이냐고 묻자 그는 단호하게 부인했다. 결국 23일에 세 사제는 런던탑에 감금되었다. 왕은 서머싯이 반 데르 델프트 대사에게 해준 약조는 그녀가 자기 방식이 잘못되었음을 깨달을 수 있는 한시적인 기간에만 해당되는 거라는 서한을 메리에게 보냈다. 그 기간은 종료되었으니 다른 신실한 종복들처럼 이제는 자기 법을 따르라고 요구했다. 그녀와 사제들이 법을 어긴다면 다른 죄인들과 마찬가지의 벌이 적용될 거라고 경고했다. 일부 위원들은 메리를 소환해서 그녀의 불경스런 처사에 관해 심문해야 한다고 소리 높여 주장했지만 대부분은 가톨릭교도들의 폭동을 우려해서 자제했다. 논의 끝에 대표단을 콥트홀에 파견해서 왕의 통지를 직접 전달하기로 결정했다.

28일에 리치 대법관과 앤터니 윙필드 경, 그리고 윌리엄 페트르 경은 말을 달려 콥트홀로 향했다. 메리는 손수 나와 그들을 맞이했는데, 태도는 굳건하고 침착했으며 어조는 우렁차고 강경했다. 후일 예한 대사에게 고백하길, 여자라 만만히 볼까봐 일부러 그랬다고 했다. 그녀는 깍듯한 태도로 무릎을 꿇은 채 왕의 서한을 받아 들었다. "추밀원이 작성한 안에 담긴 내용 때문이 아니라 폐하가 직접 서명하신 서신이기에 정중히 편지에 입을 맞추겠습니다." 그녀는 곧 자리에서 일어나 편지를 개봉해서 단숨에 읽어 내려갔다. 손님들에게 안으로 들라는 예의도 차리지 않은 채 마당 한가운데 서서 읽었다. 편지를 읽는 그녀의 입에서 뭔가 작은 중얼거림이 흘러나왔다.

"오, 선량한 세실이 참으로 수고가 많았군!" 에드워드가 편지를 직접 작성하지 않았다는 믿음에서 나온 말이었다. 드디어 그녀가 편지에서 시선을 떼었다.

"전 폐하의 가장 미천하고 순종적인 종이자 가련한 누이입니다. 그분께 모든 면에서 복종할 것이지만 신교를 받아들이느니, 비록 이처럼 바람직한 싸움에서 죽을 가치가 없는 몸이긴 하나 차라리 단두대에 머리를 뉘고 죽음을 택하겠나이다. 폐하가 이 일을 판단하시기에 충분한 나이가 되시면 그분께 순종하겠습니다. 허나 선하고 다정하신 왕이고 그 또래 누구보다 총명하신 분이긴 하나 지금 이 문제를 판단하시는 건 무리입니다."

위원들은 폐하의 인내심이 극에 달했노라고 전했다. 이제부터 법이 허용하는 것 외에 이 집에서 그 어떤 미사도 올려서는 안 된다고 주장했다. 원한하면 미사를 반대하는 신료들의 이름을 줄줄이 댈 수 있노라고 했다.

"그럴 필요 없어요. 다들 한통속이란 거 아니까." 메리가 매섭게 쏘아붙였다. "선왕 시절에 제정한 것이 아닌 다른 것을 따르라면 차라리 단두대에서 죽겠어요. 사제들이 침묵을 강요당한다면 어쩔 재간이 없지만 결단코 제 집에서 그대들 방식의 예법을 따르진 않을 겁니다!"

그때 대법관이 그녀의 사제들은 이미 투옥되었다고 알렸다. 경악한 그녀는 그들은 정직하고 죄가 없는 사람들이라고 항변했다. 그녀가 자신은 아랫사람에게 절대 복종하지 않는다고 주장했기에 그녀의 사제들을 시켜 그녀를 을러대라고 한 것은 참으로 어리석은 일이었다.

위원들이 서머싯이 해준 약조는 효력이 없다고 지적하자 메리는 더욱 부아가 나서 펄펄 뛰었다. 증거가 될 만한 황제가 보낸 편지를 갖고 있으며 다른 누구의 말보다 그것을 더욱 신뢰한다고 했다. 대표단은 그 말에 실소를 금치 못했지만 메리는 끄떡하지 않았다.

"황제를 대수롭지 않게 여기는 거, 좋습니다. 하지만 돌아가신 선왕을 생각해서 절대 이러면 안 됩니다. 그분이 누구십니까? 그대들을 오늘의 자리에 올려놓으신 분 아닙니까? 제국 대사는 제가 여러분 손에 얼마나 휘둘리는지 잘 알고 있습니다."

리치는 뉘 집 개가 짖느냐는 식으로 한껏 무시한 채 같이 데려온 '믿을 만한 노련한 사람'을 메리의 신임 감사관으로 임명하겠노라고 알렸다. 그녀에게는 씨도 안 먹히는 소리였다.

"오랫동안 곁을 지켜온 사람들로도 충분합니다. 그늘 중에서 고를 겁니다. 내 집에 당신네 사람을 남겨 두고 가면 전 즉시 이 집에서 나갈 겁니다. 한 집에서 같이 살 수 없는 앙숙이니까요." 이어 대법관에게 야무지게 덧붙였다. "비록 몸이 아프긴 해도 이대로 죽지는 않을 겁니다. 명줄을 보존키 위해 최선을 다할 겁니다. 내가 죽으면 당신네들이 죽게 만들었다고 만천하에 떠들게 할 겁니다. 늘 말은 정중하게 하지만 날카로운 칼날을 드리운 당신들이 죽였다고요!" 그녀는 이 말과 함께 쌩하고 등을 돌려 집 안으로 들어갔다.

잠시 후 리치 대법관은 마음을 진정시키고서 시종단을 뜰에 불러 모아 놓고 더 이상 이 집에서 미사를 볼 수 없으며 이를 어길 시엔 감옥에 넣을 거라고 엄포를 놓았다. 사제들에게는 공동기도서 외에 다른 기도서를 사용하면 반역죄로 처벌받을 거라고 경고했다. 사제들은 겁에 질려 순순히 그리하겠다고 약속했다. 다음 날 메리는 양심을 저버리고 현실에 타협해야 하는 고통을 줄여주기 위해 사제들에게 미사에 참석하지 말라고 일렀다.

리치의 수하들은 사제 하나가 그곳에 몰래 은거하고 있다고 의심하고 수색을 펼쳤지만 쥐새끼 한 마리도 찾아내지 못했다.

부하들이 돌아오기를 기다리고 있는데 메리가 갑자기 창가에서 할 말이 있다고 소리쳤다. 안뜰로 들어서 그녀가 있는 곳으로 가겠다고 하자 그녀는 큰 소리로 추밀원에 자신의 감사관을 즉시 돌려보내줄 것을 요청해달라고 했다. "그가 떠난 뒤 대신 그 일을 맡아온 터라 이젠 밀 두 말로 빵을 얼마나 만들 수 있는지 훤히 꿸 정도입니다. 부모님에게서 빵 굽기나 양조법을 배운 적이 없는 제가 말입니다. 솔직히 이런 일이 넌더리납니다. 경들이 그를 돌려보내면 아주 기쁠 것입니다. 더불어 그대들의 영혼과 육신이 건강하길 빕니다. 그대들은 허약하기 짝이 없는 육신만 지닌 분들 아닙니까."

그녀는 그렇게 외치고는 이내 창가에서 사라졌다. 위원들은 떨떠름한 기분으로 그곳을 떠났다. 그들이 떠나자마자 어딘가에 숨어 있던 사제가 모습을 드러냈다. 그는 안뜰에서 있었던 대법관의 경고를 듣지 못했기에 자신은 미사를 금지당한 적이 없노라고 떳떳하게 주장했다. 추밀원에서 메리가 미사를 보지 못하도록 금지시킨 가운데 그는 다가올 시간 동안 최대한 은밀하게 미사를 집전했다. 믿음의 위안을 빼앗기느니 차라리 처벌을 달게 받겠노라고 다짐하고 법을 어긴 사람은 메리였다. 그녀는 가장 믿을 만한 사람 셋을 빼고는 누구에게도 알리지 않은 채 아슬아슬한 줄타기를 하듯 위험천만하게 계속해서 미사를 올렸다.

9월 초에 런던 주교인 니컬러스 리들리는 해덤 영지에서 지내는 동안 공주를 개인적으로 찾아뵈었다. 그가 머물고 있던 해덤 영지는 메리가 사는 헌스던에서 5킬로미터 정도 떨어져 있었다. 종교에서 큰 시각차를 보이고 있음에도 불구하고 메리는 열혈 신교도인 리들리를 믿을 만한 사람이라고 생각했다. 무엇보다 그가 부친의 지도신부로 지내는 동안 자신에게 얼마나 잘 대해주었는지 기억하고서 정중히 환대했다.

한동안 일상적인 대화를 나누다가 불현듯 리들리는 추밀원의 사주를 받은 듯 다음 토요일에 메리의 시종단 앞에서 설교를 하고 싶다고 제안했다. 이와 더불어 개혁사상이 담긴 서적들을 빌려 주겠노라고 했다.

메리는 신교도의 설교는 듣지 않겠노라고 완강히 거부했다.

"공주님이 신의 말씀을 거역하지 않으시리라 믿습니다." 그가 대답했다.

메리는 그 말에 불뚝 역정을 냈다. "무엇이 신의 말씀이죠? 선왕 시절의 신의 말씀이 지금의 그것과 같아 보이나요?"

"신의 말씀은 시대를 초월해 한 가지입니다. 다만 그 말씀이 다른 어느 때보다 더 잘 이해되고 실천되어 온 시기가 있을 뿐이죠." 주교는 부드럽게 어조를 바꾸었다.

"감히 지금의 신의 말씀이 진실이라 주장하시는 건가요?" 메리가 분연히 소리쳤다. "그리고 빌려 주신 책에 관해서라면 신께 감사하게도 한 줄도 읽지 않았습니다. 전에도 그랬고 앞으로도 그럴 겁니다." 그녀는 자리에서 벌떡 일어남으로써 독대시간이 끝났음을 명확히 알렸다.

헤어지면서 그녀가 일침을 놓았다. "이렇게 직접 찾아주시다니 눈물 나게 고맙습니다. 하지만 제 앞에서 설교하겠다는 그 제안은 눈곱만큼도 고맙지가 않군요."

황제는 근자에 일어난 사건들에 대해 보고받고는 다시 한 번 추밀원에서 메리에 대한 부당한 처우에 관해 정식으로 항의하도록 지시했다. 더들리는 이 항의를 공손히 전해 들으면서 중차대한 문제이니 왕과 상의해서 결정을 내리겠노라고 대답했다. "잠시 기다리고 계시지요." 그는 이 말과 함께 왕의 처소로 들어가 한동안 모습을 드러내지 않았다. 마침내 돌아와서는 다음과 같이 전했다.

"폐하께서는 자신의 법이 준수되길 바라신다고 하십니다. 메리 공주든 누구든 거기서 예외일 수는 없답니다. 폐하께서는 능히 이런 성숙한 판단을 내리실 권한이 있으시죠."

"지금은 왕의 권한을 논할 자리가 아닙니다." 대사가 현명하게 지적했다.

이런저런 엄포는 놓았어도 실상 추밀원은 메리의 집에서 벌어지는 일들을 눈치 채고도 아무런 조치도 취하지 않았다. 황제의 보복이 두려워 그저 속만 끓이고 있었다. 이러다 제국 군대가 개입하기라도 한다면……제국은 잉글랜드보다 월등한 군사력을 보유했으며 충분히 자극이 간다면 프랑스보다는 잉글랜드를 공격 대상으로 삼으리라. 물론 메리가 왕명에 순종해서 신법을 따르고 있다는 추측도 돌았다. 1552년 3월에 감옥에 투옥되었던 메리의 사제들이 소리 소문 없이 풀려나 메리 곁으로 돌아갔다. 이후 그녀가 차기 제국 대사에게 밝혔듯이 추밀원이 그녀가 계속해서 미사를 본다는 사실을 알고 있다는 것이 메리의 생각이었다.

7장 모든 것이 덧없도다!

　1551년 여름에 발한병이 사납게 맹위를 펼치면서 서머싯 공작을 포함해서 중신들 대부분이 전염을 피해 자신들의 시골 별장으로 부랴부랴 피신했다. 서머싯이 없는 가운데 남은 위원들은 새롭게 직제를 개편할 계획을 세우면서 더들리 집권에 반항하는 역모 소식에 귀를 쫑긋 세웠다. 서머싯이 새로운 역모를 꾀하고 있다는 소문이 돌면서 위협에 대처하기 위해 이미 5백 명의 용병을 고용해서 왕실 근위대를 강화시켰다. 당장 직면한 또 다른 문젯거리는 하늘 높은 줄 모르고 치솟는 물가였다. 더들리는 요량 없이 화폐를 평가절하해서 사태를 해결하려 들었지만 물가는 미동도 않고 도리어 헨리 8세 시절에 비해 무려 3배나 폭등했다.

　왕의 누이들은 그네들의 거처에서 죽은 듯이 지냈다. 1551년 10월부터 작성한 회계장부를 통해 당시 엘리자베스가 어떻게 살았는지 조금이나마 짐작할 수 있다. 건강 악화로 고생하고 있었지만 그럼에도 불구하고 그녀는 회계장부를 검토하고 서명하는 일만은 게을리 하지 않았다. 공주 신분답지 않게 검소하게 지내면서 한 푼이라고 더 아끼려 애썼다. 식탁은 주로 그녀의 땅에서 직접 재배하고 기른 농축산물로 채워졌다. 송아지고기, 염소고기, 수컷 새끼돼지 고기, 소고기, 닭고기, 달걀, 보리, 밀이 사냥꾼과 농군들을 통해 그녀의 주방에 풍성하게 전달되었다. 철갑상어, 새끼 백조, 자고새 같은, 친구들이 보내 준 소박한 선물들도 곳간을 가득 채웠다. 가난한 아낙이 보내온 사과나 콩 같은 선물도 있었다.

엘리자베스의 옷은 워런이라는 양복장이가 만들었는데, 그녀는 벨벳 망토에 26파운드를, 시종들의 제복에는 78.90 파운드를 지불했다. 그는 그해에 실크 장식의 보디스(몸에 꼭 맞는 조끼 비슷한 옷―옮긴이) 한 벌을 공주에게 제작해 주었다. 더불어 벨벳 19미터와 소매에 들어갈 검은 벨벳 9미터, 베일이 달린 프랑스풍의 후드 2개, 치마 안감, 능직과 자주색 새틴과 실크, 그물 모자와 리넨이 소요되었다. 이 기간에 워런은 공주를 위해 각양각색의 드레스를 제작해 주었다.

다른 구매품은 별반 없었다. 애슐리 부인은 타월을 만들기 위해 삼베를 구입했고, 엘리자베스는 호두나무 탁자를 만들기 위해 목수에게 2.24 파운드를 지불했다. 이와 함께 신년 선물로 산 금 식기에 32.18 파운드를 썼다. 빈민구제 의연금에는 고작 7.77파운드만 사용했다.

음악은 그녀가 가장 즐기는 취미였다. 1552년 2월에는 왕명을 받고 찾아온 왕실 드럼 연주자와 파이프 연주자들, 존 헤이우드 극단의 아역배우들에게 7파운드를 지불했다. 회계장부 내역을 살펴보면 다른 예술가들에게도 지출한 것을 알 수 있는데, 류트 연주자인 파모어, 하프 연주자인 모어, 러셀 경의 음유시인들이 그들이다. 류트 줄을 교환하는 데는 17실링이 들었다. 그녀의 최고의 즐거움은 류트나 버지널을 연주하거나 독서를 하거나 바느질을 하는 것이었다. 건강과 날씨가 허락되는 한 빼놓지 않고 매일같이 사냥을 즐겼다. 사정이 여의치 않으면 쉼 없이 회랑을 오가거나 침대 위에 께느른하게 누워 시간을 보냈다.

그해 가을에 집권세력은 그 지지자들에게 보상 차원의 대대적인 승진을 단행했다. 10월 11일에 더들리는 노섬벌랜드 공작에 추대되었는데, 잉글랜드에서 왕족이 아닌 이가 이 직위에 오른 것은 처음이었다. 도싯은 아내 쪽 형제들이 발한병으로 모두 죽게 되어 자동으로 서퍽 공작에 오르게 되었다. 싹싹한 윌리엄 폴릿은 윈체스터 후작에, 노섬벌랜드 공작 라인의 윌리엄 허버트는 펨브로크 백작에 임명되었다. 더들리의 추종자 일부와 친족, 소작인, 군인들은 기사작위를 하사받았다. 더들리는 새로운 동조세력을 만들어 지지 세력을 넓힌 것은 물론 지지자들의 이득을 확실히 챙겨 줌으로써 추밀원 내에서 자신의 세력을 공고히 다질 수 있었다.

서머싯은 이 전례 없는 직제 개편을 치명적인 위협으로 간주했다. 최근에 더들리를 등에 업고 신분 상승한 자들 모두가 자신의 적수였기 때문이다. 더들리가 반대 목소리를 일망타진하기 위해 반격을 가할 채비를 갖추었다고 그는 판단했다. 뇌물을 먹은 자들이 차갑게 등을 돌리는 것을 보고그는 전직 비서관인 윌리엄 세실에게 조언을 구했지만 냉담한 대답만 돌아왔다.

"죄가 없다면 기죽지 마시고, 죄가 있다면 그저 자신의 처지를 한탄할 수밖에요. 저로서는 달리 해드릴 말씀이 없습니다."

발한병이 물러나 위원 대부분이 화이트홀로 돌아온 가운데 10월 16일 오전에 서머싯은 추밀원 회의에 뒤늦게 허둥지둥 참석했다. 그가 채 자리에 앉기도 전에 재무장관이 반역죄와 공모죄에 대해 문책했다. 더들리는 곧 근위병을 불러 그를 체포해서 런던탑에 감금시키도록 명했다. 그로부터 얼마 후 아내인 서머싯 공작부인이 런던탑에 합류했다.

더들리는 자신의 정적을 반역죄로 기소할 만한 증빙자료를 이미 손에 쥐고 있었다. 죄목은 이러했다. 우선 서머싯은 런던탑을 탈취한 뒤 그곳에 비축된 무기를 이용해서 수도를 장악한다. 뒤이어 전국적으로 소요를 일으키고 연회에 참석한 추밀원 위원 전원을 독살한다……. 뭔가 앞뒤가 안 맞는 허술한 시나리오였지만 그럼에도 불구하고 공작을 제거하는 데 써먹을 기막힌 핑곗거리였다.

추밀원이 설레발을 치며 분주히 증거자료를 더 모으는 동안 왕궁은 스코틀랜드의 섭정여왕인 기즈의 마리를 맞이할 채비로 분주했다. 그녀는 프랑스를 방문한 뒤에 본국으로 돌아가던 참이었다. 메리 공주는 공식 만찬에 참석하라는 초대를 받았지만 전보다 악화된 만성지병을 구실로 이를 거절했다. 제국 대사에게 고백했듯 초대를 거절한 진짜 이유는 종교문제에 대해 강도 높은 추궁을 받을까봐 두려워서였다.

하지만 사촌인 제인 그레이가 부모와 함께 만찬에 참석할 예정이라는 소식을 듣고는 자상하게도 행사에 입고 가라며 황금레이스 장식이 들어간 금사원단과 벨벳 소재의 드레스를 보내 주었다. 제인은 소박한 무채색 드레스를 선호하는데다가 화려한 드레스를 로마 가톨릭의 상징으로 간주해서 입기를 꺼려했다.

"어떻게 하죠?" 그녀는 당황해서 드레스를 펼쳐 보이고 있는 보모인 엘렌 부인에게 물었다.

"어떡하긴요. 입으셔야죠." 엘렌 부인이 대답했다.

제인은 그 말에 경기를 일으켰다.

"안 돼요! 신의 말씀을 따르는 엘리자베스 공주님을 외면하고 그것을 거역한 메리 공주를 따르다니, 그건 커다란 수치예요." 그녀가 대답했다. 하지만 그녀의 부모는 왕이 화려한 의상을 좋아해서 금사원단과 흰 벨벳과 실크 원단에 다이아몬드와 에메랄드, 루비로 장식한 예복을 입고 나오신다는 사실을 알고 선물한 드레스를 입고 가라고 떠밀었다. 존 에일머에 따르면, 엘리자베스는 궁중 예법에 맞는 옷차림 원칙을 고수하긴 했지만 음전한 처녀답게 앞섶이 심하게 파인 옷으로 남들 이목을 끌지 않게끔 조심했다고 한다.

서머싯의 정적들은 그의 마지막 숨통을 끊어놓기 위해 행동에 들어갔다. 더들리는 왕이 큰 외숙부를 탐탁지 않아 한다는 사실을 알고 급진적인 종교정책을 더 많이 추진하겠다는 사특한 약속으로 왕을 유혹했다. 그 때문에 서머싯의 죄를 어린 왕에게 확신시켜주는 것은 그리 어렵지 않았다. 에드워드 왕의 일기를 통해서도 이 사실을 명백히 알 수 있다.

12월 1일에 전직 호국경인 서머싯은 웨스트민스터 홀에서 재판을 받고 유죄로 밝혀져 사형선고를 받았다. 더들리는 죄인에게 그를 기꺼이 용서했으며 자신의 재량으로 목숨을 부지할 수 있도록 힘껏 도와주겠다고 약속했다. 대중들이 판결 내용에 극도의 불만을 품어서 자칫 폭동이 일어날까 두려워 형 집행을 잠시 미루어야 했다. '선하신 공작'은 "공작님 만세!"라고 외쳐대는 군중들에 둘러싸인 채 열기가 가라앉을 때까지 잠시 기다렸다가 런던탑으로 돌아갔다. 아룬델 역시 공모에 가담했다는 죄목으로 투옥되었다. 1년 후에 풀려났을 때 그는 더들리에 대한 복수심으로 칼을 갈고 있었다.

반역자들을 만족할 만큼 처치한 뒤에 더들리는 지금의 하이드 파크 자리에서 추밀원 위원들이 참석한 가운데 성대한 군 사열식을 거행했다. 이러한 세력 과시는 백성들에게 감히 통치자를 거스르지 말라는 일종의 계산된 경고였다.

메리는 황제로부터 왜 왕궁에서 열리는 기즈의 마리의 만찬에 참석하지 않느냐는 질책성 편지를 받았다. 그러면서 황제는 왕위 후계자로서 가능한 모든 자리에 모습을 드러내는 것이 현명한 처사라고 조언했다. 메리는 신년에 왕을 찾아볼 계획이라고 답했지만 억지로 신교 예배를 보게 될 거

203

라는 소문이 돌아서 터무니없는 의식에 참석하고픈 마음이 전혀 없었다. 추밀원은 여전히 그녀의 사제들에게 복종할 것을 강요했는데, 뭐라 불평해 보았자 그야말로 바위에 계란 치기였다. 황제는 메리의 편지를 읽고 대사에게 지시해서 다시 한 번 추밀원에 메리를 대신해서 항의하도록 했지만 1월에 대사는 추밀원에서 왕이 자신의 법을 따르길 고집한다는 소리만 들었다. 그에 대해 뭐라 왈가왈부해보았자 입만 아픈 상황이었다.

성탄연휴에 궁에서는 여느 때처럼 성대한 축하연이 벌어졌다. 이번에 더들리는 '무질서의 지배자'(성탄연회 책임자로서 평민이나 노예 중에서 뽑는데 이때만은 그가 연회장에서 왕 노릇을 함.-옮긴이) 역을 되살려서 왕을 한껏 기쁘게 해주었다. 그 역의 주인공인 페러즈 씨는 은사 줄무늬의 연분홍 새틴으로 만든 의상을 차려입고 의전관과 마술사, 광대들을 거느린 채 거들먹거리며 나타났다. 일부는 추기경 복장을 하고 있었다. 3백 파운드가 넘는 어마어마한 비용이 들었음에도 불구하고 왕은 무척이나 즐거워했다. 더불어 헨리 8세의 전직 광대인 월 소머즈가 연기하는 가면극과 연극도 흥미롭게 감상했다.

왕의 누이 누구도 궁에서 열린 성탄 행사에 참석하지 않았다. 엘리자베스는 해트필드에서 조용히 지냈고, 메리는 에식스의 틸티에서 서퍽 부부와 월로우비 경과 함께 연회와 가면극을 감상하며 단출한 성탄연휴를 보냈다. 12일절 전야제 때는 선물을 교환했는데, 메리는 제인 그레이에게 진주와 루비로 만든 아름다운 목걸이를 선물해 주었다.

성탄이 지나자마자 더들리는 서머싯의 사형집행 영장에 서명하도록 왕에게 압박을 가했지만 어린 왕은 외숙을 단두대로 보내는 것을 주저했다. 프랑스 대사에게는 이 처결을 막고 싶다는 희망을 피력하기도 했다. 그러나 왕은 아직 제 뜻을 펼 처지가 아닌지라 결국 더들리가 승리하고 말았다. 1552년 1월 22일에 서머싯은 감방에서 나와 처형에 반대하는 성난 군중들을 뚫고 타워힐로 향했다. 병사들이 분주히 단두대로 향하는 모습이 보이더니 이내 노도와 같은 함성이 터져 나왔다. "그를 살려줘라! 형을 중지하라!" 하지만 그들은 임무 수행차 뒤늦게 도착한 근위병들이었다. 하지만 그가 겹겹이 호위를 받지 않았더라면 자칫 실망한 군중들이 죄인을 가로채 갔을는지도 모른다.

잠시 후 서머싯은 침착하게 단두대로 걸어 나가더니 성난 군중을 향해 그만 진정하라고 부탁했다.

"그대들이 조용해지면 나 또한 침착해질 것이다." 그는 이러한 부탁과 함께 왕에 대한 충성을 맹세한 다음에 처형을 받기 위해 두 무릎을 꿇었다. 드디어 단두대 칼날이 떨어지면서 사람들이 벌 떼처럼 단두대로 몰려가 순교자의 피를 손수건에 묻히려고 난리였다. 더들리는 전에는 인기 없는 사내였다면 지금은 극도의 미움을 받는 사내로 전락했다. 많은 이들이 그가 더욱 사특한 음모를 꾸미고 있다고 믿었다. 왕은 다음과 같은 간결한 말로 일기의 서두를 장식했다. '서머싯 공작은 오전 아홉 시경에 타워힐에서 처형되었다.' 거기에는 친족의 죽음을 대하는 애도나 유감의 표시도 없었다.

이제 최악의 주적이자 반대 세력의 핵심인물은 사라진 셈이었다. 더들리는 왕을 교묘히 조종해서 그로 하여금 자신이 실질적인 통치자라고 믿게 만듦으로써 절대 권력을 휘두를 수 있었다. 그는 아첨에 약한 왕에게 살랑살랑 꼬리를 흔들어대고 종교개혁에 대한 왕의 열망을 배려하는 척해서 점수를 땄다. 그해 봄에 공동기도서 개정판이 인가를 받아서 현재의 국교회 기도서의 초석을 이루게 되었다. 개정판은 왕이 존경해 마지않는 스위스 개혁가인 울리히 츠빙글리(루터, 칼뱅과 더불어 종교개혁의 3대 인물. 성서 중심의 개혁운동을 전개해서 취리히 개혁을 이끌어냈으며 그의 성서 중심적 신학은 칼뱅에 의해 계승 발전되었음.-옮긴이)에게서 큰 영향을 받았다. 개혁 작업이 가속화되면서 교회가 대거 폐쇄되었고 그네들의 재산은 더들리와 그 지지자들의 호주머니로 들어갔다. 더들리가 개혁 작업에 어찌나 열렬히 임하는지 후퍼 주교는 그를 '그리스도의 최고로 신실하고 용맹한 병사'라 칭하기까지 했다.

그해 2월에 왕은 빈민에게 관심을 갖자는 리들리 주교의 설교에 감복해서 폐쇄된 교회에 자선단체 2개를 설립했다. 사우스워크의 세인트 토머스 수도원에 병자를 위한 병원을 세웠으며 뉴게이트의 그레이 프라이어스 수도원에 불우아동을 위한 학교를 세워 '그리스도 병원'이라 명명했다.

사실 에드워드는 할 것은 너무도 많은데 그것을 실행할 만한 힘이 자신에게 없다는 사실에 좌절했다. 가터 기사단과 세인트 조지 교회(윈저 성에 위치한, 15세기에 가터 기사단을 위해 지어진 교회-옮긴이)를 분리시켜서 기사들이 성서에 온전히 담겨 있는 진실을 지켜나가도록 만들고 싶었다. 또, 추밀원을 위원회로 개편해서 위원회가 왕국을 다스리도록 할 계획을 세웠다. 잉글랜드에서 최초로 내각제를 입안한 것이다. 그는 계속해서 아버지가 입안한 정책들을 펼쳐 나갈 작정이었다. 상황이 이러하니 왕은 한시라도 빨리 제 뜻을 펼치고 싶어 안달이 났다. 고문들에게 압박을 가한 결과 결국 1552년 봄에 추밀원은 더들리의 찬성 아래 1553년 10월 열여섯 살 성년이 되는 그때에 에드워드가 왕국을 직접 통치하는 것에 동의했다. 뒤이어 이 사실을 널리 공표하면서 축하하는 의미에서 기념행사도 가졌다.

3월 17일에 엘리자베스는 남작들과 기사들, 신사들을 비롯해서 2백 명의 말 탄 시녀들과 향사들을 거느리고 세인트 제임스 궁에 기거하기 위해 런던을 방문했다. 이틀 뒤 그녀의 행렬은 세인트 제임스 공원을 가로질러 화이트홀로 향했는데, 공주 뒤에는 공작들과 남작들, 기사들, 시녀들이 대거 뒤따랐다. 한마디로 요란뻑적지근한 입궐이었다. 그녀에게 보여준 따뜻한 환대는 그녀에 대한 존경심을 반증하는 것이었다. 더들리가 한껏 멸시하면서도 한편으로는 두려워하는 가톨릭교도인 메리 공주에게 보인 대접과는 완전 딴판이었다. 왕은 늘 그러하듯 '내 다정한 누이, 템퍼런스'를 궁에 반갑게 맞아들였다.

1552년 4월 초순에 엘리자베스가 집으로 돌아온 지 얼마 되지 않아 왕은 홍역과 천연두에 걸려버리고 말았다. 다행히 이번에는 치명적인 천연두가 아닌 단순한 홍역이었다. 왕은 곧 완쾌한 것처럼 보였다. 4월 21일에 병세가 호전되었다는 소식을 접한 엘리자베스는 왕에게 편지를 보냈다. '폐하께서 지독한 병에서 무사히 벗어나셨다니 참으로 다행입니다. 더욱이 폐하의 힘으로 물리치셨으니 이보다 더한 기쁨이 어디 있겠습니까? 미천한 감사의 말을 전하노니 귀한 보석이라 한들 절 안심시켜주는 폐하의 편지만큼이나 만족스러울까요?'

4월 23일에 에드워드는 충분히 회복되어서 묵직한 가터 기사단 제복을 입은 채 웨스트민스터 사원에서 거행된 조지 성인 축일 행사에 참석했다.

병마로 인해 몸이 무척이나 상했음에도 불구하고 그는 이후 한동안 예전처럼 왕으로서의 임무를 수행했다.

4월 말에 왕실은 그리니치 행궁으로 옮겨갔다. 에드워드는 이곳에서 과녁 찌르기와 말을 타고 장대 끝에 걸린 고리를 창끝으로 꿰는 창 시합을 벌이고, 매사냥을 즐기고, 연회와 음악공연을 즐기고, 왕실 선박을 타고 강을 따라 유람을 하며 시간을 보냈다. 블랙히스에서는 근사한 군 사열식에 참석하고, 그가 좋아하는 곡예와 줄타기를 관람하고, 니컬러스 유돌이 그를 위해 쓴 희극 〈랠프 로이스터 도이스터 Ralph Roister Doister〉(1541년에 쓰인 고대 희극을 모방한 첫 작품—옮긴이)를 감상했다. 6월에 메리는 자신의 수행단을 이끌고 그리니치를 방문했다. 에드워드는 그녀를 따뜻하게 맞이하며 종교 문제는 눈치 있게 피했다.

6월 27일에 왕은 런던을 떠나 연례 순행 행렬에 나섰다. 친히 왕국을 돌며 백성들을 직접 만나 민심을 파악하는 기회였다. 대규모 왕실 수행단은 순행 노선에 자리한 귀족들 집에서 묵을 예정인데, 비용 면에서 집주인들에게는 상당히 큰 타격이 되었다. 런던을 출발할 당시 왕은 수행단과 더불어 남서부 지역을 시찰할 생각에 무척이나 들뜬 모습이었다. 하지만 비실비실하고 수척한 모습에 일부 대신들은 내심 걱정했다.

불행히도 고문들이 살인적인 스케줄을 짜는 바람에 왕은 포츠머스 해군 기지를 순찰하고 내빈으로서 이곳저곳에 얼굴을 내미는 등 공식 임무로 눈코 뜰 새가 없었다. 순행 도중에 묵은 귀족들의 저택에서는 연일 왕을 위해 화려한 연회를 마련하고 사냥과 여흥을 준비했다. 17세기 일기작가인 존 오브리는 열여섯 살 때 월트셔 근교로 산책을 나갔다가 잘 차려입은 말 탄 젊은이를 만난 적이 있다는 한 노인을 떠올렸다. 당시 젊은이는 사냥을 나왔다가 길을 잃었다고 한다. 그녀가 방향을 일러주려는 찰라 일군의 말 탄 사람들이 어디선가 튀어나왔는데, 깍듯한 태도로 보아 굳이 말하지 않아도 그가 왕임을 한눈에 알 수 있었다.

8월부터 서서히 왕의 건강에 적신호가 켜지기 시작했다. 에스파냐 사절에 따르면, 모든 점에서 그가 병약하다는 사실을 짐작할 수 있으며 사람들은 그런 왕을 측은하게 바라보았다고 한다. 왕은 피곤하고 병약해 보였지만 뚝심으로 버텼다.

주위에서는 자금이 고갈되었다는 구실을 들어 순행을 멈추는 것이 바람직하다고 결정했다. 왕이 아프다는 사실을 인정해서 괜히 정치적 위기를 촉발시키고 싶지는 않았던 것이다.

런던에 남아 있던 더들리는 솔즈베리에서 왕을 만나 뵙고는 달라진 모습에 큰 충격을 받았다. 그는 당장 런던으로 돌아가 주치의를 만나야 한다고 고집했다. 그러고는 이탈리아 의사이자 점성가인 지롤라모 카르다노를 급히 소환했다.

에드워드는 9월 15일에 윈저로 돌아왔다. 별로 마음에 들지 않는 곳이지만 몸이 아픈 관계로 더 이상 순행을 강행할 수가 없었다. 카르다노 박사가 얼마 후 도착해서는 왕족 환자에게 크게 감명을 받아 다음과 같이 칭송했다. "신이 주신 탁월한 미덕과 독특한 우아함이 빛난다. 그를 칭찬하는 데 그 어떤 말도 충분치 않다. 나이는 아직 어리지만 훌륭한 왕이며 학식과 재기, 그리고 왕다운 꾸밈에 있어 그분에 필적할 만한 사람이 없다."

카르다노는 이 대단한 인물이 폐결핵, 즉 백약이 무효한 심각한 폐질환을 잃고 있다는 사실을 밝혀내는 게 무척이나 힘겨웠다. 그는 왕진에 앞서 법에 저촉되기에 무척이나 위험스럽게도 은밀히 에드워드를 상대로 별자리 점을 보았는데 대재앙의 전조를 알리는 점괘가 나왔다. 지금 그는 왕이 죽음을 알리는 얼굴색을 갖고 있음을, 곧 숨이 끊어질 것임을 명백히 확인하게 되었다.

추밀원에 불려간 카르다노는 감히 솔직한 진단 내용을 밝힐 수가 없었다. 왕의 죽음을 예언하는 것은 반역이기에 그러했다. 대신 그는 환자가 예전의 기력을 되찾기 위해서는 휴식이 필요하다고 보다 순화시켜서 대답했다.

진단에 따라 업무에서 손을 떼고 휴식을 취해도 왕은 별 차도를 보이지 않았다. 1552년 가을, 겨울에 걸쳐 왕의 건강은 시나브로 악화되었다. 속을 훑어 올리는 기침을 힘겹게 해댔고 발작성 열로 인해 자리를 보전한 채 누워 음식 한 수저를 넘기지 못했으며, 몸이 띵띵 붓는 부종을 견뎌야 했다.

열다섯 번째 생일을 경축하기 위해 햄프턴 궁으로 돌아왔을 때는 시뻘건 각혈을 쏟아내며 괴로워했다. 주치의들도 더 이상 손을 쓸 수 없을 지경이었다. 엘리자베스 여왕 시대 고서 수집가인 존 스토가 폐결핵으로 언급한 그 병은 성탄연휴에 이미 말기에 접어들어 살날을 손꼽게 되었다.

그럼에도 불구하고 더들리는 마치 모든 것이 정상인 양, 곧 왕이 회복할 듯 행동하며 성탄연휴 축하행사를 꼼꼼히 준비했다. 이 시점에서 에드워드가 죽으면 그의 계획은 물거품이 되고 말리라. 그가 죽으면 가톨릭교도인 메리가 왕위에 오를 것인데 종교 문제로 자신을 을러댔던 이단자를 곱게 보아줄 리 만무했다. 이미 더들리는 메리가 왕위에 오르지 못하도록 막을 방도를 궁리하고 있었다. 그와 동시에 미래의 여왕에게 모든 것을 의탁하는 양 친근하게 접근했다.

메리는 왕이 위중하다는 얘기는 들었지만 주위에서 짠 듯이 입을 꾹 다물었기에 얼마나 병이 중한지 알 도리가 없었다. 이 와중에 더들리가 국사 문제와 궁정 소식을 알리면서 후계자로서 1520년대에 그녀가 소지했던 왕실문장을 되찾도록 권하는 깍듯한 편지를 보내와 그녀를 당혹케 했다. 에식스 영지의 허물어진 방벽을 수리하라며 5백 파운드를 건네기도 했다. 참으로 황당한 일이었다.

반면 엘리자베스는 이런 공손한 대접을 받지 못했다. 더들리는 그녀의 빈틈없는 기질을 두려워했고 왕을 방문하겠다고 청했을 때도 뭐라 반발하든 이를 단호히 거부했다. 그녀가 왕을 좌지우지하면 행여 자신의 계획이 틀어질까봐서 치밀하게 어린 왕의 마음을 누이에게서 돌려세우고자 했다.

1553년 1월에 외교사절들은 에드워드의 기침이 거칠고 격렬해진 것을 눈치 챘다. 본인 역시 기운이 빠져서 힘을 쓸 수 없다고 고백했다. 더 이상 몸 상태를 비밀에 부치는 것이 불가능해졌다. 주변에서는 왕이 아프다는, 심지어 죽음이 임박했다는 흉흉한 소문이 떠돌기 시작했다. 1월 20일에 제국 대사는 위기가 점차 가까워지고 있다고 황제에게 보고했다. 더들리가 남몰래 거액을 뒤로 빼돌리고 있으며 윈체스터를 재무성 자리에서 쫓아내고 자신이 직접 재정을 관리한다는 사실을 알아냈기 때문이다.

당시 에식스에 머물고 있던 메리는 왕이 위중하다는 소문을 듣고 노심초사하며 잠 못 이루었다. 그녀는 더들리로부터 아역 배우들이 공연하는 성촉일 가면극에 참석하라는 초대장을 받았는데, 왕의 용태가 어떠한지 직접 확인해 보고자 두말 않고 허락했다. 일기작가인 헨리 머친에 따르면 2월에 그녀는 2백 명의 수행단을 이끌고 왕이 계시는 런던으로 향했다고 한다. 더들리는 윌리엄 하워드 경을 비롯해서 1백 명의 아랫사람을 이끌고 시내에서 한 시간 떨어진 곳까지 직접 마중 나와 예를 차려 맞이했다. 곧이어 그는 메리를 클러큰웰의 세인트 존 수도원으로 모시고 갔다.

더들리는 왕이 고열로 인해 침대에 묶여 있는 터라 누이를 맞이할 처지가 못 되지만 다음 날이면 괜찮아질 거라고 했다. 이튿날 메리는 화이트홀로 가서 궁문 앞에서 더들리와 추밀원 위원 전원의 환대를 받았다. 모두들 어찌나 극진히 예를 표하는지 마치 벌써 여왕에 등극한 듯한 기분마저 들었다. 왕이 생사의 갈림길에 놓인 터라 그녀가 곧 왕위에 오를 것을 의심하는 이는 아무도 없었다. 하지만 그녀는 섣불리 더들리를 믿지 않았다. 그자가 어떤 음흉한 간계를 꾸미고 있을지 모를 일이기 때문이었다.

병이 위중한 관계로 왕을 만나지 못하고 기다리는 그 사흘 동안 메리는 흉흉한 소문이 나도는 궁에서 지냈다. 왕이 서서히 몸에 작용하는 독약에 희생당했다는 소문, 왕이 이미 서거했다는 소문 등등 갖가지 괴소문이 난

무했다. 그런 탓에 왕의 침소에 입실하라는 허락을 받았을 때 그녀는 안도 감으로 한숨을 내쉬었다. 그녀는 방 안에 들어서서 왕을 보고는 마치 둔기로 뒤통수를 세게 맞은 듯했다. 어찌나 야위고 피골이 상접한지 연약한 육신을 사정없이 공격해대는 병으로 인해 곧 세상을 뜰 것만 같았다. 그럼에도 불구하고 곁에서는 병세가 호전 중이라는 소리를 해댔다. 왕은 누이를 만나 무척이나 기뻐하는 모습이었다. 두 사람은 민감한 화두인 종교 문제는 피한 채 한동안 한담을 나누었다. 메리는 그날 늦게 가면극을 취소시키고 아역 배우들을 돌려보냈다는 소리를 듣고도 별반 놀라지 않았다. 그녀는 왕의 건강은 물론 더들리의 시커먼 속내 때문에 마음이 심란해진 채 처소로 돌아왔다. 때가 되면 의당 그래야 하듯 그자는 자신을 여왕 자리에 기꺼이 앉힐 것인가? 아니면 안심시키는 척하면서 다른 수작을 부릴 것인가?

엘리자베스는 메리가 왕궁에 초대받았다는 소식을 듣고는 불뚝 성질이 났다. 그녀 역시 왕을 만나러 성촉절에 갈 예정이었지만 더들리가 온갖 군색한 변명을 대면서 나중에 뵈라고 막았던 것이다.

메리가 떠나고 나서 한 주 뒤에 에드워드의 기침은 걷잡을 수 없이 격렬해져서 주치의들은 추밀원에 왕의 생명이 위독하다고 알렸다. 또 다른 병이 덮친다면 맥없이 병에 굴복당하고 말 거라고 했다. 에드워드는 죽음이 더없이 두려웠지만 그보다는 자신이 죽을 경우 신교에 위해가 가해질까봐 그것이 더욱 염려되었다. 그는 일주일 넘게 사경을 헤매다가 별안간 기력을 회복하더니 곧 아무 일 없다는 듯 침대를 벗어났다. 위기가 계속되는 동안에도 더들리는 매일같이 왕이 건재하다는 소식을 알리는 대자보를 발행하면서 치명적인 병세를 감추고자 발악했다. 그럼에도 불구하고 그조차도 갖가지 소문으로 인해 진실이 밖으로 드러나는 것을 틀어막을 수는 없었다.

한 익명의 지지자가 에드워드에게 병상에서 누워 지내면서 읽으시라고 책을 몇 권 보내 주었다. 왕이 최악의 고비를 넘긴 뒤에 존 체크는 지지자에게 감사의 편지를 보냈다.

왕께서 경이 보내 주신 책을 기꺼운 마음으로 받아 드셨습니다. 오랜 병마로 쇠약해져 계시다 겨우 건강을 회복하셨습니다. 그분께서는 오래 사셔서 진정한 종교를 지킴에 있어 여호수아에 뒤지지 않고, 왕국을 경영함에 있어 솔로몬 왕에 뒤지지 않고, 믿음을 독려함에 있어 다윗 왕에게 뒤지지 않는 그런 왕임을 증명해 보이실 겁니다. 교회를 보존시키는 데 힘쓸 뿐 아니라 학자들을 옳게 대우해주실 것입니다. 그분은 이미 오래전부터 가능성의 증거들을 보이셨죠. 어린 나이에도 남들이 안정되고 성숙한 나이에 할 만한 그러한 중요한 업적들을 그들보다 더 많이 일구어내셨습니다.

2월 21일에 의회를 개회할 만큼 왕의 건강이 회복되자 더들리는 긴급하게 의회를 소집했다. 의원들은 쇠약하고 지쳐빠진 왕의 몰골을 보고 충격으로 입을 다물지 못했다. 이날 의회는 왕이 성년이 되는 날짜를 확정했다.

더들리는 왕에 대한 통제권을 자신해서 어린 왕이 살아 있는 한 계속해서 자신에게 의탁할 거라 믿어 의심치 않았다. 혹 죽는다 해도 왕국의 안녕을 담보해주고 신교를 보존시켜줄 후계자를 임명함에 있어 자신의 조언을 반드시 구할 거라고 확신했다.

의회에서 에드워드는 더들리가 자신과 왕국을 위해 만족할 만한 수준으로 통치할 거라 믿고 모든 것을 그에게 일임한 채 그리니치로 떠났다. 제국 대사에 따르면 그는 자신의 병이 생각만큼 심각하지 않으니 곧 회복할 거라 믿었다고 한다. 그리니치에서 신선한 공기를 쐬며 여유롭게 몇 주를 보내면 회복에 도움이 될 거라 보았다. 신이 자신 앞에 높인 중차대한 임무를 수행할 수 있도록 보살펴주시리라 믿었다.

헨리 8세는 1544년에 제정된 왕위계승법과 유언에서 차기 왕위를 에드워드 왕자와 그 후손들에게 승계했다. 에드워드가 후사 없이 죽으면 메리와 그 후손들이 뒤를 잇고 뒤이어 엘리자베스와 그 후손들이 뒤따르게 된다. 이들 모두 죽게 되면 헨리 8세의 누이인 메리 튜더의 후손들이 왕위계승 서열에 오른다. 메리 튜더는 1533년에 이미 세상을 떠났으며, 그녀가 남긴 후손은 서퍽 공작부인이자 제인 그레이의 어머니인 프랜시스 브랜든이었다.

더들리는 메리가 왕위를 계승하면 그것은 곧 자신의 지위, 나아가 목숨까지도 끝난다는 의미임을 누구보다 잘 알았다. 더불어 가톨릭이 부활하면서 개혁종교는 위법으로 몰릴 것이다. 1553년 3월 중순에 더들리는 호국경의 보호감독을 흔쾌히 받아들이지 않을 거란 이유로 후계자 상속에서 메리와 엘리자베스를 제외시켜야 한다고 결심했었다. 그렇다고 누구의 꼭두각시가 되길 거부하는 완고한 프랜시스 브랜든에게 왕위가 넘어가서도 안 되었다. 왕위는 마땅히 열혈 신교도로서 개혁종교를 발전시킬 수 있으면서 아직 어려 더들리에게 쉽게 조종당할 만한 그녀의 딸에게 돌아가야만 했다. 제인을 자신의 막내아들인 길퍼드 더들리와 혼인시키는 것이 공작의 의도였다. 그렇게 되면 두 집안의 유대감이 공고해져 더들리 왕조가 탄생될 수 있으리라. 그럼 나 더들리는 건국의 아버지가 되는 것 아닌가!

공작은 자신이 그런 대담한 계획을 성사시킬 만한 위치에 서 있다는 사실을 조금도 의심치 않았다. 왕을 손아귀에 쥐고 쥐락펴락하는 그 아니던가! 에드워드는 왕위 서열을 개편하는 작업에 분명 찬성표를 던지리라. 그래서 누이들을 후계자에서 누락시키는 새 유언장을 흔쾌히 작성하리라. 사실 이것은 위법이었다. 기존의 왕위계승법은 의회에서 통과된 법이기에 미성년자인 왕이 아버지가 정한 서열을 마음대로 바꿀 권리는 없었다. 나아가 의회는 헨리 8세에게 자신이 원하는 사람에게 왕위를 물려줄 수 있는 권한을 부여했다. 그 권리는 헨리 왕에게만 해당되는 것이었다. 더들리는 이 것저것 걸리는 법과 유언 따위를 세세히 따지고픈 마음이 전혀 없었다. 서퍽 공작은 기꺼이 그를 지지하며 자식을 왕위 후계자로 올려놓아 자신의 야망이 실현되는 것에 기뻐 날뛰었다. 그는 아내가 딸을 위해서라면 후계자 자리를 기꺼이 포기할 거라 자신했다. 제인하고는 상의하나 마나였다.

딸은 부모 말에 무조건 복종하는 게 미덕 아니던가!

불행히도 더들리는 제 욕심만큼 그렇게 막강한 위치에 서 있지 못했다. 위원들 다수는 그의 날고 기는 세도와 그칠 줄 모르는 탐욕과 오만, 그리고 낯 두껍게 아들들을 진급시킨 처사를 두고 신랄하게 욕했다. 자신들을 엘리 궁에 불러들여 이래라저래라 지시하거나, 왕과 단둘이 야간에 밀담을 나누고 자신들 의견은 무시한 채 의사결정을 내리는 독재적인 방식에 앙심을 품었다. 그래 보았자 결국 반역자의 자식이라며 등 뒤에서 깐족거렸다.

그는 전횡을 일삼으며 자신과 지지자들의 잇속만 챙긴 나머지 왕국을 파탄으로 몰아넣어 유럽대륙에서 잉글랜드의 권위는 한없이 곤두박질쳤다. 대다수가 준비가 덜 된 상태에서 꽁지에 불붙은 새처럼 다급하게 급진적인 종교개혁에 착수했으며 헨리 8세가 이루어놓은 기반에 그저 묻어가려고만 했다. 대외적으로는 종교개혁을 지지한다면서도 심정적으로는 여전히 가톨릭에 기울어져 있었다. 그는 제인 그레이를 후계자로 앉히는 계획이 작고한 헨리 왕의 여식들인 메리와 엘리자베스를 흠모하는 지지자들의 반발에 부딪치리라고는 전혀 예상치 못했다. 그저 그 일로 얻게 될 수혜만을 기대하며 신나게 콧노래를 불렀다.

더들리는 믿을 만한 최측근 외에 그 누구에게도 자신의 계획을 알리지 않았다. 제국 대사는 용케 역모의 기운이 모락모락 피어나고 있음을, 또 공작이 메리가 왕위에 오르는 것을 기를 쓰고 막을 것임을 간파했다. 공작 측근들은 종교를 구실로 공주를 무지막지하게 탄압할 작정이었다. 공작은 메리에게 협박을 가하는 한편으로 마치 왕에게는 아무 문제가 없다는 듯 의뭉을 떨었다. 나아가 에드워드와 프랑스의 엘리자베트 공주와의 결혼이 성사되길 바란다는 희망을 피력했다. 이처럼 아닌 척 가장하다보니 점점 다혈질로 변해서 제 성질대로 되지 않으면 아무 데고 분풀이를 해댔다. 윌리엄 세실에게는 매일 밤 심장이 벌렁거리고 기진맥진해서 집으로 돌아온다고 푸념했다. 미래에 대한 불안감 그리고 주도권을 잃지 않으려 기를 쓰면서 모반을 획책하는 데서 오는 긴장감이 결국 건강에도 악영향을 미쳤다.

그는 비서관에게 고백했다. "평생 그래 왔듯 늘 불안하기만 하다네. 대체 어디서 위안을 얻어야 하나, 힘겨운 삶을 살아왔고 이제는 삶의 종착역으로 치닫고 있는 난!"

메리 또한 그해 3월에 극도의 불안 상태에서 지냈다. 이대로 왕이 죽으면 왕위계승권을 미처 주장하기도 전에 더들리가 목을 베어 버릴까봐 더럭 겁이 났다. 모두가 그녀가 여왕에 오를 상황을 생각하며 초조하게 속을 태운다는 사실을 잘 알았다. 그동안 그녀는 가톨릭이라는 대의명분과 황제의 이익을 다른 무엇보다 앞에 두었다. 살아오면서 사촌인 카를 5세나 그의 대사들에게 자문을 구하지 않은 채 뭔가 결정을 내린 적이 단 차례도 없었다.

그녀가 여왕이 되면 많은 것을 잃게 될, 또는 그저 외세의 내정간섭을 우려하는 상류층 귀족이 많았다.

그러는 사이 왕의 용태가 날로 악화되면서 메리의 후계자 상속도 점점 확실시되었다. 4월 말에 제국 대사는 다음과 같이 보고했다. '믿을 만한 소식통으로부터 병세가 갈수록 악화되고 있다는 소식을 접했습니다. 입 안에서 연두색, 검은색, 때로는 핏빛 액체를 사정없이 토해낸다고 합니다.' 왕실 주치의는 대사에게 에드워드 왕이 6월경에 사망할 거라고 통보했다. 추밀원 역시 이런 음울한 예측에 대해 들었지만 계속해서 백성들을 안심시키는 대자보를 배포했다. 더들리는 메리가 뭔가 계략을 짜거나 지지자들을 규합해서 무장시킬 만한 시간을 벌게 해주고 싶지 않았다. 이즈음 사람들은 왜 그처럼 오랫동안 왕의 모습을 볼 수 없는지 의아해하면서 의심의 눈초리를 던졌다. 특히 런던에서는 궁궐 안에서 벌어지고 있는 일들에 대해 갖가지 추측이 난무했다.

에드워드는 마지막 숨이 깔딱깔딱하면서도 사후에 벌어질 일들을 걱정했다. 메리가 여왕이 되면 신교왕국 건설이라는 대과업이 물거품으로 돌아가고 말리라. 상상만으로도 끔찍스러웠다. 왕의 고민을 알아챈 더들리는 그 두려움을 교묘히 부추기면서 메리가 왕의 종교정책을 훼손시킬 거라고 주장했다. 그 결과 왕은 쉽사리 꼬드김에 넘어가 후계자를 교체하는 것이 현명하지 않을까 고려하는 지경에 이르렀다. 아니면 에드워드가 직접 그 제안을 했을는지도 모른다.

죽음을 앞둔 왕이 왕국의 미래를 걱정하며 힘겹게 뒤척이고 있을 때 더들리는 아들 길퍼드와 제인 그레이를 결혼시키기 위한 계획을 마무리 지었다. 이때 제인은 작고한 서머싯 공작의 아들로서 하트퍼드 경이란 작위를 가진 열다섯 살의 에드워드 시모어와 정혼한 사이였다. 그녀의 부모는 약혼을 깰 생각이 추호도 없었다. 하트퍼드 경을 무엇보다 마음에 들어했으며 이 결합으로 자신들은 물론 딸에게도 창창한 앞날이 펼쳐질 거라 기대했다.

제인의 나이 고작 열네 살이었다. 당시 그녀를 만나본 제노바 출신 상인인 바티스타 스피놀라는 그녀를 다음과 같이 묘사했다.

키가 매우 작고 야리야리하지만 우아하고 아름다운 맵시를 지녔다. 오목조목한 얼굴에 오뚝한 콧날, 부드러운 입술선과 앵두 같은 입술을 가졌다. 눈썹은 둥근 아치형에 머리칼보다 짙은 붉은빛에 가까운 색이다. 눈동자는 초롱초롱하고 안색은 맑지만 주근깨가 촘촘히 박혀 있다. 전반적으로 작고 아담하고 매력적인 여성이다.

프랑스 대사인 앙투안 드 노아유는 제인을 '훌륭한' 여성으로 평하면서 그녀의 잘 다듬어진 사고와 겸허한 태도를 높이 샀다. 라틴어와 헬라어에 능통한 그녀는 스위스의 개혁주의 학자들과 편지 왕래를 했으며 구약 원서를 읽기 위해 히브리어를 몸소 익혔다. 유럽의 지성인들 사이에서 그녀의 박식함은 널리 정평이 나 있었다. 매우 명석한 것은 물론 핏줄과 가문에 대한 자긍심 또한 대단했다. 자신과 다른 믿음을 가진 이들을 그냥 보아 넘기지 않았으며 타인의 믿음과 감정에 둔감했다.

제인은 자신의 약혼이 깨어졌으며 길퍼드 더들리와 결혼할 계획이라는 사실은 까맣게 모르고 있었다. 1536년생인 길퍼드는 더들리 공작의 다섯째이자 막내아들로 모친의 사랑을 한 몸에 받고 자랐다. 불운하게도 어머니의 과한 자식사랑 탓에 제 성질대로 해야 직성이 풀리고 허파에 바람만 잔뜩 든 젊은이로 성장하고 말았다. 제 욕심이 채워지지 않으면 엄마 품으로 쪼르르 달려가는 못 말리는 마마보이였다. 금발에 늘씬한 체구, 학구적인 외모, 싹싹한 매너가 그를 돋보이게 한 반면 비뚤어진 성격이 장점들을 갉아먹었다. 누가 더들리 가문 출신 아니랄까봐 야망 또한 대단했다. 그는 왕족 신부를 맞아들여서 마셔도 마셔도 해갈되지 않는 허영의 갈증을 채우고자 했다.

이와 달리 제인은 남자한테는 도통 관심이 없고 오로지 지적인 유희에만 몰두했다. 독신으로 지내고픈 마음이 굴뚝같았지만 왕족 신분으로서 달리 선택의 여지가 없었다. 그런데 하필 더들리 가문이라니! 서펙 궁에서 양친이 길퍼드 더들리와 백년가약을 맺게 될 거라고 알리자 그녀는 단칼에 거절했다. 서펙 부부는 자식으로서 감히 부모 말을 거역한다는 사실에 펄펄 뛰었지만 제인은 자신은 이미 하트퍼드 경과 약혼한 사이이니 다른 이와 정혼할 수 없노라고 차분히 응대했다. 허나 아무리 뻗대고 반발해도 소용이 없었다. 공작 부부는 딸에게 소리를 고래고래 지르면서 부모 말에 죽은 듯 따르라고 윽박질렀다. 그래도 고집스레 반항하자 이번에는 욕설로 대응했다. 이도 먹혀들지 않자 결국 공작부인은 딸에게 매질을 가한 뒤에야 겨우 약혼 동의를 끌어내는 데 성공했다. 제인은 코 꿰인 망아지처럼 잔뜩 풀 죽은 얼굴로 혼인계약서에 서명했다. 이후 그녀는 남편감을 만날 때마다 공손하지만 얼음장처럼 차가운 태도로 일관했다. 그들의 약혼은 1553년 4월 말에 정식으로 공표되었다.

이즈음 왕의 용태는 손 쓸 수 없을 만큼 치명적이었다. 그리니치에서 침실에 갇혀 지내면서 열이 펄펄 끓고 악취가 진동하는 각혈을 토해내고 온몸에 종기가 퍼져 고통스러워했다. 더들리는 오늘도 부지런히 낙관적인 내용의 대자보를 배포하고 있었지만 더 이상 속아주는 이는 없었다. 왕의 죽음이 임박했다거나 벌써 서거했다는 소문이 이따금씩 들려왔다. 추밀원은 소문을 퍼뜨린 자들을 잡아다 족쳤지만 더들리가 독을 이용해서 왕을 서서히 죽이고 있다고 소문낸 자들을 잡아내지는 못했다.

왕이 1553년 5월 25일 성령강림주일에 스트랜드의 더럼 하우스에서 열린 길퍼드 더들리와 제인 그레이의 결혼식장에 모습을 드러내지 않으면서 소문은 더욱 증폭되었다. 제인의 여동생인 캐서린 역시 더들리의 친구이자 동지인 펨브로크 백작의 아들 윌리엄과 합동으로 식을 올렸다. 당시 더들리는 지지기반을 넓히기 위해 몇 건의 혼사를 주선했는데, 이번 결혼은 그중 두 건에 해당되었다. 이 합동결혼식은 사안의 중요성을 강조하기 위해 성대하고 화려하게 치러졌다. 더럼 하우스는 태피스트리와 터키산 카펫과 자주색 걸개와 금사원단으로 호화롭게 치장되었다. 왕은 두 쌍의 신랑신부에게 보석을 결혼 선물로 하사하면서 의상 담당관을 통해 금은사 원단과 호화로운 드레스 같은 결혼예복 일체를 제공했다. 제인은 다이아몬드와 진주 장식이 들어간 호화로운 견직물 드레스를 입었다. 결혼식에는 추밀원 위원 전원이 참석했는데, 이후 열린 피로연과 가면극과 마상창시합은 외교사절들을 배제한 채 개별적으로 치러졌다. 이날 축하행사 도중에 음식물에서 독이 발견되는 바람에 한바탕 난리법석을 떨었다. 조사 결과 요리사가 실수로 샐러드 속에 몸에 해로운 독초를 넣는 바람에 생긴 일이었다. 새신랑 길퍼드 더들리도 샐러드를 먹고 풀독에 감염되었다.

축하행사가 끝난 뒤에 제인은 부모와 함께 친정집으로 돌아온 반면 동생인 캐서린은 새신랑과 함께 지내기 위해 시아버지 소유의 강변 저택인 베이나드 성으로 갔다. 서퍽 부부와 더들리는 모반이 자칫 실패로 끝나면 결혼 자체를 무르기 위해 신랑신부를 동침시키지 않았다. 제인으로서는 본연의 자세로 돌아와 학문에 몰두할 수 있게 되어 참으로 기꺼운 일이었다.

캐서린과 윌리엄 허버트 역시 각방신세를 면치 못했다. 윌리엄은 부모의 명을 거역하고 한밤중에 몰래 아내 방에 기어 들어가고 싶었지만 혹여 더들리의 노여움을 살까봐 행동에 옮기지는 못했다. 역사에는 두 커플이 서로에게 애정을 품었는지 기록으로 나와 있지 않다. 다만 제인과 길퍼드의 경우는 소 닭 보듯 서로 무덤덤했던 것으로 보인다.

식을 올린 뒤 한 달 동안 제인은 시름시름 앓았다. 비록 그럴 만한 명백한 사유는 없지만 그녀는 시아버지가 자신을 독살시키려 한다고 의심했다.

부모는 요양차 그녀를 과거 수도원으로 쓰였던 쉰에 자리한 별장으로 데려갔다. 그곳에서 머무는 동안 헨리 8세 때문에 수도원에서 쫓겨난 것에 격분한 전직 수도사가 그네들을 겁주어 쫓아내고자 했다. 어느 날 공작부부가 회랑을 걷고 있을 때 벽에 난 틈새에서 피가 뚝뚝 떨어지는 도끼를 쥔 피 묻은 손이 불쑥 튀어나왔다. 이런 몹쓸 장난을 친 수도사를 어떻게 처리했는지에 관해서는 기록에 나와 있지 않다.

결혼식을 치른 뒤 더들리는 그리니치로 한걸음에 달려가 왕의 곁에 붙어서 건강을 보살폈다. 5월이 거개 끝나갈 무렵 어린 왕의 몸이 쇠약해질 대로 쇠약해지자 주치의들은 2주를 넘기지 못할 거라고 불길하게 예상했다. 일부는 길어야 사흘이라고 진단했다. 더들리는 자신의 계획을 실행에 옮길 만한 시간이 없음을 깨닫고 애간장이 탔다.

그는 제일 먼저 서픽 공작부인을 구워삶아서 딸에게 순순히 왕위를 내놓도록 했다. 이어 제인과 길퍼드에게 합방을 명했는데, 얼마 후 두 사람은 명한 대로 고분고분 따랐다. 제인이 여전히 병으로 골골대자 6월에 시어머니는 그녀를 캐서린 파가 기거했던 첼시 집으로 요양을 보냈다. 그곳에서 친정어머니는 만났지만 남편이란 작자는 코빼기도 비치지 않았다. 자기 할 일은 끝났다고 생각하고 어머니 품으로 쪼르르 달려간 것이다.

5월 말에 왕실 소속 의사인 존 배니스터는 다음과 같이 기록했다.

왕은 점점 가망이 사라져간다. 약물을 다량 복용했을 때 빼고는 좀체 잠을 이루지 못한다. 목 안에서 검붉은 색의 악취 나는 탄소 덩어리 각혈을 토해낸다. 이루 말할 수 없이 냄새가 역겹다. 발은 퉁퉁 부어 있다. 주치의들 눈에는 이 모든 것은 죽음을 알리는 신호다.

주치의들은 그래도 끝까지 붙어 있으려 했으나 더들리는 환자에게 더 이상 해줄 일이 없다고 판단해서 그네들을 물리쳤다. 대신 왕을 치료할 수 있다고 호언장담하는 여성 민간치료사를 불러들였다. 더들리의 동의 아래 그녀는 에드워드에게 매일같이 비소가 함유된 약을 투여하기 시작했다. 그 약은 생명을 다소간 연장시킬 수는 있으나 무시무시한 통증을 유발했다. 더들리는 치명적인 약효를 알고 있음에도 불구하고 무엇보다 시간을 버는 것이 중요했기에 어린 왕이 사지를 뒤틀며 고통으로 몸부림쳐도 눈 하나 깜짝하지 않았다.

더들리는 왕을 얼러 선친의 유언 내용을 변경해서 누이들을 후계자에서 누락시키도록 하는 작업에 발 빠르게 착수했다. "신실하고 선하신 폐하, 부디 신의 영광과 백성들의 안위를 위험에 빠뜨릴 수 있는 유혈 참극만은 막으소서. 이제 폐하께서는 짧은 생이 끝난 뒤 있을 신의 엄격한 판결에 대비하셔야 합니다." 왕은 자신에게 영원한 저주가 뒤따를 것이고 잉글랜드가 가톨릭 국가로 돌아간다는 생각에 메리를 승계 대상에서 제외시키는 데 순순히 동의했다. 허나 엘리자베스는 왜? 노섬벌랜드가 노련하게 그 이유를 댔다. "엘리자베스 공주님이 제외되지 않으면 메리 공주님 또한 제외될 수 없습니다. 여성 통치자가 외국 왕과 혼인한다고 생각해보십시오. 그녀의 배우자가 왕국의 권리와 특전을 철저히 파괴해서 종국에는 잉글랜드라는 이름을 역사에서 지우고 말 겁니다. 폐하께서는 군주에게는 그 종복들을 지키고 보호해야 할 책무가 있음을 명심하셔야 합니다."

에드워드가 서펔 공작부인더러 뒤를 잇게 하는 게 어떠냐고 제안하자 더들리는 왕이 계시는 그리니치로 공작부인을 불러 공개적으로 왕위를 철회하도록 압박했다. 그는 부인이 보는 앞에서 제인 그레이의 범접할 수 없는 뛰어난 자질들을 칭송했다.

폐하는 평소 그녀와 애정이 넘치고 유쾌한 대화를 나누셨죠. 그녀는 어려서부터 개혁종교를 흡수했을 뿐 아니라 넉넉한 재산과 정직한 성품을 지닌 본토박이 남자와 혼인했습니다. 폐하는 늘 뛰어난 자질을 지닌 그 숙녀 분에게 호감을 가지셨지요. 이제 왕국에 애정을 모두 쏟아 붓고 떠나시는 게 신에 대한 폐하의 의무십니다.

공작은 메리와 엘리자베스 모두 의회법에 의거해서 사생아로 낙인찍혔으며 정식으로 적자임을 인정받은 적이 한 번도 없다고 지적했다. 반면 제인은 적법한 혼인관계에서 태어난 당당한 적자였다. 더욱이 왕위계승자인 모친이 살아 있음에도 불구하고 그 왕위를 대신 승계받은 전례도 있었다. 헨리 7세 역시 모친인 마거릿 보퍼트가 살아계신 동안에 권좌에 오르지 않았던가!(마거릿 보퍼트는 요크 가문과 왕권 다툼을 벌인 랭카스터 왕가의 왕위계승권자였음. 헨리 7세는 부친인 헨리 6세가 죽고 나서 모계를 통해 랭카스터 왕가의 후계자로 인정받음.-옮긴이)

더들리는 곧이어 왕의 가까운 친구인 헨리 시드니를 만나 가능한 한 자주 왕의 살가운 말벗이 되어주라고 명했다. 제인에 대해 그리고 그녀가 가진 존경할 만한 뜨거운 신심에 대해 입에 침이 마르도록 칭찬해주라고 했다.

에드워드를 설득하는 것은 그리 어렵지 않았다. 그는 곧 무시무시한 심판 의자에 앉을 것을 알기에 더들리에게 명해서 '왕위계승에 관한 유증'(유언 내용으로서 가장 중요한 것으로 상대방 없이 단독으로 작성함.-옮긴이)을 작성토록 했다. 더들리는 가늘게 떨리는 손으로 왕이 불러주는 그대로 써내려갔다. 내용인즉, 제인의 남자 후계자들에게 상속권을 하사한다는 것이었다. 공작은 제인이 비록 자기 아들과 결혼했지만 왕국의 이득이 우선이지 사사로운 이득을 앞세우고 싶지는 않다고 왕에게 말했다. 6월 10일경에 왕은 손수 유증 초안을 변경했다. 내용은 이러했다. 제인과 그녀의 남자 후계자들이 1차 승계 대상이며 다음으로는 제인의 자매들과 그 자손들이다. 누이들은 적법하지 않게 태어났으니 피가 반만 섞인 그들은 왕위를 주장할 수 없다. 누이들이 유증을 준수해서 조용히 사는 것이 내 바람이다……

6월 11일에 제국 대사가 더들리가 왕이 되려 한다고 보고할 무렵, 왕은 수석재판관인 에드워드 몬태규 경과 법무장관과 차관을 침대 맡으로 불러 유증을 구체화시킬 칙허장을 작성토록 명했다. 참석자들은 왕은 유언으로써 의회법을 뒤집을 수 없기에 그리고 헨리 8세의 왕위계승법 조항을 바꾸려는 시도조차 대역죄에 해당되기에 그것은 엄연한 반역행위라 주장하며 반대했다. 더들리는 왕의 유지를 받드는 것이 절대 반역죄가 될 수 없다고 반박했다. 하지만 몬태규 경은 유증은 법적으로 효력이 없다고 반박했다.

이 시점에서 왕은 시종들에게 몸을 일으켜 세워달라고 한 뒤에 버럭 쉰 소리를 질렀다. "그 따위 말은 듣지 않겠소!" 몬태규 경은 유증 서류를 차분히 검토해 볼 터이니 시간을 달라고 청하고는 동료들과 더불어 머릿속이 뒤죽박죽 된 채 런던으로 돌아왔다. 하루 내지 이틀 동안 검토와 논의 과정을 거친 뒤에 결국 그들은 왕과 더들리가 바라는 대로 따르는 것은 반역행위라는 데 의견을 모았다.

이 소식을 전해 들은 더들리는 재판관들을 엘리 성으로 즉각 소환했다.

모인 재판관들 앞에서 공작은 분노로 몸을 부들부들 떨면서 수석재판관을 반역자로 대차게 몰아댔다. "누구든 딴지를 걸면 요절날 줄 아시오!" 수석재판관과 동료 재판관들은 저러다 누구 하나 공작 손에 걸리면 뼈도 못 추리지 않을까 싶어 내심 질겁했다. 에드워드 왕 역시 왕명을 따르지 않는 것에 분개해서 6월 15일에 수석재판관을 불러 날 선 목소리로 속히 일을 처리하도록 명했다. 몬태규 경은 왕이 이성을 잃을 정도로 분노하고 공작마저 폭발 직전인 것을 보고서 이전만큼이나 겁이 더럭 났다. 그와 재판관들은 더 이상 논쟁을 벌일 엄두가 나지 않아 눈물을 머금고 자리에서 물러나 새로운 왕위계승법을 작성하도록 조치를 취했다.

6월 21일에 이 서류에 왕이 서명하면서 추밀원 위원들은 더들리의 요구에 따라 왕 앞에 나아가 새로운 왕위계승법에 만장일치로 동의했다. 일부는 대부분의 생각이 그러하듯 이것이 더들리의 교활한 계략임을 눈치 채고서 동의하기를 꺼려했다. 그러나 병상에 누워 입을 떼기도 힘든 처지임에도 불구하고 위원들이 자신의 유증에 서명토록 몰아친 것은 사실 왕 자신이었다. 오늘내일하는 위태로운 모습에 감히 누구도 나서서 왕의 명에 반박하지 못했다. 그날이 끝나갈 무렵 1백여 명이 넘는 위원들과 귀족들, 대주교들, 주교들, 왕실 시종단, 장관들, 기사들, 주장관들이 서류에 일제히 서명했다. 세실은 후일 주장하길, 자신은 이날 오로지 증인으로서만 서명했다고 했다. 크랜머 대주교가 맨 나중에 서명했는데, 진심 어린 마음으로 서명한 유일한 인물이었다.

많은 이들이 백성들이 과연 이번 조치를 어떻게 받아들일까 불안해했다. 모두들 1544년의 왕위계승법이 폐기되지 않았으며 미성년인 왕은 적법한 유언장을 작성할 수 없었기에 이것이 법에 어긋난다는 것을 잘 알았다. 나아가 더들리를 싫어하고 심지어 혐오했으며 그가 권좌에 남아 떵떵거리

225

는 것을 못내 눈꼴 시어 했다. 그럼에도 불구하고 참석자 대부분은 공작이 작성한 2차 서류에 서명하는 데 동의했다. 그들은 이 서명을 통해 제인 여왕을 힘닿는 데까지 보좌하고 절대 그 길에서 벗어나지 않기로 약조했다.

외교사절들 귀에 이 소식은 아직 가닿지 않았다. 더들리는 제국 대사가 이 소식을 들으면 메리에게 일어난 일을 알고서 엄히 경고할 거라고 생각했다. 물론 대사는 뭔가 진행되고 있다고 어렴풋이 짐작은 했었다. 뭔가 계획되고 준비되고 있다고 황제에게 보고했지만 그것이 무슨 일인지는 확실히 감을 잡지 못했다. 6월 19일에 대사는 좌불안석인 메리로부터 앞으로 어떻게 대처해야 하는지 황제의 조언을 구해 달라는 청을 받았다. 황제는 어떤 제안이 와도 그것을 달게 받아들이라고 답했다. 그것이 왕위가 아니라면 유감스럽지만 그로서도 도와줄 힘이 없었다. 후계자 자리를 되찾아주기 위해 싸울 인력도, 무기도 없었다. 이 실망스런 밀서를 전해 받고서 결국 그녀는 문제를 제 손으로 해결할 결심을 굳혔다.

6월 말에 대사는 상세히는 모르나 더들리가 왕위계승 서열을 바꾸어놓는 데 성공했음을 알게 되었다. 그는 황제에게 다음과 같이 보고했다.

공작과 그 일당이 메리 공주를 왕위에서 밀어내려고 합니다. 그자는 왕이 죽기 전까지 공주 모르게 음흉을 떨다가 곧 모반을 일으켜 그녀를 납치할 겁니다. 그녀가 즉위하면 파괴를 불러올 것이고 구교 왕국을 세울 거라 주장할 겁니다. 반면 그녀가 정말 즉위하게 되면 더들리 일당은 그자를 가차없이 내버릴 겁니다. 독재자인 그자는 미움과 혐오를 받고 있으며 공주는 온 왕국에서 사랑을 받고 있으니까 말입니다. 그녀의 손에 의해 더들리는 결국 몰락하고 말 겁니다.

애석하게도 이는 부질없는 희망으로 보였다. 6월 23일에 교회에서 왕의 누이들을 위한 기도를 생략하라는 명이 내려지면서 상황은 보다 명백해졌다.

잉글랜드에서의 자신의 위치가 불안해지고 메리의 안위가 걱정된 황제는 예한 대사를 곁에서 도와줄 특사 셋을 파견했다. 프랑슈콩테 태생인 시몽 르나르는 셋 중 가장 재주가 비상한 인물이었다. 그와 동료들은 참으로 버거운 임무를 맡았다. 옥체가 미령한 에드워드 왕을 찾아뵙고 황제의 겉치레식 인사를 전하긴 했지만 사실 그네들의 임무는 이보다 더 중한 것이었다. 바로 더들리에게 황제의 호의를 전하면서 왕위계승 계획을 변경하도록 설득하는 것이었다. 다음으로 메리 공주의 이득도 챙겨주어야 했다. 달리 말해 메리가 내국인과 혼인하는 것을 지지한다고 밝힘으로써 잉글랜드인이 가진 두려움을 해소시켜주는 것이다. 마지막으로 메리를 직접 만나 시의 적절한 선언문을 공표하도록 설득하는 것이었다. 외교정책이나 종교 문제에 있어 급진적인 변화를 추구하지 않겠으며, 에드워드 왕 집권기에 자신을 학대한 자들을 눈 딱 감고 용서하겠다는 내용이었다. 메리가 이를 실행한다면 종교나 혼인 문제로 또는 자리를 보존코자 막연히 그녀의 왕위계승에 반대했던 자들은 더 이상 반대할 명분이 없어질 것이다.

이 시각 반대 진영에서는 프랑스 대사인 드 노아유가 더들리에게 지지를 확인시켜주기 위해 백방으로 뛰었다. 당시 제국과 전쟁 중인 프랑스는 황제가 분명 공작의 왕위계승 계획을 훼방 놓을 거라 판단했다. 대사는 유증이 효력을 발휘할 때가 되었을 때 황제가 방해하지 못하도록 프랑스 측에서 전폭적인 도움을 주겠노라고 약조했다. 황제는 프랑스가 이런 식으로 간여할 것이라 진작부터 눈치 채고 있었다. 그런 탓에 특사들에게 지시해서 무슨 수를 써서라도 잉글랜드 왕실에서 프랑스의 입김을 몰아내라고 지시했다.

예한 대사는 더들리가 메리의 왕위계승권을 빼앗을 작정이라는 사실을 눈치 챘지만 추밀원과 왕실 시종단 이외의 모두가 그러하듯 누가 그녀를 대신할 것인지는 오리무중이었다. '혹 제인 그레이가 아닐까? 하지만 머리에 피도 안 말랐잖아. 에이, 그럴 리 없어…….' 6월 27일에 그는 황제에게 더들리가 아들인 길퍼드를 왕의 자리에 앉힐 작정인 것 같다고 보고했다.

공작의 계획은 명명백백하며 신께서 이 왕국을 벌주실 거라고 썼다.

다음 날 더들리는 프랑스 측과 비밀협약을 맺었다. 프랑스로부터 전쟁 자금과 군대를 제공받는 대신 프랑스에 위치해 있지만 잉글랜드 땅으로 귀속되어 있는 칼레를 돌려주기로 약조한 것이다. 이와 동시에 런던 상인들에게 압력을 가해 5만 파운드를 토해내도록 했으며, 제인을 여왕으로 선포할 경우 메리의 지지 세력이 무장봉기할 것에 대비하여 무장 병력을 전국의 주요 요새에 배치시켰다.

7월 2일에 비소 독으로 고통스러워하던 왕은 마지막 남은 힘을 끌어 모아서 어서 빨리 다음 세상으로 데려가달라고 신께 간구했다. 피골이 상접한 몸뚱이는 풍선처럼 부풀어 올랐으며 살아 있는 모든 기관들이 견딜 수 없을 만큼 쑤셔댔다. 맥박은 희미하고 불규칙했으며 피부는 시커멓게 변색되기 시작했다. 괴저로 인해 사지는 썩어가고 머리칼과 손톱은 숭숭 빠져나갔으며 숨쉬기가 여간 고통스러운 게 아니었다. 말은 거의 못 할 지경이었다.

더들리는 더 이상 왕의 명줄을 붙잡고 늘어질 필요가 없는지라 왕을 보살펴왔던 민간치료사를 물리고 다시 왕실 주치의들을 불렀다. 일부 사가들은 이 여성이 당대 기록에서 홀연히 사라졌기에 혹 살해된 것이 아닌가 추측하지만 이를 뒷받침하는 증거는 없다.

왕이 이미 죽었거나 죽어가고 있다는 소문이 파다하게 돌았지만 더들리는 여전히 왕이 위험한 고비에서 벗어나 그리니치 회랑과 정원을 산책할 정도가 되었다는 대자보를 배포하고 있었다. 왕의 회복을 비는 기도가 런던 교회에서 올려졌을 때 참석자들은 일요일인 6월 2일에 그리니치로 몰려가 왕을 직접 알현할 것을 요구했다. 침실시종이 바깥공기가 차서 나올 수 없다며 얼렁뚱땅 속이려 들었지만 군중들은 왕을 만날 때까지 한 발짝도 움직이지 않겠노라고 앙버텼다. 더들리는 분위기가 험악하게 돌아갈까봐 시종들에게 명해서 왕을 창가로 데려오도록 했다. 여전히 마르고 초췌한 왕의 모습에 사람들은 큰 충격을 받아 다들 살날이 얼마 남지 않았다고 단정했다. 이 일이 있은 후 더 이상 낙관적인 대자보는 배포되지 않았다.

7월 3일경에 더들리의 아내이자 제인의 시어머니인 노섬벌랜드 공작부인은 제인 그레이와 프랜시스 서퍽이 있는 첼시를 불시에 방문했다.

"왕이 돌아가시는 즉시 런던탑으로 가셔야 합니다. 폐하께서 공주님을 후계자로 정하셨습니다." 그녀가 제인에게 말했다.

제인은 이 제안을 따를 수가 없었다. 시어머니의 뜻밖의 말에 순간 얼이 나간 제인은 잠시 후 겨우 마음을 진정시키고 입을 열었다. "정말 믿기지 않는 말이로군요. 전 어머니 곁을 지키겠습니다." 그녀가 첼시에 계속 남아 있겠다고 앙버티면서 안사돈끼리 격렬하게 입씨름을 벌였다. 결국 제인은 더럼 하우스에 가서 즉위를 기다리는 신세가 되었다. 하지만 사흘 뒤 그녀는 다시 병에 걸려 첼시로 돌아왔다.

더들리는 메리에게 왕의 건강 상태에 대해 그릇된 정보를 계속해서 흘렸다. 그녀와 엘리자베스를 꾀어서 런던으로 오게 만드는 게 그의 계획이었는데, 오기만 하면 더 이상 저항할 수 없게 될 터였다. 최선은 감옥행이며 최악은 처형당할 것이다. 7월 3일 내지는 4일에 추밀원은 두 공주에게 소환장을 보내 그리니치로 와서 왕을 독대하도록 명했다. 동시에 더들리는 헌스던에 머물고 있던 메리에게 서신을 보내 아픈 왕에게 그녀가 큰 위안이 될 거라고 살살 구워삶았다. 예한 대사에게는 고맙게도 메리는 왕의 상태가 위중하다는 사실을 진작부터 알고 있었다. 무엇보다 공작의 저의가 의심스러웠다. 더들리가 그녀를 적수로 보지 않는다는 사실을 입증하기 위해 접근하는 거라는 제국 대사의 경고가 있었기에 더욱 그러했다. 메리는 건강도 불안하고 정치적 영향력도 미약하고 유력인사 친구도 거의 없는 홀몸이라는 사실을 뼈저리게 절감했다. 그녀로서는 위원들이 더들리의 통치에 신물을 내고 있으며 그녀를 후계자로 반기는 세력이 있다는 사실을 알길이 없었다. 그렇기에 좌절감과 당혹감에 빠져 안절부절못했다. 앞으로 어떻게 처신해야 하나?

결국 그녀는 그리니치로 가기로 작정했다. 왕이 죽어가고 있다면 가는 것이 누이로서 마땅한 도리였다. 그녀는 7월 4일 내지 5일에 헌스던을 출발했다. 이 시각 런던에서는 예한 대사가 앞으로의 대응책을 고민하며 공주를 기다리고 있었다. 그리니치로 가는 것은 섶을 지고 불길에 뛰어드는 격이었다. 왕이 죽으면 간악한 자들이 공주를 냉큼 집어삼키고 말리라. 7월 4일에 대사는 제인 그레이가 에드워드의 후계자로 지명되었다는 놀라운 사실을 접하게 되었다.

더들리는 메리를 덫에 걸려들게 하고픈 마음이 큰 만큼이나 엘리자베스가 왕을 만나지 못하도록 막고픈 욕심도 컸다. 에드워드가 얼마나 좋아하는 누이인가! 머리가 좋으니 분명 왕을 만나는 즉시 그를 어르고 달래서 자신을 후계자로 지명토록 만들고 말리라! 그런 사태가 벌어진다면 남는 것은 끝없는 추락뿐이었다. 엘리자베스는 누군가의 통제를 고분고분 받아들일 사람이 결코 아니었다. 불과 몇 주 전에 엘리자베스는 왕을 만나고자 해트필드를 떠났었다. 이 소식을 들은 더들리는 급히 수하들을 보내 중도에서 그녀를 집으로 돌려보내도록 했었다. 그동안 그녀는 에드워드에게 수없이 편지를 보내어 왕의 건강을 염려하면서 직접 만나 뵙고 싶다고 청했었다. 더들리는 그녀에게 누구도 왕을 만날 수 없다고 단호하게 쐐기를 박았다.

이후 누가 엘리자베스에게 그리니치에 덫이 기다리고 있다고 경고해주었는지는 기록에 나와 있지 않다. 그녀는 추밀원의 소환을 받자마자 득달같이 싸매고 누워서는 몸이 아파 도저히 여행할 형편이 아니라고 변명했다. 친구인 세실이 덫에 걸려들지 말라고 미리 귀뜀한 것이 분명했다. 추밀원에서 강력하게 소환에 응할 것을 명하자 그녀는 주치의에게 자신이 진짜 아프다는 사실을 입증해줄 진단서를 써 달라고 했다. 속세를 떠나는 남동생에게 작별인사를 고하고픈 마음은 굴뚝같았지만 당장 내 살 길이 먼저였다.

마지막 순간이 시나브로 가까워지고 있었다. 돌이킬 수 없을 만큼 왕의 병세가 악화되었다는 것은 누구도 부인할 수 없는 사실이었다. 오랜 병상생활로 인해 등은 욕창으로 짓물렀고 온몸 구석구석 종기가 퍼졌으며 아랫배는 풍선처럼 부풀어 올랐다. 소화기관에도 이상이 생겨 쉴 새 없이 구토를 해대고 온몸을 훑어내듯 힘겹게 기침을 토해냈다. 여기에 폐종양까지 겹쳐 고통을 더했다. 고열로 인해 혼수상태에 빠졌으며 약물에 의존해서 겨우 통증을 가라앉히고 쪽잠을 잤다. 주치의들은 부지런히 약제를 처방했지만 누구도 그 효능을 믿지 않았다. 한 처방전에는 아홉 티스푼의 스피어민트 시럽과 붉은 회향풀, 우산이끼, 순무뿌리, 대추야자, 건포도, 육두구 껍질, 셀러리, 9일 된 암퇘지가 약재로 쓰였다. 윌리엄 세실은 친구로부터 약재 얘기를 듣고는 놀라 소리쳤다. "주여, 우리를 의사들에게서 구하옵소서!"

더들리가 민간치료사를 고용했다는 소문이 퍼져 나가면서 사람들은 그가 왕을 독살시키려 했다고 의심했다. 그는 메리가 지난번 찾아왔을 때 왕에게 사악한 마법을 걸었다면서 소문에 헛되이 반박하려 애썼다.

7월 6일 목요일 오후에 신임 제국 대사들은 그리니치를 방문하여 왕을 대신해서 침실시종인 존 메이슨 경의 영접을 받았다. 이날 폭우가 세차게 몰아치는 하늘이 어찌나 어두컴컴한지 마치 깜깜한 밤과도 같았다.

3시에 왕은 약 기운에 취한 선잠에서 깨어나 기도를 올리기 시작했다. "주님, 당신 곁에서 영생하는 것이 무한히 기쁘지만 전 당신께서 선택한 이들을 위해 살고 싶습니다." 이어 침대 곁에 앉아 있는 주치의인 오언 박사에게 힘겹게 눈길을 돌렸다. "이리 가까이 계신줄 몰랐습니다." 그는 이렇게 중얼거리더니 다시 한 번 선잠 속으로 빠져들었다.

다시 깨어났을 때는 6시가 가까워지고 있었고 폭우는 여전히 사납게 기승을 부리고 있었다. 천둥이 우르르 쾅쾅 내리치고 번개가 하늘을 쩍 가르고 응고된 핏덩이 같은 싸락눈이 하늘에서 세차게 쏟아졌다. 오언 박사 말고도 로스 박사와 왕실시종인 크리스토퍼 새먼, 그리고 언제나 충직한 헨리 시드니가 왕의 곁을 지켰다. 시드니가 힘없는 육신을 품에 안았을 때 왕은 자신의 생명 줄이 곧 있어 끊어질 것을 직감했다.

너무나 허약해서 기침을 할 수도, 또 말을 할 수도 없어서 그저 마지막

기도를 희미하게 읊조릴 뿐이었다.

신이시여, 이 불행하고 비참한 삶에서 부디 절 데려가주옵소서. 당신이 선택한 자들 중 절 부디 데려가주옵소서. 제 의지가 아닌 당신의 의지가 행해지길. 주여, 제 영혼을 당신께 바칩니다. 오, 주여, 제가 당신과 함께하게 되어 얼마나 기쁜지 모르실 겁니다. 하지만 당신의 선택된 자들을 위해, 당신을 성심으로 섬길 수 있도록 부디 제게 생명과 건강을 주시옵소서. 오, 주여, 이 왕국을 가톨릭에서 막아주시고 당신의 진정한 종교가 보전될 수 있도록 보살펴주소서. 그리할 때 저와 제 백성들은 당신의 성스런 이름을 찬양할 것입니다. 우리 주 예수 그리스도의 이름으로, 아멘.

6시에 지옥과도 같았던 고통은 드디어 막을 내렸다. 왕이 마지막으로 눈을 감자마자 폭우가 더욱 거세게 날뛰었다. 미신을 믿는 자들은 이를 두고 헨리 8세가 자신의 유언을 뒤집은 것에 분노해서 무덤에서 뛰쳐나와 벌주는 거라고 떠들어댔다.

2막

제인과 메리

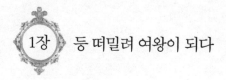

1장 등 떠밀려 여왕이 되다

7월 6일 저녁에 메리가 호즈던에 다다랐을 즈음 어디선가 사내 하나가 불쑥 튀어나와 앞을 가로막으며 그리니치 소환은 덫이라고 경고해주었다.

즉시 이곳을 떠나 북쪽으로 말을 달려 지지자들과 가톨릭 핵심세력인 하워드가가 살고 있는 이스트 앵글리아로 가야 한다고 다급하게 조언했다.

쇠뿔도 단김에 빼랬다고 어물거릴 여유가 없었다. 메리는 서둘러 예한 대사에게 서한을 보내, 왕이 서거했다는 소식을 듣는 즉시 자신을 여왕으로 선포할 예정임을 알렸다. 또 한 통은 더들리에게 보내 몸이 너무 아파서 지금은 이동하기가 힘들다고 알렸다. 그런 연후에 시녀 둘과 시종 여섯만 단출하게 거느리고 한밤중에 말을 몰아 노퍽에 있는 케닝홀 성으로 달려 갔다. 왕위를 인정받지 못할 경우 바다를 통해 플랑드르로 피신할 작정이 었다.

니컬러스 스록모턴 경은 후일 이 경고를 해준 사람이 자신이라고 주장 했다. 하지만 스록모턴의 동료인 윌리엄 세실이나 스록모턴이 보낸 메리의 금세공인인 로버트 레인즈일 가능성이 높다.

이즈음 더들리는 왕이 서거했다는 사실을 철저히 비밀에 부친 채 자신 이 현재 서 있는 위치를 찬찬히 되짚어보았다. 7일 오전, 제국 대사들이 에 드워드 6세를 알현할 채비를 갖추는 중에 왕이 전날 저녁에 서거했다는 비 보를 들었다. 전에도 심심찮게 떠돌던 얘기인지라 그들은 별반 대수롭지 않게 넘겼다. 하지만 그날 느지막이 예한 대사의 밀정들을 통해 진실을 알게 되면서 르나르는 즉시 상관에게 보고했다. 다음 날 대사들은 왕이 가벼운 병 때문에 침대에 묶여 있어서 알현을 허락할 수 없노라는 소식을 접하고는 뭔가 중대한 꿈수가 감추어져 있구나 하고 의심했다.

더들리는 재무성과 해군, 그리고 엄청난 양의 군수물자와 왕실 보석이 소장되어 있는 런던탑을 손아귀에 틀어쥐고 있었다. 추밀원을 쥐락펴락하고 있으며 중부지역 주요 거점에 자신의 부대를 배치시켜 놓았다. 유능한 군인으로서의 명성은 또 어떠한가! 그는 병력을 집결시키고 윈저 성에 대규모 군수물자를 비축시켜서 포위 공격에 대비했으며, 런던탑의 대포들을 전시체제로 배치시켜 놓도록 지시했다.

당대 익명의 작가가 쓴《제인 여왕과 메리 여왕 재임 2년 Chronicle of Queen Jane and Two Years of Queen Mary》에서 출처가 모호한 내용들을 인용해온 자료에 의하면 메리가 왕국을 빠져나갈 것에 대비해서 일곱 척의 대전함을 동부 연안에 배치시켜 놓았다고 한다. 런던에 진입하는 것은 엄격히 통제되었으며, 왕실 근위대의 병력은 2배로 증강되었다. 프랑스 대사에게는 자국 왕실이 약조했던 지원 약속을 상기시켰다.

더들리는 메리가 노퍽으로 몰래 숨어들었다는 소식을 접하고서 아들인 로버트 더들리 경에게 4백 명의 기마병을 딸려 보내 그녀를 추적하도록 했다. 결국 공주를 놓치고 말았지만 그럼에도 불구하고 메리가 이길 승산이 있다고 보는 이는 아무도 없었다. '공작은 왕국의 모든 병력을 손아귀에 틀어쥐고 있다. 공주는 그에 맞설 싸울 만한 병력이 없다.' 제국 대사는 음울하게 보고했다. 카를 대제는 메리가 궁지에 몰린 소식을 듣고 급하게 서신을 보내 공작에게 그녀에게 부디 자비를 베풀어주도록 간청하라고 지시했다. 제국 대사는 이미 메리에게 편지를 보내 무모한 계획을 그만 접고 더들리 말에 순순히 따르라고 청했었다.

이즈음 더들리는 자신이 얼마나 위태위태한 벼랑길을 걷고 있는지 뼈저리게 느꼈다. 동료 대부분은 먼 산 보듯 뒷짐 지고 서 있었고, 가족과 서퍽 부부, 파 부부 외에 누구의 충정도 기대할 수 없었다. 자신의 계획이 성공하느냐 실패하느냐는 온전히 빠르고 단호한 행동에 달려 있었다. 메리는 반대 세력의 핵심인물이기에 반드시, 그것도 빠른 시일 내에 체포해야 했다. 왕의 서거 사실은 가능한 한 오랫동안 골방에 감추어두어야만 했다.

문제는 시신을 처리하는 것이었다. 병력과 물자를 동원하는 데 최소한 2주간의 시간이 필요했지만 더운 날씨 때문에 시신이 부패하기 시작하는 바람에 더 이상 버틸 재간이 없었다. 시신을 침상에 그대로 방치시켜 놓을 수도 없고, 그렇다고 위험스럽게 부검을 감행할 수도 없었다. 최근 소문에 따르면 추밀원 위원들이 부검을 요구할 가능성이 컸다. 까딱했다가는 왕의 시신에서 비소 독을 찾아낼 확률이 높았다.

왕의 시신을 어떻게 처리했는지 자세히는 알 수 없다. 다만 며칠 후 더들리의 아들이 보낸 편지를 보면, 공작이 작고한 왕을 근처 왕실 방목장에 암매장했으며 사람들을 눈속임하기 위해 왕과 흡사한 외모를 가진 젊은이의 시신을 가져다 놓았다고 한다. 프랑스 사절이 경악하며 말했듯이, 정말 이 시신이 방부 처리되어서 관에 담긴 뒤 12명의 귀족 손에 의해 웨스트민스터 사원으로 옮겨졌고, 보초들이 횃불이나 촛불도 없이 교대로 지켰을까? 이 말이 사실이라면 오늘날 헨리 7세 예배당에 안치된 시신은 바로 이 가짜 시신이다. 그리니치 공원 어딘가에 묻혀 있는 것이 가여운 어린 왕의 진짜 시신인 셈이다.

더들리는 용을 쓰며 왕의 시신을 이틀가량 비밀스럽게 감추어 두었다. 그러다가 7월 8일에 시중에 떠도는 소문을 잠재우기 위해 런던 시장과 런던과 그리니치 시의원들을 불러놓고 왕이 이미 서거했음을 알렸다. 이 사실을 극비에 부치라고 엄중히 경고하면서 죽은 왕이 제인 그레이를 후계자로 임명했다는 사실을 알렸다. 곧이어 메리 공주가 왕국을 혼란과 전쟁으로 몰아넣을 작정으로 그리고 외세를 등에 업고 왕위를 지킬 요량으로 플랑드르와 마주하고 있는 서퍽과 노퍽 해안으로 향했다고 전했다. 공작의 위협에 주눅이 든 시의원들은 결국 제인을 합법적인 후계자로 인정하겠다고 약속했다.

그날 느지막이 더들리는 런던탑을 클린턴 경에게 맡기고는 에드워드 왕 통치기에 투옥된 핵심 가톨릭 죄수 셋(노퍽 공작, 가디너 주교, 플랜태저넷 왕가의 후손인 에드워드 코트니)을 즉각 처결하도록 지시했다. 이 가톨릭교도들은 메리를 지지할 기회조차 얻지 못하리라. 이어 공작은 엘리자베스에게 왕의 죽음을 알리는 편지를 보냈다.

한편 메리는 7월 7일에 케임브리지 근처 소스턴 홀에 위치한 존 허들스톤 집에서 하룻밤을 보냈다. 저명한 가톨릭 신자인 그는 공주를 따뜻하게 반기면서 미사까지 올려주었다. 아침에 그녀가 떠나고 난 뒤에, 밤새 공주가 묵었다는 말이 새어나가면서 그 지역 열성 신교도들이 그녀가 아직 안에 있다고 생각하고 집에 불을 질렀다. 언덕배기 위에서 활활 타오르는 불길을 지켜보던 메리는 배웅 나온 존 허들스톤에게 자신이 여왕이 되면 근사한 저택을 지어 주겠노라고 약조했다. 이어 말을 달려 베리 세인트 에드먼즈로 향했는데 그곳 주민들이 보여준 따뜻한 환대에 그녀는 무척이나 감동했다.

그날 밤 메리는 셋퍼드 근처 유스턴 홀에 사는 미망인 친구 버러 부인의 집에서 지냈다. 그곳에 머무는 동안 그녀의 금세공인인 로버트 레인즈가 에드워드 왕의 서거 소식을 들고 한걸음에 달려왔다. 메리는 그가 니컬러

239

스 스록모턴 경이 보내서 왔다고 하자 께름칙한 기분이 들었다. 왜 스록모턴이 날 도우려는 거지? 이 소식은 진짜일까? 아니면 덫으로 이끄는 또 하나의 미끼일까? 더들리가 왕이 아직 살아 있는 가운데 그녀가 스스로를 여왕으로 선포하도록 자극하려는 게 분명했다. 그럴 경우 그녀는 대역죄를 짓는 셈이었다. 이 소식을 그냥 흘려듣고 다른 확실한 소식을 기다리면서 계속 갈 길을 가는 게 현명하리라.

노리치에 도착했을 때 도시는 성문을 단단히 걸어 잠근 채 공주를 무정하게 박대했다. 그곳에서 그녀는 로버트 더들리와 그 부하들이 자신을 붙잡으러 가까이까지 접근해 왔다는 소식을 듣고 가슴이 철렁 내려앉았다.

그녀는 서둘러 시녀로 변장한 채 케닝홀까지 안전하게 안내해줄, 존 허들스톤이 붙여준 사내가 모는 말에 함께 올라탔다. 얼마 안 가서 그녀는 로버트 더들리가 아닌 제국 대사가 보낸 심복과 중간에서 마주쳤다. 그는 왕의 죽음을 확인해주면서 더들리와 맞서 싸워 이길 생각을 버리라고 경고했다. 동부 해안에 정박 중인 군함들이 도주로를 철저히 봉쇄했기에 이 땅에서 벗어날 방도가 없다고 했다. 공작이 사람들을 보내 쫓고 있으니 아직 시간이 있을 때 협상하는 게 현명하다고 조언했다. 메리는 깊이 숙고해본 뒤에 대사의 전갈에 답하겠노라고 했다.

그녀는 7월 9일 일요일에 드디어 케닝홀에 도착했다. 가는 길에 30명의 충신들이 그녀 곁에 합류했다. 헨리 8세 집권기에 노퍽 공작은 해자를 두른 웅장한 대저택을 지었었다. 1547년에 그가 사권박탈을 당하면서 케닝홀은 왕실 재산으로 귀속되었고 현재는 메리가 소유주였다. 웅장한 대저택 안에는 '헤라클레스의 12가지 노역'(인간과의 사이에서 태어난 헤라클레스를 미워한 여신 헤라가 그의 형을 통해 명을 내린 12가지 과업. 네메아의 사자 물리치기, 레르네에 사는 물뱀 퇴치하기, 케리네이아 산중에 사는 사슴 산 채로 잡기, 에리만

토스 산의 멧돼지를 산 채로 잡기, 아우게이아스 왕의 가축우리 청소하기, 스팀팔스 호반의 사나운 새 물리치기, 크레타의 황소 산 채로 잡기, 디오메데스 왕 소유의 사람들을 잡아먹는 네 마리의 말 산 채로 잡기, 아마존 여왕 히폴리테의 띠 가져오기, 괴물 게리온이 가지고 있는 소를 산 채로 잡기, 요정들이 지키는 동산의 황금 사과 따 오기, 저승을 지키는 개 케르베로스를 산 채로 잡기-옮긴이)을 묘사한 14개의 태피스트리가 걸려 있는 대형 객실과 스물여덟 점의 초상화가 걸려 있는 대형 회랑, 무기가 저장된 병기고, 그리스도 수난사를 묘사해놓은 태피스트리 6개로 호화롭게 꾸며진 예배당이 있었다.

그녀는 이곳에 도착해서 토머스 휴스 박사로부터 제국 대사가 전해준 내용을 확인받게 되었다. 더 이상 왕의 죽음을 부인할 수 없는 상황에서 메리는 핵심 참모들과 논의한 끝에 시종단을 객실로 불러놓고는 신과 인간의 법에 의거해 스스로를 잉글랜드의 여왕으로 선포했다. 시종들은 진심 어린 환호로 이에 화답했지만 메리는 여왕이 되기까지 넘어야 할 산이 많다는 사실을 절감했다. 먼저 더들리에게 자신의 의중을 알려야겠다는 생각에 군주다운 위엄 있는 어투로 쓴 서신을 토머스 헌게이트 손에 들려서 추밀원에 보냈다.

우리의 최고로 친애하는 동생인 왕께서 신의 품으로 돌아가셨다는 소식을 들었습니다. 마음이 찢어지는 듯 아팠소이다. 신께서는 우리가 누구의 뜻, 누구의 기쁨에 따라야 하는지 누구보다 잘 알고 계십니다.
왕의 서거라는 불행한 사태 앞에서 잉글랜드의 왕위와 왕국의 통치와 관련해서 의회법과 존경하옵는 선왕의 유언이 무엇이었는지 왕국을 비롯해서 전 세계가 알고 있습니다. 누구라도 그에 관해 모른 척한다면 진실된 종복이 아닐 겁니다. 신께서 우릴 도와주고 강건하게 해주시기에 우린 우리의 권리와 직위를 널리 공표해 왔으며, 또 앞으로도 그러할 것입니다.

왕께서 지난 목요일 밤에 서거하셨음에도 불구하고 이 중차대한 소식을 그대들로부터 듣지 못했다는 것이 참으로 이상하오. 하지만 지혜롭고 신중하신 분들이니 분명 사안을 신중히 재고 고려했으리라 믿습니다. 그대들의 충정과 봉사를 크게 바라고 확신하며 최선을 다해 일해주리라 믿습니다.

그럼에도 불구하고 우린 그대들이 모여 어떤 논의를 했고, 어떤 효력 있는 조항들을 내놓았는지, 그리고 어떤 결론에 이르렀는지 모릅니다. 신과 그대들만 아시겠죠. 신은 악을 걱정하십니다. 하지만 믿어주십시오. 비록 그대들이 정치적 고려 때문에 서둘러 움직였을지라도 피 흘림과 복수만은 피하기 위해 우리는 그 같은 것을 완벽히 용서하고 이해할 준비가 되어 있습니다. 그대들의 행동을 너그러이 받아들일 겁니다. 더불어 그대들이 이 아량과 미덕을 긍정적으로 받아들일 거라고, 신실한 종복들과 친구들을 이용하지 않으리라 믿습니다. 우리가 온전히 믿음의 맹세를 바친 신께서 정당하고 올바른 명분을 보내주실 거라 확신합니다.

그대들에게 요구하고 명하노니, 경들이 신과 우리에게 빚지고 있는 그 맹세와 경들의 명예, 안위를 위해서 분발하세요. 이 편지를 받는 즉시 왕위에 대한 권리가 런던 시와 다른 장소들에서 널리 선포되도록 하세요. 그러할 때 우리가 경들을 깊이 신뢰하는 만큼 경들의 지혜도 빛나 보이게 될 겁니다. 우리 손으로 서명한 이 편지가 충분한 보증이 될 겁니다.

케닝홀에서, 1553년 7월 9일, 메리 공주

메리는 편지 사본들을 전국 각지에 배포하고 왕실 관료들 앞으로 발송했다.

그녀는 아닌 척 음흉을 떨라는 황제의 조언을 가슴 깊이 새긴 채 에드워드 왕의 종교 정책을 그대로 좇을 것이며 당분간 급진적인 변혁은 꾀하지 않겠노라고 알렸다. 특권층에게는 인기 있는 정책인지라 곧 일부 지방 호족들이 소작인들을 거느리고 케닝홀로 몰려들었다. 메리는 이와 동시에 체스터 같은 먼 고장들에 편지를 보내고 이스트 앵글리아에 사절들을 파견해서 지방 호족들이 자신에게 충성을 바치도록 유도했다. 그녀는 그네들이 자신의 부름에 번개처럼 빠르게 반응하자 외려 당황했다. 마치 오랜 가뭄에 단비를 기다리는 시든 초목과도 같았다. 처음 도착한 사람은 노퍽의 옥스버러 홀에 사는 헨리 베딩필드로, 그의 부친은 1530년대에 아라곤의 카탈리나 왕비의 간수장을 지냈었다. 다음 차례로 리처드 사우스웰이 병력과 무기와 자금과 군량을 갖고 한걸음에 달려왔다. 뒤이어 바스 백작인 존 바우어처(그의 친척인 브라이언 부인은 엘리자베스의 가정교사로 일했었다)와 서식스 백작인 헨리 랫클리프가 뜻 맞는 동지들을 이끌고 왔다.

그 주 일요일에 세인트 폴 크로스에서 런던 주교인 니컬러스 리들리는 더들리의 명에 따라 메리와 엘리자베스를 사생아로 낙인찍는 설교를 했다. 그 소리에 군중들이 어찌나 신랄하게 조롱해대고 큰 소리로 야유하던지 리들리는 제 목소리를 알아들을 수조차 없었다. 메리 공주가 외세 입김에 놀아나는 교황 절대주의자라고 핏대를 세웠지만 군중들은 뉘 집 개가 짖느냐는 격이었다. 다른 곳에서는 래티머 주교가 두 공주가 외국 왕과 혼인해서 참된 종교를 위태롭게 뒤흔들게 놓아두느니 차라리 신의 벌을 받도록 하자고 목청을 돋우었다.

이 단계에서 일부 위원들(노샘프턴, 아룬델, 헌팅던, 펨브로크가 끼어 있었다)은 더들리의 계획이 과연 적법한 것인지 의아해하면서도 더들리의 들러리 역할을 해주었다. 더들리는 이들 앞에서 메리의 지지기반이 넓으니 사단이 생기기 전에 지체 없이 제인을 여왕으로 추대해야 한다고 강조했다. 위원들은 고양이 앞의 생쥐처럼 맥을 못 추면서 회유와 협박에 매수되어 결국 이에 동의했다.

9일 오후에 공작은 출가한 딸인 메리 시드니를 첼시로 보내 제인에게 그날 밤 사이언 하우스로 가서 왕의 분부를 받잡으라는 명을 전하도록 했다. 제인은 자신을 독살하려는 음모라 판단되어서 몸이 아파 도저히 갈 수가 없노라고 답했다.

"같이 가셔야 합니다." 메리는 완강하게 그리고 이상하리만치 진지하게 권했다. 결국 제인은 설득에 못 이겨 대기 중인 선박을 이용해서 템스 강을 따라 아일워스에 위치한 공작의 저택인 사이언 하우스로 갔다. 그곳에 당도하니 남편과 부모님이 공작과 추밀원 위원들과 함께 그들을 기다리고 있다가 반가이 맞이했다. 두 여자는 남들 눈을 피해 과거 수도원으로 쓰였던 사이언 하우스의 화려한 태피스트리들이 걸려 있는 대형 홀로 안내되었다.

뭔가 일어나기 기다리는 동안 아무도 입도 벙긋하지 않이했다.

이후 일에 관해서는 제인의 기록을 통해 엿볼 수 있는데, 이 기록은 지롤라모 폴리니의 역사서와, 런던 태생의 이탈리아 번역가인 존 플로리오와 프랑스인 르네 오베르 드 베르토의 당대 즈음의 기록에 보존되어 전해진다. 당시의 역사적 사건을 더듬어 거슬러 올라가 보자. 제인이 도착하고 나서 잠시 후 더들리가 위원들을 이끌고 홀 안으로 들어섰다. 참석자들은 잠시 무리 지어 둘러서서 두런두런 인사말을 건넸지만 무척이나 긴장된 분위기였다. 제인이 막 대화에 끼어들려는 찰나 별안간 펨브로크와 헌팅던이 무릎을 꿇고서 그녀의 한 손에 입맞춤을 했다. 그녀의 격에 걸맞지 않은 그런 극도의 존경심이 담긴 각별한 인사였다. 자신에게 경의를 표하는 것 같긴 한데……! 미리 가볍게 언질을 받았음에도 불구하고 그녀는 더들리가 무슨 꿍꿍이셈으로 자신을 이곳까지 데려왔는지 도통 감을 잡을 수가 없었다. 그때 누군가 자신을 여왕으로 부르는 소리를 얼핏 듣고 그녀는 혼란과 경악에 빠지게 되었다.

이윽고 더들리는 메리 시드니와 위원들이 뒤따르는 가운데 제인을 데리고 대전으로 향했다. 실내로 들어서니 부모님을 비롯해서 시어머니와 남편이 귀족 몇몇과 더불어 닫집이 쳐진 옥좌 앞에서 그녀를 기다리고 있었다. 공작이 제인을 옥좌로 데려가는 동안 모두들 허리 굽혀 공손히 절을 하자 그녀는 갑자기 간담이 서늘해지고 두 다리가 후들거리기 시작했다.

더들리가 먼저 입을 열었다. "추밀원 의장으로서 최고로 축복받고 자애로우신 왕이신 에드워드 6세께서 서거하셨음을 공식 발표합니다." 잠시 무거운 침묵이 흐른 뒤에 공작은 경건한 어조로 서거한 왕을 그 자신은 물론 만백성이 얼마나 뼈아프게 그리워하는지 절절히 표현했다.

폐하의 편안한 죽음을, 그리고 그분이 살아오신 존경받아 마땅한 덕성스런 삶을 축복합시다. 그분의 뛰어난 분별력과 선의를 칭송함으로써 위안을 삼읍시다. 그분께서는 마지막 숨을 거두는 순간까지 어찌나 왕국의 안위를 걱정하셨는지! 가톨릭 세력을 막아주시길, 왕국을 사악한 누이들의 손아귀에서 구해주시길 신께 어찌나 간절히 기도하셨는지!
폐하께서는 메리나 엘리자베스 공주를 왕위계승자로 인정하는 자는 반역자임을 명시한 의회법을 중히 여기셨습니다. 그중 한 반역자(더들리의 숙적이자 메리에게 가톨릭 예배를 허가한 서머싯 공작을 일컬음.-옮긴이)는 폐하의 선친인 헨리 8세를, 그리고 종교문제에 있어 스스로의 양심을 거스른 전력이 있죠. 폐하께서는 두 공주의 후계자 자격을 박탈시킬 자격이 있으며 두 사람이 후계자가 되는 것을 결단코 원치 않으셨습니다.

잠시 숨을 고르는 사이 참석자들은 이 거짓으로 포장된 그럴 듯한 말을 곰곰 되씹어볼 시간을 가졌다. 제인은 몰려오는 두려움으로 인해 몸을 사시나무 떨 듯 떨었다. 곧이어 경악스럽게도 더들리가 그녀에게 몸을 돌리며 말했다.

"폐하께서는 공주님을 후계자로 지명하셨습니다. 이 지명을 이행치 않으시면 자매 분들이 뒤를 이를 것입니다."

열다섯 살의 가녀린 소녀는 처음에는 무슨 말인지 이해가 가지 않아 멍한 표정을 지었다. 곧이어는 극도의 혼란과 당혹스러움에 빠졌다. 뭐라 입을 뗄 수가 없었다. 그녀의 침묵을 동의의 뜻으로 받아들인 공작은 다음과 같이 알렸다.

이 선언은 추밀원 위원들과 귀족들, 재판관들의 승인을 얻었습니다. 오직 만물의 통치자이자 감독자이신 신께서(이런 은혜를 베풀어주신 데 대해 뭐라 감사해야 할지 모르겠군요) 하사하신 이 자리를 감사하게 받아들이는 것 외에 다른 것은 필요 없습니다. 부디 기꺼운 마음으로 잉글랜드 여왕이라는 직위를, 저희가 공주님께 바치는 첫번째 겸허한 의무를 받아주시옵소서. 곧 종복 모두가 여왕님께 복종을 다할 것입니다.

이 말과 함께 참석자 모두가 존경과 흠모의 뜻으로 무릎을 꿇은 가운데 더들리는 모두 목숨 바쳐 그녀를 위해 피 흘려 싸우겠노라고 다짐해주었다. 제인은 이 말이 귀에 들어오지 않았다. 충격으로 몸을 부들부들 떨다가 이내 혼절해서 쓰러진 것이다. 이내 의식을 되찾았지만 넘어질 때 자신을 받쳐준 사람이 아무도 없었다는 사실에 서글퍼져서 그녀는 울음을 와락 터뜨리고 말았다. 더들리의 처사는 잘못된, 아주 잘못된 것이기에 거기에 끼어들고 싶지가 않았다. 그녀는 자신의 처지가 비참하고 섬뜩해서 일어서려는 시도도 않은 채 바닥에 누워 그저 서럽게 흐느끼기만 했다. 외로웠다. 이보다 더 외로울 수는 없었다. 누구도 그녀의 심사가 어떤지 이해하지 못했으며 누구 하나 도움을 주려 하지 않았다. 이 막강 실세들은 자신들의 뱃속을 채우고자 그녀를 이용해먹을 심산이었다. 그녀에게는 이들을 막아 세울 힘이 없었다.

지켜보던 사람들은 신임 여왕이 정신을 차리고 마음을 가다듬을 때까지 정중히 기다렸다. 흐느끼는 중간중간에 그녀가 '너무나 고귀하신 왕'이라고 중얼거렸기에 그녀가 돌아가신 왕을 떠올리고 서럽게 우는 거라 생각했다. 잠시 후 제인은 정신을 가다듬고 자리를 털고 일어나서는 포악한 무뢰배와 결연히 맞섰다.

"이 자리는 제 몫이 아닙니다. 전혀 탐탁지 않아요. 메리 공주님이 적법한 후계자십니다."

더들리는 이 말에 불같이 화를 냈다. "공주님은 지금 본인과 본인 집안에 누를 끼치고 계신 겁니다!" 제인의 친정부모는 부모와 시아버지와 작고한 왕의 유언과 백성들에 대한 의무를 상기시키면서 순종적인 딸로서 명받은 대로 따르라고 다그쳤다. 하지만 제인은 요지부동이었다. 이때 남편인 길퍼드가 나섰다. "그녀를 위해 기도도 해주지 말아요. 그냥 내치자고요!" 이것도 그리 큰 효과는 없었다. 그녀가 원하는 것은 오로지 인도하심을 구하는 기도였다. 참석자들이 인내심을 감추지 못한 채 초조하게 서 있는 가운데 그녀는 무릎을 꿇고 앉아 신에게 앞길을 인도해달라는 기도를 올렸다. 안타깝게도 그분은 아무런 징조도 일러주지 않았다. 그녀는 이를 부모 뜻에 따르라는 의미로 해석하고 울며 겨자 먹기로 왕위를 수락하기로 했다. 겸허하게 기도하고 간구하면서 다음과 같이 기도의 끝을 맺었다. "제게 주어진 일이 적법한 것이라면 천상의 군주이신 당신께서는 제가 영예롭고 성실히 그리고 왕국을 위해 통치할 수 있는 용기와 미덕을 허락해주옵소서."

그녀는 곧 자리에서 일어나 옥좌에 가서 앉았다. 그제야 안도감이 든 더들리는 앞으로 나아가 여왕의 손등에 공손히 입을 맞추었다. 뒤이어 참석자 모두가 그를 따라 신종의무를 맹세했다. 그럼에도 불구하고 제인은 속으로 이것은 잘못되어도 한참 잘못된 행동이라고 자책했다. '왕위를 수락하다니, 전혀 나답지 않아! 분별력이 없어서 이 꼴이 된 거야.'

그날 저녁 추밀원은 신임 여왕에게 다음 날 런던으로 입성할 수 있도록 만반의 채비를 갖추었다고 보고했다. 그녀는 대관식을 치르기에 앞서 런던탑의 궁방에서 묵을 예정이었다. 전통에 따라 거리를 행렬하는 대신에 추밀원 위원들과 왕실 핵심 측근들과 더불어 왕실 선박을 이용해서 강을 따라 이동할 계획이었다.

7월 10일 오전 7시에 더들리의 명에 따라 도심 곳곳에 병력이 배치된 가운데 제인은 칩사이드를 비롯한 곳곳에서 왕실에서 파견된 사자들을 통해 정식으로 여왕으로 선포되었다. 시민들은 이 소식을 듣고 얼굴이 돌처럼 굳어졌다. 어느 누구도 기뻐하는 자가 없었으며 오로지 몇 명만이 "여왕 폐하 만세!"라고 겸연쩍게 소리쳤다. 당황스런 침묵을 깨기 위해 트럼펫 연주자들이 요란스럽게 팡파르를 울려댔지만 사람들로부터 호응을 끌어내기에는 역부족이었다. 선술집 점원으로 일하는 길버트 포터는 메리가 여왕이 되어야 마땅하다고 공공연히 떠들어댔다. 선술집 주인은 곧 점원을 관헌에 고발했고, 다음 날 죄인의 두 귀는 무참히 잘려나갔다. 그날 저녁 런던 브리지에서 축포가 쏘아 올려지는 가운데 익사한 선술집 주인의 변사체가 발견되었다. 사람들은 이를 두고 신의 정당한 심판이자 신께서 메리가 여왕이 되길 바라는 암시라고 입방아를 찧었다. 물론 대부분은 그런 기적 같은 일은 결단코 일어나지 않을 거라며 고개를 힘없이 떨어뜨렸다. 그럼에도 불구하고 제인이 정오 무렵에 런던탑과 세인트 폴과 웨스트민스터에서, 그리고 저녁 7시에 칩사이드에서 여왕으로 선포되었을 때 누구 하나 나서서 반대하는 자가 없었다.

제인은 햇빛 찬란한 오후에 근처 나루터를 따라 성곽에 배치된 대포들이 요란스레 예포를 쏘아 울리는 가운데 드디어 런던탑에 도착했다. 금은사로 수놓은 흰색 예복을 갖추어 입은 길퍼드는 옆에 서서 그녀가 뭔가 말을 걸 때마다 연신 굽실거리며 답했다. 친정어머니는 그녀 뒤에서 드레스 자락을 들어주며 따라왔고 6명의 시종은 그녀 주위에서 닫집을 머리 위에 드리워주었다. 그녀는 녹색 능직 스커트와 금실로 수놓은 튜더왕조 색상인 녹색과 흰색의 보디스, 그리고 보석이 점점이 박힌 프랑스풍의 후드로 치장했다. 발에는 구경꾼들이 신임 여왕을 보다 잘 볼 수 있도록 8센티미터 높이의 초핀(바닥창이 두꺼운 원목으로 만든 여성용 구두. 오늘날 하이힐의 원조-옮긴이)을 신었다. 수행단은 군중들로 빼곡히 들어찬 런던탑 주변지역을 지나 궁방으로 향했다. 도착한 궁방에서는 윈체스터 후작이 런던탑 부감독관인 존 브리지스와 근위대를 이끌고 정중히 여왕을 기다리고 있었다. 여왕을 맞이하면서 윈체스터 후작은 무릎을 꿇고 궁방의 열쇠 꾸러미를 건네주었는데, 이를 중간에서 받아서 주저하는 제인에게 건네준 이는 더들리였다. 이어 행렬은 서퍽 공작과 추밀원 위원들, 그리고 허버트 경과 그의 아내이자 여왕의 동생인 캐서린 그레이를 포함한 귀족들이 대기하고 있는 화이트타워로 향했다. 제인이 궁방에 도착해서 용상에 앉자마자 더들리와 서퍽 공작이 무릎을 꿇고 정중히 예를 표하며 공식적인 영접인사를 했다. 곧이어 행렬은 전례를 치르기 위해 노르만 시대 예배당인 세인트 존 교회로 향했다.

　다시 처소로 돌아온 뒤에는 길퍼드와 보모인 엘렌 부인, 시녀인 틸니 부인을 비롯해서 시종들이 곁을 지키는 가운데 닫집이 드리워진 용상에 자리를 잡고 앉았다. 뒤이어 그녀의 손에 대관식에 사용되는 보석류가 건네졌다. 그것은 웨스트민스터 사원의 주얼 타워에서 재무장관인 윈체스터 후작이 손수 가져온 것이었다. 윈체스터가 드디어 머리에 왕관을 씌워주려는 찰나 제인은 그 왕관이 자신이 원해서 쓰는 것이 아님을 떠올리고는 골이 나서 쓰지 않겠다고 거부했다. 이에 후작이 대답했다. "그저 치수를 재는 것뿐입니다." 그럼에도 불구하고 그녀는 군색한 변명들을 늘어놓으면서 한사코 쓰지 않겠다고 버텼다.

　"자, 겁내지 마세요." 윈체스터가 다정하게 타이르자 결국 제인은 그가 머리 위에 왕관을 올려놓고 제대로 맞는지 재도록 가만 놓아두었다. 왕관을 쓰는 그 단순한 행위만으로도 그녀는 또다시 혼절할 것만 같았다. 윈체스터가 곧 남편인 길퍼드에게 맞는 왕관을 제작하겠노라고 말할 때도 귀에 들어오지 않았다. 당장 뭐라 답은 하지 않았으나 이내 마음이 천근만근 울적해졌다. 마음이 심란해지고 기분이 슬슬 언짢아지고 심지어 속에서 뭔가 욱하고 치밀어 올랐다.

　그날 저녁 런던탑에서 한창 축하연회가 벌어지고 있을 무렵, 토머스 헌게이트가 메리의 편지를 들고 부랴부랴 도착해서는 사람들 앞에서 큰 소리로 낭독했다. 놀란 침묵이 한동안 이어졌다. 가까스로 이 무거운 침묵을 깬 이들은 한탄 섞인 탄성을 내지른 친정어머니와 시어머니였다. 여왕은 아무런 대꾸도 하지 않았다. 더들리는 메리가 용케 덫을 피해 도망쳤다는 사실에 분통이 터져서 그녀의 편지에 한껏 콧방귀를 뀌었다. 모두들 제인 여왕과 서로서로에게 메리가 친구도, 힘도 없는 고립무원의 처지라서 아무 위협거리도 못 된다고 애써 위로했다. 그렇게 큰소리는 쳤지만 축하연회는 벌써 파장 분위기였다. 불운한 헌게이트는 즉시 지하 감옥에 처넣어졌고, 위원들은 메리의 여왕 선포가 효력이 없다고 부인하는 서류를 작성하기 위해 부랴부랴 자리를 떴다. 위원 23명 모두가 서둘러 작성한 서류에 기꺼이 서명했다.

나중에 남편과 단둘이 침실에 남았을 때 제인은 그는 절대 왕이 될 수 없다고 잘라 말했다. 왕위는 그녀 혼자만의 것이며 그녀에게는 그를 왕으로 추대할 만한 권리가 없었다. 꿩 대신 닭이라고 그를 공작에 임명할 수는 있으리라. 왕위에 오르는 기대에 부풀어 있던 길퍼드는 이 말에 성을 버럭 내면서 애꿎은 아내에게 분풀이를 해댔다. "난 당신과 의회법에 의거해서 꼭 왕이 될 거요!" 제인이 자기 뜻은 확고하다고 전하자 그는 다른 식으로 접근했다. 갑자기 어린애처럼 눈물을 터뜨리면서 어머니를 찾아 달려 나간 것이다. 곧 있어 노섬벌랜드 공작부인이 얼굴이 붉으락푸르락한 채 침실로 쳐들어와서는 며느리에게 길퍼드의 합당한 청을 들어주라고 다그쳤다. 제인은 그 어떤 협박이나 눈물에도 끄떡하지 않았다. 그저 남편에게 공작 직위는 줄 수 있지만 의회의 요구가 없는 한 왕에 책봉할 수는 없다고 되풀이했다.

"난 공작은 싫어. 왕이 될 테야!" 길퍼드가 소리를 빽빽 질렀다. 시어머니는 마마보이인 아들에게 아내 도리를 못 하는 여자 따윈 버려두고 자신과 사이언 하우스로 돌아가자고 달랬다. 그녀는 아들을 달고 방을 뛰쳐나가더니 시종들에게 그날 밤 런던탑을 떠날 채비를 서두르라고 지시했다. 제인은 한 성격 하는 시어머니보다 앞서 아룬델과 펨브로크를 보내서 길퍼드가 떠나는 것을 막아 세우도록 했다.

"침대에서 남편 따위는 필요 없어요. 하지만 낮에 당신이 있어야 할 자리는 내 옆이에요." 그녀가 준엄하게 소리쳤다. 길퍼드는 여왕인 아내의 호통에 잔뜩 주눅이 든 채 볼썽사납게 샐쭉거렸다. 제인 역시 마음이 썩 좋지는 않았다. 공작과 추밀원에게 보기 좋게 당한데다가 남편과 시어머니에게 부당한 대접을 받았으니 참으로 살기 싫었다.

새 군주가 왕위에 오르던 날, 런던 시내에서는 예의 떠들썩한 잔치 분위기라곤 찾아볼 수가 없었다. 거리에는 축하의 모닥불 하나 타오르지 않았다. 한 독일인 증언자에 따르면 사람들은 그저 어깨가 축 늘어진 채 구슬픈 표정만 지었다고 한다.

그날 저녁 더들리는 제국 대사와 르나르에게 사절을 파견하여 국왕의 서거와 제인 여왕의 등극 소식을 공식 통보했다. 대사들은 공작이 직접 중차대한 소식을 알리지 않은 것에 굴욕감을 느꼈다. 가뜩이나 공작이 프랑스 대사와 짝짜꿍이 맞아 지내는 꼴이 눈꼴시던 참이었는데 말이다. 한편 케닝홀에 있던 메리는 제인의 즉위 소식을 듣고 서둘러 제국 대사들에게 편지를 썼다. '그대들의 충고를 따를 마음이 없습니다. 제 스스로 왕위를 주장하겠습니다.' 편지에는 즉위 선언문도 같이 딸려 왔다. 예한과 르나르는 선언문을 받고는 메리의 섣부른 판단과 충동적인 행동에 아연실색했다.

그들 눈에 그녀가 왕위를 승계받는 것은 설령 염라대왕이 제 할아버지라도 안 되는 일이었다. 도로가 봉쇄되어 메리에게 답장을 보내기 어려워진 상황에서 그들은 황제에게 서신을 보내 지체 없이 자신들을 본국으로 송환해달라고 간청했다. 너무 중한 혐의를 받고 있던 터라 더 이상 메리를 측면 지원할 수 없는 처지였다. 황제는 그들의 청에 모르쇠로 일관한 채 메리를 설득해서 제인을 여왕으로 인정하도록 힘쓰라고 지시했다. 그녀가 꾀하고자 하는 일이 파멸을 불러올 위험이 컸기 때문이었다. 메리와 연락을 취할 방법이 없는 대사들로서는 그저 추밀원에 그녀가 죄인으로 판명 날 경우 부디 관대히 처분해줄 것을 헛되이 청할 뿐이었다.

여왕에 즉위하고 나서 사흘 만에 제인 여왕은 빠르게 일상에 적응해나 갔다. 아침마다 화이트타워에서 추밀원 회의가 열렸는데, 거기에는 그녀 대신 길퍼드가 참석해서 회의를 주재했다. 물론 모든 결정을 내리는 사람 은 실세인 더들리였다.

정오에는 왕실의 격식을 갖추어 제공되는 그날의 메인 요리를 장장 두 시간에 걸쳐 거하게 먹었다. 제인은 친정어머니와 시어머니 사이에 닫집이 드리워진 상석에 앉아 남편 길퍼드와 추밀원 위원들과 더불어 식사를 했 다. 오후에는 서픽과 윈체스터가 추밀원에서 결의된 사항을 보고하면서 결 재를 요청했다. 그녀는 제출된 서류에 '여왕 제인'이라고 서명했다. 그녀는 궁정 사실에 주로 머물러 지내면서 혹 더들리가 자신을 독살시킬 음모를 꾸미는 것은 아닌지 두려움에 떨곤 했다. 왕위를 받아들일 때 반항적인 태 도를 취해서 그의 기분을 상하게 만들었기 때문이다. 이와 함께 그가 작고 한 왕을 독살했다는 소문도 접한 적이 있었다. 지금 그녀는 머리카락이 숭 숭 빠지고 살갗이 벗겨지는 이유를(사실은 스트레스로 인한 것이지만) 독약 때 문이라고 생각했다. 사실 그녀의 통치자로서의 권한은 지극히 제한적이었 다. 그녀가 한 것이라곤 백성들에게 최고로 온후하고 자애로운 왕이 될 것 이며 신의 성스런 말씀과 지상의 법을 준수하겠노라고 약속한 것뿐이다. 다른 부분에서는 단순히 더들리의 손아귀에서 놀아나는 꼭두각시 인형에 불과했다.

제인은 더들리가 사람들로부터 미움을 사고 있다는 사실은 알았지만 이 미 몇몇 위원들로부터 놀림감마리가 되고 있다는 사실은 짐작도 못했다.

아룬달은 서머싯이 몰락하고 나서 그가 자신을 감옥에 가두었기 때문에 복수의 칼날을 갈고 있었다. 나아가 더들리는 추밀원 의장 자리에 있었을 때보다 지금 여왕의 시아버지 자리에 있으면서 더욱 기고만장해졌다. 또, 헌팅던은 여왕의 친정아버지인 서퍽이 승진한 것을 못내 유감스러워했다. 동료 위원들과 마찬가지로 혹 길퍼드를 왕으로 추대하려는 것은 아닌지 의심스러워했다. 윈체스터는 에드워드 6세가 작성한 유증 내용에 반대하면서도 그저 자리 보존 차원에서 거기에 서명했을 뿐이다. 제인이 여왕 자리에 오를 때까지 아들이 여왕의 동생인 캐서린 그레이와 합방하는 것을 금한 펨브로크는 또 어떠한가! 더들리의 모반이 실패하면 결혼 자체를 즉각 취소할 작정이었던 것이다.

2장 9일 여왕

엘리자베스가 에드워드 왕의 서거 소식을 전해 들은 것은 해트필드에 머물고 있을 때였다. 그녀는 그곳에서 정치와는 담쌓은 채 조용히 근신하고 있었다. 전기작가인 윌리엄 캠든은 더들리가 대표단을 보내 왕위를 포기하는 대신 엄청난 액수의 뇌물을 제안했다고 적고 있다. 그녀는 이 제안을 단칼에 거절했다. "제 언니에게 먼저 가보세요. 그녀가 살아 있는 한 전사임할 직위도 없으니까요." 당시 더들리는 다른 일로 워낙 바쁜 터라 더 이상 그녀를 옥죌 수가 없었다.

7월 11일 무렵, 메리가 머무는 케닝홀은 무장한 병사들이 철벽같이 수비하고 있었다. 노퍽과 서퍽 지방의 귀족들이 메리를 지켜주기 위해 그네들의 소작인들을 데리고 달려왔기에 시간이 갈수록 병력은 커져갔다. 버크셔와 버킹엄셔, 하트퍼드셔, 베드퍼드셔, 글로스터셔, 그리고 옥스퍼드셔 주민들은 그녀가 여왕임을 선포한 다음부터 자신들의 여왕을 보호하고자 스스로 무장했다. 적법한 후계자가 왕위에 오르는 모습을 보고 싶은 것은 비단 구교도만이 아니었다. 신교도 역시 그러했다. 하지만 아쉽게도 메리의 지지기반은 그리 넓지 못했다. 이스트 앵글리아와 케임브리지 일부 지역에서는 그녀에게 반대하는, 몇 주간이나 계속된 소규모 소요사태가 발생했다고 한다. 물론 확실한 증거에 바탕을 둔 사실은 아니다.

추밀원은 7월 11일에 메리의 편지에 대해 더들리와 존 체크가 작성한 서류로 답을 대신했다.

메리 공주님에게

공주님이 본인 판단에 의거해서 마땅히 왕위를 제 것이라 주장하는 편지를 받았습니다. 왕국의 통치자인 제인 여왕이 왕으로서의 권리와 직위를 가진 분이라는 말로 답을 대신하겠습니다. 이는 이 나라의 유서 깊고 공명정대한 법률에 의해서뿐만 아니라, 손수 서명하시고 그에 동의하는 귀족들과 위원들과 재판관들과 학자들 앞에서 서명 날인하신 작고한 왕의 칙허장에 준거합니다.

저희는 의회법에 의거해서 공주님이 이 나라의 왕으로서 적법치 않기에 후계자가 될 수 없음을 공언합니다. 이 점을 고려하시고 그릇된 속임수로 제인 왕비의 종복들을 참된 종교와 신종의무에서 떼어내는 식으로 방해하는 처사를 당장 거두십시오.

마땅히 그래야 하듯 순종적인 모습을 보이신다면 저희는 공주님을 섬길 [준비가 되어 있을] 것이며, 공주님과 더불어 기꺼이 왕국을 보존시킬 의무를 다할 것입니다. 달리 행동하시면 저희는 물론 본인 스스로와 백성들에게 큰 짐이 될 뿐입니다.

최고로 진심 어린 마음으로 공주님의 안위를 빌어드립니다.

7월 9일, 런던탑에서.

스스로 순종적인 종복임을 보이신다면 언제까지나 공주님의 친구로 남을 사람들로부터.

[서명] 캔터베리 대주교, 엘리 주교, 노섬벌랜드, 베드퍼드, 서퍽, 노샘프턴, 아룬델, 슈루즈버리, 헌팅던, 펨브로크, 클린턴, 기타 등등.

무려 21명의 위원이 이 서류에 서명을 했다. 윌리엄 세실은 이 가운데 포함되지 않았다. 제인의 여왕 즉위를 인정하지 않는 그는 니컬러스 스록 모턴 경을 징검다리로 활용해서 은밀히 메리를 여왕 자리에 올려놓고자 애썼다. 더들리는 세실의 반감을 전혀 눈치 채지 못했지만 공작에게 앙심을 품은 아룬델은 이를 알아채고 세실과 함께 공주를 위해 팔을 걷어붙였다.

11일에 로버트 더들리의 생포 작전이 실패로 돌아가는 바람에 메리가 여전히 활개를 치고 다닌다는 소식을 접한 더들리는 속이 부글부글 끓었다. '메리를 이대로 풀어놓았다가는 그녀에게 왕위를 빼앗길 가능성만 높아질 게 분명해. 이제 무력으로 대적하는 수밖에 없어!' 승리를 거머쥐려면 민첩하게 서둘러야 해서 그는 우선 제인 여왕을 대신해서 전국 주지사들에게 서한을 발송했다. '우리의 정당한 여왕직위를 수호하기 위해서 헨리 8세의 사생아 딸인 메리 공주가 거짓된 주장을 더 이상 펴지 못하도록 총력을 기울이길 바랍니다.'

더들리는 직접 군대를 진두지휘해서 메리를 잡아들이고 싶은 마음이 굴뚝같았지만 섣불리 런던을 떠날 수가 없는데다가 활용할 병력마저 충분치 못했다. 대신 그는 그날 저녁과 다음 날에 웨스트민스터 근방의 토트힐 필즈에서 병력을 정비하고 메리를 괴멸시키기 위해 더 많은 병력을 차출하는 데 시간을 보냈다. 징병의 북소리가 울려 퍼졌고 병사들은 한 달치 녹봉을 미리 지급받기로 약조받았다고 제국 대사가 보고했다.

7월 12일 수요일에 30명이 넘는 지방 호족들이 예하 부대를 이끌고 케닝홀에 도착했다. 메리는 방어설비가 보다 완벽한 대규모 요새로 거처를 옮기리라 작정하고 그날 병력을 이끌고 과거 하워드 가문 소유였으나 지금은 왕실에 귀속된, 서퍽에 있는 프램링엄 성으로 갔다. 해안에서 고작 24킬로미터 떨어져 있어 지리적으로 금상첨화였다. 13개의 대형 타워를 자랑하는 프램링엄 성은 12미터 길이에 2.5미터 두께의 튼튼한 성벽이 노퍽 공작이 근자에 새로 지은 멋들어진 저택을 빙 둘러싸고 있는 막강 요새였다. 성곽 아래편 사슴사냥터가 신종의무를 바치러 온 지역민들로 빼곡한 것을 보고 메리는 즉시 자신의 휘장을 높이 내걸었다. 이내 1만 4천에서 4만 명 사이(구체적인 숫자는 1만 5천 명으로 추정된다)로 매일같이 그 숫자가 늘어났으며, 무기가 되는 것은 무엇이든 손에 집히는 대로 들고 나온 소규모 민병대들이 사기를 돋우고 있다는 보고가 계속해서 들어왔다.

당시 프램링엄에서 지내다가 이후 메리의 라틴어 전기를 쓴 로버트 윙필드 같은 당대 인사들은, 지지자들이 그녀의 주장이 옳다는 믿음에서 그리고 그녀에 대한 애정에서 직접 행동에 나선 거라고 확신했다. 병사들이 거의 평민들이었기에 로체스터나 저닝엄, 월드그레이브 같은 그녀의 핵심 측근들이 병력을 책임지고 통솔했다.

그날 밤 메리는 2가지 반가운 소식을 들었다. 하나는 로버트 더들리가 킹스린에서 대패해서 지원병을 기다리기 위해 베리 세인트 에드먼즈로 퇴각했다는 소식이었다. 두 번째는 얼마 전 자신을 박대하며 성문을 굳게 걸어 잠갔던 노리치 지역이 그녀를 여왕으로 인정함으로써 여타 지역이 빠르게 이를 뒤따르게 만드는 본보기가 되었다는 것이다. 각지에서 군수물자와 병력이 속속 도착하기 시작했다.

12일 저녁에 더들리는 보병과 기병을 포함해서 총 2천 명의 사병을 징집했다. 여기에 근위대원들과 에스파냐와 독일 용병들, 그리고 런던탑 병기고에 비축해 둔 대포 서른 문이 병력을 보강시켜주었다. 당대 일기작가인 헨리 머친은 그날 밤 대형포와 소형포, 활, 밀낫, 창, 미늘창, 갑옷, 화살, 화약, 식량 등 갖가지 군수품으로 가득 찬 마차 세 대가 어떻게 옮겨졌는지 기록하고 있다. 메리가 해외로 도주하는 것을 막기 위해 공작은 전함 다섯 척을 야머스 항으로 이동시키도록 명했다.

추밀원 내의 기회주의자들을 잘 아는 공작은 런던을 그네들 손아귀에 남겨 두고 떠나는 것이 염려되어서 서픽을 시켜 부대를 이끌고 이스트 앵글리아로 떠나도록 명했다. 하지만 눈물로 읍소하며 뻗대는 제인 앞에서는 속수무책이었다. "아버님은 제 곁에 남으셔야 해요." 그러면서 그녀는 더들리가 왕국에서 최고의 군인이므로 그녀의 군대를 이끌어야 할 사람은 마땅히 그여야 한다고 주장했다. 위원들도 나서서 이를 적극 지지했다. 공작은 자신이 떠나는 것을 극구 꺼려하며 거부했지만 결국 복종할 수밖에 없었다. 그러면서 동료들의 저의를 의심했는데 그럴 만한 이유는 충분했다. 결국 그렇다면 여왕의 청에 따르겠노라고 답하자 그녀는 겸허히 감사를 표시했다.

"그럼 부디 애써주세요." 그녀가 말했다.

"최선을 다하겠습니다." 그가 여왕을 안심시켜주었다.

그는 빈약해진 위치를 탄탄히 다지기 위해 제인이 길퍼드를 왕위에 올리는 것을 거부하는 것을 그냥 무시한 채 웨스트민스터 사원에서 2주 후에 둘 모두의 대관식을 치르겠노라고 알렸다. 이제 대신들은 왕실 부부 앞에서 무릎을 꿇어야 했으며, 둘 다 '폐하'라는 극존칭을 듣게 되리라. 더들리는 쉘리를 제국 황제에게 보내서 제인 여왕의 등극 사실과 메리가 얼마나 왕국의 안위를 어지럽히고 있는지 그녀의 선하신 사촌오빠에게 알리도록 했다. 몇몇 추악하고 비열한 자들만 지지할 뿐 여타 귀족들은 지금의 여왕에게 신종의무를 다하고 있다고 전하라 했다. 메리가 반대 세력을 결코 쓰러뜨릴 수 없다고 확신하던 황제는 쉘리에게 제인의 여왕 즉위와 길퍼드의 왕 즉위 소식을 기쁘게 받아들인다고 전했다.

한편 공작이 심어 놓은 밀정들은 밤낮 가리지 않고 중요한 정보들을 속속 물어왔다. 이스트 앵글리아 지역에서 얼마나 메리의 지지기반이 넓은지, 더비 백작이 체셔에서 어떻게 그녀로 하여금 여왕으로 선포하도록 부추겼는지, 그리고 신교도인 피터 커루가 데번에서 어떻게 비슷한 짓을 저질렀는지……. 놀랍게도 킹스린에 머물러서 부친의 명을 좇을 수 없었던 아들 로버트 더들리까지 메리를 여왕으로 선포했다. 추밀원 위원들은 이러한 보고들을 받고는 메리 편에 붙기 위해 서둘러 런던탑을 빠져나가기 시작했다. 왕실 재무관인 에드먼드 페컴 경은 왕실 보물을 일부 빼내 가기까지 했다.

다음 날 아침 일찍 더들리는 스트랜드에 있는 더럼 하우스 외곽에 부대를 집결시켜 놓고 그들로 하여금 뉴마켓으로 가서 런던 남부 지역을 향해 오고 있는 메리를 잡아오라고 명했다.

그즈음 추밀원에 나아간 제국 대사들은 베드퍼드와 아룬델, 슈루즈버리, 펨브로크, 페트르 경이 메리에 대해 호의적으로 말하고 더들리를 경멸적으로 낮추어 보는 소리를 듣고 흠칫 놀랐다. 공작은 이 회합에 관해 감쪽같이 모르고 있었다. 대사들은 이를 계기로 이미 저울추가 메리 쪽으로 기울어지고 있음을 확인하게 되었다. 위원들이 메리를 여왕으로 추대하고 싶어하는 게 불을 보듯 뻔해졌다.

얼마 뒤 더들리는 추밀원의 충정을 미심쩍어하며 군대를 이끌고 떠나는 것이 달갑지 않아 툴툴대면서, 또 자신이 자리를 비운 사이 혹 여왕에게 배신의 칼날을 드리우지는 않을까 걱정하면서 갑옷으로 무장한 채 런던탑으로 돌아왔다. 추밀원에서 그는 아들들을 옆에 끼고 서서 이번에 출정한 사람들 모두가 토지와 가족을 위원들 손에 맡기고 떠난다는 사실을 일깨우면서 야무지게 단속했다.

"행여 딴마음을 품는다면 신의 복수가 가해질 거란 사실 명심하시오. 물론 경들을 불신해서가 아니오. 경들의 충정을 믿지만 다시 한 번 일깨우고자 함이오. 내가 자릴 비운 사이 절대 그 어떤 불화도 생겨서는 안 되오." 위원들은 충정을 확인해주었지만 그것은 겉 다르고 속 다른 속임수일 뿐이었다.

더들리는 메리가 보유한 병력이 수적으로 월등히 우세하다는 사실을 알고 위원들에게 빠른 시간 안에 충원병력을 지원해 줄 것을 요청했다. 모두들 그러마, 하고 약속했다. 공작이 자리를 비운 사이 추밀원은 여왕의 친정 아버지인 서퍽이 책임지고 맡기로 했다.

정찬을 든 뒤에 공작은 제인 여왕으로부터 임무를 부여받고 런던탑을 떠나기 전에 아룬델에게 작별인사를 건넸다. "며칠 후 반군에게 그러하듯 메리 공주를 생포하거나 사체를 가져오겠소." 이어 5천 명으로 증강된 병사들이 대기 중인 더럼 하우스로 갔다.

7월 14일에 그는 자주색 망토자락을 휘날리며 로버트와 길퍼드 외의 남은 아들 전부를 데리고 부대를 이끌고서 쇼어디치를 지나 런던을 빠져나갔다. 길거리에 나온 군중들은 입을 꾹 다문 채 군대가 지나가는 모습을 멀뚱히 지켜보기만 했다.

"아무리 억지로 끌려 나왔다고 해도 인사치레 정도는 해줘야 되는 거 아닌가." 공작이 투덜거렸다. 군대가 런던 북부지역인 케임브리지가에 이르렀을 때 특사들이 급히 달려왔다. 그네들이 급히 전한 보고 내용은 이러했다. 메리는 이미 4개 이상의 지역에서 여왕으로 선포되었다. 변절자 윌리엄 패짓 경이 그쪽 편에 붙어 웨스트민스터를 향해 진군할 예정이라고 한다…… 헨리 저닝엄의 사주를 받아 야머스에 정박한 다섯 척의 전함이 메리를 지지하는 폭동을 일으켰으며, 합류하지 않은 자들은 모두 바닷속에 던져버리겠다고 위협했다. 이에 1백 문의 대포로 무장한 해군 2천 명은 프램링엄 진지를 버리고 꽁지가 빠져라 도망쳤다. 열혈 신교도인 후퍼 주교까지도 자기 무리에게 메리를 지지하라고 독려하며 나섰다. 점점 궁지에 몰린 공작은 행군하며 지나가는 지역들에서 소작농을 대상으로 지원병을 차출하고자 기를 썼지만 기이하게도 사람들의 씨가 말랐다. 속내인즉 벌써부터 공작이 온다는 소리를 듣고 모두들 몸을 감추었던 것이다. 평민들은 더들리를 에드워드 통치를 막 내리게 하고 물가를 치솟게 만든 장본인으로 여겨서 무척이나 싫어했다.

한편 공작이 런던탑을 떠난 뒤 서픽은 더들리 통치에 반감을 가진 위원들이 이탈하는 것을 막아보려 애썼지만 야머스의 폭동 소식이 흘러드는 것까지 막을 수는 없었다. 위원 다수가 결정적으로 메리 편으로 돌아서게 된 것도 이 사건 때문이었다. 공작을 실패한 자로 단정 짓게 된 것이다. 조폐국 장관이 제인 여왕의 내탕금(내탕고에 넣어두고 개인적으로 쓰던 자금이나 보물-옮긴이)을 들고 도주한 것을 계기로 위원들은 그제야 속내를 드러내 보이면서 어떻게 하면 공작의 허를 찌를 수 있을지 논의했다. 오래지 않아 그네들은 런던에서 메리의 지지자들과 접촉하게 되었다.

한편 프램링엄에서 메리는 야머스 해군의 충정에 한껏 고무된 채 말을 타고 성곽 아래 집결한 병사들 사이를 오가며 부대를 시찰했다. 어찌나 많은 인원이 모였는지 윙필드는 숫자를 세지도 못할 지경이었다. 메리가 곁을 지날 때 병사들로부터 함성과 갈채가 터져 나왔다. "선하신 메리 여왕님, 장수하세요!" 아니면 "반역자들에게 죽음을!"이라 외치면서 공중으로 화승총을 쏘아 올렸는데, 귀청을 찢는 듯한 함성에 메리가 탄 말이 놀라 위험천만하게 몸을 하늘로 솟구쳤다. 그러자 메리는 말에서 내려 한 진지에서 다른 진지까지 1.5킬로미터 되는 거리를 직접 걸어서 시찰했다. 병사들에게 지지에 대해 감사를 표할 때 그들의 애정과 충정에 감동받은 그녀의 눈가가 촉촉이 젖어 있었다.

런던에서도 메리의 주장을 지지하는 벽보들이 공공장소에서 하나 둘 눈에 띄기 시작했다. 죄인 한둘이 체포되어 추밀원 내의 더들리 지지자들의 명에 따라 처벌받았지만 지지자들의 수는 급격히 줄어들고 있었다. 그럼에도 불구하고 충분한 세를 과시하며 동요 세력이 런던탑을 떠나지 못하도록 막고 있었다. 도주를 시도한 위원 한둘이 억지로 끌려 돌아왔다. 서펙은 더들리만큼 상황을 통제할 만한 능력이 되지 못했고, 강력한 리더십이 없는 가운데 제인 여왕이 직접 지시를 내리고 감독했다. 투옥된 노펙 공작에게 편지를 써서 자신을 지지하면 석방시켜주겠노라고 제의했지만 독실한 구교 신자인 노펙은 이를 한껏 무시했다. 그녀는 윌트셔 주장관을 새로 임명한 뒤에 리들리 주교를 만나서는 오는 일요일에 그가 설교할 내용이 무척 흡족하다고 알렸다. 앞으로 급진적인 신교 사상을 가차 없이 그리고 고집스레 강요할 작정이었다.

이즈음 무장한 병사들을 런던 거리에서 쉽게 찾아볼 수 있었다. 더들리가 그네들을 밀정으로 풀어서 반대 세력을 감시하고 있다는 풍문이 나돌았지만 기실 그네들은 녹봉을 제대로 받지 못한 채 버려진 잔류자들이었다. 공작이 가진 돈을 모조리 현재 부대에 쏟아 부었기에 여력이 없었던 것이다.

7월 15일 토요일에 공작은 웨어를 향해 진격하면서 밑밥으로 일당 4파운드라는 파격적인 금액을 제시하며 신병을 차출하려 용을 썼다. 런던에서는 추밀원 내부의 분열이 점차 두드러지게 나타났다. 위원 다수는 교활한 공작이 메리를 이길 수 없다고 판단되면 잽싸게 그녀를 여왕으로 추대해서 자신들을 헌신짝처럼 버릴 거라고 생각했다. 그 결과 모두 자리보존을 위해 공작의 움직임을 제한하려 들었다. 추밀원의 승인을 받고서 움직여도 움직이라고 했다. 공작은 추밀원의 지지하에 움직이는 것으로 보이고 싶어서 계속해서 사자들을 추밀원에 보내 자신의 결정을 허락하는 승인서를 받아오도록 했다. 이러한 조치는 행군에 막대한 걸림돌로 작용한 반면 메리에게는 반격에 대비할 시간을 벌어주었다. 산 너머 산이라고, 변절자 아룬델로부터 더들리가 그곳 가까이에 접근해 왔다는 급보까지 받은 터였다.

공작이 가까스로 웨어에 도착했을 때는 느려터진 행군으로 인해 병사들의 사기가 땅에 떨어져 땅거미가 깔리면서 엄청난 수의 탈영병이 생겨났다. 간담이 서늘해진 공작은 추밀원에 더 많은 병사를 보내줄 것을 긴급히 요청했다. 사자가 어찌나 빠르게 말을 몰아 달려갔는지 그는 그날 밤에 런던탑에 도착했다. 위원들이 황급히 모여 사안을 논의했지만 공작에게 보낸 것은 그저 미덥지 않은 답변뿐이었다.

회의를 마친 뒤 아룬델은 세실을 만나 조용히 밀담을 나누었다.

"분위기가 심상치 않습니다." 아룬델의 이 말에 세실은 자신이 가명을 써서 메리와 접촉한 적이 있노라고 고백했다. 헤어지면서 두 남자는 원체스터와 펨브로크에게 메리 공주에게 신종의무를 다할 준비가 되었는지 조용히 타진해보기로 결정했다.

다음 날 런던으로 급한 전갈이 날아들었다. 메리의 군대가 3만을 넘어 계속 늘고 있으며, 더 많은 지역에서 그녀를 여왕으로 선포했으며, 전통적 지지텃밭에서 그녀의 지지세가 들불처럼 번지고 있다는 소식이었다. 메리의 지지세가 확고해지자 모두 너나없이 그녀에 대한 충성을 대담하게 표현하기 시작했다. 주일 오전에 퀴니스 교회에는 눈길을 끄는 현수막이 하나 나붙었다. 메리가 런던을 제외한 왕국 전역에서 여왕으로 선포되었다는 내용이었다. 이스트 앵글리아에서 날아든 소식 또한 이와 비슷해서 모두들 제 앞가림에 나섰다. 서픽은 행여 제 딸이 폐위될까봐 그녀의 직위의 정당성을 강조하면서 이방인과 교황파의 손아귀에서 벗어나 여왕 자리를 지켜줄 것을 역설했다. 그날 밤에는 런던탑의 문을 모조리 잠그도록 명하고 충정이 의심되는 윈체스터에게 시내 집을 떠나 런던탑에 기거 중인 여왕 곁으로 오라고 지시했다. 위원들은 메리가 승리를 거머쥐면 자신들이 대역죄인으로 몰릴까봐 오금이 저렸다. 그 죄는 빼도 박도 못하는 사형감이었다.

더들리의 최측근인 펨브로크는 런던탑의 문이 닫히기 전에 용케 그곳을 빠져나갔지만 곧 제인 여왕이 보낸 무장한 근위대에게 덜미를 붙잡혔다. 여왕은 이때부터 매일 밤 7시에 실수 없이 런던탑의 열쇠를 자신에게 반납하도록 명했다.

같은 날 이른 시각에 더들리는 케임브리지 대학 부총장인 샌디스 박사가 하는 지지연설을 듣고자 제 시간에 케임브리지에 도착했었다. 그때 야머스에서 일어난 폭동 소식과 함께 메리의 군대가 4만에 육박한다는 다소 과장된 보고가 들어와 이내 설교의 감흥은 깨어지고 말았다. 무엇보다 최측근이 자신을 헌신짝처럼 내던졌다는 소식에 하늘이 무너지는 듯했다. 사실 그는 한번도 누군가 자신을 좋아하도록 만들 거리를 제공한 적이 없기에 누구도 신뢰하지 않았다. 부대원들이 속속 이탈하는 급박한 상황에서 똥줄이 탄 그는 보다 강도 높게 추밀원에 병력을 추가 요청했다. 그러고는 치명적일 만큼 세가 줄어든 허약한 부대를 이끌고 베리 세인트 에드먼즈로 진군해 갔다. 그에 대한 불만이 팽배해서 그가 추락하는 즉시 사람들이 메리 쪽으로 돌아서기로 마음먹은 사실을 그는 알고나 있을까?

반면 메리의 부대는 사기가 하늘을 찔렀다. 특히 웬트워스 경인 토머스가 메리 편으로 돌아서서 부대원을 이끌고 보무도 당당히 합류하면서 더욱 그러했다. 메리는 서식스를 총사령관에 그리고 웬트워스를 부사령관에 임명했다. 두 장성은 그녀의 군 병력을 배치시키고 병사들을 훈련시키고 전투계획을 짜는 중책을 맡았다.

7월 17일에 더들리 군대는 베리에 가까이 접근해서 사정거리 50킬로미터 내로 들어왔지만 적군이 워낙 막강한 터라 수적으로 열악하고 사기가 떨어진 군대로는 대적하기 힘들다는 보고가 잇따랐다. 추밀원은 그의 절박한 병력 증강 요청을 묵살한 것은 물론 나아가 그를 토사구팽 시킬 준비까지 되어 있었다. 이미 실세인 옥스퍼드 백작이 메리에게 돌아섬으로써 메리의 군대는 무려 2만에 이르렀다. 엎친 데 덮친 격으로 공작의 남은 부대원들이 폭동을 일으킬 조짐마저 보였다. 공작은 병력 증강 요청이 쇠귀에 경 읽기가 되자 다른 대안이 없어 눈물을 머금고 케임브리지로 퇴각했다.

신교의 요람인 이곳에서 지지를 끌어내려 애쓰는 한편으로 남은 병사들을 주변지역으로 보내 싸움에 참여할 소작농들을 차출해오도록 명했다. 애석하게도 지역민들로부터 돌아온 것은 냉담한 퇴박이었다. 열이 뻗친 병사들은 약탈과 방화로 앙갚음했는데 공작은 이를 만류할 생각조차 않았다.

이에 신물이 난 장성들이 부대를 이탈하자 이에 자극받은 사병 수백 명도 탈영해서 메리 부대에 합류했다. 남은 병사들은 그저 돈을 더 준다는 공작의 꾐에 빠져 잔류를 택했다.

절망에 빠진 공작은 친족인 헨리 더들리를 앙리 2세에게 파견해서 원래 프랑스 영토지만 잉글랜드에 귀속된 칼레와 기뉴를 반환할 테니 병력을 지원해 달라고 간청했다. 며칠 후 헨리 더들리는 칼레에서 체포되었는데, 소지품 안에서는 왕실 보고에서 도난당한 식기류와 보석류가 대거 발견되었다. 취조 과정에서 그는 본인이 받은 임무를 낱낱이 실토했다. 더들리가 반역을 모의했다는 이보다 더 확실한 단서는 없었다.

상황이 이러할진대 제국에서 파견한 대사들은 황제에게 메리의 주장이 가망 없는 주장이라면서 그녀를 돕지 말라고 조언하고 있었다. "나흘이나 엿새 후에 소요가 일어날지 아닐지 드러날 것입니다. 공주님이 승리할 수도 있지만 무척이나 불확실합니다." 그때 그들은 런던탑의 근위병들이 2배로 증강된 사실을 주목했다. "[추밀원 위원들은] 메리가 백성의 사랑을 한 몸에 받고 있고, 공작이 그녀를 속여 여왕 자리를 빼앗는 데 자신들이 동조한 사실 때문에 겁을 내고 있습니다."

7월 18일에 크랜머와 체크는 더들리를 버리고 기어이 런던탑을 떠났다. 이들은 여왕과 서퍽을 찾아와 프랑스 대사를 만나 더들리에 대한 지지와 도움을 청하고자 하니 외출을 허락해달라고 청했다. 수상쩍게 여긴 서퍽이 자신도 동행하겠다고 벋댔지만 그들이 여왕 곁을 지키지 않으면 처형시키겠다고 으름장을 놓는 바람에 그만 포기했다. 런던탑을 빠져나온 위원들은 곧장 펨브로크 백작의 호화로운 런던 저택인 베이나드 성으로 달려갔다.

그곳에서 아룬델은 메리를 지지하는 감동적인 연설을 하면서 동료들을 설득해서 메리를 지지한다는 결의를 이끌어냈다. 이제 공작은 위원들의 만장일치하에 적법한 통치자에게 반역행위를 저지른 죄인 신세가 되었다. 그에 따라 곧 런던으로 소환되어 반역행위에 대한 취조를 받아야 했다. 추밀원의 결의에 따라 군대를 해산하라는 통지서가 즉각 그에게 전달되었다. 이에 불응하면 아룬델이 케임브리지로 달려가 직접 체포할 계획이었다. 한편으로 더들리를 체포하는 자에게는 거액의 보상금을 지급하겠노라고 공지했다. 귀족에게는 1천 파운드, 기사에게는 5백 파운드, 향사에게는 1백 파운드를 보상금으로 지급할 예정이었다.

영악한 위원들은 식사도 거른 채 곧장 세인트 폴 성당으로 달려가서 왕국이 반역적 행위에 해를 입지 않고 무사한 것에 감사하는 기도를 올렸다.

더불어 신임 여왕에게 잘 보이고자, 그녀가 그들을 책하고 심지어 처형시킬 만한 충분한 이유가 있음에도 불구하고 성당에서 그녀를 위한 미사를 올리도록 명했다.

제인 여왕은 자신의 통치가 이리도 허망하게 끝날 줄 알고 있었을까? 7월 19일 오전에 스록모턴가의 인척인, 런던탑 간수의 아내 언더힐 부인이 아들을 낳았는데 남편은 제인에게 그날 오후에 있을 유아세례식에서 아기의 대모가 되어 줄 것을 청했다. 제인은 이를 흔쾌히 승낙하면서 아이 이름을 길퍼드로 짓는 것을 허락해주었다.

이 시각 위원들은 런던 시장과 시의원들을 길드홀로 소집시켜서 메리를 여왕으로 선언할 것을 명했다. 오후 대여섯 시경에 런던 시장은 명받은 바를 수행하기 위해 칩사이드로 나갔다. 어디선가 이 소식을 주워들은 군중들이 대거 몰려드는 바람에 선포식이 있을 엘리너 크로스까지 가는 데는 한참이나 걸렸다. 엘리너 크로스에서 마침내 메리는 '작고한 에드워드 6세의 누이이자 고귀한 헨리 8세의 따님으로서 잉글랜드와 프랑스, 아일랜드를 비롯한 모든 자치령의 여왕'으로 선포되었다.

런던은 그야말로 축제 분위기였다. '이런 기적이 일어나리라곤 누구도 상상치 못했다. 선포식이 시작되자마자 사람들이 사방에서 뛰쳐나와 "메리 공주님이 여왕으로 선포되었다!"고 소리를 질러댔다.' 한 외교사절이 본 당시 모습이다.

어찌나 소리 질러 환호하는지 선포식 내용을 들을 수 없을 지경이었다고 헨리 머친이 보고했다. '늦은 밤까지 시민들이 거리로 몰려나와 연호하고 거리마다 모닥불을 피우고 연회를 베풀었으며 교회에서는 축하의 종소리가 울려 퍼졌다. 백성들의 즐거움은 이루 말로 표현할 수 없을 정도였

다!'

외교사절들은 백성들의 예상을 뛰어넘는 반응에 무척 놀랐다. 한 이탈리아 사절은 다음과 같이 보고했다. '사람들이 환호하는 모습은 말로 표현하기 힘들고 또 믿기 힘든 정도다. 이리저리 미친 듯 뛰어다니면서 모자를 하늘 높이 집어 던지면서 환호했다. 모닥불이 거리마다 활활 타올랐고 종소리가 끝없이 울려 퍼졌다. 멀리서 보면 마치 에트나 화산이 폭발하는 듯했다.' 이처럼 모두가 한데 어울려 기쁨을 표시한 적은 유례가 없었다. 승리감이 대단했다고 한 익명의 런던 시민은 글에 썼다. '살면서 이런 모습은 처음이다. 다른 사람 말을 통해서도 이와 비슷한 얘기를 들어본 적이 없다.

선포식장에서 얼마나 많은 모자가 하늘 위로 던져졌는지 셀 수 없을 지경이었다. 누군가 기쁨에 못 이겨 창밖으로 돈을 뿌려대는 모습을 두 눈으로 목격했다. 길거리의 모닥불은 셀 수 없었으며 사람들이 소리를 질러대고 종소리가 울려 퍼지는 바람에 다른 사람 말을 제대로 알아들을 수가 없었다. 거리마다 기쁨의 노래가 울려 퍼지고 연회가 질펀하게 펼쳐졌다.' 런던 시민 대부분이 길거리로 쏟아져 나와 다양한 방법으로 축하를 했다. 전통에 따라 시의원들은 시민들을 위해 분수대와 수로에 양질의 포도주가 흘러넘치게 했다. 위엄 있는 시의원들과 부유한 상인들까지도 권위와 나이 따위 상관없이 옷가지를 훌훌 벗어던지고 펄쩍펄쩍 뛰고 춤을 덩실덩실 추고 한데 어울려 환희의 노래를 불러댔다. 축제와 춤과 음주가 밤을 지나 다음 날 새벽까지 이어졌다. 모두들 축하의 모닥불을 피우고 식사에 손님을 초대했으며 오후 3시에서 다음 날까지 각 교구에서는 환희의 찬가가 울려 퍼졌다. 다음 날 저녁때까지도 청아한 종소리는 그치지 않았다. 한 에스파냐인에 따르면 악의 세계에서 해방되어 천국으로 들어간 듯한 모습이었다고 한다.

한편 베이나드 성문 밖에서는 펨브로크 백작이 금화가 가득 든 모자를 군중들을 향해 던지면서 메리를 적법한 여왕으로 선언했다. 이어 자기 아들과 여왕의 자매인 캐서린 그레이와의 혼인은 무효화될 것이며 신의의 징표로서 며느리를 그날 저녁 당장 집에서 내쫓을 거라고 공언했다. 그녀를 쉰에 있는 친정집으로 돌려보낼 작정이라고 했다. 시집에서 쫓겨난 캐서린은 수치심으로 괴로워하며 고통스러운 삶을 살게 되리라. 혹 재앙에 연루될까 두려워 누구도 그녀에게 접근할 시도조차 하지 않으리라.

아룬델과 패짓 역시 기꺼이 여왕의 즉위를 축하해주었다. 여왕 선포식이 있던 날 저녁 그들은 메리 여왕에게 국새를 건네주기 위해 프램링엄으로 떠났다. 그동안 추밀원은 진심으로 공주를 지지해 왔지만 더들리의 막강한 위세에 눌려 행여 유혈극이 벌어지지 않을까 두려워 감히 신종의무를 다하지 못했노라고 알릴 작정이었다. 그저 여왕이 이 서툰 변명을 받아주어서 그동안의 앙금이 풀리기만을 바랐다. 설마 추밀원 위원 전원을 런던탑에 가두겠는가! 그럼에도 불구하고 안심이 안 된 아룬델과 패짓은 여왕에 대한 충성을 증명하고자 케임브리지로 가서 더들리를 체포할 작정이었다.

존 메이슨이 그날 저녁 제국 대사들을 만나 메리의 등극 소식을 알렸을 때 그녀들의 반응은 의외로 시큰둥했다. 위원들이 공주를 속여 무장 해제시킨 뒤에 그녀를 생포해서 사형에 처할 거라고 의심했다. 그나저나 전과 달리 사람들이 길거리에 몰려나와 있는 모습이 이상하기는 했다. 며칠 뒤 추밀원이 메리에게 충성을 서약하면서 그제야 대사들은 메리처럼 드디어 신이 기적을 일으키셨다고 결론 내렸다.

스코틀랜드 개혁가인 존 녹스는 다음과 같이 썼다. '신이 백성들의 마음을 그녀에게 돌려놓고 추밀원을 등지도록 함으로써 그녀는 유혈참사 없이 왕위를 손에 넣었다. 물론 해상과 육지에서 반대 세력의 저항이 있긴 했다.' 메리가 극적인 승리를 거머쥐자 사람들은 신이 그녀가 여왕에 등극하라는 승인 도장을 찍어주었다고 믿었다. 그녀는 정당한 권리에 의해서뿐만 아니라 신의 뜻에 따라 여왕에 등극한 것이다.

런던탑 내의 왕실 거처에는 휑하니 찬바람만 불었다. 위원들은 모두 떠나고 시종들만이 제인 곁을 쓸쓸히 지키고 있었다. 창밖에서 들려오는 축하 소리는 분명 그녀를 위한 것이 아니었다. 이날 느지막한 시각에 서퍽을 필두로 런던탑 담당 관료들이 닫집 밑에서 저녁을 먹고 있던 제인에게 불시에 들이닥쳐 불안한 정적을 깨트려놓았다.

"이제 당신은 더 이상 여왕이 아닙니다." 공작은 딸에게 무례하게 소리치면서 닫집을 양손으로 휙 벗겨냈다. "당장 그 예복을 벗고 속인의 삶으로 돌아가시오."

제인은 비교적 차분하게 소식을 받아들였다.

"처음 입었을 때보다 더욱 기꺼운 마음으로 벗어드리지요. 그동안 불충했던 부모 뜻을 받아들여 기꺼이 왕위를 내놓지요. 이제 가도 되겠습니까?"

서퍽은 딸 앞에서 불안하리만치 침묵을 지키고 있었다. 그는 제 목숨을 보존코자 신임 여왕에게 충정을 증명해 보일 작정이었다. 메리의 안위가 보장될 때까지 딸을 런던탑에 붙잡아둘 심산이었던 것이다. 결국 아비인 그는 딸을 운명에 내맡겨둔 채 아무 답도 주지 않고 서둘러 타워힐로 갔다.

그곳에서 쉼에 머물고 있는 부인 곁으로 돌아가 한바탕 드잡이하기 전에 메리가 여왕임을 열렬히 선포했다.

휑한 방 안에 남편과 단둘이 남게 된 제인은 별반 동요하는 기색 없이 침착한 모습이었다. 잠시 후 그녀가 사실로 돌아와 시녀들에게 사건 정황

을 알려주었을 때 놀란 시녀들은 일제히 비통함에 눈물을 쏟으며 울부짖
었다.

"울지 마세요. 이 자리에서 벗어나 그저 기쁠 따름입니다." 제인이 차분
하게 위로했다. 그녀가 사실에 머물러 있는 동안 남편과 시어머니란 작자
들은 화이트타워에 박혀서 강 건너 불구경 하듯 나 몰라라 했다. 몇 시간
후 근위병들이 문가를 삼엄하게 지키면서 비로소 모자는 자신들이 죄인의
신세로 전락했음을 실감했다. 그날 제인이 유아세례식에 참석치 못하는 관
계로 스록모턴 부인이 그녀를 대신해서 대모 역할을 맡았다.

아룬델과 패짓은 7월 20일에 프램링엄에 도착해서 메리를 알현했다. 그
녀 앞에 무릎을 꿇고 정중히 절하고는 그녀가 런던에서 여왕으로 선포되었
음을 알렸다. 이어 제인을 여왕으로 등극시킨 죄에 대해 용서를 구하면서
별안간 단검을 꺼내들어 자신들의 배를 겨누었다. 당황한 메리는 두 남자
의 과오를 너그럽게 용서해주었다. 그동안 베리에 숨어 있는 것으로 판단
되는 더들리에 맞서 치밀하게 준비해 왔는데 무력 충돌 없이 기꺼이 여왕
으로 추대되다니……이보다 기쁘고 흥분된 순간이 또 있을까! 모두 그녀가
거둔 승리를 함께 기뻐할 시간이었다.

메리는 진심으로 감사한 마음으로 시종단을 예배당으로 이끌고 가서 참
으로 오랜만에 제단 위에 올려놓은 십자가 앞에서 기도를 올렸다. 환희의
찬가가 크게 울려 퍼지는 가운데 피 한 방울 묻히지 않고 이루어낸 기적 같
은 승리에 신께 무한히 감사했다.

7월 20일 오전에 케임브리지 킹스 칼리지에 머물고 있던 더들리는 메리
가 런던에서 여왕으로 선포되었다는 식겁할 소식을 접했다. 그는 모가지가

날아가지 않을까 겁이 나서 벨벳 모자에 금화를 잔뜩 담아가지고 서둘러 사자를 데리고 시장 광장으로 달려 나가서 메리를 여왕으로 선포했다. 모자를 공중으로 휙 내던지면서 크게 소리쳤다. "메리 여왕 만세! 메리 여왕 만세! 메리 여왕 만세!" 사람들이 동전을 줍느라 벌 떼처럼 몰려드는 모습을 보면서 그는 서럽게 눈물을 흘렸다.

곧이어 샌디스 박사에게 미사를 올리라고 명하면서 넌지시 떠보았다. "메리 여왕님은 자비로운 분이시니 관대한 아량을 기다릴 뿐입니다." 샌디스는 이에 단호히 대답했다. "절대 죽음을 면치 못하실 겁니다. 비록 여왕님이 용서하신다 해도 집권세력에게 죽임을 당할 테니까요." 더들리는 이 섬뜩한 예언에 입을 조가비처럼 꾹 다물었다.

산 너머 산이라고, 집에 돌아오자 아들 로버트가 베리 근방에서 체포되었다는 가슴 철렁한 소식이 그를 기다리고 있었다. 그는 남은 아들들을 데리고 서둘러 도망칠 궁리를 했지만 이미 막차는 떠난 뒤였다. 별안간 문이 벌컥 열리면서 프램링엄에서 막 도착한 아룬델이 저벅저벅 집 안으로 걸어 들어왔다. 공작은 하얗게 질린 얼굴로 무릎을 꿇고 바닥에 털썩 주저앉았다.

"신의 자비로 부디 목숨만은 살려주시길. 제가 추밀원의 동의하에 그리했다는 점을 고려해주십시오." 그는 흐느껴 울면서 빌고 또 빌었다.

아룬델은 들은 척도 하지 않았다.

"여왕 폐하의 명으로 당신을 체포하겠소."

"뜻에 따르겠지만 부디 제게 자비를 베풀어주십시오."

"좀더 일찍 자비를 구했어야 하오." 아룬델이 딱 잘라 말했다.

더들리가 가택에 연금되어 절망에 빠진 채 초조하게 기다리는 동안 아룬델은 여왕으로부터 다음 지시를 기다렸다. 공작의 시종들은 다가올 운명의 서슬에 바짝 졸아서 그의 종복이 아닌 척 제복에서 공작의 배지를 슬그머니 떼어내더니 어디론가 사라졌다. 그네들의 말과 무기는 여왕의 명에 따라 아룬델의 부하들이 모조리 압수했다.

7월 22일 추밀원 위원들은 메리 여왕에게 경의를 표하고 자신들의 불충을 용서받기 위해 프램링엄으로 떠났다. 그녀는 손님들을 따뜻하게 환대하면서 관대히 용서해주었지만 더들리의 극렬 지지자들만은 싸늘하게 문전박대했다. 공작의 아들들과 존 게이츠, 토머스 파머, 리들리 주교 모두가 문 앞에서 아쉬운 발길을 돌려야만 했다. 예한과 르나르 대사의 경고성 편지를 받고서 메리는 그들을 안심시켜주는 서신을 서둘러 보냈다. 아직 자신의 군대를 해산하지 않을 것이며 최근 자신에게 돌아선 자들을 믿지도 않는다고 했다. 겉으론 반색하긴 해도 한 번 뜨겁게 데인 터라 다시는 누구도 믿지 않을 작정이었다.

이즈음 사람들은 과연 여왕이 누구와 혼인할 것인지에 관심을 모았다. 잉글랜드 역사상 첫 여성 군주이기에 누구도 그녀가 자신을 이끌어줄 남편 없이 홀로 통치할 거라 생각지 않았다. 카를 5세 역시 즉위 소식을 듣고 비슷한 생각을 했다. 잉글랜드인들이 메리를 여왕 자리에 앉힌 것은 그녀에 대한 각별한 애정 때문이라 생각해서 축하사절을 보내 축하인사를 전하면서 다음과 같이 조언했다. '통치 측면에서 인정받고 여성으로서 버거운 문제를 수월하게 해결하려면 하루빨리 적합한 짝을 찾아 혼인하십시오. 배우자 선택에서 조언이 필요하면 기꺼이 도와드리겠습니다.' 물론 그는 합스부르크 왕가의 이해에 도움이 되는 혼사를 원했다. 애석하게도 잉글랜드의 여론은 본토인과 혼인해야 한다는 쪽으로 기울어져 있었다. 그 대상으로 지목된 이가 런던탑에 투옥 중인 에드워드 코트니였다. 7월 22일에 에스파냐 대사들은 다음과 같이 보고했다. '왕족인 그와 혼인할 경우 어떤 이득이 있을지에 대해 진지한 논의가 있습니다.'

메리는 이보다 중요한 문제들로 골머리를 앓고 있었다. 먼저 추밀원 위원들부터 다시 뽑아야 했다. 용서를 구하러 온 위원 모두가 재임용되었고 그녀의 핵심 측근들 역시 명패를 달았다. 최고위원으로는 관록과 경륜에서 앞선 아룬델과 패짓이 임명되었다.

다음으로는 작고한 왕의 장례 절차에 대해 결정 내려야 했다. 엄숙한 가톨릭 장례미사를 올리고 싶은 그녀는 제국 대사들에게 서한을 보내 이에 대해 조언을 구했다. 그들은 에드워드 6세를 그가 믿는 믿음에 의거해서 매장시켜야 한다고 조언했다. 여왕이 급격한 변화를 꾀하지 않기를 바라는 게 황제의 바람이기 때문이었다. 메리는 기대와 다른 답에 무척이나 실망해서 그녀들의 조언을 그냥 무시하기로 했다.

그녀에게 제일의 관심사는 종교였다. 그녀는 신이 자신을 왕위에 올려놓으신 만큼 참된 종교를 복원시키는 것이 자신의 성스런 임무라 여겼다.

무엇보다 급진적인 개혁은 없을 거라 설득시키면서 신중하게 그 일을 추진해야 했다. 그녀는 독단적으로 교황 율리우스 3세에게 서한을 보내(프램링엄에서 보낸 듯) 헨리 8세 통치기에 잉글랜드에 가해진 파문을 철회하고 왕국을 교황청 아래 두기를 바란다고 청했다. 이 편지는 8월 7일 이전에 교황청에 도착했는데 메리의 청에 따라 극비에 부쳐졌다. 변절자 기질이 농후한 추밀원 위원들이 로마 교황청에 귀의하는 것을 극력 반대할까 저어했던 것이다. 부드럽게 그리고 외교적으로 설득시켜야 하리라.

신임 여왕은 에드워드 왕이 서거한 뒤 산적해 있는 국정 현안들 때문에 결혼 생각을 할 짬이 없었다. 고문들이 그곳이 후텁지근하고 악취가 풍기고 공기가 나쁘고 역병이 유행이라며 극구 만류했음에도 불구하고 어서 빨리 런던으로 돌아가고만 싶었다. 대중의 지지가 높이 오른 지금 수도로 돌아가는 게 바람직하다는 조언도 있고 해서 그녀는 이에 따르기로 했다.

7월 24일에 메리는 제국 대사들의 조언을 무시한 채 군대를 해산하고서 병사 수백 명과 핵심 측근과 시종, 시녀들로 구성된 수행단을 거느리고 런던을 향해 출발했다. 그날 밤은 입스위치에서 묵었는데 그곳 귀족들이 시 외곽까지 영접 나와서는 금화 11파운드가 든 주머니를 선물했다. 군중들이 길거리를 가득 메웠고 천사처럼 예쁜 소년들이 '백성의 마음'이라 새겨진 하트 모양의 금을 선물해서 감동을 한 아름 안겨주었다. 그녀가 묵은 윙필드 하우스에는 경의를 표하고 용서를 구하러 온 변절자들로 문턱이 닳았다. 이중에서 윌리엄 세실은 여왕의 푸대접을 받고 짧은 기간 동안 옥살이를 했다. 장막 뒤에서 자신의 명분을 은밀히 지지해준 충정에도 불구하고 그녀는 그자를 신임할 수가 없어서 관직을 내어주지 않았다.

같은 날 더들리와 그의 아들들, 노샘프턴, 헌팅던은 삼엄한 경계 속에 케임브리지를 떠나 런던으로 향했다. 다음 날 해가 질 무렵 아룬델이 이끄는 호송대가 거리를 지나갈 때 성난 군중들은 공작을 향해 "반역자!"라고 악에 받친 야유를 퍼부어댔다. 모두들 감정이 격해져 있는 터라 호송 병력을 보강했음에도 불구하고 성난 군중을 제지하기가 버거웠다. 미늘창을 든 병사들이 사람들을 사정없이 내리치고 말들은 놀라 펄쩍펄쩍 날뛰고 군중들은 돌멩이와 썩은 달걀과 배설물을 던져대며 "죽여라! 반역자를 죽여라!"고 소리치고……난리도 이런 난리가 없었다. 더들리는 오만한 얼굴로 성난 군중들에게 험악한 시선을 쏘아 보냈다. 아룬델은 자칫하다가 죄수가 험한 꼴을 당할지 모르겠다 싶어서 공작에게 사람들 눈에 띄지 않도록 모자와 붉은색 망토를 벗으라고 일렀다. 사람들이 이에 속아 넘어가지 않아서 결국 죄수는 비굴하게 살려달라고 애걸하는 지경에 이르고 말았다. 성난 군중들은 욕지거리를 멈추지 않았다. 참으로 끔직한 광경이 아닐 수 없었다. 어쩌면 사람의 운명이 하루아침에 이리 달라질 수 있을까! 런던탑에 이르렀을 때도 사정은 마찬가지여서 그는 진흙 세례에 시달리면서 성난 군중들의 자비를 구해야만 했다. 장남인 워윅 백작 존은 그 비참한 몰골을 더 이상 눈 뜨고 볼 수가 없었다. 아버지가 보챔프 타워로 이송되자 그는 참았던 눈물을 기어이 터뜨리고야 말았다.

하루나 이틀 뒤에 로버트 더들리가 체포되어 가족들 곁에 합류했다. 몬태규 수석재판관, 존 체크, 리들리 주교, 샌디스 박사, 존 게이츠, 토머스 파머, 노샘프턴 후작도 줄줄이 굴비 엮이듯 붙잡혀 들어왔다. 닷새 전인 7월 20일에 윈체스터 후작은 황제가 '가짜 여왕'이라 일컫는 제인을 찾아가서 메리 여왕의 소유인 대관식 때 사용하는 보석류를 내놓을 것을 요구했다.

그 밖에 모피, 벨벳과 모피 머플러, 양말대님(양말이 흘러내리지 않게 고정하는 대님-옮긴이), 시계, 프랜시스 서픽과 헨리 8세, 에드워드 6세의 초상화가 포함되어 있었다. 왕위 자체도 정식으로 내놓아야 했다.

제인은 런던탑 안의 안락한 왕실 거처를 떠나 간수장인 파트리지의 집으로 옮겨 갔다. 타워그린을 굽어보고 있는 이 반침목 저택(목재를 외부로 노출시키고 드러난 목재 기둥들 사이를 흰 회반죽으로 마감 처리한 목조 건축물 양식-옮긴이)은 더들리가 사람들이 감금된 보챔프 타워와 가까이 인접해 있었다. 지리적으로 가까웠음에도 불구하고 제인은 그녀들과 대화를 나누는 것은 엄격히 금지되었다. 엘렌 부인과 틸니 부인, 스록모턴 부인과 한 명의 수습기사만 남겨두고 그녀의 시종단은 전원 해고당했다. 르나르는 황제에게 제인이 부당한 대접을 받고 있다고 보고했지만 사실 필기구와 책은 허락되었다. 책 가운데에는 그리스 성서와 남편인 길퍼드가 준 검은 벨벳 표지의 기도서가 있었다.

노섬벌랜드 공작부인은 7월 26일에 풀려나자마자 곧바로 여왕에게 남편과 아들들을 풀어줄 것을 눈물로 호소하기 위해 뉴홀로 달려갔다. 입스위치와 콜체스터(이곳에서는 아라곤의 카탈리나를 모신 적이 있는 뮤리엘 크리스마스의 집에서 지냈다)에서 얼마 전에 돌아온 메리는 그녀를 만나지 않겠다고 거부했다. 제국 대사들은 여왕을 처음 알현하러 가는 길에 어깨가 축 늘어진 채 말을 타고 떠나는 부인의 모습을 보게 되었다.

반면 제인의 모친인 서퍽 공작부인의 알현 요청은 받아들여졌다. 남편의 목숨이 결정되지 않은 상황에서 부인은 공포에 질려 남편과 딸을 제발 살려달라고 애걸복걸했다. 다급해진 나머지 더들리가 작고한 왕뿐만 아니라 남편까지 독살하려 했다고 주장했다. 메리가 증거를 대라고 추궁하자 더들리가 고용했던 약제사가 얼마 전에 스스로 목숨을 끊었다고 둘러댔다.

메리가 이 말을 믿었는지 아닌지는 기록에 나오지 않지만 그녀는 공작이나 제인 누구도 해하지 않을 거라 안심시켜주고는 쉰으로 돌아가 있도록 했다. 서퍽은 7월 28일에 그곳에서 체포되었지만 고작 사흘만 감방생활을 했다. 메리가 약조한 대로 선처를 베풀어준 것이다. 이후 매정한 부모는 딸을 만나지도 않았을 뿐 아니라 그녀를 구명해달라고 애써 간청하지도 않았다.

런던은 여전히 들뜬 축제 분위기였다. 메리에게 충성을 맹세하러 오는 귀족들과 추밀원 위원들, 왕실 핵심 측근들과 고위 관료들의 끝없는 행렬이 에식스로 이어졌다. 여왕은 대부분을 반가이 맞이했고 악질적인 반대자들에게만 해묵은 분노를 쏟아냈다. 메리의 즉위 소식이 해트필드에 가닿자마자 엘리자베스는 언니에게 다정한 축하편지를 써 보낸 뒤에 그녀를 보필하고자 서둘러 런던으로 향했다. 7월 29일에 그녀는 튜더 왕조의 상징색인 녹색과 흰색의 벨벳과 호박단 제복을 걸친 2천 명의 수행원들을 거느리고 수도에 입성해서 플릿가를 따라 그날 밤 묵게 될 서머싯 하우스까지 나아갔다.

그날 저녁 제국 대사들이 메리가 있는 뉴홀을 방문했다. 그네들이 온 목적은 바로 카를 5세의 지침을 일러주기 위함이었다.

모든 것이 원만히 해결된 것이 기쁘며, 처음부터 열정에 이끌려 서둘러 개혁에 나서지 말고 신중하게 처신하라 이르시오. 현 상황을 고려치 않은 채 막무가내로 밀어붙이기보다는 시간이 다소 걸리더라도 의회의 동의하에 필요한 조치를 취하도록 조언하시오. 왕국의 안녕을 염원하는 선량한 여왕으로서 마땅히 해야 할 바를 다하도록 하시오.

메리는 기쁜 마음으로 대사들을 영접했다. 가볍게 인사를 나눈 뒤 그들은 헨리 더들리를 범죄 증거물과 함께 칼레에서 체포했다는 얘기부터 꺼냈다. 잠시 후 여왕은 극비 사안을 논의코자 대사 한 명을 불러 몰래 뒷문을 이용해서 기도실로 들어갔다. 선택된 대사는 르나르였다. 메리는 이 매력적이고 야심이 대단한 법조인에게 곧바로 호감을 느꼈다. 그는 외교 경험이 풍부한데다가 머리가 비상하고 태도가 당당하며 야심이 가득하고 성격이 화통했다. 추밀원 위원 누구도 믿을 수 없는 상황이기에 그녀는 이런 유화적이면서 정보에 밝은 사람을 이내 신임하게 되었다. 그동안 황제의 조언이 생명줄인 양 그에 의존해서 살아온 그녀였다. 이제 르나르는 그녀와 그녀가 사랑하는 어머니의 모국을 연결해주는 끈이 되어주리라. 잉글랜드 군주가 한낱 외국인에게 조언을 구하다니, 어찌 보면 기이한 모양새였다.

고문들이 이 사실을 알면 무척 불쾌해하리라. 하지만 이단자와 변절자들의 조언을 어찌 신뢰하겠는가!

반면 르나르는 내심 당혹스러웠다. 그와 동료들은 메리가 성공적으로 여왕 자리에 오르기 전까지 그녀의 명분을 실상 지지하지 않았기 때문이다. 해서 전달에 일어난 사건들에 대해서는 언급을 회피한 채 집권 초기에는 각별히 신중하게 처신하고 가능한 한 빨리 혼인하라는 황제의 조언을 전해주는 것으로 말문을 열었다. 메리는 현명한 조언을 해준 사촌에게 무한한 감사를 표하면서 개인적으로는 결혼할 의사가 없지만 그것이 자신의 책무라는 점은 인정한다고 고백했다.

"신 다음으로 황제에게 복종할 겁니다. 제가 늘 아버지처럼 존경해 온 분이니까요. 그분의 조언을 좇고 그분이 권하시는 남자를 택하겠습니다." 그녀는 다만 자기 나이가 서른일곱인 점을 감안해서 부디 생판 모르는 남자와 짝 지어주지 않기만을 바랐다.

"돌아가신 왕을 위한 미사를 올릴까 합니다. 부친의 유지를 좇고, 또 제 스스로의 양심을 해방시키고 싶어서요. 굳이 미사 참석을 강요하진 않겠습니다. 그저 원하는 사람은 누구나 참석할 자유가 있다는 것을 드러내 보이고 싶습니다." 르나르는 에드워드의 시신을 가톨릭 의식으로 매장하면 사람들이 반발할 거라고 경고했지만 그녀는 종교문제에 있어 워낙 타협을 모르는지라 쉽사리 마음을 바꾸지 않았다. 르나르는 신교 방식으로 매장하라고, 전통에 따라 그 자리에 참석치 말라고, 그리고 장례미사는 개인적으로 올리라고 조언했다. 고집불통인 메리도 결국에는 뜻을 꺾고 이 합리적인 조언을 따르기로 했다.

곧이어 그녀는 추밀원에 대한 불만을 털어놓았다. "추밀원 내의 내분이 심각합니다. 어찌나 서로를 헐뜯고 남의 잘못만을 책하는지 큰일입니다." 르나르는 위원들이 이 밀담에 대해 알면 에스파냐 측에 반발심을 품을 거라고 우려했다. 그런 탓에 혼혈인인 그녀를 에스파냐 측 사람으로 오인하는 자들부터 안심시키라고 조언했다. 앞으로 추밀원에 의지해서 통치할 것임을 명백히 알리라고 했다. 메리는 위원들이 그녀의 의중을 누구보다 잘 알고 있다고 대답했다. 그녀가 오랫동안 은밀히 미사를 올린 것을 알고 있으며 앞으로 옛 예배의식을 도입할 거라 예상하고 있었다. "그건 당연한 거죠. 신께서 보이신 호의에 마땅히 보답해야죠. 보잘것없는 저를 이 자리에 올려놓으셨으니까요."

다음 날 오전 메리는 런던으로 가기 위해 뉴홀을 떠났다. 윌리엄 페트르의 에식스 저택인 인게이트스톤에서 8월 1일까지 머물렀다가 곧 중세 여왕들의 휴양처인 헤이버링 앳 바우어로 갔다. 어디를 가든 사람들이 그녀를 보기 위해 달려 나와 큰 소리로 환호하며 축복을 빌어주었다.

메리에게 본토박이 사람과 혼인하라는 황제의 조언은 단순히 잉글랜드인들의 두려움을 삭여주고자 하는 정략적인 편의였다. 본심은 자신의 이익을 극대화하고자 합스부르크가 남자를 남편감으로 추천할 작정이었다. 그 역시 메리와 마찬가지로 잉글랜드에 가톨릭이 다시 꽃피기를 간절히 빌었다. 더불어 호적수인 앙리 2세를 견제코자 잉글랜드-부르고뉴 연맹을 되살리고픈 마음이 컸다. 7월 30일에 그는 당시 포르투갈 공주와 혼인협상을 벌이고 있던 스물여섯 된 아들 펠리페에게 편지를 보냈다. 그를 메리 여왕과 맺어주고자 포르투갈 공주와의 혼인협상을 취소시킬 작정이었다.

내용인즉 이러했다. '잉글랜드인들은 내가 30년 전에 메리와 혼인협약을 맺었다는 사실을 모두 기억할 것이다. 그동안 날 좋게 보아 왔으니 신랑감으로 날 지지해주리라 믿는다. 하지만 난 이미 나이 먹고 병약해서 재혼을 고려할 처지가 못 된다. 혼담이 들어오면 나 대신 널 추천하마.'

내가 잉글랜드 왕이 되다니! 펠리페는 기대감에 잔뜩 부풀어서 지체 없이 결단을 내렸다. 며칠 후 그는 아버지에게 지참금 액수가 박해서 포르투갈 공주와 더 이상 혼인협상을 진행시킬 수 없다는 답장을 보냈다. '드디어 이모님(사촌을 이모라 잘못 표현한 것임.—옮긴이)이 여왕에 등극하셨다니 참으로 기쁩니다. 절 남편감으로 지목하신다면 아버님 뜻에 기꺼이 따르겠습니다. 너무도 중차대한 문제니까요." 그는 부친에게 모든 것을 일임하고 뜻에 따를 작정이었다. 이제 카를 대제가 할 일은 적당한 때를 보아 메리와 이 문제를 상의하는 것뿐이었다.

7월 31일에 엘리자베스는 메리의 도착에 맞추어 시종단을 거느리고 스트랜드를 따라 런던 시내로 입성했다. 그녀는 여왕을 맞이하고자 앨드게이트를 지나 메리가 지나갈 예정인 콜체스터가를 따라 이동했다. 자매는 근 5년 만에 얼굴을 마주 대하는 것이었다. 물리적인 거리 이상의 그 무언가에 의해 서로 소 닭 보듯 하며 소원하게 지내온 그들이었다. 그동안 엘리자베스는 공개적으로 신교를 신봉해서 에드워드 왕의 총애를 받았었다. 베네치아 대사에 따르면 이 기간에 메리가 엘리자베스를 싫어한다는 사실을 매우 명확한 증거들을 통해 보여주었다고 한다. 하지만 지금은 사정이 달라졌다. 메리는 마땅히 동생과 함께 승리를 만끽해야 한다고 생각해서 그녀를 곁에 달고 수도로 입성할 예정이었다. 동생과 화해할 의도임이 분명했다.

배다른 자매는 8월 2일에 드디어 원스테드에 당도했다. 엘리자베스가 말에서 내려 바닥에 무릎을 꿇고 절하자 메리도 따라 말에서 내리면서 동생을 안아 일으켜 세운 뒤에 다정하게 입맞춤을 해주었다. 한 손을 여전히 잡은 채 뭐라 다정히 속삭여주었다. 곧이어 엘리자베스의 시녀들에게 차례로 입맞춤을 해주었다. 양 진영의 대규모 수행단은 하나로 대열을 이루어

수도를 향해 당당히 나아갔다.

　자매가 나란히 말을 타고 지나갈 때 구경꾼들은 두 사람의 대조적인 모습에 큰 인상을 받았다. 르나르가 '수준 이상'이라고 듣기 좋게 평하긴 했지만 서른일곱의 메리는 몸집이 왜소하고 비쩍 마른데다가 수년에 걸친 갖가지 수심과 질병으로 인해 곱던 안색마저 망가져버렸다. 그녀는 황금과 귀한 원석들로 장식된 벨벳과 능직 드레스로 부족한 외모를 채우고자 했다. 그럼에도 불구하고 무엇보다 그녀를 돋보이게 만드는 것은 그녀의 훌륭한 인품과 몸가짐이었다. 한 대사는 그녀의 우아한 정숙함을 인간이 아닌 신의 그것이라 찬양하기까지 했다.

　당대 기준에서 메리는 중년으로 접어들고 있었다. 그에 반해 20대의 엘리자베스는 반짝반짝 빛이 났다. 늘씬한 키에 백옥 같은 피부, 붉은 기가 도는 구불구불 긴 머리칼이 돋보이는 지극히 세련된 모습이었다. 수수한 무채색 옷에 보석도 거의 착용하지 않았지만 등 뒤에서 후광이 비칠 정도였다. 살짝 구부러진 콧날과 날렵하면서도 야무져 보이는 얼굴은 고전적인 미인은 아니었지만 강력한 매력을 발산하고 있었다. 무엇보다 그녀는 어머니의 교태를 고스란히 물려받았다. 그럼에도 불구하고 왕족다운 당당함까지 배어 있었다. 위엄 있는 군주의 분위기가 행동거지 하나하나에 스며 있었다. 백성들에게 젊은 그녀는 미래를 상징했다. 메리가 아이를 갖기 전까지는 엄연히 엘리자베스가 그녀의 후계자였기 때문이다. 그런 까닭에 사람들은 그녀를 메리만큼이나 반겼다. 르나르는 사람들이 엘리자베스에게 폭 빠졌다고 평했다.

　8월 3일 오후 늦게 여왕의 행렬은 앨드게이트를 통과해서 드디어 보무도 당당히 런던에 입성했다. 런던 시장은 앨드게이트에서 여왕을 맞이하면서 충정과 경의의 표시로 시를 상징하는 권표를 건네주었다. 메리는 즉시 그에 화답하는 우아한 감사연설을 했다. 어찌나 말투가 점잖고 환한 미소를 지으시는지 듣는 이 모두가 감격해서 눈물이 앞을 가릴 지경이었다고 라이어슬리의 기록에 나온다. 여왕의 입성에 때맞추어 일제히 팡파르가 울리면서 런던탑에서는 축포가 펑펑 터졌고 교회 종소리와 함께 우렁찬 음악이 연주되었다. 여왕은 크게 흡족해하는 표정이었다. 시민들은 목이 터져라 "여왕 폐하 만세!"를 외치면서 기쁨의 눈물을 흘려댔는데 이보다 더 좋은 볼거리는 없었다. 거리는 꽃과 장식 띠와 장식 리본으로 화사하게 치장되었고 창문마다 태피스트리와 장식 천이 걸려 있었다. 곳곳에 라틴어로 '백성의 목소리는 곧 신의 목소리다'라는 글귀가 적힌 현수막이 걸려 있었다.

여왕은 화이트채플에서 금세공인이 제작한 황금과 보석가지로 장식한 자주색 벨벳과 새틴 천으로 만든 프랑스풍의 드레스로 갈아입었다. 목에는 황금과 귀한 원석들로 만든 목걸이가 걸려 있었고 머리에는 보석과 진주장식이 들어간 화려한 프랑스풍의 후드를 쓰고 있었다. 그녀가 탈 말에는 정교한 장식이 들어간 금사원단의 장식 마의가 입혀져 있었다. 그녀는 피곤한 기색이 역력했지만 열렬한 환호에 감동해서 더 없이 행복한 표정이었다. 제국 대사들에 따르면 그녀의 매너와 몸가짐은 더할 나위 없이 완벽했다고 한다.

여왕 뒤로는 흰색 드레스 차림의 엘리자베스가 미소 띤 얼굴로 군중들에게 화답하며 따라왔고, 그 뒤로는 헨리 8세의 네 번째 아내였던 클레브스의 안네, 노퍽 공작부인, 에드워드 코트니의 모친으로 여왕의 둘도 없는 친구인 엑서터 후작부인이 대열을 이루었다. 의식용 검을 옆구리에 찬 아룬델 백작은 7백40명의 벨벳 코트 차림의 시종과 1백80명의 귀부인을 앞세운 채 메리 앞에서 말을 타고 갔다. 앤터니 브라운 경은 기다란 행렬을 호위하며 뒤편에서 따라왔다. 5천이 넘는 지지자들은 넘쳐나는 인파로 인해 시내가 위험할 수 있다는 당국 발표에 따라 별수 없이 시 외곽에 그대로 남아 있어야 했다. 공공연히 더들리를 지지해온 탓에 신중하게 낮은 자세로 엎드려 있는 프랑스 대사를 제외하고 모든 외교사절이 행렬에 가담했다.

메리가 다음 2주간을 보낼 런던탑 밖에서는 1백 명의 어린이들이 꾀꼬리처럼 낭랑한 목소리로 환영사를 낭독했다. 그녀는 관심 있게 들었지만 별도의 화답은 하지 않고 그대로 해자 위에 걸린 다리를 지나갔다. 대포가 천둥소리처럼 쾅쾅 울려대는 바람에 마치 한바탕 지진이 일어난 듯했다.

런던탑 안에는 군중들이 대거 몰려서서 여왕을 기다리고 있었다. 그녀의 시선이 가장 먼저 가닿은 곳은 거대한 성문 옆 잔디밭에 무릎을 꿇고 앉아 있는 4명의 죄수였다. 윈체스터 주교인 스티브 가디너는 에드워드 집권 초기에 호국경인 서머싯의 종교개혁을 반대했다는 이유로 투옥되었었다. 3대 노퍽 공작으로서 여든 줄에 접어든 토머스 하워드는 가톨릭 당파의 역모 주동자라는 이유로 투옥되었지만 헨리 8세가 사형집행 영장에 서명하기도 전에 죽음으로써 겨우 목숨을 건질 수 있었다. 세 번째 인물은 호국경의 미망인이자 메리의 오랜 친구인 서머싯 공작부인이었다. 마지막은 플랜태저넷 왕가의 후손이라는 이유로 1539년부터 감옥살이를 해 온 젊은 청년 에드워드 코트니였다. 헨리 8세는 그의 혈족 대부분을 멸했다.

"이들이 내 죄수들이군요." 그녀는 죄인들을 즉각 풀어주라 명하고는 말에서 내려 손수 그들을 자리에서 일으켜 세웠다. 그러고는 눈가가 그렁그렁해진 채 따뜻한 포옹과 입맞춤을 해주었다. 그녀는 가디너를 추밀원 위원으로 임명했으며, 모두는 다음 날 서면으로 사면을 받았다. 사권박탈당했던 노퍽은 첫 개원의회에서 판결 파기 결정을 받아 직위와 토지를 돌려받았으며 가디너 역시 원래 직위를 되찾았다. 여왕은 코트니가 모친과

재회하는 모습을 지켜본 뒤에 그들 모자와 다른 석방된 죄인들과 더불어
왕실 거처가 있는 화이트타워로 갔다.

3막

메리와 엘리자베스

1장 여왕님, 우리 여왕님

1553년 8월 4일에 추밀원은 공식적으로 메리 여왕에게 신종의무를 서약했다. 그녀는 제인의 지지자들을 즉각 사면하는 것에 반대하며 그네들의 불충을 책망했지만, 화해 외에 달리 길이 없음을 알고 그네들의 신종의무 서약을 받아들였다. 몇몇 위원은 그녀의 넓은 아량에 울음을 왈칵 쏟아냈지만 제국 대사들은 그런 잘못 베풀어진 아량에 대해 불안감을 표했다. 8월 5일에 르나르는 황제의 명에 따라 여왕에게 반역자들을 가차 없이 처단하도록 촉구했다. 그녀 주위에는 제인, 더들리, 서퍽, 길퍼드 더들리 같은 안위를 위협하는 자들이 득시글대고 있었다. 그들은 마땅히 사형에 처해져야 했다. 메리는 제인의 처형을 완강히 거부하면서, 그녀는 무자비한 사내들 손에 조종당한 순진한 꼭두각시일 뿐이라고 해명했다. 르나르는 제인이 겉으로는 유약해 보이지만 치명적인 독을 품고 있다고 경고했다. 여왕은 그럼에도 불구하고 아무런 조치도 취하려 들지 않았다. 다른 사내들은 마땅히 사형감이지만 제인은 아니었다. 르나르는 결국 정황으로 보아 자비를 베풀 수밖에 없음을 인정하면서 더들리의 모반에 개입한 자들을 모두 처결하면 남는 사람은 별반 없을 거라고 냉소적으로 말했다.

윈체스터와 펨브로크는 체포되어 감옥으로 갔지만 8월 13일에 풀려나 추밀원에 다시 들어왔다. 노샘프턴 역시 방면되었다. 더들리를 지지했던 자들처럼 크랜머 대주교 역시 추밀원 자리에서 쫓겨났다. 하지만 에드워드

왕 밑에서 일한 12명의 위원은 그대로 자리를 보존했고 노퍽을 비롯해서 헨리 8세를 섬긴 7명의 위원이 추가 임용되었다. 더불어 정치적 경륜이 부족함에도 불구하고 여왕에게 충성한 시종단 내의 12명이 등용되었다. 이처럼 추밀원이 비대해지면서 극단적인 갈등으로 사분오열되는 것은 물론 효율적인 국정 운영마저 어렵게 되었다. 르나르의 지적처럼 추밀원은 왕국을 통치하고 관리할 자질을 갖춘 경륜 있는 위원들로 채워지지 못했다. 여왕조차 위협적인 날카로운 눈빛과 저음의 굵은 목소리로도 위원들을 통제하기가 버거웠다. 하루는 그녀가 대사에게 불평했다. "추밀원에서 하루 종일 고함을 질러대지만 전혀 달라지는 게 없어요."

위원들 다수는 여왕에게 잘 보이고자 가톨릭으로 개종했다. 늦었지만 적수들을 이길 수 있도록 도와준 그네들에게 뭔가 해주어야 했다. 대부분은 그녀가 아쉬운 소리를 하며 기댈 수밖에 없는 정계 거물들이었다.

탁월한 정치가인 가디너는 대법관이자 국새상서에 발탁되었다. 그는 정치적 경륜이 깊고 당대 주교들이 그러하듯 명리를 좇는 야심 가득한 사내였다. 베리 세인트 에드먼즈에서 의류제작자의 아들로 태어난 그는 일찍이 학문에서 특출한 재능을 보였고, 대학에 가서는 교회법을 공부했다. 헨리 8세는 그를 수석비서관에 임명해서 중요한 외교 업무와 반가톨릭 선전책자 발행 업무를 일임했다. 아이러니하게도 그는 궁에서 가톨릭 당파의 실세였으며, 후일 신교 작가들은 그를 즐겨 헐뜯기까지 했다. 독설가로서 자신의 시각을 거침없이 주장하고 반대의견을 못 참아했으며 종종 성미가 바자윈 것은 사실이나, 보수적인 종교인으로서 누구보다 온건했으며 지성과 양식이 충만한 사람이기도 했다. 벗들에게는 신의와 애정과 유머를 선사했으며 무엇보다 남다른 애국심으로 평생 나라에 헌신했다. 그와 여왕은 여러 중대 사안에서 견해를 달리하는 바람에 관계가 그리 편치만은 않았다. 메리는 그라면 꼴도 보기 싫었지만 구교를 부활시키고자 하는 열정에서는 뜻을 같이해서 기꺼이 참아내고자 했다.

메리는 성년기 대부분을 전원에서 조용히 박혀 지내왔기에 여왕 직분에 맞는 훈련을 적절히 받지 못했다. 그 결과 정치적 경륜과 감각은 부족했지만 왕국을 성공적으로 통치하고픈 욕심에서 집권 초기부터 일 중독자다운 면모를 보였다. 추밀원 회의에는 빠지지 않고 참석하고 공식적인 서신은 직접 작성했다. 애끓는 통석의 염을 품고 해결책을 구하러 온 이들에게 그녀는 포용의 자세를 보임으로써 자애롭다는 평판을 얻었다.

지위고하를 막론하고 모두가 7월 초순의 힘겨운 시간에 그녀가 보여준 담대함과 강력한 리더십에 깊은 인상을 받았다. 일각에서는 여자인 그녀가 제대로 왕국을 통치할 수 있을까 의심하며 능력을 얕잡아 보는 이들도 많았다. 여성 군주를 처음 모시게 된 잉글랜드 백성들은 과거 12세기에 마틸다 여왕이 사촌인 스티븐 왕과 왕위 쟁탈전을 벌였을 때의 그 혼란했던 상황을 또렷이 기억하고 있었다. 신과 성인들이 19년 동안 잠들었다는 말이 떠돌 만큼 암흑의 시기였다. 콧대 높고 고집 센 마틸다는 짧은 동안만 권력을 쥐었는데, 잉글랜드인에게는 다시는 여왕 따윈 필요 없다고 혀를 내두를 만큼 긴 세월이기도 했다. 메리는 비록 백성들이 자신을 두 팔 벌려 환영하기는 했지만 자신의 성性을 치명적인 핸디캡으로 보았다. 르나르 역시 그녀의 통치가 성공할 가능성에 대해 지극히 비관적이었다.

그가 황제의 고문인 그란벨레 추기경에게 보낸 편지다. '여왕은 쉽사리 남의 말에 흔들리고 세상사에 미숙한 초짜입니다. 신의 도움이 없다면 프랑스나 중신들에게 휘둘려 잘못 인도될 것이며 종국에는 독살이나 다른 방식으로 생을 마감하고 말 겁니다.'

베네치아 대사도 같은 생각이어서 진짜 권력은 여왕이 아닌 추밀원에 있다고 보고했다. 헝가리의 마리아 역시 황제에게 보내는 서신에서 여성 통치자에 대한 보수적인 시각을 여실히 드러냈다.

여성은 그 직위가 무엇이든 남자만큼 두려움이나 존경의 대상이 되지 못합니다. 전시에는 만족스럽게 나라를 통치하지도 못하고 할 수 있는 일 이라곤 그저 다른 이들의 실수에 대해 책임을 대신 짊어지는 것이지요.

메리는 정치적 경륜이 짧아서 속내를 교묘히 감추는 능력이나 지략이 부족했다. 정략적 편의에 따라 움직인 여타 튜더 군주들과 달리 양심에 따라 움직였기에 종종 일을 처리함에 있어 이성적이지 못하곤 했다. 자신의 의무라 생각되는 일은 앞뒤 재지 않고 가차 없이 해치웠다. 양심이 제 길을 찾지 못할 때면 우유부단하게 흔들리다가 길을 찾으면 무지막지하게 밀어 붙였다. 그녀의 사전에는 객관적인 시각, 중용이란 없었다. 죄에 대해서는 오로지 한 가지 벌밖에 없었다. 그녀가 최고로 높이 사는 자질은 스스로가 가졌다고 자부하는 무한한 선의였다. 베네치아 대사인 조반니 미키엘리는 기독교계에서 그녀보다 더 너른 아량을 지닌 여왕은 일찍이 없었다고 주장 했다. 사람들 역시 그녀의 관대함과 고결함과 끈기를 칭송했는데, 이러한 자질들이 있었기에 그녀는 힘겨운 박해의 시간에도 굳건히 믿음을 지켜 올 수 있었다.

메리는 정의가 이룩되는 사회를 특히 열망했다. 재판관들에게는 여왕을 변호하기보다는 여왕과 백성들 사이에서 공정한 판관 노릇을 해주도록 명 했다. 오로지 의회의 조언과 동의 하에서만 통치하고자 했으며 군주정치를 확립하라는 르나르의 조언에는 귀를 막았다.

메리의 법정은 휘황찬란한 선친의 그것과 달리 한껏 격조 높고 위엄이 흘러넘쳤다. 차분하고 조용했으며 추문과 방종이란 감히 발을 들여놓을 수가 없었다. 여왕은 음악과 춤과 연극을 좋아해서 집권 첫해에 음악가와 배우들에게 2천 파운드의 비용을 지불했다. 그녀가 최고로 좋아하는 여흥은 희극 내지는 도덕극이었는데, 헨리 8세 시대에 무대에 올려진 화려한 야외극과 가면극에 비하면 초라하기 그지없었다. 사실 즉위할 무렵 국가 재정이 파탄지경이었기에 야외극과 가면극은 지금으로서는 호사스러운 사치로만 비쳐졌다. 메리가 지적인 취미가 별반 없고 또 그들을 후원해줄 여력마저 없어서 학자들과 예술가들은 궁 출입이 드물었다. 그녀는 왕실 예배당의 제단을 복원시켜서 1553년 8월 8일부터 그곳에서 매일같이 미사를 올렸다. 성탄연휴에 '무질서의 지배자'를 선출하거나, 십자가 밑으로 기어가거나, 부활절 전날인 성聖 금요일에 반지에 축복을 내리거나 피부병으로 고생하는 환자들을 매만져 기적의 치유를 해주는 등 종교개혁 이전의 옛 전통을 충실히 되살리고자 했다.

매일같이 자신의 예배당에서 예닐곱 개의 미사를 올려서 추밀원 위원들의 참석을 유도했다. 그녀는 제 스스로 헌신적인 종교적 삶의 본보기가 되고자 했다. 중신들이 여왕의 심기를 건드리고 싶지 않아 열심히 그 뒤를 좇은 결과 왕궁은 이내 가톨릭 신앙의 요람으로 변모했다.

여왕은 새벽같이 일어나 몇 시간 동안 기도를 올리고 나머지 시간에는 매일같이 가디너 의장이 주재하는 추밀원 회의에 참석하거나 여왕으로서 집무를 보았다. 때로는 밤늦은 시각까지 펜대를 내려놓지 않거나 눈이 뻐근할 정도로 공무서류를 검토하기도 했다. 계속된 격무로 인해 체력이 약해질 대로 약해져 더욱 약골로 변했다. 메리는 평소 두통과 가슴 두근거림 증세로 고생했는데 주치의들이 강장제와 정기적인 방혈치료(피가 더럽거나 너무 많아 병이 생긴 경우에 피를 뽑는 치료법-옮긴이)를 시도했건만 별반 효험이 없었다.

의복연감 사료에서 보듯 그녀가 유일하게 사치를 부린 부분은 화려한 의상이었다. 베네치아 사절인 소란초는 다음과 같이 평했다. '그녀는 엄청난 양의 보석으로 화려하게 치장하는 것을 즐긴다. 조상들로부터 많은 보석을 물려받았지만 현재 넉넉한 자금을 손에 쥔 터라 더 많은 보석을 구입할 것이 분명하다.' 그녀는 하루에도 몇 번씩 옷을 갈아입었으며 업무를 볼 때도 금은사 원단의 묵직하고 화려한 드레스를 입었다. 입는 즐거움뿐만 아니라 자신의 위치를 외부적으로 과시하기 위함이었다. 당시 군왕들은 이처럼 의상으로써 자신의 지위를 드러내고자 했다. 등극한 지 얼마 안 되어 그녀는 화가 한스 에보르트에게 초상화를 그려 달라고 주문했는데, 자신의 초상화를 갖는 것을 무척이나 자랑스러워했다. 프랑스 대사는 카트린 드메디시스 왕비에게 고하길, 메리 여왕에게 바치는 최고의 찬사는 그녀의 초상화를 달라고 청하는 거라고 했다.

메리는 자신이 좋아하는 친구와 시종들에게 돈과 귀한 선물을 아낌없이 퍼 주었다. 가난한 이들에게도 관대하기가 하해와 같았다. 그녀가 서리의 크로이던에 있는 캔터베리 대주교의 궁에 머물 때였다. 당시 귀부인으로 변장한 채 빈민들을 방문했는데 어찌나 허물없고 자상하게 대하는지 모두들 그녀를 여왕 시녀로 착각할 정도였다. 시녀이자 친구인 제인 도머는 이따금씩 자선활동 임무를 띠고 다른 지역에도 동행했다. 당시 집안에 아이가 있는 부모에게 더 넉넉한 돈을 쥐어 주며 알뜰하게 살라고, 신을 두려워하며 살라고 조언했던 모습을 그녀는 잊지 못한다. 그녀는 메리가 특별히 아끼는 친구여서 밤에 같이 잠을 자기도 했다. 이러한 특권은 통치 초기 몇 달 동안에 또 다른 막역한 지기인 엑서터 후작부인에게도 해당되었다. 제인은 여왕의 보석을 관리하고 식탁에서는 고기를(여왕이 가장 좋아하는 음식은 멧돼지 고기였다) 직접 잘라주기도 했다. 이러한 친구가 곁에 있으니 여왕이 남편감이 눈에 차지 않아 몇 번 들어온 청혼을 거절한 것도 이해가 가리라.

대중들 앞에서 메리는 고상하면서도 한껏 위엄이 흘러넘쳤다. 외교사절들과는 라틴어와 불어로 대화를 나누었으며 비록 유창하게 말하지는 못해도 에스파냐어와 이태리어를 막힘없이 알아들었다. 에스파냐 대사들은 그녀가 고결하고 자부심이 강하고 도량이 넓다고 보았다. 그녀는 기회만 닿으면 여왕이라는 직위를 자랑했으며 적들을 누르고 기적적으로 승리한 것을 강조하기라도 하듯 처음 발행한 화폐에 다음 모토를 새겼다. '진실, 시대의 딸 Veritas, temporis filia'. 소란초에 따르면 그녀는 다음 구절을 무척이나 좋아했다고 한다. '주여, 당신을 믿사옵니다. 절 혼란케 하지 마옵소서. 신이 우리 편이라면 우리의 적은 과연 누구이던가요?'

르나르는 엘리자베스의 탄탄한 인기가 못내 미덥지 않았다. 통치 초반 몇 주 동안에 여왕은 동생 손을 다정하게 잡고 대중들 앞에 모습을 드러내곤 했는데, 오래지 않아 같이 미사에 같이 참석할 것을 종용하기 시작했다.

엘리자베스는 이럴 때면 애매모호하게 답을 피해갔다. 여왕과 대척할 마음도 없고, 그렇다고 신교 지지자들을 잃고 싶지도 않았다. 메리는 주저하는 모습을 눈치 채곤 계속 압박을 가했다. 엘리자베스가 거절하면 할수록 더욱 악착같아졌다. 그녀가 에드워드 집권기에 열렬히 신교를 받아들였다는 것은 공공연한 비밀이었다. 지금도 그녀는 에드워드의 임종기도 내용이 담긴 아주 자그마한 교훈서를 허리춤에 차고 다녔다. 메리는 자신의 후계자가 신교도란 사실을 도저히 인정할 수가 없어서 엘리자베스를 가톨릭으로 개종시키고자 마음먹었다.

8월 말에 자매 사이의 해묵은 반목이 또다시 수면 위로 떠올랐다. 둘 사이에는 어두운 과거가 칼날처럼 드리우고 있기에 그리 편한 관계가 아니었지만 이제는 종교 문제로 공공연히 갈등을 빚기 시작했다. 프랑스 대사는 약삭빠르게 신교도인 엘리자베스 편에 붙었다. 귀족 가문 출신인 그는 도둑고양이처럼 성정이 간악했다. 무엇보다 베네치아 대사를 비롯해서 돈을 먹여 매수한 밀정들이 거미줄같이 촘촘한 조직망을 이루고 그를 든든히 받쳐주었다. 메리는 대놓고 더들리를 지지했던 그 자가 밉상, 진상이었다.

여왕에 등극한 지금도 혹 자신을 해하기 위해 꿍꿍이를 꾸미는 것은 아닌지 의심을 거두지 않았다. 그녀의 의심은 옳았다. 그가 맡은 임무는 그녀를 궁지에 몰아넣기 위해 무슨 짓이든 다하는 것이었다. 프랑스 측은 황제가 그녀를 손아귀에 틀어쥐고 있다는 사실을 누구보다 잘 알았다. 그런 만큼 엘리자베스의 신임을 얻어서 고양이를 사자로, 여왕의 강력한 라이벌로 키우는 것이 시급했다. 솔직히 앙리 2세는 엘리자베스가 여왕 자리에 오르는 것도 그리 탐탁지는 않았다. 그저 목적을 이루는 데 이용하고 나서 가차 없이 버릴 작정이었다. 그의 숨은 진짜 의도는 잉글랜드를 며느리인 스코틀랜드 여왕 메리에게 안전하게 넘기는 것이었다. 엘리자베스가 메리를 전복시키려 든다면 또는 반대파벌의 우두머리로서 선봉장에 선다면 메리는 그녀를 처리하느라 프랑스와 제국의 전쟁에 개입할 틈이 없을 것이다.

엘리자베스는 드 노아유의 접근에 호의적으로 반응해서 두 사람은 이내 막역한 친구 사이로 발전했다. 이를 위험신호로 감지한 르나르는 여왕에게 동생이 프랑스와 모종의 음모를 꾸미고 있다고 경고했다. 엘리자베스의 높은 인기가 메리의 안전에 위협이 된다고 했다. 그녀는 야망이 대단하고 영특하면서도 교활하다고 했다. 메리는 혈육의 정을 나누고자 진심으로 노력했음에도 불구하고 동생이 '애첩'으로 불린 여인네의 딸이라는 사실로 인해 도저히 반감을 지울 수가 없었다. 엘리자베스의 얼굴에서 앤 불린을 발견했으며 그녀를 볼 때마다 그동안 당한 치욕적인 수모가 절로 떠올랐다. 르나르의 조언에 따라 그녀는 이제부터 동생을 날카롭게 주시하기 시작했다.

대사는 메리에게 다시 한 번 제인 그레이를 처형하라고 조언했지만 그녀는 여전히 그 조언을 듣지 않으려 했다. 제인 부부를 안전하다고 판단될 때까지 런던탑에 가두었다가 나중에 석방해줄 작정이라고 했다. 재판 절차를 거쳐 판결을 받을 테지만 그들이 반역죄를 저질렀음에도 불구하고 그녀의 양심은 도저히 처형에 동의할 수가 없었다. 르나르는 현명치 못한 처사라 반박했다. 가디너 역시 같은 의견이었지만 메리는 귓등으로 흘려들었다. 사실 그녀는 8월 5일에 제인이 써 보낸 장문의 편지에 깊은 감동을 받았다. 편지에는 죄에 대한 구구절절한 변명 대신 9일간의 짧은 통치에 관한 솔직 담백한 마음이 담겨 있었다. 순간 여왕의 머리에 떠오른 생각은 제인이 그 문제에 있어 선택권이 없었다는 점이다. 물론 왕위를 수락한 잘못은 있다. 제인 역시 그 죄에 대해 용서를 구하기가 참으로 부끄럽다고 시인했다.

'누구도 제가 그걸 원했다거나 기뻐했다고 말할 수는 없어요. 그저 무지했던 저 자신을 깨닫고 조금이나마 양심의 짐을 벗었다고 말씀드릴게요.' 여왕은 르나르에게 제인이 또 다른 역모를 꾸민다고 의심되면 예의 주시하겠노라면서 그녀가 런던탑에 갇혀 있는 한 왕국은 안전하다고 말했다. 그에 대해 대사는 이러한 아량을 제발 후회하지 않게 되길 빈다고 답했다. 그는 여왕이 서퍽 가문의 씨를 말리는 데 동의하기 전까지 절대 다리 뻗고 자지 못했다. 한편 런던탑에서 제인은 미사를 이방인들의 찌꺼기로 치부하면서 미사 참석을 거부한 채 온전히 독서삼매에 빠져 살았다.

메리는 종교 문제에서 신중하게 접근하라는 황제의 조언을 마음에 새긴 채 중신들에게 하나 된 모습을 보일 것을 당부하면서 조심스럽게 한 발 한 발 나아갔다. 그럼에도 불구하고 한동안 백성들과 직접적으로 접촉하지 못했기에 종교 문제에 있어 얼마나 골이 깊이 파였는지 제대로 파악하지 못했다. 그저 자신을 여왕으로 열렬히 받드는 것은 그네들이 그녀가 그리도 열렬히 바라마지 않는 가톨릭으로 돌아가는 것을 반긴다는 반증이라고 확신했다. 구교를 등진 자들은 에드워드 치세 시기에 압력에 못 이겨 변절한 것이니 이제 기꺼운 마음으로 옛 믿음으로 돌아갈 거라고 자신했다.

다음 조치는 미사와 선친이 돌아가실 당시에 존재했던 종교체제를 되살리겠다고 선언하는 것이었다. 때가 무르익으면 로마 가톨릭으로 돌아가 교회 수장 자리를 기꺼이 내놓을 심산이지만 당분간은 이를 역으로 이용해서 반개혁 운동을 펼칠 작정이었다. 8월 12일에 그녀는 추밀원에서 다음과 같이 밝혔다. "신교도들의 양심을 강제하고 구속하고픈 마음은 없습니다. 신내지는 독실하고 덕성스럽고 학식 있는 설교자들의 힘을 빌려 그들이 진실에 다가가도록 만드는 게 제 의도입니다."

애석하게도 가톨릭 신자들의 생각은 이와는 크게 달랐다. 그들은 신이 자신의 백성을 긍휼히 여기시어 스스로 왕위에 올려놓으신 메리라는 숫처녀를 통해 이 땅에 가톨릭을 되살려놓으실 거라 기대했다. 반면 극단적인 신교도들은 런던에서 극렬한 시위를 벌였는데, 심지어 세인트 폴 성당에서 미사를 보던 사제에게 단검을 겨누기까지 했다. 치열한 종교 분쟁을 예고하는 불길한 서막인 셈이었다.

8월 8일 오전 9시에 에드워드 6세 또는 그로 추정되는 사람의 시신이 크랜머 대사제와 치체스터 주교인 존 스코리가 참석한 가운데 빈약한 신교장례절차를 거쳐 웨스트민스터 사원에 안장되었다. 이와 동시에 가디너는 여왕의 개인 예배당에서 장엄한 장례미사를 집전했다. 메리는 죽은 왕의 영혼을 달래기 위해 앞으로도 계속해서 미사를 올리도록 명했다. 엘리자베스는 그 어떤 미사에도 참석하지 않았다.

　교황 율리우스 3세는 8월 초에 메리가 보낸 서신을 받고서 놀라움 반 기쁨 반의 반응을 보였다. 여왕이 로마 교황청과 잉글랜드 국교회의 화합을 모색하고 있다는 듣던 중 반가운 내용이었다. 그는 서둘러 여왕의 사촌인 레지널드 폴 추기경을 잉글랜드 주재 교황청 특사로 임명했다. 현재로서는 밀사들을 통해 잉글랜드 내의 여론 추이를 살피고 정보를 채집하는 것이 그가 맡은 임무였다. 폴은 여왕 앞으로 편지를 보내 앞으로 1년 이상 지속하게 될 서신 왕래의 첫 테이프를 끊었다. 가여운 영혼들이 매일같이 타락의 길을 걷고 있고 성찬식의 은혜를 입지 못하고 있기에 더 이상 지체할 시간이 없었다. 그는 교회의 진정한 딸인 메리에게 부디 아버지가 저지른 악덕을 멸해달라고 부탁했다. 황제가 르나르 대사를 통해 폴이 내정간섭 따윈 원치 않는 그저 호의적인 중재자라고 설득시킨다면 분명 그의 말에 귀 기울이리라. 기대와 달리 황제는 잉글랜드의 반종교개혁의 공과가 폴이 아닌 아들인 펠리페나 자신에게 돌아오게 하고 싶었다. 물론 메리로서는 짐작조차 못할 꿍꿍이속이었다. 이런 가운데 여왕은 폴에게 답장을 보내 그의 뜻을 따르고 싶지만 먼저 제거해야 할 정치적 장애물이 많다고 강조했다. 폴은 답장을 통해 또 다른 마리아(메리 여왕)께서 베드로 성인(폴 추기경)이 그녀의 집에 들어가는 것을 허락해달라고 부탁했다.

　메리는 추기경이 수도원 폐쇄를 통해 한몫 챙긴 이들이 그대로 재산을 보존할 수 있도록 교회를 설득해준다면 자신의 임무가 한결 수월해질 거라고 답했다. 이것은 의회가 승인하기를 주저할 만한 민감한 사안이었다. 경악한 폴은 세속적인 문제들이 교회통합 과정에 개입되어서는 안 된다는 판단하에 그녀의 청을 단호히 거부했다. 이 시점에서 카를 5세는 폴 때문에 혹 초보단계에 접어든 자신의 계획이 어그러지지나 않을까 적이 염려되었다. 그 결과 여왕이 펠리페의 지지 아래 제 주장을 확고히 펼 만한 힘을 갖출 때까지 폴이 잉글랜드 근처에 얼씬거리지 못하도록 교황에게 압박을 가하기 시작했다.

1500년도에 태어난 레지널드 폴은 메리의 유년기 시절에 가정교사를 지낸 마거릿 폴의 아들이자 에드워드 4세와 리처드 3세의 조카였다. 메리가 어렸을 때 양가 모친은 플랜태저넷 왕가의 피가 흐르는 그와 메리를 짝으로 맺어주고 싶어했다. 헨리 8세는 이 총기 넘치는 아이의 후원자가 되기를 자청해서 이후 이탈리아에서 수학할 수 있도록 물심양면으로 도와주었다.

젊은 성직자가 된 그는 부제 추기경의 명을 받아 대학들을 설득하여 헨리 왕과 아라곤의 카탈리나의 혼인이 무효화되도록 이끌어서 은공에 보답했다. 그러나 왕이 앤 불린을 차지하려는 욕심에 형수와 혼인한 데 대해 양심의 가책을 느낀다고 둘러댔다는 사실을 알고 그 길로 이탈리아로 돌아가 과거 인자한 후원자였던 남자에 대해 분노에 찬 비난의 글을 써댔다. 분노한 헨리는 길길이 날뛰며 당장 본국으로 돌아오지 않으면 반역죄로 엄히 다스릴 거라고 엄포를 놓았다. 그러거나 말거나 폴은 이탈리아에 그대로 남아서 1536년에는 교황을 등에 업고 추기경 자리에 올랐다. 하지만 남은 가족들은 모진 박해에 시달렸으며, 모친은 1541년에 그것도 죄의 증거가 될까 싶은 빈약한 증거를 바탕으로 끔찍하게 처형당했다. 동시에 폴에게는 반역자라는 낙인이 찍혔다. 일련의 비극적 사건들을 겪으며 그는 비통함에 가슴을 치며 스스로를 순교자의 아들로 칭하게 되었다.

졸지에 망명자 신세로 전락한 추기경은 이후 바티칸에서 핵심인사로 떠올라 1549년에는 교황에 선출될 뻔하기도 했다. 진보적인 종교관을 가졌지만 그렇다고 루터 신봉주의자는 절대 아니었다. 인문주의자들을 비롯하여 교회 내부의 개혁 지지자들과 즐겨 교류했는데, 유능한 외교관이자 교회 문제에 정통한 전문가로서도 명성을 쌓았다. 그렇다고 정치가는 아니었다.

그는 워낙 소박한 성정을 지녀서 직무상 필요해서가 아니면 공적인 자리에 나서는 것을 극히 꺼려한 청렴한 학자였다. 안타깝게도 이상은 높았지만 판단력은 부족했다. 잉글랜드인들이 교황청을 받들어 모신다고 주장했지만 20년의 긴 유배생활 중에 본국에서 어떠한 변화들이 일어났는지에 완전 까막눈이었다. 메리는 폴을 추밀원 위원 누구보다도 따르고 존경했다. 그녀가 진정으로 결혼하고 싶어한 남자가 추기경이라는 얘기도 있었다.

숫처녀로서 조신하고 덕성스런 삶을 살아온 여왕은 통치 초반기 몇 달 동안에 결혼 얘기가 거론될 때마다 겸손하기 그지없는 태도를 보였다. 구체적인 소신을 밝혀달라는 청에는 육적인 욕망은 배제한 채 그저 신이 인도하는 대로 남편을 택하겠노라고 대답했다. 그녀는 당시 왕실 결혼이 그러하듯 정치적인 면과 종교적인 면 모두를 충족시켜줄 배우자를 택하고자 했다. 서른일곱의 노처녀였기에 가톨릭 전통을 이어나갈 후계자를 백성들에게 선사하려면 더 이상 지체할 시간이 없었다.

1553년 8월에는 메리가 폴 추기경과 혼인할 예정이라는 소문이 무성했다. 그는 사제 추기경 서품을 아직 받지 않은 터라 교황의 승인만 떨어지면 쉽사리 부제 추기경직에서 풀려날 수 있었다. 폴은 이 생각에 극구 반대했다. 그의 판단에 메리에게 최선은 그냥 독신으로 남는 것이었다. 하지만 누구도 이 충고에 귀를 기울이지 않았다. 한술 더 떠서 가디너는 르나르가 '흰 장미(플랜태저넷 왕가)의 마지막 가지'라 일컫는, 자신의 피보호자인 에드워드 코트니를 신랑감으로 추천했다.

에드워드 4세의 증손자인 코트니는 당시 스물일곱 살이었다. 부친인 헨리 코트니는 엑서터 후작으로 1538년에 헨리 8세에 의해 처형당했다. 이 어린 왕족은 몸속에 흐르는 플랜태저넷 왕가의 피가 튜더 왕조에 위협이 된다는 이유로 런던탑에 장장 15년이나 갇혀 지냈다. 다행히 유언에 따라 가정교사가 배정되어 그는 배워 마땅한 고결한 학문들을 두루 섭렵할 수 있었다. 그는 이태리어로 된 영송詠誦을 모국어로 번역하고 외국어를 습득하고 음악과 예술 활동에 몰두하며 지냈다. 하지만 성장기를 고립된 상태에서 지낸데다가 그만한 담력도, 경험도 없어서 석방되고 나서는 당시 비슷한 신분의 남자들이 기본적으로 즐기던 승마조차 제대로 하지 못했다.

외국 대사들은 코트니가 잘생긴 젊은이라는 데 한목소리를 냈다. 그는 혈색이 건강하고 키가 훤칠하며 자태가 우아하고 고상했다. 후천적으로 습득된 것이라기보다는 타고난 매너를 지니고 있었다. 더구나 최고의 가톨릭 문중 출신으로서 믿음의 뿌리가 확고했다. 바로 확인하기 힘든 부분은 그가 오만방자한 속물이며 무책임하고 약해 빠져서 신뢰하기 힘든 사람이라는 점이었다. 르나르는 그를 극도로 오만하고 고집불통이며 앙심이 깊다고 평했다. 메리를 황제파의 손아귀에서 빼내올 수만 있다면 코트니와 혼인해도 무방하다 여기는 프랑스 대사조차 그가 지독히도 어쭙잖다고 일갈했다.

이미 궁정 사람들은 정치 경험이 박약하고 덜떨어진 듯한 그를 갖고 찧고 까불었다.

런던탑에서 지내는 동안 코트니는 간수장의 정원에서 바람을 쐬다가 동료 죄수인 가디너를 알게 되어 이후 둘 사이에는 감동적인 우정이 꽃피게 되었다. 젊은이는 가디너 주교를 아버지라 불렀고 가디너는 코트니를 한 번도 가져본 적이 없는 아들로 귀히 여겼다. 해서 주교가 메리 여왕에게 코트니와 혼인하라고 제의했을 때는 개인적인 사심이 끼어들어 있었다. 일부는 능구렁이 같은 주교가 무슨 꿍꿍이수작을 꾸미는 거라고 의심했다.

솔직히 백성 다수가 여왕이 본토박이와 혼인하기를 심정적으로 바라고 있었기에 그것은 결코 그리 무리한 주문은 아니었다. 무엇보다 그는 옛 왕조의 혈통을 지닌 왕족 아니던가! 그 어떤 잉글랜드 사내도 그만한 자격을 지니진 못했으리라. 가디너는 메리 앞에서 코트니가 가진 장점을 입에 침이 마르도록 칭찬했다. 그와 결혼하면 그녀는 백성들의 뜻을 존중하는 셈이 되며 추밀원 위원 대부분이 이 결혼에 찬성한다고 했다. 사실 코트니는 신랑감 후보로서 단연 독주하고 있었기에 여왕이 즉위한 다음부터 그녀가 그를 남편으로 택할 거라는 소문이 파다했었다. 이 와중에 그녀가 런던탑에서 풀려난 그에게 멋들어진 저택을 선사하면서 소문은 점점 무게를 더해 갔다. 이때부터 위원들은 너도나도 혼인에 찬성한다는 의사를 표시했다.

자연적으로 소문은 흘러흘러 카를 5세의 귀에까지 들어가게 되었다. 졸지에 날벼락을 맞은 황제는 즉시 르나르에게 지시해서 코트니가 지나치게 미숙하니 결혼 상대로 고려치 말라고 메리를 설득하도록 했다. 이때 대사는 코트니의 약점을 하나 쥐고 있었는데 여왕이 그와 혼인하게 되면 이 비밀을 무덤까지 들고 갈 작정이었다. 행여 발설했다가는 르나르 측의 중상모략가들이 그와 여왕 사이를 이간질할 게 불 보듯 뻔했기 때문이다. 그 약점이란 코트니가 잃어버린 시간을 벌충하고자 갈보 집을 풀 방구리에 쥐드나들 듯 뻔질나게 들락거린다는 것이다.

하지만 그리 염려할 일도 아니었다. 메리가 이미 마음을 굳히고 가디너에게 코트니가 마음에 차지 않는다고 밝혔던 것이다. 지위도 지나치게 낮고 자신보다 나이도 어리며 무엇보다 검증받지 않은 사람이라고 했다. 설상가상으로 그가 창녀들을 찾아다닌다는 괴소문도 떠돌았다. 눈치 없는 르나르는 이 혼인을 찬성하는 위원들이 프랑스 대사와 교분이 두텁다고 말해서 불난 집에 아예 기름을 통째로 들이부었다. 코트니를 여왕에게서 완벽하게 떼어내기에 충분한 실언이기도 했다.

이 시점에서 르나르는 황제로부터 여왕을 만나는 자리에서 펠리페 황태자와 정혼할 경우 얻게 될 이점에 대해 넌지시 흘리라는 지시를 받았다. 잉글랜드인들이 외국인과의 혼인을 받아들이려면 어느 정도 시간이 필요한지라 결코 서두를 일은 아니었다. 그때가 되면 펠리페의 청혼은 메리에게 최고로 반가운 소식이 되리라. 그 어떤 잉글랜드 남자와도 혼인할 뜻이 없다고 굳게 못 박은 그녀 아니던가!

르나르는 당분간 여왕에게 아무런 얘기도 꺼내지 않기로 마음먹었다. 반면 프랑스 대사는 황제가 메리와 펠리페의 결혼을 제안할 것을 예상하고 앙리 2세에게 그런 결혼은 결국 기독교계에 영원한 재앙을 불러올 거라고 경고했다. 그는 여왕을 코트니와 혼인시키든가, 엘리자베스 공주를 왕위에 올리든가 둘 중 한 가지 목표를 향해 혼신을 다해 뛸 작정이었다.

8월 중순에 메리는 런던탑을 떠나 리치몬드 궁으로 거처를 옮겼다. 바야흐로 종교 문제와 관련해서 자신의 의도를 명백히 밝힐 시점이었다. 8월 18일에 그녀는 가톨릭에 헌신할 작정이라는 확언과 함께 모두가 그 믿음을 좇길 바란다는 바람을 널리 공표했다. 물론 의회의 동의하에 새로운 결단을 내리기 전까지는 누구도 강제할 마음이 없었다. 그럼에도 불구하고 개혁주의자들의 최고로 강력한 무기인 설교를 금해서 그네들의 숨통을 서서히 죄어갔다. 공식적으로는 위법인 구교가 이미 런던 외곽은 물론 수도 안까지 터를 잡아가기 시작했고, 다시금 제단과 십자가가 등장했다. 신교도들은 통일된 예배를 강요하는 처사에 격렬히 반발하며 가톨릭 미사를 거부하고자 했다. 여왕은 절대 관용을 베풀 마음이 없었다. 누군가 자신의 믿음이 아닌 다른 믿음을 좇는다는 사실을 절대 인정할 수가 없었으며, 믿음을 강요하지 않겠다는 말은 그저 일시적인 약속이었다. 그녀가 확실히 약속할 수 있는 한 가지는 현재 분배된 교회 재산을 다시 몰수하지 않고 그대로 유지시키겠다는 것이었다.

많은 신교도 사제들이 설교를 금하는 명을 어겨서 이어진 몇 주 동안 줄줄이 체포되었다. 존 후퍼와 존 로저스, 휴 래티머, 니컬러스 리들리 같은 주교들은 주교직을 빼앗기고 감옥에 투옥되었다. 크랜머 대주교는 미사를 비난했다는 죄목으로 9월 14일에 체포되어 런던탑에 갇히게 되었다. 개혁주의 성향의 인쇄업자들은 그네들의 인쇄기계를 몰수당했다. 많은 이들이 그 옛날의 반이단법이 부활해서 또 다른 종교박해를 불러오지나 않을까 내심 두려워했다. 그 결과 비밀스런 탈출이 꾸준히 이어져 8백여 명의 신교도가 안전한 대륙으로 피신했다. 왕실에서는 종교적 망명자들에게 출국에 필요한 서류를 만들어주지는 않았지만, 그네들이 떠나는 것을 막지 않고 도리어 더 많은 수의 이단자들이 망명을 택하도록 독려했다. 그해 떠난 사람 중에는 프랜시스 놀리스의 아내이자 엘리자베스의 사촌인 캐서린 캐리가 포함되어 있었다. 캐서린의 어머니인 메리는 앤 불린과는 자매 사이였다.

그녀가 떠난 뒤에 엘리자베스는 사촌에게 애끓는 편지를 보냈다.

서로 떨어져 있는 물리적인 시간과 공간도 우리의 우정을 갈라놓지는 못할 거야. 비록 내 힘은 미약하나 내 사랑은 너무나 커서 그 사랑이 우정의 이야기를 들려줄 거야……

슬픔 가득한 사랑하는 사촌이자 기꺼운 친구인 엘리자베스가.

8월 18일에 더들리는 윈체스터 홀에서 열린 대역죄에 대한 심판을 통해 유죄판결을 받았다. 문장원 총재로서 재판을 주재한 노퍽 공작은 죄인에게 사형을 선고했다. 이제 죄인은 죽기 일보 직전까지 목매달려 있다가 몸에서 장기를 적출당하고 사지를 찢기는 끔찍한 벌을 받게 되리라. 피가 뚝뚝 떨어지는 시뻘건 심장이 그의 얼굴에 내던져지리라. 여왕은 자비를 베풀어 극형 대신 목을 베는 참수형으로 감면해주었다. 더들리는 무릎을 꿇고 눈물을 비 오듯 쏟으며 모든 죄를 자백하고 선처를 바랐지만 허사였다. 어찌나 비참하게 눈물을 쏟아대는지 주위 사람들이 같이 눈시울을 붉힐 지경이었다. 다음 날 존 게이츠 경과 토머스 파머 경 역시 사형을 선고받았다.

더들리는 여왕이 자신을 진짜 처형시킬까 반신반의했다. 그러다 선처를 바라는 호소가 허사로 돌아가자 여왕의 노기를 가라앉히고자 불쑥 가톨릭으로 개종하겠다고 밝혔다. 가디너를 불러달라고 청해서는 다음과 같이 호소했다. "쥐구멍에 들어가서라도 평생 회계하며 살겠습니다. 정녕 자비를 기대할 수는 없는 건가요?"

"죽음밖에 다른 길이 없습니다." 가디너가 엄숙하게 말했다.

"당신네 믿음을 따르겠어요!" 공작이 낯 깎이는 줄도 모르고 울음을 터뜨리면서 애걸했다. "진실로, 단 한 번도 다른 종교를 섬긴 적이 없습니다. 에드워드 왕 시절에는 그저 야심 때문에 어쩔 수 없이 응했을 뿐입니다. 그 점에 대해 신께 간절히 용서를 구하고 있답니다. 이제부터라도 목숨 바쳐 믿음을 지켜가겠습니다."

그가 눈물 콧물을 짜면서 필사적으로 매달리는 통에 그만 돌부처 같던 가디너도 마음이 짠해서 돌아앉고 말았다. 애석하게도 8월 19일에 더들리가 공식적으로 가톨릭으로 전향했음에도 불구하고 사태는 별반 달라지지 않았다. 메리는 죄인을 구명해달라는 가디너의 청에 잠시 처형을 미룰까

고심했지만 여왕에게 막강한 영향력을 행사하던 르나르는 법대로 처리하라고 재촉했다. 결국 8월 23일에 1만 명의 구경꾼이 지켜보는 가운데 공작은 타워힐의 단두대에 올라섰다. 워낙 험악한 분위기라서 미늘창병(창에 도끼가 달린 미늘창으로 무장한 병사―옮긴이)이 군중들을 제지하고 나서야 말을 할 수 있었다. 공작은 사람들 앞에서 자신이 가증스런 죄인이며 최고로 공정한 심판을 받고 있다고 고백했다. 가톨릭으로 전향한 것은 결코 거짓된 속임수가 아니라고 주장했다. 단두대 앞에서 무릎을 꿇고서는 소리 높여 외쳤다. "전 골백번 죽어도 쌉니다!"

눈가리개가 씌워지는 순간 그는 기도를 올리기 시작했다. "주의 손에……" 그때 눈을 가린 천이 스르르 흘러내려서 다시 씌우기 위해서는 자리에서 일어서야 했다. 얼굴이 딱할 정도로 일그러져 있었다. 눈가리개를 씌운 뒤 그는 두 손 모아 기도를 올린 뒤 무릎을 꿇고 앉아 고개를 숙인 채 다가올 죽음을 기다렸다. 죽음? 도끼날 한 번이면 족했다. 그의 시신은 런던탑 안의 세인트 피터 애드 빈쿨라 성당으로 옮겨져 앤 불린과 캐서린 하워드, 서머싯 공작의 시신 옆자리에 안치되었다.

제인 그레이는 죽음 앞에서 용렬하게 믿음을 배신한 시아버지를 벌레 보듯 경멸했다. 당시 그녀는 여왕의 선처 덕에 런던탑에 갇혀 지내는 죄수 신분임에도 남편 길퍼드와 함께 담 둘레를 산책할 여유가 있었다. 감방에서도 가톨릭을 비난하는 글을 여전히 써대고 있었는데 그러면서도 여왕의 선처를 기대하니 참으로 아이러니가 아닐 수 없었다. 간수장인 파트리지와는 흉허물 없는 사이가 되어 그들 부부와 더불어 상석에 앉아 식사를 즐기기도 했다.

8월 29일에 그녀는 곧 자기네 부부의 재판이 있을 거라는 소식을 접했다. 사면이 뒤따를 것을 믿어 의심치 않았기에 더 없이 훈훈한 소식이 아닐 수 없었다. 참으로 봄날처럼 따사롭고 자애로운 분이시라며 여왕을 한껏 추어올리기까지 했다. 이제 한시름 놓았으니 바야흐로 책 읽기와 학업에 눈을 돌릴 차례였다. 10월이면 그녀 나이 꽃다운 열여섯에 접어들 예정이었다.

8월 말에 르나르는 황제에게 엘리자베스가 코트니에게 우정 이상의 관심을 보이고 있다고 보고했다. 이후부터 두 사람의 이름은 한데 묶여 언급되었다. 뒤에 숨어 이 꼭두각시들을 조종한 이는 드 노아유 대사였다. 그는 엘리자베스의 비위를 살살 맞추어주는 한편으로 빈 구석이 많은 코트니를 빈번히 식사에 초대해서 여왕과 혼인하지 못하면 그 동생이라도 차지하라고 부추겼다. 플랜태저넷 왕가와 튜더 왕가의 피가 섞이면 구교도와 신교도 모두를 아우르는 젊고 카리스마 넘치는 새로운 군주들이 탄생하리라!

앙리 2세를 등에 업은 반대파 리더들로 부상해서 어쩌면 메리 여왕을 몰아내고 잉글랜드-신성로마제국 연맹이라는 무시무시한 위협을 제거해줄 수 있으리라!

9월 3일에 여왕은 코트니를 그의 선조들이 지켜 오던 세습직인 데번 백작에 복위시키고 연 3천 파운드의 소득가치가 있는 방대한 토지를 하사했다. 더불어 1만 6천 크라운에 해당되는 헨리 8세의 다이아몬드 반지와 화려한 옷가지들을 선물해 주었다.

묘하게 여왕이 코트니를 배우잣감으로 인정하는 분위기로 흐르자 중신들은 미래의 여왕 배우자에게 눈도장을 찍고자 문턱이 닳도록 드나들었다.

펨브로크는 3천 크라운에 해당되는 검과 말들을 그에게 선물했다. 프랑스 왕은 농도 짙은 아부성 편지를 보냈지만 코트니는 모친인 엑서터 부인에게 이를 넘겨주어 여왕에게 전달하도록 했다. 그는 메리에게 점수를 따기 위해 시종단 내에 가톨릭 신자들을 고용하는 것은 물론 그녀의 측근들과 가능한 한 가까이 지내려 했다. 가디너를 아버지라고, 수전 클래런수를 어머니라고 스스럼없이 불렀다. 머지않아 코트니는 제 분수도 모르고 날치면서 대관식에 금실로 수놓은 화려한 청색 벨벳 예복을 입고 참석할 거라고 떠벌리고 다녔다. 그러다 이 말을 전해 들은 여왕이 자신이 모피 장식의 청색 벨벳 예복을 입을 예정이니 다른 색상의 옷으로 정하라는 짤막한 전갈을 보내자 아차 싶어 뜨끔했다.

솔직히 메리는 코트니와 결혼할 의사가 눈곱만큼도 없었다. 그녀에게 무엇보다 중차대한 문제는 종교였다. 9월 초에 그녀는 제국 대사들을 불러 자신이 무엇을 해야 할지 이제야 판단이 서게 되었노라고 밝혔다. 국교회를 개혁 이전처럼 교황청에 복속시키겠노라고 했다.

메리가 잉글랜드 내의 누군가에서 교황청으로 회귀하겠다는 열망을 드러내 표현한 것은 1536년 이후 처음이었다. 공개적으로는 아버지의 사망 당시에 존재했던 모습 그대로 되살리겠다는 바람만 표시했었다. 대사들은 그러한 결정에 놀라서 미사를 다시 도입하고 헨리 왕이 죽을 당시의 상태로 되돌아가는 것은 절대 안 될 말이라고 극구 만류했다. 그동안 교황과 지속적으로 연락을 취했으며 폴 추기경이 교황 특사로 임명되어 곧 잉글랜드로 들어올 거라는 소리를 듣고는 더욱 경악했다. 르나르는 그를 이 땅에 들이기 전에 부디 의회와 먼저 상의하라고 간청했다. 중신들은 교회 재산 문제에 있어 확실한 약속을 원했는데, 폴의 시각은 익히 잘 알려져 있었기 때문이다. 대사들은 메리가 추밀원과 상의하지 않았다는 판단이 들어서 가디너에게라도 그녀의 의중을 넌지시 전하라고 조언했다. "그리해야만 사악한 자들이 이 일을 핑계로 역모나 불순한 책동을 꾸미지 못할 것입니다." 황제가 가장 꺼리는 것은 잉글랜드 내에서의 종교 전쟁이었다.

9월 11일에 메리는 결국 주저하며 교황청에 서신을 보내 보다 적당한 때가 되면 폴을 보내 달라고 청했다.

한편 프랑스 대사는 밀정으로부터 확인되지 않은 소문을 듣고는 9월 7일에 자국 왕에게 황제가 펠리페 황태자와 메리 여왕의 결혼을 정식으로 제의했다고 보고했다. 앙리 왕은 대사에게 명해서 무슨 수를 써서라도 그 결혼을 막으라고 지시했다. 대사는 열정적으로 그 일을 수행해서 신교 지도자들은 물론 외국 배우자를 반대하는 잉글랜드인들의 지지를 얻었다.

만나는 누구에게나 잉글랜드에 온 에스파냐인들이 이 땅을 제국의 위성국으로 삼고, 종교재판소를 도입해서 대륙에서와 같은 대규모 종교박해를 가할 거라고 떠들고 다녔다. 그가 어떠한 소문을 퍼트리고 다녔는지 잠시 귀 기울여 들어보자. '펠리페 황태자는 결혼하고 나서도 해외에서 할 일이 아주 많아서 오래 잉글랜드에 머물지 못할 거야. 끽해야 2주 정도 머문다면 다행이지. 왕손이 필요한 상황에서 큰 걸림돌 아니겠어? 설상가상으로 잉글랜드는 그럴 처지가 아님에도 불구하고 프랑스와 제국의 싸움에 불가피하게 끼어들게 될 거야.' 메리의 귀에 프랑스 대사의 이러한 경고들이 들어가면서 그는 이내 반황제파의 우두머리로 떠올랐다. 가디너 또한 비슷한 생각이었지만 그가 자국의 이해만 좇는 사람이기에 그의 말을 신뢰하지는 않았다. 게다가 황제가 아직 정식으로 결혼협약을 제의한 것도 아니어서 반대할 입장이 못 되었다. 그저 할 수 있는 일이라곤 본토박이 신랑감을 내세우자는 의견에 힘을 싣기 위해 여왕으로 하여금 가능한 한 빨리 의회를 소집하도록 촉구하는 것뿐이었다.

그러는 사이에 에스파냐 측이 청혼했다는 소문이 일파만파로 퍼져 나가면서 공공장소에서도 사람들의 입방아에 오르내리게 되었다. 추밀원은 여왕이 분명 이 일에 관해 뭔가 알고 있다고 판단해서 제국 대사들과의 면담은 공개적으로 이루어져야 한다고 주장했다. 심지어 그들을 본국으로 추방해야 한다는 주장까지 제기되었다. 메리는 르나르에게 변장한 채 몰래 찾아오라고 제의함으로써 어찌어찌 사태를 마무리 지었지만, 결혼 논의를 계속해서 거부함으로써 도리어 혼란과 유감스러움만 안겨주었다. 프랑스 대사가 신나서 반에스파냐 흑색선전을 퍼트리는 데 열을 올리는 반면 르나르는 황제로부터 확실한 지시를 받지 못해서 그저 애만 끓이고 있었다.

9월 8일에 그는 여왕에게 코트니와의 결혼 소문이 사실이냐고 단도직입적으로 물었다. 그녀는 그를 런던탑에서 풀어준 이후 한 번도 만난 적이 없다고, 또 이 세상에 결혼하고픈 마음이 들게 하는 남자는 아무도 없다고 소문을 부인했다. 그러면서 황제께서는 어떤 제안을 했느냐고 물었다. 아, 이것이야말로 그토록 손꼽아 기다려 온 절호의 기회 아니던가! 그의 입에서 냉큼 펠리페라는 이름이 튀어나왔다.

2장 황태자의 결혼

펠리페 황태자는 1527년 5월 21일에 에스파냐 바야돌리드에서 태어났다. 어려서 체계적인 왕족 교육을 받은 덕에 라틴어와 헬라어, 수학, 지리, 역사, 건축은 물론 무예, 음악, 회화에 능통했다. 안타깝게도 그의 나이 열둘에 어머니 포르투갈의 이사벨라가 아이를 낳다 죽는 바람에 그는 음울하고 의심 많고 뻣뻣한 성격의 젊은이로 성장했다. 금발에 푸른 눈동자를 지녀서 외견상 에스파냐 혈통보다는 플랑드르 사람에 가까웠다. 또, 말쑥한 턱수염을 길러서 그 유명한 합스부르크가의 상징인 주걱턱을 교묘히 가렸다. 평균 이하의 신장을 가진 탓에 서 있을 때보다는 말을 탔을 때 더 위풍당당해 보였으며, 몸이 날렵하고 골격이 잘 잡혀 있어서 여자들에게 인기가 높았다.

열여섯 살에 그는 포르투갈의 마리아와 혼인했지만 그녀는 2년 후인 1545년에 아들 하나를 남겨둔 채 저세상으로 차마 떨어지지 않는 발걸음을 옮겨야 했다. 외아들인 돈 카를로스는 심각한 정신장애에 시달리다가 1568년에 짧은 생을 아쉽게 마감했다. 펠리페는 아버지로부터 잦은 섹스는 성장에 걸림돌이 될 수 있으니 가능한 한 부부관계를 자제하라는 조언을 들었다. 섹스는 오로지 자식 생산을 위해서만 존재하니 육욕을 멀리해야만 했다. 아내가 분만 중에 돌연 사망하자 펠리페는 과도한 욕망이 어떠한 결과를 빚는지 똑똑히 확인하고서 이후 결혼 생각은 꿈조차 꾸지 않았다. 대신 오사리오의 이사벨 부인과 틈틈이 밀애를 즐겼는데 황제도 이를 모른 척 눈감아주었다.

1549년에 카를 대제는 펠리페를 브뤼셀로 불러 저지대국가들에 대한 통치술을 몸소 익히고, 나중에 자신이 죽었을 때 독일 선거후(신성로마제국 제후 가운데 황제 선거 자격을 가진 7명의 제후─옮긴이)들이 그를 신성로마제국 황제에 추대하도록 교분을 쌓도록 했다. 예술에 조예가 깊은 펠리페는 전용 악사들을 데려오고 개인 소장 컬렉션을 손수 들고 왔으며, 플랑드르 지방의 건축과 정원에 깊은 인상을 받았다. 반면 플랑드르인들은 그에게 실망이 이만저만이 아니었다. 오로지 에스파냐어로만 말하는 그의 오만함은 큰 단점으로 작용해서 1551년에 그가 본국으로 돌아갈 때는 서운해하는 이가 아무도 없었다. 현장에서 통치술을 익힌 그는 이후 아버지를 대신해서 현명하게 제국을 통치했다. 티티안(본명은 티치아노 베첼리오로 16세기에 베네치아에서 활동한 르네상스의 대표적 화가─옮긴이)같은 예술계 거장들을 후원하고 양서를 수집했으며 오사리오의 이사벨과 다시 밀애관계에 돌입했다. 그와 관계했던 이들은 그를 예의 바르지만 상당히 과묵한 사람으로 평했다.

1553년 봄에 메리 튜더의 대관식이 있기 전에 황제는 또다시 펠리페에게 메리와 결혼하라고 채근하기 시작했다. "왕세자비가 죽은 지 오래되었으니 신이 세자에게 허락해준 생식문제 때문에라도 지금이 결혼하기에 적절한 때다." 카를 대제의 편지에는 그 어떤 긴박감이 담겨 있었다. 그는 하루가 다르게 건강이 악화되어서 아들이 안전하게 황제 자리에 오르는 것을 보고서 퇴위한 뒤 수도원에 들어가고 싶었다. 사정이 워낙 긴박하다보니 그는 펠리페를 포르투갈의 마리아와 결혼시키려는 혼인협상을 별도로 진행시켰다.

펠리페는 거대 제국(에스파냐, 저지대 국가들, 오스트리아, 시칠리아, 나폴리,

독일과 아메리카 일부 지역)의 후계자였기에 유럽에서 최고로 손꼽히는 신랑 감이었다. 반면 그가 잔인하고 계산적인 냉혈한이며 이단자를 가차 없이 처벌한다는 부정적인 소문 또한 퍼져 있었다. 해외에 파견된 잉글랜드 사절들은 이러한 사실을 익히 알고 있었다.

물론 르나르는 메리에게 그가 판단력이 뛰어나고 온건한 성품을 지녔다고 칭찬하면서 장점들을 주르르 늘어놓았다. 하지만 여왕은 펠리페가 자신보다 한참 어리다는 사실에 우려감을 표했다. 그는 스물여섯이고 그녀는 서른일곱이었다. 르나르는 펠리페가 일곱 살배기 아들을 둔 나이 든 기혼 남임을 강조하면서 애써 걱정을 날려버리려 했다. 메리는 얼떨떨하기만 했다. 펠리페와 결혼한다면 괜찮겠다는 생각은 했지만 막상 그 제안을 받고 보니 혼란스럽기만 할 뿐이었다. 결혼 자체를 생각하면 직접 뛰어들기가 꺼려졌으며, 황제의 제안에 추밀원이 어떻게 반응할지도 걱정이었다.

"사실 사랑이란 감정을 한 번도 느껴본 적이 없어요. 육욕이라는 것에 대해서도 생각해본 적이 없고요. 신이 제게 왕위를 주시기 전까지 결혼 생각은 한 번도 해보지 않았습니다. 개인적으로는 결혼하고픈 마음이 없어요. 해서 아버지처럼 여기는 황제에게 모든 결정을 맡기기로 했죠." 그녀가 르나르에게 고백했다. 그녀는 황제가 혼인문제를 추밀원에 제기해서 이 민감한 문제에 대해 위원들과 직접 부딪치지 않도록 해달라고 부탁했다. 르나르는 황제가 그녀의 바람대로 해줄 거라고 확인해주었다.

9월 초에 메리는 이단에 빠진 자들에게 점점 인내심을 잃어갔다. 미사를 자꾸만 빼먹는 엘리자베스도 눈엣가시였다. 그동안 엘리자베스에게 압력을 가해오던 추밀원은 결국 여왕의 뜻을 어긴 데 대해 그녀를 맹비난했지만 그녀로부터 지극히 무례한 반응만 돌아왔다. 그녀는 신교도들을 의식해서 입는 단출한 옷가지 따위 벗어던지고 자신처럼 화려한 드레스를 갖추어 입으라는 여왕의 엄중한 지시도 따르지 않았다.

일종의 타협이 필요하다는 사실은 엘리자베스도 분명 느꼈다. 그녀는 신교도들의 희망의 등불이 되고픈 욕심이 큰 만큼 대놓고 신교를 고집해 자진해서 불구덩이에 뛰어들고 싶지도 않았다. 결국 그녀는 여왕을 접견하고 싶다고 청했다. 메리는 이틀 동안 답을 주지 않고 뜸을 들이다가 이윽고 리치몬드 궁 회랑에서 그녀를 만나는 것을 허락했다.

한편 르나르는 엘리자베스에 대한 의혹들을 쏟아내서 여왕의 심기를 어지럽혔다. 그는 공주가 프랑스 대사가 주도하는, 점점 활개를 쳐가는 이단 세력과 결탁하고 있다고 미심쩍은 눈길로 바라보았다. 이미 언젠가 엘리자베스가 나서서 교황파들이 득세하는 세상을 깨부술 거라는 풍문이 시중에 떠돌고 있었다.

"그녀는 지지자들을 규합하고 세를 확장시키기 위해 신교에 매달리고 있습니다." 그는 메리에게 경고했다. "그녀를 잘못 의심하는 것일 수도 있으나 기선을 제압당하느니 초기에 나서서 상대를 쓰러뜨리는 게 현명하십니다. 그녀는 영민하고 교활할 뿐 아니라 사람을 홀리는 재주가 비상하죠. 런던탑에 수감시키거나 적어도 궁에서 쫓아내야 합니다." 그녀의 존재가 여왕에게 위협거리가 되며, 그녀가 야욕에 불타서 또는 누군가의 사주를 받아서 위험한 역모를 꾸미고 그 계획을 실행에 옮길지도 모른다는 이유에서였다. 메리 역시 대사와 비슷한 생각이었다. "짐도 비슷한 생각을 하고 있었소." 그럼에도 불구하고 엘리자베스를 런던탑으로 보내는 데는 쉽게 동의하지 못했다. 그녀의 간절한 바람은 바로 여동생이 가톨릭으로 개종하는 것이었다. 왕위 계승자로 지목된 그녀가 이단자라니, 도저히 받아들일 수가 없었다.

엘리자베스는 메리 앞에 나타나 무릎을 꿇고서 몸을 부들부들 떨면서 흐느꼈는데, 매우 겁에 질린 모습이었다.

"여왕님이 절……미워하신다는 것을……압니다." 그녀가 긴장하여 말을 더듬거렸다. "……종교 외에 다른 이유는 없다고 봐요. 신교 믿음 안에서 성장해 왔고 구교 교리를 배운 적이 없어서 이리되었습니다. 가톨릭 학자로부터 올바른 가르침을 받고 가톨릭 서적을 손에 넣도록 해주시면 제 양심이 설득될 수 있는지 한번 확인해보고 싶습니다." 메리는 흡족한 마음으로 이 제안을 받아들이기로 약속하고는 미사에 참석하면 확실히 믿음을 갖게 될 거라고 조언했다. 왕실이 화이트홀로 거처를 옮긴 뒤 9월 8일에 있을 복되신 동정 마리아 탄신 축일 미사에 참석한다면 더 없이 기쁠 거라고 했다. 엘리자베스는 위통을 핑계로 거절하려 했지만 메리는 구차한 변명을 단칼에 잘라버렸다.

약속한 날에 엘리자베스는 예배당으로 가긴 갔지만 난리법석을 치면서 갔다. 예배당으로 가는 내내 고통스럽게 얼굴을 일그러뜨린 채 큰 소리로 신음소리를 냈다. 심지어 여왕 시녀들에게 아픈 배를 쓸어달라고 간청하기까지 했다. 하지만 이런 저항도 부질없어서 그저 궁 안의 신교도들이 허리춤에 찬 임종기도가 담긴 교훈서를 보아주길 바라면서 미사를 볼 수밖에 없었다. 여왕은 동생의 명백한 개종에 뛸 듯이 기뻐했고 본인만의 감사 표시로 값비싼 선물을 잔뜩 안겨주었다. 다이아몬드, 루비 브로치, 이후 엘리자베스가 고의로 차고 다니지 않은 산호로 만든 묵주…….

여왕의 기쁨은 그리 오래가지 못했다. 다음 일요일에 엘리자베스가 미사에 참석하지 않자 이전에 느끼던 의심하는 마음이 생생히 되살아났다.

여왕이 뛰는 놈이라면 엘리자베스가 나는 놈이라 믿는 가디너와 르나르 때문에 그 불신의 정도가 심해졌다. 드 노아유까지도 그녀가 진지한 마음이 아니라 오로지 두려움 때문에 연기를 하는 거라고 생각했다.

메리는 동생이 책과 가르침을 부탁한 것은 그저 면피용 속임수라고 판단해서 그녀를 다시 불러 솔직히 고백하라고 다그쳤다. "가톨릭이 성체성사와 관련해서 믿어 왔던 그것을 확실히 믿느냐?" 겁에 질린 엘리자베스는 눈에 보일 정도로 덜덜 떨면서 다음과 같이 대답했다. "이전의 방식이 잘못되었음을 알아서, 양심이 그렇게 시켜서 미사에 참석한 것뿐입니다. 겁에 질려서도 속임수도 아닙니다. 제 순수한 마음에 따른 겁니다. 사람들 앞에서 공표하라면 하겠습니다." 메리로부터 이 대답을 전해 들은 르나르는 엘리자베스가 두려움 때문에 몸을 떤 것이 아니라고 생각했다. '저희 눈에 그녀는 지극히 침착하고 당당해 보입니다.' 그는 황제에게 이렇게 보고하면서 그녀가 모두를 속이고 있으며 개종도 일종의 속임수라고 생각했다.

동생의 읍소에도 불구하고 메리의 의심은 좀체 누그러지지 않았다. 그녀는 가톨릭 후계자를 생산해놓지 않고 죽으면 왕위가 종교적 시각이 매우 미심쩍은 자에게 넘어갈 거라는 생각을 도저히 인정할 수가 없었다. 그녀는 르나르에게 신랄하게 말했다. "엘리자베스가 뒤를 잇도록 허락하는 것은 도저히 양심상 허용할 수 없어요. 그녀는 거짓으로 미사를 보러 갔죠.

그녀의 시종 모두가 이단자이며, 그녀는 매일같이 이단자들과 대화를 나누고 그들의 사악한 음모에 귀를 기울이죠. 그녀가 여왕이 되는 것은 왕국의 수치가 될 겁니다." 나아가 그녀는 간통죄로 형장의 이슬로 사라진 여자의 딸이었다. 그녀는 모친으로부터 수상쩍은 기질들을 물려받아서 좋은 여왕이 되기가 힘들었다. 친부에 대해서도 미심쩍었다. 메리는 엘리자베스가 앤 불린과 류트 악사인 마크 스미턴의 불륜관계에서 생겨난 결과물이라고 주장하곤 했다. 그녀는 제인 도머에게 수차례나 엘리자베스가 그 사내를 빼다 박았다고 주장했다.

엘리자베스가 여왕에 등극할 가능성을 차단하기 위해서는 하루빨리 결혼해서 후사를 보는 길밖에 없었다. 이즈음 프랑스 대사는 여왕이 코트니에게 폭 빠져서 다른 사람은 쳐다보지도 않는다는 소문을 악의적으로 퍼뜨리고 다녔다. 여왕은 소문에 대해 침묵으로 일관함으로써 소문에 더욱 부채질을 가했다. 가디너, 로체스터, 잉글필드, 월드그레이브 같은 전직 충신들을 포함한 친코트니파는 여왕을 만난 자리에서 코트니를 남편감으로 진지하게 고려할 것을 촉구하면서 곧 결정을 내리라고 주청했다. 여왕은 이 망나니의 행태에 대해 그동안 입이 쩍 벌어질 만한 보고들을 들어 왔다. 갈보 집을 드나들며 오입질하기, 가문을 멸한 사촌을 죽여서 복수하겠다는 맹세, 프랑스 대사와의 연루, 엘리자베스와의 관계……. 여기에 가디너에게 지적했듯이 둘의 나이 차이가 너무 컸다.

르나르는 황제의 신중하게 짠 계획이 수포로 돌아가서 행여 여왕이 모진 박해를 당하지나 않을까 속을 끓였다. 소문대로 코트니가 프랑스 대사와 엘리자베스와 한통속이라면 메리의 지위는 그야말로 바람 앞의 등잔불이었다. 그는 카를 황제에게 다음과 같이 보고했다.

엘리자베스는 대단한 두려움의 대상입니다. 그녀가 코트니를 남편감으로 점찍어두었다는 소문을 들었습니다. 지극히 위험한 도전이죠. 모두들 코트니 일당이 여왕에게 큰 위협거리가 될 모종의 역모를 꾀하고 있다고 생각합니다.

황제는 메리가 코트니와 결혼할 생각이라는 보고를 듣고서 그녀가 진정으로 그럴 마음이라면 아무도 그녀를 막을 수는 없다고 답했다. 더 이상 이러니저러니 지체할 시간이 없었다.

9월 중순에 르나르는 펠리페의 포르투갈 측과의 혼인협상이 공식적으로 끝났다는 소식을 들었다. 그달 말에는 예한과 다른 두 대사를 소환하는 황제의 통지서가 날아들었다. 황제는 잉글랜드 땅에 남은 르나르에게 메리를 개별적으로 만나 정식으로 펠리페의 청혼을 전하면서 그녀의 의중을 명백히 확인하라고 지시했다. 그녀가 별 관심을 보이지 않으면 조용히 이 문제를 덮어둘 예정이었다.

여왕을 개인적으로 만나기까지에는 다소 시간이 걸렸다. 그녀가 임박한 대관식 준비로 눈 코 뜰 새 없이 바빴기 때문이다. 9월 말에 런던 시내는 행렬 노선 곳곳에 설치된 야외극 무대를 위해 태피스트리와 의식용 아치, 꽃, 그림 막으로 온통 화려하게 치장되었다. 9월 27일에 팡파르 소리와 축포 소리가 요란스럽게 울려 퍼지는 가운데 여왕은 런던 시장의 호위를 받으며 엘리자베스와 더불어 왕실 선박을 이용해서 화이트홀을 떠나 런던탑으로 이동했다. 군주들은 전통적으로 그곳에서 대관식 전야를 보내는 것이 관례였다. 전통대로라면 국왕이 런던탑에서 바스 기사단을 새로 선출해야 마땅하지만 이번에는 시종장관인 아룬델이 책임져야 했다. 군주와 더불어 웃통을 벗은 기사들이 왕의 드러난 한쪽 어깨에 입맞춤을 해주어야 하기에 메리가 의식에 참석할 수 없었기 때문이다.

9월 30일에 메리는 반짝거리는 금은사와 모피 장식의 청색 벨벳 예복을 입고 머리에는 진주장식의 그물 모자를 썼는데, 묵직한 무게 때문에 고개를 똑바로 들기 힘들어서 양손으로 가끔씩 조정해야만 했다. 화려한 덮개를 씌운 마차가 런던 거리를 뚫고 화이트홀로 행렬을 이루며 나아갈 때 군중들은 기쁨으로 들떠 환호하고 아이들은 천사 같은 합창과 깜찍한 환영사로 맞이했으며 분수대에서는 포도주가 쉴 새 없이 흘러넘쳤다. 신교도들이 가디너를 살해하려던 음모가 발각된 이후라 여왕의 안전이 더욱 우려되는 상황이었다. 역모자들 소굴에서 감추어진 무기를 찾아내지는 못했지만 여왕은 여전히 긴장의 끈을 놓지 못했다.

메리 뒤편에는 클레브스의 안네와 엘리자베스가 탄 마차가 뒤따랐고 새로 임명된 바스 기사단원들이 여왕을 안전하게 인도했다. 기사단의 선봉장은 코트니였다. 가디너와 윈체스터, 노픽, 의식용 검을 허리춤에 찬 옥스퍼드와 런던 시장과 시의원들이 그 뒤를 이었다. 그 뒤로 46명의 시녀들이 대규모 행렬의 후미를 장식했다.

다음 날인 10월 1일에 교회 종소리와 트럼펫 소리, 오르간 연주소리, 소년 성가대 합창소리가 성대하게 울려 퍼지는 가운데 자주색 예복을 차려입은 메리는 웨스트민스터 사원에서 가디너로부터 왕관을 수여받았다. 그날의 대관식 행사를 위해 사원 바닥에는 푸른색 천이 깔려 있었다. 모피 장식의 진홍 망토 아래 흰 드레스를 입은 엘리자베스는 여왕의 옷자락을 잡아주는 역할을 맡았는데 여왕에게 처음으로 신종의무 선서를 하는 영예도 더불어 안았다. 사원으로 가는 길에 그녀는 클레브스의 안네와 함께 여왕 뒤편에서 말을 타고 갔고 그 뒤로 붉은색 벨벳을 입은 캐서린 그레이가 뒤따랐다. 여왕은 잉글랜드의 정당하고 합법적인 법을 준수하겠다고 선서하면서 현재 법으로 정해진 신교 개혁을 지지하겠다는 맹세는 슬며시 피했다.

오전 10시에 시작된 의식은 오후 5시가 되어서야 겨우 끝이 났고 이후 웨스트민스터 홀에서는 성대한 연회가 열렸다. 닫집 아래 앉은 여왕은 여러 산해진미 중에서 유독 헝가리의 마리아가 보내준 멧돼지 고기 요리에 관심을 보였다. 이날 여왕에게는 준비된 7천1백12가지 요리 중에서 3백12가지가 제공되었다. 손도 대지 않은 4천9백 가지 요리는 이후 가난한 백성들에게 후하게 베풀어졌다. 모두가 식사를 즐기는 동안 더비와 노픽, 아룬델이 말을 타고 홀을 이리저리 누비면서 모든 것이 정상적으로 돌아가고 있는지 꼼꼼히 확인했다. 두 번째 코스가 제공된 뒤에 여왕의 챔피언(대관식 연회장에서 치러지는 전통 의식으로 챔피언으로 선정된 이는 대관식이 치러지는 웨스트민스터 홀로 뛰어 들어와 왕의 직위를 의문시하는 손님들에게 도전장을 던짐. 1381년에 리처드 2세 대관식에서 존 다이모크가 챔피언으로 선정되면서 이후 그의 후손들이 이 역할을 맡게 됨.—옮긴이)인 에드워드 다이모크 경이 홀로 달려 들어와 여왕 직위에 의문을 표하는 사내에게 용감하게 도전장을 던졌다. 엘리자베스는 여왕과 클레브스의 안네와 더불어 상석을 차지했는데, 그날 엘리자베스로부터 대놓고 무시를 당한 르나르는 그녀가 프랑스 대사와 뭔가 속닥거리는 모습을 예의 주시했다. 두 사람에게 가까이 몸을 기울여 엿들으니 엘리자베스는 머리에 쓴 관이 무겁다고 불평하고 있었다. 프랑스 대사는 작은 관 대신 이제 곧 더 멋진 관을 쓰게 될 터이니 조금만 참으라고 살살 달랬다. 대화를 들은 르나르는 즉시 그네들이 모종의 음모를 꾸미고 있다고 결론지었다.

10월 5일에 메리가 즉위한 뒤 처음으로 의회가 열렸다. 가디너가 주재한 의회는 에드워드 6세가 제정한 종교법과 통일령을 포함한 9개의 법령을 파기하면서 헨리 8세 집권 말기에 존재했던 종교법을 부활시켰다. 그것은 교황이 아닌 여왕을 교회 수장으로 하는 가톨릭을 부활시키는 것이기에 보수주의 다수파로서는 대환영이었다. 메리로서는 실망스럽기 짝이 없었다.

이를 통해 그녀는 몰수한 교회 재산을 분배하는 데 먼저 동의하지 않으면 의회에서 교황청과 다시 합치는 것에 찬성하지 않을 거라 확신했다. 그녀는 교황이 '여성에게 어울리지 않는 것'이라 부른 수장이란 자리가 싫어서 그 대신에 늘 "기타 등등 et cetera"으로 적어 넣었다.

이제부터는 미사를 비판하는 행위, 사제의 혼인, 그리고 공동기도서 사용이 금지되었다. 이런 일련의 조치에 대해 신교파의 반발이 상당히 거셌다. 이들은 교회를 습격하고 사제들을 공격하고 음해성 선전 유인물을 뿌려댔지만 바위에 달걀 부딪치기였다.

한 법안에는 코트니 가문 사람들을 위시한 몇몇 사권박탈 건을 판결 파기시킨다는 내용, 아라곤의 카탈리나와 헨리 8세의 혼인 무효가 위법이라는 내용, 그네들의 딸인 여왕이 적자라는 내용이 담겨 있었다. 엘리자베스는 공식적으로는 사생아였지만 아버지의 유언에 따라 왕위 계승자로 여전히 남아 있었다. 메리는 꺼림칙한 마음에 르나르의 벗인 패짓에게 동생의 후계자 자격을 박탈할 수 있는지 물었다. 그는 의회가 절대 동의하지 않을 거라고 조언했다. 패짓은 메리가 에스파냐 혼인을 호의적으로 보고 있고, 또 그 자신도 결혼동맹을 지지하지만 그것이 잉글랜드에서 극도의 반대를 불러일으킬 거라고 우려했다. 해서 메리에게 에스파냐인과의 결혼을 백성들이 보다 흔쾌히 받아들일 수 있도록 엘리자베스를 코트니와 혼인시키라고 제안했다. 메리에게는 씨도 안 먹히는 소리였다.

부모의 결혼이 적법하다는 사실을 강조하기 위해서인 듯 여왕은 그네들의 초상화가 담긴 앙증맞은 금테 액자를 엘리자베스에게 선물해서 허리춤에 차고 다니도록 했다. 엘리자베스가 실제 그걸 찼는지는 기록에 나와 있지 않다.

대관식이 끝나자마자 르나르는 다시금 여왕을 뵙고자 알현을 청했다. 드디어 10월 10일 저녁 늦게 시종이 그를 화이트홀에 있는 메리의 사실로 모시고 갔다. 여왕에게 예를 표하고 나자 대사는 서둘러 자신이 찾아온 목적을 알렸다. 황제가 자신이 신랑감으로 직접 나서고 싶지만 나이와 건강 때문에 여의치 않아 그녀의 요구를 차분히 숙고한 뒤에 최고로 어울리는 짝으로 아들인 펠리페 황태자를 추천하기로 했다고 전했다.

메리는 망연자실해서 한동안 멍하게 있었다. 예상했던 혼담이 실제 들어온 것이다. 그녀는 본능적으로 움찔했지만 떨리는 가슴을 겨우 진정시키고 다음과 같이 답했다. "제 분수에 맞지 않는 그런 훌륭한 분을 추천해주시니 감사할 따름입니다." 이어 그것에 반대하는 이유를 줄줄이 댔다. 백성들이 외국 배우자를 어떻게 받아들일지 자신이 없다. 추밀원이 동의해줄지도 의문이다. 펠리페는 해외 업무로 너무 바빠서 잉글랜드에서 자신과 보낼 시간이 거의 없다. 잉글랜드를 전쟁에 개입시킬 수 있다. 그가 아버지만큼 현명하지 못하며 겨우 스물여섯 살이라 자신에 비해 지나치게 젊다…….

"스물여섯을 결코 젊다고 할 수는 없지요." 르나르가 대답했다. "차라리 중년에 가깝지요. 지금의 서른은 이전의 마흔과 같답니다. 어떤 남자도 쉰이나 예순 이상 살지 못하죠."

"스물여섯인 남자는 사랑에 빠지기도 쉽죠. 그건 절대 제가 바라는 바가 아닙니다. 이제껏 사랑의 감정을 느낀 것이 한 번도 없었습니다. 아예 생각조차 안 했습니다." 그녀는 누구와도 결혼할 마음이 없으며, 딱히 마음에 품은 사람이 없음에도 불구하고 당장은 마음을 정할 수 없다고 입막음을 했다.

"펠리페 황태자는 인간이라 여겨지지 않을 만큼 너무나 존경스럽고 고결하시고 분별력이 있으시고 겸손하시죠. 젊어 열정에 빠지기 쉽지만 탄탄한 인격을 지니셔서 걱정 없습니다. 청혼을 받아들이시면 남자의 일인 그 일이 주는 노고와 힘겨움에서 벗어나실 수 있으실 겁니다. 또, 막강한 힘을 지니셔서 그분께 이 나라의 안위를 믿고 맡기실 수 있습니다. 여왕 폐하와 추밀원은 호적수 넷을 상대해야 한다는 것을 잘 알고 계시죠. 이단자와 종파 분리론자들, 반군과 더들리의 잔당들, 프랑스와 스코틀랜드, 그리고 마지막으로 엘리자베스 공주. 그녀에게 든든한 배경이 있는 한 여왕님은 결코 안도하지 못하실 겁니다. 그 자들이 자칫 역성혁명을 꾀할지도 모릅니다."

메리는 신중하게 고려해보겠다고 답했다. 그러고는 이내 화제를 바꾸어 코트니와 얘기를 나눈 적이 있는데 엘리자베스와 혼인할 마음이 전혀 없다고 말했다고 했다. 그녀의 이단적 사상과 오만한 성격, 모친의 의심스런 혈통 때문이라고 했다. 당시 여왕은 결혼할 생각이라면 자신이 완벽하게 신임할 수 있는 가톨릭교도 신부를 물색해보겠노라고 답했다. 그는 제인 도머와 사랑에 빠져서 그녀를 아내로 삼고 싶다고 했다. 메리는 제인을 떠나보내고 싶지 않아서 그녀에게 코트니는 걸맞은 짝이 아니라고 잘라 말했다. 도머는 기꺼이 여왕 뜻에 따랐고 그로써 그네들의 짧은 로맨스는 순식간에 종지부를 찍었다. 메리는 코트니가 잉글랜드에서 결혼하는 것을 허락지 않을 결심으로 그에게 해외로 나가라고 권했지만 별반 효과가 없었다.

결국 그녀는 그를 외국 공주를 매혹시키기에 충분한 부자로 만들어주기로 작정했다.

그렇게 접견이 끝나고 이틀 뒤에 메리는 르나르를 다시 불러들였다. 그의 한 손을 잡고서는 펠리페에 대해 한 말이 모두 사실이냐고 진지하게 물었다. "정말 침착하고 분별력이 있고 뛰어난 인품을 지녔나요?"

"그분은 그 누구보다 고결한 자질들을 갖고 계시죠."

"좋아요." 메리는 힘주어 그의 손을 틀어쥐었다. 대사는 갑자기 의문이 들었다. '내가 왜 이러는 거지? 펠리페에 대한 두려움 때문에? 아니면 애정에서?'

"제 명예와 목숨을 걸고 이 말이 진심임을 맹세합니다."

그럼에도 불구하고 메리는 여전히 확신이 서지 않았다.

"마음을 정하기 전에 황태자를 직접 만나볼 수는 없을까요?" 메리가 물었다.

"안 됩니다." 르나르가 말했다. 황제는 절대 퇴짜 맞을 위험을 감수하지 않으리라. 하지만 르나르는 그녀가 청혼을 받아들이는 즉시 펠리페가 그녀의 장점에 대해 익히 들어왔기에 반드시 방문할 거라고 답했다. 그녀는 이것에 만족해야만 했다.

이 혼담에 대해 숙고하면 할수록 그녀는 부수적인 이점들을 발견할 수 있었다. 먼저 펠리페는 정치적 경륜이 깊고 통치에 익숙했다. 부자인데다가 합스부르크 왕가의 방대한 자원이 그를 뒷받침하고 있었다. 추밀원 내의 통제 불능한 위원들을 제압하기에는 최고의 배필이었다. 무엇보다 사랑하는 어머니의 친족이며 가톨릭의 수호자였다. 하지만 르나르의 과도한 찬사와 그의 극도로 과묵한 성정과 악명 높은 난잡한 성생활에 대한 역겨운 소문들 외에 남자로서의 그에 대해 아는 바가 거의 없었다. 패짓의 말에 따르면, 이간질시키기 위해 사람들은 그녀에게 황태자가 주색에 빠졌으며 여기저기 씨앗을 뿌리고 다닌다고 일러바쳤다고 한다. 르나르는 황제에게 메리가 느끼는 두려움을 보고했는데, 그에 대해 황제는 조심스럽게 대답했다. "그것이 일각에서 흠 잡고자 하는 그런 심각한 문제는 아니긴 해도 사실 황태자가 좀 젊기는 하지."

코트니가 여왕에게 엘리자베스와 결혼할 마음이 없다고 말했을 가능성이 높다. 메리와 결혼하겠다는 의지를 절대 굽히지 않았기 때문이다. 가디너의 부추김을 받은 그와 그의 지지자들은 굶주린 하이에나처럼 기회만 되면 펠리페를 헐뜯으려 했다. 그가 지나치게 오만하고 멍청해서 에스파냐에서 미움을 받고 있다는 내용의 유인물을 대거 배포했다. 아들에 대한 야심이 대단한 엑서터 부인은 펨브로크와 합세하여 여왕에게 외국인과 혼인하지 말도록 의회 차원에서 주청하도록 설득했다. 이 사실을 접한 메리는 지체 없이 옛 친구를 궁에서 내쫓아서 펨브로크의 집에 기거토록 했다. 아차! 싶은 후작부인은 메리의 총애를 되찾고자 아들 코트니가 프랑스 대사를 만나려 했다고 일러바쳤다.

"가끔씩 그는 독단적으로 행동하더군요." 여왕이 차갑게 응수했다. "무람없이 굴지 말고 자기 직분에 충실하길 바랍니다." 한 주 후에 분노가 가라앉아서 여왕은 엑서터 부인이 곁으로 돌아오는 것을 허락하긴 했지만 둘의 우정은 전과는 크게 달랐다.

코트니의 선전선동은 확실히 효력이 있었다. 가디너가 보수주의 다수파를 등에 업고서 에스파냐 황태자와의 결혼은 국익에 저해된다고 설득했을 때 의회 의원들은 쉽사리 넘어왔다. 메리가 코트니와 결혼하는 것 역시 국익에 도움이 안 되며 황제파에게 헛된 희망만 심어줄 뿐이라 믿게 되었다.

그들이 코트니의 짝으로 꼽은 사람은 엘리자베스였다. 그동안 그녀가 확실한 호감을 표해 왔고 종종 둘이 어울리기도 했기 때문이다. 르나르는 둘의 우정이 여왕에게 큰 위협이 된다고 보았다. 결국 메리도 엘리자베스의 야심을 꺾어놓으려면 그녀를 외국의 가톨릭교도 왕자와 혼인시켜야 한다고 다짐하게 되었다. 10월 19일에 르나르는 엘리자베스가 둘 사이에 존재한 것으로 보이던 사랑이 아닌 다른 것을 원해서 코트니와 틀어졌다고 보고했다. 그로부터 엿새 후 프랑스 대사는 엘리자베스가 매우 불만스러운 얼굴로 궁에서 나가게 해달라고 간청했다는 소리를 들었다. 여왕은 그녀의 행동을 예의 주시하고픈 마음에 청을 거절했다. 이즈음 가디너와 르나르는 엘리자베스가 코트니와 프랑스 대사와 더불어 역모를 꾀하고 있다고 확신하고는 또다시 메리에게 그녀를 런던탑에 수용할 것을 청했다. 하지만 여왕은 엘리자베스가 코트니의 음모에 가담하고 있다면 자신이 그런 낌새를 챘을 거라면서 반대했다. 코트니는 분명 자기 어머니에게 주저리주저리 떠벌릴 것이고, 그 어머니는 여왕에게 냉큼 고자질할 것이기 때문이다.

메리는 혼사문제로 골머리를 앓으며 펠리페를 받아들일지 말지 마음을 정하지 못한 채 갈팡질팡했다. 시녀들은 수락하라고 곁에서 성화였지만 생리 병력을 가진 그녀는 늦은 나이에 임신을 하게 되면 큰 문제가 터질 수도 있기에 가능한 한 결혼을 피하고자 했다. 그럼에도 불구하고 왕국에 후계자를 안겨 주는 것이 자신의 의무라고 생각했다. 지지자들인 잉글필드와 월드그레이브는 그녀에게 코트니와 결혼하라고 끈질기게 설득했지만 그녀는 오래전에 그 생각을 버렸다. 갈등하고 고민하던 그녀는 오랜 시간 동안 인도하심을 구하는 간절한 기도를 신께 올렸다. 그 결과 르나르에게 며칠 밤 뜬눈으로 울면서 지새운 결과 마침내 결정을 내리게 되었노라고 알리게 되었다. 그동안의 마음고생은 이내 몸의 병으로 나타났다. 10월 27일에 여왕은 온종일 자리보전하고 누워 시름시름 앓았다.

10월 28일에 르나르는 여왕을 만나 가디너와 아룬델, 패짓, 페트르 앞에서 그녀에게 펠리페와의 혼인을 정식으로 제안하는 청혼서를 건네주었다.

이미 그것을 본 터라 메리는 위원들 앞에서 개봉할 때 침착한 태도였지만 속으로는 감정이 북받쳐서 한동안은 입을 뗄 수 없었다. 그녀는 남들이 듣지 않는 곳으로 대사를 데려가서는 그날 오전 두 시간 동안이나 울면서 신께 이 결정을 내린 자신을 지켜달라고 기도했다고 고백했다. 황제의 제안을 거의 승낙하는 쪽으로 기울었다고 했다. 그녀는 방을 나가면서 "정말이에요!"라고 조용히 말했다.

다음 날 저녁에 메리는 믿음직한 클래런수만 배석시킨 채 르나르와 한 차례 개별 면담을 가졌다. 그녀는 결정을 내리지 못해 무척이나 힘들다면서 곧장 방 한구석에 자리한 성체성사가 놓인 제단으로 가서는 그 앞에 무릎을 꿇고 큰 소리로 기도를 올렸다. 이어 작은 소리로 속살거렸다. "임하소서, 성령이여!" 드디어 자리를 털고 일어나서는 자신에게 너무나 많은 기적을 행하신 신께서 한 번 더 기적을 내리셨노라고 소리쳤다. 성례전 앞에서 펠리페와 혼인할 것을 엄숙하게 선서하라는 계시를 받았다고 했다. 그녀는 별안간 눈물을 와락 터뜨렸다. "제 마음은 이미 정해졌고 다시는 바꿀 수 없습니다. 그분을 온전히 사랑할 것이며 그분의 마음을 상하게 할 그 어떤 명분도 주지 않겠습니다."

르나르는 열렬히 환호했다. 하지만 두 사람은 추밀원과 백성들이 펠리페와 그가 상징하는 모든 것을 받아들이도록 설득해야 할 어려운 과제를 안고 있음을 알았다. 이런 까닭으로 메리는 적절한 때가 올 때까지 혼인 발표를 잠시 미루는 데 동의했다. 그동안 르나르는 추밀원 위원들에게 이 결혼의 이점을 알리고 설득시키는 데 총력을 기울일 작정이었다.

지난 몇 주 동안의 스트레스가 그 위력을 발휘했다. 11월 초순에 메리는 극심한 가슴 두근거림 증세 때문에 일주일 동안이나 꼼짝없이 방안에 갇혀 지냈다. 프랑스 대사는 본국에 자궁 문제 때문이라 보고한 반면 르나르는 기후 변화 때문이라고 각기 제 입장에서 보고했다. 11월 8일에 여왕은 자리를 훌훌 털고 일어나 추밀원을 소집해서는 황제의 제안에 대한 답을 들려주었다. 수줍은 듯 몸을 떨면서도 당당하게, 처음 접하는 양 시치미를 뚝 떼면서 황제에게 감사를 표하고는 황태자와 혼인하겠노라고 밝혔다. 이런 답을 예상하지 못한 것은 아니나 모두들 충격과 놀라움에 휩싸였다.

여왕은 여태껏 펠리페와 결혼한다는 생각에 마냥 구름 위를 걷는 듯한 기분이었다고 했다. 왜 자신을 이렇게 채신없이 만들었냐며 수줍게 르나르를 나무라기도 했다. 모든 면에서 남편을 만족시켜주기 위해 최선을 다할 테지만 성에 차지 않을지도 모른다고 걱정했다. 대사는 황제에게 이를 그녀가 사랑이 무엇인지 알아가는 징조라며 기뻐 알렸다. '그녀는 황태자 얘기만 나오면 싱글벙글하십니다.'

여왕의 결혼 소식이 알려졌을 때 백성들은 별반 탐탁지 않은 반응을 보였다. 잉글랜드가 소모적인 합스부르크 왕가의 전쟁에 끌려들어갈지 모른다는 걱정과 우려가 팽배했다. 코트니 지지자들은 메리에게 백성들이 원치 않으니 외국인과의 혼인을 무르라고 경고할 작정이었다. 반면 가드너는 목청껏 제 소신을 밝히고 싶었지만 그랬다가는 코트니를 편애해서 그러는 거라고 빈축을 살 게 뻔해서 주저했다.

이 결혼에 대해 남녀노소 불문하고 모두가 반대하고 나섰다. 메리는 펠리페를 받아들일 때 백성들이 품은 편견과 외국인 혐오 정서를 과소평가했었다. 모두들 에스파냐 상인들이 아메리카와 독점적으로 거래한 것을 유감스러워했으며, 이단 박해 과정에서 있은 살 떨리는 끔찍한 고문에 대해 익히 들은 바가 있었다(1478~1834년 사이에 이루어진 에스파냐의 이단 심문은 여타 유럽왕실에 비해 가혹하기로 악명이 높았음. 처절한 고문을 통해 자백을 강요했으며 대부분이 유죄판결과 처형으로 끝을 맺었음.-옮긴이). 지금까지 메리의 종교개혁을 비교적 차분하게 받아들였다면 이제부터 그것은 대중들의 마음에 에스파냐와 연관되어 더욱 큰 논란거리가 되리라. 하룻밤 사이에 신교도가 애국자로 둔갑하는 세상이 되고 말았다.

특히 런던 곳곳에서는 에스파야인들을 상대로 한 폭행사태가 빈번히 발생했다. 시민들은 '잭 스패니어드'(에스파냐인을 지칭함.-옮긴이)는 이 땅에서 절대 환영받지 못할 거라고 소리쳤다. 그는 악덕과 도둑질과 호색한으로 악명 높은 악당이기 때문이었다. 개혁주의자들은 에스파냐인들이 이 땅을 통치하게 놓아두느니 차라리 죽음을 택하겠노라고 외쳐댔다. 적대감과 공포가 팽배한 가운데 사람들은 메리가 지참금을 두둑이 안겨 주고 '오만한 스패니어드'를 잉글랜드로 데려올 거라고 쑥덕거렸다. 전통에 따라 지참금은 그의 호주머니 속으로 들어갈 거라고 했다. 그가 에스파냐인 특유의 냉혹한 기질을 유감없이 발휘하면서 왕국을 통치할 거라고 걱정했다. 무엇보다 잉글랜드가 방대한 합스부르크 제국의 일개 속국으로 전락한다는 국가적 자존심 때문에 더욱 분개했다.

메리와 위원들은 이러한 우려를 민감하게 의식해서 어떻게든 백성들을 어르고 달래보려 애썼다. 여왕은 르나르에게 단언했다. "신의 명에 따라 제 자신을 바친 그분께 온전히 복종하고 사랑할 겁니다. 그의 뜻을 거스르는 일은 절대 하지 않겠습니다. 하지만 왕국의 통치에 끼어들고자 한다면 절대 허락지 않을 겁니다."

르나르는 잉글랜드인들이 느끼는 두려움을 십분 이해해서 11월의 대부분을 그들을 회유하는 데 보냈다. 그와 동시에 혼인협약에 들어갈 구체적인 항목들을 신중하게 작성했다. 위원들은 지금의 통치체제를 그대로 유지해야 한다고, 여왕의 배우자인 펠리페는 정치적 영향력이나 왕으로서의 권력을 쥐어서는 안 된다고 생각했다. 이런 우려를 전해 들은 황제는 르나르에게 가능한 한 고분고분하고 유화적인 자세를 취하라고 명했다. 지금은 잉글랜드-에스파냐 연맹을 훼방 놓는 그 어떤 몽방치기도 용납되어서는 안 될 시점이었다.

대사는 그 나름대로 가능한 한 혼인을 반대하는 목소리를 잠재우고자 애썼다. 여왕에게는 엘리자베스를 런던탑에 가두거나, 아니면 왕위 후계자로서 정중히 대해서 동생을 손아귀에 쥐라고 조언했다. 메리는 엘리자베스를 투옥시키는 것은 결사반대하면서도 화해의 손을 내미는 것에는 주저했다. 그녀는 앤 불린의 간교한 꾀 때문에 모친인 카탈리나 여왕이 고난을 겪은 사실을 끝끝내 용서할 수 없었다. 프랑스 대사는 엘리자베스의 처지에 대해 보고했다. '그 어떤 여자도 여왕의 승낙 없이 그녀를 만나 수 없으며, 그녀는 사촌들인 서퍽 공작부인과 레녹스 백작부인보다 못한 대접을 받고 있습니다.' 자신의 비참한 처지에 절망한 엘리자베스는 다시금 시골에서 조용히 살게 해달라고 간청했지만 여왕은 나 몰라라 했다.

1553년 11월 14일에 제인 그레이, 길퍼드 더들리와 그의 형제들, 그리고 크랜머 대주교는 런던 길드홀에서 재판을 받았다. 재판이 공정해야 한다고 판단한 여왕은 증인이 협박에 의하지 않고 자유롭게 증언할 수 있도록 조치를 취하고는 대법관인 모건에게 공정하게 법을 집행토록 명했다.

미약한 백성의 고통에 성실히 귀 기울여주는 것이 자신의 책무이자 바람이라고 했다.

죄수들은 배를 이용해서 런던탑을 빠져나와서는 걸어서 도심을 가로질러 길드홀로 갔다. 4백 명의 창병부대가 가는 길에 운집해 있는 군중들을 일사분란하게 통제했다. 제인은 일행 중 맨 앞에 섰는데 검은 벨벳 드레스와 흑석으로 가장자리 장식을 한 검은색 후드 차림이었다. 허리춤에는 자그마한 기도서가 매달려 있었다. 그녀는 근위병들의 호위를 받고 2명의 귀부인이 뒤를 따르는 가운데 길드홀로 걸어가면서 기도서를 틈틈이 꺼내어 읽었다.

재판은 일사천리로 진행되었다. 죄인 모두 유죄를 인정받아 사형선고를 받았는데, 제인은 여왕이 기뻐하도록 타워힐에서 산 채로 화형에 처해지거나 참수형을 당하는 형을 선고받았다. 그녀는 아무 감정도 내비치지 않고 사형집행인의 도끼가 그녀를 향하는 가운데 침착하게 재판장을 빠져나왔다. 런던탑의 거처로 돌아왔을 때 그녀의 시종들은 일제히 울음보를 터뜨렸다.

"제가 무죄란 걸, 이런 벌을 받을 이유가 없다는 걸 잊지 마세요. 다만 애초에 왕위를 수락한 게 죄라면 죄가 되겠죠." 그녀가 시종들을 향해 한탄을 쏟아냈다.

메리는 사형을 집행할 의도가 없었다. 제인은 절대 죽지 않을 거라고 르나르는 보고했다. 며칠 후 프랑스 대사는 몇몇이 그녀를 죽이려 하지만 그녀의 목숨은 안전하다는 소리를 들었다. 메리는 자비를 베풀 결심이었다.

형을 선고받은 죄인들을 런던탑에 그대로 수감시켰다가 적당한 때가 오면 석방시킬 예정이었다.

11월 16일에 가디너는 여왕이 펠리페와 혼인하려는 계획을 실행하지 못하도록 마지막 시도를 감행했다. 의회 양원 의원들로 구성된 대표단을 이끌고 가서 외국인이 아닌 내국인과 결혼하라고 간청하는 탄원서를 제출한 것이다. 연설자가 지루하게 탄원서를 낭독하기 시작하자 메리는 의회는 국왕에게 그런 요구를 할 권리가 없다고, 왕은 어느 나라 사람이건 자신이 선택한 배우자와 자유롭게 혼인할 수 있다고 핏대를 세워가며 소리쳤다. 그들은 그런 그녀에게 대관식에서 한 맹세를 기억하라고, 늘 왕국을 먼저 생각하라고 간청했다.

"내가 좋아하지도 않는 사람을 택하라고 어디 한번 강요해보시오. 내 뜻을 어기고 한번 억지로 결혼시켜보란 말이오. 세 달도 넘기지 않을 것이고 아이도 갖지 않을 작정이니 날 죽음으로 내모는 꼴이 아니고 뭐요. 그러면 무척이나 미안하겠지!" 그녀는 격하게 경고했다. "그대의 감옥 친구라는 이유 하나만으로 내가 그와 혼인키를 바란다는 게 어디 가당키나 한 거요?"

"백성들이 뭐라고 할까요? 지키지 않을 약속을 남발해댈 외국인을 절대 용납지 않을 겁니다." 가디너가 침착하게 대거리했다.

"내 마음은 이미 정해졌어요. 대법관인 당신이 내 바람보다 백성들의 바람을 우선한다면 당신 또한 신종의무를 어기는 꼴 아니겠소?"

가디너는 그 말에 깨갱 하고 꼬리를 내리고는 여왕이 고른 남자에게 무조건 복종하겠노라고 맹세했다.

"왕실혼사에 개입하려면 모가지를 내놓고 해야 한다니까!" 그는 자리에서 물러나면서 투덜거렸다. 아룬델은 이 사건을 빗대어 신랄한 농을 던졌다. "그는 더 이상 대법관이 아니다. 왜냐? 그날 여왕한테 그 권리를 빼앗겼으니까." 그 말에 대표단은 조롱이 담긴 웃음을 터트렸다.

프랑스 대사는 대표단의 주청이 어이없이 실패로 돌아가자 기가 팍 죽었다. 메리는 프랑스 주재 잉글랜드 대사에게 지시해서 앙리 2세에게 자신이 누구와 결혼하든 그와 화평하고 화목하게 잘 살 거라고 전하도록 했다.

하지만 프랑스 측은 이에 비관적이었다. 앙리 왕은 다음과 같이 일갈했다. "남편은 아내를 쉽사리 요리할 수 있다. 어떤 아내가 감히 남편 청을 거절하겠는가!" 프랑스 대사는 반에스파냐 정서를 퍼뜨리고자 애썼는데 그리 어려운 임무는 아니었다. 그는 제국 군대가 곧 잉글랜드를 정복해서 제국의 속국으로 삼을 것이며 곧 잉글랜드 궁에 교황의 권한이 마수를 뻗칠 거라는 소문을 부지런히 퍼뜨리고 다녔다. 런던은 거의 폭발 직전의 시한폭탄 수준이어서 여왕은 불법적이고 반역적인 집회와 유언비어, 불온한 시위를 금하는 선언문을 포고하기에 이르렀다.

메리가 여론의 압력에 굴복해서 혹 에스파냐와의 결혼을 포기할까봐 두려운 르나르는 급히 마드리드에 연락해서 펠리페의 초상화를 보내 달라고 했다. 11월 21일에 티티안이 2년 전에 그린 초상화가 그림을 멀찍이서 감상하라는 헝가리의 마리아의 조언이 담긴 쪽지와 함께 여왕에게 도착했다. 가까이서 보면 인물을 제대로 알아볼 수 없다고 했다. 억측이 분분하지만 지금 마드리드 프라도에 걸려 있는 작품이 문제의 초상화인 것으로 추정된다. 섭정여왕은 메리와 펠리페가 혼인하는 즉시 초상화를 돌려 달라고 했다. 살아 있는 모델이 눈앞에 앉아 있을 때 그림 속 인물은 그저 죽은 사람이기 때문이라고 했다.

르나르는 괜한 걱정을 했구나 하며 안도감으로 가슴을 쓸어내렸다. 메리가 초상화를 한번 흘끗 쳐다보고는 펠리페의 매력에 거의 빠져들었노라고 외쳤던 것이다.

3장 반역과 역모의 소용돌이 속에서

1553년 11월 26일에 역당 몇몇이 반역을 꾀하고자 런던에서 몰래 비밀 회동을 가졌다. 주동자는 켄트 주 출신의 기사인 토머스 와이엇으로, 그와 이름이 같은 부친은 유명한 시인이자 외교관으로서 한때 앤 불린의 열렬한 구혼자였다. 이 와이엇 2세는 다혈질의 전직 군인출신으로 지난 7월에 여왕 즉위를 위해 고군분투한 열혈 가톨릭교도지만, 에스파냐 곳곳을 여행하면서 그곳 사람들에 대해 극도의 혐오감을 품게 되었다. 와이엇은 여왕이 펠리페와 결혼하지 못하도록 무력으로 막기 위해 동지들을 규합했는데 그중에는 프랑스 왕에게 도움을 청하겠다고 약조한 프랑스 대사도 끼어 있었다.

믿을 만한 증거에 따르면 와이엇은 그저 이 혼사를 막고픈 마음뿐이었다고 한다. 그가 메리를 폐위시키고 엘리자베스와 코트니를 혼인시켜 왕실 부부 자리에 앉히려는 사특한 흉계를 꾸몄다는 명확한 증거는 없다. 이런 결과는 프랑스 대사가 추구하는 목표이자 백성 대부분이 원하던 바람이었다. 그럼에도 불구하고 와이엇은 코트니에게 자신이 꾀하고자 하는 바를 알리고 엘리자베스에게는 지지를 당부한다는 밀지를 보냈다.

역모의 주인공들은 에드워드 6세 치세시기에 추밀원 위원을 지낸 윌리엄 토머스, 허세 가득한 서부지역 지주인 피터 커루, 니컬러스 스록모턴, 더들리를 섬긴 전직 프랑스 대사인 윌리엄 피커링과 아일랜드 부총독을 역임한 제임스 크로프츠였다. 대부분 가톨릭교도로서 잉글랜드 땅에서 증오스런 에스파냐인들을 몰아내자는 데 한목소리를 냈다. 윌리엄 토머스는 한 술 더 떠 여왕 암살까지 주장했지만 나머지 사람들이 완강히 반대하는 바람에 무산되었다.

코트니는 역모를 쌍수를 들어 환영했다. 3월 중순경으로 예정된 펠리페의 잉글랜드 방문에 앞서 자신의 거점지인 데번으로 가서 피터 커루가 이끄는 병력과 합세해서 서부지역 반란을 주도할 계획이었다.

윗선에서는 이미 역모를 예상하고서 예의 경계하고 있었다. 11월 말에 엘리자베스가 또다시 애슈리지로 보내달라고 간청하자 여왕은 마지못해 동의했지만 곧 패짓과 아룬델을 보내 엄히 경고하도록 했다. "공주의 현명치 못한 처신에 대해 알고 있습니다. 본분을 망각하고 계속해서 프랑스 측과 이단자들과 관계하면 따끔한 맛을 보시게 될 겁니다." 패짓은 엘리자베스의 시종 둘로부터 그녀가 몰래 프랑스 대사를 만나고 있다는 정보를 입수했었다. 엘리자베스는 그런 패짓에게 당차게 반박했다. "진심으로 고백하건대 단 한 번도 여왕 폐하께 반하는 역모를 꾀한 적이 없습니다. 독실한 가톨릭 신자로서 사제들로 하여금 애슈리지에서 미사를 올리도록 하겠습니다. 전심전력으로 여왕님을 기쁘게 해드리겠습니다." 그럼에도 불구하고 불안한 메리는 그녀를 어떻게든 처리하지 않으면 대재앙을 맞게 될 거라 믿고 밀정들을 그녀 주변에 두어 예의 감시토록 했다.

11월 말에 잉글랜드와 에스파냐 왕실의 혼인협약 초안이 드디어 완성되었다. 가디너가 여왕을 안전하게 지키고자 물심양면 애쓴 덕에 진짜 권력은 여왕에게 귀속시키고 펠리페는 통치 보조자의 역할에 머물도록 조치했다. 그녀가 후사 없이 죽게 되면 펠리페의 맏이인 돈 카를로스가 잉글랜드와 부르고뉴 공국, 저지대 국가들을 물려받게 될 것이다. 펠리페는 잉글랜드에서 이렇다 할 자리를 차지하지 못할 것이다. 돈 카를로스가 에스파냐와 더불어 대륙의 속국들을 발아래 거느리게 될 것이다. 더불어 협약에 의거해서 펠리페는 잉글랜드의 모든 법과 전통을 존중하고 따라야만 했다.

자신의 시종들을 왕실 고위관료로 임명해서도 안 되며 잉글랜드를 제국과 프랑스의 전쟁에 직간접적으로 개입시켜서도 안 되었다. 그 어떤 에스파냐인도 잉글랜드 내정에 간섭해서는 안 되며 펠리페와 메리는 오직 잉글랜드 관료들의 조언만 받아들여야 했다. 11월 27일에는 황제 대표단이, 그리고 12월 7일에는 잉글랜드 추밀원이 이 초안을 승인했다. 물론 펠리페와는 사전에 한마디도 협의하지 않았다.

11월 29일에 펠리페는 예비신부에게 짧고 공식적인 서한을 보내서 청혼을 받아주어서 한없이 기쁘며 그녀가 받아줄 준비가 되는 대로 잉글랜드를 방문하겠다고 전했다. 황제는 아들에게 2월이나 3월경에 좋은 인상을 심어줄 만한 시종들과 관료들만 수행하고 가라고 조언했다.

그네들의 호의를 얻는 것이 무엇보다 중요하다고 황제가 힘주어 강조했다.

사순절 동안에 결혼식을 올리는 것을 금했기에 메리는 그 이후인 1554년 봄에 식을 올리는데 동의했다. 더불어 두 사람은 인척 관계인지라 교황청에 결혼에 필요한 관면(특별사안에 대해 교황청에서 신자들에게 교회법의 제재를 면해주는 일종의 면죄부─옮긴이)을 신청했다. 12월 5일에 의회가 해산될 즈음 추밀원은 에스파냐와의 결혼을 만족스럽게 받아들이는 듯 보였다. 하지만 다른 이들은 아니었다. 그날 목에 줄이 친친 감긴 채 두 귀가 잘려나간, 사제처럼 머리를 삭발한 개 한 마리가 화이트홀의 궁방에 흉측스럽게 내걸렸다. 메리는 다시 이러한 일이 재발하면 가만 두지 않겠노라고 엄중 경고했지만, 선동적인 유인물이 넘쳐나고 국수주의적인 신교도들이 간헐적으로 만행을 자행하는 것을 멈추어 세울 수는 없었다.

엘리자베스는 12월 6일에 드디어 바라던 대로 왕궁을 떠났다. 르나르는 애슈리지가 그레이트 노스 로드 근처에 위치한다는 소리를 듣고 퍼뜩 수상쩍은 느낌이 들었다. 프랑스 대사가 스코틀랜드로 향하는 길목에 거처를 정하도록 조언했기에 더욱 그러했다. 그는 엘리자베스가 궁을 떠나기 전에 만나서 프랑스 측의 역모를 염두에 둔 계산된 경고장을 던졌다.

프랑스 대사는 자매가 작별인사를 나눌 때 완벽히 화해한 모습이었다고 보고했지만 르나르만이 그 속내를 잘 알고 있었다. 메리에게 동생이 떠날 때 화기애애한 모습을 보이라고 충고한 사람이 그였기 때문이다. 그는 절대 속마음대로 행동하지 말라고 설득하느라 진땀 꽤나 흘렸다. 여왕은 엘리자베스가 청원을 했다고 르나르에게 알렸다. "부디 중상모략가들의 그릇되고 사악한 천성을 밝혀낼 기회도 주지 않은 채 그자들이 퍼뜨리는 악의적인 소문에 흔들리지 마시옵소서." 메리는 그러겠노라고 확인해주고는 떠나는 동생에게 두 줄짜리 진주 목걸이와 모피 후드를 선물해 주었다. 서로 따뜻한 포옹을 나눈 뒤에 엘리자베스는 말을 타고 궁을 떠났다. 애슈리지에 닿기도 전에 그녀는 여왕 앞으로 급히 사자를 보내 의례용 망토와 제의, 성배, 기타 예배당 장식품들을 보내 달라고 청했다. 메리는 거짓된 속임수라 의심하면서도 신을 섬기는 일이기에 기꺼이 응했다.

엘리자베스가 떠났음에도 불구하고 프랑스 대사는 여전히 모의를 획책하면서 엘리자베스가 자기 덫에 빠져들었다고 희희낙락했다. 12월 14일에 그는 앙리 2세에게 다음과 같이 보고했다.

코트니 경은 공주와 결혼해야 하며 두 사람은 같이 데번셔와 콘월에 가야 합니다. 그곳에는 지지자들이 넘쳐나기에 능히 반란으로 왕위를 탈취할 수 있습니다. 황제와 그 아들은 이를 억누르기가 녹록치 않을 겁니다. [유일한] 불운은 코트니가 겁 많고 소심한 자인지라 감히 도전하지 못한다는 겁니다. 그에게 도움이 될 계획을 수행하도록 용기와 도움을 줄 사람은 많습니다. 무엇이 그를 가로막는지 잘 모르겠습니다. 그저 그의 유약함과 섬약함과 소심함만 알 뿐이지요.

프랑스 대사와 토머스 와이엇과 신교도 다수가 엘리자베스를 에스파냐 결혼에 반대하는 세력의 핵심 축으로 보는 것은 지극히 당연했다. 그럼에도 불구하고 신중하고 분별력이 뛰어난 그녀는 직접적으로 공모에 뛰어들기를 무척 꺼려했다. 자신이 감시당한다는 사실을 알았고, 앙리 2세가 자신을 여왕을 쓰러뜨리는 데 이용할 도구로만 본다는 사실을 누구보다 잘 알았다. 시모어와의 쓰라린 연애사건 이후 그녀는 속마음을 안에 꽁꽁 감추어두는 독특한 버릇이 생겼다. 그날의 신랄한 경험을 통해 군주에게 반하는 역모를 꾸미면 어떠한 끔찍한 결과가 생기는지 절절이 가슴에 새겼다.

그녀가 반역죄로 몰려 형장의 이슬로 사라지기만을 오매불망 기다리는 적들에게 만족감을 안겨줄 수는 없었다.

여왕은 결혼하고 가톨릭 후계자를 생산한 다음에 제인 그레이를 자유롭게 풀어줄 작정이었다. 제인은 사형죄수 신분임에도 불구하고 런던탑에서 비교적 후한 대접을 받았다. 정원에서 여유롭게 산책을 즐기는 것은 물론 때론 수비대원들의 호위를 받으며 담 너머 타워힐까지 나가기도 했다. 남편인 길퍼드 역시 비슷한 자유를 만끽했지만 부부가 서로 만나는 것은 금지되었다. 런던탑 부감독관인 존 브리지스는 한없이 관대하고 너그러운 사람이라서 제인은 곧 그를 속 깊은 벗으로 삼게 되었다.

12월에 에스파냐 결혼에 반대하는 대중의 저항이 거세지고 폭동에 대한 두려움이 날이 갈수록 고조되면서, 제인은 집 안에 갇혀서 매일같이 하던 산책을 더 이상 계속할 수가 없었다. 추밀원은 그녀나 엘리자베스가 언제든 반역의 중심축으로 떠오를 수 있기에 가능한 한 대중의 시선에서 차단시키고 싶었다. 하루아침에 꼼짝없이 묶이는 신세가 되자 그녀는 시름시름 앓기 시작했다. 제인이 아프다는 소식을 듣고서, 또 엘리자베스가 더 위험한 시한폭탄이라는 판단에서 메리는 브리지스에게 명해서 죄인에게 다시 산책을 허락하도록 했다. 르나르가 보기에 참으로 분별없는 행동이었다.

같은 날 그는 뒤가 구린 서퍽 부부가 결국은 역모에 가담했다는 보고를 여왕에게 올렸다. 런던탑에서 제인은 좀체 떨어지지 않는 사면을 초조하게 기다리면서 벽에 새겨진 라틴어 문구 쪽으로 가까이 다가갔다. 글자는 오래전에 지워졌지만 필사본은 현재 남아 전해진다.

숙명에 그 마음을 맡기라,
오늘의 내 운명은 내일의 그대 운명이 될 지니.

신이 우리를 지켜주는 한 시샘은 헛되이 갉아먹으며
신이 우리를 버리는 한 그 어떤 노력도 무익하도다.
아, 어둠 뒤에 올 빛을 기다리는 나!

보고대로 서퍽 공작은 토머스 와이엇이 꾸민 역모에 연루되어 있었다. 12월 22일에 그는 코트니와 함께 거사에 가담해서 1554년 3월 18일 종려주일에 네 건의 동시다발적인 소요를 일으키기로 계획했다. 제 1진인 와이엇은 켄트 주민들을, 제 2진인 크로프츠는 헤리퍼드셔 국경지대와 웨일스 국경지대를, 제 3진인 커루와 코트니는 데번의 불만에 찬 주민들을, 제 4진인 서픽은 레스터셔 주민들을 이끌 작정이었다. 이 네 반군부대는 하나로 뭉쳐 런던으로 진군해서는 프랑스의 도움 아래 메리를 사악한 추밀원으로부터 구해내고 펠리페와 혼인하는 것을 막을 작정이었다. 메리를 폐위시키고 엘리자베스와 코트니를 왕위에 앉히려 한다는 소문도 돌았지만 사실 코트니는 공주가 아닌 메리 여왕과 혼인하고 싶었다. 에스파냐 결혼이 어찌나 인기가 없던지 역당들은 백성들의 높은 지지를 기대할 수 있었다.

르나르의 밀정들은 이내 소요가 터지기 일보직전이라는 정보를 입수했지만 확실한 단서를 찾아낼 수가 없었다. 그럼에도 불구하고 대사는 부활절 전에 잉글랜드에 유례없는 대혼란이 닥칠 거라고 걱정스럽게 단정했다.

불만에 찬 반역자들이 코트니나 엘리자베스를 역모 주동자로 끌어들이려 한다는 소문이 심심찮게 나돌았지만 영악한 엘리자베스는 능구렁이처럼 얼렁뚱땅 빠져나갔다. 와이엇과 접촉했다는 사실을 극구 부인하면서 성탄 즈음에서는 무장한 소작인들에게 자신을 적들로부터 철저히 보호하도록 명한 것이다. 그럼에도 불구하고 르나르는 뭔가 석연치 않아 내내 찜찜했다.

엘리자베스가 역모에 대해 얼마나 알고 있는지는 사실 아무도 모른다.

다만 10월 말에 엘리자베스가 자신의 사실에서 친구이자 역모자의 하나인 피커링과 두 시간 가량 밀담을 나눈 것은 분명하다. 또, 그달에 그녀와 '상당히 막역한 사이'인 크로프츠가 애슈리지를 방문했다. 크로프츠는 이후 프랑스 대사에게 엘리자베스가 했던 말을 고스란히 전했다. "무장봉기가 시작되면 곧바로 도망쳐서 인질로 붙잡히는 것은 피할 작정이에요. 물

론 왕위를 원해요. 사태가 유리하게 끝난다면 말이죠." 하지만 크로프츠는
프랑스 측의 지지를 얻어내기 위해 얘기를 꾸며낸 듯하다.

엘리자베스가 역당들을 부추기거나 도와주었다는 단서는 없고, 그녀가
불온한 서신을 주고받았다는 물증 또한 없다. 한동안 물증을 찾고자 기를
썼지만 수색 결과는 모두 대실패였다. 다만 이렇게는 추측해볼 수 있다.
'엘리자베스가 와이엇의 계획을 사전에 알고 있었지만 제 몸을 보호하고자
한껏 자세를 낮추었다.' 후일 그녀는 메리가 통치하던 시기에 숨죽여 안위
를 지키는 법을 배우게 되었노라고 주장했다.

추밀원 일각에서 엘리자베스를 코트니와 혼인시키자는 얘기가 흘러나
오자 황제는 12월 24일에 르나르에게 명해서 무슨 수를 써서라도 그 결혼
을 막으라고 지시했다. 여왕 자리를 심각하게 위협하기 때문이었다. 가디
너는 잉글랜드인들이 에스파냐 결혼을 보다 호의적으로 받아들일 수 있도
록 갖은 애를 쓰며 측면에서 지원했다. 웨스트민스터에서 가진 설교에서
그는 다음과 같이 소리 높여 주장했다. "두 분이 혼인하면 왕국이 보다 강
성해질 겁니다. 우린 너무도 고귀하고 훌륭하고 명망 높은 황태자께서 이
혼인을 겸허히 허락한 것에 대해 신께 무한히 감사해야 할 의무가 있습니
다." 당혹스럽게도 그의 발언은 런던 시민들의 거센 반발만 불러와 긴장의
도를 더해주었다. 12월 27일에 황제사절단이 혼인협약을 마무리 짓고자 잉
글랜드에 도착했을 때 그들은 극도의 적대감과 저항에 부닥쳤다.

문전박대가 이만저만이 아니었다. 1월 1일에 한 무리의 소년이 사절단
을 향해서 야유 섞인 욕설을 내뱉고 눈 뭉치를 사정없이 던져댔다. 선동적
인 현수막이 도심 곳곳에 껌 딱지처럼 덕지덕지 나붙었다. 이 소식을 들은
여왕 시녀들은 곧 반역이 일어날 징조라며 두려운 마음에 안절부절못했다.

여왕은 시녀들이 황급히 전해준 소식을 듣고 긴장과 우울의 나락에 빠

져 다시금 병석에 눕게 되었다.

다음 날 황제사절단은 에그몬트 백작을 필두로 험악한 날씨를 뚫고 드디어 런던에 도착했다. 축포가 요란스레 터지는 가운데 런던탑에서 배에서 내린 그들은 코트니의 융숭한 대접을 받은 뒤에 도심을 관통해서 그들이 묵게 될 더럼 하우스로 갔다. 숙소 주변에서는 일군의 시위대가 그들의 도착을 반대하는 시위를 벌이고 있었다. 사절단이 불친절한 대접을 받았다는 사실을 전해 들은 여왕은 누구든 황제사절단을 모욕하는 자는 엄한 벌로 다스리겠노라고 경고했다.

에그몬트는 혼인협약서 초안과 더불어 추밀원 위원들을 회유하는 데 쓰일 현금과 보석가지를 가져왔다. 해악을 끼치거나 분란을 일으킬 만한 자들에게도 뇌물로 입막음을 할 작정이었다. 그는 최근 런던에서 벌어진 소요사태의 책임이 프랑스 대사에게 있다고 보았지만, 추밀원은 그것을 더 큰 역모의 전조로 보고 한동안 피터 커루의 행동을 예의 주시했다.

1월 초에 와이엇과 프랑스 대사 사이에 오간 역모를 암시하는 편지가 발각되면서 추밀원은 최악의 두려움을 확인하게 되었다. 1월 2일에 그들은 보다 심각하고도 광범위한 반역적 행위를 발본색원해야겠다는 의지를 다졌다. 대사의 편지가 엘리자베스가 역모에 대해 알고 있으며 거기에 연루되어 있음을 암시했기 때문이다. 그녀가 애슈리지를 떠나 또 다른 거처로 옮겨 가서 그곳 지지자들을 규합하고 있다는 소식도 들렸다. 추밀원은 이를 그릇된 정보로 치부했다.

피터 커루가 에스파냐인에 대한 두려움을 무기로 삼아 남부 엑서터 주민들에게 반역적인 소요를 일으키라고 선동하고 있다는 보고도 있었다. 추밀원은 즉시 그를 소환하는 것과 동시에 남부지역에 군 장성들을 파견해서 평화유지군으로 일할 병사들을 차출하도록 했다. 커루에게 곧 체포영장이 발부될 거라는 소식을 접하고 코트니는 뭐 마려운 강아지처럼 안절부절못했다. 곧 자신의 연루 사실이 드러나리라.

펠리페는 잉글랜드 측이 주장하는 혼인협약 조항들에 대해 전해 듣고는 분통이 터지고 또 치욕스럽기까지 해서 당장이라도 협약을 철회할고만 싶었다. 하지만 시급한 국정현안을 처리하느라 바빠서 1월 4일에 한 손을 십자가에 올려놓고 자신이 승인하지 않은 협약내용은 따르지 않겠다고 선언하는 것으로 만족해야 했다. 어떻게든 잉글랜드인들의 비위를 맞추어주고 싶은 황제는 아들이 곧 기권할 거라 확신했으며 심지어 기권하라고 종용하기까지 했다.

펠리페는 메리가 사순절에 혼인하는 것에 반대한다는 소리를 듣고 잉글랜드 방문을 늦봄까지 연기하기로 했다. 그에게 여기저기서 충고가 날아들었다. 교황청 주재 황제특사는 다음과 같은 편지를 보냈다. '신을 온전히 섬기거나 프랑스에 대항하는 것보다 더 큰 신에 대한 사랑은 없습니다.' 황제는 아들에게 수행단을 신중하게 뽑으라고 지시했다. 그 나라 정서에 맞게 행동할 줄 아는 분별 있고 위엄 있는 사람들로 뽑으라고 했다. "잔소리 같다만 각별히 조심하거라. 신의 축복으로 혼인이 성사된다면 여왕에게 공적으로나 사적으로 큰 사랑과 호의를 보이거라. 정중하게 행동하면 잉글랜드인들이 곧 마음을 바꿔 호감을 보일 게다. 더불어 약혼의 증표로 반지를 보내 주거라."

펠리페는 메리에게 보내는 답장에서 혼인이 성사되면 최고로 기쁠 거라고 썼다. '이 혼사는 신과 기독교계의 안위에 크게 기여하리라 믿습니다.'

1554년 1월 9일에 서더크에 자리한 가디너 주교의 런던 저택인 윈체스터 하우스에서 혼인협약이 정식 체결되었다. 그로부터 사흘 뒤에 메리는 서류에 서명을 한 뒤에 다시 에스파냐 측에 돌려보냈다. 뒤이어 교황의 관면소식이 날아든 것과 동시에 여왕은 황제로부터 친딸처럼 여긴다는 짧은 글과 함께 왕방울만 한 다이아몬드를 약혼선물로 받았다. 1월 14일에 혼인 협약이 체결되었음을 널리 공표했지만 싸늘한 반응만 돌아왔다. 사람들은 갈수록 나쁜 소식만 들려오니 참으로 당혹스럽다고 한탄했다. 곧바로 저항의 외침이 날아들었다. "외국인 왕 따윈 필요 없다!"

메리는 펠리페가 어서 빨리 방문하기만을 손꼽아 기다리면서 르나르에게 언제 오느냐고 허구한 날 보챘다. 오들리 경이 그렇게 보고 싶으시냐고 놀려대자 그녀는 볼을 발그스름하게 붉히며 수줍어했다. 르나르는 펠리페에게 수시로 편지를 보내서 어서 여왕에게 편지를 써 보내거나 선물 내지는 증표를 보내라고 촉구했다. 그는 결혼만 하면 상황이 나아지리라 기대했다. 여자인 메리는 위원들의 불충한 계략을 올바로 간파할 수도 없고, 또 제대로 된 결정을 내리기도 힘들다고 보았기 때문이다.

1월 18일에 왕실군대는 남부 엑서터를 점령하고 나서 곧바로 서부로 물밀 듯 진군해서 그곳의 반란군을 괴멸시켰다. 그날 르나르는 여왕에게 역모에 관한 정보를 상세히 보고했다. 그에 따르면, 크로프츠는 웨일스 국경지대로 향하고 있고 서픽은 쉰에서 잠시 숨을 고르고 있으며, 와이엇은 메이드스톤 근방 앨링턴 기지에서 켄트 주민들을 징집하고 있었다. 1월 19일에 30명의 지방호족이 와이엇 부대에 합류했다. 커루는 포위망을 뚫고 간신히 탈출해서는 에스파냐 사절단을 바닷물에 던져버리겠다고 큰소리를 땅땅 쳤다.

반면 코트니는 제 살 궁리에 바빠서 미련 없이 동지들에게 등을 돌렸다. 제국대사는 평소 코트니가 미심쩍다고 의심했었는데 메리는 이 말을 가디너에게 가감 없이 고스란히 전했다. 친아들 같은 코트니를 어리석음의 죄에서 건져내고픈 대법관은 1월 21일에 그를 윈체스터 하우스로 불러 역모에 가담했느냐고 바짝 추궁했다. "이 어리석은 거짓말쟁이, 코트니!" 백작이 낱낱이 역모의 죄를 자백하고 여왕에게 선처를 구했다는 소식을 듣고 프랑스 대사는 펄펄 뛰었다. 가디너는 서둘러 추밀원에 사실대로 보고하면서 코트니가 개입한 사실만은 쏙 빼놓았다. 코트니는 여왕에 대한 충정을 증명하려 애쓰면서 가디너에게는 엘리자베스와 결혼하느니 차라리 런던탑으로 돌아가겠노라고 했다.

다음 날 역모 주동자들은 코트니의 배신 사실을 전해 듣고 계획된 거사 일자를 속히 앞당기고자 했다. 약속했던 프랑스 측의 도움이 아직 당도하지 않았지만 그것을 기다릴 만한 여유가 없었다. 너무 깊숙이 음모에 개입한 지라 이제 와서 계획을 접을 수도 없었다. 거사를 성공시키려면 지금이 바로 행동에 나설 때였다.

1월 22일에 제임스 크로프츠는 급한 전갈을 받고 그 자리에서 말머리를 돌려 애슈리지로 달려갔다. 그곳에서 엘리자베스를 만나서는 당장 뉴베리 근방에 있는 튼튼한 방벽을 갖춘 도닝턴 요새로 거처를 옮기자고 설득했다. 신염 때문에 몸이 퉁퉁 붓고 두통과 사지통으로 고생하던 그녀는 떠나지 않겠다고 끈질기게 버텼다. 결국 크로프츠는 그녀를 그대로 남겨둔 채 왔던 길을 돌아 웨일스 국경으로 향했다. 와이엇 역시 엘리자베스에게 이방인들로부터 안전이 염려되므로 가능한 한 멀리 도심에서 벗어나야 한다면서 서둘러 애슈리지를 떠나라고 권했다. 그녀는 윌리엄 세인트로를 통해 호의에 감사한다는 인사를 전하고는 자신이 옳다고 생각하는 바대로 움직이고자 했다. 그래보았자 별 소용은 없었지만 말이다.

1월 23일에 왕실군대는 8천 명의 병사를 징집했다. 그날 와이엇은 쉰에 있는 서펵을 방문해서 반군들이 메리를 폐위하고 제인을 왕위에 복귀시킬 경우 힘껏 도와주겠다는 약속을 받아낸 뒤 앨링턴으로 돌아갔다. 서펵은

레이체스터에 있는 헌팅던 백작을 만나 그로부터 애슈비 드 라 주시에서 병력을 차출해서 지원하겠다는 약조를 끌어냈다. 믿는 도끼에 발등 찍힌다고, 백작은 곧장 추밀원으로 달려가 계획 중인 역모에 대해 소상히 일러바쳤다.

1월 25일에 역당들은 계획한 대로 밀어붙였지만 결과는 실망스럽기만 했다. 선봉장인 코트니가 빠진 상황에서 서부지역 주민들은 무장봉기를 주저했고 피터 커루는 시종으로 변장한 채 프랑스로 삼십육계 줄행랑을 쳤다. 서퍽은 150명의 반군을 이끌고 레이체스터를 점령하고자 했지만 치열한 저항에 부닥치고 말았다. 코번트리로 퇴각했을 때는 도시의 성문들이 모조리 잠겨 있었다. 남은 소수 지지자들마저 대장을 버려둔 채 도망쳐서 그는 은신처로 잠적해야만 했다. 크로프츠는 아무것도 하지 않고 그냥 런던으로 돌아간 것으로 보인다.

최고로 심각한 위협거리는 와이엇이었다. 메이드스톤에서 거병하고 에스파냐 결혼에 반대하는 선언문을 발표했을 때 그의 군대는 3~4천 명에 육박했다. 곧 그는 5천 명으로 늘어난 반군을 이끌고 런던으로 향했는데 그 지역에 대한 방어가 허술했기에 막힘없이 진군할 수 있었다. 곧 각종 살상무기와 군수물자 외에 로체스터 브리지와 메드웨이에 정박 중인 왕실 전함들이 그의 수중에 떨어졌다. 반군 숫자에 대해 과장된 보고를 전해 들은 런던 시민들은 반군이 수도를 함락하기까지 공포에 떨며 기다렸다.

가디너는 엘리자베스가 애슈리지에 그대로 남아 포위공격에 대비하거나 도닝턴 성으로 거처를 옮길 거라는 소식을 접했다. 1월 26일에 여왕은 동생을 감시의 레이다망에 두고 싶은 욕심에 다음의 편지를 보냈다. '갑작스런 소요상황에 대비하여 네 안전이 지극히 염려되기에 그곳에 머물든 도닝턴으로 옮겨가든 조속히 우리에게 안전을 맡기도록 하거라. 꼭 당부하

마. 궁으로 돌아오면 진심으로 환영할 것이다. 소식 받고 의향이 어떠한지 답장 바란다.'

돌아온 구두 답변은 이러했다. '몸이 아파서 아무 데도 갈 수 없다. 이런 오한과 두통은 생전 처음이다.' 물론 메리는 이 말을 곧이곧대로 믿지 않았다. 그녀가 궁으로 돌아오기를 꺼려하는 것은 역모에 가담하고 있다는 증거라고 해석했다. 이런 의심은 가디너의 명에 따라 도버로 오는 프랑스 대사의 행랑을 압수 수색했을 때 더욱 굳어졌다. 그 안에는 엘리자베스가 여왕에게 마지막으로 보낸 편지가 담겨 있었다. 메리와 가디너는 엘리자베스가 대사에게 이 편지를 전해준 것이라 추측하고 그녀가 은밀히 프랑스 측과 내통하고 있다고 결론지었다. 반면 르나르는 코트니와 엘리자베스가 메리를 쫓아내려는 음모를 꾸미고 있다는 명백한 증거가 담긴 편지를 가디너가 어딘가에 은닉했다고 확신했다. 애석하게도 물증이 없으니 뭐라 추궁할 수도 없었다. 메리는 동생의 역겨운 행태에 진저리가 쳐져서 당장 그녀의 초상화를 회랑에서 떼어내도록 엄명했다. 하지만 여왕이나 추밀원 모두 이어진 2주간에 일어난 사건들로 인해 정신이 하나도 없어서 엘리자베스를 더 이상 추궁할 계제가 아니었다.

1월 25일에 추밀원은 여왕을 폐위하고 제인 부부를 복위시키기 위해 사악한 자들을 규합했다는 혐의를 인정하여 서퍽과 커루, 와이엇을 반역죄로 기소했다. 와이엇을 정의의 심판대로 끌고 오는 사람에게는 방대한 양의 토지를 하사하겠다는 공고가 나붙었다. 1월 27일에 여왕은 팔순의 베테랑인 노퍽에게 정예부대를 딸려 보내 켄트에 가서 와이엇의 반군들을 모조리 괴멸시키도록 했다. 28일에 공작은 로체스터 브리지에서 반군과 한판 붙었는데, 이때 병사 500명이 오만한 에스파냐인의 통치 따윈 받지 않겠다면서 부대를 이탈하여 반군 대열에 합류했다. 남은 병사 대다수는 원정의 자금줄인 돈과 총기를 그대로 버려둔 채 도주했다. 잔류병들이 가까스로 런던에 도착했을 때 군복은 너덜너덜 누더기가 되어 있었고 화살이나 활줄도 없이 활은 처참하게 망가져 있었다. 여왕으로서는 가히 복장이 터지고 심사가 뒤틀릴 만한 광경이 아닐 수 없었다. 와이엇 부대와 왕궁 사이를 가로막는 그 어떤 장벽도 없으니 위기도 이런 위기가 없었다.

위원들 또한 사안의 심각성을 깨닫고 몇몇은 메리를 매정하게 버리고 엘리자베스 측과 손잡을까 속으로 궁리하기도 했다. 가디너를 비롯한 일부 대신들은 여왕에게 속히 런던을 떠나 안전한 윈저 성으로 피신하라고 조언했지만 그녀는 한사코 이를 거부했다. 에그몬트 백작이나 다른 황제사절 누구에게도 자기 때문에 피해가 가서는 절대 안 된다고 다짐했다.

공포가 극에 달하는 동안에도 위원들은 서로 물고 뜯고 할퀴어대기만 했다. 메리는 패짓에게 위원들이 여왕의 안전을 지나치게 소홀히 한다고 푸념했다. 이 말에 그는 여왕 앞에 무릎을 꿇고는 자신은 2주 동안 신병을 징집하노라 정신이 없었다고 해명했다. 추밀원 내에서 그의 목소리는 미미해서 혼자 모든 것을 짊어지기에는 역부족이었다. 일부 위원들은 황제에게 지원 병력을 요청해야 한다고 난리였다. 하지만 무법천지에 과연 아들을 보내는 것이 옳은지 회의감을 가질 만한 상황에서, 행여 황제가 일을 제대로 처리할 만한 그릇이 못 된다고 단정지을까봐 그녀는 주저했다.

보다 중요하게는 제국군대가 잉글랜드 연안에 상륙한다면 백성들이 어찌 생각하겠는가! 그녀는 없는 용기를 그러모아 런던을 철통같이 방어할 것을 추상같이 명했다. 이 위기가 끝날 때까지 화이트홀을 굳건히 지키리라. 백성들이 그 얼마나 열렬히 여왕으로 반겼는가! 바야흐로 그네들의 충정을 확인할 차례가 되었다. 물론 근자의 사건들을 통해 확신할 수 없는 희망이긴 하지만 말이다.

1월 30일에 와이엇의 군대는 그레이브센드에 도착했는데, 그곳에서 에드워드 해스팅스 부대는 반군에 의해 방어선이 뚫리고 말았다. 블랙히스까지 진군한 와이엇은 해스팅스에게 자신의 의도를 전했다. "당장 여왕에게 직위와 런던탑을 내놓으라 전하시오." 해스팅스는 곧장 런던으로 달려가 여왕에게 와이엇의 의도를 그대로 전했다. 여왕은 이를 선전포고로 해석했다.

다음 날 르나르가 여왕의 부름을 받고 달려갔을 때, 추밀원에서 병사들을 징집하느라 최선을 다하고 있음에도 불구하고 여왕을 보위할 호위병 하나 붙여주지 않은 사실에 격노한 기색이 역력했다. 믿을 사람 하나 없다고 툴툴거렸다. 그녀가 런던 성문들이 철저히 방어되고 있다고 큰소리를 땅땅 치는 순간에 이미 런던 브리지 위의 도개교는 맥없이 열려 있었고(템스 강을 건너야 도심으로 진입할 수 있기에) 대포들이 그 옆에 무시무시하게 포진해 있었다.

2월 1일 오전에 서민원 의원들은 여왕을 만나 펠리페와 혼인하겠다는 결정을 재고해보길 간절히 주청했다. 그녀는 안 될 말이라고 거절하면서도 이 결혼으로 그네들이 손해를 보는 일은 없을 거라고 안심시켜주었다. 이어 르나르 대사를 만나서는 다음과 같이 말했다. "난 이미 그분의 아내입니다. 절대 다른 남편은 취하지 않을 겁니다. 내 왕관과 목숨을 걸고 맹세하지요."

그날 아침 느지막이 소요사태에 겁을 집어먹은 에그몬트 백작이 브뤼셀로 돌아가겠다고 여왕에게 청하러 왔다가 위기상황에서도 침착한 태도를 보이는 그녀에게 깊은 감동을 받았다. 그녀는 충분히 당혹해할 만한 상황임에도 불구하고 흔들림 없는 기백을 보여주었다. 그녀는 시민들에게 직접 호소할 작정으로 안전을 고려하라는 위원들의 조언을 무시한 채, 그날 오후 왕관을 쓰고 예복을 입고서 길드홀로 나갔다. 그곳에서 런던시장과 시의원들, 그리고 대규모 군중들은 대형 홀의 옥좌에서 들려오는 그녀의 연설을 듣기 위해 귀를 쫑긋 세웠다.

"짐은 그대들이 익히 두 눈으로 보고 귀로 들어 알고 있는 사실에 대해 말하러 이 자리에 나왔습니다. 켄트 주민들이 얼마나 반역적으로 왕실과 백성들에게 비수를 겨누었는지 말입니다."

짐은 이 나라의 여왕입니다. 대관식에서 짐이 이 나라, 이 나라의 법과 하나가 되었을 때 그대들은 내게 신종의무와 복종을 맹세했지요. 그대들도 알다시피 선친께서는 적법하게 내게 양위해주신 그 왕위를 갖고 계셨습니다. 그분께 그대들은 늘 최고로 충성스럽고 다정한 종복임을 보여주었지요. 그대들이 그 같은 것을 내게도 보여주리라 믿어 의심치 않습니다.

어머니가 자식을 어느 정도 끔찍이 사랑하는지는 잘 모릅니다. 한 번도 누군가의 어머니가 되어본 적이 없으니까요. 하지만 군주가 그 종복을 사랑하는 것이 자식에 대한 어머니의 사랑만큼 본능적이고 진심 어린 것이라면, 그대들의 안주인인 짐은 그대들을 진심으로 사랑한다고 장담할 수 있습니다. 이처럼 짐은 그대들을 사랑하기에 그대들 또한 진심으로 변함없는 사랑을 보여주리라 자신합니다. 더불어 우리가 힘을 합해 역적들을 신속하게 처단할 수 있으리라 확신합니다.

결혼문제에 있어서는 개인적인 욕망을 좇지는 않을 터입니다. 남편을 그리 절실히 원하는 것은 아니니 말입니다. 신께 감사하게도 짐은 여태껏 처녀로 살아왔고, 또 신의 은총으로 앞으로도 그리 살아갈 자신이 있습니다. 다만 조상들이 그러하셨듯이 내 뒤에 그대들의 통치자가 될 왕손을 남겨놓는 것이 신에 대한 마땅한 도리라 봅니다. 그대들 역시 기뻐할 것이며 나 또한 크게 안도할 것입니다. 여왕으로서 약속하건대 짐의 결혼이 모두에게 큰 이득이 없고 왕국에도 도움이 안 된다면 평생 결혼은 멀리할 작정입니다.

짐은 그대들과 같이 죽고 살 것이며, 온 힘을 기울여 우리의 명분을 지켜나갈 것입니다. 그대들의 재산과 명예, 개인의 안위, 아내와 자식은 모두 안전합니다. 그대들이 선한 종복으로 남아준다면 짐은 그대들을 든든히 지원해줄 것입니다. 그대들은 통치자의 보살핌을 받을 자격이 충분하니 말입니다. 그대 선한 종복들이여, 용기를 냅시다! 반역자들과 당당히 맞섭시다! 그들을 두려워 맙시다! 짐은 그자들이 조금도 두렵지 않습니다!

준비 없이 즉석에서 발표한 그녀의 연설은 돋보이는 기백만큼이나 효과 만점이었다. 군중들은 모자를 공중으로 내던지고 눈물을 철철 쏟으면서 열렬한 환호로써 반응했다. 여왕에 대한 충정이 그녀가 택한 남편감에 대한 반감보다 훨씬 더 컸던 탓이다. 메리는 적절한 시기에 행동을 취함으로써 여론을 제 편으로 유리하게 이끌었다. 다음 날 아침, 2만에서 2만 5천의 지원병이 반군과 싸우겠다고 자청하고 나섰다.

"오, 신께서 이처럼 현명하신 군주를 내리시다니, 참으로 행복하구나!" 가디너는 감격에 겨워 소리쳤다.

르나르는 여왕처럼 확고부동한 의지를 지닌 여성은 처음이라며 탄복해서 말했다.

대략 7천으로 추산되는, 와이엇의 기대에 못 미치는 수치의 반군들은 런던을 향해 서서히 진군했다. 2월 3일 토요일에 서더크까지 진격한 와이엇은 시민들이 반군들이 템스 강을 건너오지 못하도록 런던 브리지를 파괴한 것을 보고 크게 낙망했다. 할 수 없이 그는 사흘간 서리 강변에 진지를 구축하고 병사들이 세인트 메리 오버리 수도원(지금의 서더크 성당)과 윈체스터 주교 궁을 약탈하도록 가만 내버려두었다. 너도나도 갑옷으로 무장하고 상점 문을 닫아걸고 모두 경계태세를 갖추라는 시장의 훈령에 따르느라 런던시내에는 일대 소동이 벌어졌다. 사자들이 도시 곳곳에서 여왕의 연설문을 낭독해서 시민들에게 용기를 불어넣어주었지만, 그럼에도 불구하고 곳곳이 아수라장이었다. 노인들은 놀라 갈팡질팡하고 여자들은 두려움에 떨며 훌쩍거렸다. 아이들과 처녀들은 갯벌의 게 마냥 집 안으로 숨어 들어가 문을 꽁꽁 걸어 잠갔다.

화이트홀에서는 무장한 수비대원들이 궁방을 철벽같이 수비하는 가운데 시녀들은 어찌할 바를 모른 채 울고불고 소리치며 비통한 나머지 양손을 쥐어뜯었다. 반면 여왕은 침착한 태도로 사태추이에 대해 모두 보고할 것을 명하고는 시종단에게 신께 의탁하라고 위로했다.

고문들은 강 건너 반군들에게 런던탑에 배치된 대포로 융단폭격을 가하자고 주청했지만 그녀는 서더크 지역의 무고한 백성들이 살상당하지 않을까 염려되어 이를 반대했다. 와이엇은 폭격을 우려해서 2월 6일에 부대를 상류지역인 킹스턴 쪽으로 이동시켰다. 그곳에서 템스 강을 건너서는 2월 7일 새벽에 강변 북로를 따라 행군해서 런던시내 성벽 외곽에 자리한 나이츠브리지와 타이번을 향해 나아갔다. 진군 소식이 화이트홀에 가닿으면서 지위고하를 막론하고 왕실 시종단 전원에게 즉각 무기가 배급되었다. 왕궁은 경악에 빠졌고, 추밀원은 여왕에게 어서 강을 이용해서 피신하라고 채근했다. 그녀는 남아서 마지막까지 지켜보겠다며 이를 한사코 거부했다.

그녀는 침실을 벗어나 회랑으로 가서는 창밖으로 홀바인 게이트를 내려다보며 궁 안의 소란스러운 소음, 문을 쾅쾅 여닫는 소리, 시녀들이 머리 잘린 닭처럼 아우성치며 우왕좌왕하는 소리로부터 등을 돌렸다. 한번은 직접 전투에 참가하고 싶다는 뜻을 피력하기도 했다.

반군 부대는 막힘없이 돌진하다가 세인트 제임스 공원에서 펨브로크 백작과 험프리 클린턴 경이 이끄는 기병대와 마주치면서 발목을 잡히고 말았다. 와이엇의 병사들은 지치고 굶주린데다가 양측 모두 싸우길 꺼려했다. 짧은 전초전을 치른 뒤 오합지졸들이 대거 부대를 이탈해 도주했지만 와이엇은 남은 소규모 잔류병들을 추슬러 차링 크로스를 향해 이를 악물고 진격했다. 애석하게도 그곳에는 존 게이지 부대가 떡 버티고 있어서 또 한 차례 치열한 드잡이를 벌여야 했다. 전투 중 반군 16명이 사망했다. 이제 포격 소리가 궁 안까지 들릴 정도로 반군 부대가 가까이 접근했다. 코트니는 게이지와 같이 있다가 전투가 시작되자마자 겁에 질린 단발마적인 비명을 지르며 꽁지가 빠져라 도망쳤다. "모든 게 끝났어!"

반군 하나가 화이트홀 궁문으로 접근해서 궁 안으로 화살을 쏘아 올렸을 때 공포심은 극에 달했다. 메리의 병사들이 여왕에게 급히 달려와 고했다. "여왕마마, 모든 게 끝났습니다! 속히 피하소서! 어서요!" 그녀는 안색하나 변하지 않은 채 그 자리에서 꼼짝도 하지 않았다.

그녀는 모두에게 말했다. "부지런히 기도하세요. 곧 좋은 소식을 듣게 될 겁니다."

와이엇 부대는 황량하게 버려진 플릿가를 따라서 러드게이트를 향해 진군하면서 저택의 문이 모조리 잠겨 있는 것을 보았다. 드디어 러드게이트에 도착했을 때 그곳이 철옹성처럼 막혀 있어서 퇴각하려는 찰나 경악스럽게도 대열 후미를 펨브로크 병사들이 떡하니 가로막았다. 펨브로크의 병사들은 템플 바까지 반군 부대를 추격해 오다가 퇴로를 차단시켜버린 것이다. 와이엇 부대는 그야말로 독 안에 든 생쥐 꼴이었다. 잔챙이들만으로 어찌 대부대에 대적할 수 있으랴! 무엇보다 런던 시민들은 패배자에게 싸늘하게 등을 돌리리라. 결국 와이엇이 백기를 들고 투항하면서 무장반란은 실패로 끝이 났다. 그는 자신의 부하들이 비참하게 체포되는 모습을 여인 숙 옆의 긴 의자에 풀죽은 채 앉아 지켜보았다. 그날 오후 5시에 와이엇은 런던탑으로 끌려가 벨타워에 감금되었다.

여왕 눈에는 마치 신께서 또 한 번 기적을 행하신 듯 보였다. 반면 뜨거운 맛을 제대로 본 추밀원 위원들과 르나르는 그녀가 등극하고 나서 지나치게 물렁하게 굴어서 역모가 일어난 거라고 지적했다. 이제는 마음을 독하게 먹고 백성들에게 자신이 결코 만만치 않은 존재임을 보여야 했다. 너그러움 때문에 아슬아슬한 벼랑 끝에 몰리지 않았던가! 메리는 이번에는 그네들의 충고를 새겨들었다. 다시는 반역자에게 자비를 베풀지 않으리라.

그녀는 르나르에게 단호히 말했다. "감히 역모를 꾀한 자들에게 법으로써 본때를 보일 것입니다. 내 왕국에서 이단은 절대 발붙이지 못합니다!" 그것은 오로지 그녀에 반하는 불순한 음모만을 만들어내기에 그러했다. 지금까지 주의하라 누차 경고했던 르나르는 태도를 바꾸어 이단자들을 보다 강력하게 처단하라고 촉구했다.

와이엇이 체포되자마자 여왕과 추밀원은 예비 반군 가담자들에게 본때를 보여주기 위해 반군 지도자들을 처형하기로 결정했다. 르나르는 왕국 차원에서 그러한 무시무시한 보복을 가할 계획이라는 것에 만족해했다. 그러면서 여왕에게 제인 그레이 부부 같은 반역의 싹들을 애초부터 뿌리 뽑으라고 조언했다. 이미 사형을 선고받은 이들은 살아 있는 한 여왕에게 눈엣가시가 될 터였다. 위원들도 같은 생각이었다. 서펙을 보라. 딸의 복위를 위해 와이엇을 지지하지 않았던가? 제인이 살아 있는 한 그녀의 존재 자체가 에스파냐 결혼을 위험에 빠뜨릴 것이다. 황제는 반역의 결과를 전해 들고는 다음과 같이 일갈했다. "여왕의 자비심을 강건히 담금질시키시오." 더불어 제인을 제거하기 전에는 펠리페를 잉글랜드에 보내지 않겠노라고 선언했다.

메리는 황제의 강경한 태도에 결국 두 손을 들었다. 그날 저녁 르나르는 황제에게 제인과 길퍼드가 이틀 후인 2월 9일에 처형당할 거라고, 하지만 여왕의 어리석은 자비를 고려할 때 실제 처형이 이루어질는지는 불투명하다고 보고했다. 예상과 달리 그가 이 보고서를 작성하는 순간에 메리는 이미 사형집행 영장에 서명하고 있었다. 그날 저녁 느지막이 사형수 부부는 운명을 맞을 채비를 갖추라는 소리를 들었다. 제인은 준비를 끝마쳤으며 비참한 생을 마감할 수 있어 기쁘다고 간결하게 반응했다. 그녀는 곧 올린 기도에서 스스로를 '가련하고 외로운 여자, 불행으로 가득하고 유혹으로 고통받고 오랜 투옥생활로 지칠 대로 지친 여자'로 묘사했다.

다음 날 메리는 웨스트민스터 대수도원장인 리처드 페커넘을 그녀에게 보내 가톨릭으로 개종하면 살려주겠다고 제안해보라고 했다. 노신사인 페커넘은 제인을 따뜻하게 대했는데, 이에 답하듯 제인 또한 전과 달리 그를 부드럽게 대했다. 첫 만남을 가진 뒤 그는 여왕을 만나 처형을 사흘 뒤로 미루어주십사 부탁했다. 그동안에 제인의 마음을 돌려놓을 수 있으리라 자신했기 때문이다. 메리는 기쁘게 이에 동의하면서 성공하면 제인의 목숨을 살려줄 거라고 했다.

하지만 제인은 절대 가톨릭을 받아들일 수 없어서 이미 최악에 대비하고 다음처럼 기도를 올렸다.

신이시여, 그대를 부인할 수 없나이다. 제게 방어의 강인한 성채를 주소서.
제 능력 이상의 고통을 주지 마옵소서. 제가 흔들리지 않도록 당신께 간구하옵니다.

패트리지의 집에서 그녀가 묵던 방에서는 타워그린이 한눈에 내다보였는데, 인부들이 그녀를 처형시킬 단두대를 설치하는 모습이 그녀의 눈에 들어왔다. 그녀는 떨리는 손으로 가족과 친구들에게 작별의 편지를 쓰기 시작했다. 그중 하나는 동생인 캐서린에게 보내는 것이었다.

> 내일 죽기 위해 오늘을 살라(죽음을 잘 맞으라는 의미—옮긴이). 속세를 거부하라. 악을 거부하고 육체를 경멸하라. 십자가를 짊어져라. 내가 그러하듯 내 시신을 매만지면서 기뻐하라. 내가 부패에서 벗어나 청렴함으로 옮겨가도록 도우라.
> 사랑하는 동생아, 이젠 안녕. 오로지 신만을 믿거라. 그분만이 널 지지해주실 거야.
>
> 사랑하는 언니, 제인 더들리가.

페커넘은 여왕의 선처 약속을 들고서 런던탑으로 급한 걸음으로 한달음에 달려왔지만 제인은 별반 달가워하지 않았다.

"목숨을 연장시키고 싶지 않아요. 물론 죽음을 혐오하며 여왕마마께서 살리고픈 마음이 있으시다면 기꺼이 따르겠습니다. 허나 속세의 삶이 싫어 그저 죽음만 기다릴 뿐입니다."

페커넘은 몹시 비감한 기분에 젖어 공개논쟁의 장을 마련해주면 마음이 바뀌겠느냐고 물었다.

"그런 논쟁은 죽는 게 아닌 살기 위한 데 더 어울리죠. 그냥 신의 품에서 편히 쉴 수 있도록 내버려두세요." 그녀가 대답했다.

대수도원장은 포기하지 않고 집요하게 그녀를 설득해서 런던탑 예배당에서 열리는 논쟁에 참여하도록 이끌었다. 예상했던 대로 제인은 논쟁의 장에서 제 신념을 끝까지 고집하는 바람에 페커넘은 결국 패배를 인정하고 말았다. 그녀는 그에게 말했다. "신이 당신 마음을 돌려놓지 못하시면 우린 절대 [천국에서] 만나지 못할 거예요." 그럼에도 불구하고 처형장까지 같이 가주겠다는 그의 제안은 흔쾌히 받아들였다. 그가 떠나고 나자 그녀는 쓰던 편지를 마저 끝내고 소지품을 처분한 뒤에 대중 앞에 마지막으로 서는 자리에 어울릴 만한 드레스를 골랐다. 모든 준비를 마치고는 경건한 기도를 올리면서 그 속에서 편안한 안식을 찾았다.

2월 10일에 헌팅턴 백작은 워릭셔 애스틀리에 위치한 서퍽 공작의 공원에서 그동안 쥐새끼처럼 용케 숨어 다니던 죄인을 드디어 찾아냈다. 공작은 속이 움푹 파인 고목 안에 몰래 들어가 있었는데 그 안에서 무려 이틀을 숨어 지냈다고 한다. 그가 숨은 장소를 밀고한 자는 바로 그를 감추어준 장본인이었다. 공작은 사시나무 떨 듯 몸을 바르르 떨면서 옷자락을 질질 끌고 헌팅턴의 발치까지 엉금엉금 기어와서는 푹 고꾸라졌다. 그는 곧장 반역죄인인 형제 2명과 함께 런던탑으로 이송되었다. 제임스 크로프츠를 포함한 나머지 반군 지도자들과 그 수하들 역시 당국에 의해 체포되었다.

죽음을 앞둔 서퍽은 그제야 무고한 딸을 학대한 자신을 때늦게 후회하면서 용서를 비는 애절한 편지를 보내기 시작했다. 제인은 이에 다음과 같이 답했다.

당신으로 인해 제 죽음이 앞당겨지는 것이 비록 신께는 기쁨이 될지 모르나 당신 손으로 제 목숨을 연장시켜주는 것이 마땅한 처사겠지요. 허나 이 비

루한 삶을 앞당겨 마감하는 것을 감사히 받아들이겠습니다. 무고함에 제 손
을 씻고 제 무고한 피가 신 앞에서 기뻐 운다면 크나큰 축복일 겁니다.

신이 당신을 지켜주사 부디 천국에서 다시 만나길.

죽을 때까지 당신의 순종적인 여식인 제인이.

그녀는 처형장까지 가져가려 마음먹었던 기도서의 한 구절을 인용해서
위로의 말을 건넸다. '주님의 위로가 함께하시길. 신께서 비록 두 자녀를
앗아가실지라도 결코 둘을 잃었다 생각지 마세요. 유한한 생명을 잃음으로
해서 무한한 생명을 얻을 테니까요. 속세에서 당신을 경배해온 저이기에
천국에서의 삶을 기원하겠습니다.'

런던탑 부감독관인 브리지스는 다정한 친구인 제인이 처형된다는 생각
에 크게 상심하며 그녀와의 추억 한 자락을 쓸쓸히 곱씹었다. 그녀는 자신
이 죽으면 벨벳 표지에 싸인 기도서를 고이 간직해달라고 당부했다. 부친
에게 보낸 마지막 서신에도 그를 위한 구절이 담겨 있다. '무릇 태어날 때
가 있으면 죽을 때도 있는 법, 죽음의 날이 탄생의 날보다 더 낫습니다. 신
께서 인정한 당신의 진정한 친구가.'

그녀가 처형장에서 발표할 연설문을 한창 작성하고 있을 때 돌연 브리
지스가 찾아왔다.

"여왕님께서 아내에게 마지막 작별인사를 전하고 싶다는 길퍼드의 청을
들어주셨습니다."

"남편 상태는 어떤가요?" 제인이 걱정스레 물었다.

"불운한 운명 앞에서 울부짖고 악담을 퍼붓고 거의 실신 상태입니다."
브리지스가 솔직히 밝혔다.

제인은 차라리 만나지 않는 편이 낫다고 판단해서 다음의 쪽지만 들려

보냈다. '이 슬픈 시간은 부디 잊어요. 우린 곧 더 나은 세상에서 만날 테니까요.' 그녀는 마지막 길을 가는 남편을 위로해주기 위해 왕족 이외의 죄인들을 처형하는 타워힐로 갈 때 곁에서 지켜보겠노라고 약속했다.

처형식은 2월 12일 오전 시간으로 잡혀 있었다. 처형식이 있기 전날 밤 제인은 밤을 새워 연설문을 신중히 작성했다.

내 육신이 정의로운 처결을 받는다면 신께서 내 영혼에 자비를 베풀어주실 겁니다. 죽음은 죄악을 저지른 육신에 고통을 안기겠지만 영혼은 신 앞에서 더없이 당당할 겁니다. 내 죄가 처벌받아 마땅하다면 내 젊음이, 내 무분별함이 죄라면 죄겠지요. 신과 후손들은 내게 더 큰 호의를 보일 겁니다.

다음 날 아침 일찍 여간수들이 찾아와서는 제인의 몸을 샅샅이 검사해서 임신 여부를 확인했다. 임신한 몸이라면 참수형은 면할 것이다. 다행인지 불행인지 모르나 그녀는 임신하지 않았다. 잠시 후 그녀는 재판 당시에 입었던 검은 드레스 차림으로 평소 좋아하던 창가 자리에 가서 그림처럼 서 있었다.

길퍼드는 신교 사제가 단두대까지 동행할 수 있도록 해달라고 청했지만 여왕은 이를 허락지 않았다. 많은 귀족들이 안됐어하며 고초를 겪는 그에게 용기를 줄 요량으로 처형장까지 동행했다. 비탄에 잠긴 젊은이는 눈물을 비 오듯 흘리며 타워힐로 걸어갔지만 막상 단두대 앞에 서자 침착함을 되찾았다. 그는 친구들과 악수를 나눈 뒤에 자신을 위해 기도를 해달라고 부탁했다. 이어 군중들에게 아주 짧은 연설을 하고는 곧장 무릎을 꿇고 마지막 기도를 올렸다. 내내 침착했던 그가 막혔던 둑이 뚫리듯 별안간 울음보를 터뜨렸다. "날 위해 기도해줘! 날 위해 기도해줘!" 눈가리개가 씌워지는 순간에도 그는 거듭거듭 이 말을 외쳤다. 그의 머리는 단 한 차례의 도끼날에 뎅강 잘려나갔다.

사형집행인은 다음 차례인 제인을 데려오기 위해 타워그린으로 돌아왔다. 무시무시한 지옥의 사자와 더불어, 잘려나간 남편의 몸뚱이가 피 묻은 시트에 덮이고 머리가 천에 둘둘 말린 채 마차에 실려 돌아오자 그녀는 경악으로 몸을 바들바들 떨었다. 그녀는 가련한 짐덩이를 매장하기 위해 세인트 피터 애드 빈쿨라 성당으로 향하는 마차가 창밖으로 지나가는 동안 눈물을 흘리며 숨죽여 한탄했다. "오, 길퍼드! 길퍼드! 오, 저리도 비참하게 죽다니!"

이제 제인의 차례였다. 그녀는 10시에 슬픔으로 그늘진 브리지스의 호송을 받으며 타워그린까지 그 짧은 거리를 걸어갔다. 가는 내내 벨벳 표지의 기도서를 읽었다. 군중들은 그녀가 보이는 침착함과 차분함에 깊은 인상을 받았다. 그녀를 뒤따르는 엘렌 부인과 틸니 부인이 미친 듯이 울어대는 모습과는 크게 대비되는 모습이었다. 페커넘은 그들 뒤를 따르면서 죽을 때까지 제인 곁을 지키겠다는 자신의 약속을 사내답게 지켰다.

일부 추밀원 위원과 고관대작들이 처형식을 관전하기 위해 삼삼오오 모여 서 있었다. 죄인은 검은 천을 드리운 단두대 위로 올라가 마지막 연설을 했다. "친애하는 여러분, 난 오늘 죽고자 이 자리에 나왔습니다. 법에 의해 사형을 선고받았죠. 여왕을 거역하는 것은 분명 반역입니다. 이를 흔쾌히 인정하면서, 또 내 죄와 욕망을 치유하면서 신과 선량한 그리스도인인 여러분들 앞에서 내 손을 무고함에 씻고자 합니다."

그녀는 고통에 못 이겨 양손을 세게 틀어쥔 채 계속 이어갔다. "참된 그리스도인으로 죽는 지금, 부디 그대들이 증언자가 되어주십시오. 내가 아직 살아 있는 동안에 그대들이 기도로써 힘을 주십시오."

순간 페커넘 쪽으로 몸을 돌리면서 그녀가 물었다. "이 시편 구절을 낭독해도 되겠습니까?"

그는 감정이 복받쳐서 한동안 대답하지 못했다. "그러시죠." 이윽고 그녀는 무릎을 꿇고는 시편 51장 19절을 최고로 경건한 마음으로 읊었다. "주여, 저를 불쌍히 여기소서."

이어 그녀는 자리를 털고 일어나 페커넘에게 작별의 입맞춤을 해주었다. "신께서 당신이 보인 배려에 충분히 보답해주시길. 그 배려는 지금 죽음이 날 떨게 만드는 것보다 더 날 괴롭히는군요." 한동안 두 사람은 손을 마주 잡고 서 있었다.

제인은 장갑과 손수건은 틸니 부인에게 그리고 기도서는 페커넘에게 건네주고서 거추장스러운 옷가지를 벗겨내고자 했다. 사형집행인이 도와주겠다고 나섰지만 그녀는 이를 즉각 제지했다. 그녀는 묵묵히 목에 두른 스카프를 벗어내고는 눈가리개로 사용할 '멋진 스카프'를 엘렌 부인으로부터 건네받았다. 곧 있어 사형집행인이 전통에 따라 무릎을 꿇고 죄인을 참수하는 데 대해 용서를 구하자 그녀는 기꺼운 마음으로 죄를 사해주었다.

사형집행인은 자신의 큰 덩치 때문에 제인의 시야에 가리어진 단두대가 제대로 보일 수 있도록 몸을 옆으로 조금 움직인 다음에 죄인에게 단두대 중앙에 가서 서도록 했다.

"가능한 한 신속히 처리해주세요." 그녀는 단두대 앞에 무릎을 꿇으면서 걱정스럽게 청했다. "제대로 엎드린 다음에 가리개를 씌우면 안 될까요?"

"안 됩니다."

제인은 별 수 없이 가리개를 동여매고 나서 앞이 보이지 않은 가운데 손으로 더듬더듬 단두대 받침을 찾았다. 아무것도 손에 잡히는 것이 없었다.

"어떡하죠?……대체 어디 있는 거예요?" 그녀가 절망적으로 허공에서 팔을 흔드는 동안 누구 하나 도와주는 이가 없었다. 그때 이를 안쓰러워하던 구경꾼 하나가 그녀의 손을 잡아 받침대로 이끌어주었다. 그녀는 그 위에 서툴게 목을 올려놓고는 몸을 길게 늘어뜨린 채 도끼날이 내려오기만을 기다렸다.

"주여, 당신 손에 제 영혼을 맡깁니다." 이것이 그녀의 마지막 외침이었다. 프랑스 대사에 따르면, 도끼날이 가녀린 목을 내리친 순간 그녀의 시신에서 엄청난 양의 시뻘건 피가 뿜어져 나와 사방에 튀었다고 한다.

사형집행인은 잘려나간 머리를 공중에 집어 들고는 천둥차듯 소리쳤다. "여왕의 적들은 모두 이같이 될 것이다! 보라, 이 반역자의 머리를!"

그날 느지막이 군중들이 모두 뿔뿔이 흩어진 뒤에 제인의 시종들은 처참한 안주인의 시신을 거두어 세인트 피터 애드 빈쿨라 성당에 안장시켰다. 그녀는 단두대에서 생을 마감한 전직 여왕들인 앤 불린과 캐서린 하워드 사이에 뼈를 묻었다. 근처에는 서머싯과 더들리의 시신이 안치되었는데, 아이러니하게도 사내들의 야망의 희생양이 된 제인은 그 덕에 순교자 반열에 올랐다. 몇백 년의 세월이 흐른 뒤 빅토리아 시대 사가인 맥컬리 경은 이곳을 '지상에서 가장 슬픈 장소'로 불렀다.

4장   엄청난 의심을 받는 나

반란이 진압되면서 여왕과 위원들은 엘리자베스의 행태에 대해 진지하게 고려해볼 여유가 생겼다. 2월 9일에 그들은 윌리엄 하워드, 에드워드 해스팅스, 토머스 콘월리스 이렇게 세 위원과 왕실 주치의인 토머스 웬디 박사와 조지 오언 박사를 애슈리지로 보내서 공주가 실제 본인이 주장하듯 몸이 아픈지 확인해보도록 했다. 여왕과 추밀원은 엘리자베스가 와이엇의 반역에 공모했다고 믿었기에 의사들에게 명해서 그녀들의 전문적 소견에 따라 그녀가 이동해도 무방하다면 여왕이 보낸 가마에 태워 입궐시키라고 했다. 르나르가 엘리자베스가 코트니의 아이를 임신했다고 의심하는 동안 프랑스 대사는 메리가 그녀를 독살하려 했다는 헛소문을 퍼뜨리고 다녔다.

애슈리지에 도착하자마자 의사들은 엘리자베스를 검진하고는 다음과 같이 진단했다. "신염으로 인한 수종에 걸렸지만 그래도 이동에는 아무 문제없습니다."

공주는 이에 대답했다. "기꺼이 가겠지만 몸이 이 지경이니……목숨 걸고 여행할 수는 없잖습니까! 몸이 조금이라도 회복될 때까지 며칠 여유를 주세요."

"엄살은 안 통합니다."

결국 그녀는 코뚜레 꿰인 송아지처럼 2월 12일에 궁으로 떠나는 것에 억지로 동의했다.

엘리자베스가 런던행을 한사코 꺼려하는 데는 그럴 만한 까닭이 있었다. 여왕은 당시 제인 그레이를 처리했듯이 공주를 하루속히 처리하라는 압박을 계속해서 받고 있었다. 르나르는 2개의 모가지(엘리자베스와 코트니)가 더 떨어지기 전에는 절대 편히 발 뻗고 잘 수 없노라고 쉼 없이 주청했다. "둘은 왕국에 분란을 일으킬 최고의 주적들입니다. 정의가 실현되도록 결연히 나서십시오. 이 반역자들이 말끔히 제거되면 더 이상 왕위를 잃을까 걱정 않으셔도 됩니다."

가디너 역시 '치명적인 자들'의 목을 베는 것이 왕국의 이해에 도움이된다고 공개적으로 설교하고 나서 메리에게 압박을 가했다. 공주가 와이엇의 역모에 연루되었다는 자백을 받아내려면 그를 더욱 엄중히 문초해야 한다고 주장했다. 역모에 몰래 가담했음에도 불구하고 요행히 여왕의 감시망에서 벗어난 프랑스 대사는 공주나 코트니 누구도 역모에 가담한 적이 없노라고 완강히 주장했다.

반면 어수룩한 코트니는 쉽사리 덫으로 몰아갈 수 있었다. 와이엇의 부대가 런던으로 진격해 들어오는 것을 막지 못했다는 과실을 물어 엄중 문책할 수 있기에 그러했다. 코트니는 군사훈련을 받은 경험이 없기에 다소불공평한 처사였지만 그를 안전하게 감옥에 집어넣는 데는 도움이 되었다.

2월 12일에 제인의 머리가 잘려나간 지 불과 30분 만에 코트니가 세인트 토머스 타워(지금의 '반역자의 문') 아래 비밀 문을 통해 런던탑으로 이송되었다. 그는 그 옛날 오랜 수감생활을 했던 벨타워에 또다시 갇히는 신세가 되었다. 추밀원을 대표해서 로버트 사우스웰 경이 그를 다섯 차례나 심문했고, 와이엇과 직접 대면하는 기회도 가졌다. 그가 인정한 부분은 자신의 시종 하나가 허락 없이 프랑스에 갔다는 사실뿐이었다. 그가 체포되고나서 모친인 엑서터 후작부인은 궁에서 추방되었고, 3월 3일에 코트니는 세인트 토머스 타워에 이감되었다.

같은 날 오전 9시에 엘리자베스와 수행단은 드디어 애슈리지를 출발했다. 집을 떠날 당시 공주는 너무 매가리가 없고 허약해서 서너 번 졸도 직전가지 갔지만 어찌어찌 가마에 올라타기는 했다. 추밀원 위원 셋은 그녀를 공주로서 예우해주어서 아주 느릿느릿 말을 몰아 하루에 10~11킬로미터 정도만 행렬을 전진시키도록 했다. 그럼에도 불구하고 엘리자베스는 가는 도중 몇 차례나 중태에 빠졌고, 프랑스 대사는 후일 그녀가 어찌나 위중했는지 목숨이 간당간당할 지경이었다는 소리를 들었다.

2월 21일에 수행단은 런던 북쪽 언덕배기에 자리한 하이게이트에 사는 촘리의 집에 하룻밤 묵었다가 22일에 시내를 향해 나아가기 시작했다. 그날 아침 백지장처럼 창백한 안색을 가리기 위해 엘리자베스는 신중하게 흰색 드레스로 골라 입었다. 그럼에도 불구하고 드리웠던 가마의 커튼을 올렸을 때 모여든 군중들은 그녀가 얼마나 아픈지 생생히 목격할 수 있었다. 이날 몰골이 말이 아니었다고 프랑스 대사는 보고했다. 몸통은 물론 얼굴까지 복어처럼 퉁퉁 부어올라서 사람들에게 제대로 미소조차 지어보일 수 없었다. 르나르는 미소 없는 얼굴표정에 대해 그녀가 푸대접 받는 치욕감을 감추고자 일부러 당당하고 고상하고 담대한 척하는 거라고 풀이했다.

대사는 그녀가 양심의 가책 때문에 몸이 아프게 된 거라고 생각했다.

화이트홀에 도착했을 때는 그녀를 모시던 시종 대부분이 이미 해고된 상태였다. 그녀는 여왕을 알현하고 싶다고 청했지만 그녀가 최근 보인 행동과 관련해서 추밀원의 추국을 받기 전까지는 만나지 않겠노라는 답만 들었다. 현재로서는 왕궁 한구석에 자리한 거처에서 삼엄한 감시를 받으며 근신하며 지내야 했다. 그녀의 침실 위층에는 사촌이자 레녹스 백작부인인 마거릿 더글러스가 기거했다. 그녀는 헨리 8세의 누이인 스코틀랜드 메리 여왕의 딸이기도 했다. 애석하게도 그녀가 그 방을 주방으로 개조하는 바람에 공주는 땔감 내려놓는 소리, 그릇 달그락거리는 소리에 밤낮으로 시달려야 했다. 이즈음 메리가 헨리 8세의 유언을 무시하고 백작부인을 자신의 후계자로 지명할 거라는 소문이 돌았다. 마거릿은 왕위에 눈독을 들이고 틈만 나면 엘리자베스를 메리에게 밉보이게 하려 했다. 공주의 죄를 확인시켜줄 만한 소문이란 소문은 죄다 물어다주었다.

반역의 말로는 처참했다. 2월 14일에 반군 45명이 교수형을 당했다. 다음 날에는 서더크에서 더 많은 반군들이 고초를 겪었다. 곧이어 죄수 30명을 백성들에게 본보기를 보여주고자 켄트로 끌고 갔는데 일부는 가는 도중에 사면되었다. 모두 합해서 100명 이상의 역모자가 처형을 당했다. 여왕은 그네들의 시신을 치우지 말고 그대로 길모퉁이마다 교수대에 걸어 두도록 했다. 머지않아 런던 시민들은 처참한 광경에서 눈길을 돌리고 시신이 썩어가는 악취를 피하기 위해 숨을 참고 지나다녀야 했다. 성문 위에는 잘려나간 목과 사지가 흉측하게 걸려 있었다. 반면 특별한 경우에서는 아량을 베풀었다. 400명의 반군 아내들이 남편을 구명해달라고 읍소했을 때 여왕은 그네들에게 관대한 처분을 내렸다. 목에 밧줄을 두른 죄인들은 화이트홀 궁의 뜰로 불려나와 여왕으로부터 사면을 받았다. 사람들의 예상과 달리 와이엇의 아내인 제인 와이엇까지도 여왕의 은덕을 입었다.

와이엇의 부대원 대부분이 실상 아무런 해코지도 입지 않고 집으로 돌아갔다. 공모 혐의가 있는 귀족들은 투옥되었는데, 거기에는 제임스 크로프츠와 앤트워프에서 체포되어 고깃배로 잉글랜드로 되돌려 보내진 피터 커루도 끼어 있었다. 그는 런던탑에서 옥살이를 하다가 1556년에 석방되었다.

2월 15일에 메리는 의기양양해하며 반역을 성공적으로 제압했다고 황제에게 알렸다. '이로써 에스파냐와의 혼인동맹으로 이뤄내는 것보다 더욱 더 공고히 통치를 다질 수 있으며, 일벌백계로써 왕국은 더욱 투명하게 정화될 것입니다."

르나르는 펠리페에게 잉글랜드 내의 일련의 소요 사태에 대해 전하면서 종교 문제를 둘러싼 그저 미미한 다툼일 뿐이라고 애써 축소시켰다. 펠리페가 혼인협약을 체결한 이후 메리와 전혀 연락을 취하지 않고 있다는 사실을 알고서 잉글랜드가 에스파냐인들에게 완벽하게 안전한 땅이라고 힘주어 강조했다.

황태자는 잉글랜드에 오기 위한 준비를 본격화해서 2월 초순에 라 코루냐에 함대를 집결시키고 수행단을 꾸리기 시작했다. 3천 명의 대신들과 1천 5백 마리의 노새, 60척의 선박을 이끌고 갈 예정이었는데, 부친인 황제가 서두르라고 하도 성화를 해대는 바람에 대규모 수행단의 꿈은 접어야 했다. 그는 최근 건조된 선박들이 바닷길 항해가 가능한 대로 잉글랜드로 건너갈 계획이라면서 꼭 필요한 인원만 데려가겠다고 부친에게 약속했다.

잉글랜드인들에게 모든 것을 의탁한다는 사실을 보여주고, 또 같은 나라 백성인 듯 친밀한 호의를 얻으려면 그쪽 시종들의 보살핌을 받는 것이 유리했기 때문이다. 이런 와중에 그는 부친으로부터 와이엇이 역모를 꾀한 진짜 이유를 전해 듣고는 잉글랜드로 출발하는 일이 시들해졌다.

이 결혼을 재고하라고 조언하는 이들은 많았다. 서른여덟 번째 생일인 2월 16일에 메리는 폴 추기경의 최고비서관인 윌리엄 피토로부터 결혼계획을 접으라고 권유하는 김빠지는 편지 한 통을 받았다. '남편 밑으로 들어가 그의 종으로 전락하고 말 겁니다. 또 연세가 많으셔서 후사를 잉태하시게 되면 목숨이 위태로울 수 있습니다.'

르나르조차 젊은 황태자의 안위가 더없이 염려되어 가을까지 출발을 미루십사 조언하면서 속으로는 이 혼사를 재고해보길 간절히 바랐다. 주위의 모든 부정적인 예상에도 불구하고 메리는 부활절이 끝나자마자 식을 올릴 결심이었다.

2월 17일에 서퍽은 역모에 개입했다는 죄목으로 사형을 선고받았다가 엿새 뒤에 타워힐에서 참수형을 당했다. 톱밥 위로 떨어져 나간 그의 잘려나간 모가지는 타닌산으로 방부 처리되어 이후 4백 년 동안 완벽하게 보존되었다. 제2차 세계대전까지는 세간의 호기심의 대상이었다가 나중에 런던 앨드게이트에 소재한 세인트 보톨프 교회에 매장되었다. 남은 사체는 죽던 날 바로 세인트 피터 애드 빈쿨라 성당에 안치되었다.

제인의 여동생인 캐서린 그레이는 펨브로크 아들과의 혼인이 무효화되면서 여왕의 배려로 궁으로 들어갔다. 여왕은 연간 80파운드의 수당을 안겨주면서 그녀의 곱사등이 동생인 메리 그레이도 함께 들어와 살도록 허락했다. 이로 인해 캐서린이 엘리자베스 대신 메리의 후계자로 들어앉을 거라는 추측이 무성했다. 신교도들은 이를 무척이나 반겼는데 캐서린이 정통 신교도였기 때문이다. 머지않아 그녀가 가톨릭으로 개종할지 모른다는 소문이 돌면서 개종을 설득한 이들은 스코틀랜드 메리 여왕이나 마거릿 더글러스 같은 가톨릭 후계자들보다 그녀를 우선순위로 삼는다고 선언했다. 프랑스와 스코틀랜드가 내정에 간섭하는 것이 지독히도 싫었기 때문이다.

3월 9일, 서퍽 공작이 처형된 지 한 달도 채 지나지 않아 공작부인인 프랜시스는 재혼을 해서 세간을 떠들썩하게 했다. 신랑은 그야말로 돈도 없고 빽도 없는 사복시 장관인 애드리언 스톡스였다. 그는 왕족인 신부에게 턱없이 기우는 짝일 뿐 아니라 스물한 살 나이어서 그녀가 곱절이나 연상이었다. 프랜시스는 임신해서 배가 불러 있던 참이라 서둘러 식을 올려야 했는데, 그해 말에 그녀는 딸 엘리자베스를 낳았으나 일찍 여의고 말았다.

여왕은 신혼부부는 궁으로 받아들였지만 보호하고 있던 손위 두 딸은 재력가 미망인인 서머싯 공작부인의 보호 아래 두도록 한워스로 보냈다. 캐서린은 이곳에서 공작부인의 아들인 하트퍼드 경과 눈이 맞아 후일 비밀스럽게 백년가약을 맺었다. 프랜시스는 나중에 아들 둘을 더 낳았지만 1559년에 모두 사망해서 웨스트민스터 사원에 묻혔다.

3월 6일에 화이트홀에서 대리약혼식을 올리는 것을 공식 승인한 것 외에 펠리페로부터는 소식 한 자 없었다. 대리약혼식을 치르기 위해 건너온 에그몬트 백작은 추밀원 위원 모두가 참석한 가운데 의식 집전자인 가디너 주교 앞에 신랑을 대신해서 메리 곁에 무릎을 꿇고 앉았다. 여왕은 무릎 꿇은 채 육욕이 아닌 왕국의 명예와 번성을 위해 올리는 황태자와의 혼인에서 신이 증거자가 되어주길 기도로써 간구했다. 참석자들에게 신이 결혼을 완성시켜주는 은총을 내려주길, 이 결합을 기쁜 마음으로 보아주길 기도해 달라고 청했다. 에그몬트 백작은 이어 여왕의 손가락에 황제가 보내준 반지를 끼워주었는데, 여왕은 기쁜 낯으로 그것을 받아 들더니 위원들에게 자랑하듯 내보였다. 약혼은 두 왕국을 하나로 묶어주는 경사스러운 일로 여겨졌다.

한편 추밀원은 엘리자베스가 역모에 연루되었다는 증거를 찾아내고자 기를 쓰고 달려들었다. 제임스 크로프츠의 비서관인 존 본은 옛 상전을 혀를 내두를 만큼 철저히 추국했지만 결국 빈손으로 물러나야 했다. 2월 25일에 와이엇 역시 본에게서 고문이 가미된 심문을 받았지만 죄인의 입에서는 공주와 내통했다는 자백이 좀체 흘러나오지 않았다. 고문대(나무 또는 철로 만든 틀로 도르래를 이용해서 죄인의 몸을 견디기 힘들 정도로 잡아 늘여 고문함.-옮긴이) 위에서 몇 차례 고통스런 고문을 당한 뒤에야 와이엇은 겨우 죄상을 실토했다. 그녀와 두 번 접촉했는데 한 번은 안전을 위해 런던을 떠나라고 경고했으며, 또 한 번은 자신이 서더크에 도착했음을 알리기 위해서였다고 했다. 처음 경우에 공주는 윌리엄 세인트로를 보내 감사를 표하면서 자신이 옳다고 믿는 바대로 행동할 거라고 전하라 했다고 한다. 세인트로는 그러한 일은 없었다고 완강히 부인하면서 자신은 신과 여왕 앞에서 결백하다고 핏대 세워 주장했다. 반군 지도자의 하나인 러셀은 와이엇에게서 받은 편지를 엘리자베스에게 전해 주었다고 자백했지만 편지는 발견되지 않았고 그녀가 편지에 답했다는 증거도 없었다.

3월 1일에 르나르는 크로프츠가 프랑스 대사가 이단자들과 반군들과 역모를 꾀했다고 실토했다고 보고했지만, 그의 행랑에서 발견된 편지만으로 엘리자베스가 대사와 공모했다고 단정 지을 수는 없었다. 3월 15일에 유죄 판결을 받았을 때 와이엇은 이미 자백한 사실 외에 공주와 관련된 더 이상의 얘기는 털어놓지 않았다. 다만 자신은 반군 서열에서 네다섯 번째이며 우두머리는 코트니라고 주장했다.

연루되었다는 증거가 없기에 엘리자베스를 재판정에 세울 수는 없었지만 르나르는 왜 메리와 추밀원이 그처럼 애써 확실한 증거를 찾으려 드는지 도무지 이해할 수가 없었다. 그녀는 와이엇에 의해 혐의가 드러났고, 프랑스 대사의 편지들 속에 그 이름이 언급되었으며, 위원들 또한 죄를 의심하고 있었다. 그녀와 연루된 뭔가가 진행되었음은 분명하다. 이번 기회에 그녀와 코트니를 벌하지 않으면 여왕의 안위는 절대 안전하지 못하다고 그는 주장했다. 실망스럽게도 그는 잉글랜드 의회가 제정한 법에서는 직접적인 행동에 나서지 않는 한 반역 혐의자들에게 중형을 내릴 수 없음을 알게 되었다. 그가 보기에 누군가, 가디너로 추정되지만, 엘리자베스와 코트니를 구하기 위해 일부러 태만하게 대처하는 듯이 보였다.

솔직히 가디너는 여왕에게 엘리자베스를 법정에 세우라고 끊임없이 촉구하면서도 친자식 같은 코트니를 보호하느라 고민이 이만저만이 아니었다. 한 사람을 기소하면 줄줄이 죄상이 드러나게 될 것이었다. 그럼에도 불구하고 대법관은 엘리자베스를 제거해야 한다는 생각에는 변함이 없었다.

"그녀가 살아 있는 한 왕국은 절대 평화로울 수 없습니다." 그는 르나르에게 말했다.

메리 역시 같은 심정이었다. "동생 성격은 내 추측 그대로더군요." 그녀는 르나르에게 비통하게 말했다. 당장이라도 엘리자베스를 반역죄로 기소하고 싶었지만 이 단계에서 그녀를 법정에 세워 물고를 내는 것은 그리 바람직하지 않다고 보았다. 패짓을 비롯한 일부 위원들이 그렇게 되면 또 다른 역모의 피바람이 불어올 거라고 경고했던 것이다. 결국 여왕과 추밀원은 엘리자베스의 죄를 확신하면서 그녀를 어떻게 처리할지를 놓고 열띤 논쟁을 벌였다. 일부는 공주를 가택연금 하자고 제안했지만 누구도 위험한 시한폭탄을 제 집에 들이려 하지 않아서 이 생각은 곧 접게 되었다.

3월 중순경에도 추밀원 내의 의견은 여전히 팽팽하게 갈려 도무지 해결책이 나오지 않았다. 여왕은 런던을 떠나 잠시 옥스퍼드에 머물 예정이었기에 서둘러 엘리자베스를 안전한 곳에 묶어두고자 했다. 나쁜 짓을 꾸밀 엄두도 못 낼 그런 곳에 말이다. 가디너는 런던탑에 가두고서 보다 강도 높게 취조하라고 촉구했지만 이 제안은 극단적인 분열만 일으켰다. 다수는 메리가 결혼하고 나서 오래 살지 못할 것이고 그때가 되면 엘리자베스가 여왕 자리에 오를 것이기에 주저했다. 그때가 되면 공주는 자신을 학대한 무뢰배들을 과연 어떻게 처리할까? 하지만 판단력이 뛰어나고 저돌적인 가디너가 결국 승리의 나팔을 불었다. 엘리자베스를 공정하게 다루겠다고 설득해서 결국 여왕의 동의를 이끌어낸 것이다. 16일에 르나르는 엘리자베스의 운명이 결정되었다는 소식을 흡족한 마음으로 들었다.

그 주 금요일에 공주는 대법관을 위시해서 19명의 위원으로 구성된 대표단의 방문을 받았는데, 이들은 그녀가 와이엇이 이끄는 역모에 개입했는지를 놓고 강도 높게 추국했다. 가디너는 유죄를 인정하고 여왕의 선처를 구하지 않으면 최악의 형벌을 받게 될 거라고 경고했다. 엘리자베스는 죄가 될 만한 일은 한 적이 없다고 완강히 부인하면서 저지르지도 않은 일에 대해 선처를 구하지는 않을 거라고 했다. 무죄를 입증하려면 여왕과 직접 대면하는 길 밖에 없다고 판단한 그녀는 여왕을 알현할 것을 청했지만 메리가 곧 런던을 떠날 예정이라는 소리만 들었다.

그녀는 강도 높은 심문이 진행될 동안 런던탑에 가두어 두는 게 좋겠다는 여왕의 명을 경악하며 전해 들었다. 상상할 수 있는 최악의 형벌이었다.

모친 역시 그 음습한 성채에 갇혀 모진 고초를 겪다가 끔찍한 죽음을 맞지 않았던가! 나 역시 투옥되면 비슷한 길을 걷고 말리라! 제인 그레이와 길퍼드 더들리, 서픽의 죽음은 그저 나의 죽음을 예고하는 전주곡에 불과했어……. 엘리자베스는 맹렬히 그리고 다소 절망적으로 자신은 무죄라 주장하면서 와이엇과의 연루설을 극구 부인했다. "여왕 폐하께서 설마 그처럼 악명 높은 곳으로 보내시진 않겠지요? 보다 너그럽게 대하시리라 믿습니다."

위원들은 어떤 확답도 해줄 수가 없어서 그저 모자를 푹 눌러쓴 채 인사를 하고 서둘러 방을 나갔다. 그로부터 한 시간 후 위원 넷이 다시 돌아와서는 공주의 시종들을 해고하고 그 자리에 공주를 지키고 보호해줄 믿을 만한 왕실 시종 여섯을 앉힌다고 통보했다. 그날 밤 화이트홀 정원에는 흰 코트를 입은 1백 명의 병사들이 구석구석 배치되어 철통같이 수비했다. 대형 홀에서는 거대한 모닥불이 활활 타오르는 가운데 윈체스터 후작과 서식스 백작에게 다음 날 공주를 런던탑으로 호송하라는 중대 임무가 떨어졌다.

3월 17일 토요일 오전에 두 위원은 엘리자베스의 처소로 찾아가서 선박이 대기 중이니 어서 런던탑으로 떠나자고 재촉했다. 물때에 맞추어 서둘러 그녀를 데려가야 했기 때문이다. 실상 추밀원에서 아직 의견통일을 보지 못했기에 그녀에 대한 기소는 없었다. 엘리자베스는 눈에 띄게 당황하면서 조금이라도 시간을 지체시키고자 다음 밀물 때까지 기다리자고 간청했다. 그렇게 되면 시간을 하루 더 벌 수 있으리라. 여왕과의 접견 요청이 그러했듯이 이번의 요청 역시 거부당했다. 그녀는 그렇다면 런던탑으로 가기 전에 여왕에게 편지를 한 통 써도 되는지 물었다. 윈체스터는 득보다는 해가 클 거라 판단되어서 그런 일을 함부로 허락할 수 없노라고 딱 잘랐다.

하지만 서식스는 언젠가 여왕이 될지도 모를 사람을 상대한다는 생각에서 그녀 앞에 무릎을 꿇고서 다음과 같이 말했다. "공주님의 심정을 편지에 쓰시도록 허락하겠습니다. 그 편지를 여왕님께 전해 주고 답장을 청해보겠습니다." 곧 펜과 종이를 대령시키자마자 공주는 자리에 앉아 쓰기에 최고로 어려운 편지를 쓰기 시작했다.

군주의 지엄하신 말씀은 그 어떤 맹세보다 중요하다는 옛말이 있습니다. 가장 겸허히 청하건대 부디 그 어떤 자백이나 마땅한 물증 없이는 벌주지 않을 거라는, 당신의 마지막 약속이자 제 마지막 부탁을 손수 입증해 보여주세요. 전 폐하가 보내신 사람들 손에 끌려 아무 이유 없이 런던탑으로 가게 생겼습니다. 참된 종복이 아닌 거짓된 역모자에게나 어울리는 그곳으로 말입니다. 전 그곳에 끌려갈 이유가 전혀 없지만 모두들 그것이 마땅하다 여기고 있습니다.

제 진실을 가늠해주실 신 앞에 단연코 맹세할 수 있습니다. 어떤 역모행위가 벌어졌든 간에 전 폐하가 의심할 만한 일, 왕국을 위험에 빠뜨릴 일을 직접 행하거나 모의하거나 승낙한 적이 결코 없습니다. 간절히 청하오니, 추밀원 손에 절 맡기지 마시고 외람되오나 폐하 앞에서 직접 해명케 허락해주시옵소서. 그것이 가능하다면 런던탑으로 기꺼이 가겠습니다. 가능하지 않다면 전 부당한 벌을 받는 셈이 되겠지요. 부디 제 무죄가 드러나기도 전에 부당하게 벌 받게 내버려두지 마세요. 폐하의 양심이 좀더 나은 방법을 택하시도록 이끌어주길 빌고 또 빌 뿐입니다. 군주 앞에 직접 해명하고 싶어했던 버림받은 자들의 얘길 무수히 들었습니다. 과거 서머싯 경으로부터 동생이 죽기 전 직접 대면하고 싶었으나 주위의 완강한 설득에 넘어가 제독이 살아 있는 한 목숨을 보전할 수 없다고 굳게 믿게 되었고, 그 결과 동생의 사형영장에 서명하게 되었다는 얘기를 들은 적이 있습니다. 감히 이를 폐하와 견줄 수는 없으나 부디 사악한 설득에 넘어가 가련한 동생과 등지지는 말아주십시오. 잘못된 정보를 듣고 설득하는 것이니까요. 다시 한 번 마음으로 겸허히 무릎 꿇고 비나니, 폐하 앞에서 직접 해명할 수 있는 기회를 주세요. 스스로 결백함을 자신하지 못한다면 감히 이런 바람을 가질 수는 없을 겁니다. 반역자 와이엇이 뜬금없이 편지를 한 통 보낸 적이 있지만 맹세코 다른 어떤 것에서 그와 얽힌 적은 한 번도 없습니다. 프랑스 대사의 경우 제가 전언이나 밀서, 또는 그 어떤 증표를 그에게 보낸 적이 있다면 신께서 영원한 저주를 내리셔도 달게 받겠습니다. 목숨을 걸고 이 진실을 지켜나가겠습니다.

편지를 써내려가는 동안 엘리자베스는 서서히 자제력을 잃어갔다. 쓰고 지우고 고치고 하는 과정에서 어쩔 수 없이 그녀가 현재 느끼는 감정이 고스란히 드러났던 것이다. 그녀는 이윽고 서명할 자리에서 잠시 손길을 멈추었다. 지금 이곳에 서명을 하면 적수들이 본문과 서명 사이의 빈 공간에 죄의 진술을 덧붙여 써넣어 결국 파멸로 이끌어가리라. 그녀는 이런 불상사에 대비해서 공란에 사선을 여러 줄 죽죽 그은 다음에 마무리 인사를 했다. "폐하로부터 오로지 답변 한마디만을 겸허히 바랄 뿐입니다. 처음부터 끝까지 폐하의 가장 신실한 종복인 엘리자베스가."

편지 쓰기가 끝나기만을 기다리던 위원들은 시간이 어느새 흘러 그만 밀물 때를 놓친 사실을 깨달았다. 템스 강의 수위가 낮아져서 배를 이용해서 런던 브리지를 받쳐주는 교각 사이를 건너는 것은 지극히 위험했다. 다음 밀물 때는 자정에 있을 예정이지만, 신교도들이 공주를 구하기 위해 행동에 나설 경우 어둠 속에서 죄수를 옮기는 것은 기름을 지고 불길에 뛰어드는 격이었다. 윈체스터와 서식스는 결국 다음 날 아침까지 기다리기로 했는데 때마침 그날은 종려주일(부활절 직전의 일요일-옮긴이)이었다. 엘리자베스를 지지하는 시위대를 피하기 위해서 사람들이 교회에 간 이후에 건너가기로 했다.

엘리자베스는 편지를 마무리 지은 뒤에 서식스의 손에 넘겨주었다. 그는 즉시 여왕에게 달려가 편지를 전했는데, 밀물 때를 놓쳤다는 소식에 이미 발끈해 있던 터라 여왕은 편지를 아예 거들떠보지도 않았다.

"내 아버지셨다면 절대 용납지 못할 일이야!" 그녀는 놀라 움찔하는 서식스를 향해 소리쳤다. "단 한 달만이라도 다시 살아오셔서 이 변변찮은 위원들을 따끔하게 혼쭐내주시면 좋으련만!"

다음 날 아침 9시, 빗줄기가 억수같이 쏟아지는 가운데 서식스와 윈체스터는 엘리자베스에게 달려가서 여왕이 면담요청을 거부했다는 소식을 전했다. 배가 대기 중이니 강을 이용해서 런던탑으로 가자고 했다.

"주님의 뜻에 맡길 수밖에요. 달리 방책이 없다면 그냥 감수해야겠지요." 말은 이렇게 했지만 서둘러 왕실정원을 빠져나가 나루터 계단을 내려가는 동안 그녀는 내내 고개를 돌려 뒤를 흘끔거렸다. 행여 여왕이 창가에 서 있다가 자신을 발견하기만을 바랄 뿐이었다.

"신께서 무죄임을 인정한 날 가두다니, 참으로 고상하기 그지없군요!" 그녀가 냉소적으로 비꼬았다. 서식스는 일부 위원들이 그녀가 겪는 고초를 심히 애석해한다고 전하면서 살아서 이런 비극을 지켜보는 것을 자못 유감스러워했다.

엘리자베스와 동행하는 여왕 시녀 셋과 그녀의 시녀 셋, 의전관 하나, 시종 둘은 배에 올라타서 비를 피하고자 서둘러 선실로 들어갔다. 물살이 어찌나 거센지 런던 브리지를 지나는 동안 자그마한 배는 심하게 요동치며 전복하기 일보 직전이었다. 드디어 배가 런던탑의 비밀문에 서서히 접근했을 때 엘리자베스가 바짝 긴장한 얼굴로 선실 밖으로 나와서는 윈체스터와 서식스에게 다른 문을 통해 들어가게 해달라고 부탁했다. 많은 죄수들이 이 문을 통해 들어갔다가 다시는 살아나오지 못했기 때문이다. "이 문은 공주 신분에 어울리지 않는다고요!" 위원들이 뉘 집 개가 짖느냐는 식으로 들은 척도 않자 그녀는 약이 바짝 올라서 부루퉁했다. 윈체스터가 공주의 몸이 비에 흠뻑 젖는 것을 보고 자신의 외투를 건네주었을 때도 이를 거칠게 뿌리쳤다.

나루터 계단에는 런던탑 부감독관인 브리지스가 손수 죄인을 인도하기 위해 수비대원들과 함께 대기하고 있었다. 엘리자베스는 시종들이 모두 배에서 내린 뒤에도 엉덩이를 붙이고 앉아 신발이 젖을 거라고 불평해대면서 수비대원들을 매섭게 흘겨보았다. 보다 못한 윈체스터가 고집불통인 그녀에게 다가가 그들 말을 고분고분 따르는 게 좋을 거라고 조언했다.

결국 엘리자베스는 미적미적 계단 쪽으로 한 발짝 내디디면서 소리쳤다. "진정한 종복인 전 죄인의 몸으로 이 계단을 밟습니다. 주여, 제겐 당신밖에 없습니다. 오, 주여, 이곳에 죄인의 몸으로 오리라곤 꿈도 꾸지 못했습니다!" 이어 수비대원들을 바라보며 말을 이어나갔다. "선한 친구이자 동지인 그대들에게 부탁합니다. 죄인이 아닌 누구보다 여왕 폐하에게 진실했던 한 종복이 이곳에 끌려와 죽음을 맞았다는 사실을 부디 증언해주세요."

그녀의 연설에 감복한 일부 대원들이 그녀 앞에 무릎을 꿇고는 한목소리로 외쳐댔다. "부디 주님께서 공주님을 지켜주시길!"

그 순간 엘리자베스는 기가 팍 꺾였다. 죽음의 사자가 기다리고 있다는 끔찍스러운 생각에 몸을 덜덜 떨면서 한 발자국도 움직이지 않으려 했다.

축축한 맨바닥에 털썩 주저앉아 미동도 하지 않으려 했다.

"어서 비를 피하세요. 이런 데 앉아 계시면 건강을 해치십니다." 브리지스가 부드럽게 설득했다.

"이보다 더 나쁜 곳으로 가느니 차라리 여기에 남겠어요. 당신네들이 날 어디로 끌고 갈지 알아요!" 엘리자베스는 눈물이 뒤범벅된 얼굴로 그에게 냅다 소리쳤다. 한동안 브리지스가 그녀를 어르고 달랬지만 부질없었다.

그 순간 안주인의 고초를 지켜보던 의전관이 그만 감정이 격해져서 눈물을 와락 터뜨렸다. 엘리자베스는 그 모습을 보더니 자리에서 벌떡 일어나 가련한 사내를 향해 소리쳤다. 자신을 위로해주어도 시원찮을 사람이 도리어 더 불편하게 만들었다며 불같이 화를 냈다.

"난 죄가 없으니 누구도 날 위해 눈물을 흘리지 마세요." 그녀는 이 말과 함께 브리지스 부감독관에게 어서 길을 안내하라고 재촉했다. 브리지스는 공주와 수행단이 머물, 12세기풍의 팔각형 모양의 건축물인 벨타워로 안내했다. 벨타워는 브리지스의 거처 가까이에 자리해 있었고 한때 에드워드 코트니와 토머스 모어 경이 수감되기도 했었다. 그곳은 20여 미터 높이의 거대한 탑 안에 런던탑 수비대원들에게 비상경보를 알리는 거대한 종이 걸려 있어 더욱 유명했다.

엘리자베스가 묵을 거처는 1535년에 순교한 로체스터 주교인 존 피셔가 묵었었고 1685년에는 몬머스 공작이 죽기 전에 잠시 갇혀 지냈다. 모어는 한때 그 아래층에서 지냈었다. 거대한 둥근 천장을 가진 방에는 대형 벽난로가 놓여 있고 오래된 두툼한 벽에는 커다란 아치형 창문이 3개나 달려 있어 전체적으로 실내가 밝았다. 엘리자베스는 이곳의 닫집이 드리워진 침대에서 잠을 자고 객실시녀들은 바닥에 놓인 초라한 침상에 몸을 뉘인 채 하루하루를 보내게 될 것이다. 문밖에는 해자 위에 덩그러니 자리한 3개의 화장실을 이용할 수 있도록 통로가 하나 연결되어 있었다. 브리지스는 죄인과 시녀들을 널따란 방안에 집어넣은 뒤에 문을 매우 철저하게 잠갔다.

곁에 서 있던 서식스는 눈가를 훔치며 동료들에게 말했다. "경들, 우린 본분에만 충실합시다. 그녀가 누구십니까? 여왕폐하의 자매이시자 돌아가신 헨리 8세의 따님 아니십니까? 공주님이 여왕 자리에 오르실 때를 대비해서 잘 대해줍시다. 그러면 반드시 보답이 돌아올 겁니다." 브리지스와 윈체스터는 이에 군말 없이 동의하면서 매우 진지한 얼굴로 자리를 떴다.

런던탑에서 지내는 동안 부감독관인 브리지스는 엘리자베스를 늘 존경하고 배려하는 마음으로 대했다. 그녀가 누구인지 그리고 그녀가 후일 어떤 자리에 오를지를 한시도 잊지 않았다. 그는 공주에게 자신의 집에서 식사를 하도록 배려해서 엘리자베스로 하여금 혼란스러운 생각에 젖게 했다. 비록 다시 수리를 하긴 했지만 모친이 생애 마지막 시간을 보낸 집이었기 때문이다. 엘리자베스의 시종들은 식료품을 구입하기 위해 자유롭게 외부 출입을 할 수 있었다. 비용은 공주가 대주었는데, 과거만큼이나 자신이 사치를 누릴 수 있는 처지임을 과시하는 동시에 행여 있을지 모를 독살음모를 막아내기 위함이었다.

그녀에게는 5명의 시종을 거느리고 성벽을 따라 보챔프 타워까지 산책할 수 있는 특권이 주어졌다. 이곳 역시 모친인 앤 불린을 비롯해서 최근에 벌어진 비극적 사건들의 통렬한 기억들이 아스라이 남아 있었다. 산책을 나가다보면 엘리자베스 자신이 가까운 미래에 가게 될 타워그린의 단두대가 내려다보여서 그녀는 겁을 집어먹곤 했다.

브리지스의 상관인 보안무관장保安武官長 존 게이지가 죄수에게 주어진 자유를 못내 꺼림칙하게 여기는 바람에 그녀가 누리던 특권은 이내 철회되었다. 나아가 시종들은 성문을 통과할 때 그네들이 구입한 식료품을 보초들 손에 먼저 넘겨주어야 했다. 이는 비루한 병사들 손에 물건을 갈취당한다는 의미였다. 시종들이 게이지에게 이를 거칠게 항의하자 그는 인상을 잔뜩 찌푸리고 볼멘소리를 해대면 해도 달도 보이지 않는 지하감옥에 처넣을 거라고 을러댔다. 공주를 다른 죄수들과 똑같이 대접할 거라고 협박했다. 결국 타협안이 제시되었다. 시종들이 공주에게 식료품을 직접 가져다주되 그녀의 솜씨 좋은 전담 요리사가 그의 밥상까지 차려준다는 조건이었다. 이는 누이 좋고 매부 좋은 계약이었는데, 그는 최고의 진수성찬을 맛볼 수 있는데다가 공주가 음식 장만에 후한 돈을 썼기 때문이다.

다른 부분에서는 제약이 가해졌다. 공주가 누군가와 내통하는 것을 막기 위해 펜과 종이는 일절 반입이 금지되었다. 산책을 못하고 방안에서만

간혀 지내다보니 건강이 날로 악화되어서 한 달 후에 게이지는 그녀가 쇠락한 왕실 거처 안에서는 산책을 해도 좋다고 허락했다. 단, 창문을 모두 닫아서 밖을 내다보지 못하도록 했다. 그래도 공주가 신선한 공기를 못내 아쉬워하며 하소연을 해대자 그는 마지못해 담장으로 둘러쳐진 브리지스의 정원을 산책하는 것을 허락했다. 이도 무장한 수비대원 하나를 대동하고 문을 잠가놓아야 한다는 조건에서였다.

어느 날 그녀가 정원에 앉아 쉬고 있는데 왕실 의상담당관의 다섯 살배기 아들이 수잰너라는 서너 살 정도의 여자아이와 함께 문가로 다가와 꽃다발을 건네주었다. 곁에는 그들보다 더 어린 꼬마애가 있었는데 그 애는 공주에게 장난감 열쇠 꾸러미를 건네주며 재잘거렸다. "이걸로 문을 따고 나가세요." 아이들이 빈번히 찾아오자 게이지는 이를 의심의 눈초리로 바라보았다. 어느 날 어린 소년이 전과 다름없이 꽃다발을 건네주려는 찰나 보초가 아이의 뒷덜미를 와락 잡아챘다. 그는 질겁한 아이에게 누가 꽃을 보내준 거냐고 사정없이 을러댔다. 혹시 안에 밀서라도 들어 있는 것은 아닐까? 코트니가 보낸 것은 아닐까? 물론 꽃다발은 아이의 순수한 선물이었지만 소년은 공주에게 다시 말을 걸면 호된 회초리 사례를 받을 거라는 경고를 들어야 했다. 그럼에도 불구하고 아이는 다음 날 용감하게 다시 나타나 문밖에서 소리를 질렀다. "공주님! 이제 꽃은 못 드려요!" 그녀는 이 말에 희미한 미소만 지은 채 아무 답도 하지 않았다.

모든 친절한 배려에도 불구하고 엘리자베스는 감금생활로 인해 육체적으로나 정신적으로 고초를 겪었다. 앞으로 무슨 일이 벌어질지 늘 노심초사했고, 매일같이 처형당하지나 않을까 극도의 불안에 떨어야 했다. 오랜 시간이 흘러 프랑스 사절인 카스텔노에게 고백하길, 당시 외롭고 절망적이어서 여왕에게 어머니가 당한 그대로 칼로 참수형을 시켜달라고 부탁할까 생각할 정도였다고 한다. 도끼를 이용하면 단칼에 죽지 못할 경우도 있었기 때문이다.

다행히 따스한 봄 햇살 같은 시간도 있었다. 사가들은 엘리자베스가 당시 형제들과 런던탑에 투옥되었다가 후일 레이체스터 백작에 임명된 로버트 더들리와 이 시기에 연애를 시작했을 거라고 추측한다. 둘은 어려서부터 알고 지낸 사이로 엎어지면 코 닿을 가까운 거리에 있다는 사실에 그마나 위안을 얻었다. 두 사람이 실제 만남을 가졌다는 증거는 없다. 게다가 결혼한 지 4년 된 아내인 에이미 롭사르트가 남편을 빈번하게 방문했기 때문에 그로서는 공주에게 적법한 관심을 보일 만한 처지가 아니었다.

엘리자베스가 런던탑에 도착하고 나서 한 주일이 지난 뒤 10명의 추밀원 위원으로 구성된 대표단이 가디너를 필두로 그녀를 심문하러 왔다. 그들은 애슈리지에서 제임스 크로프츠와 만나 어떤 밀담을 나누었는지, 왜 그곳에서 도닝턴 성으로 거처를 옮기려 했는지, 그리고 그곳에서 무엇을 할 작정이었는지 자백하라고 다그쳤다.

엘리자베스는 애매모호한 태도로 일관했다. 처음에는 그가 도닝턴 성을 소유한 사실을 몰랐다고 딱 잡아뗐다가 나중에는 알고 있었다고 시인했다. 다만 그곳을 방문한 적도 없고 누가 그곳으로 옮기라고 조언했는지도 기억하지 못한다고 했다. 이 시점에서 크로프츠가 끌려와 그녀와 대면했지만 그녀는 그나 런던탑에 투옥된 죄수 누구와도 얘기할 게 없다고 주장했다.

"어찌 사특한 자들을 나와 얽어매어 고초를 주려는 게요! 그자들이 사특한 죄를 저지르고 여왕폐하를 공격했다면 거기에 따른 자백을 받아내세요. 거기에 날 연루시키지 마시고요."

그러면서 크로프츠가 도닝턴으로 거처를 옮길 것을 제의했다고 실토했다. 하지만 그게 무슨 죄가 될 만한 일인가? "내 집에서 내 마음대로 나가

지도 못한단 말이오?"

　일부는 심기가 불편해서 투덜거렸지만 다수는 엘리자베스가 투옥된 사실을 진심으로 동정했다. 서식스와 브리지스는 앞날을 내다보는 안목으로 요령 있게 대처했고, 에스파냐 결혼을 지지하는 아룬델조차 엘리자베스 앞에 무릎을 꿇고 정중히 아뢰었다. "이처럼 부질없는 일로 공주님을 괴롭혀서 너무나 외람되옵니다."

　"그대들의 처사는 지극히 부당합니다. 하지만 신께서 허락한 것 이상은 하지 않으리라 믿습니다. 그리고 그분께서는 그대들을 너그러이 용서해주실 겁니다." 더 이상 건질 만한 게 없다는 사실이 명백해지자 위원들은 자리를 털고 일어나 빈손으로 그곳을 떠났다.

　그동안 르나르는 엘리자베스와 코트니를 사형에 처한다는 반가운 소식을 손꼽아 기다리며 다음과 같이 보고했다. '그들이 살아 있는 한 언제든 왕위를 전복시킬 음모를 꾸밀 겁니다. 그들이 유죄임이 공공연히 드러난 이상 사형받아 마땅합니다. 엘리자베스가 살아 있는 한 황태자께서는 이 나라를 안심하고 찾아오지 못하실 겁니다.' 3월 24일에 그는 메리에게 황태자의 안위를 위해 만반의 조치가 취해지지 않는 이상 잉글랜드를 방문하도록 권하지 않겠노라고 전했다.

　메리는 이 말에 놀라 눈물을 흘리며 소리쳤다. "그분께 절대 위해가 가서는 안 돼요!" 결국 그녀는 르나르에게 펠리페가 방문하기 전에 반드시 엘리자베스와 코트니를 심판대에 세우겠노라고 약조했다. 그녀는 만약의 사태에 대비해서 펠리페가 본인의 주치의와 요리사를 직접 데려올 것을 권했다.

　3월 말에 패짓이 펠리페를 모실 시종단을 꾸리는 과정에서 르나르가 사사건건 개입하려 들자 둘 사이에 격렬한 입씨름이 벌어졌다. 이 일은 제국 대사가 아닌 자신들 몫이라 여겼기 때문이다. 한편 황제는 자꾸 지체하는 것에 대해 메리가 실망하고 있고, 또 그녀가 그런 대접을 받을 만한 이유가 없기에 아들에게 가능한 한 빨리 잉글랜드로 떠나라고 재촉했다. 아들을 수행할 알바 공작에게는 다음 내용의 편지를 보냈다. "내 대신 공작이 책임지고 황태자가 바르게 처신하도록 꼼꼼히 지켜보시오."

이 시간에도 추밀원은 엘리자베스를 어떻게 처리해야 할지를 놓고 열띤 논쟁을 벌였다. 가디너는 왕국의 안위를 위해 그녀를 처형하자고 주장했지만 그의 목소리는 추밀원 내에서 미미하기만 했다. 대부분은 그녀의 유죄가 입증되지 않았으니 처벌할 수 없다고 반대했다. 여왕은 가디너 말에 동의하면서 상급 재판관들과 논의했지만 그들 역시 죄를 입증할 만한 증거가 없다고 반대했다. 가디너는 그렇다면 아예 공주의 왕위계승권을 박탈시켜 버리라고 조언했다. 패짓을 비롯한 동료들은 이 말에 맹렬히 반대하면서 차라리 엘리자베스를 가톨릭에 우호적인 왕자와 혼인시키자고 제안했다.

코트니의 옛 동지들은 그가 명백한 반역행위를 저지른 적이 없으니 당장 석방시켜야 한다고 소리 높여 촉구했다.

4월 3일에 르나르는 주저하면서 엘리자베스나 코트니를 재판정에 세울 수 없음을 인정했다. 그들의 죄를 입증할 만한 단서가 전혀 없고, 더 이상의 중대한 단서가 나올 것 같지도 않았다. 하지만 여왕은 엘리자베스가 자백한 내용 이상의 호의를 보였기에 반군들이 그녀와 접촉을 시도했을 거라고 여전히 확신했다. 와이엇은 4월 11일에 타워힐에서 처형되면서 죽음을 지켜보기 위해 모인 군중들을 향해 엘리자베스나 코트니 누구도 자신의 역모에 간여하지 않았다고 주장했다. 당국에서는 소문을 막으려고 용을 썼지만 그럼에도 불구하고 와이엇의 증언으로 두 사람이 곧 방면될 거라는 소식이 급속히 퍼져나가면서 늘 마음 한구석에 공주에 대한 애정을 품고 살던 사람들에게 기쁨과 자긍심을 안겨주었다. 사지가 잘려나간 와이엇의 시신은 런던 각처에 내걸렸는데, 머리는 그를 순교자로 여기는 사람들 손에 도난당했다.

4월 2일에는 의회가 소집되었다. 혼인협약은 의원들의 동의하에 쉽사리 비준되었지만 그 옛날의 이단법을 되살리려는 시도는 반대에 부닥쳤다. 특히 귀족원 내에서는 가톨릭을 부활시키면 교회개혁 과정에서 손에 넣은 교회재산을 도로 빼앗기지나 않을까 우려하는 분위기가 팽배했다. 패짓은 여왕과 가디너가 찬성하는 교황청과의 재결합을 반대하도록 분위기를 이끌어서 다행히 체포는 면했지만 치욕스럽게 궁을 떠나야만 했다. 의회는 더불어 크랜머, 래티머, 리들리 같은 투옥 중인 신교도 주교들과 가톨릭 신학자들이 옥스퍼드 대학에서 공개논쟁을 벌이는 것을 허용했다. 사흘 동안 벌어진 공개논쟁에는 1천 명이 넘는 청중이 참석했다. 이들이 어찌나 개혁성향의 주교들에게 야유를 보내며 훼방을 놓는지 능숙한 언변에도 불구하고 결국 세 주교는 이단자로 낙인찍힌 채 파문을 당했다. 이단자는 사형감이라고 명시해놓은 법이 딱히 없기에 세 주교는 다시 감옥으로 돌려보내졌다.

4월 중순에 여왕의 임박한 결혼과 그녀의 종교정책에 반대하는 격렬한 시위가 런던에서 벌어졌다. 성벽에 대고 '신이시여, 엘리자베스 공주를 지켜주시길'이라고 기도하면 '그래, 그렇게 해주지'라는 신비한 응답이 돌아오지만 '메리 여왕을 지켜주시길'이라고 기도하면 아무런 응답도 없다는 해괴한 소문이 돌았다. 불온 유인물이 시내 곳곳에 나돌고, 사제복을 입힌 고양이 변사체가 칩사이드 교수대에 흉측하게 내걸렸다.

이 와중에도 위원들은 엘리자베스 공주를 처리하는 문제를 놓고 첨예하게 대립하고 있었다. 한 사람이 의견을 제시하면 곧 다른 이가 나서서 반대한다고 르나르는 보고했다. 공주를 런던탑에 가둘 만한 정당한 사유가 없음에도 불구하고 여왕은 여전히 그녀의 유죄를 확신했다. 그녀를 궁에 받아들이는 것은 명예롭지도, 안전하지도, 또 합당하지도 않다고 주장하면서 시골의 안전한 장소에 가택연금 해서 엄중 감시토록 명했다. 예나 다름없이 극소수의 위원만이 공주의 보호관찰관 역할을 맡겠다고 나섰다. 논의 끝에 결국 이 막중한 임무는 노퍽 옥스버그 홀의 헨리 베딩필드에게 돌아갔다. 열혈 가톨릭 신자인 그는 1553년 7월에 메리가 여왕에 등극할 즈음 그녀 곁에 먼저 달려와 지지해준 사람 중 하나였다.

가디너와 르나르는 1400년에 리처드 2세가 살해당한 장소이자 주민 대부분이 가톨릭 신자인 북부 폰터프랙트 성으로 엘리자베스를 보내고자 안달이었다. 엘리자베스의 외숙인 윌리엄 하워드는 이에 결사반대해서 결국은 옥스퍼드셔의 우드스톡에 있는 왕실 영지로 보내기로 결정했다. 메리가 무엇보다 바라는 것은 펠리페가 오기 전에 눈엣가시인 공주를 눈앞에서 치워버리는 것이었다. 본인의 안전도 안전이지만 거기에는 묘한 질투심도 섞여 있었다. 누가 알겠는가, 스무 살 꽃다운 처자의 빼어난 미모와 교태 섞인 태도를 보고 펠리페가 그놈의 기사도 정신을 발휘할지. 아니면 메리의 시들어가는 외모와 비교할 게 뻔했다.

마흔 줄에 접어든 전직 외교관인 베딩필드는 1530년대에 아라곤의 카탈리나가 킴볼턴 성에 갇혀 지낼 당시 보호관찰관을 지낸 에드먼드 베딩필드의 아들이었다. 의무감을 중시하는 원리원칙주의자로서 상상력이 빈약한지라 매혹적인 젊은 여자의 교태에 흔들리지 않을 그런 적임자였다. 베딩필드는 새로 맡은 직분을 군말 없이 그러나 무거운 마음으로 받아들였다. 5월 4일에 그는 공주를 모셔 가고자 1백 명의 청색 제복을 입은 무장병사들을 이끌고 런던탑에 당도했다. 엘리자베스는 창가에 서 있다가 그네들을 발견하고 혹 처형장으로 끌려가는 것이 아닌지 겁을 잔뜩 집어먹고 시종들에게 물었다. "제인 여왕을 처형했던 단두대가 아직 그대로 있던가요?" 해체했다는 말을 듣고도 그녀는 여전히 자신의 죽음이 눈앞으로 다가왔다고 두려워 떨었다.

그때 공주에게 낯선 얼굴이라 더욱 겁을 집어먹게 만든 베딩필드가 나타나 그녀를 보다 안전한 장소인 우드스톡으로 모셔가기 위해 왔노라고 알렸다. 자신은 보호관찰관 역할을 맡을 예정이라고 했다. 미심쩍은 그녀는 이를 자신을 해하려는 음모라고 확신했다. '런던을 빠져나가는 즉시 쥐도 새도 모르게 살해될지도 몰라.' 베딩필드의 자상하고 예의 바른 태도에도 불구하고 그녀의 마음은 여전히 불안하기만 했다.

"그대가 날 처리하는 일을 맡았나요?" 그녀가 공포감에 떨며 물었다. 충격을 받은 베딩필드는 결단코 그런 일은 없노라고 안심시켜주었다. 구교도의 불시의 공격이나 신교도의 구출 시도에서 그녀를 안전하게 보호하라는 명을 받았다고 알려주어도 공주의 공포감은 여전했다.

그로부터 2주 후인 5월 19일 1시에 엘리자베스는 베딩필드와 옥스퍼드셔 주장관인 테임의 윌리엄스의 호위를 받으며 런던탑을 떠나 배를 이용해서 템스 강을 따라 클레브스의 안네가 소유하던 리치몬드 궁으로 갔다. 묘하게도 이날은 앤 불린의 처형 18주기였다. 베딩필드로서는 당혹스럽게도 국사범을 은밀히 다른 장소로 옮기려 했던 계획은 어느 샌가 개선행렬로 뒤바뀌고 말았다. 스틸야드 나루터에 배치된 한자동맹 소속 독일군 사수들은 엘리자베스의 도착 소식을 알리는 축포를 터뜨렸고, 그녀를 보기 위해 강둑에 몰려든 군중들은 손을 흔들며 환호했다.

리치몬드에 도착한 엘리자베스는 오늘 보인 지지시위 때문에 결국 죽음을 재촉하게 되었다고 믿고서 윌리엄스에게 말했다. "오늘 밤 난 죽겠죠? 부디 날 위해 기도해줘요."

"걱정 마세요. 공주님은 안전하십니다." 윌리엄스의 이 말은 사실대로 드러났다. 독배도 없었고 후미진 곳에 몰래 숨어 있는 암살자도 없었다. 안뜰에서 서성대던 침입자 하나가 발각되긴 했으나 그는 프랑스 대사의 밀정인 것으로 드러났다. 그자는 격투 끝에 체포되어 런던으로 이송되었다. 심문 결과 엘리자베스가 프랑스의 적수 중 하나와 결혼할 거라는 소문을 듣고서 그것이 사실인지 확인코자 침입한 것으로 드러났다. 공주는 혼란과 두려움으로 뒤범벅된 채 우울한 하룻밤을 보냈다.

다음 날 남루한 가마를 타고 윈저로 향하는 와중에도 자신이 죽음의 길로 서서히 나아가고 있다는 두려움은 여전했다. 길거리에 몰려든 군중들은 공주를 한 번이라도 더 보기 위해 난리법석이었다. 그녀는 친절한 인상의 수비대원에게 라틴어로 쓴 밀서를 사람들에게 전해달라고 부탁했다. 적힌 글귀는 이러했다. '도살장 끌려가는 양같이'(자신에게 닥칠 불행을 알면서도 이에 묵묵히 순응하는 모습을 일컬음.—옮긴이). 윈저 성에서 공주와 수행단은 이튼 칼리지 교장 사택에서 묵었다. 다음 날 아침 그곳을 떠나려고 할 때 이튼 칼리지 학생들이 몰려들어 엘리자베스를 열렬히 환호했다.

길을 가는 도중에도 비슷한 상황이 연달아 연출되었다. 엘리자베스가 런던탑에서 풀려난 것을 기념하는 교회 종이 요란스레 울렸으며 시골사람들은 축하의 뜻으로 소박한 선물을 건네주었다. 빵이나 과자, 약초, 꽃 따위를 가마 속에 던져 넣거나 시종들의 품에 안겨주어서 이들은 넘쳐나는 선물로 주체할 수가 없었다. 베딩필드는 공주에게 쏟아지는 과도한 관심에 당혹해하면서 지지자들을 저 멀리 쫓아내거나 감옥에 가두라고 명했지만 그래도 소용이 없었다. 여왕에게는 런던과 이곳 사람들 사이에는 종교 문제에서 큰 차이가 난다고 신랄하게 보고했다. 그는 자신이 가진 권한을 최대한 이용해서도, 또 진심으로 그러고 싶었음에도 불구하고 공주가 지나갈 때 "공주님 만세!"를 외치는 자들을 모두 벌할 수는 없었다.

하이 위콤에 있는 윌리엄 도머의 저택에서 사흘을 머문 뒤에 수행단은 템스 밸리의 마을들을 지나쳐서 테임 근방의 라이콧에 위치한 윌리엄 경의 집으로 향했다. 그곳에 도착했을 때 윌리엄 경은 이웃친지를 모두 초대해서 공주를 위한 성대한 연회를 베풀어주었다. 베딩필드는 지나친 대접이라 생각해서 윌리엄경을 힐난했다. "공주님은 여왕폐하의 죄수일 뿐 그 이상도 이하도 아니오!" 그러거나 말거나 윌리엄 경은 계획대로 연회를 진행해서 공주는 기대 이상으로 즐거운 시간을 보냈다.

베딩필드에게는 그리 즐겁지 않은 나흘이란 시간이 지난 뒤에 그들은 드디어 우드스톡에 도착했다. 이곳에서도 소규모의 지지자들이 그네들을 성문 앞에서 기다리고 있어서 그를 무척이나 불만스럽게 했다.

우드스톡에 자리한 옛 왕궁은 1710년에 허물어져서 블렌하임 궁으로 새롭게 태어났다. 클레브스의 안네 왕비가 말버러 공작에게 선물한 이 호화로운 저택을 지금은 왕실 거처로 이용하고 있었다. 옥스퍼드 북쪽 13킬로미터에 위치한 우드스톡 영지는 앵글로색슨 시대부터 줄곧 왕실 소유지였는데 중세에는 이곳을 왕실 전용 별장으로 이용했다. 헨리 1세는 이곳에 동물원을 만들었으며, 일설에 따르면 헨리 2세는 미로를 만들어 애첩인 페어 로자먼드 클리퍼드가 투기 어린 여왕을 피해 몸을 숨길 수 있도록 해주었다고 한다. 흑태자 에드워드(에드워드 3세의 아들로서 검은색 갑옷을 입은 데서 붙여진 별칭-옮긴이)가 이곳에서 태어났으며, 중세 왕들은 즐겨 사냥 별장으로 이용했다. 헨리 7세가 1494년과 1503년 사이에 4만 파운드 이상을 들여 대대적인 보수공사를 시행했음에도 불구하고 지금은 예전의 명성은 찾아

보기 힘들었다. 건물 곳곳이 금이 가고 허물어졌으며 변변하게 묵을 만한 객실도 없었다. 블렌하임 공원 호수에 걸린 다리의 북쪽에는 석재로 지어진 저택이 안뜰 2개를 낀 채 자리해 있었다. 엘리자베스는 이 메인저택이 아닌 게이트하우스에 기거할 계획이라고 했다. 위층 방 2개와 아래 층 방 2개를 사용할 예정인데, 그곳은 공주가 가져온 가구와 여왕이 빌려준 가재도구로 꾸며졌다. 방 하나의 천장은 청색 바탕에 황금별 장식이 들어가 있었다. 시종들이 모두 묵기에는 방이 턱없이 모자라서 일부는 마을에서 기거해야 했다. 공주는 빈약한 시설에 불만을 터뜨린 반면 베딩필드는 방문 4개 중에 3개의 자물쇠가 고장 난 사실을 알고 더욱 심하게 불평했다. 안전 강박증에 걸린 그는 외부와의 모든 접촉을 의심했다.

여왕이 그에게 내린 지시는 이러했다. '죄수를 엄중 감시하되 왕국의 명예와 공주의 지위에 걸맞은 대접을 해주어라.' 그가 없는 자리에서 공주가 수상한 자와 접촉하는 것은 막았지만 그가 있는 자리에서 선량한 인상의 이방인들과 대화하는 것은 허락했다. 엘리자베스가 정원이나 가로수 길을 산책할라치면 그도 어김없이 동행했다. 애슐리 부인과 만나는 것은 금했으며, 비록 그녀의 회계를 담당하면서 베딩필드의 생활비를 대주고는 있지만 패리 역시 마찬가지였다. 그는 감시자인 베딩필드의 판단에 엄청나게 적절한 장소, 즉 공주와 접선하기 힘든 불 여인숙에서 지냈다. 다른 시종들 역시 밀착감시를 받았는데 특히 그들이 이상한 편지를 실어 나르지는 않을까 엄중히 감시했다. 공주의 의자 위에는 닫집도 드리우지 않았고 그녀가 편지를 쓰거나 받는 것은 일절 금지되었다. 혹 밀지가 숨겨져 있지나 않을까 싶어 빨랫거리까지 샅샅이 수색했다. 부적절한 책을 읽어서도 안 되었다.

무슨 부탁이라고 할라치면 반드시 추밀원의 동의를 먼저 얻어야만 했다.

베딩필드는 이 지시들을 충실히 따르느라 위압적인 자세를 보이면서도 때로는 종작없는 공주의 비위를 맞추느라 애를 썼다. 공주를 무척이나 공손하게 대했는데 특히 그녀의 가지가지로 다양한 청을 거절할 때는 더욱 그러했다. 그녀는 키케로, 영어성서, 라틴어로 된 다윗 시편 같은 책을 원했다. 시중들어줄 시녀를 더 많이 원했다. 외국어로 대화를 나눌 수 있도록 스승을 한 명 원했다. 약속받은 대로 공원을 산책하고 싶어했다. 추밀원에 서신을 보낼 수 있도록 펜과 잉크를 달라고 했다. 사절을 통해 여왕에게 쪽지를 보내고 싶어했다. 이런 줄줄이 이어진 요청에 당황한 베딩필드는 그 책임을 윗자리 몫으로 떠넘기면서 자신은 그녀의 청을 들어주거나 거절할 수 있는 위치가 아니라고 대답했다.

"하지만 힘닿는 대로 도와드리죠." 그가 대답했다. 엘리자베스는 그가 제 권한으로 처리할 수 있는 사소한 요구조차 들어주지 않자 화가 치밀어 올랐다. 그는 불평이 쏟아지거나 말거나 눈도 깜짝하지 않았다.

오래지 않아 목숨이 안전하다는 사실을 확인하면서 두려움 대신 지루함과 좌절감이 그 자리를 차지했다. 그녀는 헨리 경을 유혹하거나 지분거리는 데 맛을 들여서 무료함을 달랬다. 융통성이 모자란 그는 때때로 그녀가 무슨 생각으로 그러는지 헷갈린다며 구시렁거리곤 했다. 그럼에도 불구하고 그는 늘 공주보다 한 수 위였다. 책을 몇 권 선사하면서도 라틴어 실력이 뛰어나니 그 언어로 된 책을 더 좋아할 거라며 영어성서 대신 라틴어성서를 주었다. 미련퉁이가 아닌 바에야 누가 이런 배려를 좋게 받아들이겠는가! 설상가상으로 아끼는 시녀인 엘리자베스 샌즈가 평판이 좋지 않다는 구실로 하루아침에 해고당하자 그녀는 심사가 잔뜩 뒤틀렸다.

그녀는 이것 하지 마라, 저것 하지 마라 제약을 가하는 감금생활에 신물이 났다. 한번은 베딩필드와 동행해서 정원을 산책하고 있을 때 그가 대문

6개를 차례로 잠그는 모습을 가만히 지켜보더니 눈에 쌍심지를 켜고 소리를 냅다 질렀다. "간수 나리!"

그는 기겁해서 무릎을 꿇고 앉더니 다시는 그런 상스런 이름으로 부르지 말라고 호소했다.

"전 공주님을 지키고 보살펴줄 임무를 띤 관료일 뿐입니다." 그가 열렬히 변호했다. 그는 자신을 너그러운 보호자로 생각했고, 공주 신분인 그녀를 예우해서 늘 말을 할 때는 무릎을 꿇고 앉곤 했다. 자신의 임무를 최고로 진지하게 여기면서 '존귀한 숙녀분'과 관련된 일이라면 모조리 추밀원에 보고했는데 지금 당시 그의 보고기록을 볼 수 있다. 그가 엘리자베스가 영어 미사를 더 좋아한다는 사실을 보고했을 때 메리는 화가 잔뜩 나서 라틴어 예배를 보도록 강요했다. 메리는 여전히 동생의 진실성을 의심하고 있었다.

당대 순교학 학자인 존 폭스와 전기작가인 라파엘 홀린셰드에 따르면, 그녀는 감금생활 중에 다이아몬드 반지로 창문을 긁어서 다음 구절을 새겼다고 한다.

아무 증거도 없이
엄청난 의심을 받는
죄수 엘리자베스

르나르가 발이 부르트도록 반역죄의 증거를 찾아다녔지만 코트니 역시 아무런 죄의 증거가 발견되지 않았다. 그럼에도 불구하고 그는 변함없이 여왕의 안전을 위협하는 공공의 적으로 낙인찍혔다. 가디너의 강력한 주장에 따라 그는 추방형을 선고받고 그의 집은 서머싯 공작부인의 수중에 넘어갔다. 5월 25일에 그는 런던탑에서 풀려나 토머스 트레샴의 보호를 받다가 노샘프턴셔에 있는 포더링헤이 성으로 이송되었다. 과거 장미전쟁 기간에 요크 가문의 요새로 사용되었던 이곳은 제대로 손을 보지 않아서 습기차고 눅눅했다. 다행히 너그러운 보호관찰관 덕에 그해 여름 추밀원에서 죄인을 어느 나라로 추방할지 논의하는 동안 자유롭게 사냥을 즐기기도 했다.

엘리자베스와 코트니 모두 안전하게 처리했고, 또 역모에 대한 기억도 가물가물해지면서 왕국은 비로소 잃었던 평온을 되찾았다. 여왕은 낭군님이 도착한다는 소식만을 오매불망 기다렸다. 이제 둘의 결혼을 가로막는 장애물은 아무것도 없었다. 배알이 틀린 프랑스 대사는 냉소적으로 비꼬았다. "신께서 둘을 벌주기 위해 결혼을 허락하시는 듯하다."

5장 새신랑은 물 건너온 사람

　미래의 남편이 도착하기만을 기다리는 메리는 그야말로 속이 시커멓게
탔다. 프랑스 대사의 말처럼 마치 상사병을 앓는 연약한 여인네와도 같았
다. 점차 안달 나고 신경질적이 되어서 애먼 주위 사람들만 곤욕을 치렀는
데, 심지어 지체하는 이유를 날씨 탓으로 돌리기도 했다. 어느 날 저녁 연
회가 끝난 뒤 윌리엄 하워드는 여왕이 수심에 잠겨 있는 모습을 발견하고
그녀 옆에 준비된 용상을 가리키면서 말했다. "곧 그분이 함께하셔서 부디
걱정에서 해방시켜주길 빕니다." 메리는 볼을 붉히면서 그의 과한 우스갯
소리를 꾸짖었지만 곧 환한 웃음을 터뜨려서 모두를 따라 웃게 했다. 때는
이미 5월인지라 더 이상 기다릴 수 없는 상황이었다.
　잉글랜드에서는 황태자를 맞이할 채비를 모두 끝마쳤다. 아룬델을 중심
으로 황태자를 모실 3백 50명의 수행단도 이미 꾸려졌고 남편에게 수여할
가터 기사단 훈장도 준비해 놓았다. 에스파냐 측에 파견할 대표단은 내일
이라도 당장 황태자를 모셔올 태세가 되어 있었다. 에스파냐 선박들을 사
우샘프턴으로 인도하기 위해 함대도 해협에 벌써 배치시켰다. 그럼에도 불
구하고 펠리페는 이렇다 저렇다 소식 한 자 전하지 않았다. 이같이 무례한
처사에 당혹한 르나르는 그가 침묵을 지키는 바람에 갖가지 억측과 소문이
번지고 있다고 불평했다. 뒤늦은 5월 11일에 펠리페는 드디어 여왕에게 편
지와 함께 3가지 선물을 보내 주었다. 황태자의 모친의 물건이란 이유만으

로도 신부가 기뻐할 만한 장미 꽃잎이 세팅된 아름다운 다이아몬드, 가는 줄 세공 안에 18개의 다이아몬드가 촘촘히 박힌 목걸이, 왕방울만 한 다이아몬드 목걸이 중앙에 '페레그리나'(순교자를 뜻하며, 역사상 가장 유명한 진주로 파나마의 한 노예가 발견해서 펠리페 2세에게 바쳤으나 왕은 이를 결혼예물로 메리 여왕에게 준 것임.-옮긴이) 진주가 박혀 있는 목걸이가 그것이었다. 마지막 선물은 세상에서 가장 아름다운 보석으로 메리의 마음에 꼭 들 만한 것이었다. 이 귀한 선물들은 사절 역할을 맡은 라스 나바스 후작이 직접 전해주었다.

잉글랜드로 떠날 에스파냐 수행단은 출발을 앞두고 라 코루냐에 집결했다. 그동안 공식적인 연애상대였던 황태자의 정부는 이미 수녀원으로 비루하게 쫓겨난 몸이었다. 잉글랜드를 방문할 동안 누이가 섭정 역할을 맡아줄 예정이었는데 그녀가 몸이 아픈 관계로 일정에 차질이 생기고 말았다. 그는 기다리는 시간 동안 세고비아와 마드리드, 톨레도에 있는 자신의 영지를 한 바퀴 휘 돌아보고, 가는 길에 토르데시야스에 사는 정신이상자인 조모 후아나 여왕을 찾아뵈었다.

드디어 6월 초순에 에스파냐 수행단은 1백 25척의 배에 승선해서 사우샘프턴으로 향했다. 9천 명의 귀족과 시종, 1천 마리의 말과 노새가 수행단을 구성했으며 3백 만 더컷(옛날 유럽 각국에서 사용하던 화폐의 단위-옮긴이)의 금화도 넉넉히 쟁여 갔다. 라스 나바스 후작은 11일에 메인 함대에 승선했다. 그로부터 닷새 뒤에 여왕은 후작의 도착 소식을 듣고 황급히 화이트홀을 떠나 여정의 첫 기착지이자 결혼식을 올릴 예정지인 윈체스터로 향했다. 17일에 그녀는 길퍼드에서 후작을 만나 펠리페가 보내준 편지와 선물에 감사인사를 표하면서 펠리페가 2주 후에 도착할 거라는 소식에 기뻐했다. 펠리페가 보내 준 선물을 받은 사람은 메리뿐만이 아니었다. 그녀의 시녀들 역시 진주, 다이아몬드, 에메랄드, 루비 같은 귀한 원석들을 선물 받았다. 다음 날 그녀는 파넘으로 가서 윈체스터 주교들 소유인 성채에서 지내면서 황태자의 도착소식만을 손꼽아 기다렸다.

행복에 도취된 메리는 동생에 대해서도 한결 너그러워져서 엘리자베스의 초상화를 다시 회랑에 걸도록 명했다. 하지만 가택연금 자체를 풀어주거나 그녀에게 가한 제약을 누그러뜨리지는 않았다. 황제는 펠리페가 방문하기 전에 공주를 브뤼셀에 있는 헝가리의 마리아의 왕실에 보내도록 제안했지만, 언제나 엘리자베스 편인 윌리엄 하워드는 추밀원에 힘을 써서 이 의견을 거부하도록 했다.

6월 초순에 엘리자베스는 신염으로 추정되는 병이 또다시 도져서 고초를 겪었다. 얼굴과 몸은 퉁퉁 부어올랐고 사지가 콕콕 쑤셔댔다. 옥죄어오는 절망감과 우울증 때문에 회복은 더디기만 했다. 그녀는 베딩필드를 통해서 몸에서 나쁜 기운을 빼내도록 방혈치료를 해달라고, 특히 실력 좋은 여왕의 주치의들인 조지 오언 박사와 토머스 웬디 박사, 로버트 휘크 박사의 치료를 받게 해달라고 부탁했다. 추밀원은 그 지역 의사들의 치료만으로도 충분하다며 이를 매정하게 거부했다. 베딩필드가 추밀원의 답변을 전해주자 엘리자베스는 차라리 죽겠노라고 악다구니를 썼다. "내 몸을 낯선 이에게 맡길 생각은 추호도 없습니다. 차라리 신께 맡기겠어요!" 고집을 피운 보람이 있어서인지 6월 12일에 베딩필드는 결국 추밀원에 사죄의 뜻이 담긴 편지를 보냈다. '귀하신 숙녀분의 끈질긴 성화에 못 이겨 나 자신보다 그녀의 의견이 더 많이 담긴 편지로 성가시게 해서 죄송합니다.' 그 결과 왕실 주치의들이 우드스톡에 파견되어 그네들의 진두지휘 아래 이발사 겸

의사가 팔뚝에서 피를 뽑아내 방혈치료를 시도했다. 발에서도 피를 뽑아냈는데 질병의 재발을 막기 위해 가을에도 똑같은 치료를 다시 한 번 시행했다. 베딩필드는 얼마 뒤 엘리자베스가 상당히 많이 호전되었다고 보고했다.

그녀는 몇 주에 걸쳐 여왕에게 편지를 쓰게 해달라고 끈질기게 졸라대서 6월 말에 기어이 허락을 받아내고야 말았다. 베딩필드가 필기도구를 가져다주자 그녀는 현재는 전해지지 않는 편지를 내처 써내려가기 시작했다.

애석하게도 편지 내용은 여왕의 부아를 돋우고, 그녀의 무례함, 오만방자한 어투, 그리고 거짓된 위선 때문에 애꿎은 베딩필드만 여왕의 책망을 들어야 했다. 그녀의 편지는 최고로 불경스럽고 무례한 말로 온통 도배가 되어 있었다. 여왕을 '폐하'가 아닌 '당신'이라 표현하면서 자신이 받는 푸대접을 부당한 처사라고 불평했댔던 것이다. 화가 난 메리는 엘리자베스가 다시는 편지를 보내지 못하도록 명했다. 뭔가 할 얘기가 있다면 베딩필드와 추밀원을 통해서 하라고 했다. 베딩필드는 이를 엘리자베스가 추밀원에도 편지를 보내서는 안 된다는 뜻으로 해석했다. 엘리자베스는 강하게 반발하며 이는 뉴게이트에 감금된 중범죄자보다 못한 취급이라고 항변했다.

베딩필드 역시 그녀의 대변자가 되어줄 수 없는 입장이 되었다. 그가 측은해하는 모습을 보이지 않자 그녀는 잔뜩 풀이 죽어서 제 뜻을 펼치지도 못한 채 이대로 살아가야 하는 거냐고 불평했다.

이때가 7월 3일이었다. 그로부터 나흘 뒤에 여왕이 손수 금지를 풀어주어서 이제부터 마음대로 추밀원에 편지를 보낼 수 있다는 반가운 소식이 날아들었다. 엘리자베스는 이에 여왕을 직접 알현하고 싶다고 청했지만 묵묵부답이었다. 임박한 결혼 때문에 정신이 없었기 때문이다. 몇 주 동안 소식을 기다리면서 엘리자베스는 점점 의기소침해지고 성마른 성격으로 변해갔다. 베딩필드는 그녀가 심술궂어졌으며, 미사에 정기적으로 참석은 하지만 주임사제가 여왕을 위한 기도를 올리도록 했을 때 이를 거부했다고 보고했다.

메리는 파넘에서 7월 9일까지 3주 넘게 기다렸건만 온다던 펠리페는 코빼기도 비치지 않았다. 펠리페를 수행할 예정이었던 귀족들은 오랫동안 사우샘프턴에서 지내느라 막대한 비용을 지출한지라 황태자에 대해 갖가지 이상한 억측을 하면서 하나 둘 그곳을 떠나기 시작했다.

사실 펠리페의 수행단은 식량은 물론 인내심까지 서서히 바닥나고 있었다. 이로 인해 메리의 심적 고통은 이만저만이 아니었는데 마치 결혼을 방해하기 위해 재난이란 재난은 모조리 닥친 듯했다. 그녀는 불안한 마음을 억누른 채 사우샘프턴에서 3킬로미터 떨어진 월섬의 월트셔 백작의 저택으로 거처를 옮겼다. 성채 둘레로 해자를 두른 중세 시대 건축물임에도 불구하고 현대적인 안락함까지 갖춘 곳이었다. 이곳에서 펠리페를 기다리는 동안 메리의 속은 새까맣게 타들어갔다.

7월 12일 금요일에 강풍이 세차게 몰아치는 가운데 펠리페는 라 코루냐에서 '에스피리투 산토'(성령)에 올라탔다. 자주색과 진홍색 덮개를 드리워 울긋불긋 채색이 돋보이는 이 선박은 마치 아름다운 화원을 닮아 있었다.

왕자는 항해 내내 배멀미로 고생해서 선실에 박혀 지냈다. 이틀 뒤 파도가 잠잠해지면서 드디어 잉글랜드 남부해안이 눈앞에 나타났다. 배는 사우샘프턴에서 5킬로미터 정도 떨어진 곳에 정박했는데, 이즈음 펠리페는 윌리엄 하워드 제독이 이끄는 대표단을 맞이할 만큼 충분히 몸이 회복되었다.

대표단은 본토에서 작은 배를 이용해서 선박까지 직접 마중을 나온 것이다. 다음 날에는 펠리페의 수행단에서 일하기를 청하는 젊은 귀족들이 그를 방문했다. 이후에는 소형 선박들이 본토에서 펠리페가 탄 선박 사이를 쉴 새 없이 오갔다.

7월 19일에 에스파냐 함대 전체가 와이트 섬(잉글랜드 해협에 속하는 섬-옮긴이)에 나타났다. 그날 윌리엄 하워드는 펠리페의 배를 호위해서는 니들즈 섬을 지나 사우샘프턴 항으로 인도해 갔다. 다음 날 라스 나바스 후작은 '성령'으로 가서 주인을 맞이했는데, 그의 뒤편으로는 귀족들로 구성된 공식 환영위원회가 화려한 장식의 배를 타고 뒤따랐다. 아룬델은 여왕을 대신해서 펠리페에게 가터 훈장을 수여하고 그의 종아리에 다이아몬드와 루비, 진주가 박힌 화려한 가터(진한 감색 바탕의 벨벳 테이프에 금실로 문자나 장식 수를 놓으며 금 버클이 달려 있는 것이 특징. 왼쪽 무릎 아래에 매다는 방법으로 착용함.-옮긴이)를 매달아 주었다. 선상에서 정찬을 들고서 펠리페는 검은 벨벳과 흰색 새틴으로 만든 예복을 입고 내리치는 빗줄기를 뚫고서 해안으로 나아갔다.

부두에는 제복 차림의 1백 명의 궁수들이 비를 흠뻑 맞은 채 사열해 있었고, 그를 모실 잉글랜드 수행단이 목을 길게 늘인 채 기다리고 있었다. 펠리페는 그렇게 많은 인원이 자신을 수행할 줄은 미처 몰랐다. 이미 필요한 시종들을 에스파냐에서 데려왔기 때문에 어떻게 대규모 수행단 두 팀을 운영할지 심히 고민이었다.

그가 배에서 내려 해안가로 내려서자 축포가 하늘을 향해 쏘아 올려지면서 음유시인들이 미려한 목소리로 음유시를 낭송했다. 항구에는 여왕이 보내준 선물인, 호화로운 장식마의를 걸친 잘생긴 백마가 그를 기다리고 있었다. 황제사절인 피구에로아의 돈 후앙이 몸을 깊이 숙여 나부시 절하고는, 황제가 나폴리와 예수살렘을 아드님에게 양도했기에 메리 여왕과 동등한 관계인 왕으로서 식을 올릴 수 있게 되었노라고 알렸다. 잉글랜드 귀족들은 이에 무척이나 기뻐했다. 펠리페는 공식발표가 있기 전에 어서 빨리 여왕에게 이 사실을 알려주고만 싶었다. 그때 귀족들을 뒤에 달고 나온 앤터니 브라운과 가디너 주교가 왕국을 대표해서 공식으로 황태자를 환영했다. 사람들이 에스파냐 황태자를 보러 한꺼번에 몰려드는 바람에 이리저리 밟히고 넘어지고 난리도 아니었다.

펠리페는 앞날에 참으로 어려운 임무들이 놓인 것을 깨달았다. 우선은 욕망이 느껴지지 않는 중년의 여성과 살을 섞어야 한다. 새로운 종복들 앞에서 늘 한 치의 오차도 없이 올바르게 처신해야 한다. 그네들을 자기편으로 만들어야 한다. 로마 교회와 잉글랜드 국교회를 통합시키도록 관리 감독해야 한다. 그 공을 인정받아 잉글랜드 백성들이 프랑스와의 전쟁에서 합스부르크 왕가를 기꺼이 지지하도록 이끌어야 한다.

물론 그의 몸가짐이나 태도는 흠잡을 데가 없었다. 잉글랜드인들에게 지극히 정중하고 다정하게 대했으며 잉글랜드인들은 그런 그의 방문을 쌍수를 들어 환영했다. 아무도 모르는 사실은 바로 펠리페가 길어보아야 일주일밖에 이곳에 머물지 못할 거란 점이었다. 6월 29일에 황제가 통치하던 북부 독일 국경에 위치한 마리엔보우르그 요새가 프랑스에 함락당하면서 황제의 명에 따라 서둘러 그곳으로 출정해야만 했기 때문이다. 펠리페는 은밀히 시종들을 시켜 언제라도 떠날 수 있도록 말을 대기시키도록 했다. 하지만 말이나 행동으로도 서둘러 떠나야 할 사람이라는 것을 전혀 드러내지 않았다.

그는 홀리루드 교회에서 무사히 도착한 데 대해 감사기도를 올린 뒤 말을 타고서 몸이 흠뻑 젖은 채 헨리 8세의 공적이 묘사된 태피스트리들이 걸려 있는 자신의 거처로 돌아왔다. 그날 저녁 환영연회에서 그는 라틴어로 연설을 했다. "저는 제 땅 또는 제 권력을 확장시키고자 이곳에 온 것이 아닙니다. 신께서 여러분의 안주인인 여왕과 혼인하라 명하셨고, 전 그분의 신성한 뜻을 따르고자 합니다. 이러한 목적으로 여왕 그리고 여러분과 더불어 살기 위해 바다를 건너왔습니다. 그대들이 충성스런 종복으로 남는 한 전 여러분의 이상적인 왕으로 통치할 것입니다." 감동적인 연설에 열렬한 환호가 터져 나왔다. 펠리페가 좌중에게 맥주잔을 즐거이 들이켜자고 권하면서 더욱 열기가 뜨거워졌다. 그는 연회를 베푼 이들에게 감사를 표하고는 수행단으로 참가한 에스파냐 귀족들에게 옛 관습은 이제 모두 잊으라고 조언했다. 지금부터 완전한 잉글랜드인으로 살아야 한다고 했다.

빗밑이 무거워 다음 날 아침에도 여전히 비가 추적추적 내렸다. 가디너는 아침 일찍 펠리페를 찾아와 여왕이 건네준 다이아몬드 반지를 공손히 선물했다. 펠리페는 지나치리만치 후하게 감사를 표하다가 문득 자신의 반지를 그녀에게 선물해준 사실을 떠올렸다. 그는 사우샘프턴에 사흘간 묵으면서 늘어지게 늦잠을 잔 뒤에 자신을 찾아와 예를 표하는 추밀원 위원들을 분주히 맞이했다. 7월 23일에는 붉은색 망토와 더블릿(허리가 잘록하며 몸에 꼭 맞는 남자 윗옷—옮긴이), 다이아몬드와 금실 테두리 장식을 한 흰 새틴 반바지를 차려입고 대규모 수행단과 더불어 쏟아지는 빗속을 뚫고 윈체스터로 갔다. 그곳에서 신부를 만나 에스파냐의 수호성인인 성聖 콤포스텔라의 제임스 축일인 7월 25일에 결혼식을 올릴 예정이었다. 오후 늦게 펠리페는 윈체스터 외곽의 세인트 크로스 병원에 들러 유리관옥 장식물이 달린 흑백의 벨벳 예복으로 갈아입었다.

저녁 6시경에 그의 수행단은 도시로 진입해서 테데움 찬가가 울려 퍼지는 성당으로 곧장 가서 가디너를 비롯한 주교 4명의 영접을 받았다. 한꺼번에 많은 인파가 성당 안에 몰려드는 바람에 압사당할 위험마저 들었다. 펠리페는 이후 횃불 든 시종들이 뒤따르는 가운데 길거리의 군중들에게 고개 숙여 인사를 건네면서 주임사제관 근방에 위치한 거처로 향했다. 메리는 당시 주교의 저택인 울브지 궁에서 머물고 있었는데, 오늘날에는 일부 터만이 남아 전한다.

10시에 펠리페는 저녁을 들고 나서 또다시 화려한 예복으로 갈아입었다. 이번에는 흰 염소 가죽 예복 위에 금실과 은실로 화려하게 수놓은 겉옷을 걸쳐 입고 기다란 깃털이 달린 모자를 썼다. 측근 중 하나는 이를 두고 매우 우아하고 세련된 모습이라 평했다. 에스파냐와 플랑드르 귀족 12명이 뒤따르는 가운데 펠리페는 성당 안뜰을 통과해서 울브지 궁의 정원을 지나 메리가 기다리는 회랑 쪽으로 걸어갔다. 그녀 역시 오늘의 만남을 위해 복장에 세심하게 신경 써서 은색 페티코트 위에 검은색 벨벳 드레스를 차려입었다. 목선이 높은 잉글랜드풍에 테두리 장식은 없는 드레스로 보석들을 대담하게 걸쳐 그 화려함을 더했다. 그녀 곁에는 시녀들과 추밀원 위원들, 그리고 조정 중신들이 함께 자리했다.

여왕은 계단을 올라오는 발자국 소리를 듣고는 문가를 향해 잰걸음으로 달려갔다가 느닷없이 미래의 남편과 딱 마주쳤다. 그녀는 조신하게 제 손에 먼저 입 맞추고는 그에게 손을 내밀었다. 그는 얼굴에 미소를 지은 채 잉글랜드 식으로 그녀의 손 대신에 입술에 입맞춤을 했다. '훤한 이마와 회색빛 눈동자, 날렵한 콧날, 사내다운 생김새가 돋보이는 호남형이다. 금빛 머리칼과 턱수염은 군주다운 풍모를 풍긴다. 팔, 다리를 비롯한 온몸이 전체적으로 균형이 잘 잡혔다.' 스코틀랜드 사절이 본 펠리페의 첫 인상이다. 남편감에 매우 흡족한 메리는 애정이 넘치고 기쁜 마음으로 그를 맞이했다. 펠리페는 그녀의 한 손을 다정하게 잡고서 서관에 위치한 알현실로 인도해 갔다. 그곳에서 10명의 원로 중신들이 함께 자리한 가운데 두 사람은 옥좌에 앉아 30분가량 대화를 나누었다.

　그들은 과연 어떤 언어로 대화를 나누었을까? 펠리페는 영어를 모르는 터라 아마 에스파냐어로 의사소통을 하지 않았을까? 메리는 어머니로부터 에스파냐어를 습득했으니까 말이다. 하지만 베네치아 대사인 미키엘리에 따르면, 그녀가 에스파냐어를 알아듣기는 하나 말을 할 줄은 모르며 나중에 에스파냐 측의 알바 공작부인을 만났을 때 통역을 불렀다고 한다. 불어는 어떨까? 그녀는 유창한 불어솜씨를 뽐냈으나 펠리페가 알아듣기는 하나 말은 하지 못했다. 다행히 둘 다 라틴어를 공부한 터라 이 언어로 대화를 나누었을 가능성이 크다. 외교사절들은 여왕이 다정하게 정담을 나누는 동안 펠리페가 조용하면서도 정중하게 이에 반응해주었다고 했다.

　그때 윌리엄 하워드가 나타나 다가올 결혼식을 화두로 해서 신부가 요염하다느니, 신랑이 힘 좋게 생겼다느니 하는 식의 노골적인 뱃사람 식 농을 지껄였다. 다행히 펠리페의 시종들이 차례로 앞으로 나와 인사를 건네는 바람에 메리는 이 낯 뜨거운 놀림에서 해방될 수 있었다. 그녀는 수행단의 노고를 치하한 다음에 자리에서 일어나 황태자를 옆방으로 이끌고 갔다. 그곳에는 그녀의 시녀들이 황태자에게 인사를 드리기 위해 대기하고 있었다. 펠리페는 무릎을 굽혀 절하려는 시녀들을 서둘러 막아서더니 잉글랜드 관습에 따라 그네들의 입술에 입을 맞추어주었다.

　바야흐로 그가 떠날 시간이었다. 시각이 늦었지만 메리는 그와 좀더 개인적인 대화를 나누고 싶었기에 아쉽고 짧기만 한 시간이었다.

　'그녀는 황태자를 만나 그가 얼마나 멋진 남자인지 확인하고서 무척 기뻐했다.' 당시 두 사람을 지켜보던 에스파냐인의 평이다. 헤어질 시간이 되어 자리를 뜨기 전에 펠리페는 잉글랜드 귀족들에게 전할 영어식 작별인사를 가르쳐달라고 메리에게 부탁했다. 그녀는 매우 기뻐하며 그의 귓가에 다정히 속삭여주었다. 그는 사람들 곁을 떠나면서 영어로 인사를 건네서 후한 점수를 땄다. "모두들 안녕히 계시오."

에스파냐 시종 하나가 메리를 '아름답다'고 보고하긴 했지만 다른 이들은 칭찬에 매우 인색했다. 펠리페의 최측근이자 고문인 루이 고메즈는 그녀를 다음과 같이 묘사했다. '듣던 것보다 더 늙어 보였다. 아름다운 것과는 거리가 한참 멀다. 짜리몽땅하고 말라빠져서 매가리가 없다. 얼굴빛이 허여멀겋고 눈썹이 없다."

펠리페는 고메즈를 지극히 신뢰했기에 그의 신랄한 평은 펠리페의 판단에도 커다란 영향을 미쳤다. 에스파냐인 하나는 메리가 치아 대부분을 상실했다고 했고, 다른 이는 신앙심이 깊긴 하지만 옷을 끔찍이도 못 입는다고 평했다. 고메즈는 그녀가 에스파냐풍의 드레스를 입으면 훨씬 매력적으로 보일 거라고 생각했다. 이들만이 부정적인 비평가가 아니었다. 3주 전에 베네치아 사절은 여왕에 대해 어떻게 묘사했는지 한번 보자. '키가 작고 안면홍조가 있으며 삐삐 말랐다. 물론 나이만 젊었다면 미인으로 불리었을 수도 있다.'

다음 날 아침 메리는 결혼식을 하루 앞두고 펠리페에게 결혼식 때 입을 근사한 예복 두 벌을 선물로 보내 주었다. 한 벌에는 금사원단으로 제작한 프랑스풍의 겉옷이 곁들여 있었는데, 18개의 다이아몬드 단추가 달려 있고 잉글랜드를 상징하는 장미와 에스파냐를 상징하는 석류가 황금 비즈와 진주로 묘사된 것이 인상적이었다. 오후에 두 사람은 울브지 궁 서관에서 다시 만나 즐겁게 정담을 나누었다. 서로에게 내내 다정한 미소를 지어 보여서 지켜보는 이들에게 안도감과 기쁨을 안겨주었다.

1554년 7월 25일 수요일 오전 10시에 군중들이 대거 몰려나온 가운데, 펠리페는 에스파냐 귀족들을 앞세우고 윈체스터 성당의 부속예배당으로 가서 신부가 도착하기를 기다렸다. 그는 그녀가 선물로 보내준 예복 가운데 하나를 말쑥하게 차려입었다. 자주색 새틴 줄 장식과 진홍색 벨벳 띠 장식이 들어간, 진주 단추가 돋보이는 금사원단 예복이었다. 거기에 어울리는 허리가 딱 맞는 짧은 윗옷인 더블릿과 반바지도 곁들여 입었는데, 후일 그는 고백하길 다른 어느 옷보다 화려해서 골랐다고 한다. 호화로운 태피스트리들이 걸려 있는 예배당 안에는 조정 중신들과 고관대작들로 북새통을 이루었다.

10시 반에 화려한 드레스 차림의 여왕은 마거릿 더글러스와 윈체스터 후작부인이 드레스 자락을 잡아주는 가운데, 추밀원 위원들과 귀족들, 시녀들로 구성된 수행단과 더불어 예배당으로 향했다. 서문을 통과해서 예배당 안의 자주색 천을 깔아놓은 둥그런 연단으로 나아가자 펠리페가 기다리고 있다가 신부를 맞이했다. 두 사람은 연단에서 다섯 계단을 올라가 가디너 주교 앞에 무릎을 꿇고 앉아 참회기도를 올렸다. 주교는 이어 라틴어와 영어로 혼배성사를 집전했다. 드디어 윈체스터 후작과 펨브로크 백작, 더비 백작, 베드퍼드 백작이 왕국을 대표해서 여왕을 신랑 손에 넘겼다. 당대 작품인 《제인 여왕과 메리 여왕 재임 2년》에 따르면, 메리의 손가락에 끼워진 그녀 자신이 고른 반지는 평범한 금반지였다고 한다. 당대 처녀들은 그런 식으로 결혼했다고 한다. 그녀가 식을 올릴 때 앉았던 떡갈나무 의자는 지금도 성당에 그대로 보존되어 있다.

혼배성사를 끝마치면서 참석자들은 일제히 큰 소리로 신께서 그들 부부에게 축복을 내려주시기를 간절히 기도했다. 그때 가디너가 황제가 나폴리와 예루살렘을 펠리페에게 양도했다는 반가운 소식을 좌중에게 알렸다. 이번 결혼으로 펠리페는 잉글랜드 왕이라는 타이틀까지 거머쥐게 되었다.

의식용 검을 찬 더비와 펨브로크 백작은 손을 잡은 신랑신부를 중앙 제단으로 인도해서는 기사 넷이 지키고 서 있는 닫집 아래로 데려갔다. 뒤이어 가디너와 5명의 주교가 장엄미사를 집전했다. 미사가 끝난 뒤에는 꾀꼬리 같은 목소리의 왕실어린이합창단과 성당 성가대가 장엄한 파이프오르간 연주에 맞추어 그 누구도 들어보지 못한 아름다운 천상의 하모니로 노래를 불렀다. 에스파냐 사절들은 예식이 진행되는 동안 여왕이 내내 성사에 집중하는 모습을 주목했다. 잠시 후 트럼펫 소리가 활기차게 울려 퍼지는 가운데 가터문장관이 통치자들에게 새롭게 부여된 직위를 라틴어와 불어, 영어로 엄숙하게 선포했다. "펠리페와 메리는 신의 가호 아래 잉글랜드를 비롯해서 프랑스, 나폴리, 예루살렘, 아일랜드의 왕과 여왕이자, 믿음의 수호자, 에스파냐와 시칠리아의 군주, 오스트리아의 대공, 밀라노와 부르고뉴, 브라반트의 공작, 합스부르크와 플랑드르, 티롤의 백작에 임명되었도다."

오후 3시경에 팡파르 소리가 울려 퍼지는 가운데 왕과 여왕은 닫집 그늘 아래서 손을 맞잡은 채 식장을 떠나 울브지 궁으로 갔다. 금사원단과 실크 걸개들로 화려하게 치장한 궁 동관에서는 장장 세 시간에 걸친 피로연이 진행되었다. 가디너 주교와 더불어 테이블 상석에 앉아서 메리는 금제 식기에 담긴 음식을, 펠리페는 은제 식기에 담긴 음식을 먹었다. 에스파냐 귀족들은 이를 대단한 모욕으로 받아들이면서 펠리페가 대관식을 치르면 사정이 달라질 거라고 기대했다. 피로연이 진행되는 동안 음유시인들이 흥취를 한껏 돋우었다. 경사스러운 날에 왕실에서는 사자들을 파견해서 가난한 빈민들에게 구제 의연금을 인심 좋게 나누어 주었다. 피로연장에 참석한 손님들은 기다란 테이블 주변에 둘러서서 진수성찬을 맛보았다. 뒤이어 신혼부부는 손님들과 어울려 독일풍의 춤을 추었는데 메리는 이날 이제껏 본 중에서 최고로 잘 추었다. 밤 9시에 그들은 궁방으로 물러나 오붓하게 저녁을 들고는 신랑신부를 위해 마련해 놓은 신방으로 건너갔다. 문가에는 가디너의 명에 의해 라틴어 구절이 새겨진 현수막이 걸려 있었다.

축복 받고 또 축복 받은 행복한 집이여,
곧 고귀한 손님들이 이곳을 찾을 것이다

여왕의 지위에 걸맞지 않게 몇 명의 엄선된 대신만이 공식적인 합방의 식에 참여했다. 가디너는 신혼침대에 축복을 내려주고 나서 곧장 대신들을 이끌고 소리 없이 자리에서 물러났다. 이제 펠리페와 메리는 결혼예복과 엄청난 양의 보석을 걸친 채 처음으로 단둘이 마주하게 되었다. 익명의 에스파냐인은 다음과 같이 썼다. '그날 밤 무슨 일이 일어났는지는 그들만이 안다. 그들이 떡두꺼비 같은 아들을 안겨 준다면 더 없는 기쁨일 것이다.'

신혼 첫날 아침에 펠리페는 일찍 잠자리에서 일어나 7시부터 책상에 앉아 집무를 보기 시작했다. 그날 미사에 두 번 참석했고 혼자서 아침을 들었다. 에스파냐 귀족들이 여왕에게 아침문안을 드리러 가자 그녀의 시녀들은 놀라 문가를 가로막았다. 초야를 치른 뒤 둘째 날까지 여왕이 누구도 만나지 않는 것이 잉글랜드 전통이기에 새신부를 찾아오는 것은 무례한 일이라고 주장했다. 에스파냐인들은 자기네 나라에서는 신혼 첫날 아침에 왕실부부를 찾아뵙고 문안인사를 드리는 것이 전통이라고 해명했지만 씨도 먹히지 않는 소리였다.

이 시간에 메리는 시아버지에게 감사편지를 쓰고 있었다. '그처럼 덕망이 넘치는 황태자와 짝 지어주셔서 왕국의 명예가 높아지고 평온이 찾아올 것에 감사드립니다. 결혼으로 인해 무한한 행복을 느낍니다. 날이 갈수록 남편에게서 장점과 완벽함만이 발견되니 부디 제가 그분을 만족시켜줄 매력을 갖추길, 모든 면에서 천생연분 짝으로서 걸맞게 행동할 수 있길 바랄 따름입니다.'

이어진 며칠 동안 유례가 없을 만큼 성대하고 화려한 개선행렬과 연회, 노래,. 가면극, 춤이 끊임없이 이어졌다. 두 사람이 닫집 아래 나란히 앉아 식사하는 모습과 무도회장에서 다정하게 춤을 추는 모습을 보자니, 마치 딴 세상에 온 것만 같았다. 펠리페는 명소들을 둘러보고, 개인적인 업무를 보고, 미사에 참석하고, 추밀원 위원들과 친분을 쌓고, 정부문서를 검토해보고, 국정 운영방식을 익히면서 이 중요한 며칠을 보냈다. 다행히 제국 군대가 프랑스 군대를 격파했다는 소식이 날아들었는데, 이는 황급히 잉글랜드를 떠날 필요가 없다는 의미이기도 했다. 황제는 아들이 지금으로서는 아내 곁에 남아서 잉글랜드 국사에 매진하고 국교회를 로마 가톨릭과 화해시키는 중차대한 임무에 온 힘을 쏟길 바랐다. 그럼에도 불구하고 펠리페는 은밀히 선박을 대기시켜서 언제라도 브뤼셀로 떠날 준비를 갖추었다.

루이 고메즈는 결혼생활이 무리 없이 진행되어서 두 사람은 내내 행복하게 살 것이며 나머지는 온전히 주님 몫이라고 평했다. 물론 겉으로 보기에는 아무런 문제가 없어 보였다. 하지만 속을 들여다보면 당겨진 활시위처럼 긴장이 팽팽하게 깔린 상태였다. 메리가 펠리페를 처음 본 순간 그와 사랑에 빠져든 것은, 아니 적어도 열중한 것은 분명했다. 어려서부터 정에 굶주려 왔고 또 성인이 되서도 이성적인 사랑을 경험하거나 자녀를 잉태해보지 못한 그녀였기에, 그 모든 좌절된 욕망을 뒤늦게 얻은 남편에게 쏟아부을 준비가 되어 있었다. 그녀가 열렬히 바라마지 않는 모든 것을 줄 수 있는 남자에게 말이다. 그는 어머니의 모국과 연결된 사람, 가톨릭 후계자를 낳게 해줄 사람, 교황과 화해하고픈 바람을 촉진시켜줄 사람, 군주로서의 임무를 손쉽게 해줄 남성적 권위를 지닌 사람이었다. 열 살 때 아버지의 눈길이 앤 불린에게 처음으로 꽂힌 그날 이후 처음으로 그녀는 진정한 행복을 느꼈다.

메리는 결코 육욕 때문에 결혼한 것이 아님을 누차 강조했고 펠리페 역시 이 사실을 잘 알았다. 그는 여왕을 매우 다정하게 대했으며 아내의 부족한 성적 매력을 영악하게 눈감아주었다. 남자 동료들과 있을 때 그녀와의 결혼은 그저 편의에 따른 결혼이라고, 메리에게 성적으로 전혀 끌리지 않는다고 솔직히 고백했다. 심지어 한 친구에게는 그녀의 초상화 화가들이 진실을 속이고 그녀를 지나치게 미화시켰다고 불평하기까지 했다. 고메즈마저 감정을 담아서 격하게 표현했다. '솔직히 이 결혼으로 쓴맛을 보게 될 사람은 신神 본인이다.' 곧 펠리페 측근들은 의문을 품기 시작했다. "대체 왕께서는 늙은 여자를 데리고 뭘 할 작정이시지? 나이로는 어머니뻘 아닌가!" 고메즈는 성적인 만족감을 주지 못하는 아내를 다루는 그의 전략적이고 세심한 방식을 그저 감탄의 눈길로 바라보았다. 왕실 부부는 남들 앞에서 만족스럽고 애정이 넘치는 모습만을 보이고자 했다. 남편이 어찌나 행복하게 해주었는지 어느 날 단둘이 있을 때 그녀는 충동적으로 사랑의 밀어를 그의 귓가에 속삭이고 말았다. 그는 비슷한 기분으로 화답해주었다.

이러니 남편이 자신에게서 매력을 못 느낀다는 사실을 까맣게 모를 수밖에. 르나르 역시 깜빡 속아 넘어가서 다음처럼 보고할 정도였다. '서로를 어찌나 사랑하는지 이보다 완벽한 결합은 없을 것입니다.'

펠리페는 메리의 부담스러울 정도로 과한 사랑에 도저히 화답해줄 수가 없으니, 감정 면에서 불평등한 관계가 아닐 수 없었다. 물론 통치자로서도 아내와 동등한 기분을 느낄 수가 없었다. 아내가 허락하는 것 외에 그 어떤 권력도 행사할 수 없었는데 이 때문에 그와 에스파냐 귀족들은 현재 그의 위치를 치욕으로 받아들였다. 자연히 부부 사이에는 불화가 빚어졌다. 펠리페는 안 되겠다 싶어 르나르를 그녀의 최측근 자리에 앉혔다. 쌈질만 일삼는 추밀원을 상대해서 혼자 악전고투하다보니 그녀로서도 비슷한 직위의 조언자를 곁에 두는 게 든든하기는 했다. 하지만 남편과 의견이 어긋날 때는 못 말릴 쇠고집으로 돌변했다. 자기 의견과 맞을때만 그 의견을 흔쾌히 수렴했다. 이것은 16세기 보통의 아내의 모습은 아니었다. 아녀자로서 군말 없이 지아비를 따르는 것이 도리이거늘, 당시 여성 군주는 처음인지라 그녀에게서 여느 여자들과 똑같은 복종을 기대할 수는 없었다. 폴 추기경은 메리에게 편지를 보내서 간곡히 타일렀다. '남편이 누구보다 뛰어난, 신의 형상을 닮은 통치자가 되어주길 간절히 기도하세요. 신성하고 공정한 세상을 만들라고 신께서 세상에 보내준 대리자가 되어달라고 말입니다.'

소문이 사실이라면 신의 형상을 닮은 사내는 아내 몰래 궁궐 여자들과 방탕한 육욕을 즐기고 있었다. 들리는 소문으로는 그가 옷방에서 옷을 갈아입던 매혹적인 맥달렌 다크르를 몰래 엿보다가 그녀에게 들키자 안으로 들어가 탐하려 했다고 한다. 맥달렌은 곁에 있던 막대기를 집어 들고 왕의 팔을 세게 내려쳤다고 한다. 한 신교도가 뿌린 유인물에서는 왕이 "왕관만 없다면 제빵사 딸의 옷차림이 메리 여왕의 그것보다 훨씬 낫다."고 불평했다고 주장했다. 이런 소문들은 펠리페를 깎아내리고 싶은 자들, 또는 그가 여왕에게 미칠 영향력을 두려워한 자들이 지어낸 것으로 보인다.

펠리페는 처음부터 에스파냐 시종들의 시중을 받겠다고 확실히 밝혀서 잉글랜드 귀족들에게 그만 미운털이 박히고 말았다. 하지만 추밀원 위원 다수는 황제를 지지하면 떡고물이 떨어지거나 동료들에게 품은 해묵은 원한을 갚도록 도와줄 거란 생각에서 펠리페에게 아부했다.

신혼의 열기가 채 가시기도 전에 메리는 여왕으로서의 임무에 매진해서 남편과 같이 보낼 짬이 거의 없었다. 공개적으로 같이 식사를 하거나 저녁 때 남편 앞에서 류트나 버지널을 연주할 때 외에는 얼굴을 마주 대할 기회가 없었다. 그녀는 새벽 일찍 일어났다가 정오가 넘어서야 조반을 들었고 자정 넘어서까지 업무를 보는 일이 허다했다. 이처럼 밤낮으로 시간에 쫓기며 과중한 업무를 처리하다보니 긴장성 두통과 가슴 두근거림 증세가 어김없이 찾아왔다. 펠리페는 아내가 기대만큼 추밀원을 통제할 만한 능력이 못 된다고 폄훼했다. 고메즈 역시 여왕이 신실한 분이긴 하나 정치가로서 제 능력을 발휘하지 못한다고 보고했다. 펠리페는 잉글랜드의 재정이 구멍 난 것을 확인하고 악화된 재정을 보강하고자 에스파냐 측에 긴급융자를 요청했다.

언니의 결혼소식이 우드스톡에 있는 엘리자베스의 귀에 들어가면서 왜 그동안 꿩 구어 먹은 소식이었는지 이내 확실해졌다. 그렇다고 마냥 손가락만 빨고 앉아 있을 수가 없어서 편지를 재차 보내라고 베딩필드를 징글징글하게 괴롭혔다. 그가 담벼락같이 미동도 않자 그녀는 한껏 비꼬았다. "그대를 보낸 자들이 당신이 이처럼 대쪽같은 사람인 걸 알면 참으로 기뻐하겠군요!" 이윽고 7월 30일에 그는 공주의 끈질긴 요청에 넘어가 추밀원에 다음과 같은 편지를 보냈다. '부디 공주님의 비참한 처지를 헤아리셔서 여왕폐하와의 사이에 징검다리가 되어주십시오. 여왕폐하께 비천한 청원자로서 편지를 보냈던 그녀는 아직 그 어떤 위로의 답도 듣지 못했습니다.

오랜 감금생활과 속박조치를 고려하셔서 죄에 대해 심문이나 재판을 받도록, 여왕을 알현할 수 있도록 선처를 베풀어주십시오. 신 앞에 떳떳하다

고 자신하기에 감히 이런 욕심을 부려본다고 하십니다.'

　메리가 이 요청을 단호히 거부하자 공주는 그렇다면 추밀원 대표단이라도 파견해달라고 부탁했다. 직접 그들 앞에서 무죄를 입증하고, 또 처절한 고립감에서 벗어날 수 있게 해달라고 간곡히 청했다. 편지는 즉각 그녀의 손을 떠났다. 다시금 끝도 없는 기다림이 시작되었다.

　7월 31일에 메리와 펠리페는 윈체스터를 떠나 수도를 향해 여유롭게 순행 행렬을 떠났다. 이틀 밤은 배싱스토크에서, 하룻밤은 레딩에서 묵은 뒤에 8월 3일에 윈저 성에 도착해서 둘 다 지독한 고뿔에 걸렸음에도 불구하고 며칠간 사냥을 즐겼다. 곧이어 펠리페는 자주색 벨벳 망토를 걸친 채 가터 기사단 단장으로서 총회를 주도했다. 남편을 기쁘게 해주기 위해 안달이 난 메리는 그날의 행사를 빛내기 위해 그에게 보석이 박힌 단검을 선물했다. 이를 본 르나르는 함께 있는 모습이 참으로 보기 좋았다, 왕은 저지대 국가들을 마지막으로 떠났을 때의 모습과 완전히 달라져 있다고 보고했다.

　8월 11일에 왕실 부부는 런던으로 입궁하기 전에 먼저 리치몬드 궁으로 향했다. 그곳에 머무는 동안 프랑스가 제국의 땅인 렝티를 포위공격 중이라는 비보가 날아들어서 80명의 에스파냐 귀족들은 서둘러 저지대 국가들로 떠났다. 황제는 아들에게는 현재 위치를 고수하라고 단단히 일렀다.

　8월 17일에 그들은 지난 5월부터 시작해 온 공식 환영행사 준비가 드디어 완료되었다는 소식을 듣고 배를 이용해서 서더크로 갔다. 그곳 윈체스터 하우스에 도착하니 가디너가 반가이 맞이했다. 두 사람은 주변 공원에서 사냥을 즐긴 뒤에 과거 서퍽 공작부부의 런던 저택으로 사용되었던 서퍽 궁에서 하룻밤을 보냈다.

다음 날 오후 2시에 행렬이 런던 브리지를 건너는 동안 축포가 꽝꽝 터지고 거리 곳곳에 호화로운 야외극 무대가 설치되어 눈을 즐겁게 해주었다. 일부 무대는 최근에 교수대가 설치되었던 자리에 꾸며졌다. 시 당국은 행사 준비에 아낌없이 비용을 쏟아 부었고, 에스파냐인이건 잉글랜드인이건 가릴 것 없이 모두가 길거리로 쏟아져 나와 순행 행렬을 구경했다.

그때 행사에 흠집을 낼 만한 자그마한 사건이 벌어졌다. 한 야외극 무대에서 헨리 8세를 닮은 형상이 라틴어로 '신의 말씀'이라 적힌 책을 들고 있었던 것이다. 가디너는 이 모습을 보고 흠칫 놀라 서둘러 장갑으로 책을 덮으라고 지시했다. 르나르는 이날 런던 시민들이 보인 반응을 즉각 보고했다. '황태자에게 좋은 인상을 받아서 그분을 온후하고 인간적인 통치잣감으로 여기고 있습니다. 본인께서도 시민들의 환영을 즐기셨습니다. 엄청난 사랑과 기쁨의 증거들을 그들 얼굴에서 발견했습니다.' 그가 가난한 백성들에게 관대하게 선물을 나누어 주고 도시의 수로를 따라 공짜 포도주를 한껏 흘려보냄으로써 이처럼 후한 점수를 딴 것이다.

이날이 끝나갈 무렵 화이트홀로 돌아온 부부는 그곳에서 기다리고 있던 2가지 결혼선물을 발견하고 무척이나 기뻐했다. 하나는 황제가 선물해 준 금은사 장식의 태피스트리이며, 다른 하나는 폴란드 여왕이 보내 준 보석이 박힌, 금과 은으로 만든 이동식 오르간이었다.

일상으로 돌아온 펠리페는 왕으로서 권위를 확립하는 일에 착수했다. 첫번째 과제는 비대한 수행단 규모를 줄이는 것이었다. 알바 공작이 모두가 맨송맨송 앉아 허송세월만 보낸다고 불평했던 것이다. 고메즈는 지나치게 많은 수행단을 붙인 책임을 르나르에게 물었지만 그는 펠리페가 그처럼 많은 인원을 대동하고 올 줄 미처 예상치 못했다. 추밀원도 그를 뒷방 늙은이 취급하기는 마찬가지였다. 더구나 머지않아 여왕의 사랑을 독차지한 펠리페 때문에 그녀의 신임마저 잃게 되었으니, 그로서는 참으로 애통한 일이었다. 펠리페가 자신을 탐탁지 않아 한다는 사실이 명백해지자 그는 본국으로 소환해달라고 요청했다. 물론 황제가 잉글랜드 내정에 능통한 그를 본국으로 불러들일 리는 만무했다.

펠리페는 에스파냐 시종들에게는 직접적인 임무를, 그리고 잉글랜드 시종들에게는 형식적인 임무만을 맡겼다. 이는 양측에게 격렬한 불만과 분열을 조장하고 말았는데, 잉글랜드인들에게 더 큰 책무를 맡기겠다는 펠리페의 사태무마용 공약들로도 해결되지 않았다.

펠리페의 또 다른 관심사는 왕으로서의 권위를 강조하기 위해 가능한 한 신속히 자신의 대관식을 치르는 것이었다. 혼인협약에는 이 내용이 명기되어 있지 않아 속 터지게도 추밀원은 별반 내켜하지 않았다. 그들 생각에는 메리가 통치자이며 그는 단지 여왕의 배우자일 뿐이었다. 그는 실제적인 권한이 없다고 보았다. 여왕 역시 이 불균형을 해결하는 데 이렇다할 노력을 기울이지 않았다. 펠리페는 새로운 종복들에게 무한한 애정과 존경을 얻기 위해 필요한 모든 조치를 취했다. 잉글랜드의 오랜 습속과 전통을 존중했으며 자신을 잘 보필한 신하들에게 후한 선물과 포상으로 보답했다.

추락한 패짓이 뛰어난 정치가이자 충실한 지지자임을 알고 그를 복위시키려 백방 노력했지만 궁 안에서 그의 파벌을 구축하는 데는 실패하고 말았다. 그의 지지 세력은 일부 귀족에게만 국한되었다. 고메즈는 다음과 같이 본국에 보고했다. '귀족들을 어찌나 능수능란하게 다루시는지 그들이 이처럼 빨리 호의를 품게 된 분은 처음이라고 감탄할 지경입니다. 황태자께서는 사람 다루는 데 있어 귀재이십니다.'

하지만 일반 백성들은 펠리페의 친절을 직접 접해볼 기회가 없는지라 그가 공식 석상에 거의 모습을 드러내지 않는다고 불평했다. 비록 모습을 보인다 해도 귀족들에게 둘러싸이는 바람에 제대로 얼굴조차 보기 힘들었다.

펠리페의 영향력은 결코 얕잡아볼 만한 게 아니었다. 신의 법에 의거해서 결혼한 여자는 남자에게 종속되는 것이 통례였기에 메리가 남편의 의견을 좇는 것이 당연시되었다. 추밀원 위원들을 비롯해서 당대사람 모두가 그러한 미덕을 기대했다. 펠리페는 혼인협약이나 의회법이 인정한, 왕으로서의 권한을 쥐지는 못했으나 막강 실세로 인정받았다. 9월에 보낸 사보이아(사보이) 대사의 보고 내용이다. '펠리페는 왕으로서 국사를 논의하고 신속하게 지시를 내립니다. 이미 잉글랜드 선왕들과 비슷한 권력을 휘두르고 있습니다.'

카를 5세는 펠리페가 결혼한 목적이 메리의 대리자로 잉글랜드를 통치하는 거라고 선언한바 있지만, 그럼에도 불구하고 신권에 의한 군주인 여왕이 권력을 쥐어야 한다고 주장했다. 메리는 종속적 역할에 머무는 것을 거부하곤 했는데, 속궁합 문제 이상으로 이는 펠리페가 결혼에 불만을 품게 된 사유가 되었다. 아내에게 밀려 2인자로 전락하다니, 이보다 더 큰 수치가 어디 있을까? 그는 뒤바뀐 역할이 남우세스럽기만 했다.

반면 메리는 딱 결혼 체질이었다. 신혼기간을 거치면서 그녀는 전보다 더 살집이 붙고 얼굴에는 화색이 돌았다. 자못 근엄하기만 했던 왕궁은 유희와 여흥이 늘어나면서 전에 없이 활기를 띠었다. 10월 12일에 프랜시스 악슬리는 윌리엄 세실에게 다음과 같이 알렸다. '두 분은 지극히 건강하고 행복해 보인다. 일요일 밤마다 무도회를 열어 같이 춤을 즐긴다. 가면극 배우들은 선원 복장을 한 채 용감무쌍한 가면극을 펼친다.' 다른 여흥거리로는 카드놀이와 주사위 게임을 즐기고 이따금씩 따끈따끈한 초연 연극도 관람했다. 메리가 특히 좋아한 연극은 자신의 대관식 때 축하행사차 무대에 올린 니컬러스 유덜의 작품 〈국가 Respublica〉였다. 펠리페가 에스파냐에서 음악가들을 데려오기는 했지만 왕실예배당에서 듣는 성가곡 외에 음악을 감상할 기회는 별반 없었다.

왕실에서 소비하는 음식의 양은 가히 어마어마했다. 1554년에 익명의 에스파냐인은 다음과 같이 보고했다.

> 여왕은 식비로 1년에 3만 더컷 이상을 소비한다. 추밀원 위원들은 물론 왕
> 실 시종단과 그 아내들까지 모두 궁에서 식사를 해결하기 때문이다. 여왕의
> 시녀들과 시종들 역시 궁에서 끼니를 때운다. 18개의 주방이 풀가동되는
> 데, 그 안에서 하루 종일 지지고 볶는 모습이 마치 생지옥과도 같다. 평균
> 하루에 80마리에서 1백 마리의 양과 12마리의 소, 12마리 반의 송아지 외
> 에 닭과 새, 사슴, 수컷 새끼돼지, 엄청난 수의 토끼를 먹어댄다. 더불어 발
> 라돌리드(16세기 에스파냐의 수도—옮긴이) 강을 다 채울 만큼의 술을 마신
> 다. 여름에는 남녀 모두 포도주에 설탕을 타서 마시는데 그 때문에 궁에서
> 는 대단한 꼴불견이 벌어지곤 한다.

펠리페는 귀족층의 인기를 독차지했을는지 모르나 함께 건너온 에스파 냐인들은 섬나라 사람인 메리의 종복들에게 대단한 미움을 샀다. 왕궁을 비롯해서 런던 시내에서 벌어진 일련의 추악한 사건들을 통해 이들이 얼마 나 미움을 받는지 쉽사리 가늠할 수 있었다. 1554년 8월 초순에 궁 안에서 는 하루가 멀다 않고 앙심을 풀고자 서로 매섭게 칼날을 들이댔다. 펠리페 시종단 내에서는 처음부터 잉글랜드인과 에스파냐인 사이의 적개심이 대 단했다. 런던 시내에서 에스파냐인들은 열악한 주거지로 밀려났으며 상점 이나 술집에서는 바가지를 씌우기 일쑤였다. 심한 경우 정상가의 25배까지

415

부풀려 받곤 했다. 길거리에서는 아무런 이유 없이 거친 모욕과 폭행을 당했다. 반면 잉글랜드인들은 그들 나름대로 제 나라에서 이방인 취급을 받는다고, 여왕이 자신들 따윈 신경도 써주지 않는다고 잔뜩 볼멘소리를 했다. 8월에 베네치아 대사는 본국에 다음과 같이 보고했다. '에스파냐 어머니를 둔 여왕은 늘 본국에 남다른 애정을 품었으며, 잉글랜드인인 것을 경멸하고 에스파냐 후손인 것을 자랑스러워한다.'

에스파냐인들은 그들 나름대로 향수병에 걸린 채 잉글랜드의 날씨와 음식과 여자를 탓했다. 잘못된 소문이지만 누군가 이런 실언까지 했다고 한다. "그 어떤 에스파냐 사내가 잉글랜드 여자하고 사랑에 빠질까! 아니, 적어도 관심이라도 보일까! 어디 공들일 만한 변변한 여자가 있어야 말이지."

일부에서는 왕궁이 비좁고 불편한데다가 비록 그것이 잉글랜드인들의 유일한 여가생활이긴 하나 그저 먹고 마시는 일밖에 없다고 투덜거렸다.

이러한 불만 가득한 태도는 악감정만 불러일으켰다. 펠리페는 자국 시종들이 잉글랜드인들을 이단자 내지는 야만인으로 사납게 몰아대자 서둘러 진화에 나섰지만 이미 돌이킬 수 없는 상황이었다. 귀족 대다수가 프랑스와 싸우기 위해 떠난 뒤에도 껄렁껄렁한 문제아들은 궁에 남아 분란만 일으켰다. 황제의 조언을 무시한 채 이 나라로 건너온 잔류 귀족들의 아내들은 궁정 여인들에게서 놀림가마리를 당했다. 이는 비단 언어의 장벽 때문만은 아니었다. 메리는 국사에 바빠 그네들에게 시간을 할애할 만한 여력이 없었다. 그녀가 에스파냐인인 알바 공작부인을 만났을 때였다. 당시 서로 윗자리에 앉으라고 고집스레 양보해대다가 결국 누구 하나 그 자리에 앉지 못하고 바닥에 앉고 말았다. 자존심이 상한 공작부인은 이를 치욕으로 여기고는 이후 다시는 궁에 발걸음을 하지 않았다.

무엇보다 최악의 사건이 터진 곳은 런던 시내였다. 이곳에서 에스파냐인들은 맥없이 습격을 당하고 강탈을 당하고 맹렬한 공격을 당했다. 펠리페 수행단에 소속된 성직자들은 행여 봉변을 당할까봐서 되도록이면 바깥 출입을 삼갔다. 한번은 과감히 밖으로 나섰다가 야유를 퍼붓는 폭도들 손에 수사복과 십자가를 빼앗길 뻔했다. 베네치아 대사인 미키엘리는 '잉글랜드인들 모두가 공격자들'이라고 보고했으며, 헨리 머친은 자신의 일기에 잉글랜드인 일부가 약탈과 살인 혐의로 교수형을 당했다고 적었다. 비슷한 죄를 지은 죄인 일부는 사면을 받았다. 1555년 5월에 5백 명의 군중이 런던에서 이방인들을 반대하는 폭동을 일으켰는데, 이 와중에 6명이 사망했다. 6월에는 성난 폭도들이 에스파냐인들이 성체축일 미사를 올리고 있던 교회를 습격해서 신성모독죄를 저질렀다. 프랑스인들이 뒤에서 조종하는 불온 유인물과 사악한 루머들은 사건 해결에 도움은커녕 불필요한 공포감만 조성했다. 펠리페는 우려했던 사태가 벌어지면 수천 명 이상의 지원군을 잉글랜드로 데려오거나 에스파냐 병사들을 런던탑에 주둔시킬 작정이었다.

메리는 서로 헐뜯고 미워하면서 불화를 빚는 현실이 무척이나 서글펐다. 자신의 백성들이 에스파냐인들을 부당하게 취급하는 것이 여왕으로서 더없이 애석했으며 자신이 직접 당하는 것보다 더 큰 슬픔을 느꼈다. 9월경에 에스파냐인들은 화이트홀 내의 안전한 별채에서 기거하면서 여왕에게 하루빨리 후사가 생기기를 두 손 모아 기도했다. 그녀가 펠리페의 아이를 가져야만 그가 에스파냐로 돌아갈 수 있었기 때문이다. 그럼에도 불구하고 대부분은 여왕이 수태하지 못할 거라고 절망적으로 예상했다.

결혼도 했겠다, 이제 메리는 필생의 과업인 로마 교황청과 화해하는 일에 온 관심을 쏟았다. 펠리페가 잉글랜드 땅에 머물고 있는 만큼 더 이상 폴 추기경을 로마에 묶어둘 필요가 없었다. 6월에 교황 율리우스 3세는 폴에게 잉글랜드에서의 임무에 집중하라고 지시하면서, 빼앗긴 교회재산 같은 민감한 문제를 다룸에 있어 보다 유화적인 자세로 접근하라고 조언했다. 필요하다면 뒤로 한 발짝 물러날 용의도 있었다.

9월에 메리는 교황청 특사가 잉글랜드에 와서 교회와 대학을 감사할 수 있도록 입국을 허락하라고 추밀원에 서면으로 지시했다. 이단을 반드시 뿌리 뽑고 죄인들을 화형에 처해서 무고한 백성들을 악의 소굴에서 구해내야만 했다. 펠리페는 종교박해에 에스파냐의 입김이 작용했을 거라는 비난여론을 의식해서, 아내에게 신중하고 온건한 태도로 접근하라고 조언했다.

하지만 그녀는 자신의 일을 성스런 임무로 격상시키면서 집념을 불태웠다. 펠리페는 이와 더불어 폴 특사가 교회재산을 환수하지 않겠다는 약속을 분명히 하기 전까지는 잉글랜드 땅에 들이지 말라고 조언했다. 메리는 합당한 조언이라 여기며 흔쾌히 수용했다. 낙담한 폴 특사는 다른 대사들은 받아들이면서 왜 성 베드로의 후계자들의 특사인 자신만 입국이 거부되는 거냐고 항의했다. 그렇다면 펠리페는 왜 거추장스럽게 이런 사전조치를 취했을까? 잉글랜드인들의 인기를 잃지 않으면서 로마 교황청과 극적으로 화해를 이끌어낼 참이었던 것이다. 그리할 때 그는 영웅의 반열에 오를 것이며, 그의 입지는 지금보다 10배, 20배나 견고해질 것이다. 그런 까닭에 폴은 조금 더 기다려야만 했다.

화이트홀로 돌아온 뒤에 메리는 드디어 엘리자베스의 접견 요청에 답을 보냈다. '네 청을 들어줄 수는 없다. 네가 쏟아내는 불평들이 그리 합당하게 들리진 않지만 늘 관심을 잃지 않고 있으니 행여 잊혀질까 두려워하진 말아라.' 이것이 전부였다.

엘리자베스는 끝이 보이지 않는 감금생활에 지치고 좌절하면서도 그나마 책 속에서 위안을 얻었다. 그녀는 바오로 서간집을 인용해서 멋진 글을 남겼다. '8월, 행복 가득한 성서의 들판으로 빈번히 뛰쳐나간다. 그곳에서 몸에 이로운 약초 같은 문장들을 캐내고 그 맛을 음미하면서 불행한 삶의 쌉쌀함을 애써 위로하누나.'

다가올 종교박해에 대한 소문이 9월경에 우드스톡에 전해지면서 엘리자베스는 부지런히 미사에 참석해서 여왕에게 책잡힐 만한 틈을 보이지 않았다.

9월에 주치의들이 임신 소식을 확인해주면서 메리의 행복은 최고조에 달했다. 그녀는 임신 초기에 나타나는 증상이란 증상은 다 앓았다. 생리가 끊어지고 젖가슴이 커지고 아랫배는 볼록해졌으며 아침마다 입덧에 시달렸다. 사보이아 대사는 두 눈으로 그녀가 구역질하는 모습을 보았기에 임신이 분명하다고 보고했다. 르나르는 왕실 주치의들로부터 메리의 상태에 대해 긍정적인 확답을 들었다. "모든 증세들로 보아 임신이 아니라면 말도 안 되죠."

임신은 메리가 최고로 바라고 소망하던 일이었다. 로마 교황청과 다시 손잡으려는 시점에 가톨릭 왕자를 임신하다니, 신의 가호가 아니고 무엇이겠는가! 그런 만큼 임신소식을 추밀원에 알릴 때 그녀는 더욱더 의기양양했다. 10월 초순에 기쁨에 겨운 펠리페는 화이트홀의 레이디스 홀에서 임신을 축하하는 무도회를 열어 메리를 첫 춤 상대로 삼았다. 곧이어 황제에게 이 행복한 소식을 편지로 알렸다. 임신은 후사를 얻는 것 외에도 잉글랜드와 에스파냐의 조정중신들을 서로 화해시킬 수 있는 부가적인 이득도 있었다. 양측이 한마음으로 똘똘 뭉치면서 그의 권한도 더욱 커졌다. 그녀가 임신하면서 여왕으로서의 권력의 대부분을 남편에게 위임해야 했기 때문이다. 이제는 건강한 왕자를 생산하는 일만 남았다.

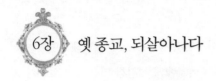

6장 옛 종교, 되살아나다

1554년 9월 말에 폴 추기경은 여전히 잉글랜드 왕실의 소환을 통보받지 못한 채 브뤼셀에서 발목이 붙잡혀 있었다. 헨리 8세 통치기에 그에게 적용된 사권박탈 판결이 파기되지 못한 탓에 모국으로 들어가지 못하는 것이다. 엄밀히 말해서 그는 사형선고를 받은 범죄자였다.

폴은 사실 2가지 임무를 맡았다. 국교회와 로마 가톨릭을 하나로 통합시키는 것이 주된 임무지만, 더불어 합스부르크 왕조와 프랑스가 서로 손잡도록 중간에서 다리역할을 하는 임무도 맡았다. 이미 황제에게 적극적인 도움을 요청해보았지만 괜한 거부감만 주고 말았다. 폴의 외교적 접근방식을 지켜본 황제가 혹 추기경이 교회재산 같은 민감한 사안에 유연하게 접근하지 못해서 국교회 통합을 방해하지나 않을까 우려했던 것이다. 그로 인해 황제는 특사가 잉글랜드로 건너오는 것을 가능한 한 지연시키면서 편지를 보내 보다 유연한 시각을 갖도록 설득했다. 펠리페나 카를 5세 누구도 추기경이 펠리페의 역할을 여왕의 최고고문에 제한시키는 것을 가만두고 보지 않을 작정이었다. 반면 폴을 딱하게 여긴 여왕은 르나르의 도움 아래 추기경이 잉글랜드에 들어오는 것을 허락하도록 남편과 시아버지를 적극 설득했다.

10월 22일에 르나르는 브뤼셀에서 폴을 만나 메리가 보낸 편지를 전해주었다. 메리의 편지와 대사의 설득, 그리고 교황의 지시가 더해져서 마침내 실패위험을 감수하느니 차라리 교회재산을 포기하는 게 모두에게 이롭다고 추기경을 설득하기에 이르렀다. 르나르의 조언에 따라 펠리페와 황제역시 특사가 모국으로 돌아와 맡은 바 임무를 수행하는 데 동의했다. 11월 3일에 추밀원은 추기경의 입국을 허락하면서 이틀 뒤에 패짓과 에드워드해스팅스를 보내 그를 모셔오도록 했다.

11월 10일에는 잉글랜드의 종복들은 영혼을 개조시키기 위한 종교재판에서 특사의 명에 복종하라는 선언문이 공표되었다. 이에 반발해서 그동안음지에서 활동하던 지하조직이 거세게 들고 일어나 가톨릭에 반대하는 소요를 벌이고 신교를 찬양하는 선동적인 유인물을 뿌려댔다. 신교도들은 아직 소수 그룹이었으나 여왕과 측근들에게는 신체의 중요 장기로 퍼져 나가기 전에 하루속히 제거해야 할 암덩이 같은 존재였다.

11월 12일 의회 소집일에는 메리의 반종교개혁 프로그램을 적극 추진할노련하고 신실한 가톨릭 의원들이 한자리에 모였다. 왕실부부는 모피 테두리 장식의 자주색 관복을 차려입고서 의회개원에 맞추어 웨스트민스터 사원으로 향했다. 메리는 백성들에게 임신한 몸을 드러내 자랑하고자 개방형가마를 타고 갔고 펠리페는 그 옆에서 말을 타고 동행했다. 그들은 예상대로 사람들로부터 따뜻한 환대를 받았다. 여왕은 임신 3개월의 몸이지만 최고로 건강한 상태였으며 옷은 이미 작아져서 입지 못할 지경이었다. 여왕은 매우 행복해했으며 왕 또한 그러했다고 펠리페의 시종인 루이스 바레가스가 보고했다.

의회가 가동되자 가디너는 다시 한 번 엘리자베스를 후계자 서열에서누락시키는 법안을 상정코자 시도했지만 오랜 숙적인 패짓이 이를 적극 반대하고 나섰다. "곧 여왕께서 후계자를 생산하시면 문제가 싹 해결될 터인데 괜히 긁어 부스럼 만들지 마세요. 공식적으로 후계자 자격을 박탈시키면 백성들 사이에서 되레 역효과만 날 겁니다." 차라리 엘리자베스를 세고 비아 공작의 아들이나, 심지어 펠리페의 아홉 살배기 아들인 돈 카를로스 같은 '안전한' 에스파냐 귀족과 혼인시키자는 의견도 나왔다. 하지만 이단이 의심되는 그녀를 에스파냐에 보냈다가 괜히 이단심문이라는 달갑지 않은 흥밋거리에 오르내리지 않을까 싶어 이 계획은 없던 것으로 치부했다. 패짓은 바덴의 마르그라베(국경지대를 방어하던 변경백을 지칭하는 작위-옮긴이)인 신교도 독일 왕자와 혼인시킬까 생각도 했지만 이 혼사에서도 종교가 걸림돌이었다.

펠리페는 공주의 신랑감으로 여러 인물을 추천했는데, 그중 하나는 사보이아 공작이자 군 장성으로서 황제의 총애를 받고 있던 자신의 먼 사촌 엠마누엘 필리베르트였다. 이 말이 돈이 궁한 반치기 공작의 귀에 들어가자 그는 잉글랜드 공주를 신부로 맞이한다는 기대에 부풀어 그해 11월에 수확의 결실을 거두고자 댓바람에 달려왔다. 당황한 왕실부부는 부랴부랴 그가 묵을 거처를 엘리자베스의 런던 저택인 서머싯 하우스에 마련해 주었지만 그의 구애를 적극적으로 돕지는 않았다. 사보이아 공작은 신붓감이 우드스톡에서 가택연금 상태인지라 만나볼 수 없다는 사실에 적이 실망했다. 결국 그는 한 달여 동안 런던에서 하릴없이 지내다가 실망감만 부여안고 본국으로 돌아갔다.

출산 예정일이 5월 중순으로 잡히면서 의회는 여러 가능한 결과를 현실적으로 예측하고 이에 대비했다. 그 결과 메리가 갓난아기에게 후계자 자리를 물려준 채 사망할 경우 펠리페에게 왕국의 통치권을 넘겨준다는 섭정법을 통과시켰다.

11월 13일에 드디어 폴 추기경은 브뤼셀을 떠나 잉글랜드로 향했다. 17일에는 그에게 주어졌던 사권박탈 판결을 파기시키는 법안이 의회에 제출되어 잉글랜드에서 반종교개혁(16~17세기에 벌어진 가톨릭교회 내부의 자기 개혁 운동으로 가톨릭개혁으로도 불림.-옮긴이)이 완성을 향해 나아가고 있음을 예고했다. 법안은 닷새 후에 양원에서 만장일치로 신속하게 통과되었다. 추기경은 20일에 칼레에서 배를 이용해서 도버로 건너와 장장 20년 만에 처음으로 모국에 발을 딛게 되었다. 그는 캄페지오 추기경이 1529년에 헨리 8세와 아라곤의 카탈리나의 혼인 무효소송과 관련해서 건너온 이래 처음으로 잉글랜드에 온 교황청 특사였다.

특사는 추밀원 대표단의 영접을 받은 뒤에 가마를 이용해서 그레이브센드로 가서는 다시 배를 타고 런던으로 이동했다. 그가 잉글랜드에 도착하고 나서 이틀 뒤에 왕실부부는 사권박탈 파기 법안에 동의함으로써 그가 런던에 도착하기 전에 모든 것을 마무리 지었다. 르나르에 따르면 다음 날 메리는 처음으로 태동을 느꼈다고 한다.

11월 24일, 바람이 차고 날이 꾸물꾸물한 가운데 폴은 템스 강을 이용해서 런던으로 와서는 화이트홀 계단에서 펠리페로부터 손수 영접을 받았다. 회랑에서 그를 노심초사 기다리고 있던 메리는 드디어 사촌을 마주한 순간 참았던 감정이 왈칵 북받쳐 올랐다. 나중에 얘기하기를 그의 십자가를 본 순간 '마리아를 맞이할 때 태중의 세례자 요한이 그러했듯이 신앙심 깊은 아기가 기뻐 자궁 안에서 펄쩍 뛰었다'고 했다(성모 마리아가 엘리사벳 집에 들어갔을 때 엘리사벳의 태중에 든 세례자 요한이 기뻐서 뛰는 것을 인용한 것임. 루가 1장 41절-옮긴이).

"은총이 가득하신 마리아여, 기뻐하소서, 주님께서 함께 계시니, 여인 중에 복되시며," 추기경은 상황에 맞게 라틴어로 성서 구절을 읊었다. "제가 참으로 오랜만에 이곳에 돌아오게 된 것은 모두 주님의 뜻입니다. 때가 오길 기다리신 거지요."

그녀는 교황에 대한 존경의 표시로 고개를 깊이 숙여 절을 했고 폴은 그런 여왕 앞에 무릎을 꿇고 앉아 예를 표했다. 추기경을 일으켜 세운 뒤에 그녀는 태중의 아기가 그를 만났을 때 어떤 반응을 보였는지 기쁘게 알려주었다. 폴은 얼굴 가득 환한 미소를 띤 채 여왕을 동정녀 마리아에 비유하며 주기도문 일부를 인용했다. "여인 중에 복되시며 태중의 아들 예수님 또한 복되시나이다."

한동안 그들 부부와 담소를 나눈 뒤에 특사는 강을 건너 크랜머 대주교가 체포된 이후 줄곧 주인 없이 비어 있던 람베스 궁으로 갔다. 이는 성직에서 쫓겨난 크랜머 대신 메리 여왕이 그를 차기 캔터베리 대주교에 내정했다는 추측을 확인시켜주는 조치였다.

그날 런던에서는 여왕의 명에 따라 특사의 무탈한 도착을 감사하는 찬가가 교회 곳곳에서 울려 퍼졌다. 28일에는 세인트 폴 성당에서 왕실 자녀의 첫 태동을 감사하는 예배가 올려졌는데, 설교 내용은 이러했다. "마리아여, 무서워 마라, 네가 하나님께 은혜를 얻었느니라."(누가복음 1장 30절) 추밀원 명에 의해 이어진 몇 달 동안 모든 미사에는 다음 내용이 담겨 있어야했다. "당신의 종이신 펠리페 왕과 메리 여왕님께 사내아이를 선사해주셔서 그를 당신 왕국의 통치자로 삼으소서. 그에게 빛나고 아름다운 육신을, 빼어나고 훌륭한 지혜를, 아브라함 같은 순종을, 롯 같은 친절을, 삼손 같은 힘과 용맹함을 선사해주시길 비옵니다."

브뤼셀에 있는 황제는 손자의 출산을 들뜬 마음으로 기다리고 있었는데, 잉글랜드 대사인 존 메이슨에 따르면 그처럼 생기 넘치고 즐거워하는 모습은 처음이었다고 한다.

"며느리는 배가 얼마나 불렀던가?" 황제가 메이슨에게 물었다.

"그런 얘기는 전해 듣지 못했습니다. 직접 그런 말씀은 안 하시니까요.

다만 주위사람들 말에 따르면 엄청나게 기쁘고도 다행스럽게도 입으셨던 옷가지가 몸에 꽉 낀다고 합니다."

"내 그럴 줄 알았어. 그녀에게 수많은 기적을 행하셨던 신께서 이번에도 같은 기적을 보이실 거라 믿네. 장담하건대 반드시 사내아이일 걸세." 황제가 대답했다.

"사내아이건 아니건 경하드릴 일이지요." 메이슨이 말했다. "적어도 신께서 지명해주신 후계자를 얻는 셈이니까요. 여왕님이 후사 없이 돌아가시게 되면 왕국은 멸망에 이르고 말 겁니다. 참으로 생각만 해도 몸서리가 쳐집니다."

"신께서 분명 후사를 안겨주실 걸세." 황제가 그를 안심시켜주었다.

그 시각 잉글랜드 신교도들은 남자 후계자가 아닌, 여왕의 마음을 우상 숭배에서 돌려놓거나 아니면 그녀가 빨리 죽기를 바라는 불경스런 기도를 올리고 있었다.

세인트 폴 성당에서 감사예배를 올리던 바로 그날, 왕실부부는 의회에서 있을 특사의 연설을 경청하기 위해 웨스트민스터 사원으로 향했다. 닫집 아래 놓인 옥좌에 왕실부부가 앉아 있는 가운데 가디너는 지켜보고 있던 의원들을 향해 폴을 소개했다.

"폴 추기경께서는 이 왕국에서 일어나는 최고로 중차대한 일 가운데 하나를 처리하고자 로마 교황청에서 파견되어 왔습니다." 메리 근처에 앉아 있던 폴이 소개를 받고 자리에서 일어나 흔들림 없는 확고한 목소리로 감동적인 연설을 시작했다. 그는 먼저 가톨릭을 오랫동안 섬겨온 잉글랜드의 전통과 여왕이 적들을 기적적으로 물리치고 승리한 것에 대해 말했다. 신께서 그녀를 보호하고자 하는 목적에 대해, 펠리페가 가진 기독교계의 평판에 대해, 그리고 교황으로부터 받은 자신의 임무에 대해 논리정연하게 풀어나갔다.

"전 누군가를 해하기 위해 온 것이 아닙니다. 뭔가를 깨부수기 위해서가 아니라 세우기 위해 왔습니다. 벌주러 온 게 아니라 화해하기 위해 왔습니다. 강요하기 위해서가 아니라 다시 되살리기 위해 왔습니다. 과거사를 다루면서 그것을 망각의 바다에 모조리 던져 넣고자 왔습니다." 그는 마지막으로 의회가 교황청과 화해하는 데 걸림돌이 되는 모든 법률조항을 파기할 것을 청했다. 귀족들에게 분배했던 교회재산을 다시 환수하는 문제만 빼고서 말이다. 교황의 뜻에 따라서 이 문제는 손대지 않을 작정이었다.

그날 밤 특사를 위해 왕궁에서는 헤라클레스의 노역을 다룬 화려한 가면극이 펼쳐졌다. 이어 벌어진 창 대신 지팡이를 들고 싸우는 마상시합에서는 은색과 자주색 옷을 근사하게 차려입은 펠리페가 직접 참가해서 발군의 실력을 보였다. 남편에게 상을 수여하는 여왕은 기뻐서 입이 귀에 걸렸다. 추기경은 교황에게 보고하길, 왕이 복중 아기 때문에 아내를 한껏 배려하고 있긴 하나 쓰기 싫은 가면을 억지로 쓰고 있는 듯한 기색이 역력하다고 했다.

다음 날 의회는 헨리 8세 때의 수장령을 파기하기를 요청하는 청원서를 작성해서 양원 의원들의 서명을 받았다. 이처럼 이단이나 종파분열에 물들지 않은 선량한 종복들이 특사와 손을 잡음으로써, 왕국은 교황청에 불복종한 죄에 대해 면죄받고 다시 하나로 통합할 수 있는 길이 열리게 되었다. 잉글랜드를 교황청의 품으로 되돌릴 수 있는 공개적인 화해의 장이 마련된 셈이었다.

11월 30일, 성 안드레 축일에 가디너는 양원 의원들을 이끌고 횃불들로 환히 불 밝혀진 대전으로 가서 왕실부부에게 정식으로 청원서를 제출했다. 왕국에서 벌어진 극심한 종파분열과 교황청에 대한 불복종에 대해 진심으로 참회한다고 아뢰면서 교회통합이라는 알찬 열매가 맺어지길 간절히 청했다. 폴 추기경이 자리에서 일어서자 펠리페와 메리를 제외한 전원이 그 앞에 무릎을 꿇었다. 그는 교황을 대신해서 길 잃은 양들이 돌아온 것을 진심으로 환영하며 왕국의 죄를 사해주겠노라고 밝혔다. 탄원서를 기꺼이 받아들여 교황청에 보내주겠노라고 약속했다. 그의 말에 메리는 기쁨의 눈물을 흘렸고, 의원들 역시 눈물을 터뜨리고 서로 얼싸안으면서 "아멘!"을 외쳐댔다. 추기경은 이제부터 11월 30일을 경사스런 '화해의 축일'로 정한다고 선포했다.

이보다 더 기쁘고 행복한 날이 있을까! 지난 모든 고통이 한꺼번에 눈 녹듯 사라지는 값진 승리의 순간이었다. 그녀의 양심은 비로소 평화와 안식을 찾게 되었다. 신이 행하도록 시키신 그 임무를 뼈가 바수어지도록 그 얼마나 충실히 수행해 왔던가! 물론 의회가 그녀의 바람대로 움직이도록 뒤에서 힘을 써준 장본인은 바로 펠리페였다. 그녀 역시 남편에게 빚을 지고 있다는 사실을 모르는 바가 아니었다. 12월 7일에 황제에게 보내는 편지에서 그녀는 교황청과 화해하게 된 것은 모두 펠리페 덕이라고 남편을 한껏 치켜세웠다.

12월 2일에 참석자들로 가득한 세인트 폴 성당에서 장엄미사를 집전하고 난 뒤에, 가디너는 폴즈 크로스에서 시민들을 향해 '이제 잠에서 깨어나야 한다'는 제목의 설교를 했다. 미사에 참석했던 펠리페와 폴 추기경은 열린 창문으로 이 모습을 뿌듯하게 지켜보았다. 폴은 가디너에게 사면을 허할 수 있는 권한을 주었는데, 이날 세인트 폴 성당 뜰에는 역대 최대 인원인 1천5백 명이 구름 떼처럼 몰려들었다. 쌀쌀한 날씨에도 불구하고 대단한 신심을 보이며 무릎을 꿇고서 사면을 기다리는 모습에 폴은 감동을 받았다. 이날 누구 하나 기침소리 하나 내지 않고 집중해서 경청했다고 에스파냐인이 보고했다.

이제부터 폴은 여왕과 추밀원이라는 든든한 빽을 등에 업고서 잉글랜드 교회를 정화시키는 작업에 적극적으로 투신했다. 여왕과 추밀원은 20년에 걸친 종교분열로 인해 잉글랜드인들이 어떻게 변화되었는지 그가 이해할 수 있도록 적극 도와주었다. 메리는 폴의 조언에 전적으로 의지했다. 남편 다음으로 그녀가 믿고 따르는 사람이 바로 그였다. 하지만 여성 군주의 능력을 의심하는 언사를 종종 내뱉어서 그녀의 신임을 야금야금 갉아먹었다.

더불어 교회 재산이 속인들에게 내맡겨지는 상황을 못마땅해했다. 그 때문에 국교회를 종교개혁 이전의 상태로 되돌려놓으려고 안간힘을 썼다.

메리는 그의 시각을 전적으로 지지하긴 했지만 여러모로 시계를 거꾸로 되돌려놓는 것은 불가능했다. 더 이상 성인들의 축일을 기리지 않고 있으며 수도원과 예배당, 사당들은 폐쇄된 채로 방치되어 있었다. 사람들은 순례 길에 나서지 않았고, 성인들의 성물은 교회 재단에 숭배대상으로 다시 오르지 못했다. 여왕은 가톨릭교회의 소중한 유산을 되살리고 싶어해서 추기경과 더불어 가톨릭의 가치들이 숭앙을 받는 종교적 분위기를 만들고자 부단히 노력했다.

무엇보다 왕국에서 이단을 철저히 뿌리 뽑는 것이 메리의 열렬한 바람이었다. 성탄연휴 직전에 의회의원들은 교황청과의 화해 분위기에 여전히 고무되어서 여왕의 바람을 실행에 옮기기로 결의했다. 와이엇의 반역행위를 통해 집권자들은 이단자들은 언제든 반역자로 돌변할 소지가 크다고 확신하게 되었다. 그 결과 왕국의 안전을 위해 이단의 씨를 말려야 한다고 결심했다. 여왕은 14세기 말에서 15세기 초반에 리처드 2세와 헨리 4세, 그리고 헨리 5세가 제정한 이단법을 부활시키고자 했는데, 폴과 펠리페와 가디너가 이를 적극 지지했다. 가디너는 사람들이 감히 이단의 담 너머를 흘끗

거리지 못하도록 확실히 본때를 보여주고 싶었다. 펠리페는 과거 에스파냐에서 성행한 이단심문을 이끈 선봉장이었다. 어떤 형태의 이단이든 경멸해서 신앙령信仰令(이단자를 화형에 처할 수 있도록 규정한 신앙에 관한 법—옮긴이)으로 알려진 대대적인 이단박해를 진두지휘하기도 했다. 폴 추기경 역시 이단을 뿌리 뽑아서 교회를 개혁시키는 임무가 보다 수월해지기를 바랐다.

12월 18일에 '이단처벌을 위한 3개 개정안'이 상정된 지 단 엿새 만에 속전속결로 법제화되었다. 이로써 교회는 직접 이단 혐의자를 심문해서 유죄로 드러난 자들을 사법부에 넘겨 화형에 처하도록 하는 막강한 권한을 쥐었다. 물론 주교들은 흔쾌히 이 법안에 찬성표를 던졌다. 여왕이 사형집행 영장에 서명을 하면 화형이 시행되고 죄인의 재산은 자동으로 왕실에 귀속되었다.

이단법이 통과됨에 따라 박해의 시대를 알리는 첫 테이프를 끊는 것은 온전히 메리 몫으로 남았다. 화형을 시키느냐 마느냐 그 결정은 여왕인 메리에게 달려 있었다. 펠리페와 가디너를 비롯한 왕실 고문들은 그녀에게 신중하게 일을 진행시키라고 조언했다. 신교도들은 가디너를 이단박해의 주범으로 몰지만 사실 그는 그 기간 중에 자신의 교구에서 단 한 명의 이단자도 벌주지 않았다. 다른 교구에서 죄인들이 셀 수 없이 불타 죽어나는 것을 보고 도리어 우려를 표할 정도였다. 처음에 그는 몇몇을 본보기로 처형하면 백성들이 경각심을 느껴서 조심할 거라고 판단했었다. 하지만 예상과 달리 화형은 원하던 결과를 가져다주지 못했고, 그가 박해의 수레에 제동을 걸어보려 애썼을 때는 이미 제어할 수 없는 속도로 굴러가고 있었다.

'피의 메리'로 불리긴 하지만 메리는 원래부터 잔혹한 사람이 아니었다. 여러 문헌에서 그녀가 자상하고 정이 많은 여자임을 쉽사리 엿볼 수 있다. 문제라면 그녀의 지나친 신실함이었다. 이단자들에게 속세의 지옥 불을 미리 맛보게 해서 그네들이 회계하고 구원받도록 하는 것이 군주로서, 또 신앙인으로서 자신의 의무라고 여겼다. 최고로 끔찍한 죄인 신과 그분의 율법을 어긴 중범죄자들을 벌하는 것이 제 임무라 생각했다. 이 임무를 수행하지 못한다면 지금껏 호의를 베풀어주신 신께서 분명코 진노하시리라 믿었다. 가디너처럼 그녀 역시 화형이 이단억제 역할을 해주리라 판단해서 적극적으로 이단법을 적용시켜 쉴 새 없이 영장에 서명했다. 특히 신교가 깊이 뿌리 내린 런던지역 관료들에게는 이단자를 부지런히 색출해서 벌주라고 사정없이 다그쳤다. 그러면서 다음과 같이 명했다. "이단자를 벌함에 있어 완벽을 기해야 한다. 법에 근거하지 않는 판결은 백성들을 기망하는 행위다. 특히 런던에서는 반드시 추밀원 위원이 배석한 가운데 사제의 설교가 있은 연후에 화형에 처해야 한다."

그녀는 신을 거역한 죄인들에게 눈곱만큼의 자비도 베풀지 않았는데, 그녀가 이단자를 어여삐 여겨 관대히 대했다는 기록은 어디에도 없다. 심지어 다른 이들이 관용을 베푸는 것조차도 일절 허락지 않았다.

추기경의 주도 아래 이단자를 심문하는 종교재판소가 운영되었지만 그는 메리만큼 그리 열성적이지는 못했다. 존 폭스에 따르면, 그는 산 자를 뜨거운 불속에 내던지기보다는 죽은 시체를 파내서 태우는 쪽을 선호했다고 한다. 이단자들을 연일 불태워 죽이는 것에 진저리를 치는 주교들과 성직자들이 늘어갔지만 누구도, 악명 높은 보너 런던주교조차도 여왕의 과한 열정을 식히지는 못했다. 메리는 이단자를 판결하는 일을 게을리 한다고 보너를 질책하고, 뜨거운 불길 앞에서 지레 겁을 집어먹고 가톨릭으로 변절한 이단자를 살려주었다고 햄프셔 주장관을 강도 높게 비난했다.

왕국에서 화형을 막아 세울 권한을 가진 이는 오직 여왕뿐이었지만 그녀의 결심은 추호도 흔들리지 않았다. 그녀는 펠리페의 수행원으로 잉글랜드에 온 에스파냐 성직자들에게 의지해서 자신의 신념을 굳건히 지켜나갔다. 그들 중에는 도미니크 수도회 수사가 셋 있었는데, 이 종파는 13세기 이후부터 가혹한 이단억압으로 악명이 자자했다. 한 명은 바르톨로메오 카란자란 이름을 가진 여왕의 고해신부였다. 다른 한 명은 이단박해에 관한 책을 몇 권 집필한 이단박해의 권위자인 쿠엔카 주교 알폰소 데 카스트로 수사였다. 화형 때문에 자신의 평판이 떨어질까봐 전전긍긍하는 펠리페에게 이단자들을 보다 매섭게 족치라고 자극한 인물이 바로 그였다. 메리라면 설득하고 자시고 할 것도 없었다. 자신의 의무를 가슴에 새기고서 피도 눈물도 없이 불도저처럼 밀어붙였기 때문이다.

반종교개혁이 제 궤도에 오른 가운데 출산을 앞두고 있던 터라 1554년의 성탄은 메리에게 그야말로 생애 최고의 순간이었다. 궁에서는 호화로운 축하연회가 벌어졌고, 왕실예배당에서는 감동적인 미사와 함께 왕실성가대가 아름다운 하모니를 뽐내며 찬미가를 불렀다. 장차 태어날 후계자를 기리기 위해 거장 토머스 탈리스는 '우리를 위해 한 아기 나셨다'는 제목의 성가곡을 작곡해서 여왕에게 바쳤다.

1월에 임신으로 인해 체력이 약해진데다가 암살음모가 들통 나면서 혹 엘리자베스와 코트니를 지지하는 세력이 무장봉기를 일으키지 않을까 노심초사하느라 메리는 극도로 지치게 되었다. 어찌나 쇠약한지 황제가 걱정하며 보낸 여러 통의 편지 중 하나에 짧게 답하는 것에 그쳐야 했다. 설상가상으로 남편은 노상 뭐 마려운 강아지처럼 안절부절못했다. 그는 잉글랜드에서는 자신의 의무를 다했다고 생각했다. 여왕과 결혼해서 아이도 갖게 되었으니 이제는 프랑스와 싸우기 위해 저지대 국가들로 떠나고 싶어 몸이 근질근질했다. 이즈음 그가 부친에게 보낸 편지에는 이러한 감정이 잘 드러나 있다. "그동안 출정을 애타게 기다려 왔습니다. 가능한 한 빨리 가고 싶습니다. 그것은 제 첫번째 원정이자, 제가 신망을 얻을 것인지 아닌지 판 가름할 수 있는 첫번째 기회이기도 합니다. 모든 눈이 제게 쏠릴 것입니다." 그는 아기가 태어날 때까지 출정을 미룰 생각이 전혀 없었다. 대놓고 자신의 바람을 아내에게 밝히기도 했다.

메리는 이런저런 고민으로 날을 지새워서 건강이 날로 악화되었다. 늦은 나이와 과거 병력으로 인해 누구보다 힘겹고 위험한 출산이 될 것이기에, 남편이 곁을 지켜주겠다는 확신이 무엇보다 필요했다. 남편이 황제가 그녀보다 더 자신을 원한다고 말할 때마다 그녀가 눈물을 한 바가지 쏟으며 멜로드라마를 찍어대는 통에 부부관계가 긴장상태에 놓이곤 했다. 2월 초순에 메리는 극도의 우울증에 빠져서 위원들은 저러다 출산도 하기 전에, 아니면 출산하다가 저세상으로 가지나 않을까 더럭 겁이 났다. 르나르는 이대로는 안 되겠다 싶어서 펠리페에게 그가 지금 잉글랜드를 떠나면 어떤 사태가 벌어질지 염려하며 간청하는 서한을 보냈다.

여왕 폐하가 다소 싹싹하지 못하신 게 사실이긴 하나 무척이나 덕망이 높으신 분입니다. 부디 현재 그분의 상태를 고려하셔서 좀더 너그럽게 이해해주시고 곁에서 도와주시길 바랍니다. 여왕께서 좀더 여유를 갖기를 바라지만 미덕과 선의와 지성을 두루 갖추신 분께서 부디 온정을 베푸소서.

펠리페가 아내와 아버지 사이에서 갈팡질팡 못하고 갈등하는 동안 드디어 화형장의 뜨거운 불길이 타오르기 시작했다.

1월 28일에 종교재판소는 5명의 죄인에게 이단죄 판결을 내렸는데, 그 중에는 글로스터 주교인 존 후퍼와 세인트 폴 성당의 결혼한 사제인 존 로저스가 끼어 있었다. 로저스는 메리 여왕 종교박해의 공식적인 첫 번제물이었다. 그는 1555년 2월 4일에 런던 스미스필드에서 화형에 처해졌다. 당시 지켜보던 군중들은 가디너가 죄인이 처자식들에게 작별인사를 건네는 것조차 허락지 않자 분개해서 거칠게 항의했다.

2월 9일에 후퍼가 다음 타자로 글로스터 교구에서 처형당했다. 이때 여왕은 사형집행 영장에 서명하면서 행여 그가 순교자로 추앙받을까 싶어서 군중들 앞에서 연설하지 못하도록 명했다. 죄인의 말로는 참으로 끔찍스러웠다. 고통을 줄여 빨리 죽도록 목에 걸어놓았던 화약 주머니가 터지지 않는 바람에 장장 45분 동안이나 뜨거운 불길 속에서 지글지글 익혀졌던 것이다. 고통에 못 이긴 그는 군중들을 향해 제발 불길에 부채질을 가해서 어서 빨리 고통을 줄여달라고 애원했다. 3월에는 5명의 신교도가 런던에서, 사제 하나가 콜체스터에서 화형을 당했다. 모두들 당당하게 최후를 마감했다.

즉시 민중들의 항의가 거칠게 터져 나와서 르나르는 또다시 폭동이 일어날까 겁이 더럭 났다. 화형은 신교도들을 가톨릭으로 개종시키기는커녕 외려 그네들의 결의만 굳혀놓고 여왕에 대한 증오심만 부채질했다. 죄인들이 고통스럽게 죽어가면서도 끝까지 당당함을 잃지 않자 많은 이들이 그 모습에 감동을 받았다. 그네들은 죽음으로써 자신의 믿음을 지켜낸 순교자로 높이 추앙받았다. 박해를 반대하는 목소리가 여기저기서 터져 나오려는 가운데 그해 봄에는 여왕과 추밀원에 대해 악질적인 유언비어를 퍼뜨렸다는 이유로 유례가 없을 만큼 많은 인원이 옥살이를 했다.

화형장의 불길은 좀체 꺼질 줄을 몰랐다. 이어진 몇 년 동안에 2백 40여

명의 남성과 60여 명의 여성이 형장의 이슬로 사라졌다. 대부분 전도사들과 장색들, 농군들 아니면 주기도문을 암송하지도 못할 뿐 아니라 가톨릭 성사가 무엇인지도 모르는 가난한 무지렁이들이었다. 열의가 과한 교구 사제들이 이들을 이단자로 몰아간 것인데, 죄인 다수는 남부와 동부 출신이었다. 일부는 시각장애인이거나 장애인이었다. 건지에 사는 페로틴 매시라는 여인은 아이를 임신한 몸이었다.

죄인의 몸뚱이가 불길에 타닥타닥 타들어가는 동안 아랫도리에서 갓난 아기가 쑥 빠져나오자 냉정한 사형집행관은 죄 없는 아기를 도로 화염 속에 내던져버렸다. 이단 핵심세력은 모조리 나라 밖으로 도주한 상태였다.

대륙에서 수천 명이 이단으로 몰려 순교한 것과 비교할 때 메리 여왕의 박해는 규모 면에서는 작을지 모르나, 잉글랜드에서 유례없는 일이라서 경악과 혐오감을 일으키기에 충분했다. 빙충맞은 집행관들 때문에 처형식이 제대로 진행되지 않거나 장작이 제대로 마르지 않아서 죄인이 불필요하게 오래도록 불길의 고통을 맛보아야 하기도 했다. 추밀원은 구경꾼들이 죄인을 위로하거나 도와주거나 찬양하는 것을 막기 위해 더 많은 병력을 처형장에 배치시켰다.

펠리페는 대중의 비난을 따돌릴 목적으로 자신의 고해신부인 알폰소 데 카스트로를 시켜서 왕궁에서 화형에 반대하는 설교를 하도록 했다. 그럼에도 불구하고 사람들은 여왕으로 하여금 잔혹한 이단법에 동의하게 만든 주범이 펠리페와 그의 수하들이라고 생각했다. 실상 펠리페는 지속적으로 여왕의 과한 종교적 열정을 식히려고 부단히 애썼는데도 말이다.

가디너 역시 화형에 진저리를 치면서 처음 의도와 달리 역효과만 낸다고 보고 여왕에게 다른 처벌법을 택하도록 진언했다. 화형과 같은 잔혹한 방식으로는 효과를 볼 수 없다고 주장했다. 반면 폴과 패짓 같은 위원들은 그가 신을 거역한 잔인무도한 이단자들에게 지나치게 무르다고 퉁바리를 놓았다. 그동안의 미몽에서 깨어나고 건강도 악화되자 가디너는 이제 와서 도저히 박해의 거센 물살을 막을 방도가 없음을 깨닫고 좌절했다. 참으로 아이러니한 것은 적수들이 화형을 주창한 자를 그로 지목하면서 그를 '피비린내 풍기는 사내'로 욕한다는 점이었다.

백성들의 인기를 등에 업고 왕위에 올랐건만 화형식 때문에 그 높던 인기와 사랑이 하루아침에 푸시시 사그라지고 말았다. 메리는 신교도들에게 순교자들을 잔인하게 박해하는 악마로 욕을 먹었다. '블러디 메리'라는 별명이 17세기 전까지는 붙여지지 않았지만 그 별명은 참으로 합당한 것이었다. 수 세기가 흐른 뒤에 가톨릭과 박해라는 단어는 백성들 마음에 동급으로 연결되었는데 이는 메리의 책임이 컸다. 지금 사람들은 여왕의 임신이 불행으로 끝나길 간절히 기도하면서 엘리자베스가 그네들의 구원자가 되어주길 간절히 바랐다. 이 박해에서 누가 가장 큰 덕을 보았을까? 바로 이전보다 인기가 높아진 엘리자베스였다.

바로 지금이 모든 면에서 메리에게는 힘겹고 지난한 시간이었다. 1555년 1월 동안에 드 노아유 대사와 형제지간인 프랑수아는 엘리자베스를 코트니와 혼인시킬 계획을 세웠다. 2월에 포더링헤이에서 코트니를 에드워드 7세로 선포할 계획이 발각되면서 이 음모는 세상에 알려지고 말았다. 3월 13일에 르나르는 엘리자베스와 코트니 문제가 해결되어야만 비로소 왕국이 평온해질 거라고 평했다.

메리는 이 문제로 초조해하면서도 두 달 여 앞으로 다가온 출산 준비로 마음이 분주했다. 이번에도 그녀가 임신하지 않았으며 태생이 천한 아기를 후계자로 몰래 들여올 계획이라는 소문에 끊임없이 시달려야 했다. 런던 상인의 아내인 앨리스 퍼윅 부인은 3월에 유언비어 유포죄로 잡혀왔다.

'여왕이 아닌 다른 여자가 애를 배었으며 그 여자가 낳은 아기가 여왕의 아기로 둔갑할 것' 이라는 게 그녀가 퍼뜨린 유언비어였다. 더불어 에드워드 6세가 죽지 않고 살아 있어서 곧 그 누이를 폐위시킬 거라는 괴소문이 항간에 돌았다. 메리가 반복해서 부인했음에도 불구하고 이 해괴한 소문은 이후 몇 년 동안이나 계속되었다.

그해 3월에 율리우스 교황이 서거했다. 뒤이은 마르켈루스 2세 역시 교황자리에 오른 지 3주 만에 죽는 바람에 바오로 4세가 그 자리를 차지하게 되었다. 일흔다섯의 술꾼인 그는 오랫동안 합스부르크 왕가를 적대시해 왔으며 에스파냐인들로부터 미움을 받았다. 이것은 펠리페에게는 치명타여서 그는 손에 쥔 떡을 자칫 빼앗기지나 않을까 싶어 즉각 교황에게 화해의 손길을 내밀었다. 신임교황은 취임 초기부터 신중하게 처신하면서 폴 추기경의 특사 임무를 지지해주었다. 그럼에도 불구하고 추기경은 율리우스 교황과 달리 바오로 교황과는 친근한 관계를 유지하지 못해서 1555년부터 국교회와 교황청의 관계는 점차 꼴사납게 뒤틀리고 말았다.

3월 초순에 펠리페는 내키지 않는 목소리로 메리에게 아이가 태어날 때까지 이 땅에 남아 있겠노라고 말했다. 그는 나라 밖에서 무공을 세우고픈 간절한 바람을 마상창시합에 빠져 지내면서 겨우 달랬다. 메리는 그 자리에 참석하지 않았다. 임신한 때문이기도 하거니와 남편이 목숨 걸고 사내다움을 증명해 보이려는 위험한 노력을 차마 눈 뜨고 볼 수 없었기 때문이다.

펠리페는 아내의 다른 두려움들도 없애줄 요량으로 엘리자베스와 코트니를 차라리 나라 밖으로 추방시키자고 제안했다. 전자는 브뤼셀로, 후자는 로마로 보내 엄중한 감시하에 지내도록 하자고 했다. 여왕은 이 의견에 잠깐 솔깃했지만 추밀원이 엘리자베스를 지금처럼 민감한 시국에 추방시키면 소요사태가 벌어질 거라고 막아서 그만 뜻을 접었다. 사실 지난달에 엘리자베스를 지지하는 소규모 소요가 발발했었다. 당시 햄프셔에서 반군들은 여왕이 몰래 갓난아기를 제 아기로 꾸며서 데려올 꿍꿍이라고 주장하면서 여왕에 반대하는 민중봉기를 일으켜 엘리자베스를 여왕으로 책봉하고자 했다.

가디너는 다시 한 번 엘리자베스를 후계자에서 누락시키자고 채근했지만 펠리페가 이를 반대했다. 메리가 아이를 낳다 죽으면, 심지어 아이마저 죽게 되면 앙리 2세가 며느리인 스코틀랜드의 메리를 잉글랜드 여왕 자리에 앉히려들 게 뻔했기 때문이다. 이것은 자신과 황제가 결코 바라지 않던 바였다. 메리 스튜어트가 여왕이 되면 잉글랜드는 프랑스의 지배하에 들어갈 터이고, 합스부르크 왕가는 잉글랜드 여왕과의 혼인으로 얻은 모든 전략적 이권을 잃게 되리라. 4월 중순에 르나르는 잉글랜드 후계자 승계에 관한 상세한 비망록을 펠리페에게 제출했는데, 이 자료에는 여왕이 출산 중 사망할 경우 생길 수 있는 문제들을 기술해놓고 있었다.

여왕이 후사가 없거나 후사 없이 사망할 경우 다툼과 분열이 생기고 이단자들은 엘리자베스 공주의 명분을 지지할 것이다. 엘리자베스가 본토박이와 혼인하게 되면 남편이 구교도라 할지라도 그를 억누르고 신교를 채택할 것이다. 외국인 남편을 두면 그가 여왕에게 지속적으로 충절을 지키도록 확실히 못 박아두어야 한다. 그녀에게 사보이아 공작보다 더 적합한 남편감은 없을 것이다.

대사는 펠리페에게 저지대 국가들로 떠나기 전에 엘리자베스를 만나 얌전히 굴면 그만한 보답을 해주겠다는 약조를 해주라고 촉구했다. 호기심이인 펠리페는 잉글랜드에 온 이후 끊임없이 논란거리를 제공해온 당사자인 처제를 얼른 만나보고 싶었다.

그는 여왕에게 출산할 때까지 엘리자베스를 어떻게 처리할지 잠시 결정을 미루고 그때까지 궁으로 불러들여 감시하자고 주장했다. 공주가 여왕이 될 경우에 대비해서 가능한 한 좋은 관계를 유지하는 것이 현명하다는 판단에서였다. 그녀가 자신을 혹독한 감금상태에서 구해준 은인으로 감사히 여기게 된다면 잉글랜드-에스파냐 동맹을 너끈히 유지시킬 수 있으리라.

베딩필드가 보낸 보고서들을 훑어보아도 공주가 착실한 가톨릭 신자로 행동하고 있음을 확인할 수 있었다. 공주가 확실히 개종하게 되면 큰 이득이 뒤따르리라. 하지만 엘리자베스는 펠리페의 기대와 달리 메리가 후사 없이 죽을 경우 누구를 여왕으로 선택할지 질문받았을 때 종교에 상관없이 구교도인 스코틀랜드 메리 여왕을 지목했다.

펠리페가 엘리자베스를 궁으로 데려오자고 제안하자 메리는 그렇게 되면 자신이 후사를 남기지 않고 죽을 경우 엘리자베스가 남편을 고꾸라뜨리려는 역모를 꾸미지 못할 거라 여겨서 흔쾌히 동의했다.

또 다른 골칫거리인 코트니는 손쉽게 해결할 수 있었다. 4월 29일에 '흰 장미의 마지막 가지'(코트니)는 펠리페의 설득에 넘어가 포더링헤이에서 풀려나 외교관 자격으로 브뤼셀에 있는 제국 왕실에 파견되었다. 그곳에서 카를 황제의 감시를 받을 예정이었다. 르나르는 골칫거리 하나가 제거되었다고 안도했지만, 코트니는 머지않아 본국으로 소환될 거라는 희망을 품고 귀환에 대비해서 가재도구들을 그대로 두고 떠났다. 그는 망명생활 내내 향수병을 앓아서 가뜩이나 몸이 편찮은 모친에게 더한 고통을 안겨주었다.

다음은 모친의 편지글이다. '바라는 바를 이루려면 당분간은 그곳에 남아 있거라. 몸이 시원찮아 쉬고 싶지만 여왕을 모시는 게 네게 도움이 된다면 내 다시 궁으로 돌아가마.' 애석하게도 코트니가 매일같이 기도로써 바라마지 않던 소환 명령은 죽어도 떨어지지 않았다.

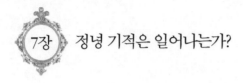
7장 정녕 기적은 일어나는가?

1555년 4월 4일 부활절 주일에 왕실부부는 햄튼 궁으로 가서 모두가 오매불망 기다리던 왕자 아기씨가 태어나기만을 기다렸다. 메리는 윈저 궁에서 아기를 낳고 싶었지만 시국이 뒤숭숭하고 민심조차 흉흉한 터라 보다 안전하고 런던탑 병기고와도 가까운 햄튼 궁을 택했다.

여왕은 바야흐로 임신 8개월째 접어들었다. 르나르는 출산예정일이 5월 9일이라고 황제에게 보고했지만 메리의 시녀들은 그녀가 날짜를 잘못 계산해서 정확한 날짜는 6월 9일이라고 정정했다. 하지만 그녀가 임신사실을 공표한 것이 작년 9월이니 계산상으로는 5월 초반이 맞았다. 그녀는 햄튼 궁에 도착하자마자 분만실로 가서 측근들이 둘러선 가운데 공식 의식을 치렀다. 전통에 따라 여왕은 출산 6주 전에 자신의 거처에 틀어박혀 40일 동안 거의 구금상태로 지내야 했다. 이 기간에는 시녀들이 남자 시종들이 하던 일을 도맡아 대신했다. 남편이 아닌 외간 남정네들이 출산이 임박한 시점에 여왕의 시중을 드는 것은 부적절하게 여겨졌다.

4월 중순에 출산준비가 모두 완료되었다. 여왕의 분만실에는 장식 겉덮개가 드리워진 화려한 요람이 놓여 있었다. 거기에는 라틴어 글귀가 적혀 있었다.

왕국이 기쁘게도 주님의 권능으로 그대 메리에게

건강한 자녀를 보내주노니 잘 보살피고 키워주시길!

곧 태어날 어린 군주를 감쌀 포대기와 보자기도 준비되었다. 메리와 시녀들은 침대커버와 아기를 분만할 침대를 장식할 앞장식을 미리 만들어 두었었다. 옷장 속에는 목선과 소맷부리에 실크와 은사로 끈장식을 한, 최고급 삼베로 만든 스목(드레스 안에 입던 슈미즈나 가운-옮긴이) 네 벌과 가슴복대, 그리고 여분의 담요가 쟁여져 있었다. 산파들과 주치의들, 유모들, 요람 흔드는 시종들도 만반의 채비를 갖추었다. 고관대작 부인들이 지아비를 따라 여왕을 위로해주고자, 그리고 때가 되었을 때 희소식을 물어다주고자 속속 궁에 도착했다.

분만실에는 주치의들이 탁자와 의자, 오목한 볼에서부터 분만과정에서 나는 악취를 없애기 위해 향기를 풍기는 물병까지 필요한 장비를 빠짐없이 비치했다.

가뜩이나 불안해하는 여왕에게 런던에서 화형에 반대하는 소요 소식이 들려와 더욱 두려움을 가중시켰다. 펠리페는 충실한 왕국의 용사들을 햄튼 궁으로 불러들여 이미 배치시킨 수비대를 보강토록 했다. 더 많은 병력을 차출해서 밤새 거리를 순찰토록 하는 식으로 각별히 경계를 강화했다.

출산에 겁을 집어먹은 것은 메리뿐만이 아니었다. 의사들 역시 자신들이 짊어진 막중한 책임감 때문에 겁을 잔뜩 집어먹었다. 그들은 내심 앞으로의 결과를 비관했는데, 산모의 나이와 불안정한 정신상태로 보아 그러했다. 더불어 그녀가 입맛을 잃은 탓에 새 모이마냥 적게 먹어서 본인은 물론 태아에게도 적절한 영양이 공급되지 않는다고 우려했다. 일부는 모친인 아라곤의 카탈리나가 여섯 자녀 중 다섯을 출산 중이거나 출산 직후에 잃은 사실을 떠올리면서 그런 뼈아픈 역사가 되풀이되지 않을까 우려했다. 또 다른 일각에서는 여왕이 임신한 것이 아니라 여자들의 흔한 질병인 종양을 앓는 거라고 폄훼했다. 물론 메리는 임신 증상을 모두 겪었다. 생리가 끊기고 젖꼭지가 부어오르고 젖이 나왔으며 아랫배가 남산처럼 부풀어 올랐다. 무엇보다 배 속에서 아기가 발로 차대는 태동을 느꼈다.

4월 17일에 헨리 베딩필드는 지엄하신 죄수를 궁으로 모셔오라는 어명을 받고 안도의 한숨을 내쉬었다. 엘리자베스는 기나긴 구금생활이 끝난다는 사실에 반색하면서 자신의 결백이 마침내 입증되었다고 믿었다. 비록 앞으로 몇 주 동안 삼엄한 경계를 받으며 지내게 될 테지만 말이다.

4월 20일에는 돌풍이 세차게 불어 닥쳐서 시녀들의 치맛자락이 훌렁훌렁 치켜 올라가고 엘리자베스의 모자가 벗겨져서 애를 먹는 가운데 그들은 드디어 우드스톡을 떠났다. 그녀는 근처 영지에서 잠시 쉬었다 가자고 청했지만 명을 충실히 따르는 베딩필드는 이를 거절했다. 공주는 할 수 없이 후드를 단단히 고정시켜서 바람에 머리카락이 흩날리지 않도록 겨우 막았다. 여정의 마지막 날 오전에 60명가량의 시종들은 콘브룩에 위치한 조지 여인숙을 떠나는 공주의 뒷모습을 조금이라도 더 지켜보려고 애를 썼다.

29일에 베네치아 대사인 미키엘리는 공주가 다음 날이면 햄튼 궁에 당도할 거라고 보고했다. 그는 펠리페가 자신의 안전을 보장받기 위해 일종의 담보물로 그녀를 불러들이는 거라고 판단했다. 메리가 죽을 경우 그의 안전은 누구보다 엘리자베스에게 달려 있으니까 말이다. 이미 펠리페가 그녀를 자신의 세 번째 아내로 점찍었다는 소문이 돌고 있던 참이었다.

여왕에게 단단히 미운 털이 박힌 엘리자베스는 베딩필드의 안내를 받아 겨우 몇 명의 시종만 거느린 채 샛길을 이용해서 은밀히 입궁했다. 그녀가 펠리페 왕과 폴 추기경의 거처 근처에 기거하게 된 것은 결코 우연이 아니었다. 베딩필드는 보호관찰관으로서의 책무에서 벗어나자 10년 묵은 체증이 내려간 듯 후련했다. 그는 공주의 소환이 자신이 들은 최고로 기쁜 소식이라 소리치면서 고향으로 도망치듯 떠났다. 엘리자베스는 그에게 별반 감정이 없었다. 물론 몇 년 후 그가 입궁했을 때 비꼬는 말투로 깐족거렸지만 말이다. "내게 삼엄하게 지켜야 할 죄수가 있다면 그대에게 보내도록 하지요!" 이후에는 두 사람이 만날 때마다 그녀는 그를 나의 '간수나리' 라고 다정하게 부르곤 했고, 한번은 옥스버그 홀에 있는 그의 집에서 묵기도 했다.

공식적인 입궁 환영식도 없자 엘리자베스는 이어진 몇 주가 결코 만만치 않을 것임을 예상했다. 여왕이 출산 때문에 공식적인 업무에서 손을 떼긴 했지만 그렇다고 여동생을 손수 맞이하지 못할 까닭은 없었다. 굳이 이 시점에서 만나지 않은 것은 엘리자베스가 절실히 자신을 필요로 할 때가 되면 와이엇의 역모에 개입했다고 순순히 자백할 거라 판단했기 때문이다. 여왕은 가디너와 아룬델, 슈루즈버리, 페트르를 보내서 공주가 자백하면 선처를 베풀어줄 것임을 알리도록 했다. 가디너는 심지어 무릎을 꿇고 엘리자베스에게 부디 여왕 말에 따르라고 애걸하기도 했다.

그녀는 침을 튀기며 자신의 무죄를 주장했다. "나라 밖으로 내쫓겨 여왕 폐하의 의심을 받느니 차라리 진실을 지키면서 감옥행을 택하겠어요. 굴복하면 스스로를 죄인으로 인정하는 셈인데 전 왕과 왕비 마마가 절 안 좋게 보실 만한 죄를 결단코 저지른 적이 없습니다." 추밀원 위원들의 2차 방문이 무위로 끝나자 가디너는 여왕에게 공주에게서 더 이상 캐낼 게 없다고 허탈해하며 알렸다. 메리는 엘리자베스가 완강하게 무죄를 주장하는 데 놀라면서 사실대로 자백할 때까지 절대 풀어주지 않겠노라고 앙버텼다. 엘리자베스는 이내 거처만 바뀌었을 뿐 구금상태는 여전하다는 사실을 절감했다. 그녀에게는 극소수의 방문자들만 찾아오는 것이 허용되었을 뿐 거처를 떠나는 것은 일절 허락되지 않았다.

드 노아유에 따르면 펠리페는 그녀의 얼굴을 보고픈 마음이 굴뚝같아서 한번 만나보겠다고 벋대었다고 한다. 도착하고 나서 사흘 뒤 그녀는 여왕으로부터 짧은 통지를 받았는데, 최고로 좋은 옷으로 차려입고 왕을 만날 채비를 갖추라고 이르고 있었다. 만남이 사적으로 이루어진 탓에 둘 사이에 무슨 일이 있었는지에 대한 기록은 없다. 물론 후일 문헌에서는 메리가 그토록 두려워하던 일, 즉 둘 사이에 찌리릭 스파크가 인 불상사가 벌어졌다고 적고 있지만 말이다.

펠리페는 만남을 통해 여왕이 동생과 생판 다르다는 사실을 깨닫게 되었다. 몇 년 후 엘리자베스는 펠리페가 자신에게 반했노라고, 처음 만났을 때 그가 자신에게 호감을 느꼈었노라고 자랑하곤 했다. 그네들의 길고도 지난한 적대감이 마침내 사랑으로 바뀌었다고, 그녀가 마음만 먹으면 둘이 다시 친구가 되지 못할 까닭이 없다고 즐겨 말하곤 했다. 16세기 후반에 윌리엄 세실의 아들인 토머스는 펠리페가 다음 말을 했다고 보고했다. "여왕을 묵묵히 견뎌낸 내게 엘리자베스는 그야말로 하늘이 주신 선물이라네. 비록 최고로 덕성스럽고 선량한 여성과 혼인하긴 했지만 그녀에게선 일말의 감정도 느낄 수가 없어. 반면 미모의 엘리자베스에겐 금방 빠지고 말았지."

1557년 5월 초반에 미키엘리는 본국에 다음과 같이 보고했다. '여왕이 임신한 중에 엘리자베스는 에스파냐인들, 그중 펠리페의 환심을 사고자 애써서 큰 총애를 받았다. 그는 의회법으로 엘리자베스의 후계자 자격을 박탈시키자는 여왕의 뜻에 동의하지 않았고, 심지어 극구 반대하기까지 했다. 이것은 공주에게 연정을 품은 것 외에 그녀에게 남다른 계획을 갖고 있음을 암시한다.' 이런 까닭에 그네들의 첫 만남은 여러 면에서 중요한 의미를 띠었다.

출산예정일이 가까워지자 궁 안의 긴장감은 더욱 고조되었다. 르나르는 황제에게 다음과 같이 보고했다.

왕국의 존폐가 여왕의 무탈한 분만에 달려 있습니다. 신께서 안전한 분만을
허락하신다면 상황은 바람직한 방향으로 흘러갈 것입니다. 그렇지 않다면
차마 글로 적지 못할 만큼의 대혼란이 일어날 것입니다.

왕실에서는 외국에 출산소식을 알리는 불어로 된 공문을 준비시켜놓았
는데, '아들fils'을 '딸fille'로 바꾸어야 할 불상사에 대비해서 성별은 공란
으로 남겨놓았다. 여왕은 아기가 태어나자마자 외국왕실에 왕손의 탄생 소
식을 알릴 수 있도록 외교사절들에게 미리 여권을 발급해 주었다. 기다림
의 지루함을 덜어주고 또 여왕에게 용기를 불어넣어주고자 4월 24일에 여
왕에게 천사 같은 아기 셋을 데려왔다. 며칠 전 안전하게 분만해서 이제는
건강을 회복한, 여왕과 비슷한 또래의 산모가 출산한 세 쌍둥이였다. 메리
는 아가들을 보고 큰 용기와 위안을 얻었다.

당시 분만은 위험천만하기 그지없었다. 겸자(아기를 자궁에서 끄집어내는
가위 모양의 분만용 기구—옮긴이)가 50여 년 이후에나 발명되어서 아기가 정
상적인 방식으로 나오지 못하면 산파는 산모나 아기 중 하나를 희생시켜야
만 했다. 위생관념마저 전무한 터라 숱한 여성이 박테리아를 매개로 감염
되는 끔찍한 산욕열로 고초를 겪었다. 많은 영아들이 출산 중이나 출산 직
후에 사망했으며 종종 산모도 생때같은 목숨을 잃었다. 변변한 진통제도
없는 가운데 며칠에 걸쳐 힘겹게 분만이 진행되기도 했다. 노산인 경우 위

험은 훨씬 더 컸다.

일기작가인 헨리 머친에 따르면, 4월 30일 화요일 새벽에 여왕이 왕자를 출산했다는 통지가 런던에 날아들었다고 한다. 온 시내에 교회 종소리가 우렁차게 울려 퍼졌고 곳곳에서 테데움 찬가가 들려왔다. 왕실 관료들은 여왕이 드디어 분만의 고통에서 안전하게 벗어났다고, 자정이 막 지나 태어난 아기는 결함 하나 없는 잘생긴 사내아이라고 알렸다. 축하할 일이 생긴 것에 들뜬 시민들은 이날을 휴일로 정해서 너도나도 가게 문을 걸어 잠그고 모닥불을 피우고 길거리에 진수성찬을 한 상 떡 벌어지게 차렸다.

시 당국은 무료로 포도주를 나누어 주었고 성직자들은 왕자 출산에 감사하며 시내 곳곳을 돌며 기도행렬을 가졌다. 기쁨의 물결이 런던 항을 떠나는 선원들의 입을 통해 대륙까지 전해졌다. 5월 2일에 황제와 에스파냐 왕실은 출산소식에 기뻐 열광했다.

한데 런던 시민 누구도 햄튼 궁에서 왕자탄생을 알리는 공식발표가 없었다는 사실을 생각지 못했다. 그런 탓에 4월 30일 오후에 왕궁에서 급파한 사자들 때문에 축하행사가 갑자기 중단되자 소스라치게 놀라고 낙망했다. 그들은 급히 달려와 시의원들에게 그 소식은 오보이며 아직 여왕에게서 진통 기미가 보이지 않는다고 알렸다. 이 소식에 모두는 실망감으로 고개를 푹 꺾었다. 머친은 신께서 그분을 굳게 믿는 종복들을 기억하고 계시기에 반드시 모두가 기뻐할 날이 올 거라고 전했다.

5월 4일에 황제는 왜 손자의 출산을 알리는 공식발표문이 날아오지 않는지 궁금해져서 존 메이슨을 불러 그 연유를 물었다. 메이슨은 런던의 소식통으로부터 소식은 들었지만 아직 궁에서 확실한 발표를 받지 못했다고 답했다. 미적지근한 상황에 조바심치던 황제의 머릿 속에 문득 불길한 생각이 스쳐 지나갔다. 그때 햄튼 궁에 머물던 알바 공작으로부터 한 통의 편지가 날아왔다. 그는 런던의 보고는 잘못된 것이며 여왕은 여전히 진통이 시작되길 기다리고 있다고 설명했다. 황제는 다른 사람들처럼 또다시 희망과 기대감을 품은 채 지루하게 기다려야만 했다.

5월 3일에 왕자 출산에 대한 잘못된 보고가 또 한 차례 있었다. 이번에는 헤리퍼드셔에 사는 존 길럼이란 자가 퍼뜨린 악랄한 소문이었다. '왕자가 태어났으며 그 부친은 왕국을 집어 삼키고 멸망시킬 것이다.' 이것은 백성 대부분이 마음속으로 품어온 두려움이었다. 이것이 단순한 유언비어만은 아니라는 것은, 아기가 태어나면 펠리페가 여왕과 추밀원과 자신의 관계를 완전히 새롭게 뒤바꾸어놓을 거라는 미키엘리의 시각에 의해 입증된다. 이미 네덜란드에 집결한 군대는 프랑스군과 싸우기 위해서가 아니라 메리가 죽을 경우 잉글랜드를 전복시키고 펠리페의 권한을 강화시킬 목적을 띤 거라는 소문이 돌고 있었다.

5월 초반에 출산을 앞두고 여왕은 철저히 고립된 상태로 지냈다. 한두 명의 중신만이 창가에서 그녀를 가까스로 알현할 수 있었다. 7일에는 신병 치료차 이탈리아 파도바에 갔던 부아돌팽이라는 프랑스 사절이 기이한 소식을 하나 물어왔다. 그는 곧장 앙리 2세에게 메리 여왕이 물혹 내지는 살덩이를 낳은 뒤에 목숨이 바람 앞의 등잔불같이 위태하다는 소문을 전했다. 어디서 주워들었는지는 모르나, 잉글랜드에서 이 소식이 그의 귀에 닿으려면 적어도 3주라는 시간이 걸리기에 여왕이 괴물을 낳았다면 4월 중순에 그녀가 분만실로 들어갔다는 얘기가 된다.

그가 주장하는 소문이란 메리가 포상기태胞狀奇胎(태반을 구성하고 태아의 영양을 다루는 융모가 낭포로 변한 것—옮긴이)를 낳았다는 것인데 이는 이렇게 설명될 수 있다. 염색체 이상으로 인해 태반은 포도송이 모양의 양성종양으로 발전해서 태아의 영양분을 빼앗아간다. 이때 태아는 죽게 되지만 물혹은 계속해서 증식한다. 그렇게 되면 산모의 아랫배는 마치 임신한 것처럼 부풀어 오르고 구역질과 고혈압 증세를 느끼게 된다. 그 결과 산모는 살덩어리 모양의 물혹을 낳는 것이다. 당시 이것은 보편적인 병증이 아니었다.

2가지 확실한 근거로써 메리가 여기에 해당되지 않았다고 본다. 먼저 물혹을 배출할 때는 하혈 내지 때때로 치명적인 출혈에 시달리는데 메리는 이런 증세를 겪지 않았다. 두 번째, 임신 3, 4개월이 지난 뒤에는 배출이 희박하고 5개월 후에는 배출 가능성이 거의 전무하다.

부아돌팽이 제기한 또 다른 가능성은 자궁 안에서 태아가 사망했다는 것이다. 생육 가능한 태아가 죽는 것을 의학적으로는 '후기 낙태'라 부른다. 태아가 죽으면 하혈이 생기고, 또 이는 임신이 끝났음을 알리는 명확한 증거이기에 이는 가능성 없는 얘기다.

결론적으로 이 두 증세는 누군가 물혹을 배출하고서 그 시기와 하혈에 대해 거짓말한 것이 분명한데, 확실한 증거와 메리의 강직한 마음결로 볼 때 가능성 없는 얘기다. 이 보고는 신빙성 있는 증거 없이 그저 뜬소문과 억측에 기초한 그야말로 소문에 불과한 것이었다.

5월 21일에 미키엘리가 여왕의 아랫배가 눈에 띄게 줄어든 사실을 보고하는 가운데 주치의들과 산파들은 이를 출산예정일이 다가온 증거라고 주장했다. 캘러길러 박사는 여왕이 산달에 접어들어 곧 진통이 시작될 거라고 장담했다. 메리는 아기가 잘못될까봐 전전긍긍하면서, 신이 이단색출에 충분한 공을 들이지 않는 것을 벌하는 거라며 주교들에게 가일층 분발하라는 서면명령을 하달했다.

5월 22일에 루이 고메즈는 친구에게 보내는 편지에 출산 임박을 알리는 조짐은 보이지 않는다고 썼다. 여왕이 정원을 산책하는 모습을 여러 차례

목격했는데 곧 아기를 분만할 산모의 걸음걸이가 아니라고 했다. 그럼에도 불구하고 주치의들은 곧 진통이 찾아올 거라고 되풀이해서 주장했다. 그러다가 메리가 자신이 날짜를 잘못 계산했다고 겸연쩍게 말하자 손바닥 뒤집듯 홀딱 뒤집어서 그 주장이 맞다고 맞장구를 쳤다. 아기는 달月의 마지막 변화단계인 5월 23일이나 보름이 지난 이후인 6월 4일 내지 5일에 태어날 거라고 아뢰었다.

프랑스 대사는 이 얘기를 듣고서 그네들의 헛된 바람을 한껏 조롱하고 비웃었다. 그는 여왕이 실제 임신한 게 아니라고 철석같이 믿었다. 실제 수전 클래런수의 남자 친구와 런던 최고의 산파에게, 여왕이 안색이 창백하고 수척한 것과 아랫배가 불룩한 것 외에 임신한 표시가 전혀 없다는 시녀들의 말을 그대로 전했다. 산파 눈에는 왕실 주치의들의 실력이 형편없어서 병명을 제대로 찾아내지 못한 것이거나 겁에 바짝 질려서 진실을 인정하지 않는 것으로 보였다. 그럼에도 불구하고 말로나마 여왕을 안심시키고자 분명 날짜를 잘못 계산한 거라고 말했다. 이 특별한 아기가 프랑스 왕의 야망에 걸림돌이 될 것이 분명했기에 프랑스 대사는 음해공작을 멈추지 않았다. 그러다가 5월 말에 최고 산파가 여왕이 진짜 아기를 임신했다고 공언하자 앙리 2세에게 그녀가 뻔뻔한 사기행각을 벌이고 있다고 분개하며 보고했다.

막상 5월 23일이 닥쳐와도 진통은 좀체 시작될 기미를 보이지 않았다. 29일에 프랑스 대사는 메리가 오랫동안 방석 위에 앉아서 턱을 두 무릎에 괸 채 우두커니 벽만 바라보고 있다고 보고했다. 그런 자세는 임신 말기의 임산부가 취하기 힘든 자세라고 지적했다. 반면 제국대사인 르나르는 출산이 자꾸만 지연되는 것을 내심 걱정하면서도 날짜 계산이 잘못되었을 것이라며 희망의 끈을 놓지 않았다. 일부 중신들은 여왕의 상태에 대해 상당히 회의적이었다. 그때 브뤼셀에서 베네치아 대사는 믿을 만한 익명의 소식통으로부터 '여왕이 임신하지 않았다는 확실한 증거들을 갖고 있다'는 보고를 들었다. 워낙 민감한 사안인지라 익명의 제보자는 밀서로 소식을 알렸다. 대사는 겉으로는 잉글랜드로부터 반가운 소식이 날아들길 기대하는 듯이 행동했다. 프랑스의 앙리 2세는 출산이 지체되는 이유를 예의상 '여성 특유의 체질' 탓으로 돌렸다.

5월 말에 펠리페의 조모인 후아나 여왕이 서거했다는 비보가 날아들면서 왕실은 즉각 조문 체제에 들어갔다. 황제는 아들이 장례식에 참석하길 바랐지만 펠리페는 이런 중차대한 시기에 도저히 자리를 비울 수가 없었다. 조모의 장례식이 끝날 때까지 돌아가신 분을 위해 근신하다가 아들의 기쁜 탄생 소식이 오면 조문을 그만둘 작정이라고 했다. 여왕은 남편이 프랑스와의 전쟁에 출정하고 싶어 안달 나 있는 것을 누구보다 잘 알았다. 아기가 무사히 태어나는 즉시 곧장 네덜란드로 떠나가리라. 미키엘리는 펠리페에게는 한 시간이 마치 천 년처럼 느껴졌다고 보고했다.

5월 31일에 메리가 첫 진통을 느끼면서 모두가 숨죽인 채 긴장했다. 그러나 곧 그것이 잘못된 신호이며 그녀가 분만실로 들어가지 않았다는 사실이 알려지자 낙담하는 분위기가 팽배했다. 고메즈는 여왕이 모두를 진이 빠지게 만들고 있다고 투덜거렸다. 주치의들은 다시 한 번 예정일을 6월 6일로 고쳐잡았다.

5월 말에 접어들면서 엘리자베스를 만나보라는 그간의 펠리페의 설득이 먹혀들어서 어느 날 밤 10시에 수전 클래런수는 공주를 모시고 궁방으로 갔다. 당시 엘리자베스는 여왕의 부름을 받고 새파랗게 질려서 시종들에게 자신을 위해 기도해달라고 부탁했다. 그네들을 다시는 못 볼 것처럼 행동했다. 클래런수는 그런 공주를 안심시켜주면서 최고로 잘 차려입으라고 권했다. 모든 채비를 마치자 두 사람은 횃불에 의지해서 정원을 가로질러 처소의 옆문을 통해 실내로 들어섰다. 안에 들어가서는 방으로 연결된 뒷계단을 이용해서 궁방으로 들어갔다. 엘리자베스는 여왕의 모습을 발견하고 벅찬 감격에 무릎을 꿇고 울음을 와락 터뜨렸다. "신께서 여왕 마마를 지켜주시길! 저에 대해 어떤 소리를 들으셨던 간에 전 언제나 폐하의 진정한 종복으로 남을 것입니다."

메리는 눈도 마주치지 않은 채 싸늘하게 대답했다. "죄를 사실대로 자백하지 않고 끝까지 무죄라고 어깃장을 놓겠지. 제발 소원대로 되길 기도하마."

"무죄가 아니라면 어찌 마마에게 호의나 사면을 기대하겠습니까." 엘리자베스는 열렬히 항변했다. 하지만 이 말은 여왕이 그녀의 입에서 듣고 싶어하던 답이 아니었다.

메리가 차갑게 응수했다. "그래도 고집스레 무죄를 주장하는구나. 그래, 넌 지금 애먼 벌을 받고 있다?"

"폐하의 심기를 건드리지 않으려면 그렇다고 답해서는 안 되겠죠." 엘리자베스는 위험천만한 지뢰밭을 걷고 있음을 깨닫고 신중하게 대답했다.

"그럼 다른 사람들한테는 그렇게 말할 것이냐?"

"폐하가 원하신다면 안 그럴 겁니다. 제가 여태껏 져온 짐을 마땅히 견뎌내야겠죠. 부디 절 예쁘게 보아주세요. 절 처음부터 끝까지 마마의 참된 종복으로 삼아주세요."

메리는 즉시 답하지 않고 자리에서 일어나 뭔가 중얼거렸다. 이날의 대화를 기록한 존 폭스에 따르면 에스파냐어로 "오로지 신만이 아신다."고 말했다고 한다. 태피스트리 뒤에 숨어서 이들의 대화를 훔쳐듣고 작은 천 구

451

멍을 통해 밖을 내다보던 펠리페 왕을 의식해서 한 말이라고 폭스는 추측했다. 이윽고 엘리자베스를 더 이상 심문하는 것이 무의미하다고 판단한 여왕은 그녀에게 몇 마디 위로의 말을 건네고는 그만 물러가도록 했다.

곧이어 가진 두 번째 면담에서 엘리자베스는 완벽하게 죄 사함을 받았다. 이후 주저하는 여왕에게 펠리페가 입김을 불어넣어서 잃었던 호의마저 되찾게 되었는데, 그럼에도 불구하고 신중한 그녀는 거의 방을 떠나지 않았다. 중신들 역시 여왕의 눈치를 보지 않고도 공주를 자유로이 방문할 수 있었지만 주도면밀하게 자세를 낮추었다. 메리가 엘리자베스를 다시는 믿지 못하겠다고 공공연히 밝혔기 때문이다.

얼마 후 저명한 점성가인 존 디 박사와 엘리자베스의 시종 셋이 펠리페와 메리, 엘리자베스의 운세를 점쳤다는 죄목으로 체포당했다. 점술로 군주의 죽음을 예언하는 것은 빼도 박도 못하는 반역죄가 분명했다. 죄인들을 취조하기에 앞서 이들을 밀고한 자들은 하나는 사형에 처해지고 다른하나는 눈멀게 되었다. 마술의 두려움 때문인 듯 죄인들에게 반역죄가 씌워지지는 않았다.

엘리자베스는 달라진 환경에 놓이게 된 자신에게 과연 어떤 미래가 펼쳐질지 궁금했던 것일까?

그해 여름은 예년 같지 않게 바람이 스산하고 연거푸 폭우마저 내리쳤다. 진흙탕으로 변한 밭고랑에 썩어문드러진 옥수수가 나뒹굴면서 흉작으로 인해 겨울 동안에 필경 굶주림에 시달릴 거란 안타까운 예측이 돌았다. 지난 50년 동안에 이런 변고는 없었다고 미키엘리는 보고했다. 여왕의 칩거생활이 길어지면서 국사는 정체 상태였고, 가뜩이나 민심이 사나운 런던에서는 왕자 탄생과 스미스필드에서 벌어진 끔찍한 화형식에 대한 거짓 보고로 인해 더욱 사태가 악화되었다. 여왕을 모독하는 상스런 현수막들이 거리 곳곳에 내걸렸다. 여왕이 출산 도중에 사망했으며 밉상 진상인 에스파냐인들이 사악한 뜻을 품고 그 시신을 은닉했다는 소문, 그녀가 임신한 것이 아니라 불치병에 걸렸다는 소문 등이 무성했다. 죽었다던 에드워드 6세가 은둔생활에서 풀려나 왕위에 복귀할 거라는 다소 과한 주장도 있었다. 많은 이들이 엘리자베스에게 동정표를 던지고 있었고, 그녀의 대관식에서 쓰일 기도문 내용이 항간에 떠돌고 있었다. 민심이 어찌나 흉흉한지 펠리페는 걱정스런 마음에 황제에게 서신을 보내 상황을 어떻게 처리해야 할지 조언을 구했다. 머지않아 추밀원은 펨브로크에게 소규모 병력을 붙여서 수도 치안을 담당하도록 지시했다.

왕궁 분위기 역시 만만치 않았다. 지나치게 많은 인원이 궁 안에 뒤엉켜 살다보니 뒤처리를 제대로 하지 못해서 사방에서 악취가 진동했다. 분위기는 금방이라도 뻥 터질 듯한 시한폭탄 그 자체였다. 잉글랜드와 에스파냐 시종들은 적대감을 노골적으로 표출해서 사소한 시비에도 이내 큰 싸움과 분쟁으로 번졌다. 펠리페는 더 큰 유혈 참사로 번질 것을 우려해서 관련자들에게 죽은 듯 엎드려 있으라고 경고했다. 엎친 데 덮친 격으로 수백 명의 과격파 잉글랜드 청년들이 햄튼 궁으로 몰려와서 궁문 주위에 위협적으로 진을 쳤다. 밖으로 나오는 에스파냐인들은 누구라도 당장 모가지를 베어버릴 태세였다. 펠리페는 근위대에 명해서 과격분자들을 쫓아내도록 했는데, 5백 명이 치고받고 싸우는 과정에서 여섯이 사망했다. 그는 사태를 참작해서 감히 그들을 극형에 처하지는 못하고 그저 질서와 평화를 지키라고 엄중히 질책하고 경고하는 것에 만족해야 했다. 청년 시위대는 이를 에스파냐인들이 자기네들을 겁내는 증거라고 단정 짓고는 일단 퇴각한 뒤에 궁을 습격하는 보다 야심 찬 음모를 꾸몄다. 다행히 이들의 계획은 사전에 발각되어 추밀원이 말끔히 일당을 소탕했다.

어느 것 하나 정해진 것이 없었다. 모든 것이 출산 결과에 달려 있었다.

6월 6일이 진통의 조짐 없이 그냥 지나가자 주치의들은 예정일을 다시 고쳐 24일경으로 잡았다. 속으로 아이는 없을 거라고 확신하면서도, 여왕의 불안한 심리상태를 고려해서 모두들 이런 일은 비일비재하다고 애써 위로했다. 메리가 두려워하면서 의문을 표하면 조모인 카스티야의 이사벨라 여왕이 쉰둘의 고령에도 아이를 출산했다는 사실을 상기시켰다. 날짜를 잘못 계산해서 예정일이 늦어지는 거라고 했다. 메리의 타고난 생리 문제를 고려할 때 그럴 듯한 이유처럼 들렸다.

여왕은 성직자들에게 매일같이 가두행진을 벌이며 자신의 무사분만을 기도해달라고 당부했다. 왕궁에서도 매일 아침 추밀원 위원들과 조정 중신들이 궁정 안뜰을 돌며 기도의식을 가졌다. 메리가 머무는 처소의 자그마한 창문 아래를 지나가면서 차례로 모자와 보닛을 벗고 인사를 올리면, 그녀는 유별나게 기꺼운 마음으로 고개를 끄덕여주었다. 볼이 발그스레한 것이 전보다 더 건강한 모습이었다. 실제 그녀는 시종들에게 이보다 건강한 적은 없다면서 출산 징조가 보이지 않는 것이 다만 유감이라고 말했다.

예정일이 자꾸만 늦어지자 펠리페는 당혹감에 휩싸였다. 조롱거리로 전락한 자신의 처지에 얼굴이 화끈거렸다. 해외 주재 대사들은 외국 왕실에 출산이 늦어지는 이유가 흔히 있는 날짜계산 실수 때문이라고 해명하느라 바빴다. 제국 왕실에 메리가 임신하지 않았다는 소문이 무성해지자 존 메이슨은 추밀원에 급보를 보내서 여왕이 직접 미사에 참석하셔서 부디 눈덩이처럼 불어난 소문을 잠재워달라고 부탁했다. 이즈음 바르샤바에 잘못된 보고가 들어간 탓에 폴란드 사절이 왕실에 찾아와 왕자탄생을 축하하는 라틴어 연설을 하는 해프닝이 벌어졌다. 이때 조정 중신들 사이에서는 숨죽여 키득거리는 소리가 간간이 들렸다. 이처럼 여왕의 임신은 조롱거리로 전락하고 말았으니, 망신 망신 이런 망신이 없었다.

왕실 체면이 말씀이 아니게도, 아이가 없을 거라는 불행한 사실은 서서히 기정사실로 받아들여지고 있었다. 메리의 적수들은 그녀가 남편을 가능한 한 오래 붙잡아두기 위해 교묘한 사기행각을 벌인 거라고 확신했다. 폭스에 따르면, 6월 11일 성령강림주일 아침에 막 자녀를 출산한 이사벨 몰트라는 여인에게 느닷없이 귀족 둘이 찾아왔다고 한다. 그중 노스라는 자는 여자에게 "혹 갓난아기를 자신들에게 주고도 이 아기를 낳은 적도, 또 알지도 못한다고 맹세할 수 있느냐?"고 물었다. 이 얘기가 사람들 사이에 일파만파로 퍼져 나가면서 비천한 몰트가 잉글랜드의 차기 군주 자리에 오를까봐 걱정이 이만저만이 아니었다. 하지만 메리는 여전히 자신이 임신했다고 굳게 믿고 있었기에 이런 음모를 꾸밀 가능성은 희박하다.

6월 중순에 또다시 잘못된 신호가 왔지만 중신들의 의심은 시간이 갈수록 커져만 갔다. 메리를 만난 사람들은 한결같이 입을 모아 그녀가 임신한 사람 같지 않다고 말했다. 고메즈가 개인적으로 보낸 서신에 적힌 내용을 한번 살펴보자. '모든 정황이 그녀가 실제 아이를 가졌는지 의심케 한다.

일이 행복하게 마무리되길 바라는 마음 굴뚝같다.'

르나르는 사람들이 모두 거짓의 가면을 쓴 것 같다고 신랄하게 지적했다. 6월 24일에 주치의들은 예정일을 계산할 때 2개월을 누락시켰으며, 앞으로 여드레나 열흘 안쪽에는 아기가 태어나지 않을 거라고 자신 있게 보고했다. 닷새 뒤 르나르는 메리가 전처럼 아주 건강하며 분명 아이를 임신하고 있다고 보고했다.

7월이 찾아와도 진통의 조짐은 보이지 않았지만 여왕은 여전히 희망의 끈을 놓지 않았다. 악취로 가득한 왕궁에는 튜더 시대 여름이면 어김없이 찾아오는 역병의 공포로 인해 좌절감이 더해갔다. 주치의들과 산파들은 메리에게 그녀가 날짜를 착각했다고 여전히, 그러나 점점 확신 없는 말투로 위로해주었다. 그들이 8월이나 9월 이후에 분만이 예정되어 있다고 알렸을 때 이 말을 믿는 사람은 아무도 없었다. 사람들 눈에는 여왕조차도 아이가 태어나지 않을 거라는 사실을 체념한 채 받아들이기 시작한 듯 보였다.

7월 초순에 그동안 출산에 대비해서 준비해 둔 물품들이 하나둘 어디론가 슬그머니 사라졌다. 7월 10일 이전에 메리는 이전의 날씬한 몸매로 돌아와 공식적인 업무에 착수하고 간간이 정원을 산책했다. 하지만 여전히 임신했다고 주장하면서 브뤼셀에 있는 메이슨에게 지시해서 자신이 임신하지 않았다는 그 어떤 허위보고도 받아들이지 말라고 지시했다. 추밀원 위원들은 그에게 여왕이 스스로를 속이고 있는 거라고 은밀히 알려주었다.

런던에서 일부 신교도들은 여왕이 이단자를 모조리 불태워 죽이기 전에는 절대 아이가 태어나지 않을 거라고 말했다는 소문을 퍼뜨렸다. 일부에서는 펠리페가 아내가 칩거하고 있는 동안 창녀들과 질펀하게 놀아났다는 악의적인 유인물을 열심히 뿌려댔다.

7월 25일에 임신이 거의 열한 달 반까지 길어지자 과거처럼 이번에도 신께서 여왕에게 기적을 내리실 거라는 소문이 퍼졌다. 인간적 기준에서 상황이 절망적일수록 점점 더 낙관적인 결과를 기대했다. 아기가 무사히 태어나기만 한다면 신께서 메리의 문제들을 직접 주관하심을 만천하에 알리게 되리라. 이 시각 신교도들은 선술집에서 술잔을 기울이면서 여왕을 세 치 혀에 올려놓고 상스러운 농지거리를 해댔다. 신이 벌을 내려서 자식을 낳지 못하는 거라고 욕했다. 많은 이들이 계속해서 예정일을 번복하는 것은 그저 백성을 부질없는 희망에 걸어두기 위한 일종의 속임수라고 주장했다. 이제 임신을 없던 일로 유야무야하지 않으면 제 손에 장을 지질 거라고 했다. 메리가 당시 얼마나 절박해했는지는 기도서의 '임산부를 위한 기도' 부분에 누렇게 얼룩져 있는 눈물자국에 고스란히 드러나 있다.

8월 초순에 여왕은 이번에 기적 따위는 없다는 비참한 현실을 받아들여야만 했다. 그녀가 이처럼 마음을 접게 된 것은 생리를 다시 시작했기 때문이다. 그녀는 대외적으로는 알리지 않은 채 3일에 유모들을 모두 물리치고 칩거생활에서 나와 남편과 함께 오틀랜즈에 있는 소박한 왕실 사냥별장으로 갔다. 궁을 떠나면서 댄 이유는 햄튼 궁을 청소한다는 것이었다. 이것을 신호로 그동안 여왕을 보필했던 시녀들은 더 이상 머물 필요가 없다고 보고 홀가분한 기분으로 궁을 떠났다. 엘리자베스는 시종단을 데리고 오틀랜즈에서 3마일 떨어진 곳으로 거처를 옮겨도 좋다는 허락을 받았다. 그녀는 완벽한 자유의 몸이기에 다시 억지로 궁으로 돌아올 필요는 없었다. 차기 후계자 자리까지 보장받았으며, 펠리페의 배려 덕분에 그에 마땅한 대접도 받았다.

놀라우리만치 건강해 보이는 메리는 오틀랜즈에서 일상으로 돌아가 여왕으로서의 일을 수행하면서 임신으로 인해 얻은 실망감과 모욕감을 담대하게 이겨나갔다. 다만 선량하고 고결하며 헛된 희망고문을 주지 않는 오래된 친구인 프리데스위드 스트렐리 앞에서만 주위의 아첨꾼들이 자신을 잘못 이끌고 있다며 참았던 분노를 토해냈다. 그녀는 아이를 갖겠다는 희망을 끝내 포기하지 않고서 신께서 때가 되면 호의를 베풀어주실 거라고 굳게 믿었다. 비참한 출산에 대해서는 한 번도 언급하지 않았는데, 프랑스 대사가 빈정거리듯 그 얘기를 꺼냈을 때는 모른 척 시치미를 뗐다.

가장 확실한 가능성은 메리가 희귀한 심리적 병인 상상임신에 걸렸다는 것이다. 여자가 간절히 아기를 원할 경우에는 그 강한 열망 때문에 뇌하수체에서 임신 증세를 일으키는 호르몬을 분비시킨다. 그렇게 되면 생리가

457

끊기고 젖가슴이 얼얼하고 심지어 젖까지 분비된다. 이때 여성은 자신이 실제 임신했다고 확신하는데, 임신이 아닌 것을 알게 되면 충격을 받아 정신건강에 치명타를 입는다.

당시 불충분한 증거들을 바탕으로 상상임신이라는 의학적 진단을 내리는 것은 결코 쉬운 일이 아니었으리라. 메리는 분명코 아이를 간절히 원했고 임신 증상을 고루 보였으며, 이러한 증상들이 사라진 이후에도 오랫동안 아기를 임신했다고 믿으려 했다. 허리띠 치수가 5월 말에 크게 감소했음에도 불구하고 계속해서 임신 중이라 믿었다. 임신 증세들이 이미 사라졌는데도 줏대 없는 주치의들과 산파들 때문에 이런 믿음이 더욱 확고해졌다.

프랑스 대사는 자궁근종이라고 주장했지만 이 논리를 뒷받침할 근거는 어디에도 없다. 임신했다고 오해할 만큼 큼지막한 종양이 배 속에서 자라고 있었다면 그것은 건강에 치명적이었다. 더군다나 그 큰 덩어리가 어느 순간 뿅 하고 사라진다는 것은 참으로 난센스였다.

모든 정황을 살펴볼 때 메리가 보인 증상은 상상임신으로 진단할 수 있다. 무슨 근거로 장담하느냐 묻는다면 이렇게 답하고 싶다. 신체적, 정신적 병력, 그리고 쇠약해진 외모로 보아 그녀는 이르게 폐경이 찾아와 생리를 처음 거르게 되었을 때 그것을 임신으로 착각한 듯하다. 이때는 복부팽창, 젖 분비 같은 상상임신의 증세를 보인다. 임신에 대한 절박감이 너무나 커서 생겨나는 병이다.

지금이야 임신 유무를 초음파 기계로 간단히 확인하지만 기계가 발명되기 전에는 그것이 상상임신인지 아닌지 어찌 알겠는가! 게다가 주치의들은 궁중예법상 여왕의 옥체를 함부로 건드리지 못했으며, 제대로 검사하는 법조차 몰랐다.

생리가 불규칙적인 여성은 임신이 아님에도 불구하고 임신했다고 믿는 경향이 더욱 강하다. 그런 여성들은 생리 주기가 일정한 여성들보다 임신에 대한 압박감을 더욱 강하게 느끼기 때문에 특별한 부인과 증세를 보다 쉽사리 감지한다.

상상임신에서 느껴지는 복부팽만감은 가스가 그 원인인데 이는 어느 때고 쉽사리 꺼질 수 있다. 1555년 6월에 메리의 허리 사이즈가 다시 줄어들었다는 사실만 보아도 쉽사리 유추할 수 있다. 계속된 우울증과 임신 중에 음식섭취를 거의 못했다는 사실로 미루어 거식증에 걸렸다고 추론해볼 수도 있다. 이러한 증세들 때문에 아랫배가 복어처럼 빵빵하게 불러오고 8월이 되어서 다시 생리를 시작했던 것이다. 그때가 되어서야 메리는 그것이 임신이 아닌 끔찍한 실수였음을 스스로 인정했던 것이다.

미키엘리는 후일 보고했다. '그녀는 임신의 모든 증세를 보였다……그 문제에 있어 거짓이나 악의는 없었다. 그저 사소한 실수였을 뿐이다.'

8월 8일에 창피하기도 하고 실망스럽기도 한 펠리페는 윈저 궁으로 도망치듯 떠나서 며칠간 자연 속에서 사냥을 즐겼다. 시종단 다수가, 고메즈조차 저지대 국가들로 떠난 터라 절실히 그들 곁으로 달려가고만 싶었다.

문제는 메리의 불안정한 정신 상태였다. 섣불리 떠나겠다는 말을 꺼내면 과연 어떻게 반응할까? 상상만으로도 끔찍했다. 결국 그는 고메즈에게 긴급구호 요청을 보냈다. '그녀 곁을 떠나려면 어떻게 말해야 하겠나? 뭔가 말해야 하는데 그저 신의 도움만 바랄 뿐이네!'

아내와 햄튼 궁으로 돌아와서는 요리조리 눈치를 보다가 겨우 용기를 짜내서 말했다. "황제에 대한 내 의무는 지체 없이 이 땅을 떠나는 거요." 이 말을 들은 메리는 울고불고 난리를 치면서 바짓가랑이를 붙잡고 매달렸다. 아이에 대한 희망이 사라진 지금, 그녀는 절망의 나락에 빠져 있었다. 아니, 그보다 더한 최악의 불행의 구렁텅이에서 헤어나지 못하고 있었다.

펠리페는 최대한 6주 동안만 떠나 있을 거라고 달래보았지만 그녀가 거짓말 말라며 앙냥거리는 통에 돌연 입씨름으로 번지고 말았다. 그녀는 종국에는 제 분을 이기지 못해 남편의 초상화를 침실에서 치워버리라고 소리쳤다. 펠리페가 되도록 빨리 돌아올 수 있도록 수행단 대부분을 남기고 떠나겠다고 약속해주고 나서야 겨우 한풀 꺾였다. 주위에서는 이 얄은 잔꾀를 쉽사리 꿰뚫어보았지만 여왕만은 지아비의 말을 철석같이 믿었다. 신교도 선동가들은 아내가 그를 가장 필요로 할 때 무정하게 내팽개쳤다고 비난했지만, 황제는 아들이 잉글랜드 땅에 영구적으로 정착해서 살도록 할 마음이 없었다. 아들은 합스부르크 왕가의 이해에 따라 때로는 국외로 나가 임무를 수행해야만 했다. 무엇보다 프랑스와의 전쟁을 치르는 지금 그는 아들의 도움이 절실히 필요했다.

뒤늦게 이 사실을 이해한 메리는 이내 평정심을 되찾고서 시아버지에게 남편을 오랫동안 곁에 있게 해준 것에 감사하는 편지를 올렸다. 그럼에도 불구하고 남편만큼 소중한 사람은 없기에 하루빨리 그가 곁으로 돌아오기만을 바란다고 강조했다. 당시 병약하고 지쳐 있던 카를 황제는 모든 것을 아들에게 맡기고 그만 일선에서 물러나고 싶었다. 그렇게 되면 펠리페는 마음은 굴뚝같다 해도 에스파냐와 저지대 국가들, 부르고뉴를 아우르는 대제국의 통치자로서 잉글랜드를 방문할 시간이 거의 없을 것이다.

펠리페는 떠나기 전에 아내에게 비록 애정이 없다 해도 엘리자베스를 차기 후계자로서 마땅히 예를 갖추어 대하라고 당부했다. 남편이 공주를 싸고돌자 암상이 났지만 거기엔 그만한 정치적 내막이 깔려 있을 거라 판단해서 조언을 따르겠노라고 약조했다.

더불어 그는 추밀원을 축소 재정비해서 보다 효율적인 체제로 개편했다. 이러한 시의 적절한 조치 덕에 메리의 집권기 첫해에 골칫거리였던 반목과 분열은 막을 내리고 대규모 통합체로서 제 구실을 다하게 되었다. 펠리페는 추기경을 밤늦은 시각에 은밀히 불러서 자신이 자리를 비우는 사이 왕국의 통치와 여왕의 안위를 책임져달라고 부탁했다. 다음 날 펠리페는 추밀원 위원들에게 중요한 국사문제를 결정함에 있어 폴에게 조언을 구하라고 명했다. 메리의 역할에 대해서는 별도로 언급하지 않아서 모두는 이제부터 그녀가 단순한 꼭두각시에 불과하다고 단정 지었다.

8월 23일에 왕실부부는 햄튼 궁을 떠나 런던을 관통해서 그리니치 궁으로 갔다. 메리가 임신으로 칩거한 이후 처음으로 공식석상에 나서는 자리였다. 폴 추기경이 곁에서 말을 타고 호위하는 가운데 그녀는 사방이 훤히 트인 개방형 가마를 타고 갔다. 소문을 통해 그동안 죽은 줄로만 알았던 여왕을 직접 두 눈으로 목격하자 사람들은 과연 여왕이 맞는지 확인하려고 미친 듯 이리저리 뛰어다니고 난리였다. 환호성을 내지르고 반가운 인사를 건네면서 저마다 기쁨을 표시했다. 개중에는 왕실부부에게나 그들 앞에 놓인 십자가를 향해서 모자를 벗지 않는 무례한 자들도 있었다. 분통이 터진 가디너는 비서관에게 명해서 불손한 태도를 보인 개차반들의 이름을 당장 적어 오라고 호통을 쳤다. 왕실 행렬은 런던탑 나루터에 도착해서 곧장 배를 이용하여 그리니치로 향했다.

엘리자베스 역시 배를 이용해서 그리니치로 갔다. 여왕은 그녀에게 매우 조악한 배를 타고 시녀 넷과 시종 두셋만 거느리고 가도록 해서 백성들로부터 원성을 샀다. 엘리자베스가 육로로 이동할 경우 그녀의 지지 세력이 불시에 시위를 벌일까봐 취한 특단의 조치였다. 물론 그 눈꼴신 장면을 도저히 지켜볼 엄두도 나지 않았지만 말이다.

8월 29일에 조정신료 모두가 한자리에 모여 전쟁터로 떠나는 펠리페를 배웅했다. 메리는 다트퍼드까지, 심지어 도버까지 배웅하겠다고 우겼지만 펠리페는 행여 아내가 눈물을 쏟을까봐 10월 21일 의회개원 전까지는 돌아오겠다며 이를 막았다. 여왕은 개인적으로 이미 작별인사를 건넨 뒤였으나 그리니치 궁의 계단에서 다시 한 번 정식으로 인사를 건넸다. 그러고는 계단을 한걸음에 달려 내려가 그레이브센드로 가는 배를 타러 궁문을 나서는 남편의 뒷모습을 하염없이 지켜보았다. 그녀는 낭군님을 떠나보내면서 여왕으로서 지극히 적절히 슬픔을 표시했다. 그러나 좌절과 비탄으로 속은 썩어문드러졌다. 살점이 떨어져나가는 고통을 힘겹게 집어삼키며 신료들 앞에서 위엄을 지키고자 부단히 애를 썼다.

드디어 마지막으로 떠나는 시종이 그녀의 손에 입을 맞추자 그녀는 서둘러 회랑 창문으로 달려가 자리를 잡고 앉아서는 남편의 마지막 뒷모습을 지켜보았다. 그러다 주위에 아무도 없다는 사실을 확인하고는 이내 참았던 울음을 터뜨렸다. 창피스럽게도 많은 이들이 여왕이 우는 모습을 훔쳐보게 되었다. 그때 창을 통해 펠리페가 배에 올라타서 갑판으로 내려갔다가 다시 위로 올라오는 모습이 보였다. 그는 창가에서 울고 있는 아내를 얼핏 발견하고는 모자를 벗어 흔들면서 대단한 애정을 과시했다.

여왕은 남편의 배가 시야에서 사라질 때까지 그 자리에 망부석처럼 앉아 하염없이 손수건을 적셨다. 잠시 후에는 정신을 수습하고서 남편이 캔터베리에 도착하면 받게 될 편지를 바지런히 써내려갔다. 그녀가 쉼 없이 편지를 실어 나를 사자들을 부르고 말을 대기시키는 바람에 그는 캔터베리에 머무는 동안 하루가 멀다 않고 외기러기 아내로부터 편지를 받게 되었다. 유럽 왕실에서 이런 헌신적인 모습은 단연 화젯거리로 떠올랐다.

8장 블러디 메리

메리는 남편이 돌아올 때까지 그리니치에서 머물기로 마음먹었다. 낭군님이 떠나간 궁은 쓸쓸하기 그지없었다. 궁 안 사람들마저 어두운 빛깔의 옷을 입어서 한 대사는 마치 초상집 분위기 같다고 불평할 정도였다.

왕궁에는 여왕의 심경이 고스란히 투영되어 있었다. 그녀는 남편을 떠나보낸 외로움에 몸부림치고 깊디깊은 슬픔에 잠겨서 몇 시간이고 눈물을 훔치곤 했다. 유일한 낙은 프랑스에 머물고 있는 남편에게 매일같이 편지를 써서 소소한 일상사를 전해주고 무사안녕을 기원해주는 것이었다. 그녀는 가능한 한 겸허하면서도 사려 깊은 어투로 편지를 썼다. 서명에는 '폐하 같은 남편을 두었기에 다른 어느 여자보다 더 정당하게 당신에게 복종하는 매우 신실하고 순종적인 아내'로 표현했다.

이별의 고통을 잊고자 어찌나 열성적으로 나랏일에 매진하는지 여왕의 건강을 염려한 폴 추기경이 펠리페에게 다음과 같은 편지를 보낼 지경이었다.

여왕 폐하께서는 오전에는 기도로 시간을 보내시고 오후에는 국사에 매진하십니다. 마르타(성서 속 마리아의 언니로 예수님 말씀을 열심히 배우고자 하는 동생과 달리 사도들에게 음식을 접대하는 등 일에 더욱 전념함.—옮긴이)처럼 말이죠. 추밀원 위원들로 하여금 일에 전념토록 사정없이 몰아치십니다. 일을 통해 활력이 샘솟기보다는 건강을 해칠 정도로 열심이시니 걱정이 이만저만이 아닙니다. 밤중에는 날이 훤히 밝아오도록 부군께 편지를 쓰시죠. 홀로 지내시며 마음이 편치 않으신 가운데 이렇게 무리하시다가는 기필코 병을 얻으실 겁니다. 서둘러 돌아오시는 것만이 최고 해결책일 듯합니다.

추기경은 추밀원 위원이 아님에도 불구하고 메리 곁에서 끊임없이 국정에 관한 조언과 살가운 위로의 말을 건넸다. 그녀는 국사를 결정함에 있어 그의 허락 없이는 한 발자국도 움직이려 들지 않았다. 가까운 처소에 머물면서 좋은 말동무가 되어주니 왕비로서는 그를 곁에 둔 것이 그저 든든할 따름이었다.

메리는 엘리자베스가 곁에서 거치적거리는 것이 못내 거슬렸지만 남편의 당부를 떠올리며 꾹 참았다. 편지 속에서 공주를 부디 잘 보살펴주라고, 자상하게 배려하고 지위에 걸맞게 대접해주라고 내내 당부했던 것이다. 그런 까닭에 동생에 대한 미움을 참기가 힘들었지만 그래도 나름대로 자상하게 대하려 애썼다. 그럼에도 불구하고 미키엘리의 눈에는 메리가 공주를 싫어하는 기색이 역력해 보였다. 두 사람은 드물게 만나는 자리에서 무난한 대화만 나누었다. 그러다 문득 펠리페가 공주에게 지나치리만치 호의를 베푸는 것을 깨닫고 질투심이 불타올라 메리는 혹 남편이 동생에게 다른 마음을 품은 것은 아닌지 의심했다.

용의주도한 엘리자베스는 여왕의 비위를 맞추고자 매일같이 그녀와 함께 미사에 참석했다. 9월 4일에는 교황으로부터 죄에 대한 면죄부를 받고자 3일 금식에 들어가기도 했다. 그녀가 약삭빠른 계산하에 움직인다는 사실을 간파한 이는 르나르만이 아니었다. 폴 추기경 역시 그녀를 의심하면서 냉담하게 굴었고, 중신 대부분이 전염병 환자 대하듯 그녀 가까이에 가기를 꺼렸다. 그러거나 말거나 공주는 공부에 눈을 돌려서 안식과 위안을 찾고자 했다. 그해 가을 외교사절로 일하다 귀국해서 여왕의 라틴어 비서관(외무상과 비슷한 직책으로 외국왕실에 서한을 보내거나 방문한 외국 사신들을 영접하는 일을 맡음.─옮긴이)을 맡고 있던 로저 애스컴이 스승으로 오자 그녀는 뛸 듯이 기뻐했다. 이후 공주의 박식함에 도리어 많은 것을 배우게 된 그는 개혁가 친구인 요한 슈투름에게 그녀가 헬라어는 물론 데모스테네스(아테네 최고의 정치 웅변가─옮긴이)의 정치논쟁을 이해하는 능력이 탁월하다고 입에 침이 마르도록 칭찬했다. "직접 보면 자네 입이 딱 벌어질 걸세." 존 에일머에게는 다음과 같이 자랑했다. "난 그녀에게 단어를 가르치고 그녀는 내게 전체 틀을 가르친다네."

9월 8일에 아들이 브뤼셀에 도착하자 황제는 즉시 왕권이양 절차를 밟아 25일에 그를 네덜란드 섭정에 추대했다. 메리가 남편이 입안한 정책들을 꾸준히 밀고 나가길 고집했음에도 불구하고 잉글랜드를 떠난 뒤 그의 영향력은 눈에 띄게 줄었다. 26일에는 퇴임요청이 받아들여져서 르나르는 메리가 퇴임선물로 안겨준 값비싼 금 식기를 들고 본국으로 돌아갔다. 펠리페는 추밀원 내의 측근들이 국정에 대해 상시 보고하는 등 계속해서 자신을 위해 일해 줄 거라 믿어서 굳이 르나르의 후임자를 뽑지는 않았다.

며칠 뒤 황제는 조카인 페르디난트를 엘리자베스의 남편감으로 추천했다. 아들이 후사를 볼 가능성이 없으니 조카라도 결혼시켜서 잉글랜드의 왕위를 잇게 할 속셈이었다. 하지만 엘리자베스에게 다른 꿍꿍이를 품고 있던 아들이 중간에서 반대하고 나서는 바람에 이 계획은 조용히 묻히고 말았다.

9월 말에 잉글랜드는 역사상 유례가 없는 대폭우와 홍수로 한바탕 홍역을 치렀다. 사람이나 가축 가릴 것 없이 생때같은 목숨이 줄줄이 죽어나갔고 가옥은 물에 잠겼다. 가뜩이나 흉작으로 고통받는 와중에 농업과 교역의 피해는 실로 막대했다.

이즈음 또 다른 비구름을 머금은 시커먼 먹장구름이 지평선에 아스라이 걸려 있었다. 30일에 신교도 주교인 래티머와 리들리가 이단죄로 사형선고를 받았고 크랜머 대주교 역시 같은 죄목으로 옥스퍼드에서 재판을 받았다. 크랜머 건은 로마 교황청에서 직접 판결을 내릴 예정이었다. 폴 추기경은 펠리페와 교황이 서로 앙숙이라는 소문 때문에 고민이 이만저만이 아니었다. 여왕 역시 펠리페의 시종들이 자신들의 주인이 있는 네덜란드로 떠나겠다고 하루가 멀다 않고 주청하자 머리가 쪼개질 지경이었다. 프랑스 대사는 펠리페가 금방 돌아오지 못할 거라 판단한 에스파냐 시종들이 하나둘 잉글랜드 땅을 떠나기 시작했다고 보고했다. 일부는 펠리페의 개인 물품을 살뜰히 챙겨갖고 떠났다. 그달에 잉글랜드 채권자들에게 진 부채를 모조리 탕감하고 자신을 잉글랜드로 데려갈 선박의 선원들을 해고하면서 그의 의도가 명백히 드러났다.

무엇보다 최악은 그가 아내가 보낸 편지에 답장을 미적미적 미룬다는 점이었다. 드물게 답을 보내더라도 애정이 담뿍 담긴 위로의 말을 전하기보다는 그저 '곧 만나고픈 간절한 희망'을 품고 있다고만 썼다. 그녀는 이 약속을 곧이곧대로 믿지 않았다. 9월 13일에 그녀는 미키엘리 앞에서 눈물이 그렁그렁한 채 남편에게서 한 주 넘게 편지를 받지 못했다고 격하게 불평했다. 당시 메리는 주위에 보는 눈이 없으면 격정적인 사랑에 빠진 연인에게서나 볼 수 있는 그런 비통한 표정을 짓고 살았다.

펠리페는 메리가 품은 뜨거운 열정을 자신의 입지를 탄탄히 다질 일종의 협상카드로 이용할 작정이었다. 그때부터 그는 아내의 잦은 편지에 드물게 보내는 답장에서 자신을 왕의 배우자가 아닌 왕으로 추대해달라고 요구했다. 추밀원이나 의회의 승인 없이 그녀 단독으로 결정할 수 없는 노릇인지라 메리로서는 난감하기 그지없었다. 더구나 누구도 이 일을 탐탁지 않아 해서 의회가 개원할 때까지 당분간 결정을 미루어야만 했다. 펠리페는 그녀가 충분히 노력하지 않는다고 힐책하면서 이 요구가 받아들여져 왕의 자리에 오르기 전까지는 잉글랜드로 돌아가지 않겠노라고 억지를 썼다.

10월 15일에 그는 추밀원에 서신을 보내 유감스럽지만 의회개원에 맞추어 돌아갈 수 없노라는 뜻을 전했고, 19일에는 고해신부와 일부 성직자를 제외한 나머지 시종들을 보내달라는 경고성 편지를 보냈다. 표면적으로는 곧 황제의 시종단이 에스파냐로 돌아가기에 인력이 필요하다고 둘러댔지만 메리는 빙충이가 아니었다. 그럼에도 불구하고 그녀는 남편이 원하는 대로 들어주었다. 그즈음 잉글랜드에는 황제가 가면극과 여흥에 빠져 지내는 아들을 심히 못마땅해서 당분간 퇴임을 미루었다는 소문이 나돌았다.

사실 펠리페가 네덜란드 생활을 지나치리만치 즐기고 있다는 정황 증거가 여러 부분에서 포착되었다. 그는 종종 가면을 쓰고 변장한 채 사냥과 연회, 혼례식에 등장해서 즐거움을 만끽하곤 했다. 궁중 무도회에서 내로라하는 절세미녀들과 뒤엉켜 새벽까지 춤을 추다가 더 짜릿한 쾌락이 기다리고 있는 2차 자리로 직행하기도 했다. 때론 남의 이목 따위는 상관없이 젊은 귀족들과 한데 어울려 다음 날 제대로 일을 볼 수 없을 만큼 곤죽이 될 정도로 술을 퍼마셨다. 곧 그가 달레르 부인과 자주 어울리는 모습이 호사가들 눈에 띄었다. 미모가 출중한 부인에게 푹 빠진 것으로 보인다. 브뤼셀 주재 베네치아 대사인 페데리코 바도에르에 따르면, 남편이 바람을 피운다는 사실이 여왕의 귀에 들어가면 혹 방방 뛸까봐 가능한 한 소문이 새나가지 못하도록 차단시켰다고 한다. 메리는 이런저런 경로로 소문을 접했지만 애써 아무렇지 않은 척했다.

10월 16일에 래티머와 리들리는 옥스퍼드 도성 바깥 수로에 설치해 놓은 화형장으로 끌려갔다. 이날 크랜머도 억지로 이 자리에 끌려와 화형식을 지켜보았는데, 충격적인 장면을 보면 혹시나 마음이 바뀌어 개종하지 않을까 싶어서였다. 그가 개종한다면 이보다 더 강력한 선전무기는 없으리라. 폴 추기경은 크랜머가 개종하면 교회는 한 영혼을 살려주는 대가로 엄청난 이득을 볼 거라고 보고했다.

죄인들의 몸이 말뚝에 친친 묶이는 동안 래티머는 수 세기 동안 전해 내려온 예언적인 말로 절망에 빠진 동료를 위로했다. "리들리, 그대에게 안식을! 사내답게 죽읍시다! 신의 은총으로 절대 꺼지지 않을 촛불을 오늘 이 땅에서 켭시다." 래티머는 아주 빠르게 죽었지만 가여운 리들리는 40여 분이나 불길 속에서 고통스러워하다가 겨우 숨을 거두었다. 그해 가을 화형선고를 받은 죄인들은 축축하고 습한 날씨 때문에 리들리처럼 불길 속에서 기나긴 고통에 시달리다가 생을 마감해야 했다.

살 타는 냄새가 온 왕국에 진동하는 가운데 화형에 반대하는 목소리가 점차 수면 위로 떠오르면서 곳곳에서 격렬한 시위가 벌어졌다. 곧 백성들 마음에 가톨릭은 잔혹한 박해라는 등식이 성립되었다. 여왕이 어서 죽고 엘리자베스가 왕위를 이어받아서 지긋지긋한 화형을 종식시키고 메리만큼이나 밉살스런 에스파냐인들을 영원히 내쫓아주기를 간절히 바랐다. 메리는 이런 속도 모른 채 이단에 물든 백성들에게 더 강한 본보기를 보여주어서 정신을 바짝 차리도록 만들어야겠다고 다짐했다. 신교도들은 왕국의 적이므로 가차 없이 처단해야 할 존재였다. 여왕을 '잉글랜드의 이세벨(이스라엘 왕 아합의 아내로서 바알신을 이스라엘로 가져와 그 백성들이 우상숭배의 죄에 빠지게 이끈 요부—옮긴이)'이라 부르면서 반역을 부채질하는 반가톨릭 선전물을 뿌려대는 것도 이자들이기 때문이다. 지금은 본국에 가 있는 르나르는 격렬한 민심에 놀라 떠나기에 앞서 메리에게 이단자들을 공개적으로 처형하지 말라고 조언했었다. 화형이 최고의 억제책이라는 확신을 가진 메리는 이 충언을 새겨듣지 않았다. 가디너 역시 조금 더 자제할 것을 부탁했지만 여왕의 쇠고집 앞에서는 무용지물이었다.

　메리는 의회 개원에 맞추어 런던으로 돌아갈 채비를 하면서 엘리자베스에게 해트필드로 돌아가도 좋다는 허락을 내렸다. 떠나는 동생에게 예의를 차린 작별인사를 건네고는 선물까지 가득 안겨 주었다. 10월 18일에 공주는 쇼디치를 지나 하트퍼드셔를 향해 가는 길에 시민들로부터 열렬한 환호를 받았지만, 언니에게 책잡히기 싫어서 시종들을 보내 소란을 잠재우도록 했다. 다만 장엄하게 울려 퍼지는 교회 종소리에 순간 가슴이 먹먹해져서 잠시 자리에 멈추어 서서 귀를 기울였다. 어두운 먹구름에서 막 빠져나온 듯한 벅찬 환희와 자유를 느꼈다.

　메리는 만일을 대비해서 엘리자베스의 시종단 가운데 밀정들을 심어 놓았다. 누가 오고 갔는지, 어떤 말이 오갔는지, 또 어떤 행동을 했는지 모든 정보가 여왕 귀에 속속 들어갔다. 엘리자베스는 이내 자신이 감시당하고 있다는 사실을 눈치 채고 어느 때보다 열심히 신앙생활에 매진했다. 로저 애스컴은 해트필드까지 공주와 동행해서 왔는데, 감독관으로서 가톨릭 예식을 억지로 따라야만 했다. 메리 여왕을 한 번도 모신 적이 없는 윌리엄 세실은 엘리자베스의 충직한 친구가 되어 정기적으로 서신왕래를 했다. 그밖에도 이 시기에 공주 시종단에 복귀한 사람들로는 캐서린 애슐리와 토머스 패리가 있었다.

의회가 가동되는 동안 가디너는 덜컥 중병에 걸려 몸져눕는 바람에 제 집인 윈체스터 하우스로 돌아가지 못하고 화이트홀 궁에서 지내야 했다.

이즈음 의원들은 여왕이 펠리페를 왕으로 추대할 것을 의회에 청할 거라는 소문을 듣고 이것이 그를 '왕국의 절대자'로 삼기 위한 사전포석이 아닌가 의심했다. 비록 의회가 단독으로 결정할 사안은 아니긴 해도, 워낙 부정적이고 반발하는 분위기라서 그녀는 의회에서 감히 이 문제를 입 밖에 꺼내지 못했다. 결국 그녀는 남편에게 편지를 보내서 의회 회기가 끝날 때까지 결정을 미루어달라고 부탁했다. 그를 지지하는 귀족들을 설득해서 그의 바람을 이루도록 애쓰겠노라고 약속했다.

당시 의회 분위기는 언제 터질지 모를 시한폭탄과도 같았다. 11월에 허락 없이 해외로 망명한 신교도들을 본국으로 송환해오자는 제안이 서민원에 제출되자 한바탕 논란이 일었다. 여왕은 황급히 의회를 해산하고 이 제안에 반대하는 자들을 모조리 런던탑에 투옥시켜버렸다.

그해 가을 추밀원은 잉글랜드보다 에스파냐를 더 사랑하는 심정적인 외국인인 메리를 암살하고서 엘리자베스를 여왕으로 추대하려는 음모가 국내외에서 있었다고 발표했다. 엘리자베스는 메리가 위해를 가하지 않을까 염려해서 수차례 편지를 보내 충성을 맹세하면서 자신은 역모와 아무 관련이 없다고 거듭 강조했다. 이렇듯 아무리 항변한다 해도 정치적으로 민감한 문제에 직간접적으로 개입되는 것을 피할 수는 없었다. 르나르는 공주가 이미 개종을 했으며 워낙 영악해서 쉽사리 덫에 걸려들지 않을 거라고 메리에게 편지로 알렸다. 메리는 황제 측근들로부터 듣는 소식이라면 무엇이든 믿었다. 엘리자베스는 이런 막강 세력들에 맞서 싸워 이길 힘도 없었고, 열성적인 만큼 부주의한 모략가들이 자신을 제물 삼아 역모를 꾀하는 것 또한 막아 세울 도리가 없었다. "난 언제든 반역자가 될 수 있었다." 그녀는 후일 이렇게 되뇌었다.

11월 12일에 최고로 유능한 정치가였던 가디너가 사망했다. 미키엘리에 따르면 충직한 종복으로서 감히 그를 따를 인물이 없었다고 한다. 폴 추기경은 그보다 덜 심악스런 사람이 뒤를 잇기를 바랐지만, 사실 가디너는 이 단박해를 반대하는 목소리를 종종 내곤 했었다. 실제로 그가 죽은 뒤에 화형이 도리어 더 증가하기도 했다.

펠리페는 차기 대법관으로 패짓을 점찍었지만 메리는 전임자들보다 능력이 한참 못 미치는 니컬러스 히스를 그 자리에 앉혔다. 그 결과 가디너가 대법관 외에 해 오던 수석자문관 역할은 히스가 아닌 폴 추기경이 맡았다.

애석하게도 폴은 가디너가 가진 정치적 통찰력이나 추진력, 잉글랜드인들에 대한 이해가 부족했다. 머지않아 추밀원 내에 해묵은 분파주의가 되살아났는데, 이는 위원들을 단숨에 휘어잡을 만한 카리스마를 갖춘 인물이 없었기 때문이다.

수많은 난관 앞에서 어지럽게 표류하던 메리는 펠리페를 본국으로 불러들이기 위해 기발한 묘안을 짜냈다. 왕실 일류 조리장들을 시켜 남편이 제일 좋아하는 미트파이를 만들어 플랑드르로 보낸 것이다. 파이와 더불어 '현재 분위기를 고려할 때 가까운 장래에 왕으로 책봉될 가능성은 극히 희박하다'는 내용의 쪽지를 보냈다. 펠리페는 마음은 굴뚝같지만 그녀와 더불어 왕국을 다스리는 것이 허락될 때 이를 영예롭게 수락하고 잉글랜드로 돌아가겠노라고 답했다. 저지대 국가들을 통치하는 절대군주가 아내보다 낮은 자리에 앉다니, 이보다 더 위엄에 금가는 일이 어디 있겠는가! 결국 메리는 자신의 처지를 한탄하며 홀로 산적한 과제들을 떠안고 힘겹게 씨름해야만 했다.

11월에 메리가 펠리페를 왕위에 앉힐 거라는 소문이 나도는 가운데 제2의 반역음모가 발각되었다. 반역죄로 처형당한 노섬벌랜드 공작의 사촌으로서 핵심 주동자인 헨리 더들리의 이름을 따서 '더들리 음모'라 불렀다.

이들의 목표는 여왕을 남편 곁으로 보내버리고 엘리자베스를 여왕에 앉힌 뒤에 코트니와 혼인시키는 것이었다. 5만 파운드에 달하는 역모 소요비용은 더들리의 인맥들이 포진해 있는 재무성에서 충당할 예정이었다. 그 자금을 프랑스로 몰래 빼돌려 그곳 신교도 망명자들 가운데 골수 지지자들을 규합하고 선박을 구입하고 용병을 고용하는 데 쓸 계획이었다.

더들리와 그 역당들은 힘을 실어줄 상급 귀족층의 지지를 얻는 데는 실패했다. 엘리자베스를 포함해서 다수가 그들만큼이나 현 시국에 강한 불만을 품고 있었지만, 여왕이 오래 살지 못해서 곧 공주가 여왕에 등극할 거라 믿었다. 불확실한 반역모의에 발을 담글 깜냥이 못 되었던 것이다. 반면 하급 귀족들은 왕실시종 일부와 하급 귀족 자제들과 더불어 역모를 적극 지지했다.

한때 불로뉴 지역의 수비대장을 지낸 더들리에게는 프랑스 친구들이 아주 많았다. 12월에 파리를 방문했을 때는 앙리 2세로부터 후한 대접을 받았다. 그럼에도 불구하고 원하는 만큼의 수확을 걷지는 못했다. 프랑스 왕은 어떻게 하면 잉글랜드를 궁지에 몰아넣을까 골몰해 왔었는데, 펠리페와 휴전을 맺은 뒤에는 그 열정이 식어서 더들리의 지원 요청에 모호한 답만 던져주었다. 반면 드 노아유 대사는 역당들과 결탁해서 민심을 뒤흔드는 불온한 소문을 계속해서 퍼뜨리면서 역모를 측면에서 지원했다.

여왕은 떠도는 소문에 대해 익히 들어 알고 있었다. 그럴수록 위협적인 음모와 은밀한 계략이 판치는 가운데 과연 누구를 믿어야 할까 헷갈리기만 했다. 브뤼셀 주재 잉글랜드 대사는 펠리페에게 다음과 같이 말했다. "주변

사람들을 면밀히 살피고 가늠해볼 때 여왕님께 해를 입히지 않은 자가 없습니다. 또, 기회만 된다면 다시금 해치길 주저하지 않을 자들뿐이죠."

도대체 그녀의 고난의 끝은 어디란 말인가? 12월에 교황은 크랜머에게 이단죄 판결을 내리면서 그를 파문하고 캔터베리 대주교직을 박탈한다고 선언했다. 죄인인 그는 이제 속세의 법정에서 응분의 처벌을 받아야 했다.

교황은 이어 자상한 설득을 곁들이면서 폴 추기경을 신임 대주교에 임명했다. 합스부르크 왕가와 결혼한 메리에 대한 반감은 여전해서 그달에 황제에 대항해서 프랑스 측과 비밀협약을 맺었다. 해외주재 사절들은 돌아가는 일의 추이를 파악하고는 신속하게 메리에게 경고해주었다. 이로 인해 그녀와 폴 추기경은 한숨만 폭폭 내쉬게 되었다. 그녀가 가장 원치 않는 일은 바로 교황과 등지는 것이었다.

12월 20일에 펠리페의 시종단 후발대가 더없이 후련한 기분으로 잉글랜드 땅을 떠났다. 남편의 고해신부인 데 카스트로조차 떠나버리자 메리는 더욱 깊은 절망의 수렁에 빠져 허우적거렸다. 바도에르에 따르면, 브뤼셀에서 고해신부는 잉글랜드인들이 퍼부은 갖가지 비난에 대해 시시콜콜 보고했다고 한다. 거기에는 펠리페와 에스파냐를 향한 맹렬한 적개심이 담겨 있었다. 시종단 후발대가 떠나는 뒷모습을 볼 때 그네들의 입이 귀에 걸렸으며 여왕께서 남편을 하늘만큼 땅만큼이나 보고 싶어하신다고 전했다.

메리는 남편에게 보내는 편지에 바라는 대로 이루어주지 못해 유감이라고 썼지만, 사방이 적이다보니 그의 바람은 그저 바람으로 끝날 것임을 누구보다 잘 알았다. 잉글랜드에 대한 병력 지원 요청에 대해서도 이를 수락하면 자신의 위치가 위태롭게 흔들릴 거라고 해명했다. 병력을 지원하면 결혼 전에 약속한 혼인협약을 위반하는 것이기 때문이다. 그녀는 막다른 궁지에 몰린 기분이었다. 남편이 원하는 것, 그러나 그녀로서는 도저히 들어줄 수 없는 것을 들어주어야만 곁으로 돌아오리라. 이제 어찌해야 하나!

그러나 결정은 내려야만 했다. 고심 끝에 결국 그녀가 택한 것은 아내가 아닌 여왕이었다.

그해 여왕은 성탄연휴를 그리니치 궁에서 보냈다. 그녀의 우울한 기분이 고스란히 축제분위기에 전달된 탓에 떠들썩해야 할 잔치는 썰렁하기만 했다. 신년은 식량 부족과 굶주림에 대한 두려움 속에 찾아왔다. 메리는 이를 이단을 몰아내는 데 적극적이지 못하다는 신의 노여움으로 받아들였다.

지금까지는 이단자들이 개종하면 화형을 면해주었는데 이단을 섬멸하는 데 변발 효과가 없는 조치였다. 메리는 주장관들에게 앞으로는 이단자로 판결받은 죄인들에게 그 어떤 변절의 기회도 주지 말라고 엄명했다. 나아가 처형당한 이단자들을 동정하는 자들까지 모조리 체포하라고 지시했다. 1556년에는 80명이 화형에 처해졌다.

1월에 더들리 일당은 전략적 요충지들에 무기를 은닉해 두고, 야머스 성의 성주를 매수해서 망명자들과 용병들이 배에서 안전하게 하선할 수 있도록 항구를 확보해두었다. 재무성에서 불법으로 빼내온 자금은 런던 브리지 근처에 몰래 감추어 두었다. 더불어 브뤼셀에서 지내고 있는 코트니와 접촉해서 그에게서 공주와 혼인하겠다는 동의를 받아냈다. 당시 그는 펠리페의 측근인 고메즈가 고용한 저격범에게 암살당할지 모른다고 불안해하며 지내고 있었다.

엘리자베스가 이 음모에 대해 알고 있었는지는 의문으로 남아 있다. 그녀는 과거 경험을 통해 역모에 가담하는 것이 어리석은 짓이자 치명적인 독임을 뼈저리게 배웠다. 1556년 2월에 프랑스 총사령관은 드 노아유에게 각별히 조심하라는 경고성 편지를 보냈다. '당신이 편지로 내게 알린 그 일이 엘리자베스 때문에 그르치지 않도록 주의하십시오. 자칫 하다가는 모든 게 허사로 끝날 수 있으니까요.' 언뜻 보면 공주가 역모에 대해 뭔가 알고 있는 것처럼 들린다. 그러나 총사령관은 대사의 잘못된 보고를 접했거나 아니면 그저 그럴 것이다 추측해서 쓴 것으로 보인다. 당시 외교가의 정보 는 악명이 높을 정도로 부정확한 것이 많았다. 그럼에도 불구하고 엘리자 베스의 측근들은 당시 역모에 대해 어느 정도 알고 있던 게 분명하다.

1월 16일에 동맥경화증으로 고생하던 카를 5세가 황제 자리에서 물러나 면서 펠리페와 메리는 에스파냐와 네덜란드, 이탈리아 속령들, 아메리카 식민지들을 두루 관할하는 왕과 왕비가 되었다. 애석하게도 예상과 달리 독일 선거후들은 펠리페가 아닌 카를의 아우인 페르디난트 대공을 새로운 신성로마제국 황제에 추대했다. 황제는 눈물을 머금고 오스트리아와 부르 고뉴, 이탈리아 일부 지역, 독일 속령들을 아우에게 양도해야 했다.

펠리페는 엘리자베스를 보호해서 앞날을 보장받은 것 그리고 잉글랜드 를 전시에 병력을 충당할 수 있는 잠재적 공급처로 확보해둔 것 외에, 이 결혼에서 건진 게 하나도 없었다. 메리는 어서 빨리 돌아와 이 결혼이 결실 을 맺기를 간절히 바랐으나 그는 병력을 충원해주는 것이 그녀의 의무라면 서 의미 없는 약속들을 남발했다. 추밀원은 그녀가 주저하며 병력을 요청 하자 이는 혼인협약서에 명확히 금지해놓은 부분이라고 지적했다. 더구나 지금은 재정형편상 전쟁을 수행할 만한 처지가 아니며, 특히 외국 군대를 지원하는 것은 더더욱 안 될 말이었다.

2월 16일에 메리는 드디어 사십 줄에 접어들었다. 겉으로는 그 이상 되 어 보여서 드 노아유는 지난 몇 달 사이에 10년은 더 늙은 것 같다고 주장 했다. 피부색은 여전히 발그레하고 뽀얗지만 세월 앞에 장사 없다고, 주름이 자글자글하고 볼이 쏙 들어가 해골 같았다. 미키엘리는 그나마 여왕으로서의 당당한 위엄이 추레한 외모를 벌충해주고 있다고 말했다. 시력도 약해져서 사람들을 쳐다볼 때 초점을 맞추느라 눈을 가늘게 뜨고 노려보아야만 했다. 새벽녘에 흐릿한 촛불 아래서 남편에게 편지를 쓰는 습관 때문에 시력이 급격히 저하된 것이다. 그녀는 보통 새벽 4시경에야 잠자리에 들곤 했다. 드 노아유는 여왕의 침소를 지키는 시녀를 통해 흥미로운 얘기를 전해 들었다. 여왕이 너무나도 생생히 사랑을 나누는 꿈을 꾸어서 간혹 침대에서 실제 남편과 사랑을 나누는 기쁨을 되살리는 듯이 행동했다고 한다. 깨어 있는 시간에는 내내 눈물을 훔치고 한숨을 푹푹 내쉬고 주위 사람들에게 버럭 화를 내었다. 우울증의 깊이가 어찌나 깊은지 디도(그리스로마 신화에 등장하는 카르타고의 전설적인 여왕. 트로이인들을 이끌고 정착지를 찾아 항해하던 아이네아스는 카르타고 항구에 당도해서 그녀를 만나 사랑에 빠지게 되었음. 얼마 후 그가 다른 곳으로 떠나자 절망에 빠진 그녀는 불 속에 뛰어들어 자살을 택함.—옮긴이)처럼 자살 외에 다른 뾰족한 방법이 없어 보였다. 자살은 중죄이므로 쉽사리 자살을 택하지는 않으리라. 결국 그녀는 시녀들에게 한탄하는 것으로 대신했다. "남편이 돌아오도록 내 할 바는 다했어. 돌아오지 않을 게 확실하니 이제부터는 남자들로부터 멀리 떨어져 조용히 지낼 것이다. 미혼 때처럼 내 삶의 주인으로 당당히 살아갈 것이다." 이후 종교는 그녀의 편안한 안식처 역할을 해주었다.

누구도 그녀의 믿음의 깊이를 의심할 수는 없었다. 그녀는 격식을 갖추어 종교 예식을 올렸으며 하루에 아홉 번씩 미사에 꼭꼭 참석했다. 예배의식에서 보인 헌신적인 모습은 보는 이들로 하여금 경외심을 불러일으키기에 충분했다. 당시 그녀는 끔찍스런 피부병을 앓는 40명의 환자의 환부에 정성껏 입을 맞추며 기적의 치유를 행했다.

백성들에게는 인기가 없었을지 모르나 그녀를 알고, 또 그녀를 섬긴 사람들은 그녀에 대해 나쁘게 말한 이가 하나도 없었다. 그녀는 친절하고 자상하며 상대의 감정을 배려할 줄 아는 어진 사람이었다. 이런 배려는 백성들에게 재정적인 부담을 안긴다는 이유로 연례 순행행렬을 생략한 것에서도 잘 드러났다. 물론 백성들로부터 푸대접을 받을까 두려워서 떠나지 않았을 수도 있다. 종교박해의 범위가 너무나 커져서 백성 대부분이 그녀에게 싸늘하게 등을 돌렸기 때문이다.

크랜머는 2월 14일에 보너 주교와 설비 주교에 의해 공식으로 좌천당했다. 전직 대주교는 성직자 직위를 잃었다는 상실감에 결국 참았던 눈물을 보이고 말았다. 열흘 뒤 여왕이 사형집행 영장에 서명했을 때는 그의 목숨을 구명하려는 동료들에게 등 떠밀려 비굴하게 가톨릭으로 개종했다. 여왕은 그런 그에게 일말의 온정도 내비치지 않았다. 비단 그의 이단적인 정책과 기도서들 때문만은 아니었다. 이 자가 누구던가! 부모의 혼인을 무효화시키고 자신을 사생아로 낙인찍은 천하의 몹쓸 인간 아니던가! 추밀원에서 크랜머의 개종을 공론화시켜서 사면을 논의할 수도 있었으나 그녀는 이런 배려조차 매몰차게 거부했다. 이제 전직 대주교의 운명은 불을 보듯 뻔했다.

그해 3월에 프랑스로 돌아온 역모 주동자인 헨리 더들리는 와이트 섬에 은밀히 상륙해서 런던까지 진격해 들어갈 기동부대를 규합했다. 그동안 브뤼셀에 머무는 코트니는 신중하게 자세를 낮추고 있었다. 그럼에도 불구하고 미심쩍은 펠리페는 그를 엄중 감시하도록 지시했다. 이번 역모에는 너무나 많은 인원이 연루되어 있었다. 3월 초순에 역모자 가운데 하나인 재무성 관리인 토머스 화이트는 규모가 커진 데 지레 놀라 폴 추기경에게 아는 사실을 모두 실토했다. 곧이어 20명의 혐의자가 줄줄이 체포되어 고문을 곁들인 취조를 받았다. 대부분은 음모에 대해 소상히 실토했다. 무엇보다 경보음을 울리게 만든 것은 엘리자베스와 연루된 엄청난 숫자의 공모자들이었다. 존 브레이는 해트필드 저택의 이웃이고, 피터 킬리그루는 그녀의 친구이며 그 외 다수는 그녀의 시종들이었다. 존 페롯은 헨리 8세의 사생아들 중 하나이자 그녀와는 이복남매 사이였다. 타당하게든 부당하게든 그녀나 그녀의 시종들이 연루되지 않은 음모는 한 건도 없었다.

일부 혐의자가 드 노아유 대사의 이름을 언급해서 추밀원은 왕국과 여왕에게 반한 역모자이자 계략가인 그를 당장 추방하고자 했다. 그러나 이를 먼저 간파하고 잽싸게 대사를 본국으로 소환한 앙리 2세에게 뒤통수를 한 방 얻어맞았다. 헨리 더들리 역시 프랑스에 머물고 있는 관계로 체포를 면할 수 있었다. 과연 어디까지 공모의 잔가지가 뻗쳐 있는지 알 수 없을 만큼 범위가 대단했다. 심지어 일부 위원에게까지 그 불똥이 튀었다. 메리는 그만 절망하고 말았다. 마치 왕국의 모든 조직이 와르르 무너지고 여왕의 권위가 땅에 내동댕이쳐진 것만 같았다. 그녀는 남편에게 편지를 보내면서 어느 때보다 그가 절실히 필요하다고 호소했다. 곳곳에서 반역의 독버섯이 드러났기에 추밀원 위원이나 시종 누구도 믿을 수가 없었다. 4월에 접어들면서 그녀는 로체스터, 저닝엄, 잉글필드 같은 오랫동안 여왕을 섬겨 온 믿을 만한 이들에게만 심문을 맡겼다.

3월 중순에 메리는 존 메이슨에게 중대한 지시를 내렸다. '왕께서 언제 돌아오실 계획인지 솔직히 밝히도록 청하라. 그분을 실어올 함대를 무작정 기다리게 해야 하는지 묻도록 하라. 속히 돌아오셔서 여왕을 안심시켜주도록 촉구하라. 아직 후사를 가질 가능성이 있음을 상기시켜라.' 메이슨은 한 술 더 떠 여왕께서 바야흐로 마흔 줄에 접어들어 곧 가임기를 넘어설 것이니 속히 서두르도록 촉구했다.

펠리페의 최측근인 고메즈는 메이슨에게 이에 대해 명확히 대답했다. "왕께서는 플랑드르 지역을 순방할 예정이라 당장은 자리를 비울 수가 없습니다. 사실 우리가 잉글랜드에서 좀 푸대접을 받았습니까? 다시 돌아가고 싶은 사람은 별반 없을 겝니다." 왕 역시 시종들의 주저하는 분위기를 감지했다. 솔직히 그보다는 아내가 그간 살가운 운우지정을 보이지 않았기에 돌아가는 것이 썩 내키지가 않았다. 그동안 그는 브뤼셀 여자들이 메클린 여자들보다 미모가 출중하다는 이유로 그곳에 머물며 호화로운 마상창 시합에 빠져 시간 가는 줄 몰랐다. 펠리페는 메이슨에게 명해서 보헤미아 왕국의 왕실부부가 국빈방문을 할 예정이라 브뤼셀을 떠날 수 없다고 여왕에게 알리도록 했다.

메리는 이 소식에 분기탱천했지만 꾹 참고서 잉글랜드로 왕실손님들을 모셔오면 최고의 환대를 받을 거라고 답했다. 펠리페는 이 제안을 무시한 채 메이슨에게 잉글랜드는 '돈이 비싸게 먹히는 골칫거리' 그 이상 그 이하도 아니라고 비꼬았다. 그의 시종들 역시 주인에게 돌아갈 것을 애써 권유하지는 않았다. 그들이 메이슨에게 한 말은 이러했다. "남편을 위해 아무 노력도 하지 않은 아내를 왜 기쁘게 해줘야 한단 말입니까?"

메리는 이에 굴하지 않고 패짓에게 편지와 반지를 들려 보내서 남편과 시아버지를 직접 만나도록 지시했다. 국새상서인 패짓은 말솜씨가 뛰어나고 왕과도 살가운 사이이니 분명 좋은 소식을 들고 오리라 믿었다. 브뤼셀에서 펠리페는 패짓을 반갑게 맞이하면서 정중하게 여왕의 건강에 대해 물었다. 패짓은 여왕에게 보고할 때 애써 그것이 단순히 예의상 물어보는 인사치레가 아니었다고 둘러댔다. 하지만 이내 반가운 소식을 접했으니 바로 카를 5세가 친히 여왕의 안부를 물어보았던 것이다.

"여왕 폐하께서는 잘 지내고 계십니다. 누군가가 곁을 지켜주지 않는데도 불구하고 말입니다." 패짓은 신랄하게 대꾸했다. 여왕의 분노가 증오로 바뀌면 부친이 진노할 것을 알고서 펠리페는 서둘러 패짓에게 몇 주 후에 잉글랜드로 돌아가겠다고 약조했다.

"6월 말까지 돌아가지 않으면 날 더 이상 신뢰하지 않을 테니 말이네."

3월 20일에 크랜머는 처형에 대비하라는 청천벽력 같은 소리를 듣고 생애 마지막 밤을 또다시 개종 서약서를 끌어안고 끙끙댔다. 아침에 수비대원들의 호위를 받으며 옥스퍼드에 있는 세인트 메리 성당으로 가서 그 내용을 큰 소리로 낭독할 참이었다. 하지만 어젯밤인지 아니면 형장에 끌려가는 이 순간인지는 모르나, 어찌 되었든 죽어야 한다는 현실을 깨닫고는 돌연 마음을 바꾸었다. 그 결과 군중들은 이전의 믿음을 비굴하게 포기하는 대신 신교에 대한 확고한 믿음을 주장하는 연설을 듣게 되었다.

연설을 마치자 그는 변절의 글을 써내려간 자신의 손이 가장 먼저 불타 없어져야 할 부분이라고 핏대 세워 주장했다. 신교도들은 그가 죽은 뒤에 그를 순교자로 선언하면서 마지막 감동적인 신앙고백을 정략적 밑천거리로 삼았다. 끔찍한 고난 앞에서 그가 보인 담대한 용기는 화형이라면 진저리를 치는 백성들을 제 편으로 끌어들이는 쓸모 있는 선전도구가 되었다.

크랜머가 죽은 다음 날 폴 추기경은 그리니치에서 캔터베리 대주교에 임명되었다. 이후에는 이단박해를 열렬히 부르짖는 핵심 옹호자로 둔갑했다.

4월 초순에 시아버지가 중간에서 펠리페를 설득하고자 애썼다는 소식을 듣고 메리는 그에게 감사의 편지를 보냈다.

남편의 귀국과 관련해서 이처럼 관심을 쏟아주시니 참으로 고맙기 그지없습니다. 폐하에게 최고로 겸허히 청하오니, 부디 가능한 모든 조치를 취해주십시오. 남편이 곁을 떠나 전 깊은 상심에 빠져 있습니다. 잘 아시겠지만 그는 이 세상에서 제가 가진 최고의 기쁨이자 위안입니다. 부디 제 무례를 용서해주시고 남편이 없어 겪는 이 극단의 슬픔을 기억해주십시오. 결례를 무릅쓰고 친부 이상의 애정을 보여주시는 폐하에게 이렇게 부탁의 편지를 올립니다.

프랑스에서 메리 여왕의 결혼이 깨어질 위기에 처했다는 소문이 돌면서 앙리 2세는 머지않아 펠리페가 과감히 이혼도장을 찍을 거라고 예언했다.

비슷한 시기에 메리가 이성을 잃고 길길이 날뛰면서 남편의 초상화를 칼로 무참히 난도질했다는 보고가 베니스에 날아들었다. 단순한 뜬소문일 수도 있으나 여왕에게 친모와도 같은 수전 클래런수는 이 결혼은 애초부터 없었어야 한다고 한탄할 정도였다.

그해 4월 여왕은 엘리자베스를 에스파냐 왕실로 시집보내는 계획을 진지하게 검토했다. 엘리자베스만 제거하면 추문과 분란의 뿌리가 한꺼번에 뽑혀 나갈 거라 판단했기 때문이다. 일각에서 펠리페의 열 살짜리 아들인 돈 카를로스를 신랑감으로 제안했지만 엘리자베스는 상대에게 정신적 결함이 있다는 소문을 듣고 한사코 거부했다. 이로써 그녀를 왕국에서 내보내려던 계획은 지지 세력을 등에 업은 폭동만 부채질할까봐 그만 흐지부지되었다.

지금까지 더들리의 음모에 개입했다고 의심되는 자 누구도 엘리자베스의 이름을 언급하지는 않았지만 추밀원은 물증을 찾고자 서머싯 하우스를 샅샅이 수색하기로 했다. 수색 결과 선동성 책자와 인쇄물 외에 의문의 자그마한 상자 하나를 발견했다. 상자 안에는 문서와 초상화, 그림, 그리고 왕실에 지독히도 욕되게도 왕국의 성직자들을 비방하는 비방 글이 담겨 있었다. 이 물건들의 주인은 애슐리 부인으로 판명되어 그녀는 5월에 해트필드에서 체포당해서 런던탑으로 끌려갔다. 그녀와 더불어 공주의 이태리어 선생으로서 1554년 불온문학을 유포했다는 혐의로 투옥된 바 있는 바티스타 카스티글리오네와 시종인 프랜시스 버니가 체포되었다.

추국 과정에서 애슐리 부인은 더들리의 음모에 관해 아무것도 모른다고 부인하면서 여왕에 대한 충정을 소리 높여 주장했다.

"여왕 폐하에 대한 공주님의 사랑과 진실함은 너무나 깊어서 제가 불순한 의도를 품었다는 게 드러나면 다시는 절 보려들지 않으실 겁니다." 애석하게도 누구도 이 말을 믿지 않아서 이어진 세 달 동안 그녀는 플릿 감옥에 갇혀 지내는 신세가 되었다. 카스티글리오네 역시 역모에 개입했다는 사실을 쌍심지를 켜고 부인했다. 공주를 대신해서 런던을 방문한 적은 있으나 류트 줄을 구입하기 위해서였다고 했다. 그는 무죄로 풀려났지만 버니는 반역 혐의를 벗지 못해서 6월에 재판을 통해 사형을 선고받았다. 물론 얼마 뒤에는 사면을 받았다.

6월 초순에 여왕은 해스팅스와 프랜시스 잉글필드를 해트필드로 보내서 엘리자베스에게 시종들을 잡아들인 것에 대해 사과하도록 했다. 그네들의 행실이 자신을 능멸하고 파멸시킬 소지가 컸기에 잡아들여야만 했다고 해명토록 했다. 그들은 공주에게 여왕이 하사한 다이아몬드 반지를 건네면서 말했다.

"여왕폐하께서는 공주님이 현명하고 분별력이 뛰어나시니 의심 살 만한 행동은 하지 않으리라 믿는다고 말씀하셨습니다." 메리는 말과 달리 엘리자베스를 잡아들여 족치고 싶고, 심지어는 런던탑에 처넣고 싶었지만 남편 허락 없이는 감히 무람없이 굴 수가 없었다. 그녀는 이 문제를 논의하고자 그달 초에 남편에게 특사를 파견했다. '여왕은 남편의 조언 없이는 한 발짝도 움직이지 않았다.' 미키엘리의 보고 내용이다.

메리는 남편의 조언에 따라 동생을 체포하는 대신 그녀가 홀대나 미움이 아닌 사랑과 존경을 받고 있다는 정이 담뿍 담긴 서신을 보냈다. 사람들은 이러한 화해 시도를 매우 긍정적으로 받아들였다. 더불어 메리는 엘리자베스를 궁에 초대했지만 그녀는 이를 정중히 거절했다. 얼마 뒤 여왕은 애슐리 부인을 대신할 미망인 귀부인을 해트필드로 파견하면서 행실이 반듯하고 신심이 깊은 토머스 포프도 딸려 보냈다. 포프는 엘리자베스의 '감독관'으로 일하며 밀착 감시할 예정이었다. 그를 해트필드로 보내고 나서야 비로소 여왕은 발을 편히 뻗고 잘 수 있었다. 이제 공주의 적수들은 더이상 그녀가 불온하게 행동하도록 내버려둔다고 비난하지 못하리라. 엘리자베스 역시 이 사실을 간파하고서 친절한 배려에 감사한다면서 포프의 임명을 군말 없이 받아들였다.

포프는 다방면에 재능이 뛰어난 학자이자 한때 토머스 모어와 교분을 쌓은 저명한 법률가였다. 세 달 전에 옥스퍼드 트리니티 칼리지를 설립한 대학 창립자이기도 했다. 자녀들과 함께 행복한 결혼생활을 유지하고 있으며 성품이 너그럽고 인자했다. 전직 보호관찰관인 베딩필드보다는 훨씬 더 교양 있고 사리에 밝았다. 엘리자베스는 그가 자신과 비슷한 정신세계를 지닌 것을 알아보고 이내 호감을 느꼈다. 해트필드에서 지내는 네 달 동안 두 사람은 새로 설립한 대학을 어떻게 이끌어갈지 논의하거나, 로저 애스컴과 더불어 학문적 주제들에 관해 대화를 나누면서 재미난 시간을 보냈다. 떠날 시간이 다가오자 포프는 공주를 위해 손수 성대한 가면극과 연극을 준비해주고 비용까지 모두 지불했다.

한편 런던에서는 죄수 10명이 더들리의 역모에 가담했다는 이유로 대중들이 크게 반발하는 가운데 처형을 당했다.

6월 말에 메리는 남편이 아프다는 소식을 접하고 하루가 멀다 않고 차도가 어떠한지 묻는, 걱정이 한껏 묻어나는 편지를 보냈다. 그는 몸이 아파서 약속한 날짜에 잉글랜드로 올 수 없었는데, 몸이 회복되고 나서도 꿩 구어 먹은 소식이었다. 15일에 실망한 여왕은 바들바들 떨리는 손으로 시아버지에게 통렬한 어투의 편지를 썼다. '6월이 지나고 7월도 막바지에 접어들고 있는 지금, 군왕이자 다정한 남편을 제 곁으로 보내주셔서 감사의 글을 올릴 수 있다면 그 얼마나 기뻤을까요? 약속을 어기셔서 이루 말할 수 없이 유감스럽기는 하나 그저 현실에 만족해야겠지요.'

그해 여름 동안에 메리가 보인 심리상태는 주위 사람들에게 걱정거리를 떠안겨주었다. 한숨과 좌절의 나날을 보낸 결과 그녀의 건강에 곧 적신호가 켜질 거라는 두려움이 일었다. 절망의 나락에 빠진 그녀는 사람들 앞에 좀체 모습을 드러내지 않았다. 신임 프랑스 대사인 프랑수아 드 노아유(액스 주교이자 실각한 앙투안느 드 노아유의 동생)는 다음과 같이 보고했다. '불면증으로 눈 밑에 다크서클을 달고 살며, 깨어 있는 동안에는 눈물을 흘리고 자책하고 남편에게 돌아오라는 편지를 쓰면서 시간을 보냅니다.' 새로운 역모와 암살 소식에 겁을 집어먹은 그녀는 궁 안에 무장한 수비대원들을 배치시키고 오직 자신이 신뢰하는 추밀원 위원들만 만났다.

오래 지켜보아 믿을 수 있는 시녀 5명만 처소에 들어와 개인적인 시중을 들도록 허락했다. 프랑스 대사의 보고 내용이다. '그녀는 종복들에게 분노하고 있습니다. 왕족 내지는 총애하는 귀족들이 더 큰 문제라고 생각합니다. 자신이 가장 신뢰하는 자들이 믿음이 부족하다는 사실에 크게 진노하고 있습니다.' 그는 형 못지않게 사악해서 펠리페가 교황청에 혼인을 무효화시켜달라는 청을 넣었다는 외교사절들의 보고가 그녀의 귀에 흘러들어가도록 손을 썼다. 이것은 헛소문에 불과했지만 가뜩이나 불행에 빠져 허우적대는 여왕의 어깨에 두려움이라는 짐만 얹어놓는 꼴이었다.

그나마 폴 추기경이 그녀가 믿고 의지할 수 있는 유일한 안식처였다. 7월에 그녀는 그와 캔터베리에 머물면서 이를 악물고 고통의 수레바퀴 밑에서 빠져나오려고 버르적거렸다. 그럼에도 불구하고 바닥으로 떨어진 기분은 좀체 위로 치고 올라올 줄을 몰랐다. 런던으로 돌아와서 그녀는 추밀원 회의실에 걸린 펠리페의 초상화를 떼어내도록 지시해서 위원들을 뜨악하게 만들었다. 보고에 따르면 그녀가 이미 초상화를 거칠게 떼어버렸다는 소리도 있었다. 곁에서 지켜보는 브레이 부인은 그저 안타까움으로 한탄했다. "왜 신은 착한 여자에게 악독한 남편을 보내주시는 걸까!"

미키엘리는 몇 주 동안 궁을 나가 있다가 돌아와서는 여왕의 상태를 보고 깊은 시름에 잠겼다. 여왕은 연달아 닥친 재앙 때문에 마지막으로 보았을 때보다 무척이나 얼굴이 상한 모습이었다.

7월에 코트니를 사칭하는 클레오버리라는 젊은 선생이 에식스에 출현하면서 왕국은 또 다른 음모로 한바탕 들썩였다. 그 자는 이스트 앵글리아를 돌아다니며 반란을 선동한 뒤에 헌팅던셔의 악슬리에 사는 사제로 하여금 교회 안뜰에서 다음과 같이 선언토록 사주했다. '여왕은 이미 죽었다. 이제 엘리자베스 공주가 여왕이며 그녀의 사랑하는 남편인 에드먼드 코트니 경이 왕이다.' 이것은 단순한 해프닝에 가까운 사건이었고 동조 세력도 별반 없는 것으로 드러났다. 사실 클레오버리는 코트니의 이름을 제대로 알지도 못했다. '에드워드'를 '에드먼드'로 알았으니 더 말해서 무엇 하랴! 지역민들은 자체적으로 나서서 이 극소수 반란자들을 신속하게 체포했다. 왕실에서 두려워한 것은 코트니가 반란을 선동하지 않았을까 하는 점이었다. 물론 그네들이 독자적으로 움직였다는 사실이 곧 드러나긴 했다. 추밀원은 토머스 포프에게 지시해서 엘리자베스에게 모든 정황을 알려서 이자들이 얼마나 공주를 기망했는지 깨닫도록 했다. 메리조차도 이번에는 그녀가 연루되었을 가능성을 완전히 배제했다. 하지만 엘리자베스는 지레 겁을 집어먹고서 8월 2일에 여왕에게 다음의 편지를 보냈다.

> 최고로 고귀하신 여왕폐하, 로마인들이 원로원에 보인 경외심을 떠올릴 때, 신권에 의해 뽑힌 군주를 향한 신교도들의 반역적인 생각과 사악한 의도를 생각하자니 저 자신에 대해서는 깊이 묵상해보고 그네들에 대해서는 수치심으로 볼을 붉게 됩니다. 무엇보다 이 일로 가장 통탄스러운 사람은 접니다. 비록 제 이름이 반역자들 속에 끼어 있지는 않지만 사탄이 절 사악한 선동에 집어 던졌다는 게 무척이나 괴롭습니다. 육신을 다루는 의사들이 있듯이 마음을 해부하는 노련한 의사들이 있다면 폐하에게 제 마음을 활짝 열어 보이고 싶습니다. 다른 이들이 뭐라 이간질하든 폐하께서 믿고 계시다는 것을 잘 알고 있습니다. 흐릿한 먹구름이 제 진실의 밝은 빛을 가릴수록 제 고난으로 단련된 마음은 그네들의 숨겨진 악행의 그림자 속에서 더더욱 밝게 빛날 것입니다.

심문 결과 클레오버리는 강도 전과가 있는 신교도로 드러났는데, 앙리 2세의 사주를 받은 잉글랜드 망명자들이 음모를 꾸며서 자신을 꼭두각시로 이용했다고 헛소리를 지껄여댔다. 그는 교수형을 당했고 공모자 열둘은 런던탑에 투옥되었다.

메리나 엘리자베스 누구도 그해 8월 결코 편안치가 못했다. 엘리자베스는 여왕에게 부당한 취급을 받아 온 이래로 쭉 괴롭혀온 간헐적인 호흡곤란 증세를 동반한 황달에 걸려버렸다. 메리 역시 고열에 시달려서 추밀원 회의에 참석하지 못한 채 대부분의 시간을 처소에서 박혀 지냈다.

펠리페는 메리에게 8월에 도착할 거라는 전갈을 삐죽 보내놓고는 코빼기도 비치지 않았다. 아내 얼굴을 본 지도 어언 1년이 넘었다. 그는 병으로 고통받는 아내는 뒷전이고 역병이 두려워 브뤼셀을 떠나 시골에 피신해서는 주위의 '쾌락의 집'을 들락거리느라 바빴다.

코트니 역시 브뤼셀을 떠나 베니스로 가서 칩거한 채 동료 한 명하고만 연락을 트고 지냈다. 자신이 감시당하고 있다는 사실을 알고 최대한 낮은 포복으로 긴 것이다. 8월 말에 그는 곤돌라를 이용해서 석호 한가운데 떠 있는 리오 섬으로 놀러갔다가 폭풍우를 만나 장시간 몸을 오들오들 떨면서 구조를 기다려야만 했다. 사흘 뒤에는 덜컥 말라리아에 걸려버리고 말았는데, 그곳에서 무려 40킬로미터나 떨어진, 우수한 의사들이 진치고 있는 파도바에 가겠다고 억지를 부렸다. 한사코 집을 나서더니 기어이 일을 치르고야 말았다. 그는 비척비척 걸어가다가 계단에서 그만 혼절해서 쓰러지는 바람에 덜컹거리는 마차를 타고 파도바까지 가게 된 것이다.

베니스 주재 잉글랜드 대사인 피터 바네스는 당시 파도바에 머물고 있다가 그곳을 찾아온 코트니를 우연찮게 만나게 되었다. 환자가 고열에 시달리는 것을 보고 의료진 2명을 황급히 불렀지만 환자의 상태는 다음 2주 동안 악화되기만 했다. 플랜태저넷 왕가의 마지막 혈통은 1556년 9월 18일에 그렇게 저세상으로 가고 말았다.

바네스는 즉시 독살을 의심했다. 코트니의 죽음은 잉글랜드와 에스파냐

양측에 이득이었고, 에스파냐 측에서 암살범을 고용했다는 소문도 있었기 때문이다. 대사는 백작의 시종과 의사들에게 그네들의 지식과 믿음에 근거해서 그가 자연사로 죽었다고 적힌 진술서에 서명하도록 했다. 시신은 아쉬운 대로 소박한 나무 관에 넣어서 파도바의 성 안토니오 교회 제단에 올려놓았다. 나흘 뒤에도 관은 묘비명이나 사람들의 기억에 새겨놓을 그 어떤 상징물도 없이 그대로 그곳에 방치되어 있었다. 1560년에서야 비로소 에레미타니 교회에 대리석 기념물을 세우고 시신을 그 안에 안장시켰다.

교회가 1945년에 연합군 측에 폭격당하면서 무덤도 더불어 역사의 뒤안길로 사라졌다.

코트니가 죽으면서 1485년부터 왕조를 이어 온 튜더 왕조에게는 플랜태저넷이라는 위협거리가 완벽하게 제거되었다. 코트니의 죽음을 전해 들은 메리는 신이 다시 한 번 정의를 보여주셨다고 감격해 마지않았다. 엘리자베스 또한 안도했고 펠리페는 만족감을 애써 감추지 않았다. 반면 프랑스 대사는 이 일에는 신이 아닌 인간적인 도움이 있었다고 신랄하게 비아냥댔다. 이러한 주장에는 그만한 증거가 있었는지 아닌지는 오늘날까지 여전히 논쟁거리로 남아 있다.

펠리페와 교황의 관계는 지난 몇 달 간 꾸준히 안 좋은 방향으로 틀어지고 있었다. 교황은 프랑스와 에스파냐의 휴전협약을 깨기 위해 별의별 시도를 다하면서 이탈리아에서 합스부르크가를 상대로 도발을 감행했다. 교회의 신실한 아들인 펠리페는 어떻게든 직접적인 대결만은 피하고자 했지만 교황이 합스부르크 왕가에 대항하는 전쟁에서 앙리 2세 편을 들겠다고 공언하자 사정이 달라졌다. 그는 알바 공작에게 명해서 교황령(1870년까지 교황이 지배한 중부 이탈리아 지역—옮긴이)을 침략해서 도시를 약탈하고 적군의 목을 가차 없이 베어버리라고 명했다. 사실 교황은 프랑스가 이탈리아 땅에서 에스파냐 세력을 몰아내주길 바라면서 취한 행동이었건만 도리어 역효과만 난 것이다.

잉글랜드는 전쟁에 참가하지 않았으나 메리는 이 일로 인해 매우 곤란한 입장에 놓였다. 충신들이 치고 박고 싸우는 것만으로도 가슴이 미어질 듯한데 남편과 교황이 앙숙처럼 으르렁거리다니! 교황은 적대적인 행동을 보이지는 않았지만 점차적으로 잉글랜드와 교황청의 관계는 긴장상태에 놓였다가 파국으로 치닫고 말았다. 폴 추기경은 펠리페와 교황이 불화를 겪자 왕에게 부디 교황과의 전쟁만은 말아달라고 주청했다. 펠리페가 이 말을 무시하자 9월 14일에 추기경은 교황에게 서한을 보내 현 위기상황에서 어떻게 처신해야 할지 알려달라고 청했다. 불길하게도 교황으로부터는 아무런 회신도 오지 않았다.

추기경은 펠리페와 개인적으로 의논하고 싶었지만 불길하게도 그의 부재는 길어지기만 했다. 여왕의 심리상태도 걱정되기는 마찬가지였다. 그달에 추기경의 저택인 크로이던에서 머무는 동안 메리는 어느 날 그곳이 대형 인쇄물로 도배되어 있는 것을 발견했다. 축 늘어지진 젖가슴으로 에스파냐인들에게 젖을 먹이고 있는 쭈그렁방탱이 할망구, 그것이 메리의 모습이었다. 그림 둘레로는 라틴어로 '잉글랜드를 망친 메리'라는 글이 적혀 있었다. 그녀는 자신이 흉물스런 대상으로 여겨지고 있는 것에 충격을 받아서 다시 한 번 시아버지에게 당부의 편지를 보냈다.

외람되게도 이렇게 다시 편지를 보내는 무례를 용서해주시길 바라며, 부디 이 나라가 처한 곤경을 고려해주시길 간절히 청합니다. 왕이 오셔서 문제를 직접 바로잡지 않는 한 저뿐만 아니라 저보다 현명한 이들까지도 닥쳐올 위기를 걱정할 상황이 올 겁니다. 남편이 돌아오길 간절히 청하는 것은 개인적 욕심이 아니라 왕국의 이해를 위해서임을 알아주십시오.

시아버지가 그녀의 편지를 받은 것 같지는 않다. 그는 9월 17일에 네덜란드를 떠나 에스파냐로 돌아와 남은 시간을 산 유스테 수도원에 있는 별장에서 지냈기 때문이다. 그가 정치 무대에서 2선으로 물러난 것은 곧 메리가 오랫동안 의지해 온 그의 우정과 보호와 조언을 잃게 되었다는 의미였다.

10월 19일에 메리는 드디어 펠리페가 시종단 일부에게 잉글랜드로 돌아가라고 명했다는 소식을 듣고 뛸 듯이 기뻤다. 그녀에게 이것은 오로지 한 가지, 남편이 곧 돌아온다는 의미였다. 기대와 달리 그는 즉각 돌아올 마음이 없었다. 프랑스 북부지역을 침공해서 앙리 2세의 관심을 이탈리아에서 돌려놓을 계획인데, 그러자면 잉글랜드의 도움이 절실히 필요했기에 수를 쓴 것이다. 부탁할 처지가 되자 뒤늦게 자신이 잉글랜드를 너무 오랫동안 방치했다는 생각이 든 것이다. 이제는 공개적으로 관계를 회복시켜야 할 시점이었다. 먼저 여왕의 호의부터 되찾는 것이 필요했다.

에스파냐 시종단 일진이 런던에 도착하기 시작하자 메리는 크게 안도하면서 전보다 훨씬 더 인내심 있게 남편의 지체를 참아주었다. 건강이 좋지 않은 터라 추기경이 11월 30일에 화해의 축일을 기념해서 궁에서 축하연을 열었을 때는 자리에 참석하지 못했다.

10월에 메리는 엘리자베스를 더 이상 밀착 감시할 필요가 없다고 판단해서 토머스 포프에게 그만 해트필드를 떠나도 좋다고 명했다. 플릿 감옥에서 풀려난 애슐리 부인이 공주 곁으로 돌아와 전처럼 보위할 예정이었다.

10월 10일에 코트니가 죽은 상황에서 펠리페는 또다시 엘리자베스와 사보이아 공작을 혼인시킬 것을 진지하게 고려했다. 여왕의 건강이 좋지 않다는 보고가 잇따르면서 공주의 즉위가 임박했음을 감지했기 때문이다. 어차피 독신으로 늙어갈 수는 없으니 합스부르크 왕가에 충실한 가톨릭 군주를 짝으로 맺어주면 그야말로 누이 좋고 매부 좋은 격이었다. 프랑스에 후계자(앙리 2세의 아들인 프랑수아 1세와 약혼해서 프랑스 궁정에서 생활하고 있던 스코틀랜드의 메리를 지칭함.-옮긴이)를 강탈당한 시점에서 그녀가 사보이아의 아내가 되면 앙리 2세와 다시 우호적 관계를 맺거나 잉글랜드에서 신교를 부흥시키겠다는 꿈을 접게 될 것이다.

엘리자베스에게 누구도 이 결혼에 대해 의향을 물어보지 않았다. 그녀는 자연스럽게 이 결혼에 반대했다. 결혼생각이 전혀 없는데다가 여왕이 죽고 새로운 여왕에 등극하면 곧바로 메리의 반종교개혁을 폐지할 작정이었다.

11월 말에 메리는 이 결혼을 쌍수를 들어 찬성하면서 엘리자베스를 궁으로 불러 이 문제를 의논하기로 했다. 공주는 벨벳 코트 차림에 금 사슬을 걸친 수행원들을 이끌고 스미스필드와 올드 베일리, 플릿 가를 지나 서머싯 궁으로 나아갔다. 검은 벨벳장식이 들어간 붉은 코트를 입은 2백 명의 자체 수행원도 함께했다. 백성들은 신교도 공주를 두 눈으로 보고서 더없이 행복해했다. 메리는 동생을 지극히 자상하고 다정하게 맞이했지만 별도의 공식 환영행사는 없었다. 언니에게서 사보이아와 결혼하라는 말을 듣고 엘리자베스는 서러운 마음에 그만 울음보를 터뜨렸다. "마음고생이 심한 터라 결혼생각 따위는 전혀 없어요. 차라리 그냥 죽고만 싶어요!"

메리는 울부짖는 동생 앞에서 잠시 마음이 짠했으나 이내 사보이아와 결혼해야 한다고 밀어붙여서 둘은 한동안 신경전을 벌였다. 공주가 서머싯 하우스로 돌아오자 박쥐 같은 귀족들은 이어진 며칠 동안 그녀를 찾아와 미래 여왕에 대해 존경을 표했다.

드 노아유 대사 역시 찾아가고 싶었지만 엘리자베스가 조정 중신들에게 둘러싸여 지내는 바람에 개인적으로 대화를 나눌 기회를 얻지 못했다. 직접 만나서 앙리 2세의 적극적인 도움 아래 다음 해 여름으로 예정된, 그녀를 지지하는 역모를 찬성할 것인지 묻고 싶었던 것이다. 결국 만남의 기회를 갖지 못한 그는 자국 왕에게 신께서 더 좋은 기회를 주실 때까지 기다려야 한다고 보고했다.

그런 와중에 공주의 친구인 서식스 백작부인이 연이어 이틀 밤이나 몰래 변장한 채 찾아와 공주가 힘겨운 현실을 벗어나 해외로 망명하고자 하니 도와달라고 부탁하자 그는 깜짝 놀랐다. 그녀는 엘리자베스가 프랑스로 망명하는 것을 도와줄 수 있는지, 또 앙리 왕이 피난처를 마련해줄 수 있는지 물었다.

대사는 당혹해하면서 그런 필사적인 탈출을 감행해서는 안 된다고 만류했다. 당장 중요한 문제가 무엇인지 기억하라고 조언했다. 차기 여왕 자리에 오르려면 절대 잉글랜드를 떠나서는 안 되었다. 그럼에도 불구하고 백작부인은 엘리자베스의 탈출을 도모할 작정으로 프랑스까지 직접 건너갔는데, 추밀원은 그녀가 쥐도 새도 모르게 사라진 사실을 알아채고 돌아오자마자 붙잡아 취조했다. 다행히 이 여행이 온전히 개인적인 목적이었다는 그녀의 주장이 받아들여졌다. 한편 엘리자베스는 대사의 조언을 새겨듣고서 탈출계획을 그만 접었다.

12월 3일에 엘리자베스를 다시 만난 자리에서 메리는 동생이 전만큼이나 사보이아와의 결혼에 완강히 반대한다는 사실을 알고 부아가 치밀어 올랐다. 그녀는 의회를 통해 후계자 권리를 박탈시키든가, 런던탑에 투옥시키거나 사형에 처할 거라고 옥박지르고서 공주를 집으로 돌려보냈다. 하지만 두 사람 모두 의회나 펠리페가 이런 부당한 처벌을 절대 허락지 않을 것임을 누구보다 잘 알았다. 그럼에도 불구하고 메리는 후계자 자격을 빼앗고 싶어서 그해 가을 대부분의 시간을 과거 그러한 전례가 없는지 알아보는 데 할애했다. 펠리페는 이런 속도 모르고 엘리자베스를 어떻게든 잘 구슬려서 사보이아와 맺어주라고 고집했다. 여왕은 엘리자베스가 공작과 결혼하면 후계자 자격을 박탈시킬 수 없음을 깨닫고 이 결혼에 대한 열정이 사그라진 상태였다. 결혼시키면 동생을 공식적으로 후계자로 인정해야 했는데, 이는 지금까지 더 적절한 대안이 나오기를 고대하면서 극구 피해 온 일이기도 했다.

한편 해트필드에서 엘리자베스는 감시가 사라진 집 안에서 그 어느 때보다 홀가분하고 편안한 마음으로 살아갔다.

12월에 폴은 교황청 연락책을 통해서 청천벽력과도 같은 소식을 접했다. 교황청에서 여왕이 남편만큼이나 교황청에 반하는 불경한 죄를 지은 까닭에 둘 다 파문당해도 싸다고 생각해서 잉글랜드와 관련된 그 어떤 문제도 다루지 않을 거라는 것이다. 메리는 화가 나서 그녀 판단에 지극히 정당한 전쟁이라 여기는 교황청과의 싸움에 펠리페를 개입시켜야겠다고 다짐했다. 머지않아 밀사들이 하루가 멀다 않고 왕과 여왕 사이를 분주히 오가며 소식을 날랐다. 성탄 즈음에는 펠리페의 시종단 대부분이 잉글랜드로 돌아와 그네들의 주인이 돌아오기만을 기다렸다. 22일에 성탄연휴 행사를 위해 왕실은 세인트 제임스 궁에서 그리니치 궁으로 옮겨갔다. 펠리페의 청에 따라 엘리자베스도 그가 돌아올 때까지 궁에 들어와 있었는데, 지금 메리는 질투심을 느낄 여유가 없었다. 대신 동생과 폴, 클레브스의 안네, 그리고 3백 명에 가까운 중신들과 시종들에게 값비싼 식기를 성탄선물로 하사했다. 이제 임박해진 남편과의 해후를 가슴 설레며 기다리는 일만

남았다.

다른 부분에서는 도무지 성에 차는 일이 하나도 없었다. 왕국은 불만으로 들끓고 있었고, 치세 초기에 쏟아졌던 여왕에 대한 무한한 애정도 하루가 다르게 줄어들고 있었다. 공유지 폐쇄로 인해 실업자가 생겨나고 3년째 내리 흉작까지 겹쳐서 사태를 악화시키기만 했다. 영양실조에 시달리는 백성들은 굶주려 죽어나갔다.

나라 재정이 불안정한 가운데 박해의 불길만이 지침 없이 활활 타오르고 있었다. 1557년에 런던에서만 64명이 화형을 당했다. 여왕은 자신의 이 단억압 방식이 전혀 먹혀들지 않는다는 사실을 인정해야 했건만 앙버티면서 관료들에게 보다 맹렬하게 죄인들을 처단하라고 다그쳤다. 서민층뿐만 아니라 귀족층까지 왕국에 덮친 재앙의 책임을 여왕에게 돌려대는 판국이었다. 기아와 경기불황을 그녀가 지은 죄에 대한 신의 처벌이라 여겼으며, 엘리자베스를 그네들을 악에서 건져내줄 구원자로 우러러 추앙했다. 1557년 런던에서 순교자 기록부가 출판되었을 때 각 항목은 다음 운율로 끝맺고 있었다.

순교자들이 불길 속에 스러져갈 때
우린 공주님을 애타게 찾았네

1월 11일에 앙리 2세는 휴전협정을 위반하고 두에에서 공격을 감행했다. 이 소식을 접한 메리는 즉시 추밀원을 소집해서 에스파냐와 프랑스의 전쟁에 개입해야 하는지 물었다. 위원들은 경기를 일으키면서 왜 그래서는 안 되는지 몇 가지 변을 댔다. 먼저, 이 나라는 전쟁에 참가할 여력이 없다.

둘째, 우리와 상관없는 남 나라 전쟁에 개입해서 왕국을 곤궁에 빠뜨려야 하는가? 가장 중요한 마지막 이유, 펠리페가 치르는 전쟁을 지원해야 한다는 조약에 묶여 있지 않다. 폴은 추밀원의 주장을 적극 지지했지만 막강한 펠리페의 세력 앞에서 그나 위원 모두 무기력하기는 마찬가지였다. 참전 여부는 온전히 메리 손에 달려 있었다. 그녀는 이미 남편을 도와 참전하기로 마음먹은 상태였다. 프랑스 대사는 그녀가 자신은 물론 왕국을 말아먹을 작정이라고 가차 없이 지적했다.

1557년 2월 2일에 펠리페는 루이 고메즈를 런던에 보내서 자신이 잉글랜드로 돌아가는 것은 온전히 참전약속을 해주는가 아닌가에 달려 있다고 알리도록 했다. 최후통첩을 받은 메리는 최선을 다해 추밀원을 설득해서 그네들의 동의를 이끌어내겠다고 약조했다. 펠리페가 원하는 대로 해주겠다고 맹세하면서 믿음의 증표로 10만 파운드의 군자금을 보내 주었다. 2월 21일에는 남편에게 마지막으로 편지를 보내서 잉글랜드로 돌아오는 것을 조금도 두려워 말라고 간청했다.

마침내 그녀가 18개월 동안이나 손꼽아 기다리던 소식이 날아들었다.

펠리페가 3월 8일에 브뤼셀을 떠났다는 것이다. 지금 남편이 그녀 곁으로 오고 있다는 것이다.

9장 구세주의 품으로

1557년 3월 18일에 펠리페는 선박을 이용해서 칼레를 떠나 도버로 건너와서는 그레이브센드로 곧장 가서 왕실선박을 타고 그리니치로 떠났다. 3월 20일 오후 5시에 서른두 문의 대포가 하늘로 축포를 펑펑 쏘아 올리는 가운데 조정 중신들 앞에서 아내로부터 열렬한 환영을 받았다. 모두가 "왕과 여왕폐하 만세!"를 목이 터져라 우렁차게 외쳐댔다. 수행단 규모가 작은 것으로 보아 그가 아내 곁에서 지내기 위해 건너온 것만은 아니며 곧 떠날 것이라는 사실이 분명해졌다. 그의 방문에는 2가지 전략적인 배경이 깔려 있었다. 하나는 잉글랜드를 포섭해서 프랑스와 전쟁을 치르게 하는 것이며, 다른 하나는 엘리자베스를 사보이아 공작과 혼인시키는 것이었다.

잉글랜드인들이, 특히 추밀원 위원들이 밉상인 에스파냐인들을 위해 전쟁을 치르는 것에 반대하든, 메리가 사보이아와의 결혼을 반대하든 개의치 않았다.

다음 날 여왕의 명에 따라 왕의 귀환을 기념해서 런던 시내 모든 교회에서는 환영의 종소리와 테데움 찬가가 크게 울려 퍼졌다. 그날 느지막이 에스파냐인들을 가득 실은 세 척의 선박이 도착하자 시민들은 두려움으로 경악했다. 한편 메리는 리치몬드에서 남편을 위해 성대한 잔치를 열었는데, 엘리자베스는 초대를 받아 꽃으로 장식한 배를 타고 그곳에 도착했다.

3월 23일에 왕실부부는 엘리자베스와 더불어 말을 타고 화이트홀로 갔다. 공주의 출현에 시민들은 펠리페나 메리 누구도 가볍게 무시할 수 없는 뜨거운 반응을 보였다. 펠리페는 사람들이 엘리자베스 공주가 전쟁 참여에 찬성한다고 믿게끔 만들고 싶었으나 이는 그만의 착각이었다.

하루나 이틀 뒤에 펠리페의 이복누이인 파르마 공작부인 마거릿과 그의 사촌인 로레인 공작부인 덴마크의 크리스티나가 잉글랜드를 국빈 자격으로 방문했다. 그들은 화이트홀 계단에서 왕의 영접을 받고는 곧장 여왕이 머무는 알현실로 갔다. 미모의 활기 넘치는 로레인 공작부인은 과거 1539년 열여섯 나이에 헨리 8세의 청혼을 받았었는데, 자신에게 머리가 2개 달렸다면 하나는 헨리 왕의 것이라 주장하며 거절했다(당시 헨리 8세의 아내들은 이단죄, 간통죄 등으로 단두대에서 죽어나가서 모두 그의 아내가 되기를 꺼려했음.-옮긴이).

파리 주재 베네치아 대사는 이 여성들이 엘리자베스를 데려다 사보이아 공작과 혼인시킬 목적으로 잉글랜드로 건너간 거라는 소리를 들었다. 프랑스 대사는 앙리 2세가 이 결혼을 결사반대한다는 사실을 알고, 노샘프턴 백작부인을 해트필드로 은밀히 보내 엘리자베스에게 위급상황을 알리도록 했다. 시쳇말로 '똥구멍이 찢어질 정도로' 가난한 사내를 절대 남편감으로 맞이하지 말라고 조언토록 했다.

"그와 결혼하느니 차라리 죽겠어요." 공주는 백작부인에게 말했다. 그녀는 이 말을 즉시 프랑스 대사에게 보고했다. 여왕은 예상과 달리 그들이 원하는 대로 움직였다. 여동생을 궁으로 초대하지도 않고, 또 합스부르크가 여인네들이 해트필드를 방문하는 것도 허락지 않았다.

사실 메리는 로레인 공작부인이 궁에 머무는 게 별로 탐탁지가 않았다.

기대했던 남편과의 '제 2의 신혼'도 그녀의 바람대로 이루어지지 않았다. 그는 아내를 지극히 정중히 대하고는 있지만 오로지 나랏일과 미모의 공작부인에게만 빠져 살았다. 두 사람이 은밀히 내통했다는 소문이 펠리페가 돌아오기 이전부터 떠돌고 있었지만 메리는 이를 모른 척했었다. 그러면서 공작부인의 처소를 왕실 궁방과 가능한 한 멀리 떨어진 궁 1층에 배정했다. 펠리페가 없는 사이에 메리가 가장 두려워한 것은 바로 남편이 다른 여자에게 한눈을 파는 것이었다. 그녀는 남편이 바람을 피운 사실을 알면서도 이 한때 지나가는 바람을 그리 걱정하지는 않았다. 가장 끔찍한 것은 바람이 아닌 사랑에 빠지는 것이었으니까. 그렇게 되면 진짜 비참하리라.

남편의 정절을 의심할 만한 충분한 이유가 있었기에 그녀는 그가 무도회에서 공작부인과 춤추는 모습과 부활절 휴일을 둘이 재미나게 보내는 모습을 질투하며 치욕스럽게 견뎌냈다. 실상 그것이 통상적으로 국빈을 대접하는 예의였기에 뭐라 대놓고 불평할 수는 없었다.

펠리페는 자신이 자리를 비운 사이에 폭삭 늙어버린 아내의 모습을 새삼스레 주목했다. 그해 봄에 잉글랜드를 떠난 미키엘리는 당시 여왕 모습을 이렇게 묘사했다. '나이 때문이 아닌 걱정과 근심으로 생긴 주름살 탓에 실제 나이보다 훨씬 들어 보였다. 그 때문에 드레진 성격이 더욱 도드라져 보였다. 사실 그 나이 대에 비추어 그리 보기 싫은 정도는 아니었다. 성격은 여느 여자들만큼이나 충동적이고 다혈질적이었다. 그러나 숫기 없고 수동적인 여자들과 달리 호방하고 늠름했다. 절대 겁쟁이가 아니었다. 무엇보다 뛰어난 고결함과 위엄을 지니고 있었다.'

미키엘리가 가장 우려한 점은 최근 그녀가 보이는 심각한 우울증 증세였다. '체질적으로 생리문제까지 겹쳐서 어려서부터 익숙해진 눈물이라는 명약도 효과가 없었다. 방혈치료로 몸 곳곳에서 피를 뽑아내서 늘 안색이 파리하고 창백했다.'

그녀는 몸과 마음은 서서히 허물어져갔다. 불면증에 시달렸으며 골치 아픈 생각에 자꾸만 매달려서 늘 두통을 안고 살았다. 무엇보다 허사로 끝난 출산이 그녀에게는 최고로 큰 재앙이었다. 불임은 여자로서, 또 여왕으로서 크나큰 슬픔이자 치욕이었고 신이 더 이상 호의를 베풀지 않는다는 명확한 증거였다. 이젠 누구도 그녀가 후사를 가질 거라 기대하지 않았다.

그로 인해 날이 갈수록 그녀의 위신과 존경은 뚝뚝 떨어지고 있었다.

메리가 후사를 보지 못한다는 것은 누구를 후계자로 삼을지 고민해야 한다는 의미였다. 왕국의 안위를 위해 반드시 이 문제가 해결되어야 하지만 여왕은 엘리자베스를 차기 후계자로 도저히 인정할 수가 없었다. 동생에 대한 미움의 앙금이 여전히 깔려 있다는 얘기였다. 애써 이를 감추어보려 하지만 여러 부분에서 어쩔 수 없이 냉소와 악의가 드러나는 것까지 막을 수는 없었다. 그녀보다 나은 자격을 갖춘 적법하고 정당하며 합법적인 후계자가 아니라 매춘부이자 죄인의 사생아를 왕위에 올리다니, 생각만으로도 진저리 쳐질 만큼 끔찍했다.

설상가상으로 엘리자베스는 펠리페의 보호와 백성들의 사랑을 등에 업고서 현재 자신의 열등한 지위를 별반 개의치 않아 했다. 늘 당당하고 오만했으며 죄인의 딸임을 알고도 스스로를 여왕보다 열등한 존재가 아닌 동등한 존재로 보았다. 왕이었던 선친을 자랑스럽게 여기며 그분을 찬미했다.

무엇보다 모두들 여왕보다 그녀가 선친을 더 닮았다고 수군거렸다. 메리에게 이것은 도저히 참을 수 없는 모욕이었다. 엘리자베스가 앤 불린의 애인인 마크 스미턴의 딸이라 스스로 믿어 왔고, 또 남들이 그렇게 믿도록 오랫동안 노력해 왔기에 그러했다.

하지만 엘리자베스가 여왕이 되는 것보다 더 두려운 것은 남편에게서 자꾸만 멀어지고 있다는 불길함이었다. 그녀가 남편에게 느끼는 감정은 단

하루도 열정 없이 지나치지 않는 그런 뜨거운 사랑이었다. 천성적으로 섬약한 여자에게 그러하듯 누군가를 진심으로 사랑하는 여자에게 이별이란 더없이 넌더리 나고 구슬픈 비극이었다.

펠리페는 잉글랜드로 돌아온 지 채 한 주도 안 되어서 추밀원이 프랑스와 전쟁을 벌이는 것에 동의하도록 압력을 가하라고 메리에게 요구하기 시작했다. 그녀가 소원대로 들어주겠노라고 약조했다면서 약속을 깨면 잉글랜드를 떠나서 다시는 돌아오지 않겠다고 협박했다. 압박에 못 이긴 여왕은 결국 4월 1일에 추밀원을 소집해서 펠리페의 면전에서 참전에 대해 논의했다. 위원들은 진지하게 경청하면서 잠시 이 문제를 숙고할 시간을 달라고 했다. 그로부터 이틀 뒤에 추밀원은 여왕에게 잉글랜드는 남의 나라 전쟁에 개입할 수도 없고, 또 해서도 안 된다고 대답했다. 추기경은 당시 캔터베리에 머물고 있던 터라 논의에 참여하지 못해서 추밀원 내부의 평화주의자들을 억제하지 못했다.

교황과의 갈등은 적어도 한 가지 점에서는 펠리페에게 유리하게 작용했다. 4월 10일에 교황은 폴 추기경을 포함해서 펠리페가 다스리는 왕국과 속령에 파견된 특사 전원을 소환했다. 더불어 폴을 특사자격에서 박탈시킨다는 훈령을 내리고 펠리페 2세에게 파문선고를 내려서 교계에서 영원히 추방시켰다. 교황이냐 황제냐, 잉글랜드는 부득이하게 어느 한 편에 서야만 했다.

4월 어느 시점에 메리는 펠리페의 요구에 굴복해서 결국 엘리자베스를 궁으로 불러들였다. 그는 어떻게 해서든 엘리자베스를 사보이아 공작과 맺어줄 작정으로 그녀에게 자신과 함께 브뤼셀로 같이 가자고 주장했다. 엘리자베스는 추밀원에서 절대 이를 허락지 않을 것임을 알고 완강하고도 단호히 거부했다. 이번에는 살살 달래서 결혼에 동의하기만 하면 후계자 승계권을 인정해주겠다고 제안했지만 이 역시 그녀의 마음을 움직이지는 못했다. 사보이아가 제 나라를 떠나 그녀와 더불어 잉글랜드에서 기꺼이 살거라고 확신해주어도 말짱 도루묵이었다.

메리도 공주 못지않게 결혼에 반대하면서 뭐라고 어르고 달래도 넘어가지 않으려 했다. 결국 화가 난 펠리페는 그녀가 남편에 대한 복종 의무를 어겼다고 힐난했다. 어느 시점에서 메리는 백기를 들었지만 곧 이틀 뒤에 마음을 바꾸어서 자신과 백성들의 뜻을 어기고 엘리자베스를 결혼시킬 수는 없다고 허약하게 주장했다. 펠리페는 이 말을 무시한 채 공주가 명받은 대로 따르도록 다그치라고 아내를 몰아세웠다. 메리는 내키지는 않지만 한번 시도는 해보았는데, 여전히 공주의 고집을 꺾을 수는 없었다.

"나중에는 어떨지 모르나, 제 진실함과 충정을 걸고 맹세하는데 지금으로서는 여왕님께 드리는 대답이 제 마음입니다. 유럽 최고의 왕자를 추천받는다 해도 제 대답은 '노' 입니다." 메리는 남편이 무어라 반응할지 두렵기도 하면서, 또 한편으로는 안도감으로 가슴을 쓸어내렸다. 그달 말에 그녀는 해트필드를 방문해서 곰 놀리기와 세인트 폴 학교 학생들이 공연한 라틴어 연극, 그리고 재주 많은 동생이 연주하는 버지널 연주를 감상했다.

이 자리에서 사보이아와의 결혼은 한마디도 언급하지 않았다.

메리는 궁으로 돌아온 뒤에 남편과 함께 가터 기사단 총회에 참석하고 뒤이어 햄튼 궁을 방문해서 며칠 동안 여유롭게 사냥을 즐겼다. 애석하게도 중신 하나가 말에서 떨어져 머리를 정원 담벼락에 부딪히는 바람에 이 유유자적하던 며칠의 시간은 비극으로 끝나고 말았다. 사고가 있은 뒤 그들은 서둘러 런던으로 돌아왔다. 5월 초순에 합스부르크 공작부인들을 위한 송별 무도회가 열렸는데, 잉글랜드에서의 지독히도 지루한 생활에 싫증

난 이들은 기쁜 마음으로 플랑드르로 돌아갔다. 하지만 프랑스 주재 베네치아 대사는 연적이 오래 곁에 머무는 것이 못마땅한 여왕이 그들에게 떠나도록 명했다고 보고했다.

한편 펠리페는 미적지근한 아내의 태도가 영 마음에 차지 않았다. 곧바로 그는 추밀원 위원들을 돌아가며 한 명씩 만나 왜 잉글랜드가 참전해야 하는지 그 필요성을 납득시키라고 아내에게 다그쳤다. 궁지에 몰린 그녀는 위원들을 만나 남편 뜻에 따르지 않으면 죽거나 재산을 몰수당할 거라고 경고했다. 5월 말에 절망스럽게도 메리는 교황이 펠리페를 파문했으며 폴의 특사자격을 박탈시킨 사실을 알게 되었다. 이제 그녀는 남편에게 복종하든가, 신의 대리자인 교황에게 복종하든가 어느 한쪽에 서야만 했다. 가슴이 찢어질 만큼 비통한 결정이었지만 결국 펠리페의 머리에 승리의 월계관이 씌워졌다. 잉글랜드는 더 이상 중립지대로 남아 있을 수가 없었다.

그녀는 위원들 앞에서 열변을 토해가며 이 사실을 납득시키고자 했다. 동시에 남편과 함께 교황에게 서한을 보내 폴 추기경에게 가해진 엄격한 처분에 강력히 항의했다. 추기경이 반종교개혁을 위해 부지런히 뛴 공로를 상기시키면서 그가 없으면 잉글랜드 가톨릭이 어이없이 무너지고 말 거라고 경고했다. 추밀원 역시 비슷한 논조의 편지를 보냈다. 반면 폴이 보낸 편지는 복직을 청하는 청원문보다는 마치 교황의 임무가 무엇인지 가르치는 설교문과도 같았다.

한동안 모두는 바오로 교황이 결국 압력에 굴복해서 폴을 특사 자리에 다시 올려놓을 거라고 기대했다. 하지만 그녀들이 모르는 사실이 있었다. 5월 31일에 폴 추기경의 가까운 동료인 지오반니 모로네 추기경은 이단 혐의로 체포되어 심문을 받았다. 당시 교황은 베네치아 대사에게 폴 역시 유죄임을 확신한다고 말했다. 추기경을 소환할 만한 합당한 이유가 없는 상황에서 이단죄는 그럴듯한 핑곗거리가 되었다.

여왕은 위원들을 상대로 펠리페를 지지하라고 여전히 을러대고 있었다.

펠리페가 잉글랜드에 경제적 부담을 지우지 않고 제 주머니에서 전쟁자금을 해결할 거라고 했다. 이 와중에 참전에 불씨를 지피는 사건이 하나 발생했다. 바로 플랜태저넷 왕가의 피가 흐르는 토머스 스태퍼드가 프랑스를 등에 업고 요크셔를 침공한 것이다. 쉽게 진압된 사건이었지만 왕국은 기분이 상할 대로 상해서 결국 6월 7일에 프랑스에 정식으로 전쟁을 선포했다. 그날 노로이 헤럴드는 프랑스 왕실에 파견되어 앙리 2세에게 도전장을 내밀었다.

펠리페로서는 기뻐 덩실덩실 춤을 출 일이었다. 더들리 형제들, 피터 커루, 제임스 크로프츠 같은 사면 받은 죄인들처럼 전쟁터에 나가 무공을 세워 출세하고픈 젊은 귀족들의 열렬한 지지 속에 드디어 공격태세가 갖추어졌다. '펠리페와 메리', '메리 로즈'라 명명된 신형 전함 두 척이 펠리페의 명에 따라 언제든 출격할 수 있도록 대기 중이었다. '메리 로즈'는 1545년에 사우샘프턴에서 침몰한 헨리 8세의 전함의 이름을 따서 지은 것이다. 펠리페는 전쟁비용을 충당하기 위해 고메즈에게 선단을 이끌고 본국으로 가서 금화 4만 8천 파운드를 실어오도록 명했다. 메리는 남편을 영원히 잃은 기분이었다. 고메즈가 돌아왔을 때 그는 이미 전쟁터로 떠나버렸기 때문이다.

6월에 교황은 메리의 청을 무시한 채 폴을 소환하는 훈령을 교황 대사 손에 들려 잉글랜드로 보내고는 대신 윌리엄 피토 사제를 특사로 임명했다. 메리는 피토를 너무나 잘 알았다. 그는 모친의 고해신부이자 어려서 자신의 고해신부로 일한 사람이었다. 한때 헨리 8세의 혼인무효 소송에 반대하는 연설을 했다가 추방형을 선고받기도 했다. 메리가 즉위한 뒤 본국에 돌아와서는 그리니치의 엄수파(회칙을 엄수하는 형제들) 수도원에 은거해서 조용히 지내고 있었다. 불행히도 그는 특사로서는 부적격자였다. 선량한 인간이자 신자로서 자신의 결점을 누구보다 잘 알고 있긴 하나 팔순의 고령이라서 특사로 일하기에는 무리였다. 더구나 노인성 치매를 앓고 있었다.

메리는 피토 사제를 임명했다는 소식에 화가 나서 교황 대사가 잉글랜드에 입국하는 것을 허락지 않았다. 그녀 눈에는 교황이 그리스도의 지상의 대리자라는 역할에 어울리지 않게 증오와 질시에 휩싸여 엇나간 행동을 하는 것처럼 보였다. 여왕은 폴이 교황청에 불려 가는 것 또한 허락지 않았다. 교황 대사로부터 소환 교서를 받지 않았으니 교황청에 불복한다고 욕을 먹지는 않을 것이다.

그 시각 교황청에서 교황은 종교재판소에 지시해서 폴 추기경의 반역죄목에 대해 재판을 진행하도록 명했다. 추기경이 그동안 가톨릭교회 내부의 개혁을 주장한 것이 사실이긴 하나, 그의 주장이 한 번도 법에 저촉되거나 그럴 명분을 준 적이 없기에 이것은 참으로 앞뒤가 어긋난 처사였다. 교황 눈에 폴은 펠리페 밑에서 일하는 밀정이기에 철저히 파괴시켜야 할 죄인이었다. 교황청 주재 잉글랜드 대사인 에드워드 칸은 7월 초에 폴에게 교황청에 출두하면 곧 체포당할 거라고 경고했다. 결국 추기경은 오르마네토 박사를 대리자로 파견해서 교황청 재판에서 자신을 대신해서 변론을 펴도록 했다. 교황이 피토를 추기경에 임명했다는 소식이 날아들었으나, 특사 일을 수행하기에 부족한 피토는 이 제안을 거절하고 자신이 받은 붉은색 추기경 모자를 도로 돌려주었다.

6월 20일에 에스파냐에서 돌아오는 함선들이 해협에 그 위용을 드러내면서 펠리페는 출정 준비에 막바지 박차를 가했다. 7월 3일에 왕실부부는 화이트홀을 떠나 시팅번과 캔터베리에서 하룻밤씩 묵은 뒤에 드디어 5일에 도버에 도착했다. 매일 밤 부부는 한 침대를 썼다. 여왕은 이때까지도 아이를 잉태한다는 희망을 결코 버리지 않았다.

왕은 떠나기 전에 고해신부이자 여왕에게 매우 신실한 프란시스코 베르나르다 데 프레스네다에게 지시해서, 엘리자베스가 지체 없이 사보이아 공작과 혼인하는 게 더없이 중요하다고 메리를 설득하도록 했다. 엘리자베스가 제 마음대로 고른 남자와 결혼하면 어떤 사단이 벌어질지 경고하라고 했다. 그 남자는 필경 왕국을 혼란에 몰아넣을 것이니 필요하다면 왕이 없는 가운데 서둘러 식을 올릴 수도 있다고 했다. 프레스네다는 무엇보다 엘리자베스를 후계자로 임명하는 것이 모두가 바라는 바라고 설득하고자 했다.

7월 6일 새벽 3시에 메리는 도버 항 부두에서 서글픈 작별인사를 남편에게 건넨 뒤에 그의 배가 저 멀리 아득히 사라지는 모습을 한동안 지켜보았다. 문득 그녀의 머릿속에 다시는 남편을 만나지 못할 거라는 불길한 생각이 스쳐지나갔다.

왕은 그날 정오에 칼레에 도착했다가 9일에 브뤼셀에 당도했다. 이틀 뒤에는 에스파냐 시종단을 한자리에 불러 모았다. 이번에는 애써 짧은 기간 동안만 자리를 비우겠다고 에둘러 말하지 않았다.

프레스네다는 사력을 다해 여왕에게 남편의 바람대로 따르라고 구슬렸지만 한동안 그녀는 동생에게 승계권을 넘겨주는 것에 극렬 반대했다. 그녀는 자기 친동생도 아니고 선친의 친딸도 아니라고 완강히 주장했다. 그녀가 어머니인 왕비와 자신을 학대한 증오스런 여자에게서 태어난 몸이기에 감히 역성드는 것은 용납지 않겠노라고 소리쳤다.

이 문제에서만큼은 남편 뜻을 따를 수 없다는 사실에 괴로워진 메리는 그에게 편지를 보내서 해명했다. '다시 생각해보라'는 말을 들었지만, 허심탄회하고 진지한 마음으로 그의 얘기를 경청했지만 결국은 제 확신이 옳다는 것을 확인하게 되었어요. 엘리자베스가 이 세상을 살아온 기간인 24년 동안 지켜 온 그 확신을요."

프레스네다는 이에 굴하지 않았다. 뛰어난 웅변가인 그는 논쟁에서 종종 그녀보다 우세했지만 그럼에도 불구하고 그녀의 마음을 돌려세우지는 못했다. 아내가 똥고집을 부린다는 사실을 알고 펠리페가 불쾌감을 표시하는데도 한번 먹은 마음은 끄덕도 하지 않았다. 그의 관심을 이내 잉글랜드 문제에서 프랑스와의 전쟁으로 돌리게 된 것은 그녀로서는 참으로 다행이었다.

7월 말에 메리는 폴의 재판소식을 전해 듣고는 다시금 추기경을 그처럼 홀대하는 처사에 분노한다는 뜻을 교황에게 전했다. 폴은 이런 대접을 받을 하등의 이유가 없다면서 잉글랜드 교회에 그가 세운 공적을 열거했다.

그런 분이기에 소환받을 이유가 없다고 했다.

한편으로는 투지로 불타올라서 펨브로크가 지휘하는 7천 명의 병사를 펠리페에게 보내서 생 캉탱을 포위 공격하도록 지원했다. 로버트 더들리는 자비로 고용한 병사들을 이끌고 전쟁터로 뛰쳐나갔다. 포위공격 과정에서 형제인 헨리가 전사하기는 했지만 그의 용맹함과 출중한 군사적 능력은 본국에 신속하게 전해졌다. 7월 10일에 프랑스 왕은 총사령관인 안느 드 몽모랑시의 지휘 아래 대군을 파견해서 함락 위기에 빠진 도시를 구하고자 했지만, 잉글랜드-에스파냐 연합군에게 처참하게 패배했다. 8월 27일에 펠리페의 병사들은 도시로 물밀 듯 진격해 들어가 생 캉탱을 완벽하게 수중에 넣었다. 왕은 메리가 보낸 펨브로크 부대의 용맹성을 높이 치하했다. 메리는 남편이 기적적으로 일구어낸 값진 승리에 대해 신께 감사하면서 이로 인해 백성들 사이에서 그의 인기가 높아지길 간절히 빌었다. 하지만 다른 도시와 요새들을 함락했다는 소식이 해협을 건너 속속 전해졌음에도 불구하고 그녀의 소망이 이루어질 기미는 좀체 보이지 않았다.

교황은 생 캉탱이 함락되었다는 소식을 전해 듣고 펠리페에게 또다시 파문선고를 내렸다. 성난 왕은 알바에게 명해서 당장 교황청으로 진격해 들어가서 교황으로부터 평화협정을 이끌어내라고 했다. 펠리페의 지시에 따라 공작은 교황의 발치에 무릎을 꿇고 앉아서 그의 땅을 침범한 죄를 용서해달라고 간구했는데, 누가 칼자루를 쥐었는지는 분명했다. 결국 교황은 억지로라도 펠리페의 요구를 들어줄 수 밖에 없었다. 9월 12일에 불안정한 평화협정이 맺어진 가운데 런던에서는 이를 기념해서 찬미가가 울려 퍼졌다. 10월에 잉글랜드 군은 본국으로 귀환했고 펠리페의 군대는 다음 전투를 대비해서 겨울 야영지를 물색하고 있었다.

교황은 마지못해 캔터베리 주교에게 특사 자격을 돌려주는 데는 동의했지만 폴의 이단죄를 없애주는 것은 거부했다. 메리 여왕이 고뇌에 찬 편지를 여러 통 보냈지만 부질없었다. 9월에 교황과의 접견이 겨우 수락되어 오르마네토 박사가 그 앞에서 열띤 해명을 해보았지만 벽에 대고 소리치는 격이었다. 1557년 말경 교황은 폴이 은밀한 루터파 신자라고, 모로네(개혁 성향의 추기경으로 이단 혐의로 종교재판소에 기소당해 2년 동안 박해를 받음.—옮긴이)와 그 추종자들을 등에 업고서 교황청에 반하는 역모를 꾀했다고 확신했다. 하지만 개인적 사유들로 인해 폴의 죄를 문초하지는 않았다. 메리가 추기경이 교황청에 불려가 심문받는 것을 절대 허락지 않으리라는 것을 알았기 때문 아닐까? 어찌 되었든, 남은 평생 이단 심판이라는 두려운 위협은 폴 추기경의 머리 위에 늘 어두운 그림자처럼 걸려 있었다.

펠리페가 떠나고 나서 6개월이 지난 뒤에 여왕은 그에게 아이를 임신했다고 알렸다. 편지에서 그녀는 임신을 확인받은 다음에 공식적으로 발표할 거라고 했다. 지난번과 같은 실수를 반복하지 않기 위해서였다. 메리는 임신의 확실한 징후들을 보였으며 출산 예정일은 이듬해 3월이라고 주장했다.

사람들은 그녀의 말을 믿지 않았다. 일부는 남편을 제 곁으로 돌아오게 만들려는 책략이라고 애써 폄훼했다. 또, 일부는 본인이 임신했다고 스스로를 속이고 있는 거라고 비아냥댔다. 왕은 이 소식을 듣고 만족감을 표했지만 잉글랜드인 대부분이 그러했듯이 속으로는 회의를 품었다. 이번에 여왕은 6개월에 접어들었다고 주장했음에도 불구하고 전혀 임신한 사람의 몸이 아니었다. 그럼에도 불구하고 그녀는 자신이 임신했다고 굳게 믿었다.

속임수를 써서 두 번씩이나 사람들에게 비웃음을 살 모험을 감행할 것 같지는 않았다. 그녀가 확실한 증거로 댄 것은 생리가 끊겼고 아랫배가 약간 불룩한 것이었다. 하지만 그녀의 생리주기는 악명 높을 정도로 불규칙적이었다. 아니면 이미 폐경기에 접어들었을 가능성도 크다. 또, 배를 납작하게 만드는 스토마커(가슴과 아랫배에 걸쳐 역삼각형으로 붙인, 몸을 조이는 가슴받이 장식—옮긴이)가 달린 궁중 예복 아래서는 배가 나왔는지 아닌지 확인할 길이 없었다. 이번에도 상상임신일까?

겨울이 찾아오면 으레 전투는 소강상태에 접어들게 마련이었다. 그러나 1558년의 겨울은 달랐다. 1월 7일에 프랑스 군이 칼레를 기습 공격해서 도시를 탈환했다는 소식을 듣고 잉글랜드인들은 놀라 충격에 휩싸였다. 이것은 잉글랜드에 그 어느 것보다 무거운 소식이었다. 칼레는 프랑스 영토에 속해 있지만 플랜태저넷 왕가의 마지막 남은 요새로서 2백 년 넘게 잉글랜드의 소유였다. 그 땅을 잃게 되었으니, 잉글랜드에게는 이보다 더한 망신살이 없으며 여왕에게는 이보다 더 절망스런 고통이 없었다. 남은 평생 칼레를 빼앗긴 것을 최악의 실수로 여기며 후회하며 살아가야 하리라. 비난의 화살을 맞을 사람은 바로 그녀였다. 백성들은 그녀가 잉글랜드의 참전을 처음부터 동의하지 않았더라면 이런 불행이 일어나지 않았을 거라며 구시렁거렸다. 설상가상으로 잉글랜드가 칼레를 탈환할 만한 인적, 물적 자원이 없다는 수치스런 사실이 만천하에 고스란히 드러났다. 잉글랜드의 치부가 온 유럽에 적나라하게 드러나면서 백성들의 사기는 땅으로 곤두박질쳤다.

칼레를 잃은 것도 재앙이건만 그해 겨울 왕국에는 더 큰 악재가 닥쳤다. 오랜만에 풍작을 거두어 간신히 굶주림을 면하기는 했으나 왕국은 구제불능의 절망적인 상태였다. 에드워드 6세 때 국무장관을 지낸 토머스 스미스는 1560년 당시를 다음과 같이 회상했다.

국력과 재정, 인력, 재화에서 이처럼 왕국이 쇠약해진 것은 처음이다. 내 나라와 내 백성들을 그지없이 사랑하기에 이 같은 사실이 부끄럽기만 하다. 벌금형, 참수형, 교수형, 사지찢기형, 화형, 과세, 구걸, 국제 공신력 추락만이 난무한다. 2미터짜리 십자가로 모든 것을 해결하려는 몇몇 사제들이 왕국을 쥐락펴락하고 있다.

1558년에, 에드워드 6세 치세 당시에 추밀원 위원으로 일한 아마질 와드는 이렇게 평했다.

여왕은 빈털터리이고 왕국은 파탄지경이며 귀족들은 가난하고 부패했다. 백성들은 무질서 그 자체다. 정의는 실종되었다. 물건은 귀하다. 서로 패가 갈리어 아웅다웅하고 프랑스와 스코틀랜드와는 전쟁 중이다. 프랑스 왕이 왕국을 쥐고 흔든다. 모두 적대감만 품을 뿐 지속적인 우정을 보이는 나라 밖 친구는 없다.

불온 유인물에서 여왕은 '백성들의 파괴자이자 이방인들의 연인. 백성들과 이방인들을 자식으로 둔 해괴한 양어머니'라는 비난을 받았다. 나아가 신과 왕국을 배반한 반역자이자 우상 숭배의 선동자, 성인들의 박해자라고 지탄받았다.

엎친 데 덮친 격으로 가을에 발병한 유행성 독감이 오랫동안 기승을 부려 엄청난 수의 인명이 죽어나가면서, 신교도들에게 이것이 '여왕을 벌주기 위해 신이 보낸 역병'이라 주장할 빌미를 제공해주었다.

잉글랜드에는 펠리페가 칼레를 구하기 위해 노력하지 않았다는 풍문이 돌았으나 사실 그는 한정된 시간 동안 재앙을 막기 위해 최선을 다했다. 폴은 그에게 여왕이 아픈 와중에 큰 충격을 받으셨으며 임신을 확신하고 계시다고 전했다. 펠리페는 위안이 되는 소식을 알려주어서 고맙다는 인사를 표했다. "아내의 임신소식은 상상 이상의 기쁨을 안겨주는구려. 그것은 내가 가장 바라는 바이기도 하고 종교나 왕국의 안녕을 위해서도 중요한 일이오. 이런 은사를 베풀어주신 신께 감사를 돌리는 바요. 물론 이 소식을 전해준 경에게도 고마움을 전하겠소. 칼레를 잃은 비통함을 누그러뜨릴 만한 반가운 소식이구려."

그는 페리아 백작을 잉글랜드로 보내 축하인사를 전하라 명했는데, 사실은 임신이 사실인지 확인하고 더 많은 병력을 보내주길 요청하는 게 그가 맡은 임무였다.

메리를 만난 뒤 백작은 곧바로 보고를 올렸다. '여왕께서는 오로지 폐하가 돌아오시기만을 기다리십니다. 그것이 사실이 아님에도 불구하고 아이를 잉태했다고 믿으시는 것으로 사료되옵니다.' 아랫배가 부풀어 오른 것은 맞지만 그것은 임신이라기보다 과중한 업무로 인해 병에 걸린 모습에 가까웠다. 이즈음 왕궁은 당파 싸움으로 날을 지새웠다. 상황을 통제할 힘을 가진 이는 여왕뿐인데 지금 그녀는 그럴 만한 처지가 아니었다. "고관대작들이 여왕님을 반만 닮았어도 이 지경까지 오진 않았을 텐데!" 페리아가 한탄하며 말했다.

1558년 2월 말에 엘리자베스는 대규모 수행단을 거느리고 궁을 방문했다. 메리는 동생을 공손히 맞이했지만 페리아는 행여 여왕의 심기를 건드릴까봐 공주를 만나지 않기로 했다. 엘리자베스는 손수 만든 신생아용품을 선물했다. 이 선물은 지금 켄트의 헤버 성에 남아 있다.

엘리자베스가 도착한 지 얼마 안 되어 여왕은 분만실로 들어가 아기의 탄생을 기다렸다. 프랑스에서 로레인 추기경은 이 소식을 듣고 한껏 비아냥거렸다. "이번에는 그리 오래 기다릴 필요가 없겠군. 왕이 잉글랜드를 떠난 지 8개월 되었으니 말이야." 행복한 결과가 나오리라 낙관하는 이는 드물었다.

3월에 피토 사제가 사망했다. 교황은 그 자리를 공석으로 두었는데, 폴은 전처럼 그 임무를 수행하고 싶었지만 악화된 건강 때문에 고군분투하는 메리를 도와줄 수가 없었다. 추기경은 마치 죽은 사람 같았다고 페리아는 보고했다. 사실 여왕은 지금 숨이 턱까지 찼다. 타락한 정치가들은 서로를 앙칼지게 물어뜯었고 궁 안은 불만으로 들끓었다. 왕실보고가 텅텅 비어 여왕의 식탁에 올라오는 음식은 형편없었다. 상황이 이 지경인데도 누구하나 문제를 해결하겠다고 적극적으로 나서는 이가 없었다.

"정말 구제불능이군. 나라꼴이 엉망인데도 도무지 정신을 못 차리니." 페리아가 분개해서 소리쳤다.

그해 봄에 잉글랜드에는 그 어느 때보다 비방성 선전선동 물결이 넘쳐 났다. 여왕은 '통제 불능한 미친 여자', '해악한 메리'로 전락했고 아내를 대하는 펠리페의 태도를 두고 모욕적인 조롱을 가했다. 한 작가는 이렇게 되물었다. "대체 그런 늙은 마녀랑 뭘 하려는 거지?" 스코틀랜드 개혁가인 존 녹스는 여성 통치자들을 통렬히 공박했다. 《괴물 같은 여인들의 통치에 대한 최초의 나팔소리 First Blast of the Trumpet against the Monstrous Regiment of Women》란 책은 바로 메리 튜더와 스코틀랜드 섭정인 기즈의 마리를 겨냥한 것이다.

3월에 잉글랜드 국정에 관심을 갖고 있던 르나르는 펠리페에게 후계자 승계의 문제점을 요약 보고하면서 메리로 하여금 엘리자베스를 후계자로 인정하도록 촉구했다. 여왕이 후사를 볼 가능성을 언급하지 않은 것을 보면 왕이나 르나르 모두 그 일을 불가능한 것으로 본 듯하다. 메리가 의사를 명백히 밝히지 않은 채 죽을까 겁이 난 펠리페는 그녀에게 어서 유언장을 작성하라고 촉구했다. 그 결과 3월 30일에 유언장이 작성되었다.

'잉글랜드 여왕인 나 메리는, 진심으로 사랑하는 남편이자 주인인 그분과의 적법한 결혼에서 잉태한 아기를 복중에 갖고 있다. 감사하게도 현재는 건강하지만 산고를 겪는 여자들이 그러하듯 위험이 예견되므로, 내 마음의 짐을 덜고 왕국의 질서를 유지시키기 위해 유언을 발표하는 것이 바람직하다고 본다.'

그녀는 왕국을 '내 몸의 결실인 후계자들'에게 위임하면서 아이가 성년이 되기 전까지 남편이 섭정역할을 맡아줄 것을 명했다. 남편에게는 자신의 가장 귀한 보물인 백성들의 사랑과 함께 결혼 당시에 남편이 선물해 준 엄청난 양의 보석류를 남겨 주었다. 그는 폴 추기경의 도움 아래 유언집행자 역할을 맡았다. 유언장은 유품을 증여받을 런던의 가난한 학자들과 죄수들의 긴 목록으로 마무리되었다.

유언장에서 보듯 메리는 3월 말에도 여전히 자신이 임신했다고 믿고 있었다. 이는 10월 18일에 덧붙여진 유언 보족서에서도 확인되었는데, 거기서 그녀는 봄에 출산할 예정이라고 밝혔다. 애석하게도 4월 봄이 되어도 아기는 도무지 나올 생각을 하지 않았다.

그달에 신교도인 스웨덴 국왕 구스타프 바사는 잉글랜드에 사절을 파견해서 자신의 아들인 핀란드 공작 에리크를 엘리자베스의 남편감으로 추천하도록 했다. 의전절차를 무시한 채 사절은 여왕과 사전에 의논하지 않고 공주에게 직접 접근했다. 엘리자베스는 매몰차게 사절을 물리치고는 여왕에게 이러저러한 일이 있었다고 즉각 알렸다. 메리는 펠리페가 사보이아 공작과의 결혼을 특별히 부탁한 마당에 행여 자신이 독단적으로 스웨덴 측의 청혼을 부추겼다고 곱새길까봐 전전긍긍했다. 이를 기회로 공주에게 다시금 압력을 가하라고 다그칠 것 같아서 못내 당혹스러워했다. 사실 여왕은 구스타프의 제안에 솔깃해서 엘리자베스와 친한 토머스 포프를 보내 그녀의 의중을 떠보도록 했다. 4월 26일에 포프는 공주가 누구와도 결혼할 의사가 없다고 전했다. "백성들의 사랑을 듬뿍 받고 있는 지금 이 상태가 좋아요. 다르게 살고 싶은 욕심은 없어요." 엘리자베스의 답이었다.

포프가 여왕의 태도에 대해 논평했다. '여왕은 이를 단호한 의지라기보다 그저 처녀 특유의 수줍음이라 여긴다. 공주가 결혼생각이 없다는 것을 그녀만 모르고 있다. 그래서 몇 건 혼담을 주선하기도 했다.'

왕은 예상했듯이 혼담이 오고간 얘기를 듣고 메리에게 왜 사보이아 공작과의 결혼을 추진하지 않느냐고 다그쳤다. 이제는 주저하는 마음을 거둘 때라고 했다. 결국 그녀는 이 사안을 의회에 상정하기로 마음먹었다. 양원에서 이 결혼을 승인하지 않을 것을 뻔히 알기 때문이었다. 편지 속에 담긴 남편의 싸늘한 어투에 마음이 괴로워진 그녀는 지금은 괜한 논쟁으로 서로 마음 상해할 때가 아니라고 느끼고 답장을 보냈다. '부디 돌아오실 때까지 이 문제를 연기해주세요. 안 그러면 나한테 노여움을 품을 텐데 그건 제게 죽음보다 더 힘든 일이에요. 슬프게도 이미 당신의 노여움을 빈번하게 맛보았으니까요.'

왕은 그녀가 뭔가 꿍꿍이를 꾸미고 있다고 의심했다. 5월 1일에 페리아의 보고에 따르면 여왕은 여전히 스웨덴 측의 청혼에 관심을 보이고 있다고 했는데, 이는 펠리페가 가장 원치 않는 결합이었다. 엘리자베스는 계속된 결혼압력 때문에 마치 '생매장당한' 기분이 들었다.

5월 초순에 드디어 메리는 자신이 임신하지 않았다는 차가운 현실과 마주하게 되었다. 19일에 폴은 당시 삼일열로 고생하는 와중에 여왕이 최고로 실망스러운 결과에 '겸허히 무릎을 꿇었다'는 소식을 펠리페에게 알렸다. 펠리페는 실망한 아내에게 다정한 편지를 보내면서 마음은 굴뚝같지만 갈 수 없다는 현실을 사과하고 그녀가 보여준 담대한 용기에 감동받았다고 말했다. 폴에게도 편지를 보내서 그녀를 위로해준 노고를 치하했다.

당시 메리는 끔찍한 우울증에 걸려서 방에 틀어박혀 침대 밖으로 나오려들지 않았다. 폭스에 따르면 부종에도 시달렸다고 한다. 5월 초순에는 우울증 때문에 잠도 제대로 자지 못했다. 임신할 가능성이 완전히 사라져버렸으니, 충분히 그럴 만도 했다. 5월 18일에 페리아는 그녀가 겪는 흔한 병세들에 대해 가볍게 언급했지만 6월 초에는 '보통 이상으로 심각하다'고 진지하게 전했다. 그녀는 사방이 적이라는 상상에 시달려서 침대를 빠져나갈 만큼 상태가 좋을 때는 갑옷으로 무장하기까지 했다. 6월 말에 며칠 동안 아내소식을 접하지 못한 펠리페는 '절로 걱정이 든다'는 내용의 염려하는 편지를 보냈다.

메리의 삶이 이처럼 깊은 나락에 빠진 데는 그만한 이유가 있었다. 칼레를 빼앗긴 원통함을, 남편의 바람대로 이루어주지 못한 자책감을 떨쳐버리지 못했던 것이다. 그녀가 최고로 두려워하는 것은 남편을 잃는 것이었다.

그렇기에 서로 멀리 떨어져 지낸다는 사실이 한없이 서글프기만 했다. 5월에 그를 만나길 기대했지만 그는 페리아를 통해 국사 문제로 인해 자리를 비울 수가 없다고 알려왔다. '가고 싶은 마음이야 굴뚝같소. 갈 수만 있다면 여왕과 본인 모두에게 큰 기쁨이 되겠지. 여왕의 말동무가 되어주고 헌신적으로 보필해주어서 참으로 고맙소. 부탁하건대 계속해서 그녀의 외로움을 달래주시오. 그러할 때 경은 우리에게 최고의 기쁨을 선사하는 것이 될 게요.'

메리는 흡사 망부석처럼 희망을 버리지 않은 채 돌아오지 않는 남편을 하염없이 기다렸다. 해협 너머에서 그를 데려오기 위해 함선을 대기시켜 놓았으며, 궁으로 돌아올 때 편히 묵을 수 있도록 도버와 런던 사이에 위치한 대저택들을 미리 수배해 놓았다.

펠리페는 엘리자베스가 얼마 안 있어, 그것도 빠른 시간 내에 메리의 뒤를 이을 거라 확신하고서 페리아에게 자기 대신 공주를 방문해서 경의와 호의를 표하도록 지시했다. 엘리자베스와 친밀한 사람들, 다시 말해 그녀가 여왕이 되었을 때 실세로 등극할 자들을 미리 한편으로 끌어들이라는 명도 내렸다. 이런 펠리페가 차마 페리아에게도 밝히지 못한 사실이 있었다. 바로 엘리자베스를 사보이아 공작과 결혼시키지 못하면 심술궂은 노땅 교황에게서 관면을 받아 본인이 직접 공주와 결혼할 참이었다. 사실 브뤼셀에서는 펠리페가 자신의 처제와 결혼할 거라는 관측이 나돌고 있었다.

6월에 페리아는 해트필드를 방문해서 공주로부터 따뜻한 환대를 받았다. 공주는 그의 방문을 무척이나 반가워했다. 그녀는 펠리페의 친절과 호의에 감사를 표하고는 자신이 왕위에 오르면 기꺼이 그를 만족시켜줄 준비가 되어 있노라고 답했다. 여왕은 대사의 방문 소식과 이어진 몇 번의 추가 방문에 대해 듣고서 심히 불쾌했지만 남편과 불화를 빚을까봐 감히 드러내 불평하지는 못했다. 페리아조차 그리 마음이 편한 것은 아니었다. 신교도 여왕이 통치하는 잉글랜드의 미래가 그리 썩 달갑지 않았기 때문이다. 다른 이들처럼 그 역시도 공주가 진심으로 구교로 개종했다고 믿지 않았다.

이런 우려를 펠리페에게 표하자 그는 공주가 여왕이 되면 가톨릭을 수호하는 임무를 충실히 이행토록 다짐해두라고 메리에게 편지를 보냈다. 물론 메리는 동생을 후계자로 인정할 수가 없었다.

8월에 여왕은 몸이 아프고 나서 내내 머물렀던 리치몬드를 떠나 화이트홀로 갔다. 이곳에서 독감으로 보이는 간헐적인 열병을 앓았다. 유행성 독감은 써늘하고 습한 여름 내내 그녀를 끈질기게 괴롭혔다. 여기에다 극심한 우울증까지 겹쳤다.

런던과 그 외 지역에서는 오늘도 화형장의 불길이 꺼질 줄을 몰랐다. 6월에는 7명의 죄수가 스미스필드 화형장에서 불길에 타 죽었다. 8월에 여왕은 햄프셔 주장관에게 서한을 보내 활활 타오르는 불길 앞에서 돌연 개종을 선언한 이단자를 살려준 것에 대해 엄히 질책했다. 다른 주장관들 역시 추밀원으로부터 비슷한 추궁을 당했다. 보너 주교는 이단자에게 잔혹하기로 악명이 높았는데, 그조차도 처형에 반대하는 폭동이 두려워 여왕에게 화형식을 남들이 보지 않는 이른 새벽에 행하도록 주청했다. 메리는 이를 허락지 않았다. 지금까지 4년 동안에 무려 3백 여 명이 화형을 당했다. 다른 튜더 군주들 치세시기에 비하면 그야말로 입이 떡 벌어지는 엄청난 수치였다. 헨리 7세는 24년 동안에 10명을, 헨리 8세는 38년 동안에 81명을 불태웠다. 메리 다음으로 여왕에 오른 엘리자베스 1세는 45년 동안에 겨우 5명만 불태우게 된다. 백성들 마음에 이단박해는 곧 교황과 에스파냐인들과 연결되어서, 지난 수 세기 동안 이어온 로마 가톨릭에 대해 증오감을 갖도록 자극했고 메리의 인기를 추락시켰다. 메리는 왕위에 오른 것을 그처럼 열렬히 반겼던 백성들에게 미움과 두려움의 대상으로 변하고 말았다.

백성들은 안정된 치세, 경기 회복, 박해와 외세의 내정간섭 종식을 간절히 염원했다. 존 헤이워드가 쓴 《연대기 Annals》에 따르면 그네들은 '자신들의 여왕 엘리자베스'를 열렬히 열망했다.

아내의 건강소식에 지대한 관심을 쏟던 펠리페는 '중복 사일열'로 고생하던 추기경으로부터 여왕이 건강을 잘 보살피고 있다는 소식을 듣고 안도했다. 추기경은 왕에게 잉글랜드로 돌아오라고 주청했지만 그는 9월 초에 아내가 건강이 회복되어 햄튼 궁으로 옮겨 갔다는 소식을 듣고 그 자리에 엉덩이를 붙였다. 여왕은 햄튼 궁에 머문 지 그리 오래되지 않아 곧 열병이 재발해서 전보다 더 심하게 앓았다. 주치의들은 그리 크게 걱정할 일은 아니라고 모두를 안심시켰다. 여왕은 런던으로 돌아가 세인트 제임스 궁에서 지내겠다고 고집 피웠지만 그곳에 가자마자 건강이 악화되어 주치의들은 절망에 빠졌다. 그럼에도 불구하고 백성들을 안심시키는 대자보를 계속 배포하면서 이 병만 극복하면 만성적인 질병에서 완전히 해방될 거라고 덧없이 주장했다. 이 병이란 다름 아닌 평생 그녀를 끈질기게 괴롭혀 온 오래되고 분명치 않은 계절병이었다. 메리는 다시 한 번 최대한 주의해서 건강을 보살폈고 기력을 회복한 때도 몇 번 있었다. 하지만 무시무시한 열병이 다시금 덮쳐서 맹렬한 전신 경련에 시달렸다. 몸이 쇠약해져서 저항할 기운을 잃은 가운데 우울증의 어두운 그림자까지 드리워 회복의지를 단숨에 꺾어놓았다. 익명의 외교사절은 다음과 같이 보고했다. '그녀의 병은 치유될 수 없으며 조만간 명줄을 끊어놓을 것이다. 제 아무리 질병이 위험하다 하나 그보다 더 그녀를 괴롭혀 온 정신적 고통이 그리 만들 것이다.'

9월 21일에 대제국의 황제인 카를 5세가 산 유스테 수도원에서 서거했다. 이 소식이 아들에게 닿기까지는 6주가 걸렸으며 잉글랜드까지는 더 오랜 시간이 걸렸다. 메리는 제2의 아버지로 여겨온 분이 서거했다는 소식을 듣지 못했을는지도 모른다.

9월 말에 그녀의 상태가 악화되어 다시금 남편을 불러들이고자 했지만 그는 공사다망을 핑계로 이를 거부했다. 아픈 아내가 걱정되기는 했지만 그에게는 제 앞가림이 먼저였다.

통치자가 오늘내일하자 추밀원은 위중한 메리에게 어서 빨리 후계자를 지명하라고 압박을 가했다. 그녀는 끈질기게 이를 거부하다가 10월 18일에 드디어 유언 보족서를 첨가하는 것에 동의했다. 신께서 육신의 결실인 자손을 보내주지 않았으며 후사는 오로지 그분 뜻에 달려 있기 때문이었다. 현재 위중한 상태지만 아직은 기억력이 온전하고 또렷했기 때문이다. 아직 후계자를 지명하지 않은 상황에서 그녀는 다음과 같이 명했다. "내 최고로 존경하는 군주이자 남편이 내가 후사를 보지 못한 까닭으로 왕국에서 더 이상 통치자 역할은 못 하나 후임 군주의 아버지이자 오라버니이자 친구로서 그 역할을 다할 것이다."

10월 중순에 여왕의 목숨은 그야말로 경각에 달려 있었다. 런던에서는 그녀가 벌써 죽었다는 괴소문이 나돌고 있었다. 22일에 펠리페는 메리가 치명적으로 위중하다는 소식을 듣고 페리아에게 당장 잉글랜드로 돌아갈 채비를 갖추도록 명했다. 베네치아 대사는 다음 소문을 들었다. '펠리페가 엘리자베스와 혼인하려고 한다. 자신이 신뢰하는 사람에게 왕국을 맡기기 위해서다. 왕위를 차지하고자 여왕으로 하여금 엘리자베스와의 혼인에 동의하도록 만드는 게 백작이 맡은 임무다. 펠리페를 대신해서 아픈 여왕을 보살펴주는 것이 그의 몫이다.'

페리아는 한눈에 반해 사랑에 빠진 제인 도머에게서 이미 결혼약속을 받아놓은 터라 잉글랜드로 돌아가는 일이 그저 설레고 흥분되기만 했다.

제인은 최근 독감에 걸려 고생했는데 다정한 연인은 지대한 관심을 보이면서 왕실 주치의를 그녀에게 붙여주었다. 그 덕에 제인은 곧 자리를 훌훌 털고 일어났다. 그녀는 사랑하는 낭군님이 잉글랜드로 건너온다는 소식을 듣고 여왕에게 결혼을 축복해달라고 청했다. 메리는 제인을 잃는 것이 애석했지만 기꺼이 축하해주었다. "그래, 이젠 괜찮은 짝을 만나 행복하게 살아야지. 백작은 내가 아끼는 최고로 완벽한 신사니 안심이 되는군." 아끼는 두 사람이 부부의 연을 맺는다는 사실에 메리는 크게 기뻐했다. 물론 제인에게 왕이 돌아올 때까지 결혼을 잠시 미루어달라고 부탁하긴 했지만 말이다.

차기 후계자의 즉위가 임박했다는 조짐들이 보였지만 여왕이 아직 후계자를 지명하지 않은 터라 공주 측근들은 자칫 치열한 왕위 쟁탈전이 벌어질지도 모른다며 우려했다. 세실과 패리는 베릭에 있는 스코틀랜드 주둔군 대장인 토머스 마컴과 접촉해서 북부지역 귀족들을 회유하여 지지를 이끌어내도록 했다. 1만 명의 예비 병력을 확보해서 공주의 여왕직위를 사수하도록 지시했다. 이미 월트셔의 존 사인을 포함한 다수의 지지자들이 공주와 물밑접촉을 벌이고 있었다. 1558년 10월 28일에 하트퍼드셔 브로켓 홀의 익명의 지지자에게 공주가 보낸 현존하는 편지에는, 병력을 제공해주고 성심껏 도와준 것에 감사하는 내용이 담겨 있다. 편지는 때가 되어 권력을 잡게 되면 반드시 은공에 보답하겠다는 약조로 끝맺고 있다.

추밀원은 하루도 빠짐없이 여왕의 회복을 빌었지만 상태가 워낙 위중한지라 11월 5일에 결국 의회가 소집되었다. 메리는 얼마 전 자신을 죽음의 문턱에서 건져낸 노고에 감사하며 주치의인 시저 박사에게 1백 파운드를 하사했다. 4일에는 몸이 쇠약해서 오래 자리를 지키지는 못했으나 추밀원 위원들과 더불어 의회가 상정한 안건을 논의하기도 했다. 그럼에도 불구하고 죽음이 임박했다는 사실을 누구든 감지할 수 있었다. 6일에 위원들은 여왕으로부터 엘리자베스를 차기 후계자로 선정한다는 확언을 듣기 위해 그녀가 자리보전하고 누워 있는 침실로 몰려갔다. 한동안 입씨름을 벌인 끝에 녹초가 된 여왕은 결국 두 손을 들고 말았다. 그저 엘리자베스에게 구교를 유지시키고 자신이 진 빚을 갚아달라고만 당부했다.

이틀 뒤 두루마리 담당관(종교 행사나 법적인 행사에 두루마리가 사용되어 이를 관리할 직책이 별도로 있었음.─옮긴이)과 왕실 시종단 감사관인 존 박스올은 해트필드로 달려가 공주에게 반가운 소식을 전했다. 제인 도머도 그곳에 가서 엘리자베스가 구교를 지지하고 여왕 시종들을 살뜰히 보살피고 유언 내용을 충실히 이행하겠다는 맹세를 하도록 했다. 이 시각 메리는 의식 불명 상태에서 간간이 미몽에서 깨어나 가까스로 의식을 되찾곤 했다.

그때 잉글랜드의 정황에 유심히 귀 기울이던 펠리페에게 부친과 고모인 헝가리의 마리아의 사망을 알리는 비보가 날아들었다. 비탄에 잠긴 그는 곧 누이 후아나에게 편지를 보냈다.

제가 지금 어떤 상태인지 상상이 가실 겁니다. 모든 것을 한꺼번에 잃은 느낌입니다. 여왕은 다소 차도를 보인다고 하나 워낙 위중해서 걱정이 태산입니다.

그는 한동안 수도원에 들어가 추도기간을 보내는 것이 자식 된 도리라고 보았다. 부친의 장례식이 끝난 다음에 아내에게 돌아갈 생각이었다. 그는 잉글랜드로 막 떠나려는 페리아에게 주치의인 포르투갈 사람 로도비쿠스 노니우스를 딸려 보내서 아내를 성심껏 돌보도록 했다. 시아버지의 서거 소식을 듣고 혹 그 충격으로 죽음이 앞당겨질까 싶어서 메리에게는 당분간 쉬쉬하기로 했다.

11월 9일에 런던에 도착한 페리아는 여왕이 자신을 맞이할 수 없을 만치 위중한 것을 알고 빠듯한 시간을 쪼개 엘리자베스를 후계자에 임명하도록 설득하는 데 쓰기로 했다. 공주가 왕위에 오르도록 도와주기 위해 왔다고 추밀원에 알렸을 때 그는 자신이 '죽은' 교황의 교서를 들고 온 사람 취급을 받는 것에 크게 놀랐다. 곧 여왕이 이미 엘리자베스를 후계자로 임명했다는 사실을 알고는 그러한 반응에 고개가 끄덕여졌다. 그날 공주의 후계자 자격을 확인해주기 위해 모인 추밀원 회의에 그도 왕의 대리인 자격으로 참석했다.

페리아는 메리가 어차피 오래 살지 못할 것이기에 더 이상 세인트 제임스 궁에 머물 필요가 없다고 판단했다. 그는 곧장 말을 타고 공주가 기거하는 해트필드로 달려갔다. 공주는 벌써부터 시종단을 꾸리고 있었는데, 젊은이들, 이단자들, 반역자들이 자리를 선점하고 있었다. 가톨릭의 미래에

암운을 드리우는 불길한 징조였다.

제법 위엄 있는 분위기를 풍기고 있는 엘리자베스가 전과 달리 그리 반색하지는 않았으나 둘은 만찬 내내 소리 내어 웃으며 유쾌한 시간을 보냈다. 이후 두 사람은 개별적인 대화시간을 가졌다. 그녀는 펠리페가 자신을 위해 애써준 노고에 감사하면서 친구로 가까이 지내고 싶다는 뜻을 표했다. 프랑스 군이 칼레를 접수한 만큼 이제부터 프랑스는 영원한 맞수라고 힘주어 말했다. 펠리페가 그토록 듣고 싶어하던 말이었건만 왠지 겉치레말 같아서 마음 한편이 불안하고 꺼림칙했다. 더불어 그녀가 지나치게 독단적이며 여성에게 기대할 수 있는 겸양의 미덕이 부족한 사실을 감지했다. 메리를 설득해서 공주를 후계자로 인정토록 만든 장본인이 펠리페라고 밝히자 공주는 고개를 절레절레 저었다. "아니, 감사할 대상은 제가 너무도 사랑하는 잉글랜드 백성들이죠. 제가 이 자리에 온 것은 모두 신의 섭리입니다."

페리아가 결혼 의향을 묻자 그녀는 미소 띤 얼굴로 대답했다.

"사보이아 공작과 맺어주려는 거 잘 압니다. 허나 외국인과 결혼한 여왕을 보십시오. 결과가 어떻습니까? 백성들의 지지만 잃지 않았습니까. 난 같은 실수를 반복하지 않겠습니다. (웃음기를 머금고) 아, 아룬델을 택할까 싶어요. (다시 진지한 표정으로) 여왕이 살아 있을 때 내게 한 일을 생각하면 치가 떨립니다."

추밀원 위원 일부가 앞일을 걱정하며 두려움에 떠는 것도 결코 무리는 아니었다. 엘리자베스는 벌써 누가 자신을 보필해야 할지 확실히 정해놓고 있었다. 윌리엄 세실을 비서관에 임명했으며, 약삭빠른 중신들은 해트필드로 쪼르르 달려가 입에 발린 충성을 맹세하고 있었다. 지지자들로부터 엄청난 양의 편지가 쏟아져 들어오고 있었다. 그녀의 등극을 반대하는 사람은 아무도 없는 듯 보였다.

11월 14일에 백작은 펠리페에게 방문보고를 올리면서 공주가 허영심이 강하고 영악하며 선친의 치세술을 철저히 몸에 익힌 사람이라고 갈무리했다.

11월 10일에 이단자 다섯이 캔터베리에서 화형에 처해졌다. 이들은 메리여왕 박해의 최후 희생양이었다. 그날 궁에 돌아온 페리아에게 여왕이 의식이 돌아와 접견할 수 있다는 반가운 소식이 기다리고 있었다. 주치의들은 달리 손 쓸 방도가 없기에 모두 물러난 상태였고 시녀들만이 하릴없이 여왕 곁을 지키고 있었다. 페리아가 애정이 담뿍 담긴 남편의 편지를 전해 주었건만 극도로 쇠약해진 메리는 그 편지조차 제대로 읽을 수가 없었다.

그녀는 도머를 자리에 들게 해서 두 사람의 혼인을 미루게 해서 미안하다고 사과했다. 결혼식을 보지 못할 것임을 알고는 앞서 그들에게 축복을 내려주었다. 이어 땅이 꺼져라 한숨을 내쉬면서 손가락에서 반지를 빼서 변함없는 사랑의 증표로 남편에게 전해줄 것을 백작에게 당부했다. 시녀들 말에 따르면 여왕은 몸의 병이 아닌 마음의 병으로 죽어가고 있다고 한다.

11월 12일에 브뤼셀로 여왕이 운명하기 직전이라는 보고가 날아갔지만 다음 날에 그녀는 죄인 둘을 화형 시키는 영장에 서명을 했다. 하지만 이 영장은 발부되지 않아 억세게 운 좋은 죄수들은 불길에 타 죽는 고통을 겨우 모면할 수 있었다. 사실상 박해의 시대는 막을 내린 셈이었다.

14일에 메리는 급속도로 정신을 잃었다가 다시 의식이 오락가락하는 위중한 상태가 되었다. 제인 도머는 당시 상황을 다음과 같이 전했다. '여왕께서는 의식에서 깨어나 시녀들이 흐느껴 우는 모습을 보시고 그들을 다정히 위로해주셨다. 꿈속에서 천사를 닮은 어린아이들이 아름다운 연주와 노랫소리로 지상의 위안보다 더한 것을 선사했다고 하셨다.'

환자의 침실에서는 매일같이 미사가 올려졌다. 그녀는 삶의 마지막 며칠 동안 미사에서 최고의 위안을 얻었다. 그 시각 그곳에서 1.5킬로미터가량 떨어진 램버스 궁에서는 폴 추기경이 죽음의 문턱을 넘나들고 있었다. 두 사람은 다정한 편지로 서로를 위로했다.

여왕은 깨어 있는 동안에는 내내 구슬프게 눈물을 흘렸다. 시녀들이 아무리 달래도 소용이 없었다. 병문안을 온 위원들은 놀라 왜 그리 슬피 우시냐고 물었다.

"곁을 떠나가신 폐하를 생각하셔서 그리 우시는 겁니까?" 그들이 물었다.

"그게 한 가지 사유가 될 순 있겠지요. 하지만 그건 제 심장을 갉아먹는 가장 큰 상처가 아닙니다." 위원들이 빌고 간청했음에도 불구하고 그녀는 끝내 그 상처가 무엇인지 밝히지 않았다. 후일 클래런수와 라이즈 부인이 곁에 있을 때 그녀는 다시 이 화제를 입에 올렸다.

"부군께서 곁에 없으셔서 그러시나요?" 라이즈 부인이 물었다.

"아니, 그 때문만은 아니네." 여왕이 한숨을 쉬며 대답했다. "내가 죽고 나면 내 가슴에 응어리처럼 새겨 있는 칼레라는 이름을 보게 될 걸세." 몇 년 후 라이즈 부인은 전기작가 라파엘 홀린셰드에게 이 말을 전해주었다.

여왕이 마지막으로 의식이 남아 있는 동안 한 일 가운데 하나는 공주에게 편지를 보내 로마가톨릭을 끝까지 지켜달라고 당부한 것이었다. 폴 추기경 역시 비슷한 뜻의 편지를 보냈는데, 편지를 전달한 그의 비서관은 엘리자베스가 해준 답변에 흡족해했다. 한편 공주는 은밀히 니컬러스 스록모턴 경과 접촉해서 여왕이 사망하는 즉시 그 증표로 한 번도 여왕의 손가락을 떠난 적이 없는 결혼반지를 가져오도록 했다. 한편 세실은 엘리자베스의 즉위를 알리는 선언문을 벌써부터 써내려가고 있었다. 런던에서 해트필드로 이어진 길은 미래의 여왕에게 서둘러 충정을 바치려는 중신들로 미어터질 지경이었다. 그녀는 이를 흐뭇해하면서도 한편으로는 뒤안길로 물러나는 군주를 매몰차게 내팽개치는 모습에 크나큰 충격을 받았다. 이 때문에 45년 뒤 그녀가 죽음을 맞을 때는 약삭빨리 가능한 한 마지막 순간까지 후계자를 지명하지 않았다.

16일에 대법관과 추밀원 위원들은 전통에 따라 여왕의 침소에 둘러서서 그녀가 작성한 유언 내용을 큰 소리로 낭독했다. 안타깝게도 무의식의 저 너머로 멀리 가버린 메리는 이 우렁찬 소리를 들을 수가 없었다.

다음 날 아침 동이 채 트기도 전에 잠시 의식에서 깨어난 여왕은 죽음이 가까워졌음을 느끼고는 시녀들을 불러들였다.

"늘 믿음을 굳건히 지키거라!" 이 말과 함께 여왕은 사제들에게 임종미사를 집전하도록 했다. 여왕은 뛰어난 집중력을 발휘해서 사제의 질문에 명료하게 답하고는 다음의 기도를 올렸다. "내 육신의 허약함이 죽음의 두려움에 굴복하지 않기를. 자비로우신 아버지여, 죽음이 내 육신의 눈을 감길지라도 내 영혼의 눈은 변함없이 당신을 바라보도록 허락하소서." 성체를 거양(사제가 빵과 포도주를 그리스도의 몸과 피로 축성하는 성변화聖變化 의식—옮긴이)하는 순간 그녀는 격정적으로 몸을 부르르 떨다가 고개를 앞으로 푹 꺾었다.

시녀들은 이 모습을 보고 여왕이 또다시 무의식 상태에 빠졌다고 판단했다. 제인 도머만이 여왕이 이미 운명했음을 알아챘다. 살아생전에 그토록 신실했던 여왕은 마지막 숨을 거두는 순간에 무언가를 보았다. 그것은

영광스런 육신을 가진 그리스도를 천상에서 지긋이 내려다보시는 구세주
이자 구원자의 모습이었다.

4막

오, 엘리자베스!

1558년 11월 17일 아침에 대법관은 귀족원에서 메리 여왕이 서거했음을 공식적으로 알렸다.

"우리에게는 최고로 슬프고 힘겨운 순간이지만 신께 감사하며 기뻐할 일이 또 하나 있습니다. 적법하고 적절한 후계자이신 엘리자베스 공주님을 우리 곁에 남겨 놓으신 것 말입니다. 우린 그녀의 적법한 권리를 믿어 의심치 않습니다. 그런 까닭에 귀족원 의원들의 왕권 이양에 대한 동의 아래 엘리자베스 공주님을 새로운 여왕으로 선포하고자 합니다."

니컬러스 스록모턴은 신임여왕의 선포식이 있기 전에 아침 일찍 메리 여왕이 끼던 반지를 들고서 서둘러 해트필드로 떠났다. 지난 몇 주 동안 밑창이 닳도록 오가던 길이었기에 그에게는 무척이나 낯익은 길이었다. 가는 도중에 그는 아룬델과 펨브로크와 우연히 마주쳤다. 이들은 추밀원을 대신해서 공식적으로 엘리자베스 여왕에게 즉위 사실을 알리고 경하하기 위해 달려오는 길이었다.

세 사람은 해트필드에 맨 먼저 도착한 주인공들이었다. 정오가 되기 바로 직전에 이들은 공원을 가로 질러 왕국의 새 통치자가 있는 곳으로 찬찬히 접근해 갔다. 그녀는 독감에도 아랑곳없이 떡갈나무(해트필드 하우스에는 지금도 이 유적이 남아 있다) 아래 앉아서 헬라어로 된 신약성서를 읽고 있었다. 세 남자가 다가오는 모습을 발견하고서 그녀는 뭔가 중대한 소식을 갖고 왔음을 직감하면서 자리에서 벌떡 일어섰다. 그들은 공주 앞에 도착해서 무릎을 꿇고 앉아서는 새로운 잉글랜드 군주에게 공손히 예를 표했다.

엘리자베스는 감격으로 가슴이 뻐근해져서 한동안 입을 열지 못했다.

마침내 몇 번 심호흡을 한 뒤에 잔디밭에 무릎 꿇고 앉아서는 라틴어로 된 시편 118장 일부를 감격적으로 읊었다. "이는 여호와의 행하신 것이요, 우리 눈에 기이한 바로다!"

막이 내리며

그날 오후 중반에 런던에서는 엘리자베스의 즉위를 기리는 기쁨의 종소리가 널리 울려 퍼졌다. 그날 밤에는 새 여왕을 맞이한 기쁨에 너도나도 모닥불을 지피고 거리에 테이블을 설치하면서 흥에 겨워했다. 어떤 이들은 그녀의 대관식 날짜를 연휴로 지정하자고 강력히 주장했다. 실제 이날은 1백 년 넘게 공휴일로 지정되어 경축되었다.

램버스 궁에서 병상에 누워 있던 폴 추기경은 요란한 종소리를 듣고는 시종들에게 무슨 일이냐고 물었다. 그들은 메리의 사망소식을 알리면 다시 병이 악화될까봐 감히 사실대로 고하지 못했다. 그는 시종들의 어두운 표정을 보고 뭔가 잘못되었음을 직감하고서 이실직고 하라고 다그쳤다. 결국 그는 이 '최후의 재앙'을 불길하게 받아들이면서 그날 저녁 7시에 죽음의 문턱을 넘어섰다. 메리가 죽은 지 정확히 열두 시간 뒤였다. 그가 사망하면서 캔터베리 주교직은 또다시 공석으로 남게 되었다. 더불어 새로운 종교 개혁을 방해할 걸림돌이 뽑혀나간 셈이기도 했다.

교황은 메리 여왕과 폴 추기경의 사망 소식을 접하고 유감의 뜻을 표하긴 했지만 속으로는 한시름 놓았다. 헌신적인 가톨릭 신자이지만 고집불통인 메리 여왕보다는 신교도인 엘리자베스를 더 좋아한다는 사실을 애써 감추지도 않았다.

펠리페는 여왕의 서거소식이 공표되자마자 브뤼셀로 부랴부랴 달려온 몬태규 자작으로부터 이 소식을 전해 들었다. 곧 있어 왕은 가장 믿고 따르는 누이 후아나에게 비탄에 잠긴 편지를 보냈다. '아내인 여왕이 죽었습니다. 신께서 그녀를 그분의 영광 안에 품어주시길. 그녀의 죽음 앞에서 슬픔을 가눌 길이 없습니다. 그녀를 언제나 마음으로 기억할 것입니다.' 펠리페는 아내의 죽음을 얼마나 슬퍼했을까? 그가 보인 슬픔은 신심 깊은 남편들이 종종 써먹는 적당한 수준의 슬픔이었다. 영생을 얻은 이에게 과한 슬픔을 표하는 것은 잘못이라나 뭐라나.

죽은 여왕의 시신은 방부처리 되어 세인트 제임스 궁으로 옮겨졌다가 한 달 뒤인 12월 14일에 가톨릭 의식에 따라 웨스트민스터 사원의 헨리 7세 예배당에 매장되었다. 상주는 레녹스 공작부인인 마거릿이었다. 윈체스터 주교인 존 화이트는 장례 미사에서 다음과 같이 설교했다. "그분은 왕의 따님이자 누이이자 아내였습니다. 그리고 선친과 같은 직위를 가지셨죠. 그녀가 이 각각의 역할을 해나가면서 무엇을 힘들어했는지는 굳이 열거하지 않겠습니다. 다만 이렇게만 말씀드리겠습니다. 제 아무리 험난한 속세의 고난이 닥쳐오더라도 그녀는 언제나 진심으로 신을 두려워하며 경배했습니다." 메리를 위한 장례미사와 며칠 뒤에 있은 카를 5세를 위한 미사는 이 사원에서 올린 마지막 미사였다.

이틀에 걸친 성대한 장례의식에 재무성 예산 7천 7백 63파운드를 쏟아 부었다. 엘리자베스 여왕은 이것으로 충분하다고 판단했다. 언니가 누워 있는 표식 없는 지하납골당 위에 봉분을 얹어주는 데 허투루 돈을 쓰고 싶지 않았다. 그녀가 통치하는 동안 허물어지기 직전인 제단에서 굴러 떨어진 돌덩이들이 납골당 위에 그대로 수북이 쌓인 채 방치되었다. 기념물이라곤 고작해야 장례식 때 옮겨온 밀랍 동상뿐이었다. 오늘날에는 동상의 머리 부분만 겨우 전해진다. 이후 제임스 1세는 메리가 묻힌 바로 그 장소에 엘리자베스를 위해 웅장한 봉분을 만들어주었는데, 그 안에는 자매의 관이 아래위로 층층이 자리했다. 묘비명은 이러했다.

　같은 지위와 같은 무덤을 가진 엘리자베스와 메리 자매,
　부활을 꿈꾸며 여기 누워 있도다.

　엘리자베스 여왕은 메리가 유언으로 신신당부한 내용들에 대해 모른 척 시치미를 뗐다. 아라곤의 카탈리나의 시신을 상트페테르부르크에서 웨스트민스터 사원의 자기 옆자리로 이장시켜 달라는 요청, 펠리페가 준 보석을 본인에게 돌려주라는 요청, 유품을 가난한 학자들에게 증여하라는 요청, 어느 것 하나 들어주지 않았다.

　서거한 지 며칠도 지나지 않아 메리 여왕이 추진했던 정책들은 가혹한 비난에 직면했다. 왕국의 주인을 추도하는 분위기는 찾으려야 찾을 수가 없었다. 백성들은 그녀가 사망했다는 소식과 공주가 등극하자마자 이단박해를 금하도록 명했다는 소식에 그저 안도했다. 후일 악명 높은 명성과 후임 통치자들 치세시기에 유포된 반가톨릭 선전 때문에 메리의 이름은 공포 내지는 혐오감과 동급으로 기억되었다. 엘리자베스가 국교회를 새롭게 정립하면서 메리 집권기에 박해를 받은 이들은 일약 순교자의 반열에 올랐다. 그네들의 죽음을 다룬 존 폭스의 저서인 《교회법과 유적들 Acts and Monuments of the Church》은 《폭스의 순교자 열전》으로 알려져 대중적 인기를 모았다. 이 대단한 명저는 여왕의 명에 따라 전국 교회에서 토머스 크랜머의 '공동기도서'와 나란히 자리를 차지했다. 폭스는 글 속에서 다음과 같이 설파했다. '이 땅이나 다른 어느 땅에서도 메리 여왕 통치기만큼 신의

대단한 분노가 여러 증거로 드러난 적은 없으리라. 젊은 나이에 요절한 것이나 필생의 바람이 어그러진 불운한 사건(아이를 갖지 못한 것—옮긴이)이 그 증거다.'

　엄밀히 말해 시대는 메리의 편이 아니었다. 고로 그녀가 겪은 불운은 온전히 본인이 자초한 일만도 아니었다. 그녀의 통치기에 연이어 흉작이 덮친 것도, 또 그녀가 후사를 잉태하지 못한 것도 그녀의 잘못은 아니었다. 그럼에도 불구하고 당대 사람들은 이런 재앙을 믿음을 강요하고 왕국을 이방인 손아귀에 넘겨주고 역사상 최악의 종교박해를 감행한 여왕에게 내려진 하늘의 심판으로 보았다. 그녀의 통치기는 잉글랜드 역사에서 암흑기로 기록되었다. 1570년대에 활동한 라파엘 홀린셰드는 그녀가 사망할 당시 사람들이 느낀 감정을 다음과 같이 요약했다. '비바람이 거세게 몰아치던 메리 여왕의 날씨는 결국 맑게 개이고, 불안의 어두운 먹구름은 걷히고, 참기 힘든 최악의 불행의 안개는 흩어지고, 박해의 세찬 소나기는 뚝 그쳤도다. 신께서 화창한 날씨와 청명한 햇살, 아귀다툼이 없는 평화와 안식, 선하신 엘리자베스 여왕이 다스리는 복된 세상을 이 땅에 선사해주셨다.'

Primary Sources

Acts of the Privy Council (ed. John Roche Dasent, Rolls Series, 1890–1918)

Ambassades des Messieurs de Noailles en Angleterre (ed. René A. de Vertot, 1681–1714, published Leyden, 1763)

The Antiquarian Repertory: A Miscellany Intended to Preserve and Illustrate Several Valuable Remains of Old Times (ed. F. Grose, T. Astle, 1808, and Stephen Perlin, Francis Blyth, 1775–84)

Archaeologia, or Miscellaneous Tracts Relating to Antiquity (Society of Antiquaries, 1773–1969)

Archives of the English Tournament (ed. S. Anglo, *Journal of the Society of Archivists*, 2, 1960)

Ascham, Roger: *The Whole Works of Roger Ascham* (ed., with a Life of the Author, by Rev. Dr J.A. Giles, 1865)

The Bedingfield Papers: State Papers Relating to the Custody of the Princess Elizabeth at Woodstock in 1554 (ed. C.R. Manning, Norfolk and Norwich Archaeological Society, Vol. IV, Norwich, 1855)

Bradford, John: *The Copy of a Letter sent by John Bradford to the Right Honourable Lords, the Earls of Arundel, Derby, Shrewsbury and Pembroke* (London?, 1556)

Brice, Thomas: *Register of the Martyrs* (Tudor Tracts, 1903)

Calendar of Letters, Despatches and State Papers relating to Negotiations between England and Spain, preserved in the Archives at Simancas and Elsewhere (ed. G.A. Bergenroth, P. de Goyangos, G. Mattingly, R. Tyler and others, HMSO, 1862–1965)

Calendar of the Patent Rolls, Edward VI – Philip and Mary (Rolls Series, 1924–39)

Calendar of State Papers, Domestic Series, of the Reigns of Edward VI, Mary, Elizabeth, 1547–80 (ed. Robert Lemon and M.A.E. Green, Longman, Brown, Longman & Roberts, 1856–72)

Calendar of State Papers, Foreign Series, of the Reign of Edward VI, 1547–1553. Preserved in the State Papers Department of Her Majesty's Public Record Office (ed. William B. Turnbull, Longman, Green, Longman & Roberts, 1861)

Calendar of State Papers, Foreign Series, of the Reign of Elizabeth I (ed. J. Stevenson and others, Longman, Green, Longman & Roberts, 1863)

Calendar of State Papers, Foreign Series, of the Reign of Mary, 1553–1558, Preserved in the State Papers Department of Her Majesty's Public Record Office (ed. William. B. Turnbull, Longman, Green, Longman & Roberts, 1861)

Calendar of State Papers and Manuscripts Existing in the Archives and Collections of Milan (ed. A.B. Hinds, 1912)

Calendar of State Papers and Manuscripts relating to English Affairs Preserved in the Archives of Venice and in the Other Libraries of Northern Italy (ed. L. Rawdon Brown and others, HMSO 1864–1937)

Calendar of State Papers relating to English Affairs, Preserved Principally at Rome in the Vatican Archives and Library (ed. J.M. Rigg, 1916–26)

Calendar of State Papers Relating to Scotland and Mary, Queen of Scots, 1547–1603

Camden, William: *Annales rerum Anglicarum et Hibernicarum, regnanto Elizabetha, ad annum salutis MDLXXXIX* (London, 1615)

Camden, William: *The History of the Most Renowned and Victorious Princess Elizabeth* (1675)

The Cecil Papers: A Collection of State Papers Relating to Affairs from the Year 1552 to 1570, left by William Cecil, Lord Burghley, at Hatfield House (ed. Samuel Haynes, 1740)

A Chronicle of London (ed. N.H. Nicolas, 1827)

The Chronicle of Queen Jane and of the First Two Years of Queen Mary, especially of the Rebellion of Sir Thomas Wyatt (ed. J.G. Nichols. Camden Miscellany, Camden Society, XLVIII, 1850)

The Chronicle and Political Papers of Edward VI (ed. W.K. Jordan, London, 1966)

Clifford, Henry: *The Life of Jane Dormer, Duchess of Feria* (trans. Canon E.E. Estcourt and ed. Rev. Joseph Stevenson, Burns & Oates, 1887)

A Complete Collection of State Trials (ed. D. Thomas, William Cobbett and T.B. Rowell, 1809; Routledge & Kegan Paul, 1972)

Coryat, Thomas; *Thomas Coryat's Crudities* (Glasgow, 1905)

Cotton MSS. (British Library)

The Count of Feria's Despatch to Philip II of 14th November 1558 (ed. M.J. Rodriguez Salgado and S. Adams. *Camden Miscellany*, Camden Society, XXVIII, 1984)

Documents from Simancas relating to the Reign of Queen Elizabeth (ed. Tomas Gonzalez, trans. and ed. Spencer Hall, 1865)

Documents relating to the Office of the Revels in the Time of King Edward VI and Queen Mary (ed. Albert Feuillerat, Louvain and London, 1908–14)

Elder, John: *The Copy of a Letter sent into Scotland* (London?, 1555) *An Epitaph upon the Death of the Most Excellent and Our Late Virtuous Queen Mary* (Anon., London, 1558)

Florio, M.: *Historia della Vita Giovanna Graia*

Foxe, John: *Acts and Monuments of the Church* (known as 'Foxe's Book of Martyrs'; ed. G. Townshend and S.R. Cattley, Seeley and Burnside, 1837–41 and ed. Rev. Josiah Pratt, Religious Tracts Society, 1877)

Fuller, Thomas: *The Church History of Britain* (1655)

Gardiner, Stephen: *The Letters of Stephen Gardiner* (ed. J.A. Muller, Cambridge, 1933)

Greyfriars Chronicle (ed. J.G. Nichols. *Camden Miscellany*, Camden Society, LIII, 1852)

Guaras, Antonio de: *The Accession of Queen Mary, Being the Contemporary Narrative of Antonio de Guaras, a Spanish Merchant Resident in London* (ed. and trans. Richard Garnett, Lawrence & Bullen, 1892)

Harington, John: *Nugae Antiquae: Being a Miscellaneous Collection of Original Papers in Prose and Verse, Written in the Reigns of Henry VIII, Queen Mary, Elizabeth, King James, etc.* (ed. Rev. Henry Harington, J. Dodsley, 1779)

Harington, John: *A Tract on the Succession to the Crown* (Roxburghe Club, 1880)

Harleian MSS. (British Library)

Hayward, Sir John: *Annals of the First Four Years of the Reign of Queen Elizabeth* (ed. John Bruce. *Camden Miscellany*, Camden Society, 1840)

Hayward, Sir John: *The Life and Reign of King Edward VI* (1636; in White Kennett's *Complete History of England*; Vol. II, 1706)

Hearne, Thomas: *Sylloge Epistolarum* (in Titus Livius' *Vita Henrici Quinti*, ed. T. Hearne, 1716)

Heywood, Thomas: *England's Elizabeth* (*Harleian Miscellany*, 1813)

Holinshed, Raphael: *Chronicles of England, Scotland and Ireland* (1577; ed. H. Ellis, G. Woodfall, Printer, 1807–8)

Household Expenses of the Princess Elizabeth During her Residence at

Hatfield (ed. P.C.S. Smythe, Viscount Strangeford. *Camden Miscellany 2*, Camden Society, LV, 1853)

Household Ordinances: A Collection of Ordinances and Regulations for the Government of the Royal Household (Society of Antiquaries, 1790)

Intimate Letters of England's Queens (ed. Margaret Sanders, 1957)

Knox, John: *First Blast of the Trumpet Against the Monstrous Regiment of Women* (ed. E. Arber, The English Scholar's Library of Old and Modern Works, 1878)

Leti, Gregorio: *Historia o vero vita di Elizabetta, regina d'Inghilterra* (survives only in a French translation published as *La Vie d'Elisabeth, Reine d'Angleterre*, Amsterdam 1692)

Letters of Queen Elizabeth (ed. G.B. Harrison, 1935)

Letters of Royal and Illustrious Ladies (ed. M.A.E. Green, 1846)

The Literary Remains of King Edward VI (ed. J.G. Nichols, Roxburghe Club, 1857)

Machyn, Henry: *The Diary of Henry Machyn, Citizen and Merchant Tailor of London, from A.D. 1550 to A.D. 1563* (ed. J.G. Nichols. *Camden Miscellany*, Camden Society, XLII, 1848)

Malfatti, C.V.: *Two Italian Accounts of Tudor England* (Barcelona, 1953)

Memorials and Literary Remains of Lady Jane Grey (ed. N.H. Nicolas)

Monarchs and the Muse: Poems by Monarchs and Princes of England, Scotland and Wales (ed. Sally Purcell, Carcanet Press, 1972)

Mumby, Frank: *The Girlhood of Queen Elizabeth* (1909)

Narratives of the Days of the Reformation, Chiefly from the Manuscripts of John Foxe, the Martyrologist (ed. J.G. Nichols. *Camden Miscellany*, Camden Society, 1859)

Naunton, Sir Robert: *Fragment Regalia* (ed. Edward Arber, 1895)

Original Letters Illustrative of English History, Including Numerous Royal Letters (ed. Henry Ellis, Richard Bentley, 1824–46)

Original Letters Relative to the English Reformation (ed. H. Robinson, Parker Society, 1846–7)

Papiers d'Etat du Cardinal de Granvelle, 1500–1565 (ed. C. Weiss, in *Collection de Documents Inedits sur l'Histoire de France*, Paris, 1841–52)

Parsons, Robert: *A Temperate Ward-Word* (1599)

Pole, Reginald: *Pro Ecclesiasticae Unitatis Defensione* (1536; Rome, 1698)

Pollino, Girolamo: *Istoria dell' Ecclesiastica della Rivoluzion d'Inghilterra* (Rome, 1594)

Privy Purse Expenses of the Princess Mary, Daughter of King Henry the Eighth, Afterwards Queen Mary: with a Memoir of the Princess and Notes (ed. F. Madden, William Pickering, 1831)

Proceedings and Ordinances of the Privy Council of England (ed. N.H. Nicolas, Records Commissioners, 1834–7)

2차 자료

Proctor, John: *The History of Wyatt's Rebellion* (London?, 1554)
Rotuli Parliamentorum (The Rolls of Parliament) (ed. J. Strachey and others, Records Commissioners, 1767–1832)
Rymer, Thomas: *Foedera* (ed. T. Hardy, Records Commissioners, 1816–69)
The Statutes, A.D. 1235–1770 (HMSO, 1950)
Statutes of the Realm (ed. A. Luders and others, Records Commissioners, 1810–28)
Stow, John: *The Annals of England* (1592; ed. E. Howes, London, 1631)
Strype, John: *Ecclesiastical Memorials (1721–33)* (Clarendon Press, 1822)
Strype, John: *Life of John Aylmer* (1821)
A Supplication to the Queen's Majesty (Anon., London, 1555)
Thou, J. de: *History of His Own Time*
Throckmorton, Nicholas: *The Legend of Sir Nicholas Throckmorton* (ed. J.G. Nichols)
Tres cartas de lo sucedido en al viaje de Su Alteza a Inglaterra (Sociedad de los Bibliofilos Espanoles, Madrid, 1877)
Tudor Royal Proclamations (ed. P.L. Hughes and J.F. Larkin, New Haven, Connecticut, 1964, 1969)
Tytler, P.F.: *England under the Reigns of Edward VI and Mary, with the Contemporary History of Europe, Illustrated in a Series of Original Letters Never Before Printed* (Richard Bentley, 1839)
Underhill, Edward: *The Narrative of Edward Underhill* (in E. Arber, *An English Garner* IV, London, 1879–82)
Vives, Juan Luis: *De Institutione Foeminae Christianae* (Basle, 1538; trans. R. Hyrd, and printed by Thomas Berthelet in London, 1540)
Weever, John: *Ancient Funeral Monuments within the United Monarchy of Great Britain* (Thomas Harper, 1631)
Wingfield, Robert: *Vitae Maria Reginae* (ed. D. MacCulloch, Camden Miscellany, Camden Society, XXVIII, 1984)
Wriothesley, Charles: *A Chronicle of England during the Reigns of the Tudors from 1485 to 1559* (ed. William Douglas Hamilton. *Camden Miscellany*, Camden Society, 1875, 1877)
Wyatt, George: *The Papers of George Wyatt* (ed. D.M. Loades. *Camden Miscellany*, Camden Society, 4th Series, V, 1968)

Secondary Sources

Abbott, D.: *Tortures of the Tower of London* (David and Charles, 1986)
Anglo, S.: *Spectacle, Pageantry and Early Tudor Policy* (Oxford University Press, 1969)
Ashdown, Dulcie M.: *Ladies in Waiting* (Arthur Barker, 1976)

538 헨리 8세의 후예들

Bassnett, Susan: *Elizabeth I: A Feminist Perspective* (Berg, 1988)
Bayley, J.: *History and Antiquities of the Tower of London* (Jennings & Chaplin, 1830)
Beckinsale, B.W.: *Elizabeth I* (Batsford, 1963)
Beer, Barrett L.: *Northumberland: the Political Career of John Dudley* (Kent State University Press, 1973)
Bell, D.C.: *Notices of Historic Persons Buried in the Tower* (1877)
Bindoff, S.T.: *Tudor England* (1950)
Black, J.B.: *The Reign of Elizabeth, 1558–1603* (Oxford University Press, 1959)
Braddock, R.C.: *The Character and Composition of the Duke of Northumberland's Army in 1553 (Albion,* 8, 1976)
Carpenter, Edward: *Cantuar: The Archbishops in their Office* (Baker, 1971)
Carter, Alison: *Mary Tudor's Wardrobe (Costume: The Journal of the Costume Society,* XVIII, 1984)
Chamberlin, Frederick: *The Private Character of Queen Elizabeth* (1921)
Chapman, Hester W.: *Lady Jane Grey* (Jonathan Cape, 1962)
Chapman, Hester W.: *The Last Tudor King* (Jonathan Cape, 1958)
Chapman, Hester W.: *Two Tudor Portraits* (Jonathan Cape, 1960)
Charlton, John: *The Tower of London: Its Buildings and Institutions* (HMSO, 1978)
The Complete Peerage (ed. G.H. White and others, St Catherine's Press, 1910–59)
Davies, C.S.L: *Peace, Print and Protestantism, 1450–1558* (Hart-Davis & MacGibbon, 1976)
Dewhurst, Jack: *Royal Confinements* (Weidenfeld & Nicolson, 1980)
Dictionary of National Biography (ed. L. Stephen and S. Lee, Oxford University Press, 1885–1900)
Dowsing, James: *Forgotten Tudor Palaces in the London Area* (Sunrise Press, no date)
Dunlop, Ian: *Palaces and Progresses of Queen Elizabeth I* (Jonathan Cape, 1962)
Durant, Horatia: *Sorrowful Captives: The Tudor Earls of Devon* (Griffin Press, 1960)
Dutton, Ralph: *English Court Life from Henry VII to George II* (Batsford, 1963)
Elton, G.R.: *England under the Tudors* (Methuen, 1955)
Erickson, Carolly: *Bloody Mary* (Dent, 1978)
Fenlon, D.B.: *Heresy and Obedience in Tridentine Italy* (Cambridge University Press, 1972)

Garrett, C.H.: *The Marian Exiles, 1553-59* (Cambridge University Press, 1938; reprinted 1966)

Graeme, Bruce: *The Story of St James's Palace* (Hutchinson, 1929)

Grattan Flood, W.H.: *Queen Mary's Chapel Royal* (*English Historical Review*, 33, 1918)

Handbook of British Chronology (ed. F. Maurice Powicke and E.B. Fryde, Royal Historical Society, 1961)

Harbison, E. Harris: *French Intrigues at the Court of Queen Mary* (*American Historical Review*, XLV, 3, April 1940)

Harbison, E. Harris: *Rival Ambassadors at the Court of Queen Mary* (Princeton University Press, 1940)

Harrison, David: *Tudor England* (1955)

Hearsey, John E.N.: *The Tower* (John Murray, 1960)

Hibbert, Christopher: *The Court at Windsor* (Longman, Green & Co., 1964)

Hibbert, Christopher: *The Virgin Queen: the Personal History of Elizabeth I* (Penguin Books, 1992)

Howard, George: *Lady Jane Grey and her Times* (1822)

Howard, Maurice: *The Early Tudor Country House: Architecture and Politics, 1490-1550* (George Philip, 1987)

Howard, Philip: *The Royal Palaces* (Hamish Hamilton, 1960)

Hume, M.A.S.: *The Visit of Philip II* (*English Historical Review*, VII, 26, 1892)

Jenkins, Elizabeth: *Elizabeth the Great* (Victor Gollancz, 1958)

Johnson, Paul: *Elizabeth I: a Study in Power and Intellect* (Weidenfeld & Nicolson, 1974)

Jordan, W.K.: *Edward VI: The Threshold of Power* (Allen & Unwin)

Jordan, W.K.: *Edward VI: The Young King* (Allen & Unwin, 1968)

Loades, David M.: *Mary Tudor: A Life* (Basil Blackwell, 1989)

Loades, David M.: *The Reign of Mary Tudor: Politics, Government and Religion in England, 1553-1558* (Ernest Benn, 1979)

Loades, David M.: *The Tudor Court* (Batsford, 1986)

Loades, David M.: *Two Tudor Conspiracies* (Cambridge University Press, 1965)

Longman, William: *A History of the Three Cathedrals Dedicated to St Paul in London* (Longman, Green & Co., 1973)

Luke, Mary M.: *A Crown for Elizabeth* (Muller, 1971)

McCoy, R.C.: *From the Tower to the Tiltyard: Robert Dudley's Return to Glory* (*Historical Journal*, 27, 1984)

Mackie, J.D.: *The Earlier Tudors, 1485-1558* (Oxford University Press, 1952)

Marshall, Rosalind K.: *Elizabeth I* (HMSO, 1991)

Marshall, Rosalind K.: *Mary I* (HMSO, 1991)

Martienssen, Anthony: *Queen Katherine Parr* (Secker & Warburg, 1973)

Minney, R.J.: *The Tower of London* (Cassell, 1970)

Morris, Christopher: *The Tudors* (Batsford, 1965)

Neale, J.E.: 'The Accession of Elizabeth I' (in *Essays in Elizabethan History*, Jonathan Cape, 1958)

Neale, J.E.: *Elizabeth I* (Jonathan Cape, 1934)

The Oxford Book of Royal Anecdotes (ed. Elizabeth Longford, Oxford University Press, 1989)

Plowden, Alison: *Elizabethan England* (Readers Digest Association, 1982)

Plowden, Alison: *Lady Jane Grey and the House of Suffolk* (Sidgwick & Jackson, 1985)

Plowden, Alison: *Marriage with my Kingdom: the Courtships of Queen Elizabeth I* (Macmillan, 1977)

Plowden, Alison: *Tudor Women: Queens and Commoners* (Weidenfeld & Nicolson, 1979)

Plowden, Alison: *The Young Elizabeth* (Macmillan, 1971)

Prescott, H.F.M.: *Mary Tudor* (Eyre & Spottiswoode, revised edition, 1952)

Prescott, William H.: *History of the Reign of Philip II, King of Spain*, (ed. John Foster Kirk, Lippincott, 1883)

Ridley, Jasper: *Elizabeth I* (Constable, 1987)

Ridley, Jasper: *The Life and Times of Mary Tudor* (Weidenfeld & Nicolson, 1973)

Roulstone, M.: *The Royal House of Tudor* (Balfour, 1974)

Routh, C.R.N.: *They Saw it Happen, 1485–1688* (Blackwell, 1956)

Routh, C.R.N.: *Who's Who in History, 1485–1603* (Blackwell, 1964)

Rowse, A.L.: *The Tower of London in the History of the Nation* (Weidenfeld & Nicolson, 1972)

Rowse, A.L.: *Windsor Castle in the History of the Nation* (Weidenfeld & Nicolson, 1974)

Ryan, Lawrence V.: *Roger Ascham* (Stanford, California, 1963)

Schenk, W.: *Reginald Pole, Cardinal of England* (Longman, Green & Co., 1950)

Seymour, William: *Ordeal by Ambition: An English Family in the Shadow of the Tudors* (Sidgwick & Jackson, 1972)

Simpson, Helen: *The Spanish Marriage* (Peter Davies, 1933)

Simpson, W.S.: *St Paul's Cathedral and Old City Life* (Elliot Stock, 1894)

Sitwell, Edith: *Fanfare for Elizabeth* (Macmillan, 1963)

Sitwell, Edith: *The Queens and the Hive* (1963)

Smith, Lacey Baldwin: *Elizabeth Tudor: Portrait of a Queen* (Hutchin-son/Cape, 1976)

Somerset, Anne: *Elizabeth I* (Weidenfeld & Nicolson, 1991)

Stanley, Arthur Penrhyn: *Historical Memorials of Westminster Abbey* (1886)

Stone, J.: *The History of Mary I, Queen of England* (Sands, 1901)

Strickland, Agnes: *Life of Queen Elizabeth* (Everyman, 1906)

Strickland, Agnes: *Lives of the Queens of England* (Henry Colburn, 1851; Portway Reprint by Cedric Chivers of Bath, 1972)

Strony, Roy: *The English Icon: Elizabethan and Jacobean Portraiture* (Routledge & Kegan Paul, 1969)

Strong, Roy: *Tudor and Jacobean Portraits* (HMSO, 1969)

Thurley, Simon: *The Royal Palaces of Tudor England* (Yale University Press, 1993)

Tittler, Robert: *The Reign of Mary I* (Longman, 1983)

Treasures of Britain (Drive Publications, 1968, 1972)

Turton, Godfrey: *The Dragon's Breed: The Story of the Tudors, from Earliest Times to 1603* (Peter Davies, 1969)

Waldman, Milton: *The Lady Mary* (Collins, 1972)

Weir, Alison: *Britain's Royal Families* (The Bodley Head, 1989)

Weir, Alison: *The Six Wives of Henry VIII* (The Bodley Head, 1991)

Westminster Abbey: *Official Guide* (various editions)

White, Beatrice: *Mary Tudor* (Macmillan, 1935)

Wiesener, Louis: *The Youth of Queen Elizabeth I* (trans. C.M. Yonge, 1879)

Williams, Neville: *Elizabeth, Queen of England* (Weidenfeld & Nicolson, 1967)

Williams, Neville: *The Life and Times of Elizabeth I* (Weidenfeld & Nicolson, 1972)

Woodward, G.W.O.: *Reformation and Resurgence, 1485–1603* (Blandford, 1963)

Youngs, F.A.: *The Proclamations of the Tudor Queens* (Cambridge University Press, 1976)

지은이 앨리슨 위어 Alison Weir

역사가, 작가, 소설가. 대학(North Western Polytechnic)에서 역사교육학을 전공했다. 철저한 연구와 고증을 바탕으로, 주로 영국 튜더 시대를 중심으로 한 역사를 소설과 같은 유려한 문장과 흥미진진한 이야기로 풀어낸다. "역사는 모든 이들의 것"이라는 소신을 지닌 그녀는 '대중적인 역사 쓰기'를 지향한다. 영미권에서는 이미 오래 전에 팬덤이 형성된 유명 작가로, 매년 수 십 차례의 강연이 예정되어 있다. 그녀의 저서들은 대중적 인기를 누리는데 그치지 않고, 많은 역사 학자들에 의해 인용되며, 역사 교과서로, 교양서로 많은 사람들에 의해 애독되고 있다.

지은 책으로는 『헨리 8세와 여인들』, 『엘리자베스 1세』, 『9일 여왕: 레이디 제인 그레이』, 『장미 전쟁 *The Wars of the Roses*』, 『이사벨라 여왕 *Queen Isabella*』, 『영국의 왕가 *Britain's Royal Families*』, 『스코틀랜드의 여왕 메리 *Mary, Queen of Scots*』, 『런던탑의 왕자들 *The Princes in the Tower*』, 『아키텐의 엘리오노르 *Eleanor of Aquitaine*』 등을 집필했으며, 대개가 뉴욕타임스 베스트셀러다.

지은이에 대한 더욱 자세한 소개는 http://alisonweir.org.uk/ 에서 볼 수 있다.

옮긴이 박미영

고려대학교 불어불문학과를 졸업하고 방송작가로 일했다. 현재 전문 번역가로 활동하고 있다. 옮긴 책으로는 『헨리 8세와 여인들』『매들린 올브라이트—마담 세크러터리』『줄리아니의 리더십』『섹스&더시티』『오만과 편견, 그 후의 이야기』 등이 있다.